„und so lag die Welt erhellt
in wahrerem Licht, und ich erwachte"

WÜRZBURGER STUDIEN zur FUNDAMENTALTHEOLOGIE
Herausgegeben von Elmar Klinger

Band 25

PETER LANG
Frankfurt am Main · Berlin · Bern · Bruxelles · New York · Oxford · Wien

Hildegard Wustmans

„und so lag die Welt erhellt in wahrerem Licht, und ich erwachte"

Die Theologie der
Sor Juana Inés de la Cruz –
eine Sprache des Unerhörten

Die Deutsche Bibliothek - CIP-Einheitsaufnahme

Wustmans, Hildegard:
„und so lag die Welt erhellt in wahrerem Licht, und ich erwachte" : die Theologie der Sor Juana Inés de la Cruz – eine Sprache des Unerhörten / Hildegard Wustmans. - Frankfurt am Main ; Berlin ; Bern ; Bruxelles ; New York ; Oxford ; Wien : Lang, 2001
   (Würzburger Studien zur Fundamentaltheologie ; Bd. 25)
   Zugl.: Würzburg, Univ., Diss., 2000
   ISBN 3-631-37589-1

Gedruckt auf alterungsbeständigem,
säurefreiem Papier.

D 20
ISSN 0179-4566
ISBN 3-631-37589-1
© Peter Lang GmbH
Europäischer Verlag der Wissenschaften
Frankfurt am Main 2001
Alle Rechte vorbehalten.

Das Werk einschließlich aller seiner Teile ist urheberrechtlich geschützt. Jede Verwertung außerhalb der engen Grenzen des Urheberrechtsgesetzes ist ohne Zustimmung des Verlages unzulässig und strafbar. Das gilt insbesondere für Vervielfältigungen, Übersetzungen, Mikroverfilmungen und die Einspeicherung und Verarbeitung in elektronischen Systemen.

Printed in Germany 1 2   4 5 6 7

www.peterlang.de

für Toni, die in mir die Neugierde weckte

Vorwort

Die Sehnsucht und das Verlangen nach Wissen und Erkenntnis prägen das Leben Sor Juanas. Dieses Lebensprojekt ist eines voller Leidenschaft, das Bedrohungen und Zwängen widersteht. Sor Juana geht unbeirrt ihren Weg auf der Suche nach einer eigenen Sprache, einer Ich-Sprache – und sie erwacht als Subjekt. Heute gilt sie als eine der bedeutendsten DichterInnen Mexikos und der Kolonialliteratur Spanisch-Amerikas.
Was bewegt eine Theologin im ausgehenden 20. Jahrhundert, sich mit einer Ordensfrau und Dichterin auseinander zu setzen, die im 17. Jahrhundert in Neuspanien lebte? Diese Frage wurde mir in der Zeit meiner Auseinandersetzung mit Sor Juana immer wieder gestellt und ich hoffe, dass die vorliegende Arbeit darauf eine Antwort geben kann, und mehr noch, dass sie zeigen kann, dass es sinnvoll und bedeutsam ist, sich theologisch mit Sor Juana auseinander zu setzen, weil sie etwas Unerhörtes zu sagen hat. Sie hat eine Botschaft, die sich gegen das Verstummen wehrt und sich der Ordnung der Dinge widersetzt. Sor Juana beschreibt den Weg der Menschwerdung als einen Weg der Subjektwerdung durch die eigene Sprache.
Ich weiß noch sehr genau, wo ich ihr zum ersten Mal begegnet bin. Es war in einem Proseminar im Fach Missionswissenschaft. Der Seminarleiter stellte uns TeilnehmerInnen verschiedene Persönlichkeiten der lateinamerikanischen Kirchengeschichte vor. Mich faszinierte das Leben von Sor Juana unmittelbar. Und dennoch war da eine Scheu. Ich wagte mich nicht näher an sie heran und lehnte es ab, eine Arbeit über sie zu schreiben. Dann begegnete ich ihr ein zweites Mal. Ich war in São Paulo und studierte lateinamerikanische Kirchengeschichte. Sor Juana fand im Rahmen einer Vorlesung Erwähnung und abermals meldete sich das Gefühl der Faszination und der Furcht zurück. Ein zweites Mal lehnte ich die intensive Auseinandersetzung mit ihr ab. Jahre später, als ich diplomierte Theologin war, tauchte sie ein drittes Mal auf, und ich wusste, dass es nun an der Zeit war, mich ihr zu stellen und die Auseinandersetzung mit Sor Juana ernsthaft zu suchen: Sor Juana wurde das „Thema" meines Promotionsvorhabens. Zunehmend erkannte ich bei allen Schwierigkeiten, die ich zunächst mit ihrer Barocklyrik und Prosa hatte, dass mein erster Eindruck der Faszination mich nicht in die Irre geleitet hatte; Sor Juana war eine intelligente und leidenschaftliche Frau, die auf der Suche nach der Realisierung ihrer Menschwerdung war.

Vorliegende Arbeit wurde im November 1999 von der Katholisch-Theologischen Fakultät der Julius-Maximilians-Universität Würzburg als Inaugural-Dissertation angenommen.
Ich danke meinen Eltern und Geschwistern für ihre fortwährende Unterstützung. Und ohne den Beistand von Freundinnen und Freunden wäre diese Arbeit nicht entstanden. Gerade in Zeiten, wo es schwierig war, den Text neben der Erwerbsarbeit fertig zu stellen, fanden sie die notwendigen Worte,

mich zu bestärken. Ihnen gilt mein Dank. Danken möchte ich Hildegard und Wolfgang Wischert, die mir immer wieder ihre Gastfreundschaft an Oberseminarwochenenden und darüber hinaus schenkten. Besonderer Dank gilt Herrn Prof. Dr. Elmar Klinger, der meine Arbeit als Erstgutachter mit großem Interesse und kritischem Blick begleitete und mir wichtige Hilfestellungen gab. Herrn Prof. Dr. Johannes Meier danke ich für die Erstellung des Zweitgutachtens. Er war es auch, der mich als erster auf die Spur von Sor Juana führte. In besonderer Weise gebührt den Steyler Missionsschwestern Dank, die mir in der Zurückgezogenheit ihres Mutterhauses in Steyl Raum und Inspiration für die Arbeit am Text gewährten. Danken möchte ich auch meiner Korrekturleserin Silvia Retta-Juchem und den Korrekturlesern Thomas Hoogen und Mark Brülls.

Aachen, im September 2000

1. Einleitung   12

2. **Das literarische Werk Sor Juanas Inés de la Cruz. Die Themen, der Forschungsstand, die Rezeption und die Probleme**   16

3. **„... weil Er, der ihr den Verstand gab, nicht will, dass sie nichts erkenne" – Das Leben der Sor Juana Inés de la Cruz**   27
   - 3.1 Das Barock – Eine unerhörte Epoche   27
     - 3.1.1 Neuspanien – Barock in der „Neuen Welt"   33
     - 3.1.2 Frömmigkeit und Theologie im Barock   40
   - 3.2 Juana Ramiréz – Vom unerhörten Begehren und Aufbegehren   43
   - 3.3 Sor Juana Inés de la Cruz – Das Kloster, ein Ort der Menschwerdung   48
     - 3.3.1 Missionierung in der „Neuen Welt"   49
     - 3.3.2 Frauenkongregationen in Neuspanien   56
     - 3.3.2.1 Charakteristika von Frauenorden in Neuspanien   59
     - 3.3.2.2 Die Ordensgemeinschaft der Hieronymitinnen   62
     - 3.3.3 Sor Juana – Der Schritt ins Kloster oder Vom Folgen der inneren Stimme   65
     - 3.3.4 Das Kloster San Jerónimo   70
     - 3.3.5 Zur eigenen Sprache finden – Grund für Bewunderung und Konflikte   72
     - 3.3.6 Der Einwand der schweigenden Frau – Das unerhörte Schweigen Sor Juanas   82

4. **Die Macht der Kirche und die Sprache der Theologie – Der Streit um die Gnade**   87
   - 4.1 Der *Athenagorische Brief* – Eine theologische Streitschrift   89
   - 4.2 António Vieira – Prediger und Politiker   90
     - 4.2.1 „Die Herren schwimmen in Gold und Silber, und die Sklaven tragen Eisen" – António Vieira ergreift Partei für die Sklaven   94
     - 4.2.2 Die Predigt des Evangeliums der Tröstungen und der Ergebung   95
     - 4.2.3 António Vieira und die Inquisition   97
     - 4.2.4 António Vieira – Der Versuch einer Bewertung   100

4.2.4.1 Die Predigt des Heiligen Antonius an die Fische 101
4.2.4.2 António Vieira und Sor Juana oder Die Belehrung und
Bekehrung versus die Realisierung der Sprachmächtigkeit
des Subjekts 104
4.2.5 „Et vos debetis alter alterius lavare pedes" – Die Position des
Vieira 106

4.3 Die Frage nach dem größten Liebesbeweis – Der
Gedankengang einer Kritik 110
4.3.1 Der größte Liebesbeweis nach Augustinus, Thomas von
Aquin, Johannes Chrisostomos, die Widerlegung durch Vieira
und der unerhörte Standpunkt Sor Juanas 113
4.3.2 Die Auseinandersetzung über den größten Liebesbeweis –
Eine Frage nach dem Subjekt 126

4.4 Exkurs: Der Gnadenstreit – Die Kontroversen um das
Verhältnis von Gnade und Freiheit in einer gnadenlosen Zeit 134

4.5 Der Brief der Sor Philothea – Eine Zurechtweisung oder Von
der Macht, die mit der Ohnmacht rechnet 139

4.6 Exkurs: Eine Auseinandersetzung mit Michel Foucaults
Pastoralmacht 149

4.7 *Die Antwort an Sor Philothea* oder Die Stimme einer
Unerhörten 157
4.7.1 Die Verteidigungsschrift – Aufbau und Inhalt 158
4.7.1.1 Eine Art Vorwort 160
4.7.1.2 Ein Blick auf die Biographie 163
4.7.1.3 Von der Schwierigkeit, das unerhörte Verlangen nach
Wissen zu realisieren 164
4.7.1.4 Eine unerhörte Kommentierung des „Mulieres in Ecclesia
taceant" 170
4.7.1.5 Das Briefende 179
4.7.2 Die Antwort – Nicht gehorsamer Widerruf, sondern unerhörte
Widerlegung 180

5. Die Fronleichnamsspiele – Himmel und Welt im Spiegel der Allegorie 186

5.1 Die religiöse Dichtung – Von der Liebe, die ins Wort drängt 187

5.2 Die *villancicos* 199

5.3 Die Fronleichnamsspiele – Die Bühne als Kanzel 206

5.4	Exkurs: Jesuitentheater im deutschsprachigen Raum	209
5.5	Die drei Fronleichnamsspiele der Sor Juana – Symbolisches Theater und die Fragen nach Freiheit und Gnade, Transzendenz und Immanenz	215
5.5.1	Der Prolog für *El divino Narciso*. Von der Achtung des Vorfindbaren und der überzeugenden Kraft der Religion	217
5.5.2	Das Fronleichnamsspiel *El divino Narciso*. Von der Gnade und der Macht der Sprache des Subjektes wider das Echo und die Selbstbespiegelung	222
5.5.3	Der Prolog für *El mártir del Sacramento, San Hermenegildo*. Eine theologische Kontroverse über den größten Liebesbeweis und die Erkenntnis, dass die Theologie ihren Ort in der Geschichte hat	236
5.5.4	Das Fronleichnamsspiel *El mártir del Sacramento, San Hermenegildo*. Die Religion – Idee eines neuen Lebens und eine Frage auf Leben und Tod	241
5.5.5	Der Prolog für *El cetro de José*. Von der Eigenständigkeit und der Autorität, die sich in der Geschichte bewähren müssen	251
5.5.6	Das Fronleichnamsspiel *El cetro de José*. Ein Stück über die Religion oder Die Geschichte als Allegorie	262

6. Die Religion, eine Macht im *Ersten Traum* – Das Erwachen   **265**

6.1	*Der Erste Traum* – Phänomenologie eines neuen Geistes	267
6.1.1	Die Nacht und die Sprache des Traums – Aufbau und Inhalt	275
6.1.1.1	Das Nahen der Nacht (V. 1-79)	276
6.1.1.2	Der Schlaf der Welt (V. 80-150)	279
6.1.1.3	Der Schlaf des Körpers (V. 151-265)	279
6.1.1.4	Der Beginn der Seelenreise (V. 266-339)	280
6.1.1.5	Die Pyramiden, das Streben in die Höhe und der erste Absturz der Seele (V. 340-411)	282
6.1.1.6	Das Zurückschrecken der Seele (V. 412-559)	285
6.1.1.7	Der Traum des Wissens und der Methoden (V. 560-616)	286
6.1.1.8	Die Stufen der Erkenntnis (V. 617-703)	288
6.1.1.9	Anfragen an das intellektuelle Wissen (V. 704-780)	289
6.1.1.10	Das Aufbegehren – Der offene Anreiz des Phaeton (V. 781-826)	290
6.1.1.11	Das Erwachen des Körpers (V. 827-886)	294
6.1.1.12	Der Sieg des Tages über die Nacht und das Erwachen des Ich (V. 887-975)	296
6.2	Das Unerhörte – Ein Traum des Lebens	299

6.3 Das Erwachen der Unerhörten – Geburtsstunde der Religion 307

7. Das Erwachen des Subjektes in der eigenen Sprache – Ein unerhörter Ort der Theologie **311**

8. Literaturverzeichnis **320**

1. Einleitung

„... und so lag die Welt erhellt in wahrerem Licht, und ich erwachte."
El Primero Sueño

Die Sehnsucht nach Eigenständigkeit, das Verlangen nach Wissen und der Mut zur Erkenntnis prägen das Leben Sor Juanas. Dieses Lebensprojekt ist voller Leidenschaft und widersteht Bedrohungen wie Zwängen. Sor Juana geht unbeirrt ihren Weg auf der Suche nach einer eigenen Sprache, einer Ich-Sprache – und sie erwacht als Subjekt. Das macht die bedeutende Dichterin Mexikos und der Kolonialliteratur Spanisch-Amerikas zu einer Frau für die heutige Zeit. Sor Juana ist auch heute noch eine beeindruckende Frau, weil sie mit ihrem Leben und Werk ein Beispiel gibt für die Fragen und Antworten, Mächte und Gewalten, denen sich Menschen stellen müssen, die sich auf dem Weg ihrer Menschwerdung befinden. Dabei sind das Schweigen, die Sprache und die Religion konstituierende Größen im Lebensprojekt der Menschwerdung, auf deren Basis Sor Juana eine eigene Theologie formuliert. Diese Theologie zeichnet sich dadurch aus, dass sie die Sprache des Unerhörten spricht und es befreit, indem sie es zu Gehör bringt. Das Unerhörte wahrnehmen bedeutet, sich auf die Realitäten der Welt zu beziehen und aufmerksam zu sein für jene und jenes, die nicht im Zentrum der Ordnung der Dinge stehen. Überall dort, wo Unerhörtes erhört und benannt wird, erhellt sich die Welt, zeigt sie sich in wahrerem Licht und das Erwachen der Subjekte wird möglich. Wo das Unerhörte benannt wird, kommt seine Gegenmacht zur Ordnung der Dinge zum Ausdruck und eine neue Ordnung der Dinge kündigt sich an.

Die Sprache des Unerhörten wird dort gesprochen, wo Menschen sich als Subjekte ihrer Geschichte begreifen und in der Lage sind, ihre Erfahrungen zu benennen. Allerdings muss diese Sprache erlernt werden und ihr Erwerb ist ein mühsamer Prozess. Doch es zeigt sich, dass das Erlernen der eigenen Sprache Menschwerdung bedeutet. Dabei ist das Ringen um die eigene Sprache sowohl ein Ort der Befreiung wie auch ein Ort potenzieller Konflikte. Die Hüter der Ordnung der Dinge werden unruhig angesichts dessen, was an Unerhörtem zur Sprache gebracht wird. Daran wird deutlich, dass das Unerhörte nicht nur eine richtungsweisende Kategorie des eigenen Lebens, sondern auch für die Ordnung der Dinge sein kann. Denn das Unerhörte zeigt an, wo diese Ordnung inhuman und unterdrückend ist, wo sie Verstummen und Ohnmacht predigt. Dort, wo Menschen das Unerhörte ihrer Geschichte nicht nur wahrnehmen, sondern auch ins Wort bringen, werden sie zu Autoritäten ihres Lebens und sie entdecken die Macht ihrer Ohnmacht. Das Unerhörte wird zu einer Macht, welche die Ordnung der Dinge in ein anderes Licht setzt, ins Wanken bringt und einen Weg der Überschreitung und Überwindung anzeigt. In diesem

Prozess kann Religion eine bedeutende Rolle spielen, sofern sie in der Lage ist, den Unerhörten eine eigene Sprache zu geben. Für Sor Juana sind die Religion und das Kloster der Ort, an dem sie erwacht. Die Religion und das Kloster geben ihr den Raum, ihre eigene Sprache zu entdecken, zu sprechen und zu verteidigen.

Am Beispiel von Sor Juana kann verdeutlicht werden, dass die Sprache der Religion über das Subjekt qualifizierbar ist. Religion muss daran gemessen werden, ob sie den Weg in eine Sprache weist, in der das Subjekt zu sich selbst finden kann, und zur Menschwerdung führt, weil das Subjekt erwacht. Der Rahmen der Religion besteht dann nicht aus Vertröstung, Illusion und Traum, sondern aus den unerhörten Realitäten der Welt. Die befreiende Kraft der Religion wird dann sichtbar und wirksam, wenn Subjekte die Antwort auf ihr Streben und Verlangen finden, dann, wenn sie sich (wie Sor Juana) im Schweigen und im Sprechen dem Unerhörten der eigenen Existenz und der Welt stellen können, ohne zu verstummen, sondern darin ihre Sprache und sich selbst finden, erwachen.

Die vorliegende Arbeit zeichnet den Weg einer unerhörten Menschwerdung nach und erhärtet die These, dass Religion und Kloster der Ort sind, an dem Sor Juana erhört wird und sie zum Subjekt ihrer Geschichte durch die eigene Sprache wird. Sor Juana erhört das Unerhörte in ihrer eigenen Existenz und sie wird dadurch befähigt, das Unerhörte auszusprechen und vernehmbar zu machen. Dadurch gerät sie immer wieder an die Grenzen der Ordnung der Dinge und sie wird mit der Ohnmacht der Unerhörten konfrontiert. Aber Sor Juana geht in ihrer Ohnmacht nicht unter, sondern sie entdeckt in der Ohnmacht und im Schweigen ihre eigene Sprache. Und es ist ihre eigene Sprache, die sie widerstehen lässt und sie schließlich ins Erwachen führt. Aber das Erwachen ereignet sich aus dem Schweigen. Erst durch das Schweigen wird die Darstellung des Unerhörten möglich, dies ist ein religiöser Vorgang und das Unerhörte eine systematische Kategorie der Subjektwerdung. Die Erhörung der Unerhörten ist die Geburtsstunde einer Religion, die für die Subjektwerdung tauglich ist, und eine Herausforderung für die Theologie, die sich für die Unerhörten dieser Zeit eignet. Sie ist das Projekt des Spracherwerbs und ihr Maßstab, an dem sie sich messen lassen muss, ist die Frage, ob sie Menschen in die Lage versetzt, in eigenem Namen zu sprechen und zu handeln. Die Unerhörten sind somit der Prüfstein der Religion, denn sie zeigen an, ob Religion ihnen den Raum und die Worte bietet, sich selbst zu finden, oder ob sie für und über die Unerhörten spricht und ihnen die Möglichkeit nimmt, in der eigenen Sprache zu Subjekten ihrer Geschichte zu werden.

Durch das Erwachen des Ichs, das auf der Basis des Sprechens und Handelns in der Religion geschieht, überschreitet Sor Juana die Ordnung des Barock und macht sich einen Namen über ihre Epoche hinaus. Diese Überschreitung ist nur auf der Basis des Barock möglich. Vor dem Hintergrund dieser Aussage ist der Aufbau der Arbeit zu verstehen, die sich in jedem Gliederungspunkt mit einer

jeweils spezifischen Machtkonstellation des Barock auseinandersetzt und sie zugleich überschreitet. Dabei beginnt die Arbeit mit universalen Machtgeschehnissen und schreitet immer weiter auf partikulare Machtfragen zu.
Das *erste Kapitel* skizziert den Rahmen der Arbeit und beschreibt ihren Aufbau. Und das *zweite Kapitel* beginnt mit einer Darstellung und Einordnung der Themen, des Forschungsstandes und der Rezeption, unter Berücksichtigung der These der Arbeit. In diesem Kapitel werden vier Interpretationsrichtungen vorgestellt, die alle auf ihr Verhältnis zur Religion hin befragt und mit der These der Arbeit konfrontiert werden: das unerhörte Schweigen Sor Juanas als die Autorität der Selbsterhörung und Gegenmacht der Ich-Sprache zu verstehen. Die Religion wird zur Basis für das Erwachen und die eigene unerhörte Sprache und verleiht dem Subjekt dadurch Autorität. Eine neue Ordnung der Dinge wird gesetzt.
Das *dritte Kapitel* wendet sich der Epoche des Barock, dem Kolonialsystem Neuspaniens und der Biographie Sor Juanas zu. Hierbei wird ein besonderer Akzent auf die Gewalt am Ende ihres Lebens gelegt. Ausgehend von der bestehenden Ordnung der Dinge wird in diesem Kapitel Sor Juana als Person in den Mittelpunkt gerückt. Zentral ist hierbei das Verhältnis von Sprache und Religion, das an Schlüsselstellen ihrer Biografie auftritt: der heimliche Schulbesuch, die Bibliothek des Großvaters, der Eintritt ins Kloster, der Konflikt und ihr Schweigen. Wissen zu wollen, zur eigenen Sprache vor Gott und der Welt zu gelangen, dies ist das Projekt ihres Lebens. Angesichts dessen ist ihr Schweigen ein echtes Problem. Ich werde zeigen, dass ihr Schweigen nicht die Reaktion eines Opfers oder einer Bekehrten ist, sondern dass es eine beredte Antwort auf eine unerhörte Existenz ist. Das Schweigen Sor Juanas ist kein Verstummen, sondern Ausdruck einer Ordnung, die sie setzt: Sor Juana spricht im Schweigen wie im Wort die Sprache ihrer Subjektivität.
Das *vierte Kapitel* greift das Schweigen auf und bearbeitet es am religiösen und gesellschaftlichen Konflikt. Hier geht es um die Frage nach Autorität, um den Unterschied zwischen Schweigen und Verstummen. Dieses Kapitel behandelt die Machtkonstellation zwischen dem bekannten Prediger Vieira und der Ordensfrau, die widerspricht, sowie die darauf folgende Auseinandersetzung zwischen dem Bischof und der Nonne. Dieses Kapitel zeigt auf, dass Sor Juana im Konflikt nicht sprachlos wird, sondern ihn aufgrund der eigenen Sprache besteht. In diesem Kapitel finden sich auch zwei Exkurse. Der eine beschäftigt sich mit der Auseinandersetzung um die Gnade im sogenannten Gnadenstreit. Vor diesem Hintergrund zeigt sich, dass Sor Juana nicht beiläufig irgendwelche theologischen Sachverhalte bearbeitet, sondern sich intensiv und mit eigener Position einer zentralen Fragestellung ihrer Zeit widmet. Der zweite Exkurs befasst sich mit dem Gedanken der Pastoralmacht, wie er in den späten Schriften von Michel Foucault zu finden ist. Dieser Exkurs bietet Material für die Analyse der Machtdiskurse, die die Ordensfrau Sor Juana mit den Vertretern klerikaler Macht führt.

Im *fünften Kapitel* folgt eine Auseinandersetzung mit religiösen Schriften von Sor Juana. Sie belegen, dass Sor Juana nicht erst gegen Ende ihres Lebens religiöse Themen und theologische Fragestellungen ihrer Zeit aufgegriffen und behandelt, sondern immer wieder an diesen Themen arbeitet und eine eigene Theologie entwickelt. Dieses Kapitel zeigt, wie Sor Juana gerade mit ihren Fronleichnamsspielen in der Öffentlichkeit theologische Fragestellungen thematisiert. So stehen in diesem Kapitel schon Fragen zur Debatte, die in ihrer Kritik bei Vieira auftauchen. Sor Juana greift Fragen ihrer Zeit auf und beantwortet sie aus eigener Perspektive und in unerhörter Art und Weise. Dabei führt sie die Macht der Erfahrungen des Volkes und die Macht der Bilder und Allegorien im wahrsten Sinne des Wortes vor Augen. Dies wird durch einen Exkurs zum Jesuitentheater noch deutlicher.

Das *sechste Kapitel* führt zum Kristallisationspunkt ihres Werkes – dem *Primero Sueño*. Es beschreibt den Machtdiskurs zwischen der umherschweifenden Seele und der erwachenden und erkennenden Existenz. Der *Primero Sueño* beschreibt das Unerhörte, die Konstituierung des Subjektes durch das Erwachen und die Erkenntnis, dass dem Unerhörten nicht auszuweichen ist. Das Unerhörte wird beim Namen genannt – das Subjekt konstituiert sich in der eigenen Sprache. Diese Kapitel zeigt auf, dass dort, wo die Sprache des Subjektes an Religion gebunden wird, das Ich erwacht.

Dieser Gedanke wird im *siebten Kapitel* aufgegriffen und in Form eines Ausblicks weitergeführt. Religion ist die Erhörung des Unerhörten und schafft so die Grundlage für Menschwerdung. Es zeigt sich, dass Menschen mit diesem Fundament der Ohnmacht widerstehen und befähigt werden, Konflikte zu bestehen, weil sie eine eigene Sprache gefunden haben.

Die Gliederung steht im Spannungsbogen von Konflikten, die um das Unerhörte ranken, doch diese Konflikte sind historisch nicht zu entschlüsseln. Aus diesem Grund geht die Arbeit auf der einen Seite absteigend vor, d.h. vom Universalen immer weiter auf die partikulare Existenz zu, um im Gegenzug aufsteigend die Macht ihrer Sprache freilegen zu können. Diese Sprache ist ohnmächtig, ohne an der Ohnmacht zu verzweifeln, denn sie entdeckt die Macht, die aus dem Schweigen kommt.

2. Das literarische Werk Sor Juanas Inés de la Cruz. Die Themen, der Forschungsstand, die Rezeption und die Probleme

Das literarische Werk von Sor Juana ist umfassend und zieht man die spezifischen Umstände des 17. Jahrhunderts in Betracht, so kann man von ihr als einer der meistpublizierten und gelesenen SchriftstellerInnen ihrer Zeit sprechen. 1689 erscheint in Madrid der erste Band ihrer *Obras Completas*, der bereits in den Jahren 1691 und 1692 neu aufgelegt wird. 1692 erscheint in Sevilla der zweite Band, der in der Zeit von 1693 bis 1725 regelmäßig in Neuauflagen erscheint. 1700 erscheint in Madrid der posthume dritte Band. Diese Fakten belegen, dass Sor Juana eine gefragte und vielfach verlegte Dichterin ihrer Zeit ist. (Vgl. Perez-Amador 1992, 9.)

Bei der Analyse des Werkes von Sor Juana fällt vor allem auf, dass sie in verschiedenen literarischen Gattungen schreibt. Es finden sich neben den lyrischen Texten Prosatexte, Lieder und Theaterstücke.[1] „La obra poética de Sor Juana es numerosa, variada y desigual."[2] (Paz 1985) Ein großer Anteil der Arbeiten von Sor Juana umfasst *an historische Personen gerichtete Gelegenheitsdichtungen*. Hier sind folgende zu nennen:
die Gedichte an die Marquesa de Mancera,
die Sonette auf den Tod des Duque de Veraguas,
die Gedichte an die Marquesa de la Laguna,
die Gedichte an die Condesa de Galve,
die Gedichte an und über Sigüenza y Góngora,
Gedichte an andere Persönlichkeiten,
Gedichte an ihre Bewunderer,
die weltliche Liebesdichtung.

Ein weiterer Teil ihrer Dichtung lässt sich als *profane nicht-lyrische Festtagsdichtung* bezeichnen. Zu diesen Arbeiten zählen sowohl die eigenständigen *loas* wie auch die profanen Theaterstücke:
der *Neptuno Alégorico*,
die selbstständigen profanen loas,
das Festejo de *Los Empeños de una casa*,
das Festejo de *Amor es más laberinto*.

Daneben finden sich im Werk Sor Juanas die Behandlungen religiöser Themen in unterschiedlichen literarischen Gattungen. Hierbei handelt es sich um:
die selbstständige *religiöse loa*,
das Fronleichnamsspiel *El divino Narciso* und seine *loa*,

---

[1] Ich beziehe mich im Folgenden auf die Arbeit von Heinrich Merkel und seinen 1986 vorgelegten Bericht zur Forschung über Sor Juana.
[2] „Das literarische Werk Sor Juanas ist umfangreich, vielfältig und unterschiedlich."

das Fronleichnamsspiel *El cetro de José* und seine *loa*,
das Fronleichnamsspiel *El mártir del sacramento, San Hermenegildo* und seine *loa*,
die lyrische religiöse Festtagsdichtung,
die *villancicos*,
die *letras sacras*,
der Dichterwettbewerb zu Ehren der Jungfrau Maria,
geistliche Liebesdichtung.

Eigens zu erwähnen bleiben noch ihre Prosa-Schriften:
die *Carta Atenagórica*,
die *Respuesta a Sor Philothea*.

Und nicht zu vergessen ist ihr Langgedicht *El Primero Sueño*. Das Gedicht, von dem sie in ihrer Antwort an Sor Philothea schreibt, dass es das einzige Gedicht ist, das sie aus eigenem Interesse und Antrieb geschrieben hat.[3] (Vgl. Méndez Plancarte 1957, Bd. IV, 471.) Mit diesem Hinweis sagt Sor Juana zugleich, dass alle anderen Arbeiten Auftragsarbeiten gewesen sind.

Aus diesem Überblick ihrer Arbeiten wird deutlich, dass Sor Juana für eine große Anzahl öffentlicher Personen und für eine Vielzahl öffentlicher Anlässe schrieb, und zugleich belegen diese Tatsachen ihre große Popularität zu Lebzeiten. Darüber hinaus wird an der Art und Weise, wie Sor Juana ihre Themen bearbeitet hat, erkennbar, dass sie eine Dichterin ihrer Zeit ist, aber an entscheidenden Punkten mit dem Barock und seiner Ordnung der Dinge bricht. Sie findet eine Sprache für das Unerhörte. Sie entdeckt das Subjekt und die Religion als Ort ihrer Sprachfähigkeit. Sor Juana begegnet in ihrem Leben und Werk der Macht in der Ohnmacht des Subjektes und konstituiert auf der Basis dieser Erfahrungen ihre Subjektivität und Autorität. Sor Juana erwacht in der unerhörten Sprache, die sie entdeckt.
All dies ist keine Selbstverständlichkeit, denn das 17. Jahrhundert gilt als eine Epoche der spanischen Herrschaft in der „Neuen Welt". Es ist die Zeit, in der die Kolonialidee in ihrer reinsten Form verwirklicht wurde. Diese Idee zeichnet sich in besonderer Weise dadurch aus, dass es in ihr keine unabhängigen Subjekte geben darf. Der/die Kolonialisierte sind keine Subjekte und es wird ihnen systematisch ihre Geschichte und Erinnerung genommen. Die Kolonialisierten werden ihrer Sprache beraubt, ihre Traditionen werden vernichtet und ihre Kultur wird zerstört. Ziel der Kolonialidee ist es, die

---

[3] „ [...], que no me acuerdo haber escrito por mi gusto sino es un papelillo que llaman *El Sueño.*" „ [...], daß ich mich nicht erinnern kann, jemals etwas zum eigenen Vergnügen verfaßt zu haben außer einer kleinen, unbedeutenden Schrift namens *El Sueño.*" (Heredia, Hildegard)

Kolonialisierten in ihrer ganzen Existenz zu kolonialisierten Wesen zu machen. Und damit wird von Beginn an jeder Widerstand und jede Besinnung auf das unerhörte, eigene Subjekt verhindert und unterdrückt.[4] Und dieses Projekt der alles umfassenden Kolonialisierung wurde auch von Spanien verfolgt. So verwundert es nicht, dass schon bald die spanische Sprache und die spanische Dichtung den Rahmen der geistigen Welt in Neuspanien prägen. „Die enge Bindung an die Geistigkeit und Religiosität Spaniens wird in den Vizekönigreichen allein schon dadurch garantiert, dass gerade die Spitzenpositionen in Staat und Kirche – Vizekönige, Bischöfe und hohe Richter – befristete Ämter sind. Ihre Inhaber sind in Spanien geboren, haben dort ihre Ausbildung erhalten, Karriere gemacht und kehren in aller Regel wieder nach Spanien zurück." (Janik/Lustig 1992, 214) In der Literatur und in den Wissenschaften treten jedoch mehr und mehr die Nachfahren spanischer Einwanderer in den Vordergrund. Auffallend ist allerdings, dass sich gerade die LiteratInnen nach wie vor der Themen und Formen der spanischen Vorbilder bedienen. „Auffälligster Ausdruck davon ist der *gongrismo* – nach dem Stil der *soledades* von Góngorica – in Werken der kolonialen Literatur." (Janik/Lustig 1992, 214)

Auch Sor Juana bedient sich dieser Vorbilder. Viele Entdeckungen und Diskussionen aus Europa regen sie an und beeinflussen sie. Aber sie übernimmt dies alles nicht, indem sie es kopiert, sondern sie greift Stränge und Ideen auf und kombiniert diese in eigensinniger und unerhörter Weise und schafft damit etwas gänzlich Neues. Und dieses Neue findet nicht nur Beifall, sondern es löst auch heftige Kritik und Anfeindungen aus, und dies vor allem bei den Vertretern der klerikalen Macht. Eine Frau, die etwas Unerhörtes beim Namen nennt und sich auf die eigene Autorität beruft, muss zu einer Bedrohung für die Ordnung der Dinge werden, deren Grenzen sie nicht mehr länger akzeptiert.

Vor diesem Hintergrund wird verständlich, dass dieses umfangreiche Werk eine breite und ausführliche Auseinandersetzung im Raum der Literaturwissenschaften und Romanistik nach sich zog. Die Behandlung ihres Werkes und die Beschäftigung mit ihrer Biografie sind ein sicheres Indiz dafür, dass unerhörte Gedanken und eine eigenständige Sprache andere zur Stellungnahme provozieren. Das Unerhörte, das zum Ausdruck gebracht wird, erschreckt und fasziniert, es zwingt zur Auseinandersetzung. Sor Juana nimmt in diesen Wissenschaften einen bedeutenden Platz ein. Aber nicht nur im wissenschaftlichen Rahmen fand und findet sie Beachtung. In den letzten Jahren haben sich auch bedeutende DichterInnen unserer Zeit mit ihr beschäftigt und damit zu ihrer erneuten Popularität bei einem breiteren Publikum beigetragen. Dies liegt vor allem an den Rezeptionen in den Werken

---

[4] Zu diesem Thema sei an dieser Stelle auf den Klassiker von Frantz Fannon: Die Verdammten dieser Erde, Frankfurt a.M. 1981, verwiesen.

von Gabriela Mistral (1951), Pedro Salinas (1940) und Octavio Paz. (Vgl. Merkel 1986, XI.)
Für den deutschsprachigen Raum gilt, dass vor allem Octavio Paz (1991) mit seinem Werk *Sor Juana Inés de la Cruz oder Die Fallstricke des Glaubens* Sor Juana einem breiteren Publikum in unserem Jahrzehnt bekannt gemacht hat. Daneben hat sich vor allem der Verlag Neue Kritik in Frankfurt am Main mit Übersetzungen von Werken Sor Juanas ins Deutsche in der Öffentlichkeit hervorgetan. 1991 erschien *Die Antwort an Sor Philothea* in der Übersetzung von Hildegard Herida und mit einem Essay von Angelo Morino. 1992 erschien *Der Traum*. Er wurde von Alberto Perez-Amador Adam und Stephan Nowotnick herausgeben und übersetzt. Und schließlich erschien 1996 im Verlag Neue Kritik mit *Es höre mich dein Auge* eine Übersetzung von verschiedenen Arbeiten aus den Bereichen lirik, Theater und Prosa von Sor Juana. Aus dem Jahr 1993 liegt außerdem eine weitere Veröffentlichung des *Ersten Traums* sowie der *Antwort an Sor Filotea* von Fritz Vogelsang aus dem Insel Verlag vor.
Im deutschen Sprachraum gibt es aus den 30er Jahren im Bereich der Romanistik zwei Arbeiten, die der besonderen Erwähnung bedürfen, weil sie auch in der internationalen Sor-Juana-Forschung zur Kenntnis genommen wurden und vielfach diskutiert worden sind. Hierbei handelt es sich um die Arbeiten von Karl Vossler (1934; 1941) und von Ludwig Pfandl (1946).
Für den Bereich der Theologie gilt aber, dass Sor Juana dort noch weitgehend zu entdecken ist. Dies gilt gerade auch für den deutschsprachigen Raum der Theologie. Eine Rezeption Sor Juanas im Bereich der Theologie steht fast vollständig noch aus.[5] Dabei könnte eine theologische Auseinandersetzung mit dem Leben und Werk von Sor Juana auch der literaturwissenschaftlichen Forschung von Nutzen sein. Denn gerade im Bereich der literaturwissenschaftlichen Behandlung und Rezeption von Sor Juanas

---

[5] Trotz vielfältiger Recherchen habe ich nur zwei Dissertationen ausfindig machen können, die sich theologisch mit Sor Juana auseinandersetzen. Die eine Dissertation ist von Benassy-Berling, Marie-Cécile: Humanisme et religion chez Sor Juana Inés de la Cruz. La femme et la culture au XVII siècle, Paris 1984, und die andere ist die Arbeit von Tavard, George H.: Juana Inés de la Cruz and the Theology of Beauty. The First Mexican Theology, Notre Dame/London 1992.
Zu erwähnen ist in diesem Zusammenhang auch die theologische Dissertation von Ivone Gebara: Die dunkle Seite Gottes. Wie Frauen das Böse erfahren, Freiburg/Basel/Wien 2000. Gebara setzt sich in einigen Passagen mit Sor Juana auseinander, doch es fällt auf, dass viele Aspekte nur oberflächlich und in starker Anlehung an Octavio Paz formuliert werden. Auch Gebara vertritt die Ansicht, dass Sor Juana von den Hütern des „Guten" zerstört worden ist. (Vgl. Gebara 2000, 58) Ihrer Meinung nach ist das Schweigen ein Verstummen und dieses hat sie in den Tod getrieben. (Vgl. Gebara 2000, 190) M.E. greift diese Interpretation zu kurz und es wird deutlich, dass Gebara keinen Begriff vom Schweigen und schließlich auch nicht von Macht und Ohnmacht hat.

Arbeiten fällt auf, dass es an einer Auseinandersetzung mit dem religiösen Charakter ihrer Dichtung fehlt. Vielfach stehen das Literarische, Biographische und Religiöse unverbunden nebeneinander. Und weil dem so ist, wird Sor Juana nur ungenügend und teilweise falsch eingeordnet und verstanden. Sofern Schwierigkeiten in der Sor-Juana-Forschung Erwähnung finden, taucht der Zusammenhang mit der Religion nicht auf. Für den Fall, dass doch eine Verbindung zur Religion oder Theologie hergestellt wird, dann in dem Duktus einer Problematisierung, wie er bei Karin Schüller Erwähnung findet. „Obwohl die Sor-Juana-Forschung einhellig der Meinung ist, dass der *Athenagorische Brief* nicht nur ein literaturwissenschaftlich wertvoller Text, sondern auch ein Schlüsseldokument für die historische Biographie der Nonne darstellt, steht bis heute eine umfassende Interpretation aus. Dies mag vor allem daran liegen, dass es sich um einen theologischen Text handelt, der sich mit den Liebesbeweisen Christi befasst und der sich ohne umfassende und detaillierte Kenntnisse theologischer Streitfragen des 16. und 17. Jahrhunderts einer Deutung sowohl durch den Literaturwissenschafter als auch durch den Historiker entzieht. Prädestiniert für die Interpretation wäre ein Theologe oder Kirchenhistoriker, dessen Forschungsschwerpunkt in eben jener Zeit liegt. Andererseits scheint hinter dem theologischen Thema der Schrift ein ganz anderer, sehr persönlicher Hintergrund auf, der für die Abfassung des Textes sehr viel wichtiger war als die vordergründige Auseinandersetzung mit der Predigt des Portugiesen." (Schüller 1996, 175f)

Es fällt in dieser kurzen Passage auf, dass im Rahmen der Interpretation zwar auf theologische Kenntnisse und Zusammenhänge verwiesen wird, doch im gleichen Atemzug wird darauf hingewiesen, dass die religiösen Bezüge eher von sekundärer Bedeutung seien, weil es um einen persönlichen Hintergrund gehe. Damit wird jedoch nichts anderes zum Ausdruck gebracht, als dass religiöse und theologische Fragestellungen keine Schlüssel zur Erschließung menschlicher Existenz sind und dass die menschliche Existenz keine Hinweise auf und für die Theologie gibt. Hier werden Religion und Biografie nicht nur voneinander getrennt, es werden zugleich auch Zuordnungen vorgenommen, und zwar in dem Sinne, dass die Religion in diesem Fall als nachrangige Größe betrachtet wird. An diesem Beispiel wird etwas von grundsätzlicher Bedeutung in der Auseinandersetzung sichtbar: die Trennung der verschiedenen Aspekte und Themen bei Sor Juana. Dabei stehen Leben, Werk und Religion in einem kreativen Kontrast. Die einzelnen Bereiche stellen jeweils wichtige Bezüge zu den anderen Größen her, aber diese Tatsache wird allgemein nicht in den Blick genommen oder für möglich gehalten.

In diesem Duktus steht auch die Arbeit von Merkel (1986). Er benennt zwar Schwierigkeiten in der Sor-Juana-Forschung, aber die fehlende moderne theologische Auseinandersetzung mit Sor Juana erwähnt er nicht. All dies zeigt an, dass die Theologie nach wie vor eine unerhörte Größe in der Literatur ist. Sie wird nicht in dem erkannt, was zu leisten sie imstande ist; im Fall von Sor Juana die Person und das Werk aus einer neuen und unerhörten Perspektiven

zu betrachten und zu Erkenntnissen zu gelangen, die bislang außer Reichweite lagen – die Bedeutung Sor Juanas für Menschen im ausgehenden 20. Jahrhundert.
Nach Merkel treten in der Sor-Juana-Forschung drei Schwierigkeiten in besonderer Weise hervor. „Eine Schwierigkeit, die die Sor-Juana-Forschung mit nur wenigen anderen Zweigen der Literaturwissenschaft teilt, ist dagegen die unselige Tendenz zur Idealisierung Sor Juanas und die damit im Zusammenhang stehende Diffamierung von Forschern, die die historische Sor Juana zu rekonstruieren versuchen und sich weigern, Dinge zu vertuschen, die einer Idealisierung der Dichterin im Wege stehen könnten." (Merkel 1986, 199f) Die Idealisierung bezieht sich dabei auf drei unterschiedliche Bereiche:
1. auf die Gruppe der mexikanischen und spanischen Nationalisten;
2. auf die Gruppe der katholischen Idealisierung und
3. auf jene Gruppe, die Sor Juana als Feministin idealisiert. (Vgl. Merkel 1986, 200ff.)

Vor dem Hintergrund meiner These, dass die Religion und das Kloster der Ort sind, an dem Sor Juana Unerhörtes erhört und sie ihre Subjektivität durch Sprachfähigkeit erlangt, stellen sich die Schwierigkeiten der Sor-Juana-Forschung anders dar als bei Merkel, wenngleich es gewisse Überschneidungen gibt. Im Folgenden werde ich vier Interpretationsrichtungen skizzieren und auf ihren Bezug zur Religion hin hinterfragen. Dies ist von Bedeutung, weil ich darzulegen versuche, dass die Religion der Schlüssel zur unerhörten Existenz der Literatin Sor Juana ist. Die Kategorie des Unerhörten ist mein systematischer Schlüssel zum Werk von Sor Juana. Sor Juana ist in ihrer eigenen Sprache Objekt des Unerhörten und in ihrer Geschichte Subjekt des Unerhörten. Und die Erkenntnis des Unerhörten wird sie nicht nur sich selbst näher bringen, sondern sie wird sie Mensch werden lassen. Darin zeigt sich das Unerhörte als eine objektive Größe mit Relevanz für Religion und Theologie. Denn im Umgang mit dem Unerhörten und der Frage, ob das Unerhörte ins Wort gebracht werden kann, entscheidet sich ihr Sinn und ihre Bedeutung für das Leben von Menschen. Das Unerhörte ist der Prüfstein für die Religion. Im Umgang mit dem Unerhörten zeigt sich, ob die Religion das Unerhörte erhört oder vor dem Unerhörten scheitert. Diese Fragestellung wird für den gesamten Verlauf der Arbeit von besonderer Bedeutung sein, denn sie bietet die Folie, vor der ich meine Überlegungen entwerfe.
Die weiteren Auseinandersetzungen werden von der Beschäftigung mit vier Interpretationsrichtungen zum Leben und Werk von Sor Juana geleitet werden. In allen vier Bereichen geht es zentral um die Frage nach der Religion und des Religiösen im Leben und Werk von Sor Juana. Als erste Interpretationsrichtung ist hier die *katholische Idealisierung* oder *hagiographische Interpretation* Sor Juanas zu nennen. Diese Interpretation setzt schon sehr früh ein, und zwar mit der ersten Biographie über Sor Juana des Jesuiten Diego Calleja *Vida de Sor Juana* aus dem Jahre 1700. Für Calleja

ist das Leben Sor Juanas das Abbild eines stufenweisen Weges zu Gott und damit auch zu ihrer Heiligkeit. Dabei scheut er sich nicht, einen Teil ihres Werkes zu ignorieren oder dessen Bedeutung herunterzuspielen. Seine Biografie über Sor Juana ist insofern auch keine kritische Auseinandersetzung, sondern ein erbauliches Traktat über Sor Juana. „Calleja weicht allem aus, was ihren Ruf verdunkeln könnte, und sagt nichts, was die beiden großen Rätsel wirklich zu erhellen vermöchten, die jeden, der sich ihrer Gestalt genähert hat, so verwirrt haben: die Gründe, die sie zur Profeß bewogen, und jene, die sie zum Verzicht auf das Schreiben und die Wissenschaft brachten." (Paz 1991, 101) Und wie Calleja machen es auch andere katholische Interpreten, allen voran sei hier Ezquivel A. Chávez (1930; 1968) genannt.

Für die katholische Interpretation ist vor allem der Konflikt um ihre Predigtkritik, ihre *Antwort an Sor Philothea* sowie der Verkauf ihrer Bücher und wissenschaftlichen Instrumente und das anschließende Schweigen ein Prozess, der sie zu ihrer Heiligkeit führt. Sie ist durch diesen Prozess geläutert worden und letztlich gelangte sie so näher zu Gott. Sie ist eine Bekehrte vor Gott. Für Tavard (1992) ist das Schweigen von Sor Juana am Ende ihres Lebens ein Indiz dafür, dass sie sich Gott zugewandt hat. Sor Juana taucht mit ihrem Schweigen in das Schweigen Gottes ein.

In dieser Interpretation hat das Subjekt keine Bedeutung. Es geht nicht darum, als Subjekt vor Gott sprachfähig zu werden, die eigene Stimme in und durch die Religion zu finden. Vielmehr fordert die Religion den unbedingten Gehorsam und ein Leben nach den Sitten und Gebräuchen, wie sie dem Stand entsprechen. Und eine Ordensfrau, die Liebesgedichte schreibt und sich erdreistet, einen berühmten Prediger und Jesuiten zu kritisieren, entspricht nicht dem Bild und dem Stand einer Ordensfrau. In der Logik der Ordnung der Dinge ist es nur verständlich, dass sie lange beobachtet wurde, um schließlich bestraft zu werden. Diese Ordnung sieht es vor, dass jede Abweichung von der Regel, vom „normalen" Verhalten als Fehler empfunden werden soll. Die Norm, die die Ordnung der Dinge ausbildet, ist dabei ein Typus ihrer Macht. Und nach Ansicht der katholischen Interpreten hat sich diese Macht nicht nur durchgesetzt, sondern auch bewährt.

Den zweiten Interpretationszugang, den ich hier eigens erwähnen möchte, nenne ich die *psychologische Interpretation*. Diese Interpretation wird vor allem durch das Werk von Ludwig Pfandl verkörpert. Pfandl bedient sich der freudschen Psychoanalyse zur Deutung von Leben und Werk Sor Juanas. In seiner Rezeption wird vor allem darauf hingewiesen, dass es ihm mit seiner Deutungsmethode gelungen ist, einige Fragen zu beantworten, die bislang im Dunkel lagen. So habe ihm die Erkenntnis des Narzissmus von Sor Juana die Möglichkeit gegeben, die Liebesgedichte, die Gedichte an die Marquesa de la Laguna sowie den Eintritt ins Kloster zu erklären. (Vgl. La Maza in seinem

Vorwort zur Übersetzung von Pfandl ins Spanische 1963.) Pfandl erkennt bei Sor Juana einen starken Narzissmus, der sich mit maskulinen Neigungen paart.[6] Sor Juana sublimiert seiner Ansicht nach ihre krankhafte Sexualität mit literarischen und wissenschaftlichen Aktivitäten und der Arbeit in der Öffentlichkeit. Die Welt des Wissens ist die männliche Welt und in dieser Welt will Sor Juana schon als kleines Kind einen Platz erhalten, wie sie auch in ihrer *Antwort an Sor Philothea* beschreibt. (Vgl. Méndez Plancarte 1957, Bd. IV, 445f.) Für Pfandl ist Sor Juana eine neurotische, kranke Frau und ihren Eintritt ins Kloster erklärt er im Zusammenhang mit der Flucht vor ihrer eigenen Weiblichkeit. Ihre Neigung zu den Wissenschaften und zur Literatur wurzelte seiner Meinung nach in einem Männlichkeitskomplex, der sie ihre Weiblichkeit, ihr Frau-Sein als hinderlich habe ansehen lassen. (Vgl. Pfandl 1946, 186f; Merkel 1986, 46f; Paz 1991, 102ff.)

Religion steht im Kontext dieser Interpretation für die Flucht vor der eigenen Existenz. Sor Juana findet demnach im Kloster einen Ort, an dem sie sich nicht mit sich selbst auseinandersetzen muss und ihr Frau-Sein keine Rolle spielt. Pfandl begründet diese Position unter anderem mit jener Stelle in der *Antwort an Sor Philothea*, wo Sor Juana von ihrem Widerwillen gegen die Ehe spricht. (Vgl. Salceda 1957, Bd. IV, 446.) Dabei übersieht Pfandl, dass Sor Juana gerade in der erwähnten *Antwort an Sor Philothea* für sich und andere Frauen um das Recht auf Wissen, Bildung und auf eine eigenständige Meinung als Subjekt kämpft. Von der Verleugnung oder Flucht vor dem eigenen Ich, dem Ich als Frau, kann nicht die Rede sein. Was unter anderem auch dadurch Bestätigung findet, dass Sor Juana sich in eben dieser Schrift bewusst in die Genealogie von Frauen stellt.[7] Und auch der *Primero Sueño* belegt, dass von der Verleugnung der eigenen Existenz und des Frau-Seins keine Rede sein kann, denn hier spricht Sor Juana von ihrem eigenen erwachenden Ich als Frau.

Als dritte Interpretationsrichtung erwähne ich hier die *feministische Interpretation* von Sor Juana. Vertreterinnen dieser Interpretation halten Sor Juana für die erste Feministin in Amerika. (Vgl. Hiriart 1973; Lavrin 1991; Schons 1991; Feder 1992.) Im Rahmen der feministischen Auseinandersetzung mit Sor Juana spielt die *Antwort an Sor Philothea* eine zentrale Rolle. Es ist ein Zeugnis ihrer Intellektualität und zugleich eine Verteidigungsschrift für die

---

[6] Dieser Position widerspricht u.a. Georgina Sabat-Rivers: „I therefore cannot accept what has sometimes been asserted: that she [Sor Juana; H.W.] wished to be identified with masculine sex. Born a woman and an intellectual, what she did do was not assert herself and demand the same rigths that were conceded to enligthened men. She did not resign herself to being a female poet with no rights or opinions of her own within the paternalistic system; she was a woman who offered, who continues to offer, a series of suggested alternatives to the male-dominated membership and attitudes of the accepted canon." (Sabat-Rivers 1991, 144f)

[7] „In the course of this autobiographical letter Sor Juana cited a total of forty-two women's names, women she considered exemplary for reasons important to her." (Scott 1994, 206)

Rechte von Frauen und Mädchen. Doch nicht nur aus diesem Grund wird dem Text so viel Bedeutung beigemessen, sondern auch im Zusammenhang mit dem, was nach der Veröffentlichung folgt – ihr Schweigen. Das Schweigen wird als ein Beweis für die erfahrene Demütigung durch klerikale Gegner und als Niederlage ihrer innersten Überzeugungen interpretiert. Das Defizit dieser Interpretationsrichtung besteht darin, dass sie die Religion von vorne herein mit dem Patriarchat gleichsetzt und damit nicht mehr in der Lage ist, die befreienden Potenziale der Religion, die sie gerade auch für Frauen haben kann, freizulegen und zu analysieren. Religion ist in dieser Interpretation nicht die Basis für die Subjektwerdung der Frau, sondern sie steht für das genaue Gegenteil. Religion bedeutet für Frauen Unterdrückung und letztlich Unterwerfung, wie es im Konflikt um ihre Predigtkritik, im Brief von Sor Philothea und in ihrer *Antwort an Sor Philothea* abzulesen ist. Auf der Basis dieser Interpretation wird Sor Juana das Opfer einer patriarchalen Religion und patriarchaler Kirchenfürsten und ihr bleibt nur das Sichbeugen und Verstummen.

Als vierte *Interpretation* hebe ich die von *Octavio Paz* eigens hervor. Paz hat in seiner Auseinandersetzung mit Sor Juana verschiedene Interpretationen noch einmal ausführlich dargestellt und seinen eigenen Standpunkt verdeutlicht. Paz steht darüber hinaus für eine moderne mexikanische Interpretation Sor Juanas. „Sor Juana Inés de la Cruz no solamente es la figura más alta de la poesía colonial hispanoamericana sono es también uno de los espíritus más ricos y profundos de nuestras letras."[8] (Paz 1985, 17) Auffallend ist jedoch bei Paz die überaus starke Betonung der Rolle Sor Juanas als Literatin. Sie ist für ihn (meist) genial und in ihren Ausführungen und Positionen vielfach ihrer Zeit weit voraus. Sie steht für Tradition und zugleich für den Bruch mit ihr. Dies verdeutlicht er vor allem in seiner Interpretation zum *Primero Sueño*. (Vgl. Paz 1991, 525-566.) Doch für Paz spielt die Religion überhaupt keine Rolle, um Sor Juana verstehen zu können. Religion ist etwas Sekundäres und Überflüssiges und ist für ihn folglich kein Schlüssel zur Interpretation. Sor Juana ist Literatin; die Tatsache, dass sie eine Ordensfrau war, ist für ihn nachrangig. Die Religion bietet für ihn nicht die Möglichkeit, zur eigenen Sprache zu finden, zu erwachen, Ich sagen zu können und das Unerhörte beim Namen zu nennen.

Alle diese Interpretationen stellen eine theologische Herausforderung dar, denn sie haben einen jeweils spezifischen Zugang zur religiösen Existenz von Sor Juana und zur Religion im Allgemeinen. Jedoch greifen alle diese Zugänge zu kurz, denn sie ordnen die Religion immer anderen Bereichen unter: der wahren Lehre, der Psychologie, dem Feminismus und der Nation und Moderne. Die Macht der Religion wird dabei entweder unter- oder überhöht. Jedoch wird nie

---

[8] „Sor Juana ist nicht nur die herausragendste Figur kolonialer hispanoamerikanischer Poesie, sie ist auch eine der reichsten und tiefsten Seelen unserer Sprache."

die Macht beschrieben, die die Religion für die Konstituierung des Subjektes hat, indem sie es sprachfähig macht und das Unerhörte beim Namen nennt. Der Herausarbeitung dieser Leistung von Religion will sich die vorliegende Arbeit stellen. Dabei steht der Zusammenhang von Sprache und Religion im Zentrum der Diskussion und im Verlauf der Arbeit soll dargelegt werden, dass die Religion einen wichtigen und entscheidenden Zugang zur Interpretation von Sor Juana bietet. Sie war eine dichtende Ordensfrau und die Religion war die Basis für das Ich-Sprechen. Sie ist es, die das Subjekt als relevante Grösse entdeckt, fördert und dem Ich Autorität verleiht. Damit setzt sie eine neue Ordnung, in der das Unerhörte zu einer wichtigen Größe wird. Das Unerhörte ist die Autorität der Selbsterhörung und die Gegenmacht der Ich-Sprache. Die Ich-Sprache ist eine Sprache, die sich widersetzt, im Sprechen und im Schweigen.

In den vier Interpretationsrichtungen hat das Schweigen am Ende ihres Lebens einen zentralen Ort. Aber keiner dieser Interpretationsversuche misst dem Schweigen die ihm zukommende Bedeutung bei. Wenn eine neue Interpretationsrichtung aufgemacht werden soll, dann muss das Schweigen anders interpretierbar sein, als es in den vier vorgestellten Interpretationen geschieht. In ihnen wird das Schweigen in unterschiedlichem Sinn interpretiert. Das Schweigen wird entweder als zustimmender Gehorsam verstanden oder aber als Ausdruck dafür, dass Sor Juana mundtot gemacht wurde und sich nichts mehr zu sagen traut. Und für Paz ist der Rückzug ins Schweigen etwas ganz anderes: Es ist der Verzicht auf das Wort, es ist Verschweigen. (Vgl. Paz 1982, 35.) Und so zeichnet Paz das Bild einer wehmütigen und einsamen Frau. „Ihr Bild ist das einer wehmütigen Einsamen, die lächelt und schweigt. [...] Sor Juanas Erfahrung, die in Schweigen und Verzicht endet, krönt unsere Untersuchung der kolonialen Ordnung, die zwar jeder Teilnahme offenstand und die ohne Zweifel eine lebendige Kulturwelt darstellte, die aber jedem persönlichen Ausdruck, jedem Abenteuer sich unerbittlich verschloß. Eine Welt, die jeder Zukunft sich versperrte." (Paz 1990, 117) Paz versteht das Schweigen Sor Juanas nicht. Er weiß, dass dieses Schweigen etwas sagt, aber was, das vermag er nicht zu entschlüsseln. Für ihn wird es zum Schweigen, das sich der Zukunft versperrt. Für ihn ist das Schweigen Aufgabe und nicht der Ausdruck, sich gerade im Schweigen treu bleiben zu können.

In allen Formen ist das Schweigen die Reaktion eines ohnmächtigen Opfers. Dabei kann das Schweigen auch einen ganz anderen Stellenwert haben, und zwar dann, wenn man es als die Darstellung von etwas Unerhörtem begreift. Das Schweigen kann als eine Erfahrung beschrieben werden, in der ein Subjekt nach den Worten für das Unerhörte sucht. Und diese Suche nach Worten ist erforderlich, weil das Unerhörte nicht mit dem Vokabular der Ordnung der Dinge zu erfassen ist. „[...], we agreed that women are having emotions, visions, experiences that no words in the patriarchal language can describe. I want to posit the posibility that there is a word, that there are many words,

awaiting women speech." (Morton 1985, 87) Das Schweigen ist der Raum, die eigenen Worte wahrzunehmen. Und zugleich ist das Schweigen ein Sprechen – es spricht von den Dingen, für die die rechten Worte noch nicht gefunden sind. Es handelt sich demnach im unerhörten Sprechen und Schweigen nicht nur um ein neues Sprechen, sondern auch um ein neues Wahrnehmen und Hören. „Not only a new speech but a new hearing." (Morton 1985, 210)
Weil die anderen Interpretationen aber das Schweigen umgehen, sind sie nicht in der Lage, die verborgene Macht des Unerhörten darin zu entdecken. Dies wird durch den Umstand erhärtet, dass es keine dokumentierten Gründe gibt, warum Sor Juana schweigt. Eine Verurteilung zum Schweigen von Seiten des Ordens, der Inquisition oder durch den Erzbischof ist nirgendwo festgehalten und bislang sind in keinem Archiv Dokumente aufgetaucht, die dies bezeugen könnten. Dieser Tatbestand lässt die Schlussfolgerung zu, dass es keine offizielle Verurteilung gab. (Vgl. Benassy-Berling 1986, 319.) Aber wenn es keine Verurteilung gab, die das Schweigen forderte, dann bedeutet dies, dass man das Schweigen in seiner bislang unerhörten Weise erklären muss: als ein Schweigen, das konstitutiv zum Sprechen von Sor Juana dazugehört. Diesem Schweigen geht die vorliegende Arbeit nach. Dabei erschließt sich seine Bedeutung nicht erst am Ende ihres Lebens, sondern sie wird in der ganzen Literatur vorbereitet. Dieser Prozess wird in der Arbeit nachgezeichnet, indem sie immer weiter nach vorn fragt. Im Unerhörten von Leben und Werk Sor Juanas liegt diese Vorgehensweise begründet, denn seine Bedeutung erschließt sich nicht historisch, sondern genealogisch, d.h. in der Repräsentanz der ohnmächtigen Diskurse, die sie führt. Aus diesem Grund steht zu Beginn der Auseinandersetzung mit Sor Juana ihr Leben und die Konfrontation mit der Gewalt am Ende ihres Lebens. Dann folgt die Auseinandersetzung mit Vieira und Sor Philothea. Diese Namen stehen für fundamentale Konflikte. In Bezug auf Vieira geht es um den Machtdiskurs einer Ordensfrau mit einem anerkannten Theologen und der Briefwechsel mit Sor Philothea steht für die Machtauseinandersetzung des Bischofs mit der Nonne. Dann folgt die religiöse Dichtung. In ihr stellt sich die Frage nach der Macht des Theaters und der Volksfrömmigkeit. Den Abschluss findet die Arbeit mit der Analyse des *Primero Sueño*. Er steht für den Machtdiskurs in der eigenen Existenz, zwischen der Schlafenden und der Erwachenden. Und in diesem Machtdiskurs wird der theologische Wert des *Primero Sueño* zu erheben sein. Er steht für ihren Bruch mit der Macht der barocken Ordnung der Dinge. Erst im Rückblick wird dieser Gehalt des *Primero Sueño* erkennbar. Er ist der Kristallisationspunkt des Unerhörten im Leben und Werk von Sor Juana.
Diese absteigende Machtlinie, welche die Ohnmacht Sor Juanas immer klarer offenbart, korrespondiert zugleich mit der aufsteigenden Machtlinie in ihrer Sprache, die sie findet. Diese Sprache ist ohnmächtig, aber zugleich eine Macht, die aus dem Schweigen kommt.

3. „... weil Er, der ihr den Verstand gab, nicht will, dass sie nichts erkenne" – Das Leben der Sor Juana Inés de la Cruz

3.1 Das Barock – Eine unerhörte Epoche

Das Barock ist ein Zeitalter der extremen Gegensätze in allen Lebensbereichen. Aus Wohlstand wird ungeheurer Luxus, Armut wird zum tödlichen Elend. (Vgl. Nagel 1989.) Religiöse Bekenntnisse treten sich als fanatisch bekämpfende Lager gegenüber. Uneingeschränkte Verfügungsgewalt und Macht sammelt sich in den Händen des absolutistisch regierenden Königs, die anderen sind seinen Entscheidungen ausgeliefert. Der Unwissenheit der Massen stehen die Aufbrüche der modernen Wissenschaften gegenüber. Daneben ist das 16. Jahrhundert wie kaum ein anderes durch geographische Entdeckungen und naturwissenschaftliche Erfindungen geprägt. Und die Erfindung des Buchdrucks macht die schnelle Verbreitung des neuen, die Ordnung der Dinge verändernden Wissens möglich. Durch Kopernikus (1473-1543) und seine Entdeckung des heliozentrischen Weltbildes, das von Kepler (1571-1630) endgültig bewiesen wurde, verändert sich die bis dahin bestehende Ordnung und die Sicht von der Welt in ihren Grundfesten. Ein neues Verständnis von den Dingen wird entwickelt. So besteht z.B. eine der Leistungen Galileis (1564-1642) darin, dass er eine neue Auffassung von der Möglichkeit physikalischer Erkenntnisse prägte. An die Stelle der Frage nach dem „Warum" setzt er die Frage nach dem „Wie" eines Prozesses. Seiner Meinung nach ist es nur mit Hilfe der menschlichen Ratio und der Mathematik möglich, den göttlichen Schöpfungsplan einzusehen und zu verstehen. Mit diesem Ansatz begründet er ein neues Zeitalter der Wissenschaft, vor allem durch eine klare Methodenlehre. Isaac Newton (1643-1727), der die klassische theoretische Physik begründete, vertritt wie Galilei die exakte Naturwissenschaft. Auch Francis Bacon (1561-1626) verändert durch seinen Zugang zur Welt und zu den Dingen die bis dahin geltende Sicht von den Dingen. Er verfolgt das Ziel, die Philosophie auf Basis von Beobachtung und Experiment zu verändern. Beobachtung und Experiment sind seiner Ansicht nach die einzig sicheren Quellen des Wissens. Die klassische Methode der Spekulation wird durch die Empirie ersetzt.
Die neuen Wissenschaften stellen die bestehende Ordnung der Dinge in Frage. Sie behaupten nicht nur entschieden eine neue Ordnung der Dinge, sie können diese auch mittels Experimente nachweisen und beweisen. Das ist neu und für die bestehende Ordnung der Dinge gefährlich. Viele von ihnen werden mit Bann belegt, verfolgt und verurteilt. Aber diese Sicht der Dinge kann dadurch nicht aufgehalten werden. Zunehmend entdeckt das Individuum seine Autorität. Es nimmt nicht mehr alles fraglos auf, es behauptet den eigenen Verstand: „Cogito ergo sum!" Der neuzeitliche Mensch fängt an, mündig zu werden. Das Individuum emanzipiert sich und es stellt das überkommene Glaubenswissen zunehmend in Frage. Die neuen Wissenschaften und ihre

Methoden werden zum Autoritätsproblem für den Glauben. Die neuen Wissenschaften und der Glauben stehen nun für das auctoritas-potestas-Problem. Die Institution der Kirche steht für die Ordnung der Dinge, die sich aufgrund des Drucks von außen mehr und mehr auf ihre *potestas* beruft. Sie steht für die Tradition und verurteilt zunächst jeden Bruch mit ihr. Aber der Bruch gehört in die Entwicklung der Geschichte, und die Kirche wird zeigen müssen, dass sie, die die *potestas* hat, auch Autorität verkörpert. (Vgl. Baruzzi 1973, 174; Lommer 1976, 5-32.) Und ein entscheidender Prüfstein ist ihr Umgang mit den Traditionen. Steht ihr Umgang damit für Traditionalismus und dafür, dass sie in ihrer Gültigkeit verfällt, oder zeigt sie, dass Tradition aus eigener Perspektive als neu anfangen verstanden werden muss? „'Neu' kann nicht bedeuten: 'Die Vergangenheit dauert an', sondern: 'Die Zukunft hat begonnen. Tradition ermächtigt uns, sie zu ergreifen'. Originalität und schöpferische Kraft sind eine Befähigung. Sie ermöglichen, mit Problemen umzugehen, sie festzustellen und zu lösen." (Klinger bislang unveröffentlichtes Manuskript, 5) Und damit entscheiden sie letztlich auch über die Autorität. *Auctoritas* hat drei Merkmale:
1. Bezogen auf die Intellektualität, das Wissen: Kompetenz auf dem jeweiligen Gebiet
2. Bezogen auf die Entscheidungskraft: Willen etwas zu tun
3. Bezogen auf das Durchsetzungsvermögen: auf Basis von Merkmal 1 und 2 auch tatsächlich zu handeln

Vor dem Hintergrund dieser Merkmale wird Autorität dann zu einer Größe, die eine Korrektur der Macht ist. Macht muss sich dann nämlich Autorität erwerben. Dieser Machtbegriff ist polar; Macht besteht und entsteht aus Wechselwirkungen der Beteiligten. Dieser polare Machtbegriff steht dem linearen Machtbegriff entgegen. Nach dem Denken in linearen Bezügen ist Macht die Fähigkeit sich durchzusetzen und basiert auf einem Denken von oben nach unten. Diese Macht braucht immer Niedriggestellte, über die sie verfügt, und daher ist sie defizitär und inhuman. Sor Juana wird im Laufe ihres Lebens immer wieder mit linearer Macht konfrontiert, wohingegen sie selbst den polaren Machtbegriff verkörpert. Und auf der Basis dieses Machtbegriffs ist sie in der Lage, mehr und mehr ihre eigene Autorität zu entdecken und auszubauen – und dies ist unerhört.

Sor Juana wird, wie andere Intellektuelle in Neuspanien, von diesen grundsätzlichen Umwälzungen erfasst. Dieses Wissen gelangt durch Bücher von der iberischen Halbinsel nach Neuspanien. Nachweislich zirkulierten auch in Neuspanien die Schriften des Erasmus, Keplers, Kopernikus wie auch die des Descartes. Verstärkt wird die Verbreitung und Auseinandersetzung mit dem neuen Wissen nicht zuletzt durch den Austausch, den die Intellektuellen des Landes untereinander führen. So ist bekannt, dass der Professor für Mathematik an der Universität von Mexiko, Carlos de Sigüenza y Góngora, ein guter Freund von Sor Juana war und sie sicherlich mit ihm über die Entdeckungen in Europa und deren Folgen sprach.

In Europa tun sich neue Gedanken und Methoden auf, die umwälzenden Charakter haben. Auf der anderen Seite gibt es enorme Beharrungstendenzen bei Institutionen wie der spanischen Krone oder der katholischen Kirche. Beide sehen die Ordnung der Dinge in Gefahr, eine Ordnung, die ihre Macht bislang sicherte und stützte. Die Kirche als eine wichtige Institution im Gefüge der Macht ist auf das Engste mit dem Repräsentanzdenken verbunden. Sie verkörpert es. Dieses Denken steht im Gegensatz zu den empirischen Wissenschaften. Das Repräsentanzdenken ist eine Konsequenz eines linearen Machtbegriffes, eines Autoritätsverständnisses, das Autorität qua Position garantiert und nicht glaubt, dass man Autorität erwerben muss. Aber dennoch wird die Bedrohung durch die neuen Wissenschaften erkannt und somit wird versucht, das überall aufkeimende „neue Denken" entweder zu verleugnen oder mittels Herrschaft zu unterdrücken.

Das Barock ist nur vor diesem Hintergrund zu verstehen. Es ist geprägt von heftigen inneren und äußeren Kämpfen: Es ist die Zeit der Gegenreformation, der Inquisition, des Dreißigjährigen Krieges und der Veränderungen auf der Landkarte der politischen Macht, des Untergangs der großen Armada, der Inflation und der Wirtschaftskrise. Das Gewohnte wird hinterfragt, Bestehendes gerät ins Wanken. Es ist eine Zeit, die von der Kontroverse zwischen fortschreitender empirischer Wissenschaft und dem Glauben an das Übernatürliche, zwischen erforschter und geoffenbarter Wahrheit geprägt ist. Neben betonter Sinnenhaftigkeit (z.B. in der Architektur und Malerei) und Gefühlsüberschwang stehen Rationalität und mystische Versenkung, die Erfahrung der Hinfälligkeit alles Irdischen und die gegenwärtige Macht des Todes. Leib und Seele, Leben und Tod, Glauben und Zweifel, Sinnlichkeit und Todesbewusstsein, Augenblick und Ewigkeit sind erlebbare Kontraste dieser Zeit. Das Barock ist eine Epoche der Kontraste und Konflikte. Brüche prägen die Geschichtserfahrung des 16. und 17. Jahrhunderts. Vergangenes wird erstmals in seinem Eigenwert wahrgenommen. Und damit gewinnt das Vergangene eine Bedeutung für die Gegenwart. Aber man besitzt die Vergangenheit nicht einfach, man muss sich mit ihr auseinander setzen, nur so kann man sie gewinnen. (Vgl. Klinger bislang unveröffentlichtes Manuskript, 12.) Durch den Bruch mit der Vergangenheit muss sich die Gegenwart neu orientieren. Der Bruch provoziert den Neubeginn. Und dieser ist notwendig, denn vieles, was man bis dahin geglaubt und behauptet hat, ist entweder falsch oder hat es nie gegeben. Anderes hingegen ist wahr, aber man hält es für falsch. Dies zeigt deutlich die Auseinandersetzung mit dem ptolomäischen und kopernikanischen Weltbild. Doch auch lange Zeit Vergessenes erscheint nun im neuen Licht (z.B. die Klassik der Antike) und wird aufgenommen und interpretiert. „Der Bruch in der Tradition ist offensichtlich, aber auch unvermeidlich. Er ist ein epochaler Vorgang." (Klinger bislang unveröffentlichtes Manuskript, 12)

Das Zeitalter des Barock ist ein Zeitalter der Gegensätze, die sich Ausdruck verschaffen: in der Architektur, in der Musik, im Theater und in der Literatur.

Und dieser „psychische und moralische Zwiespalt fand seinen Niederschlag in einer ungestümen, wildbewegten Kunst, besessen vom doppelten Bewußtsein, der Gespaltenheit und der Einheit der Welt, einer Kunst des Helldunkel, der Kontraste, der Paradoxe, der verdrehten Umkehrungen und glitzernden Behauptungen." (Paz 1991, 85) Vor allem aber findet im Barock eine Auseinandersetzung mit den Kontrasten Leben und Tod statt. Aus der Auseinandersetzung mit diesen Kontrasten entwickelt es als Antwort das Prinzip des „momento mori". „Der Barock zeichnet sich jedoch nicht nur durch die Erkenntnis der Hinfälligkeit des Menschen und der Kontingenz der Geschichte aus, sondern durch das *Reflexivwerden* der Melancholie, in der der Mensch sich seiner Eingebundenheit in die kreatürliche Ordnung der Dinge bewußt wird und – im Gegenzug zum Verlust der Heilsgewißheit – nun die Geschichte selbst in die Hand zu nehmen beginnt." (Heidbrink 1994, 31)
Die Kontraste des Barock bewegen sich mit Vehemenz auf den Punkt zu, wo die Gesellschaft auseinanderbricht. Aber das geschieht (noch) nicht. Im Barock ist man in der Lage, mit den Kontrasten zu leben, die Widersprüche in sich zu fassen. Das Barock zerbricht nicht an den Gegensätzlichkeiten der Kräfte, vielmehr sucht es nach dem Ausdruck für die Kontraste und das Unerhörte an und in ihnen. Und damit wird das Barock selbst zum Unerhörten. Es benennt Kontraste und Differenzen – das Unerhörte ist sein Produkt. Und dieser Tatbestand zeigt sich auch in der vielfach ablehnenden Art und Weise, wie über das Barock gedacht und gesprochen wird. Es ist eine unerhörte und zugleich nicht verstandene Epoche.
Und erst spät erfolgte eine Übertragung des Barockbegriffs von der Kunstgeschichte auf die Literatur. Auffallend ist vor allem zu Beginn der Benutzung des Begriffs, dass er mit einer abschätzigen, abwertenden Konnotation verwendet wird. Und dies gilt sowohl für das Reden über das barocke Wesen als auch dessen Geschmack. In der europäischen Kulturgeschichte steht der Begriff des Barock in Misskredit.
Woher der Name Barock stammt, ist ungewiss und umstritten. Eine der sprachgeschichtlichen Erklärungen, die man versucht, weist zurück auf das portugiesische „baroco", das unregelmäßige, schiefrunde Perlen bezeichnet. „Baroco" war demnach zunächst ein Kunstausdruck aus dem Juwelierhandwerk. Von hier aus nahm er dann die allgemeine Bedeutung von schief, unregelmäßig an, wie z.B. im französischen 'baroque'. Aber auch eine Verwendung des Begriffs im Sinne von 'sonderbar' existiert. Albrecht Schöne greift in seinem Buch über das Barock diesen Gedanken auf und äußert sich wie folgt: „Wenn wirklich das fremdartig-kostbare, in vielfarbenem Schmelz schimmernde, ungleichmäßige und uneinheitliche Gebilde dieser Perle dem Barockzeitalter seinen Namen leiht, dann scheint die vielfarbig schimmernde, die uneinheitlichste, ja gegensätzlichste und spannungsreichste Epoche unserer Dichtungsgeschichte glücklich benannt." (Schöne 1968, X)
Schöne spricht aus der Perspektive des 20. Jahrhunderts über das Barock und dieses Jahrhundert ist es auch, das das Barock wieder entdeckt. In den

Jahrhunderten vorher geriet es mehr und mehr in Vergessenheit. Im 19. Jahrhundert zeigt sich, dass diese Epoche mit ihren Werken unverstanden und weitgehend unerwähnt bleibt. Man beschäftigt sich nicht mit dieser Epoche. Es gehört im 19. Jahrhundert zum guten Ton, sich hinsichtlich des Barock eher mit Ignoranz zu schmücken, denn mit offener Negierung. Man beschränkt sich darauf, ihn für die Benennung eines übertriebenen, gekräuselten, formalistischen Stils zu verwenden. Eines Stils, der jedes wirklichen Tiefgangs entbehrt und den man für unfähig hält zu befruchtender Wirkung in der Geschichte. (Vgl. Berg 1995, 217.)

Erst im 20. Jahrhundert wird der kunstgeschichtliche Stilbegriff Barock zu einem Epochenbegriff. In den Literaturwissenschaften kommt es um 1920 zu einer Neubewertung des Barock. Barocke SchriftstellerInnen werden wieder entdeckt und ihr Metaphernreichtum und ihre Sprachfähigkeit hochgeschätzt.

Diese Entwicklung haben auch die barocken Schriften Sor Juanas durchlaufen. Im 16. und 17. Jahrhundert ist sie eine viel gelesene und besprochene Autorin. Ihre Schriften und Bände werden in Spanien und in der „Neuen Welt" mehrfach aufgelegt. Zieht man die spezifischen Möglichkeiten der damaligen Zeit in Betracht, so muss man sagen, dass ihr Bekanntheitsgrad und Ruhm als Autorin außergewöhnlich war. Dieser Umstand ändert sich jedoch nach 1725, als ihre Schriften nicht mehr neu verlegt werden. Ihr Name gerät in der allgemeinen Verachtung des Barock und seiner Ästhetik zunehmend in Vergessenheit. Erst als im 20. Jahrhundert das Barock wieder entdeckt, in neuem Licht gesehen wird– erfährt dies auch Sor Juana und ihr Werk. Doch es ist anzumerken, dass die Wiederentdeckung in Lateinamerika lange Zeit dadurch behindert wurde, dass man kein Interesse für AutorInnen aufbrachte, die mit einer Zeit und einer Nation verbunden waren, von der man sich abnabeln und trennen wollte. Diese AutorInnen passten nicht in das Projekt der Unabhängigkeit.

José Lezama Lima zeichnet in seinem Werk *La curiosidad barroca* das Bild eines Barockbegriffs, der von Wertschätzung geprägt ist und an den amerikanischen Realitäten entlang entwickelt wird. „Unserer Wertschätzung nach muss man hinsichtlich des amerikanischen Barock folgendes feststellen: erstens, es gibt im Barock eine Spannung; zweitens, einen Plutonismus, ein ursprüngliches Feuer, das die Fragmente zerbricht und wieder zusammenfügt; drittens, es handelt sich nicht um einen degenerierten Stil, sondern um einen Stil im Vollsinne des Wortes, der in Spanien und in Spanisch-Amerika eine Bereicherung der Sprache herbeigeführt hat, wie sie in der Welt ihresgleichen sucht: Möbel zum täglichen Gebrauch; Lebens- und Wissensformen, mystische Erfahrungen, die der christlichen Predigt neue Bahnen eröffnen; Veränderungen des Geschmacks und der Zubereitung der Speisen, denen Leben entströmt auf allen Ebenen; raffiniert und geheimnisvoll, theokratisch und in sich gekehrt, unbestimmt in der Form und fest verwurzelt im Wesentlichen. Einen Ausspruch von Weisbach wiederholend und ihn auf die Verhältnisse in Amerika anwendend, können wir mithin sagen, daß das Barock

bei uns eine Kunst der Gegeneroberung gewesen ist." (Lezama Lima z.n. Berg 1995, 218)
Bezugnehmend auf den Plutonismus, von dem Lezama Lima spricht, bedeutet dies die Anbindung des Barock an etwas Kreatives, wo Elementarteilchen zu neuen Einheiten geschmolzen werden. (Vgl. Berg 1995, 219.)
Das Barock in Amerika als *contraconquista* zu bezeichnen, ist neu und erinnert an die *contra-reforma* (die Gegenreformation). Die Gegenreformation vermochte die Spaltung der Kirche nicht rückgängig zu machen, aber sie hat der katholischen Kirche ein neues und gestärktes Selbstbewusstsein gegeben. Und eine ähnliche Wirkung liegt auch dem Sprechen von *contra-conquista* zugrunde. Seit der Eroberung und in der anschließenden Phase der Kolonisation werden nicht nur Waren aus der „Neuen Welt" herausgebracht, sondern es kommen auch Personen, Dinge, Sprachen, Ideen von Europa über Spanien in die „Neue Welt". Und diesen Prozess und seine Konsequenzen konnten die Spanier weder vorhersehen noch in seiner Eigendynamik steuern. Insofern ist das amerikanische Barock nicht die Kopie eines fremden Stils, übernommen von den Eroberern, sondern die Schaffung von etwas Eigenem, etwas Neuem aus der Differenz heraus. Aus der Konfrontation der unterschiedlichen Kulturen in der „Neuen Welt" entsteht etwas Neues – eine Installation, Collage.
Diese Entwicklungen bezeichnen aber nicht nur einen ästhetischen Vorgang, sie stellen auch die Überlebensfrage der Eroberten mit ihrer eigenen Kultur und Religion. Durch Deutungen und Veränderung wird verborgenes und verbotenes Wissen am Leben gehalten und tradiert. Ein Beispiel hierfür sind die afro-amerikanischen Religionen (Candomblé, Umbanda, u.a.). (Vgl. Rehbein 1989; Figge 1973, 1980; Flasche 1973.)
Dieser eigensinnige und unerhörte Umgang mit verschiedenen Kulturtraditionen lässt sich auch im Werk von Sor Juana nachweisen. Sie benutzt die Bibel, die Schriften des Ovid als Quellen und in ihren Fronleichnamsspielen *(autos sacramentales)* tritt América auf die Bühne und benutzt die Sprache der Indios. (Vgl. Kap. 5.) In der Art und Weise, wie Sor Juana die unterschiedlichen Stränge nutzt, arrangiert, interpretiert, entsteht etwas Neues, Eigenes, bis dahin nicht Gehörtes, etwas Unerhörtes – etwas Barockes. Diese stilistischen Verfremdungen überlieferter und traditioneller Denkmuster sind typisch für das Barock. Sie sind Zeichen seiner Eigenart. Das Barock ist ein „Gesamtstil des Lebens und Denkens, der Staat und Gesellschaft, Kirche und Theologie, Kunst und Wissenschaft zugleich umfasst, der letzte Gesamtstil, den es in Europa und weltweit bis heute gegeben hat. Dieser Stil ist ein Stil der Repräsentanz geistlicher und weltlicher Macht. Er entsteht auf dem Boden einer Neuorganisation der Herrschaftsverhältnisse und Einflußzonen in und zwischen den europäischen Ländern. Er ist wegen seines Repräsentanzcharakters ein weltlicher Stil. Das Geistliche wird in ihm weltlich dargestellt, es ist repräsentativ im Raum der Welt. Das Geistliche wird säkular zum Thema. Und dies bedeutet, daß es sich in Raum und Zeit behaupten muss.

Dies ist eine entscheidende Veränderung zum Mittelalter, denn dort stand das Weltliche vor der Aufgabe, sich gegenüber dem Geistlichen behaupten zu müssen. Vor diesem Hintergrund ist die Aufteilung der südamerikanischen Länder zwischen Spanien und Portugal durch den Papst eine wirklich barocke Tat. Er hat kraft seiner geistlichen Macht eine Schiedsrichterfunktion in der Welt und stellt sie auch weltlich dar." (Klinger bislang unveröffentlichtes Manuskript, 16)
Das Barock ist ein Stil, der alle Bereiche des menschlichen Lebens umfasst hat: Staat und Gesellschaft, Kirche und Theologie, Politik und Religion, Wissenschaft und Kunst. Die Wahrnehmung dieser Bereiche und die Auseinandersetzung mit und zwischen ihnen war in besonderer Weise vom Repräsentanzcharakter erfasst. Alles was ist, repräsentiert sich in der Welt. Dies ist neu. Auf einmal hat sich auch die Kirche in der Welt zu repräsentieren. Sie wird zu einer Größe, die sich in der säkularen Welt darzustellen hat, und damit überschreitet das Barock das Mittelalter. Im Mittelalter musste sich die Religion nicht in der Zeit behaupten, vielmehr bestimmte sie die Zeit. Das Weltliche hatte sich gegenüber der Macht des Geistlichen darzustellen und zu behaupten. Das ist im Barock nun anders. Und die Neuerungen des Barock gelten nicht nur für ein Land, sondern gelten weltweit, in der „alten" und in der „neuen" Welt. Das Barock ist eine transkontinentale Wirklichkeit. Und als eine solche Wirklichkeit spricht es eine universale Sprache. Diese steht aber im Widerstreit mit den eigenständigen Stimmen in der „neuen" Welt bzw. sie werden massiv in Frage gestellt. Erst der weitere Prozess wird zeigen, ob die transkontinentale und universale Größe des Barock in all seinen Formen und Facetten Unerhörtes zur Sprache und zur Repräsentanz bringt, oder es unterdrückt und verschweigt.

3.1.1 Neuspanien – Barock in der „Neuen Welt"

Die Conquista stellt in der Geschichte Mexikos (Lateinamerikas) einen Bruch dar. Sie ist eine fundamentale Wegmarke in der Entwicklung dieses Landes und des Kontinentes. Mittels dieser Marke ist eine Einteilung der Zeit möglich:
- in eine präkolumbianische Welt,
- in die Zeit der Conquista und des katholischen Vizekönigreiches Neuspanien,
- in eine Zeit der Unabhängigkeit und der Gründung von Staaten. (Die Republik Mexiko z.B. wird 1821 gegründet.)

Als Resultat der Eroberung ergibt sich „etwa in der Mitte des 16. Jahrhunderts folgendes Bild des hispano-lusitanischen Kolonialreiches: Das riesige Gebiet ist eingeteilt in zwei ausgedehnte Vizekönigtümer: Zum einen 'Nueva España' mit der Hauptstadt Mexiko, wo bereits 1535 - 1550 der erste Vizekönig A. de Mendoza regiert; zum anderen 'el virreynato del Perú' mit der Hauptstadt

Lima. Das Kolonialgebiet Portugals besteht aus Brasilien, das allerdings erst 1763 zum Vizekönigtum erklärt wird. Neuspanien umfasst im 16. und 17. Jahrhundert das gesamte – bis weit in die heutigen USA hineinreichende – Gebiet Mexikos, Mittelamerikas, der Karibik sowie – auf dem südamerikanischen Kontinent – Venezuelas. Zum Vizekönigtum Peru dagegen rechnen sowohl das riesige Gebiet des ursprünglichen Inkaterritoriums als auch das Gebiet des heutigen Kolumbiens sowie Argentinien (soweit das Gebiet bereits in vorkolumbianischer Zeit Teil des Inkaterritoriums war)." (Berg 1995, 42)
Die Herrschaftsform des Vizekönigreiches Neuspanien ist die der Patrimonialherrschaft, d.h., in ihr herrscht ein einzelner mit Hilfe seiner Bediensteten und Anhänger. In einer solchen Herrschaftsform muss die Zentralgewalt immer davor auf der Hut sein, dass durch Privilegien nicht unabhängige und der Zentralmacht gefährlich werdende Schichten innerhalb der Gesellschaft entstehen können. Für die spanische Krone bedeutete dies, die Befugnisse und Machtpotenziale der Vizekönige systematisch zu kontrollieren und einzudämmen, wo immer nur nötig und möglich. Aufgrund der Schaffung von Strukturen war es möglich, das System zu kontrollieren und gleichzeitig zu stabilisieren. Der institutionelle Rahmen sorgte letztlich dafür, dass das Kolonialsystem Spaniens über dreihundert Jahre funktionierte.
Die zweifellos wichtigste Institution in diesem System ist die absolutistische Monarchie in Spanien. Die eroberten Gebiete in der „Neuen Welt" werden zum persönlichen Eigentum der Spanischen Krone. Und es ist der Vizekönig, der die spanische Monarchie in den Kolonien repräsentiert. Bei diesen handelte es sich in der Regel um Angehörige des Hochadels, des hohen Klerus oder des Militärs. Von den 170 Vizekönigen, die im Zeitraum der Epoche herrschten, stammten nur vier aus Übersee, alle anderen waren Spanier. Repräsentation und politische Machtausübung gehen beim Vizekönig Hand in Hand. Politisch besteht seine Funktion darin, für die Sicherung der Grenzen, den Oberbefehl über die Flotte, den Vizepatronat über die Kirche zuständig zu sein sowie die Aufsicht über die Finanzen und die Verwaltung zu haben. (Vgl. Berg 1995, 48.) Die Vizekönige von Neuspanien waren Gouverneure, Generalkapitäne sowie Vorsitzende der real audiencia (des Obersten Gerichts). Die vier Titel bezeichnen vier Ämter: „Zunächst war der Regierungschef Neuspaniens als Vizekönig *alter ego* des Monarchen; als Generalgouverneur war er ein Art Premierminister oder Regierungschef, mit der Verwaltung und dem Gang der Regierungsgeschäfte betraut; als Generalkapitän leitet er die Verwaltung der militärischen Angelegenheiten [...]; als Präsident der *real audiencia* bestimmte er die allgemeine Politik des Landes und sprach Recht." (Paz 1991, 40) Durch ein ausgeklügeltes System sind qua Verfassung Regelungen und Regelsysteme aufgebaut, die eine Überwachung des Vizekönigs in all seinen Ämtern und Funktionen ermöglichen. „Die Struktur basierte unter anderem auf Kontrolle und Gegenkontrolle, da nur in dieser Weise die entfernte Kolonie seitens Spaniens beherrscht werden konnte." (Eggensperger 1997, 658) Und eine

wichtige Funktion in diesem System der Kontrolle und Gegenkontrolle hatte der Indienrat, dem gegenüber er verantwortlich blieb. Der *Consejo de las Indias* ist Legislative, Judikative und Exekutive in einem. Er ist für die Gesetzgebung in den Kolonien verantwortlich und zugleich obliegt ihm die Ausübung und Überwachung derselben. Von daher ist in Bezug auf die Rolle des Vizekönigs zu sagen, dass er zwar die uneingeschränkte Macht des spanischen Monarchen repräsentieren sollte, aber auf keinen Fall sollte sich diese Macht verselbständigen.

Eine weitere wichtige Institution im Kolonialreich waren die *audiencias*, „eine in unregelmäßigen Abständen und an immer wieder neuen Orten des Reiches tagende oberste Justiz- und Verwaltungsbehörde. [...] Die Auswahl der Ratsmitglieder gehorchte dem gleichen Prinzip wie die Nominierung des Vizekönigs: Die Mitglieder bestanden ausschließlich aus Spaniern; ihre Familien und ihre Güter verblieben im Mutterland. Während sie in der Neuen Welt waren, war es ihnen verboten zu heiraten, Handel oder Geldgeschäfte zu treiben; sogar die Anwesenheit bei Hochzeiten oder Begräbnissen war ihnen versagt." (Berg 1995, 48)

Wie auch die anderen Institutionen im Vizekönigreich besteht die Aufgabe der *audiencias* in konkreten Funktionen, aber eben auch in symbolischen Handlungen. Es geht um die Regelung juristischer Fragen wie auch „um die Kreierung eines gleichsam puritanischen, streng hierarchisch strukturierten Rechtsbewußtseins als solchem." (Berg 1995, 48)

Im System der Patrimonialherrschaft muss sich die Zentralgewalt der Loyalität ihrer Bediensteten versichern, vor allem dann, wenn diese in ihrem Namen, aber sehr weit entfernt regieren. Dies war in besonderer Weise in Neuspanien der Fall und aus diesem Grund blieben die Vizekönige immer nur für bestimmte Zeit im Amt. Gegen Ende der Regierungszeit Karl V. wurde die Formel „nach dem Willen des Königs" in eine Zeitspanne von drei Jahren umgeändert. Die Regierungszeit konnte für den Vizekönig aber auch verlängert werden, sofern es der Monarch bestimmte. „Bei den vier Vizekönigen, die Sor Juana protegierten (Marqués de Mancera, Fray Payo de Rivera, Marqués de la Laguna und Conde de Galve) wurde die Regierungsdauer auf neun, sechs, sechs und sieben Jahre verlängert." (Paz 1991, 41)

Mit der Befristung der Regierungsdauer sollte unterbunden werden, dass sich eine Gegenmacht zum König von Spanien entwickeln konnte. Und die Vizekönige durften weder Töchter/Söhne noch Schwiegertöchter/Schwiegersöhne mit nach Neuspanien nehmen. Diese Bestimmung konnte nicht umgangen werden und sie machte die Angehörigen des Vizekönigs zu einer Art Geiseln des Königs. (Vgl. Paz 1991, 41.)

Aber es gab noch eine weitere Form der Kontrolle der Vizekönige – die Institution der *visitadores*. Ihr Vorbild findet sich bereits im Altertum und Mittelalter, wie z.B. in den *missi dominici* Karls des Großen. Die *visitadores* in Neuspanien waren allgemein wegen ihrer Strenge gefürchtet. Doch das bei

35

weitem wichtigste Kontrollinstrument stellte das *juicio de residencia* (das Rechnungslegungsverfahren) dar. Das sechs Monate andauernde Untersuchungsverfahren begann am Ende einer jeden Amtsperiode des Vizekönigs und stand auf der Grundlage der Dienstanweisung, die der Vizekönig bei seiner Ernennung erhalten hatte. Alle Amtshandlungen wurden in diesem Verfahren der Überprüfung anheim gestellt.
Das politische System des Patrimonialismus und die merkantilistische Wirtschaftsform werden in Neuspanien durch den vizeköniglichen Hof ergänzt. Neuspanien war eine Hofgesellschaft. Der Hof ist Mittelpunkt und Spitze der Gesellschaft. Der königliche Hof übt entscheidenden Einfluss auf das politische und kulturelle Leben aus. Gerade im Bereich der Kultur nimmt der Hof die Funktion einer Vermittlungsinstanz der europäischen Adelskultur an. Er ist der Ort kollektiver Nachahmung. Und der Hof ist es auch, der die Struktur der Gesellschaft prägt und vorgibt: Es ist eine kleine Gruppe Spanier, die über Indios und Sklaven herrscht. Die Herkunft entscheidet über die Position in der gesellschaftlichen Hierarchie. Und selbst diese Gesellschaft wird von Spanien aus gesteuert. „Und überhaupt blieb der Einfluß des spanischen Mutterlandes ungebrochen. Dies zeigt auch die soziale Schichtung im Vizekönigreich. Die eigentlichen Ureinwohner – die *indígenas* – blieben selbstverständlich von wichtigen Ämtern ausgeschlossen. Die Mestizen müssen im 17. Jahrhundert hinsichtlich ihrer gesellschaftlichen Stellung noch als Randexistenzen eingestuft werden. Ähnlich problematisch war die Rolle der in Hispanoamerika geborenen Kreolen. Obgleich sie spanische Vorfahren hatten, blieben ihnen bestimmt politische oder militärische Aufgaben verwehrt." (Eggensperger 1997, 259) Die spanische Krone limitiert die Zuwanderung von Spaniern und Personen anderer Nationen. Und bei der Zuwanderung wird streng darauf geachtet, dass die Zuwanderer katholisch sind. So verwundert es nicht, dass die katholische Kirche eine wichtige und tragende Säule der spanischen Kolonialherrschaft in Neuspanien war. Ein wichtiges Merkmal ist dabei die Verflechtungen zwischen Staat und Kirche. „Juristische Grundlage dieses Verhältnisses bildet das *patronato*, das allgemeine Investiturrecht für Bischöfe und kirchliche Benefizien aller Art, das den katholischen Königen auf dem Höhepunkt der 'Reconquista' in einer päpstlichen Bulle von 1486 zugestanden worden war. Der Geltungsbereich des 'patronato' war auf das maurische Königreich Granada beschränkt, wurde aber von der Monarchie seit dem Beginn der Eroberung auf die neuentdeckten Gebiete in Amerika übertragen. Die Macht der spanischen Krone über die Institution Kirche war damit – abgesehen vom Modell des ehemaligen Königreiches Granada – beispiellos. Es blieb der offiziellen Kirche deshalb kaum eine andere Wahl, als die von der Monarchie geschaffenen Realitäten alsbald auch *de jure* zu sanktionieren; der spanische Monarch erhielt das Recht, den Titel des 'Vikars Christi' zu führen." (Berg 1995, 49)
Auch wenn das Verhältnis zwischen Staat und Kirche immer wieder von Interessenkonflikten gestört wurde, ist dennoch zu sagen, dass es dabei wohl

viel mehr an Interessenskoalitionen denn Konflikten gab. Dies nicht zuletzt aus dem Grund, dass sich die spanische Macht als christliche Macht verstand. Die spanische Macht brauchte die Kirche unter anderem zur ideologischen Begründung ihrer Projekte. Und die Kirche brauchte den Staat zur Durchsetzung ihrer missionarischen Aufgaben in der „Neuen Welt". „Die Interessenkoalition von 'Schwert und Kreuz' gehört damit zu den Basisbedingungen der spanischen Herrschaft in Amerika." (Berg 1995, 50) Doch wie jede Beziehung unterlag auch die zwischen Krone und Kirche einer Eigendynamik, die von Seiten der Kirche vor allem von den Ordensgemeinschaften vorangetrieben wurde.[9] Gegenreformatorischer Glaubenseifer und humanistische Ideale führten dazu, dass die Praktiken der Kolonisatoren mehr und mehr beobachtet und kritisiert wurden. Bereits 1511 klagt der Dominikaner Antonio de Montesinos (ca. 1480-1540) in einer Predigt öffentlich die Praktiken der Kolonisatoren im Umgang mit den Indios an. Und er legt damit den Grundstein für die 1512 in Burgos (Leyes de Burgos) erlassenen Indianerschutzgesetze. Am 27. Dezember 1512 erlässt der König die „Ordenanzas para el tratiamiento de los Indios" (Gesetze über die Behandlung der Indios). Aber es ist zu sagen, dass diese Gesetzes zwar eine Schutzgesetzgebung für die Indios darstellen, doch das System nicht in Frage stellen. „Auch diese Änderungen beinhalten keine grundsätzliche Neudefinition der rechtlichen Lage der Indios. Daher waren die Gesetze von Burgos und von Valladolid eher eine Niederlage der Missionare im Kampf um die Menschenwürde und Menschenrechte der Indios. Die Gesetze waren zwar geeignet, das königliche Gewissen und das der Siedler zu beruhigen, doch sie konnten, selbst wenn sie umfassend befolgt worden wären, keine durchgreifende Verbesserung bewirken, weil sie das Übel an den Symptomen, nicht an der Wurzel zu bekämpfen versuchten." (Sievernich 1992, 96)
Bartolomé de Las Casas (1484-1566), der spätere Bischof von Chiapas, stellt sich wie Montesinos in den Dienst der Indios. (Vgl. Meier/Langenhorst 1992; Gutiérrez 1989.) In seiner Kritik an den Praktiken der Kolonisatoren gegenüber den Indios beschränkt er sich nicht auf einzelne Punkte der Gesetzgebung und Praxis, „sondern wendet sie ins Grundsätzliche; diese fundamentale Kritik, die zugleich die dominikanische Auffassung widerspiegelt, betrifft vor allem drei, für das koloniale Wirtschaftssystem zentrale Punkte: (1) Er hält das Zusammenleben von Spaniern und Indios unter den gegebenen Umständen für illusorisch und, was das Christentum angeht, für kontraproduktiv; für ihn gilt im Gegenteil die 'moralisch sichere Regel', dass Indianer nur dann Christen werden können, wenn sie keinen Kontakt mit den Spaniern und ihrer Korruption haben (*Obras* II, 197). (2) Daher kritisiert er vehement die 'verdammten Repartimientos' oder die Encomienda, die ja Arbeitszwang und Missionsauftrag, zu Lasten des letzteren, verkoppeln und

---

[9] Vgl. hierzu Gliederungspunkt 3.3.1 Missionierung in der „Neuen Welt".

die seiner Auffassung nach 'an allem schuld' sind (*Obras* II, 206); schon die in den Gesetzen gemachte Voraussetzung zur guten Behandlung und zur Bekehrung der Indios seien also grundfalsch. (3) Schließlich qualifiziert er diese Voraussetzung der Repartimientos als 'Wurzel der tödlichen Wunde, die die Indios tötet und sie hindert, den wahren Gott kennenzulernen' (*Obras* II, 209)." (Sievernich 1992, 94f)
Vor allem auf seine Interventionen geht das Erlassen der „Leyes Nuevas" durch Karl V. (1542) zurück, in denen u.a. der Encomiendabesitz drastisch eingeschränkt wird und ihre Neuvergabe für die Zukunft sowie die Definition ihres Status als Vasallen des spanischen Königs verboten werden. (Vgl. Sievernich 1992, 96; Dussel 1985, Bd. II, 145-160.)
Außerdem ist hervorzuheben, dass Las Casas einen Bekehrungsprozess in dieser Frage durchgemacht hat. Nach seiner Bischofsweihe (1544) hatte er noch vier Sklaven für häusliche Dienste mit nach Chiapas genommen, doch um 1547 gelangt er zu der Erkenntnis, dass das Recht der Schwarzen dem Recht der Indios gleich ist. Er verfasst einen leidenschaftlichen Traktat zur Verteidigung der Sklaven. (Vgl. Meier 1991, 281.)
Darüber hinaus sah sich die spanische Krone mehr und mehr unter Argumentationszwang, die Rechtmäßigkeit der Eroberung auch vor anderen Staaten darzulegen. „Es war der Dominkaner Francisco de Vitoria, der 1539 in Salamanca diesen Erwartungen zu entsprechen versuchte und eine auf den Grundsätzen des scholastischen Völkerrechts fußende Argumentation vorlegte, die eine Besetzung der überseeischen Gebiete mit friedlichen Mitteln und dem ausschließlichen Ziel der Missionierung für erlaubt hielt, die Anwendung kriegerischer Mittel jedoch nur für den Fall konzedierte, daß die Indianer die freie und friedliche Predigt des Evangeliums zu verhindern trachteten." (Berg 1995, 50f)
Die Conquista und die Herausbildung der neuspanischen Gesellschaft war ein absolutistisches und zugleich katholisches Projekt. Beides basierte auf dem Selbstverständnis des spanischen Königs. Der spanische König verstand sich nicht als der erste Diener des Staates, sondern als erster Diener Gottes. Und er herrschte absolut, weil er selbst ein Gehorchender war, ein Gehorchender Gottes. (Vgl. Schneider 1982, 254.) Aber auch der unerschütterliche Glaube der spanischen Krone an die Religion konnte nicht ewige Macht garantieren. Je größer Spaniens Machtbereich wurde, desto unbeholfener und gefährdeter wurde es. Die Holländer und auch die Engländer erstarkten unbeobachtet. Sie waren es letztlich, die das spanische Reich zersprengten. Spanien verlor mehr und mehr an Einfluss in Europa. „Obgleich der Zustrom des amerikanischen Edelmetalls sich vielleicht nicht einmal verminderte, ging er jetzt in zunehmendem Maße nach Amsterdam [...] [Im 17. Jahrhundert; H.W.] vegetierte Spanien aus Menschen- und paradoxerweise aus Gold- und Silbermangel dahin. Der Mangel an Einwohnern war darauf zurückzuführen, daß die Errichtung neuer spanischer Reiche in Amerika während anderthalb Jahrhunderten Tausende – angefangen von den Conquistadores bis zu den

Ausbeutern großer Bergwerke und Estancias – zum Auswandern veranlaßt und das ohnehin menschenarme Mutterland entvölkert hatte. Der Gold- und Silbermangel ging darauf zurück, daß die gesamte im 16. Jahrhundert auf Sevilla ausgerichtete Handelsorganisation von der niederländischen Konkurrenz allmählich zerstört und von den Staatsbankrotten außerdem hart mitgenommen wurde. [...] Für die Wirtschafts- und Finanzkraft Spaniens war es eine schwere Bürde, die Heeresmassen zu unterhalten, die ständig zwischen der Iberischen Halbinsel, Italien, Franche-Comté und den Niederlanden im Kampf gegen Frankreich hin- und herbewegt werden mußten. Der Unterhalt der amerikanischen Kolonien tat ein übriges. Der Adel verarmte, [...] und die Städte litten noch schwerer als das Land unter der wirtschaftlichen Rezession. Hinter der majestätischen Fassade des immer noch eroberungslustigen Spanien wurde die wirtschaftliche und politische Wirklichkeit von Jahr zu Jahr düsterer." (Mandrou 1984, 18f)

In den Auseinandersetzungen um Vormachtstellung, Eroberungen, Besitz und Ausbau sowie Festigung des Königreiches sind die BewohnerInnen des Landes die Vasallen der Krone. Ihre Ängste und Sorgen, ihre Nöte und ihr Kampf ums tägliche Überleben werden nicht gehört. Ebenso unerhört bleiben die Neuerungen, die nicht den Interessen der Krone entsprechen, die zu einer Bedrohung für die bestehende Ordnung der Dinge werden können. All dies führt dazu, dass das System zunehmend hohler wird, es steht auf tönernen Füßen. Spannungen bauen sich auf: zwischen den politischen Repräsentanten und der verarmten Bevölkerung, zwischen religiösen und politischen Traditionalisten und den Anhängern der neuen Wissenschaften und ihrer Methoden. Auf all diesen Ebenen ist auch hier das Problem zwischen auctoritas und potestas zu erkennen, das Problem liegt auf der Hand. Es wird zu spät in seiner Schärfe wahrgenommen, der Bruch ist unausweichbar vorgezeichnet.

Die neuspanische Kultur ist eine patriarchale Kultur und sie ist eine Kultur des (männlichen) Wortes. Männer predigen von den Kanzeln, Männer lehren in den Universitäten, Männer diskutierten bei Hof. Männer schreiben Bücher und sie sind es in der Regel auch, die die Bücher lesen. Denn weder Schulen noch Universitäten stehen Mädchen und Frauen offen. „Women were told what was womanly and how to behave accordingly by men such as intellectuals, leading educators, or spiritual directors." (Lavrin 1976, 25) Die Ordnung der Dinge sieht es nicht vor, dass Frauen ein eigenständiges und unabhängiges Leben führen können. Die Frauen sind die Objekte der Väter, Brüder und Ehemänner. (Vgl. Leonard 1974, 261.) Vor diesem Hintergrund ist es unerhört, dass Sor Juana eine der meist gelesenen SchriftstellerInnen Neuspaniens wurde. (Vgl. Paz 1991, 404.) Sor Juana gelangt zu beachtenswertem Ruhm und Erfolg. Sie ist außergewöhnlich, und dieser Umstand ist es auch, dem sie ihre allgemeine Beachtung verdanke. Auf dem Parkett des vizeköniglichen Hofes erhält sie die Bühne, sich darzustellen und zu entwickeln. Ihre Gedichte repräsentieren die Gepflogenheiten bei Hof, zollen den Repräsentanten der königlichen Macht

Achtung und Ehrerbietung. Ähnlich verhält es sich mit der katholischen Kirche. Als Ordensfrau repräsentiert sie diese. Dies wird gerade auch in ihren letzten Lebensjahren besonders deutlich, als männliche Würdenträger der Kirche sie mehr und mehr zurechtweisen und von ihr fordern, sich in einer angemessenen Art und Weise als Ordensfrau darzustellen. Ihre Themen sollten frommer werden. (Vgl. Kap. 4.5.)
Hof und Kirche wollen Sor Juana jeweils als Repräsentantin ihrer Institution und Macht. An Sor Juana als eigenständiger Frau, mit eigener Sprache sind sie nicht interessiert. Der Hof will die Huld und die Kirche den Gehorsam. Letzeres macht der Konflikt in den letzten Jahren ihres Lebens besonders deutlich. Ihre Stützen am vizeköniglichen Hof sind längst wieder in Spanien und die männlichen Repräsentanten der Kirche verlangen, dass sie die Sprache der Kirche, aber eben nicht mehr ihre eigene Sprache spricht. Hof und Kirche sind Institutionen einer patriarchalen Ordnung, die an einer eigensinnigen Frau nur wenig Interesse finden können. Vielmehr stellt sie für die Ordnung der Dinge eine potenzielle Gefahr und Bedrohung dar. Aber Sor Juana wird im Laufe ihrer Entwicklung zunehmend eigensinniger und sprachfähiger. Sie findet durch die Unterstützung und den Schutz von Freundinnen (besonders den Vizeköniginnen Marquesa de Mancera, Leonor Carreto und Marquesa de la Laguna, Maria Luisa Manrique de Lara y Gonzaga, Condesa de Paredes de Nava) und durch das Kloster als ihrem Ort der Menschwerdung den Raum, sie selbst zu werden. Sie ergreift die Möglichkeit unter diesen Konstanten zu Wissen zu gelangen, eigene Gedanken zu entwickeln und Disputationen zu führen - sie selbst zu werden und Ich sagen zu können.

3.1.2 Frömmigkeit und Theologie im Barock

Das Barock stellt einen Bruch und einen Neubeginn dar. Es ist auch die Epoche, die die subjektbezogene Frömmigkeit entdeckt und fördert. Der Wir-Gedanke wird durch den Ich-Gedanken abgelöst. Von dieser Ablösung sprechen noch heute Kirchenlieder wie: „Ich will Dich lieben meine Stärke, ich will Dich lieben meine Zier ..." (Gotteslob Nr. 558) aus dem Jahr 1657 von Angelus Silesius. Im Barock wird, in der Umsetzung der tridentinischen Reform, das eucharistische Element stark hervorgehoben. Dies ist auch die Erklärung dafür, dass gerade in der Zeit des Barock die eucharistischen Andachten anwachsen. Daneben erfreuen sich auch die damals ausgebildeten Maiandachten und das Rosenkranzgebet als Gemeinschaftsgebet großer Beliebtheit. In dieser Zeit finden auch erstmals die Singmessen ihre Ausprägung und Gestaltung. Ein Schatz an neuen Liedern wächst heran. Religion wird als etwas entdeckt und gefeiert, das mit den Gefühlen und den Erfahrungen der Menschen zu tun hat. Die Religion wird, gerade auch in den neuen Formen, zu einem Ort, Gefühle auszudrücken. Die barocke Frömmigkeit

ist gefühls- und subjektbetont und der Glauben durchdringt alle Bereiche des Lebens, auch des Raumes und der Natur.
Die Theologie des Barock ist von einem neuen Erleben Gottes, seiner Grenzenlosigkeit, seiner Freiheit wie auch der Freiheit des Menschen vor Gott geprägt. Zu dieser Erfahrung der Grenzenlosigkeit tragen auch die naturwissenschaftlichen Erkenntnisse bei: Kugelgestalt der Erde, ihre Drehung um sich selbst und um die Sonne, die „Entdeckung" Amerikas. Im Barock muss sich gerade auch die Religion zu den neuen Erkenntnissen aus dem Bereich der Wissenschaften und ihrer Entdeckungen und Betonungen der Empirie verhalten. Das Zeitalter des Barock bringt Neues in der Wissenschaft hervor. Es schafft eine neue Ordnung von Diskursen und nimmt die Vielfalt von Perspektiven wahr. Die Perspektive von Kirche und Theologie sind nunmehr nur noch eine Perspektive und sie steht wie die anderen auch vor der Herausforderung, sich in der Welt darzustellen. Diese Tatsache ist grundlegend für die Neugestaltung der Theologie: „sie reflektiert auf ihren eigenen Ort in der Geschichte. Sie wird vom Kopf auf die Füße, von einer metaphysischen auf eine topologische Grundlage gestellt. Aus den quaestiones disputatae des hl. Thomas werden disputationes metaphysicae bei Súarez. Es entsteht ein neuer Grundlagentraktat der Theologie im ganzen: die Loci theologici von Melchior Cano." (Klinger bislang unveröffentlichtes Manuskript, 9)
Der starken reformatorischen Betonung des „opus Dei" wird nun von katholischer Seite das „opus hominis" entgegengestellt. Die katholische Kirche erlebt sich durch das Konzil von Trient gestärkt, das Projekt der Gegenreformation nimmt seinen Lauf. Das Gefühl der Auflösung und der Verunsicherung wandelt sich in eine optimistische und siegesgewisse Dynamik. Davon zeugen in besonderer Weise auch die Aktivitäten der Missionierung in der „Neuen Welt". Aber zur Wiedergewinnung des katholischen Selbstbewusstseins tragen nicht minder Theologen und ihre Debatten bei. Hauptthemen der Auseinandersetzungen sind: die Trinitätslehre, die Christologie, die Gnadenfragen (Molinismus, Thomismus, Bajanismus, Jansenismus) sowie Fragen nach der theologischen Methode. In diesem Zusammenhang ist der Spanier Melchior Cano (1509-1560) zu erwähnen. Er gilt als Begründer der Dogmatik und sein Hauptwerk *De locis theologicis* ist von grundlegender methodologischer Bedeutung für die Theologie. Er ist der erste, der die Sprache des Glaubens auf dem Boden der Geschichte thematisiert und entwirft. Vor diesem Hintergrund hat die Dogmatik (die Theologie) es mit zwei Polen zu tun: der Realität der Zeit und der Wirklichkeit des Glaubens. (Vgl. Klinger 1978; Sander 1998.)
Die Theologie des Barock steht vor der Machtfrage – eine Frage, die sie nicht erschöpfend beantworten kann. Versteckt sich hinter den Disputationen nicht der Zwang zur Rechtfertigung? Wer führt mit wem eine Auseinandersetzung und warum? Was ist das Ziel der Auseinandersetzung? Ist man fähig, eine andere Meinung anzuerkennen und ihren Standpunkt überhaupt zuzulassen? Ausreichende Antworten auf diese Fragen kann die Theologie nicht geben. Die

Machtfrage wird nicht geklärt. Aber sie ist ein Problem der Neuzeit. Walter Benjamin bemerkt in diesem Zusammenhang in seinem „Trauerspielbuch": „Denn wenn die Verweltlichung der Gegenreform in beiden Konfessionen sich durchsetzte, so verloren darum nirgends die religiösen Anliegen ihr Gewicht: Nur die religiöse Lösung war es, die das Jahrhundert ihnen versagte, um an deren Stelle eine weltliche ihnen abzufordern oder aufzuzwingen. Unter dem Joch dieses Zwanges, dem Stachel jener Forderung durchlitten diese Geschlechter ihre Konflikte." (Benjamin 1990, 60)

Beispiel für den Umgang mit Herrschaft, Zwang und Unterwerfung bietet dieses Zeitalter zuhauf: der Gnadenstreit, die Inquisition, der Fall Galilei und der Umgang mit den neuzeitlichen Wissenschaften, der Ritenstreit im Zusammenhang mit Mission und Inkulturation, der Dreißigjährige Krieg, der Streit zwischen Las Casas und Sepulveda. Fremde Völker, andere Religionen, neue Wissenschaften werden als mögliche Orte der Theologie wahrgenommen, aber sie sind keine wirklichen Themen. (Vgl. Klinger bislang unveröffentlichtes Manuskript, 11.) Dennoch, nichts ist mehr wie es vorher war. Auch und gerade die katholische Kirche ist gezwungen, sich damit auseinander zu setzen. Sie muss sich selbst darstellen und behaupten, zeigen, worin ihre Autorität liegt. Sie muss ihren Standpunkt in der Gegenwart finden und ihr Verhältnis zur Vergangenheit klären. (Vgl. Klinger bislang unveröffentlichtes Manuskript, 62.)

Durch die Betonung auf die allumfassende Liebe des Erlösers (dies ist auch die Zeit, in der die Herz-Jesu-Verehrung ihren Anfang nimmt) bekommt Christus eine zentrale Position im Glauben. Der Mensch findet durch Christus zu Gott, zu sich selbst und zur Geschichte.

Die Freiheit des Einzelnen sowie die Sachkompetenz werden anerkannt, aber sie haben nicht das Recht, die Ordnung der Dinge anzuklagen oder gar eine neue Ordnung zu schaffen. Die Wissenschaften sind eine neue Instanz in Gesellschaft und Kirche, aber keine sie begründenden Instanzen. Diese Ordnung und ihre Widersprüche führen zu Konflikten mit den modernen Wissenschaften und den Personen, die für sie stehen. Diese Ordnung und ihre Widersprüche produzieren Autoritätsprobleme. Die Autorität der Wissenschaften steht denen der Kirche gegenüber, wird aber von dieser nicht anerkannt. „Ihre Analysen sind kein Standpunkt, der eine Disputation gestattet, die überzeugen darf. In einem aufschlußreichen Brief an Paolo Foscarini erklärt Bellarmin: Wenn Galilei das heliozentrische System, wie Kopernikus, nur hypothetisch verteidigt hätte, wenn er gesagt hätte, es sei zu vermuten, daß sich die Erde um die Sonne dreht, ohne zu behaupten, dies sei tatsächlich auch der Fall, so gäbe es keine Schwierigkeit. Zu behaupten jedoch, die Lehre stimme, sei höchst gefährlich, da sie der Philosophie, Theologie und Hl. Schrift widerspräche. Sie ist in der Tat eine Revolution; denn sie verändert die Geschäftsgrundlage künftiger Disputation: Sie macht Wissenschaft zum Prinzip des Denkens über die Ordnung der Dinge. Sie ist die Grundlage einer neuen Gesamtbetrachtung der Wirklichkeit." (Klinger bislang unveröffentlichtes Manuskript, 62) Aber die Vertreter der Ordnung der Dinge wollen die Wissenschaft als neuen Ort des Denkens nicht zulassen. Dies erfährt auch Sor Juana. Sor Juana ist eine barocke Frau und die Themen, vor denen die Theologie angesichts der Entdeckungen und Umwälzungen gestellt ist, sind auch ihr nicht fremd. Sie erlebt sie am eigenen Leib. Aber sie behandelt diese Themen nicht nur weiter, sondern sie setzt sich mit ihnen auseinander und entwirft auf dem Boden ihrer Existenz etwas Neues: eine mexikanische Theologie. (Vgl. Tavard 1992.) Sie führt das „Alte" nicht einfach nur weiter, sondern sie setzt einen neuen Anfang. Sie entdeckt das Subjekt und seine Freiheit als Ort der Theologie. Es geht ihr um das Erwachen des Ichs und um das Erlangen der Sprachfähigkeit, um die Realisierung des Begehrens und damit um die Menschwerdung des Menschen. Sor Juana entwirft vor diesem Hintergrund eine eigene und unerhörte Theologie. Ihre Theologie ist unerhört, weil sie auf die kleinen Dinge schaut, auf die Empfindungen, Regungen und Gefühle. Die Theologie des Barock vermeidet die Auseinandersetzung mit der Subjektivität, dies erinnert zu sehr an Luther. Aber die Literatin und Ordensfrau Sor Juana scheut sich weder vor Luther noch vor den Äußerungen menschlichen Lebens. Vielmehr entdeckt sie in ihnen Spuren Gottes und Orte für die Theologie. Sie sind die Basis allen Sprechens von Gott und befähigt wurde sie dazu in ihrer Biographie.

3.2 Juana Raminéz – Vom unerhörten Begehren und Aufbegehren

In ihrem Aufsatz „Some obscure points in the life of Sor Juana Inés de la Cruz" schreibt Dorothy Schons: „The biography of Sor Juana Inés de la Cruz is yet to be written." (Schons 1990, 38) Eine umfassende und detaillierte Beschreibung ihres Lebens ist nicht mehr möglich, denn es fehlt an gesichertem Quellenmaterial, vor allem aus den Jahren am vizeköniglichen Hof. Dokumente über Sor Juana sind in Mexiko und Spanien verstreut und die Revolution, die Schließung der Klöster führten ferner dazu, dass wertvolles Material aus dieser Epoche und darüber hinaus verloren ging. Aus all diesen Gründen lässt sich das Leben von Sor Juana nur in groben Zügen rekonstruieren. Als zwei grundlegende Texte gelten in diesem Zusammenhang ihr Brief *Die Antwort an Sor Philothea* sowie eine Biographie, die der Jesuit Diego Calleja über Sor Juana verfasst hat. (Vgl. Calleja 1700.) Diese Dokumente bieten zum einen eine Vielzahl von Informationen und sie sind zugleich auch voller Lücken und Interpretationen. *Die Antwort an Sor Philothea* stammt aus der Feder von Sor Juana, auf die in Kapitel 4 noch genau einzugehen ist. *Die Antwort an Sor Philothea* ist eine Verteidigungsschrift und das Vermächtnis einer Frau. In ihr finden sich kostbare Hinweise auf ihr Leben. Zugleich fehlen darin jedoch Auskünfte über eine wichtige Zeit in ihrem Leben, die Jahre am vizeköniglichen Hof in Mexiko.

Bezüglich Calleja ist anzumerken, dass es sich bei ihm um ihren ersten Biographen handelt und er das Leben Sor Juanas als einen Weg zur Heiligkeit entwickelt. Er hat Sor Juana persönlich nicht gekannt, jedoch mehrere Personen aus ihrem Umfeld und er stand im Briefwechsel mit ihr. Seine Biographie über Sor Juana ist ein erbaulicher Traktat über das Leben einer Ordensfrau. Der Lebensweg Sor Juanas ist für ihn ein stufenweiser Aufstieg zur Heiligkeit. (Vgl. Paz 1991, 13.)
Den Gegenpol zu der Interpretation von Calleja stellt Ludwig Pfandl dar. Aus psychoanalytischer Sicht entdeckt er in Sor Juana eine Fixierung auf das Vaterbild, die zum Narzissmus führt. Sor Juana ist seiner Meinung nach eine neurotische Person, in der die männlichen Anteile überwiegen. (Vgl. Pfandl 1946.) „Für Pater Calleja ist das Werk Sor Juanas nur eine Allegorie ihres geistlichen Lebens; für Pfandl ist es die Maske einer Neurose. Für den einen wie den anderen ist ihr Werk nicht mehr literarisch: Beide Kritiker lesen es als die Übersetzung ihres Lebens. Für Calleja ein frommes Leben und für Pfandl ein neurotischer Konflikt." (Paz 1991, 14)[10]
Neben diesen Schriften gibt es verstreut einige Aussprüche von Zeitgenossen über Sor Juana sowie einige wenige juristische und kirchenrechtliche Dokumente: ihren Taufschein, ihr Gelübde, Testamente aus dem Kreis ihrer Familie, einige Kaufverträge.
Es gilt als allgemein sicher, dass Sor Juana am 2. Dezember 1648 als Juana Inés Ramírez de Asbaje in San Miguel Nepantla am Fuße des Popocatépetel zur Welt kam. In der Pfarrei Chimalhuacán findet sich im Taufregister ein Eintrag für den 2. Dezember. An diesem Tag wurde „Inés, hija de la Iglesia" (Inés, Tochter der Kirche) getauft. Als Paten sind Miguel Ramírez und Beatríz Ramírez eingetragen. (Vgl. Aguirre 1975, 89.) Bei den Paten handelt es sich um Geschwister der Mutter von Juana Inés. Der Vermerk „Tochter der Kirche" bekundet, dass Inés unehelich geboren ist, wie auch ihre fünf Geschwister. (Vgl. Sayers Peden 1982, 5.) Die ersten drei Kinder, darunter auch die zweitgeborene Inés, haben Pedro Manuel de Asbaje zum Vater, einen baskischen Seefahrer. Die anderen drei den Hauptmann Diego Ruiz Lozano. Über die Person des Pedro Manuel des Asbaje sind keine gesicherten Angaben zu machen und auch Sor Juana erwähnt ihren Vater kaum. Wahrscheinlich hat sie ihren Vater nur als sehr kleines Kind gekannt.
Sor Juana muss ein sehr wissbegieriges Kind gewesen sein. In der *Antwort an Sor Philothea* berichtet sie davon, dass sie bereits im Alter von drei Jahren

---

[10] Die Interpretation von Leben und Werk Sor Juanas kann sich nicht darauf beschränken, „nur" psychologisch, literarisch oder hagiographisch verstanden zu werden. Um Leben und Werk Sor Juanas einordnen zu können, braucht es einen Begriff von Religion und Theologie wie auch ein Verständnis von barocker Literatur, in dem das Werk nicht unmittelbar biographisch zu verstehen ist. Dies ist, wie schon in Kapitel 1 dargelegt, der Ausgangspunkt der vorliegenden Arbeit.

ihrer älteren Schwester in die Schule gefolgt ist. Noch bevor ihre Mutter von den heimlichen Schulbesuchen erfuhr, konnte sie lesen. Sie hört auf, Käse zu essen, weil ihr zu Ohren gekommen ist, er mache dumm. Sie schneidet sich das Haar, weil es ihr Kopf nicht verdient, mit Haar geschmückt zu sein, wo er doch bar jeder Erkenntnis ist. (Vgl. Salceda 1957, Bd. IV, 445f.) Schon früh entdeckt sie die Lust zu wissen, eine Leidenschaft, die ihr Leben bestimmen soll.

Für Sor Juana muss ihr Großvater eine Art Ersatzvater gewesen sein und mit ihm verbindet sie die Leidenschaft für Bücher. „For a time, the father's role was filled by her maternal grandfather, Don Pedro Ramírez de Santillana. This was undoubtedly a most fortunate relationship, and provided one of the few visible an rational sources for the amazing intellect of this greatly talented woman, for Juana's grandfather is reported to have been an indefatigable reader, a man whose house held tables spilling over with books. There the young Juana could satisfy her natural inclinations." (Sayers Peden 1982, 6f) Die Liebe des Großvaters zu Büchern eröffnet Sor Juana den Zugang in eine Welt fernab ihrer Familie. Die Bibliothek ist eine Allegorie des Himmels für sie, doch schon früh muss sie erfahren, dass ihr dieser Himmel verboten und verschlossen wird. Sie erfährt, dass Wissbegierde und Neugierde für ein Mädchen unerlaubt sind. Bücher und Wissen sind ein verbotenes Gut. Der Schatz, der aus Büchern besteht, ist von Männern angehäuft und für Männer bestimmt – so sieht es die Ordnung der Dinge vor. Aber Sor Juana liest weiterhin alles, was sie zu greifen bekommt, ohne dass Strafen sie davon abzuhalten vermochten. (Vgl. Salceda 1957, Bd. IV, 446.)

Schon als Mädchen überschreitet Sor Juana die Grenzen der Ordnung der Dinge, indem sie zu Büchern greift. Diese Überschreitungen setzen sich im Laufe ihres Lebens fort – sie wird als Ausdruck dessen den *Ersten Traum* schreiben und *Phaeton* wird zu ihrem symbolischen Vorbild. Aber auch in der *Antwort an Sor Philothea* legt sie von ihrer Neigung und ihrem Begehren zu Wissen Zeugnis ab. Doch nicht nur dort. Auch in dem Stück *Los empeños de una casa* spricht Sor Juana von diesem Verlangen:

Inclinéme a los estudios
desde mis primeros años
con tan ardientes desvelos,
con tan ansiosos cuidados,
que reduje a tiempo breve
fatigas de mucho espacio.
Conmuté el tiempo, industriosa,
a lo intenso del trabajo,
de modo que en breve tiempo
era el admirable blanco
de todas las atenciones,
de tal modo, que llegaron
a venerar como infuso

lo que fue adquirido lauro.
Era de mi patria toda
el objeto venerado
de aquellas adoraciones
que forma el común aplauso;
y como lo que decía,
fuese bueno o fuese malo,
ni el rostro lo deslucía
ni lo desairaba el garbo,
llegó la superstición
popular a empeño tanto,
que ya adoraban deidad
el ídolo que formaron."[11]
(Salceda 1957, Bd. IV, 37f)

Ruhm und Neid, Segen und Fluch der Intelligenz beschreibt Sor Juana in diesen Versen. Und es sind die Themen, die auch in ihrer *Antwort an Sor Philothea* wieder aufgegriffen werden, weil sie Sor Juana ihr Leben lang

---

[11] „Seit meiner frühesten Kindheit
hatte ich den Hang zu Studien,
und mit wahrem Feuereifer,
mit unermüdlicher Lernbegier
durchmaß ich in kurzer Frist
weiteste Wissensbereiche.
Rastlos verwandte ich die Zeit
zu tiefer dringendem Forschen,
und so kam's, daß ich schon bald
zum bestaunten Gegenstand
allgemeinen Interesses
wurde; daß die Leute schließlich
als Naturtalente verehrten,
was erworbener Lorbeer war.
Überall in meiner Heimat
galt ich als ein anzuhimmelndes
Wunderwesen, eine Kultfigur,
erschaffen vom Beifall aller.
Und weil mein besagtes Tun,
wie immer man es auch wertet,
weder das Gesicht entstellte
noch den Reiz der Anmut minderte,
verstieg sich der Aberglaube
des Volkes bis zu dem Irrwitz,
dem selbstgefertigten Götzenbild
wie einer Gottheit zu huldigen.
(Vogelsang, Fritz)

begleitet haben. „Fame and adulation, along with their concommitant envy and jealousy, were to follow Sor Juana through the remainder of her life." (Sayers Peden 1982, 8)
Seit 1660 lebt Juana Inés in Mexiko bei Verwandten ihrer Mutter. Und diese sind es auch, die sie im Jahr 1665 an den vizeköniglichen Palast bringen und sie der Vizekönigin Dona Leonor de Carreto, Marquesa de Mancera, vorstellen. Juana Inés muss die Vizekönigin sehr beeindruckt haben, sie wird in ihren Dienst aufgenommen und bald zum Liebling der Vizekönigin. (Vgl. Paz 1991, 145; Scott 1990, 118f.) Zwischen dem Mädchen und der Vizekönigin (sie war etwa fünfzehn Jahre älter) entwickelt sich eine intensive Beziehung, die gerade auch von ihrer gemeinsamen Leidenschaft zur Literatur geprägt ist. „Lo cierto es que, desde un primer momento, se entabló entre ambas una amistad que iba a ser dinámica en la vida y en la producción literaria de la monja."[12] (Urbano 1990, 116)
Und Juana Inés bringt ihre Zuneigung zur Vizekönigin in ihren Sonetten an Laura, der Leonor de Carretos in ihren Gedichten, zum Ausdruck. (Vgl. Méndez Plancarte 1951, Bd. I, Nr. 187-189, 299f; Paz 1991, 147)
Juana Inés lebt zwischen dem sechzehnten und dem einundzwanzigsten Lebensjahr am vizeköniglichen Hof. Wir wissen sehr wenig über diese Zeit und vieles aus dieser Zeit bleibt daher im Raum der Vermutungen. Paz beschreibt ihre Stellung im Palast als glanzvoll, nicht aber ihre Lage. Ihre Stellung beruht auf eigenen Verdiensten und hier sind vor allem ihr kluger Verstand und ihr Wissen zu nennen. Ihre Lage leitet sich hingegen von der gesellschaftlichen Ordnung ab: Name, Rang, Vermögen. Und in diesen Punkten hat Sor Juana nicht viel vorzuweisen. Sie ist unehelich und ihre Mutter besitzt kein großes Vermögen. (Vgl. Paz 1991, 155.) Und dennoch vermögen Klugheit und Bildung etwas, was ihr aufgrund ihrer gesellschaftlichen Lage niemals möglich gewesen wäre: Sie öffnen ihr die Türen zur vizeköniglichen Gesellschaft, in der sie sich behaupten kann und Anerkennung findet.
Während dieser Zeit am vizeköniglichen Hof ruft vor allem ihre Intelligenz allgemeines Erstaunen hervor. In diesem Zusammenhang berichtet der Chronist Pater Diego Calleja von einem Wettstreit, den Juana Inés mit vierzig Gelehrten führt. Bei diesem Wettstreit soll sie ihre vielfältigen Kenntnisse erfolgreich bewiesen und folglich bestanden haben. In der Beschreibung des Wettstreits bei Calleja erscheint das Bild der Hl. Katharina von Alexandrien, der Schutzpatronin der Philosophen und Gelehrten – auch sie hatte einen Wettstreit zu bestehen. Unter den *villancicos* Sor Juanas findet sich auch eines,

---

[12] „Es ist gewiß, dass von der ersten Begegnung an, sich zwischen beiden eine Freundschaft entwickelte, die eine Dynamik im Leben wie auch in den literarischen Arbeiten der Ordensfrau darstellte."

das der Heiligen Katharina gewidmet ist und diesen Wettstreit zum Thema macht. (Vgl. Méndez Plancarte 1952, Bd. II, 162ff.)
Im Alter von neunzehn Jahren fasst sie den Entschluss, ins Kloster zu gehen. Über ihre Beweggründe und über das Leben im Kloster soll im Folgenden die Rede sein.

3.3 Sor Juana Inés de la Cruz – Das Kloster, ein Ort der Menschwerdung

Sor Juanas Entschluss ins Kloster zu gehen ist für viele ihrer Interpreten bis heute ein ungelöstes Rätsel. Sie berufen sich darauf, dass im Vorfeld nichts auf eine religiöse Berufung oder eine besondere Frömmigkeit hinweist. Für Jiménez Rueda sind für den Entschluss ins Kloster zu gehen zum einen das Ungenügen am Hofleben und zu anderen der Ratschlag ihres Beichtvaters Núñez de Miranda die entscheidenden Größen. (Vgl. Jiménez Rueda 1951, 37.) Und für Paz stellt sich die Frage, ob Sor Juana ins Kloster gegangen wäre, sofern sie nicht unehelich geboren wäre. Er zweifelt, ob sie diese Wahl getroffen hätte. Sor Juanas Motiv ins Kloster zu gehen liegt seiner Meinung nach aber nicht in einer enttäuschten Liebe begründet oder im Motiv, das Leben Gott zu weihen, sondern darin, dass sie die Zuflucht und Einsamkeit des Klosters gesucht habe, um sich ganz ihren Studien zu widmen. „Die Wahl von Juana Inés war nicht das Ereignis einer geistigen Krise noch einer Gefühlsenttäuschung, sondern eine verstandesmäßige Entscheidung, der Moral der Zeit und den Sitten und Überzeugungen ihrer Schicht entsprechend. Das Kloster nicht als Stufe zu Gott, sondern als Zufluchtsort für eine Frau, die allein in der Welt stand." (Paz 1991, 175) Nach Ansicht von Paz wählt Sor Juana den Zufluchtsort Kloster nicht, um mit den Schwestern zu beten und singen, sondern um sich ganz und gar ihren Studien zu widmen. (Vgl. Paz 1991, 178.) Dieser Ansicht ist auch Eggensperger, der nicht so sehr eine spirituelle Berufung oder Frömmigkeit als Basis für die Wahl des Klosters ansieht, „sondern eher eine Berufs- und Lebensentscheidung ohne dramatische Vorgeschichte." (Eggensperger 1997, 662) Für ihn sprechen die Aufzeichnungen von Sor Juana in ihrer *Antwort an Sor Philothea* eine eindeutige Sprache.[13] „Diese Aufzeichnungen machen deutlich, daß es nicht gerade die Frömmigkeit war, die diese Frau bewegt hatte, den Schleier zu nehmen. Die Gründe, die sie selbst nennt, haben mit der klassischen 'Berufung' recht wenig zu tun. Begriffe wie 'Nachfolge Jesu' oder 'Buße' kommen im Text nicht vor. Vielmehr [...] ist es nicht ganz unpraktisch, das

---

[13] An dieser Stelle bezieht er sich auf Salceda 1957, Bd. IV, 446.

Klosterleben zu genießen. Man hat Zeit, man kann viel studieren, ein wenig störend sind die Gebetspflichten." (Eggensperger 1992, 487)
Es ist immer wieder das gleiche Muster: Weil sie in der Welt keine Möglichkeiten hatte, selbstbestimmt zu leben, war die Wahl für das Kloster vorherbestimmt. Dieser Erklärungsversuch ist schematisch und übersieht den Zusammenhang von Religion und Sprache und dem Kloster als dem Ort, wo sich Sor Juana realisieren und Mensch werden kann. Sie wird eine dichtende Ordensfrau und beide Aspekte, die Sprache wie die Religion, verbinden sich in ihrer Existenz und sind für sie charakteristisch. Es sind diese beiden Pole, die im Kloster zueinander finden und zu einem kreativen Kontrast werden, der sie schöpferisch werden lässt. Im Kloster findet Sor Juana den Ort, an dem sie in Zurückgezogenheit und Schweigen ihre Sprache ausbauen und das Unerhörte beim Namen nennen kann. Das Kloster offenbart sich ihr als Ort der Menschwerdung und nicht als zweite Wahl oder enges Korsett.

Bevor ich auf diese Zusammenhänge näher eingehe, folgt in den nächsten Gliederungspunkten ein kurzer Überblick über die Missionierung in Neuspanien, wie sie zunächst von den Männerorden begonnen wurde und im weiteren Verlauf durch die Ordensgemeinschaften von Frauen Unterstützung fand. Dieser Punkt ist nicht nur wichtig, um die Ordensgemeinschaft von Sor Juana, die Hieronymitinnen, einordnen zu können, sondern es zeigt sich im Projekt der Missionierung auch immer wieder die Realität als Prüfstein, an dem sich entscheidet, ob die Religion ein Projekt der Befreiung oder der Unterdrückung ist. In den Kolonien stellt sich schon bald die Frage, ob Gott auf Seiten der Eroberer steht oder auf der Seite der Indios und Sklaven. Und damit steht man letztlich vor der Herausforderung der Sprache und der Vermittlung dessen, was die Botschaft des Reiches Gottes ist. Aber nicht nur das. Es geht auch darum, ob die Religion das Unerhörte ins Wort bringen kann und den Unerhörten eine Zukunft eröffnet, indem sie sie sprachfähig macht.

3.3.1 Missionierung in der „Neuen Welt"[14]

Mit den Eroberern kamen auch die Missionare in die „Neue Welt". Über die Rolle, die die Missionare im Zusammenhang mit der Eroberung eingenommen haben, wird bis heute gestritten. Für die einen war die katholische Kirche das moralische Gewissen (vgl. Konetzke 1993, 619) der Eroberung, für die anderen Basis ihrer Legitimation und damit viel zu sehr in das Projekt der Eroberung eingebunden, als dass man von einer Achtung und Anerkennung der fremden Kulturen sprechen könnte. (Vgl. Cipolletti 1992, 88.) Unbestritten ist die Tatsache, dass für die Indios mit der Hispanisierung und

---

[14] Aspekte und Entwicklungen der Missionierung in der „Neuen Welt" können im Rahmen der Fragestellung der Arbeit nur skizziert werden.

Christianisierung ihre eigene kulturell-religiöse Identität verloren ging. (Vgl. Dressendörfer 1990, 52f.) Denn: „Die Gründung der Kirche in Amerika und die christliche Missionierung seiner ursprünglichen Bevölkerung [...] war von Beginn an aufs engste mit dem Prozeß der Eroberung und Kolonisierung des Kontinentes durch Spanien verbunden." (Meier 1988, 40) Die Missionierung, die die katholische Kirche durchführte, war ein europäisches Projekt, das zur Marginalisierung und Zerstörung der autochthonen Kulturen, der religiösen wie kulturellen Identität der Indios einen wesentlichen Beitrag leistete. Denn die Begegnung mit den Anderen war von der Eroberung geprägt. „Wer aber die Anderen erobert, zerstört die Grundlage des Evangeliums – die Liebe zu Gott und den Nächsten. Prinzip der Begegnung mit dem Evangelium ist die Begegnung der Anderen als Andere aus Liebe zu ihnen." (Sander 1993, 167) Basis dieser Begegnung ist die Verkennung der Indios und die Weigerung, sie als Subjekte anzuerkennen, die dieselben Rechte haben wie man selbst und doch anders sind. Vor diesem Hintergrund kommt Todorov zu dem Schluss: „Colón hat Amerika entdeckt, nicht aber die Amerikaner." (Todorov 1985, 65) Bezeichnenderweise nahm an der ersten Fahrt des Kolumbus noch kein Priester teil. Erst an der zweiten Fahrt nach „Westindien" waren katholische Geistliche mit an Bord und betraten nach erfolgter Überfahrt amerikanischen Boden. Es war eine kleine Gruppe um den Minimenpater Bernal Boyl. (Vgl. Meier 1992, 13.) Ihrer Teilnahme an der Expedition war die ausdrückliche Beauftragung der spanischen Könige für die Mission in dem neu entdeckten Kontinent vorausgegangen. Doch die Missionsanstrengungen waren gering und auch in den anschließenden Jahren „sind keine weiteren Missionsanstrengungen erkennbar." (Pietschmann 1984, 9) Pietschmann folgert daraus, „daß die Bekehrung der angetroffenen Heidenvölker im Prozess der Expansion zumindest kein primäres Anliegen war." (Pietschmann 1994, 239) Und Meier kommt nach Betrachtung der Fakten zu dem Schluss, dass für den Karibischen Raum, der als erster erobert wurde, von einem völligen Scheitern der Mission zu sprechen ist. (Vgl. Meier 1988, 52.)
Im Anschluss an diese ersten Jahre der Missionierung lassen sich die weiteren Etappen wie folgt beschreiben: „eine 'antillanische Periode' (1494-1524), in der Mission und Conquista noch nicht getrennt sind; eine zweite Phase (1524-1548) der kontinentalen Mission mit ersten Versuchen der territorialen Trennung von Mission und militärischer Zuständigkeit; [...] schließlich (ab 1548) eine definitive Phase der Herausbildung der Reduktionen und damit der Trennung von Mission und Conquista. Insgesamt datiert man grob diese Phase der Evangelisierung bis ca. 1565; danach – der Abschluss des Trienter Konzil (1563) markiert in Europa einen historischen Einschnitt, der sich auch auf Lateinamerika auswirkt – setzt die Forschung die Phase an, die sich verstärkt auf die kirchliche Organisation konzentriert, nachdem von 1511 an bis 1570 bereits 28 Bistümer in Amerika gegründet worden waren.
Grundsätzlich lassen sich also zwei konträre Konzepte der Missionierung aufweisen: das Modell der 'conquista espiritual', einer geistigen Eroberung,

die analog zur physischen Eroberung die indigenen Religionen im Sinne der 'tabula-rasa'-Mission ausrottet, sowie das Modell einer friedlichen, gewaltfreien, in Ansätzen dialogischen Evangelisierung, [...]" (Langenhorst 1997, 28f)
Es waren vor allem die Bettelorden, die von der spanischen Monarchie zu den entscheidenden Werkzeugen der Mission gemacht wurden. (Vgl. Prien 1978, 141.) In den Reihen der neuen Orden bestand im 16. Jahrhundert auch die größte Bereitschaft, die Missionierung zu übernehmen. Die Aktivitäten der Orden erfolgten in Abstimmung mit der Krone und sie wurden auch von ihr finanziert. Kirche und Staat waren gemeinsame Träger der Mission in Amerika und der Gewinn, den Spanien daraus zog, ist unbestreitbar. „Die materielle Eroberung (mit allem, was sie einschließt) wird zugleich Ergebnis und Vorbedingung der geistlichen Expansion. Colón schreibt: [...] Eure Hoheiten besitzen hier eine andere Welt, wodurch unser heiliger Glaube so große Verbreitung finden kann, und woraus man so viel Gewinn wird ziehen können. [...] Sie wiederholen eifrigst die Gebete, die wir verrichten, und machen das Kreuzeszeichen. Daher müssen Euere Hoheiten den Entschluß fassen, aus ihnen Christenmenschen zu machen [...] Wenn einmal der Anfang gemacht ist, so werden binnen kurzer Zeit eine Unmenge von Völkern unserm Glauben gewonnen sein, während gleichzeitig Spanien große Gebietsteile und ansehnliche Reichtümer erwerben wird. Letzteres behaupte ich aus Erwägung, daß in diesen Ländern ohne jeden Zweifel große Goldmengen vorhanden sein müssen. [...] Durch den Willen Gottes habe ich eine andere Welt unter die Herrschaft des Königs und der Königin, unserer Herren, gebracht; und dadurch ist Spanien, das als arm galt, zum reichsten aller Länder geworden." (Todorov 1985, 57f)
Die Verbindung von Thron und Altar erlaubte es, dass die Kirche im 'Schutz' der Waffen in weiten Teilen des eroberten Landes Fuß fassen konnte. Und ohne die finanzielle Unterstützung von Seiten des spanischen Königs wäre es den Orden unmöglich gewesen, die Expeditionen zu finanzieren. Gleichzeitig verschaffte die gemeinsame Aktion den Missionaren „Ansehen" bei den Indios, das wohl auch von Angst begleitet war. Denn gerade in der ersten und zweiten Phase der Missionierung war dieses Projekt der katholischen Kirche, im wahrsten Sinne des Wortes, von den Eroberern begleitet worden.
Die Ordensgemeinschaften, die sich schon in den ersten Jahren der Eroberung die Entsendung von Missionaren zu eigen machten, waren die Franziskaner, die Dominikaner und die Augustiner. Alle ausnahmslos Bettelmönche. Später kamen die Jesuiten hinzu, die sich zunächst dem Projekt der Missionierung in Neuspanien verschlossen hatten. Unter anderem aus dem Grund, dass die dem Papst gelobte Ergebenheit im Widerstreit mit den Erwartungen der obersten Kolonialbehörde in Bezug auf das spanische Patronat in Spanisch-Amerika treten könnte. Erst im 17. Jahrhundert folgten die Kapuziner.
Königliche Erlasse behinderten die Arbeit der Ordensgemeinschaften erheblich und seit 1543 benötigten Ordensangehörige der Franziskaner eine

Sondererlaubnis, sich in der „Neuen Welt" niederzulassen. Dies führte dann dazu, dass sich ihr Wirken vor allem auf die Regionen von Santo Domingo, Panama, Nicaragua und Peru beschränkte.
Die Missionsarbeit der *Franziskaner* nahm ihren Anfang auf Hispaniola. (Vgl. Prien 1978, 142.) „Die ersten Franziskaner, die nach Westindien gelangten, waren Fray Rodrigo Pérez, ein Priester, und die Laienbrüder Juan Deledeule, Juan Tisin und Juan Pérez. Sie gehörten zu einer Gruppe von zwölf *'eclesiásticos'*, Geistlichen aus verschiedenen Orden, die an der zweiten Reise des Admirals Kolumbus im Herbst des Jahres 1493 teilnahmen. Leiter der Gruppe war der von Papst Alexander VI. in der Bulle *'Piis fidelium'* am 25. Juni 1493 zum Apostolischen Vikar der neu entdeckten Gebiete ernannte Pater Bernardo Boyl. Die Expedition traf Ende November 1493 vor Haiti ein, an dessen Nordküste Kolumbus am 6. Januar 1494 die erste spanische Stadt in der Neuen Welt gründete, *'La Isabela'*; dabei zelebrierte Boyl unter Assistenz der übrigen Priester eine feierliche Messe. Boyl und die meisten ihn begleitenden Geistlichen nahmen keine missionarischen Bemühungen unter der Bevölkerung von Haiti auf; vielmehr verstrickten sie sich alsbald in Zwistigkeiten und Intrigen, die untern ihren an der Kolonialunternehmung beteiligten Landsleuten aufkamen, und sind teils noch 1494, teils 1495 nach Spanien zurückgekehrt." (Meier 1991, 151) Nur drei Laienbrüder blieben zunächst zurück. 1499 kehrten sie nach Spanien zurück, um den Erzbischof von Toledo, Francisco Jiménez de Cisneros, zu bitten, Mitglieder des Ordens (v. a. Priester) zur Verstärkung nach Haiti zu entsenden. Im Jahr 1500 kam eine Delegation des neuen Gouverneurs Francisco de Bobadilla mit drei Franziskaner-Priestern nach Haiti. Schon kurze Zeit später forderten diese, angesichts der Fülle ihrer Aufgaben, abermals personelle Unterstützung an. Und so brachen am 13. Februar 1502 mit dem zum Gouverneur ernannten Nicolás de Ovando weitere 17 Franziskaner nach Westindien auf. All diese Entwicklungen mündeten 1505 in die Gründung einer ersten Ordensprovinz in der Neuen Welt: Provincia de Santa Cruz en las islas de Indias. (Vgl. Meier 1991, 151f; Prien 1978, 142.) Im Jahre 1508 bat Ferdinand V. das Generalkapitel der Franziskanerobservanten um Missionare für die Mission auf dem Festland. 1515 konnte in Santa Maria la Antigua der erste Franziskanerkonvent auf dem amerikanischen Festland gegründet werden. (Vgl. Prien 1978, 142.) Und im Jahr 1524 reisten 12 Angehörige nach Neuspanien und begannen ihre Arbeit im Tal von Mexiko und in der Gegend von Puebla-Tlaxcala. Die Zahl zwölf ist kein Zufall, sondern sie steht für die Zwölfzahl der Apostel und somit im Rekurs auf die Urkirche. Die erste Generation der Missionare in Spanisch-Amerika hatte die Urkirche vor Augen. Und die Missionare sahen sich in der unmittelbaren Nachfolge der zwölf Apostel. „Die *Rückkehr zur Urkirche* wurde nicht nur von den Franziskanern, die auch den ersten Bischof von Mexiko, Juan de Zumárraga (Carreño 1950), stellten, sondern genauso von den Dominikanern als Voraussetzung für den Erfolg der Mission unter den Indianern angesehen. Damit hängt der alte

Gedanke von der Schaffung eines christlichen Reiches zusammen, d.h. einer religiös, gesellschaftlich und politisch einheitlichen Struktur, die bis in alle Einzelheiten von der römisch-katholischen Lehre bestimmt sein sollte. Dieser Traum, der in Europa nicht hatte verwirklicht werden können, sollte nun in Amerika Wirklichkeit werden. Von oben nach unten sollte eine mustergültige Christenheit geschaffen werden." (Prien 1978, 143)

Im Interesse einer baldigen Verwurzelung der Kirche in der „Neuen Welt" gab man sich nicht nur mit der Taufe der indianischen Bevölkerung zufrieden, sondern es wurde versucht, jene Indios, die sich dafür begabt zeigten, in den Klerus aufzunehmen. Solche Bemühungen gab es seit 1524 in Mexiko. „Die dortigen Franziskanermissionare um den ersten Bischof Juan de Zumárraga wollten aus den Kindern der einheimischen Aristokratie durch systematische Schulung eine geistige Elite heranbilden und geeignete Jungen auch zum Priesteramt führen; zu diesem Zweck gründeten sie in Tlatelolco ein Kolleg, [...]; trotz bemerkenswerter Erfolge bei der Ausbildung der Indios in der lateinischen Sprache gaben die Franziskaner dieses Akkulturationsprojekt nach 1546 auf – angesichts starker Widerstände bei den spanischen Siedlern, aber auch weil sie mittlerweile die religiöse Zuverlässigkeit der Indios und ihre charakterliche Eignung zum Priestertum bezweifelten." (Meier 1991, 140) Diese Entwicklung führte im Jahre 1555 beim ersten mexikanischen Provinzialkonzil zu einem Verbot der Weihe von Indios, Mestizen und Mulatten. (Vgl. Meier 1991, 140.)

Als zweiter Orden kamen die *Dominikaner* (Vgl. Medina 1992.) nach Hispaniola. Besonders bekannt sind Antonio de Montesinos (ca. 1480-1540) (vgl. Delgado 1991, 146-149; Sievernich 1992, 77-98), der 1511 mit seiner Adventspredigt gegen die Misshandlung der Indianer den Kampf um die Rechte der Indios eröffnete, sowie Bartolomé de Las Casas (1484-1566) (vgl. Meier/Langenhorst 1992; Pérez Fernández 1984; Gutiérrez 1990), der bekannteste Wortführer für die Rechte der Indios. Beide klagen vor der Krone den gewaltsamen Tod der Indios, ihre Versklavung in den Bergwerken und auf den Feldern und durch die von den Europäern eingeschleppten Krankheiten, die zu einer starken Dezimierung der autochthonen Bevölkerung führten, auf das Schärfste an. Die Eroberung durch die Europäer war für die Ureinwohner Amerikas eine Katastrophe von unvergleichlichem Ausmaß. Die Indios hatten ihre Reichtümer verloren und viele Millionen auch ihr Leben. „So breiteten sich nach 1492 nicht nur Pocken, Pest, Typhus, Malaria und Gelbfieber pandemisch aus, sondern auch Grippe, Masern, Mumps und Diphtherie. Bereits 1493 schleppte Kolumbus auf seiner zweiten Reise eine Grippe ein, der mindestens die Hälfte der Ureinwohner Santo Domingos zum Opfer fiel. Traten mehrere der Krankheiten gleichzeitig oder kurz nacheinander auf, wurde die Sterblichkeit exorbitant. So starben noch 1606 an einer Pocken- und Masernepedemie in einigen *repartimentos* der Provinz Cuzco durchschnittlich 58 Prozent der Bevölkerung, im *repartimento* Guaytara lag die Mortalität sogar bei 93 Prozent. Selbst in noch intakten autochthonen Gesellschaften des amerikanischen Kontinents, die noch keinen direkten Kontakt mit den Europäern gehabt hatten, forderten europäische Krankheiten zahlreiche Menschenleben. So erreichten die 1518 nach Santo Domingo eingeschleppten Pocken Mexiko im September 1520. 1521 forderte die Pockenepedemie ihre Opfer in Guatemala und von 1524 bis 1526 in Peru, noch bevor es dort zu einem Zusammentreffen mit den Spaniern gekommen war." (Pieper 1994, 319) Diese Zahlen und Fakten sind die Tatsachen einer Schuld, „der Schuld am größten Völkermord, der in der Menschheitsgeschichte jemals stattgefunden hat." (Klinger 1993, 125)

Als dritter Orden erhielten die *kastilischen Augustinereremiten* vom Indienrat die Erlaubnis, missionarisch in der „Neuen Welt" tätig zu werden. Im Jahr 1532 trafen die ersten Missionare dieser Gemeinschaft in Neuspanien ein. (Vgl. Prien 1978, 147.) Die *Eremitenkongregation der Hieronymiten* ist in Neuspanien nur in geringem Umfang tätig gewesen, gleichwohl sie auf der iberischen Halbinsel großen Einfluss hatte. Am spanischen und ebenso am portugiesischen Hof galten Mitglieder dieser Gemeinschaft als die bevorzugten Beichtväter. So verbrachte Karl V. die letzten Jahre vor seinem Tod in ihrem Kloster San Yuste. (Vgl. Schneider 1982, 114f). Sein Sohn Philipp II. baute für sie den Klosterpalast San Lorenzo de Real im Escorial (Vgl. Schneider 1982, 359f.) und ihr 1497 erbautes Kloster Belém in der Nähe von Lissabon diente den portugiesischen Königen als Begräbnisstätte. (Vgl. Schneider 1982, 156f.) „Kardinal Jiménez de Cisneros beauftragte während seiner Regentschaft (1516-17), d.h. nach dem Tode Ferdinands des Katholischen, drei Hieronymitenobere mit der Durchführung eines Planes zur Reform des Encomienda-Systems, weil sie auf Hispaniola nicht engagiert und folglich unparteiischer waren als Missionare der Bettelorden oder Hofpersonen. Außerdem empfahlen sich die Hieronymiten, weil sie mystische Kontemplation mit körperlicher Arbeit zu vereinigen suchten und zu diesem Behuf musterhafte Agrarbetriebe aufgebaut hatten, in denen die Mönche mit Weltpersonen in einer patriarchalischen Gemeinschaft zusammenarbeiteten, was möglicherweise ein brauchbares Modell für die Arbeit mit den Indianern bilden konnte. [...] Hieronymiten spielten im übrigen als Bischöfe eine Rolle in Amerika." (Prien 1978, 159) Bis 1620 wurden siebzehn Hieronymiten in zwölf verschiedenen Diözesen auf Bischofsstühle berufen.

1549 kamen die ersten *Jesuiten* nach Amerika, die die Grundsteine für die Kolonialkirche in Brasilien legten. Und erst 1566 wurden die Jesuiten vom Indienrat in die Liste der im spanischen Amerika zugelassenen Orden aufgenommen. Aber noch immer behielt es sich die spanische Krone vor, die Reisen der Jesuiten zu genehmigen. „Nachdem Philipp II. der Ausreise von zwanzig Jesuiten nach Südamerika zugestimmt hatte, entsandte Ordensgeneral Francisco de Borja zunächst acht Religiöse, die 1568 in Lima eintrafen. Dort wie auch ab 1572 in Mexiko-Stadt und ab 1598 in Bogotá widmeten sie sich zunächst der Arbeit unter der spanischen Bevölkerung, speziell auf dem Schul- und Erziehungssektor, da hier nach der Konsolidierung der allgemeinen

Lebensverhältnisse erheblicher Nachholbedarf bestand. Die staatlichen und kirchlichen Behörden wünschten auch ausdrücklich diesen Einsatz der Jesuiten im Dienste von Spaniern und Kreolen, der auch zu einer wesentlichen Hebung der Bildung und der sozialen Stellung des Weltklerus führte." (Prien 1978, 153) Die Mission der Jesuiten ist vor allem durch ihre Reduktionen gekennzeichnet. Ab 1609 errichteten die Jesuiten ihre Reduktionen im Gebiet des heutigen Paraguay unter den Guarani. (Vgl. Hartmann 1993; Otruba 1962; Meier 1990, 59-79; Schatz 1992, 74-89; Kahle 1992, 25-32.)
In den Reduktionen kam man zwei Forderungen der Eroberer nach, die dringend eingehalten werden sollten:
1. dass sie aus den verstreuten Wohnsitzen in organisierte Siedlungen nach iberischem Stil zogen, reduccíones de pueblos gründeten,
2. dass sie in diesen Siedlungen nach den Gesetzen der Kolonialherren lebten. (Vgl. Prien 1978, 215.)

Diese Bedingungen wurden in den Reduktionen erfüllt. Die Eroberten bezeugten damit in den Augen der Vertreter der Ordnung der Dinge ihren Willen, nicht mehr länger als „Wilde" leben zu wollen. Der „Jesuitenstaat" war aber auch ökonomisch autark und dies missfiel zunehmend den spanischen Siedlern. Die Ausweisung der Jesuiten vollzog sich zunächst 1759/60 durch Marquis de Pombal in Portugal wie auch in den Kolonien und wurde 1767 in den spanischen Kolonien durchgeführt und endete 1768 mit der Vertreibung der Missionare aus den Reduktionen Paraguays. Das Experiment fand mit der Zerstörung der Reduktionen und der Ausweisung der Jesuiten aus Amerika sein Ende. (Vgl. Jedin 1985, Bd. V, 292.) Und im Jahr 1773 kam es dann zur vollständigen Aufhebung der Gesellschaft Jesu durch Papst Clemens XIV. (Vgl. Jedin 1985, Bd. V, 633f.)

Doch die Entwicklung, die von einer „cédula" Isabellas der Katholischen an Nicolás de Ovand (1503) über die Gesetze von Burogos (Leyes de Burgos) (1512) (vgl. Sievernich 1992, 77-98; 93f) bis zur Instruktion an die Hieronymitenkommission (1516) verläuft, zeigt ein langsam wachsendes Problembewusstsein bei den Gesetzgebern. „Der Weg führt vom brutalen Zwang bei der Umsiedlung zu dem Versuch, Verständnis und Bereitschaft für die Maßnahmen bei den betroffenen Indianern zu wecken, von totaler Bevormundung bei der Bestimmung der Lage der Reduktionen bis zur Konsultation der Kaziken und der Berücksichtigung der Interessen der Indianer. Der Interessenkonflikt zwischen der Sklaverei bzw. Zwangsarbeit und dem Reduktionsmodell, der Mangel an uneigennützigen Spaniern zur Durchführung der Umsiedlung und zur Leitung der Reduktionen sowie Pockenepedemien brachten das Programm zum Erliegen." (Prien 1978, 215)
Erst nach Widerständen im Indienrat erhielten die *Kapuziner* 1649 die Erlaubnis zur Mission in Amerika. Der Indienrat wollte zu diesem Zeitpunkt keine neuen Orden mehr für die Mission in Neuspanien zulassen. 1651 wurden die Kapuziner zur Aufgabe ihrer Mission in Venezuela gezwungen, da Siedler sich über ihre Arbeit bei der Krone beschwert hatten. Der Grund: Die Siedler

hatten kein Interesse daran, sich bei der Ausbeutung der Indios Einhalt gebieten zu lassen. Erst 1662 konnten die Kapuziner wieder nach Venezuela zurückkehren, nachdem sie abermalig eine Lizenz des Indienrates bekommen hatten. „Sie wurden die wichtigsten Indianermissionare auf dem schwierigen und ausgedehnten Arbeitsfeld von Guayana, Venezuela und den östlichen Teilen von Kolumbien." (Prien 1978, 157)
Die *Barfüßigen Karmeliter* waren bedingt missionarisch tätig, jedenfalls in Brasilien. Dort kamen sie 1584 an und nahmen ihre Missionsarbeit in Olinda auf. 1586 weiteten sie ihre Tätigkeit auf Salvador aus, wo sie eines der größten Klöster des Kontinents errichteten. Im übrigen Amerika konnten sie nicht Fuß fassen.
Die Mission wurde in erster Linie von Bettelorden getragen (vgl. Borges 1992; Lippy u.a. 1992, 34), selten vom Weltklerus und kaum durch Laien. Erst die Stabilisierung der Kolonialgesellschaft führte dazu, dass Laienbruderschaften und Spitalorden in der „Neuen Welt" tätig wurden.

3.3.2 Frauenkongregationen in Neuspanien[15]

48 Jahre nach der Eroberung Amerikas entstanden die ersten religiösen Gemeinschaften von Frauen in der „Neuen Welt". In den ersten Jahrzehnten der Conquista begleiteten Ordensmänner die Eroberer und Kolonialisten bei ihren Unternehmen in der „Neuen Welt". Mit der zunehmenden Dauer des Eroberungsprojektes und der Installierung von politischen, sozialen und religiösen Strukturen und Institutionen stellte sich gerade auch von Seiten der katholischen Kirche die Frage nach Hilfe und Unterstützung im Missionsprojekt durch Frauenorden. Der Erste, der die Notwendigkeit der Niederlassung von Frauenklöstern erkannte und förderte, war der Franziskaner Juan de Zumárraga, Bischof von Mexiko. (Vgl. Borges 1992, 267; Muriel 1946, 25.) Sein Ziel war es, mittels der Frauenklöster auf die Erziehung der einheimischen Kinder einzuwirken und ihnen die Assimilation in die neuspanische Gesellschaft zu erleichtern. Nach einer Zeit der Versuche und Fehlschläge, der Forderungen und Diskussionen mit dem Indienrat, konnte er

---

[15] Zu diesem Gliederungspunkt ist zu sagen, dass es nach wie vor an umfassenden Untersuchungen über die Religiosität, den kulturellen Beitrag und die missionarische Tätigkeit von Frauenkongregationen in Neuspanien fehlt. Ich beziehe mich in den Ausführungen fast ausschließlich auf die Arbeit von Pedro Borges: Religiosos en Hispanoamérica, Madrid 1992, und hier im besonderen auf seine Ausführungen auf den Seiten 267-306. Daneben finden die Forschungen von Josefina Muriel aus dem Jahre 1946 ihren Niederschlag im folgenden Kapitel. Diesem Buch sind auch wesentliche Informationen zum Orden der Hieronymitinnen entnommen. (Vgl. Muriel Josefina: Conventos de monjas en la nueva españa, Kap. V, México 1946.)

1540 den ersten Konvent für Frauen in Neuspanien einweihen; den Konvent der *Immaculada Concepcíon de México*. Nach den 1540 angekommenen *Konzeptionistinnen* (Vgl. Muriel 1946, 21-138.), Schwestern der Unbefleckten Empfängnis in Mexiko folgten im Jahr 1551 *Klarissen* (Santo Domingo). 1571 *Zisterziensierinnen* (Osorno), 1576 *Dominikanerinnen* (Oaxaca), 1533 *Hieronymitinnen* (Mexiko) (Vgl. Muriel 1946, 251-302.), 1598 *Augustinerinnen* (Mexiko) (Muriel 1946, 303-314), 1604 *Unbeschuhte Karmelitinnen* (Puebla) (Vgl. Muriel 1946, 353-434.), 1666 *Kapuzinerinnen* (Mexiko), 1668 *Betlemitas*[16] (Guatemala), 1744 *Santa Bírgida*[17] (Mexiko) (Vgl. Muriel 1946, 437-444.), 1754 *Compania de Maria* (Mexiko) (Vgl. Muriel 1946, 445-474.), 1769 *Ursulinen* (frz. New Orleans) und 1784 der *Dritte Orden der Unbeschuhten Karmelitinnen*[18] (Cordoba, Argentinien). (Vgl. Borges 1992, 268.)

Bei der genaueren Betrachtung der Gründungen von Frauenklöstern in Neuspanien lassen sich drei Phasen herauskristallisieren (vgl. Borges 1992, 269f):

---

[16] Diese Gemeinschaft geht auf Pedro de San José Betancur (1616-1667) zurück, „der sich zunächst dem Unterricht der Kinder, aber bald auch der Pflege der Rekonvaleszenten, zumal der Fremden und Durchreisenden, annahm. Die Helfer Betancurs führten nach seinem Tod das Werk weiter. [...] Er [der Orden; H.W.] verbreitete sich überraschend schnell nach Mexiko und Südamerika. Eine ähnliche Gründung für Frauen, welche Maria Anna del Galdo 1688 in Guatemala ins Leben rief, fand eine nur schwache Verbreitung (1820 aufgelöst)." (Beckmann 1970, 288) In der Schrift von Väth SJ (1920) findet sich auch eine Erklärung für die schwache Verbreitung und die Auflösung der Gemeinschaft: „Die Bethlehembrüder erhielten 1688 einen weiblichen Zweig, die Bethlehemschwestern, zur Pflege weiblicher Kranken. Die Genossenschaft wurde vom Papste bestätigt. Aber – und das ist das Merkwürdige – sie fand keine Verbreitung. So stark war man im Banne der alten Anschauungen befangen, daß solche Tätigkeit nicht zum Beruf der Ordensfrau gehöre." (Väth 1920, 6)
[17] Diese Gründungen gehen auf den spanischen Zweig des Brigittenordens zurück, der nur für Nonnen war. Der ursprüngliche Orden ist älter und geht auf die Ordensvision der hl. Brigitta zurück. Urban V. gestattete am 5. August 1370 die Stiftung eines Nonnen- und eines Priester-Klosters in Vadstens. Für die beiden Konvente galten als Höchstzahl der streng klausurierten Mitglieder 60 Nonnen und 25 Männer, davon 13 „Apostelpriester", denen die Seelsorge für die Nonnen und die Pilger oblag. Die Leitung hatte die Äbtissin, ihre Wahl sowie Ernennung des Generalkonfessors bedurfte der Zustimmung des Bischof, der auch das Visitationsrecht hatte. Das ursprüngliche Konzept verschob sich seit der Mitte des 15. Jahrhunderts in Richtung eines größeren Mitsprache- und Entscheidungsrechtes der Priester auch in der Güterverwaltung, die nach der Regel der Äbtissin allein zustehen sollte. (Vgl. Nyberg, 1994, 479.)
[18] Von den Unbeschuhten Karmelitinnen, den Dominikanerinnen und den Kapuzinerinnen weiß man, dass sie sich der Erziehung von Mädchen widmeten, ohne ihre strengen Ordensregeln aufzugeben. (Vgl. Väth 1920,7.)

1. Die erste und zeitlich umfangreichste Phase in den Jahren 1540-1604, die mit den Niederlassungen der Konzeptionistinnen und der Klarissen begann. Ihre Gründungen animierten weitere Kongregationen wie die Zisterziensierinnen, Dominikanerinnen und Augustinerinnen ebenfalls zu Gründungen in der „Neuen Welt".
2. Neben der Stabilisierung der schon bestehenden Ordensgemeinschaften ist die zweite Phase vor allem durch die Niederlassungen der Kapuzinerinnen und der Betlemitas in den Jahren 1666-1668 geprägt.
3. Die dritte Phase im Zeitraum 1744-1784 ist durch Neugründungen wie der des Ordens der Santa Brígida gekennzeichnet, einem Orden, dessen spanischer Zweig im 16. Jahrhundert entstand. (Vgl. Lexikon für Theologie und Kirche (LThk), Bd. 2, 479f.)

Neben diesen drei Phasen lassen sich die Ordensgemeinschaften auch noch aufgrund der Anzahl ihrer Niederlassungen einteilen. So gab es Ordensgemeinschaften wie z.B. der Konzeptionistinnen, Klarissen und der Unbeschuhten Karmelitinnen mit Ordenshäusern in einer Anzahl von 20 bis 34. Daneben gab es eine zweite Gruppe von Ordensgemeinschaften wie der Dominkanerinnen und Kapuzinerinnen, die 10 bis 12 Häuser in Neuspanien hatten. Und schließlich eine dritte Gruppe von Frauenkongregationen mit Häusern in einer Anzahl von 1 bis 6 wie die Zisterziensierinnen, Hieronymitinnen und Augustinerinnen.

Die Kongregationen ließen sich fast ausnahmslos in den größeren Städten, den Orten mit den meisten Weißen und Kreolen, nieder. Nur zwei von 138 Klöstern wurden in Gegenden mit hauptsächlich indigener Bevölkerung gegründet; in Atlixco und in Pátzcuaro (beides Mexiko). Auch die drei Klöster der Klarissen, die für Kazikentöchter gegründet wurden, finden sich an Orten mit hauptsächlich weißer Bevölkerung. Dieser Punkt ist ein Indiz dafür, dass die Frauenklöster sich nur sehr wenig auf die gänzlich neuen Herausforderungen der Mission im Kontext von fremder Kultur und Religion einstellen konnten. „Wenn die Orden auch etwas für die Bildung der Indianerinnen taten, verweigerten sie ihnen doch in ihren eigenen Organisationen die Aufnahme und bestätigten damit das Vorurteil der Kolonialgesellschaft, das sie zu Menschen zweiter Klasse stempelte. [...] So wurde zwar auf königliche Order in Quito für Kazikentöchter ein Klarissenkloster gegründet. Aber nachdem allmählich Spanierinnen die Macht im Kloster an sich gerissen hatten, weigerten sie sich fortan, Kazikentöchter als Chorschwestern zuzulassen. 1691 wurde schließlich in Copacabana am Titicaca-See ein Beaterio für Indianerinnen eingerichtet, aber der Versuch der Äbtissin Catalina de Jesús Huamán Cápac, 1733 die Umwandlung des Beaterios in ein echtes Kloster durchzusetzen, scheiterte am Widerstand des Indienrates, der dafür keine finanzielle Unterstützung gewähren wollte. In Mexiko-Stadt gelang es dagegen 1724, das Corpus Christi Kloster für Indianerinnen mit der Regel der hl. Clara zu errichten." (Prien 1978, 162)

Neben diesen Punkten fällt ferner auf, dass sich die meisten Ordensgemeinschaften von Frauen in Mexiko niedergelassen haben, 63 an der Zahl. Dies liegt darin begründet, dass Mexiko ein Zentrum der politischen Macht war, u.a. durch die Residenz des Vizekönigs. Auffällig ist, dass es in den heutigen Ländern El Salvador, Honduras, Nicaragua, Costa Rica, Panamá, Paraguay und Uruguay nicht zur Gründung von Frauenklöstern kam.

3.3.2.1 Charakteristika von Frauenorden in Neuspanien

Abgesehen von den Betlemitas und dem Dritten Orden der Unbeschuhten Karmelitinnen gehen alle Niederlassungen in Neuspanien auf schon bestehende Ordensgemeinschaften in Spanien zurück, die gewachsene Strukturen und Traditionen mitbrachten, die sie auch im neuen Kontext ihrer Gründungen pflegten. Somit gilt für die Frauenklöster, was schon für die Ordensgemeinschaften der Männer festgehalten wurde: Sie waren ein europäisches Projekt im Kontext der „Neuen Welt". Dabei fällt auf, wie wenig Aufmerksamkeit die hierarchische Männerkirche den Frauenklöstern schenkte. Diese Tatsache ist ein Beleg dafür, dass die Bemühungen und Bestrebungen der Frauenklöster von geringer Bedeutung waren. Dies liegt sicherlich auch darin begründet, dass sie im Unterschied zu den Männerorden nicht für die „direkte" Missionierung zuständig waren. D.h., ihnen kamen keine unmittelbaren Aufgaben in dem Christianisierungsprojekt der Indios zu. Sie waren vielmehr für die Spanier und Kreolen und hier vor allem in der Erziehung der Mädchen dieser Bevölkerungsgruppen zuständig. In Einzelfällen kümmerten sie sich auch um bereits christianisierte Indios. „Die Klöster bildeten nicht nur die Zentren der Erziehung, sondern sie unterhielten auch Kranken- und Waisenhäuser, Altenheime, Gästehäuser und Asyle für Obdachlose." (Paz 1991, 184) Mit den Schwerpunkten der Sorge um Waise, Alte und Kranke wie auch in ihrem Bemühen um eine angemessene Bildung übernahmen die Frauenklöster wichtige Funktionen in den Bereichen der (Mädchen-)Erziehung und der Caritas. Und mit der Erziehungsarbeit für Mädchen verliehen die Frauenklöster der Missionierung eine neue Dimension. Ähnlich wie in Europa erfüllten die Frauenklöster zunächst die Bedürfnisse der Oberschicht, indem sie ihre Töchter in klostereigenen Schulen unterrichteten. Immer wieder kam es vor, dass Mädchen später in die Ordensgemeinschaften eintraten. Als unverheiratete Frau außerhalb eines Klosters zu leben galt in der neuspanischen Gesellschaft als suspekt und war nicht geachtet. Die Einstellungen, die den Mädchen und Frauen in den Klosterschulen vermittelt wurden, lassen sich wie folgt skizzieren: „Es handelt sich um eine Moral der häuslichen Zurückgezogenheit, die der Frau ihren Platz hinter den Mauern des elterlichen oder ehelichen Hauses anweist, eine Moral der stillschweigenden Unterordnung unter den Ehemann, Konformität mit männlichen,

außerehelichen Geschlechtsexzessen und eine übersteigerte und traumatische Religiosität." (Prien 1978, 163)
Die Niederlassungen von Frauenorden gingen vielfach auf die Bemühungen von Bischöfen zurück (so ja auch die Niederlassung des ersten Frauenordens in Mexiko) wie auch von verwandten Männerorden. In Einzelfällen strengten fromme SpanierInnen Bemühungen für die Gründung eines Klosters an. Jene GründerInnen unterstützten die Gemeinschaften später meist finanziell und vermachten ihnen nach dem Tod ihr Vermögen als Erbe. Es sind auch Fälle bekannt, in denen Frauen nach dem Tod ihres Ehemannes in einen von ihnen unterstützten und geförderten Orden eintraten.
Im 16. Jahrhundert und auch in der ersten Hälfte des 17. Jahrhunderts wurde eine Vielzahl von Frauenklöstern mit der Funktion einer Herberge gegründet. Dies vor allem für die Töchter und Enkelinnen der Conquistadoren. Diese Funktion war immer ein wichtiges Argument bei Forderungen an die spanische Krone um finanzielle Unterstützung. Darüber hinaus galt als eine allgemeine Zielsetzung für alle Frauenklöster die Förderung und Stabilisierung der Religiosität von Frauen. Aus diesem Grund wurden sie auch bald zu Zentren der (religiösen) Unterweisung von Mädchen und jungen Frauen.
Für jeden Klostereintritt, abgesehen von den wenigen Ausnahmen wie bei den Kapuzinerinnen, mussten die jungen Frauen eine Mitgift mitbringen, deren Höhe wiederum zwischen den einzelnen Ordensgemeinschaften stark variierte. Darüber hinaus wurde ein Mindestmaß an Bildung verlangt, denn schließlich mussten Gebete gesprochen, Breviere gelesen und die Güter der Gemeinschaft auf Dauer verwaltet werden können.
Das Zusammenleben von spanischen, kreolischen und indianischen Frauen in einer Ordensgemeinschaft war die Ausnahme. An diesem Punkt wird das verbreitete Vorurteil der Kolonialgesellschaft, das Indios zu Menschen zweiter Klasse machte, auch für das System weiblicher Ordensgemeinschaften sichtbar. So bleibt die Gründung von Klöstern nur für indianische Frauen auch eine Ausnahme. Hierzu zählen die bereits erwähnten Klöster Corpus Christi in México, Nuestra Señora de Cosamalsapán de Morelia und Nuestra Señora de los Angeles in Oaxaca. Diese Klöster waren jedoch einzig für die Töchter der Kaziken, d.h. für Töchter aus der Oberschicht der indianischen Gesellschaft, vorgesehen.
Die Klöster von Frauen unterstanden in den Fragen der Statuten und des Rechts alle einer übergeordneten Autorität. Diese wurde entweder durch den Ortsbischof oder durch den Superior des verwandten Männerordens repräsentiert.
Bis auf wenige Ausnahmen wurden in allen religiösen Gemeinschaften von Frauen lebenslange Gelübde abgelegt. Die Ausnahmen bilden hier Gemeinschaften, in denen nur die zeitlichen und einfachen Gelübde abgelegt wurden, wie bei den Betlemitas und beim Dritten Orden der Unbeschuhten Karmelitinnen. Ein Unterschied zu den Männerorden, die das Armuts-, Gehorsams- und Keuschheitsgelübde ablegten, bestand darin, dass für Frauen

hinzukam, an die Klausur gebunden zu sein. D.h., sie legten ein viertes Versprechen ab, die Klausur nie zu verlassen. Die Frauenorden waren zu dem damaligen Zeitpunkt kontemplativ geprägt, was aber Aktivitäten zur Sicherung der Subsistenz keineswegs ausschloss. Darüber hinaus waren einige Orden in der Pflege (hier sind in besonderer Weise die Betlemitas zu nennen) und in der Erziehung von Mädchen tätig. In den Gemeinschaften, die sich der Erziehung von Mädchen verschrieben, lebte eine Anzahl von Mädchen in den Mauern des Klosters. Daneben gab es in aller Regel auch Bedienstete und Sklavinnen, die den Ordensfrauen für Alltagsarbeiten zu Verfügung standen.

Vielfach wurden Mädchen schon im Alter von sieben Jahren ins Kloster geschickt, damit sie dort erzogen werden sollten. Viele dieser Mädchen verließen nie mehr das Kloster und traten später selbst in die Ordensgemeinschaft ein. In einigen Fällen (so bei den Konzeptionistinnen) lebten die Mädchen direkt mit den Ordensfrauen und ein jedes Mädchen wurde von einer Ordensfrau in besonderer Weise begleitet und gefördert. In anderen Gemeinschaften wiederum, so im Fall der Ordensgemeinschaft von Sor Juana, den Hieronymitinnen, wurden die Mädchen in einem dem Kloster angeschlossenen Trakt untergebracht und unterrichtet. Hauptgegenstände des Unterrichts waren: Lesen, Schreiben, gelegentlich etwas Latein, Musik, Singen, Nähen, Sticken, Kochen, Backen und in einigen wenigen Fällen standen auch Zeichnen und Theateraufführungen auf dem Programm.

Im Jahr 1774 lebten in den 10 Frauenklöstern im Erzbistum Mexiko 414 Mädchen und junge Frauen als Schülerinnen. Durch ein Dekret vom 22. Mai 1774, das für ganz Amerika Geltung hatte, wurde die Anwesenheit von Mädchen und Bediensteten in den Frauenklöstern verboten. Dieses Dekret wurde damit begründet, dass die Schülerinnen und Bediensteten das klösterliche Leben erschwerten, z.B. durch die Nichtbeachtung der Klausur. Nur für eine Ordensgemeinschaft galt dieses Dekret nicht, für die *Compania de Maria in Mexiko*, einer Ordensgemeinschaft, die sich dem Erziehungsauftrag von Mädchen in besonderer Weise verschrieben hatte.

Die ökonomischen Grundlagen der Ordensgemeinschaften setzten sich vor allem aus der Subsistenzwirtschaft, den Spenden von FörderInnen, den Mitgiften der Ordensfrauen sowie aus Einzelspenden zusammen. Und nur wenige Gemeinschaften lebten ausschließlich von den Gaben der Gläubigen. Daneben gilt im allgemeinen für die Klöster, dass sie auch nach dem Ordenseintritt von den existierenden familiären Beziehungen profitierten. Und dies in besonderer Weise bei zunehmender Strenge des Ordens.

Neben diesen allgemeinen Charakteristika der Frauenorden in Neuspanien entwickelte natürlich jeder Orden sein eigenes Profil. Lebte doch jede Gemeinschaft aus eigenem Geist, sichtbar in der Art und Weise der Gestaltung der Aufgaben, des Klosters, der Ordenstracht. Vereinzelt dienten Klöster von Frauen mehr einem gesellschaftlichen denn einem kirchlichen Zweck. Es gab Klöster, in denen Luxus herrschte. Dieser machte sich sowohl bei den Bauten,

der Kleidung und auch in Nachlässigkeit bei den liturgischen Gebeten und der Klausur bemerkbar. (Vgl. Prien 1978, 163.)
Nach diesem Überblick über religiöse Gemeinschaften von Männern und Frauen in Neuspanien folgt nun die Fokussierung auf die Ordensgemeinschaft, in der Sor Juana 27 Jahre ihres Lebens verbrachte, und im Anschluss daran die weitere Auseinandersetzung im Zusammenhang mit Sprache, Religion und dem Kloster als dem Ort, an dem Sor Juana ihr Subjekt-Sein realisiert, erwacht und im eigenen Namen sprechen und schweigen kann. Die Sprache zeigt sich als das, was sie ist – Zeichen der Religion. Dabei gehört zur Sprache nicht nur das gesprochene Wort, sondern all die Konstellationen und Zeichen, in denen Sinnvolles und manchmal auch Bedeutsames benannt werden kann. Und das Kloster ist ein potenzieller Ort dieser Konstellationen.

3.3.2.2 Die Ordensgemeinschaft der Hieronymitinnen

Im Jahr 1533 wurde die erste Niederlassung der Hieronymitinnen in Mexiko gegründet. Schon 1579 entstand das erste Kloster der Hieronymitinnen in Guatemala. Die Niederlassung in Mexiko ist der Sitz des ersten Frauenordens in Mexiko, der nach der Regel des Heiligen Augustinus lebt. Die Gründung dieser Niederlassung geht auf den Wunsch der Eheleute Doña Isabel de Barriso und Don Diego de Guzmán zurück. (Vgl. Muriel 1941, 252.) Die erste Priorin dieser Niederlassung wurde die Nichte des Ehepaares, Sor Paula. Doña Isabel stellte der Ordensgemeinschaft das Grundstück und Haus zur Verfügung. Dafür sicherte sie sich das Recht zu, nach dem Tod ihres Mannes in die Gemeinschaft eintreten zu können.
1586 wurde das Kloster Santa Paula in Mexiko gegründet (in das Sor Juana 1669 eintrat und das man später nur noch San Jerónimo nannte) und nur 13 Jahre später, 1598 ebenfalls in Mexiko, wurde das Kloster San Lorenzo gegründet. Es folgten dann noch drei Gründungen: 1600 in Puebla und 1606 eine zweite Gründung in Guatemala sowie 1610 in Ciudad Real de Chiapa.
Das Kloster San Jerónimo war für Kreolinnen bestimmt und das Gebäude war groß und solide, aber ansonsten architektonisch eher unbedeutend. Doch es galt als eines der weitläufigsten der Stadt mit mehr als hundert Hektar Grundfläche. (Vgl. Paz 1991, 193.)
Sor Juana tritt 1669 in San Jerónimo ein. Bei seiner Einweihung erhielt das Kloster jedoch den Namen Santa Paula. „Al inaugurarse el convento no se le dió el título de San Jerónimo, sono el de Santa Paula en honor de aquelle Santa matrona que dió su casa a San Jerónimo para que edificase en ella un templo

en la ciudad del Belén."[19] (Muriel 1941, 253) Aus einem nicht mehr nachvollziehbaren Grund bürgerte sich der ursprüngliche Name nicht ein und schon bald sprachen alle vom Kloster San Jerónimo. Die erste Novizin dieses Klosters war eine Tochter der Stifterin Doña Isabel und schon kurze Zeit später traten drei weitere junge Frauen in die Gemeinschaft ein.

Urkunden belegen, dass im Jahr 1626 die Kirche zum Kloster eingeweiht wurde und dass der größte Teil der finanziellen Mittel für die Errichtung von einem Luis Maldonado del Corral gespendet wurde. (Vgl. Muriel 1941, 253.) Die Kirche erhielt als Patron San Jerónimo, ein Zeichen dafür, dass man der Gewohnheit bei der Benennung entgegengekommen ist.

Der Orden lebte nach den Regeln des Heiligen Augustinus und beim Eintritt in die Gemeinschaft musste die Kandidatin die Zustimmung des Erzbischofs oder seines Repräsentanten einholen. Darüber hinaus war beim Eintritt in die Gemeinschaft eine Mitgift zu zahlen. „The endowment of a nun ranged from two thousand to four thousand pesos in the seventeenth and eighteenth centuries. In addition, profession in most convents involved other expenses, such as clothes, purchase of a cell for the nun, provision of slaves or servants, and possibly an endowment that would provide the nun with an annual sum of money or her living expenses. The number of families who coulds afford these expenses was relatively small." (Lavrin 1991, 62) Die Mitgift für Sor Juana zahlte Don Pedro Velázquez de la Cadena, ein Verwandter von Sor Juana. (Vgl. Muriel 1941, 268.) Die Ordensfrauen legten das Armuts-, Keuschheits- und Gehorsamsgelübde ab und zudem stimmten sie zu, das Kloster nie mehr zu verlassen. Nach den Regeln war es vorgesehen, dass alle Schwestern Aufgaben für die Gemeinschaft verrichteten. Das Leben im Kloster unterschied sich von denen anderer Gemeinschaften dadurch, dass es nicht ganz so streng war. (Vgl. Muriel 1941, 254.) Mit der Erlaubnis der Priorin durften die Ordensfrauen eigene Utensilien und Gegenstände wie Bücher, Instrumente, Bilder etc. besitzen. Beim Verstoß gegen die Regeln lag es in den Händen der Priorin, das gerechte Strafmaß für das Vergehen zu bestimmen. Dieses konnte darin bestehen, bestimmte Gebete zu verrichten oder aber auch das Vergehen und die Schuld vor der gesamten Klostergemeinschaft zu beichten. (Vgl. Muriel 1941, 254.)

„Die Nonnen von San Jerónimo folgten der Klosterregel des Heiligen Augustin, ohne daß man sie jedoch eigentlich als Augustinerinnen bezeichnen kann. Ihre Tracht ähnelte der ihrer Gründerinnen, der Konzeptionistinnen. Die weiße Tunika war mit sehr weiten Ärmeln versehen, die in eine Spitze ausliefen, die Haube war ebenfalls weiß und der Schleier sowie das Skapulier schwarz. [...] Über dem Skapulier trugen sie auf der Brust ein Schildchen aus

---

[19] „Bei seiner Einweihung erhielt der Konvent nicht den Titel San Jerónimo, sondern Santa Paula in Ehrerbietung an jene Heilige, die dem Heiligen Hieronymus ihr Haus vermachte, damit er darin eine Kirche in der Stadt Betlehem errichte."

Metall oder Pergament, mit irgendeiner frommen Szene bemalt. [...] Gegürtet waren sie mit dem schwarzen Riemen des Augustinerordens, und ein sehr langer Rosenkranz hing vom Halse bis auf die Knie." (de la Maza 1941, 5) Strukturell war die Gemeinschaft der Hieronymitinnen den Augustinern unterstellt, d.h., die Gemeinschaft stand unter der Obhut ihres Oberen vor Ort und des Provinzoberen. Aber im Fall von Neuspanien war es vielfach so, dass der Erzbischof die Aufgabe des Provinzoberen übernahm.
Die Ordensgemeinschaft im Kloster war folgendermaßen organisiert: An oberster Stelle stand die Priorin, „en quien residía toda la autoridad y responsabilidad del monasterio."[20] (Muriel 1941, 255) Das Amt der Priorin war ein Wahlamt für drei Jahre. Die Priorin wurde durch eine Stellvertreterin unterstützt, die auch von der Gemeinschaft gewählt wurde. Daneben gab es noch das Amt von zwei *corretoras*, wo schon der Name Auskunft über das Amt gibt. Sie wachten über die Abläufe im Konvent. Daneben gab es das Amt der *procuradora* (der Prokuristin), die über jene Dinge wachte, die die Ordensfrauen zum täglichen Leben brauchten. Auch die restlichen Funktionen im Kloster, wie z.B. das der Schatzmeisterin (ein Amt, das auch Sor Juana inne hatte), wurden durch Wahl bestimmt. (Vgl. Muriel 1941, 269; Paz 1991, 188; Scott 1990, 121.) Darüber hinaus wurden noch weitere Ämter vergeben, wie z.B. das der Vorbeterin, der Sängerinnen, eine Schwester wurde mit den Aufgaben betraut, die außerhalb des Klosters zu regeln waren (z.B. in juristischen und finanziellen Fragen). Daneben gab es noch die Novizenmeisterin, eine Archivarin und Bibliothekarin, Pförtnerinnen und Sakristaninnen. Einige Ordensfrauen waren als Lehrerinnen an der Schule für Mädchen, die dem Kloster angeschlossen war, tätig. In dem Kloster lebten etwa fünfzig Schwestern, hinzu kamen noch Mädchen und Sklavinnen, sodass nahezu 200 Frauen in den Klostergebäuden lebten. Dem Kloster angeschlossen war eine Schule für Mädchen, die in einem dem Kloster angehörenden eigenen Trakt lebten. Die Schule von San Jerónimo war für ihren Unterricht in Musik, Tanz und Schauspiel bekannt und angesehen. (Vgl. Paz 1991, 194.)
Die Gebete wurden in der Gemeinschaft verrichtet und die Teilnahme an der Eucharistie war verpflichtend. Sor Juana nahm wie alle anderen Schwestern der Gemeinschaft an den gemeinsamen Gebeten teil und sie verrichtete die ihr zugetragenen Aufgaben. In ihrer Freizeit und in den Nächten wird sie geforscht, gedichtet und nachgedacht haben. Wichtig ist in diesem Zusammenhang jedoch, dass die Regeln des Klosters es durchaus vorsahen, dass sich Schwestern intellektuell betätigten. „Las actividades intelectuales de Sor Juana estaban implícitamente autoriza por las reglas, que dejan libertad a las monjas, para que en sus ratos libres se ocupen en lo que quieren, con tal de

---

[20] „die die gesamte Autorität und Verantwortung für das Kloster inne hatte"

que esto no sea cosa pecaminosa."²¹ (Muriel 1941, 270) Außerdem ist davon auszugehen, dass die Gemeinschaft insgesamt auch einen Nutzen aus der Popularität ihrer Mitschwester Sor Juana zog und ihr auch deswegen einen gewissen Freiraum bot.
Es gab im Kloster Bedienstete, die sowohl für die ganze Gemeinschaft wie auch für eine einzelne Ordensfrau tätig waren. Die ökonomischen Grundlagen des Klosters setzten sich zum einen aus dem Ertrag der ordenseigenen Ländereien, den Mitgiften der Ordensfrauen sowie aus Spenden zusammen.
Nachdem der Rahmen geklärt ist, soll im folgenden Gliederungspunkt der Frage nachgegangen werden, wofür der Schritt ins Kloster im Leben von Sor Juana stehen kann.

3.3.3 Sor Juana – Der Schritt ins Kloster oder Vom Folgen der inneren Stimme

In der Literatur über Sor Juana wird ihr Entschluss ins Kloster zu gehen mit großem Erstaunen kommentiert, genährt durch den Eindruck, dass nichts in ihrem Leben am vizeköniglichen Hof Rückschlüsse auf eine religiöse Berufung zulässt. Und oftmals wird in diesem Zusammenhang auf folgendes Zitat in der *Antwort an Sor Philothea* verwiesen. Dort heißt es: „Entréme religiose, porque aunque conocía que tenía el estado cosas (de las accesorias hablo, no de las formales), muchas repugnantes a mi genio, con todo para la total negación que tenía al matrimonio, era lo menos desproporcionado y lo más decente que podía elegir en materia de la seguridad que deseaba de mi salvación; [...]"²² (Salceda 1957, Bd. IV, 446)
Sor Juana spricht in diesem Text von ihrer Abneigung gegen die Ehe und der Suche nach einer Lebensform, die ihr die Realisierung ihrer Existenz ermöglichen konnte. In diesem Zusammenhang ist es erwähnenswert, dass es durchaus auch möglich war, dass der Vizekönig in gegebenen Fällen einen Ehemann für die Hofdamen aussuchte. Damit musste auch Sor Juana rechnen.
„As for matrimony, it is possible that the Viceroy had already selected a husband for her. This seems to have been the regular procedure, at any rate,

---

²¹ „Implizit sind die intellektuellen Aktivitäten in den Regeln des Ordens vorgesehen, denn sie lassen den Ordensfrauen die Freiheit in Bezug auf ihre Beschäftigungen in der Freizeit, sofern die Aktivitäten nicht in irgendeinem Zusammenhang Anlass zur Sünde geben."
²² „Ich trat ins Kloster ein, obwohl ich wußte, daß dieser Stand Dinge – ich spreche von nebensächlichen, nicht grundsätzlichen – mit sich brachte, die meinem Charakter widersprechen mußten. Aber da ich eine tiefe Abneigung gegen den Ehestand hatte, schien jener diesem gegenüber weniger große Nachteile mit sich zu bringen. Es war die angemessenere Wahl, um mein Seelenheil, das zu erlangen ich erstrebte, mit größerer Sicherheit zu gewinnen." (Heredia, Hildegard)

and Juana had no reason to suppose that he would not select one in her case. Doña Olivia Merleti, a lady-in-waiting at the court, entered the Capuchin order in perference to marrying a man select for her by the Marquis of Mancera." (Schons 1991, 58)
Es gibt viele Versuche, den Entschluss zum Klostereintritt zu erklären. Einige behaupten, eine unglückliche Liebe sei der Ursprung gewesen. (Vgl. Chávez 1931.) Genährt wird diese Überzeugung durch verschiedene Liebesgedichte Sor Juanas, in denen von der Unerreichbarkeit des Geliebten, von Hindernissen zueinander zu finden die Rede ist. (Vgl. Nr. 211; Nr. 168; Nr. 171.) Eine solche Interpretation ist mit Skepsis zu betrachten und an diesen Punkten ist Vorsicht geboten, denn die Gedichte Sor Juanas sind nicht als biographische Dokumente zu lesen. Eine solche Lesart unterliegt einem Irrtum, „der alsbald zu einem Fehler der Kritik wurde: Man las mit romantischen Augen einen barocken Text." (Paz 1991, 159) Die Gedichte jener Zeit sind *keine* „Geständnisdichtung". (Paz 1991, 162) Im Barock ist die Welt die Bühne, auf der sich die Begebenheiten der Zeit ereignen, und aus dieser Perspektive werden die Dinge dargestellt. Die Räume und die Begebenheiten besitzen gleichwohl ein spezifisches Gewicht und von daher können sie exemplarisch sein. Jeder Ort hat einen Bezug zum Ganzen. Autoritäten in Staat und Kirche und Allegorien in der Kunst verkörpern die Macht der Geschichte. Sie sind repräsentativ. Und der/die Einzelne kann sich hinter die Geschichte(n) verstecken. So entsteht eine gewollte und bewusste Täuschung. Autoritäten werden zu Pseudonymen der eigenen These. (Vgl. Klinger bislang unveröffentlichtes Manuskript, 18.)
Dieser Gedankengang hat für Ruiz Reyes (1951, 81f) keine Bedeutung, wenngleich er sich von der Position distanziert, dass eine enttäuschte Liebe Sor Juana bewegt habe, ins Kloster zu gehen. Er führt als eigentlichen Grund für den Schritt ins Kloster die uneheliche Geburt von Sor Juana an. Dieser Position hat sich Klaiber angeschlossen. Er ist der Meinung, dass die Illegitimität von Sor Juanas Geburt von entscheidender Bedeutung für die Interpretation ihres Lebens und Dichtens und somit auch für den Schritt ins Kloster ist. (Vgl. Klaiber 1952, 145.) Doch an dieser Stelle ist anzumerken, dass die Illegitimität die Geschwister von Sor Juana nicht abhält zu heiraten. (Vgl. Ricard 1954.) Ricard ist einer der wenigen Interpreten, der eine religiöse Berufung von Sor Juana für möglich hält. Seiner Ansicht nach hat man sich zu wenig damit auseinander gesetzt, dass Sor Juana ihre Seele habe retten wollen. „[...] elle est entré en religion pour assurer son salut, parce qu'elle ne voulait pas se marier et qu'elle se rendait compte que, dans la sociétée d'alors une femme ne pouvait vivre seule sans exposer son salut."[23] (Ricard 1954, 4)

---

[23] „Sie ist in den Ordensstand eingetreten, um ihr Wohlergehen zu sichern, weil sie nicht heiraten wollte und ihr klar war, dass in einer solchen Gesellschaft eine Frau nicht allein leben konnte, ohne ihr Wohlergehen zu gefährden."

Pfandl hält von all diesen Interpretationen nichts. Für ihn steht die Wahl eines Lebens im Kloster in unmittelbarem Zusammenhang mit ihrer Flucht vor der eigenen Weiblichkeit. Ihr starkes Interesse an wissenschaftlicher Auseinandersetzung wurzelt seiner Meinung nach in ihrem Männlichkeitswahn und dieser ist es, der sie ihr Frau-Sein als hinderlich habe erfahren lassen. Der Eintritt ins Kloster ist für ihn vor allem eine Flucht vor ihrer Rolle als Frau. (Vgl. Pfandl 1946.)

Für Dorothy Schons sind die Erklärungsversuche einer unglücklichen Liebe als Anlass für den Eintritt ins Kloster „romantische Legende". „This romantic legend has long been connected with Juana's name. The story is based on nothing more substantial than the fact that her works contain a large number of love lyrics. This is insufficient evidence on which to build a case." (Schons 1991, 39) Schons und auch Paz führen vor allem gesellschaftlich bedingte Gründe für ihren Entschluss an. „We may safely conclude that deep, underlying reason for Juana's retirement from the world is to be found in the social conditions of her time. She was persuaded to take the step, too, in the hope of being somewhat favorably situated for a continuation of her intellectual labors." (Schons 1991, 46) Und Schons führt weiter aus, dass Sor Juana gar keine andere Wahl hatte, als ins Kloster zu gehen. „It was, undoubtedly, necessary for her to retire from public life at court. There was no *recogimiento* where she might live until she could decide definitely on her future occupatin. She was, therefore, practically forced to choose convent life, or be at the mercy of the world. Juana Inés was, perhaps, even lucky to get into an convent, for there was not room for all who applied. With the powerful influence, however, of the Viceroy and of Father Núñez, a heaven was found for her." (Schons 1991, 45) Im Sinne von Schons argumentiert auch Campoamor: „El claustro es, sí, el más seguro refugio y la más óptima promesa para una docta mujer del siglo XVII."[24] (Campoamor 1983, 30)

Für die Entscheidung Sor Juanas ins Kloster einzutreten werden immer wieder vernünftige und logische Gründe angeführt. Die Motive werden nicht in einer religiösen Berufung gesehen, sondern unter Abwägungen dessen, was der Stand einer Ordensfrau bieten kann: ein Leben mit Büchern und Zeit für Forschungen und Literatur. (Vgl. Alegria 1979, 101.)

Paz führt im Zusammenhang mit der Beantwortung auf die Frage, warum Sor Juana ins Kloster eintrat, gleich mehrere Gründe an: „Sie war für die Ehe untauglich, denn ihr fehlte eine Mitgift, ein Vater und ein Name. [...] Eine Liebe konnte in ihrer Lage nicht zu einer Ehe führen. Außer dem Fehlen einer Mitgift und eines Vaters bestand noch ein anderes Hindernis: das gänzliche Fehlen einer Berufung zur Ehe. Man muß hier ihr Geständnis akzeptieren. Sor

---

[24] „Das Kloster ist der sicherste Zufluchtsort und das beste Versprechen für eine gelehrte Frau im 17. Jahrhundert."

Juana gehörte zu den Frauen, die der Ehe möglichst aus dem Weg gehen."²⁵ (Paz 1991, 162f) Und er fährt fort: „Die Wahl von Juana Inés war nicht das Ergebnis einer geistigen Krise noch einer Gefühlsenttäuschung, sondern eine verstandesmäßige Entscheidung, der Moral der Zeit und den Sitten und Überzeugungen ihrer Schicht entsprechend. Das Kloster nicht als Stufe zu Gott, sondern als Zufluchtsort für eine Frau, die allein in der Welt stand. [...] Sie schloß sich ins Kloster ein, nicht, um mit ihren Schwestern zu beten und zu singen, sondern um mit sich selbst allein zu leben. [...] 1669 erschien ihr das Kloster als Lösung ihres Zwiespaltes: Wenn ihr Ziel Literatur war, konnte sie weder eine verheiratete noch eine ledige Literatin sein. Wohl aber konnte sie eine gelehrte Nonne sein." (Paz 1991, 175, 178) Und in seinem Vorwort zur Übersetzung des *Ersten Traums* von Fritz Vogelsang ist Paz in seiner Beurteilung des Klostereintritts noch deutlicher, dort heißt es: „Das Nonnenleben war ein Notbehelf, eine Vernunftlösung, die ihr eine Zuflucht eröffnete und zur Einsamkeit verhalf. Die Entscheidung, die sie traf, zeugt weniger von einer religiösen Bekehrung als vom Bewußtsein einer intellektuellen Bestimmung. Die Zelle ist kein Ort ruhiger Zurückgezogenheit, keine Erimitenhöhle. Sie ist Laboratorium, Bibliothek, Salon." (Paz 1993, 9f) Mit Paz stimme ich darin überein, dass der Klostereintritt nicht Ergebnis einer unglücklichen Liebe und einer Krise ist. Aber ich widerspreche ihm darin, dass der Entschluss Sor Juanas in ein Kloster einzutreten „nur" vernünftig zu erklären ist und er ihr somit jede Berufung von vorne herein abspricht.²⁶ Ihre Entscheidung für das Leben im Kloster und die Umsetzung dieser Entscheidung sind ein religiöser Akt. Das eigene Begehren wahrzunehmen und ihm zu folgen ist eine spirituelle Tat. Mit dieser Wahrnehmung begibt sich das Subjekt auf die Suche nach der eigenen Spur, um die/der zu werden, die/der man werden soll. Das Kloster bietet Sor Juana im wahrsten Sinne des Wortes den Raum, um Mensch werden zu können. Und es ist dieser Raum, der es ihr

---

²⁵ Der Hinweis auf eine fehlende Mitgift ist in diesem Zusammenhang ein schwaches Argument von Paz, denn auch für den Eintritt in ein Kloster war eine Mitgift Voraussetzung.
²⁶ Diese Argumentation sagt mehr über Paz als über Sor Juana, der davon ausgeht, dass religiöse Berufung nichts mit Vernunft zu tun hat. Außerdem wird in den Äußerungen von Paz deutlich, dass er säkulare Welt und religiöse Welt nicht zusammen denken kann. Er spaltet diese Welten auf, die eine existiert in der Trennung zur anderen. Vor diesem Hintergrund muss das Kloster zu einem Ort werden, der mit der Welt nichts zu tun hat, und die Welt zu einer Größe, die ohne jeden Bezug zum Kloster existiert. Das ist aber ein Fehlurteil. Gott und Mensch, Himmel und Erde stehen in einem kreativen Kontrast zueinander und dieser wird gerade auch in der Art und Weise sichtbar, wie Sor Juana lebt. In ihrer Existenz verbinden sich Welt und Religion. Sie ist keine Literatin, die sich ins Kloster flüchtet, sondern eine dichtende und forschende Ordensfrau. Sie ist „weltliche" Ordensfrau und religiöse Literatin. (Vgl. zum kreativen Kontrast zwischen Gott und Welt Whitehead 1986.)

ermöglicht, ihre Ziele zu entwerfen und zu verfolgen. Ziele fallen nicht vom Himmel, sondern sie müssen formuliert, verfolgt und gefunden werden. Das Kloster wird für Sor Juana der Ort, an dem sie ihre Ziele realisieren kann. Die Religion ermächtigt sie dazu. Sie wird die, die sie sein soll: eine dichtende Ordensfrau.

Das Kloster ist demnach kein der Ort der Flucht vor sich selbst, sondern jener Ort, der das denkende Subjekt mit sich selbst konfrontiert und auf Basis dieser Auseinandersetzung das eigene Leben realisieren lässt. „The cloister, which common opinion often represents as a refuge (or as prison), was equally a place in which women could support each other an even cultivate a certain amount of indepence. It provided women of greatly divergent personalities with a semiautonomous culture in which they could find sustenance, exert influence, and develop talents they never could have expressed as fully in the outside world. In that sense, the convent was a catalyst for autonomy." (Arenal 1983, 149)

Die Gesellschaft bietet keinen Raum für eine Frau wie Sor Juana. Dies gilt im besonderen für ihr Begehren, sich mit Hilfe von Bildung und Wissen, Literatur und Poesie selbst zu verwirklichen. Bildung und Wissen für Mädchen und Frauen standen in der Zeit des Barock ganz im Zeichen der Vorbereitung auf die späteren Tätigkeiten gemäß der vorgesehenen Rollen und Aufgaben als Ehefrau und Mutter. Bildung im Sinne menschlicher Selbstverwirklichung zu verstehen, lag außerhalb des Bewusstseins der barocken Gesellschaft. (Vgl. Möbius 1982, 106.) Gelehrten Frauen wurde mit Verwunderung und Misstrauen begegnet; sie wurden bestaunt wie Wunderkinder oder exotische Kuriositäten. (Vgl. Möbius 1982, 96.) Der Ursprung für das Misstrauen lag darin begründet, dass sie, sichtbar für alle, die Ordnung der Dinge durchbrachen. Dabei war es doch ein ungeschriebenes Gesetz, dass Frauen sich des durch Gott verliehenen Verstandes nicht bedienen durften und dass man sie besser „mit den blinden Maulwürfen herumkriechen." (Möbius 1982, 96) lasse.

Frauen hatten einen fest umrissenen Platz in der barocken Gesellschaft und auftretende Unterschiede waren sozial und national bedingt. In Kreisen bei Hof wurde von den Frauen erwartet, dass sie die Fähigkeit besitzen, unterhaltend zu kommunizieren. Wobei die Betonung auf unterhaltend zu legen ist. Geistreiche Gespräche traute man ihnen nicht zu und sie wurden folglich auch nicht erwartet. Insgesamt wurde im Erziehungsplan für Töchter aus adeligen Familien auf zwei Punkte Wert gelegt: „[...] auf Religion und Künste, die für das gesellige Leben benötigt wurden. Zum zweiten gehörte dann allerdings auch eine flüchtige Kenntnis auf möglichst vielfältigen Gebieten, ein, aber flüchtiges Allgemeinwissen, mit dessen Hilfe die umfangreiche Konversation aufrechterhalten werden konnte, von der die aristokratische Geselligkeit zu einem großen Teil lebte. Mindestens ebenso wichtig war die sorgsame Unterweisung der jungen Damen in Schönheitspflege und Etikette. Für die geselligen Umgangsformen und die Entwicklung der äußeren Erscheinung war die Tanzstunde geradezu unentbehrlich. [...] Daneben spielte nicht nur der Musikunterricht eine Rolle, auch delettierendes Theaterspielen wurde in Pensionaten teilweise zugelassen." (Möbius 1982, 105) In Klosterschulen waren Katechismus, Gebete und fromme Lieder der wichtigste Unterrichtsstoff mit dem Ziel, den Glauben zu stärken, zu Bescheidenheit, Sanftmut, Gehorsam und Ergebenheit dem Schicksal und dem Ehemann und Dienstherren gegenüber zu erziehen. (Vgl. Möbius 1982, 106.)

Die Bildung von Mädchen und Frauen sollte sich den Rollen und Erwartungen anpassen und nicht zur Selbstverwirklichung führen. Selbstverwirklichung durch Bildung sah die Ordnung der Dinge nicht vor. Vertieftes Wissen wurde für Frauen als überflüssig erachtet und es wurde vielfach als schädlich eingestuft, denn es hinderte die Frau daran, eine gute Gattin und Mutter oder Ordensfrau zu sein.

Sor Juana findet ihren Ort in der Ordensgemeinschaft. Und nicht nur das, an diesem Ort kann sie sich entwickeln und die werden, die sie sein soll. Das Kloster ist ihr Zufluchtsort und die Basis, der eigenen Existenz entsprechend leben zu können. Sie wird sie selbst. Das Kloster bietet den Raum, in dem sie zu ihrer Sprache findet. Es ist die Nische in der barocken Welt, die es Sor Juana ermöglicht, die Dispositive der Macht ihrer Zeit zu überschreiten. Das Kloster ist ein Ort der Erhörungen für die Unerhörte und Heimatlose. Hier kann sie selbst zur Sprache kommen. Das Sprechen der eigenen Sprache ist eine religiöse Tat. Sich selbst zu finden und sich in der Gesellschaft als eigenständige Person zu repräsentieren, sind Ausdruck davon.

Die Sprache ist ein Zeichen der Religion. Sprache ist aber nicht nur das gesprochene Wort, sondern zur Sprache gehören auch die Konstellationen und Zeichen des Lebens. Sprache ist all das, in dem jemand etwas vor anderen äußert. Dieser Unterschied ist im Deutschen sprachlich nicht genau zu benennen. Im Französischen kann man zwischen 'langue' und 'parole' und im Englischen zwischen 'speech' und 'language' unterscheiden. 'Parole' und 'speech' stehen für das gesprochene Wort, für den Vorgang des Sprechens, den Sprechakt. 'Langue' und 'language' stehen für die Sprache als Welt, in der Äußerungen repräsentiert werden. Sprache ist eine eigene Welt und gerade auch aus diesem Grund eine eigene Macht. Sie ist eine Darstellungsform dessen, was Menschen fürchten, woran Menschen glauben und worauf Menschen hoffen. Dabei geht es nicht darum nachzusprechen, was andere fürchten, glauben und hoffen, sondern um den eigenen Standpunkt. Eine Sprache hat man erst dann erworben, wenn man in der Lage ist, der eigenen Existenz in der Sprache Ausdruck zu verleihen. Die Sprache, die ein Mensch spricht, zeugt von der Eigenständigkeit seiner/ihrer Person. Die Erlangung der eigenen Sprachfähigkeit geht nicht ohne Blessuren ab, nicht ohne Missverständnisse und innere Kämpfe. Aber diese Prozesse sind notwendig, wenn man zur Macht der eigenen Sprache kommen will.

Vor diesem Hintergrund und in diesem Sinn sind auch Sor Juanas Sprechen, Schreiben und Schweigen zu verstehen. Sprechen, Schreiben und Schweigen sind Größen im Prozess des Glaubens; sie sind wichtige Faktoren im Ringen um die eigene Sprache und die Autorität der Selbsterhörung sowie in der Darstellung der Gegenmacht der Ich-Sprache.

3.3.4 Das Kloster San Jerónimo

Im Alter von neunzehn Jahren tritt Sor Juana zunächst als Novizin in das Kloster San José der Unbeschuhten Karmelitinnen ein. Aber sie verlässt diese Ordensgemeinschaft schon nach drei Monaten wieder. Was Sor Juana dazu veranlasst hat, die Gemeinschaft schon so bald wieder zu verlassen, liegt weitgehend im Dunkeln. Juan de Oviedo gibt an, dass Sor Juana den Orden aus gesundheitlichen Gründen wieder verlässt. Er schreibt, dass sie keine andere Wahl hatte, als den Orden wieder zu verlassen und eine andere Gemeinschaft zu suchen, die weniger Gefahren für ihre Gesundheit bot. (Vgl. Oviedo 1702, 134f.) Es bleibt die Frage, ob dies eine fromme Legende ist.
Im Anschluss an diese kurze Zeit im Kloster San José kehrt Sor Juana an den vizeköniglichen Hof zurück, doch sie wird dort nicht lange bleiben. Anderthalb Jahre später, am 24. Februar 1669 legt sie das Gelübde in San Jerónimo ab. (Vgl. Muriel 1941, 268.)
Der Schritt ins Kloster bedeutet Leben in Klausur, aber nicht ein Leben in totaler Abgeschiedenheit und Einsamkeit. Denn den Ordensfrauen von San Jerónimo ist es möglich, Besuch in einem Sprechzimmer zu empfangen. Und auch Sor Juana entzieht sich mit dem Eintritt ins Kloster nicht der Öffentlichkeit. Sie ist schon zu bekannt und ihre Verbindungen zum vizeköniglichen Hof zu stark. Die „Welt" folgt ihr ins Kloster. Sor Juana erhält regelmäßig Besuch von der Vizekönigin und dem Vizekönig, bedeutenden Priestern und Gelehrten ihrer Zeit. „The Viceroy and his wife were frequent visitors at the convent. The nun became very popular in court circles, and was the object of many attentions, of gifts, of letters, of poems. She was in constant contact with the world." (Schons 1991, 47)
Ein Teilnehmer an diesen Gesprächen im Besucherzimmer von San Jerónimo schreibt: „Glücklicher (als ihre Leser) waren wir, die es sich zur Ehre anrechnen konnten, ihr zuzuhören. Bald syllogisierte sie schlüssig, bald argumentierte sie scholastisch bei den schwierigsten Streitfragen; bald sprach sie über die verschiedenen Predigten und trieb auf feinsinnigste Weise die Überlegungen voran; bald verfaßte sie unvermutet Verse in verschiedenen Sprachen und Metren, setzte uns alle in Erstaunen und erwarb sich den Beifall auch des strengsten Gesprächspartners unter den Hofleuten." (Juan Ignacio de Castorena y Ursúa, z.n. Paz 1991, 202) Bei solchen Gelegenheiten verwandelt

sich das Besucherzimmer im Kloster in einen Salon, in einen Ort, an dem philosophiert und diskutiert wird.[27]
An diesen Gesprächen im Besuchszimmer von San Jerónimo muss auch Manuel Fernández de Santa Cruz gelegentlich teilgenommen haben. Der *Athenagorische Brief* hat seinen Ursprung in einer solcher Gesprächsrunde. Es heißt zu Beginn des Briefes: „Muy Señor mío: De las bachillerías de una conversación, que en la merced que V.md. me hace pasaron plaza de vivezas, nació en V.md. el deseo de ver por escrito algunos discursos que allí hice de repente sobre los sermones de un excelente orador, [...]"[28] (Salceda 1957, Bd. IV, 412) Und dieser Brief ist der Beginn eines leidvollen Konflikts, in dem Sor Juana an die Grenzen der Ordnungen stößt und (scheinbar) nicht mehr in der Lage ist, sie zu überschreiten.

3.3.5 Zur eigenen Sprache finden – Grund für Bewunderung und Konflikte

In der spanischen Kolonialzeit sind die individuellen Entfaltungsmöglichkeiten für Frauen nur sehr begrenzt, und dies wird auch im Leben Sor Juanas deutlich. Dennoch ist sie in der Lage, eine Nische in der Ordnung der Dinge zu finden, die es ihr erlaubt, ihre eigene Sprache zu entdecken. Das Kloster bietet ihr diesen Ort.
Aufgrund ihrer Intelligenz und ihrer literarischen Arbeiten wird sie von einigen bewundert und anderen ist sie gerade aufgrund ihrer Fähigkeiten ein Dorn im Auge, ein Stachel im Fleisch. Sor Juanas Leben, ihr Begehren nach Wissen, Forschung und literarischem Ausdruck stand im Widerspruch zur Ordnung der Dinge. Die Ausübung dieser Fähigkeiten und Interessen, die wesentliche Bestandteile ihres Menschseins und ihrer Menschwerdung waren, mussten in der Zeit einer erstarrten Gesellschaft, einer inquisitorischen Kirche zu einem Aufbegehren werden. Denn in diesen Systemen hatten Frauen im wahrsten Sinne des Wortes nichts zu sagen: Sie mussten sich über ihre Rollen als Ehefrau oder Ordensfrau in die Ordnung der Dinge einreihen und gleichzeitig war es ihnen nicht erlaubt, diese Rollen eigenständig und eigensinnig zu gestalten. Aber genau das tat Sor Juana. Ihr Leben und Werk sind ein

---

[27] Die Art und Weise, wie man sich die Treffen im Besuchszimmer des Klosters vorzustellen hat, erinnern an die Salons, wie sie in der Zeit der Aufklärung entstanden. Diese Salons wurden vielfach von Frauen geleitet, sie wurden zu einem Ort für Frauen in der aufgeklärten Bildung. (Vgl. Hannah Arendt 1990.)
[28] „Sehr geehrter Herr, aus der Geschwätzigkeit einer Unterhaltung, die in der Gunst, die Euer Gnaden mir gewähren, für Geistesschärfe gehalten wurde, entstand in Euer Gnaden der Wunsch, einige Gedankengänge geschrieben zu sehen, die mir dort plötzlich über die Predigten eines ausgezeichneten Redners kamen." (Schüller, Karin)

historischer Bruch und Beginn: Zum ersten Mal in der mexikanischen Literatur spricht eine Frau in eigenem Namen, verteidigt ihr Geschlecht. Ihre Biographie wie auch ihr literarisches Werk sind Ausdruck einer Frau, die um die Verwirklichung ihrer Berufung lebt und schreibt. Dies ermöglicht ihr zunächst das Leben am vizeköniglichen Hof und später das Leben in San Jerónimo. Während all dieser Jahre wird sie von den VizeköniginInnen unterstützt und geschützt. So verdankt sie der ehemaligen Vizekönigin Maria Luisa Paredes, Marquesa de Laguna, die Veröffentlichung ihrer Schriften. Im Jahr 1689 erscheint der erste Band ihrer *Obras Completas* in Madrid, der dann in den Jahren 1691 in Barcelona und 1692 in Zaragoza und Sevilla neu aufgelegt wird. In diesem Jahr erscheint auch ihr zweiter Band in Sevilla und erfährt dann von 1693 bis 1725 regelmäßige Neuauflagen. Die Veröffentlichung ihres dritten Bandes erfolgt 1700 in Madrid. Angesichts dieser Fakten und der doch noch recht eingeschränkten Möglichkeiten der Veröffentlichung von Schriften ist festzuhalten, dass Sor Juana eine außergewöhnlich gerühmte und bekannte Autorin ihrer Zeit war. (Vgl. Perez-Amador Adam 1992, 9.)

Im Jahr 1690 kommt es zu einem Konflikt mit den Mächtigen in der mexikanischen Kirche. Auslöser für diesen Konflikt war eine schriftliche Kritik Sor Juanas mit dem Titel *Crisis sobre un Sermón* (Beurteilung einer Predigt). In dieser Schrift übt sie theologische Kritik an einer Predigt des portugiesischen Jesuiten António Vieira.[29] Die Predigt, auf die Sor Juana sich bezieht, hat António Vieira am Gründonnerstag 1650 in Lissabon gehalten. 1690 veröffentlicht Bischof Manuel Fernández de Santa Cruz den Text unter dem Titel *Carta Atenagórica*. Die Empörung über diese Schrift war groß: Eine Frau wagt es, eine theologische Debatte zu führen. Dies ist ein Bruch mit der klerikalen Ordnung der Dinge. Sor Juana greift mit der Kritik in den Lauf der Dinge ein, und sie tut dies nicht ungestraft.

Dem Text Sor Juanas in der *Carta Atenagórica* geht ein öffentlicher Brief voraus, den eine Sor Philothea unterzeichnet. Ein Pseudonym für den Bischof Manuel Fernández de Santa Cruz. Der von ihm veröffentlichte Brief verfolgt das Ziel, Sor Juana zu maßregeln. Man verlangt von Sor Juana, sich den Verhältnissen, der Ordnung der Dinge anzupassen. Ihre eigene Position, ihre Überzeugungen spielen für die Hüter der Ordnung keine Rolle, sind ohne Bedeutung. Und es wird, darüber können auch die vielen Schmeicheleien nicht hinwegtäuschen, mit Zensur und Ausgrenzung gedroht. So heißt es an einer Stelle: „No pretendo, según este dictamen, que V.md. mude el genio renunciando los libros, sino que le mejore, leyendo alguna vez el de Jesucristo. [...] Lástima es que un tan gran entendimiento, de tal manera se abata a las rateras noticias de la tierra, que no desee penetrar lo que pasa en el Cielo; y ya

---

[29] Diesen Punkt will ich an dieser Stelle nur andeuten. Eine eigene Auseinandersetzung folgt in Kapitel 4.

que se humille al suelo, que no baje más abajo, considerando lo que pasa en el Infierno."[30] (Salceda 1957, Bd. IV, 695f)
Die *Respuesta a Sor Filotea de la Cruz* (Die Antwort an Sor Philothea), die Sor Juana nach einigen Monaten schreibt und an die Öffentlichkeit gibt, ist eine leidenschaftliche Verteidigungsschrift. Eine Erwiderung nicht nur an den Bischof von Puebla, sondern an alle ihre Gegner und Zensoren. Sor Juana verteidigt darin ihr Streben nach Erkenntnis und Wissen. Ihre Verteidigung wurde auch zu einer Verteidigung der Frauen. „[...] when she wrote her answer to the Bishop, she was not yet ready for her great sacrifice. She still defended herself rigorously, claiming for herself the right to study. The letter is, in fact, a defense of the righst of women, a memorable document in the history of feminism." (Schons 1991, 52)
In dieser Schrift steht sie zu sich selbst, bereut sie nichts. In der *Respuesta a Sor Filotea de la Cruz* blickt Sor Juana zurück. In diesem Rückblick gelingt es ihr, die Konflikte und Widersprüche, ihr Begehren und ihre Vision zum Ausdruck zu bringen. Sie steht zu sich als denkende und schreibende Frau und bezeichnet sich so. Sie legt Zeugnis vom Prozess der Sprachfindung und Ich-Werdung ab, der sie aus Abhängigkeiten löste und den gefährlichen Weg in die Autonomie gehen ließ. Sor Juana „erwacht" und erfährt den Reichtum von Identität und Bewusstsein. Identität und Bewusstsein als Frau, die etwas mitzuteilen hat. „Unvermeidlich der Moment, da die Frau, die schreibt, [...]nichts und niemanden mehr vertritt, nur sich selbst, [...]" (Wolf 1983, 90)
Es zeigt sich im Werk Sor Juanas, dass die Sprache und das Ringen um die Sprache ein Prozess ist, in dem es um den Ausdruck der eigenen Person, der Mündigkeit und Autorität geht. Sor Juana sagt das, was sie denkt, nicht das, was man ihr vorgibt zu denken. Dabei zeigt sich, dass ihr Schreiben zu einer Macht wird, die die Ordnung der Dinge in Frage stellt und ins Wanken bringt. Ihr Schreiben ist Ausdruck einer Macht, die die Sicht der Welt erweitert und damit bestehende Grenzen für das Subjekt einer Frau überwindet. (Vgl. Petersen 1979, 78f.) Dies zeigt sich in der *Respuesta a Sor Filotea de la Cruz* wie auch in anderen Werken, v. a. aber im *Primero Sueño*. Sie ist in der Lage, sich eigenständig auszudrücken. Sie spricht ihre Sprache und steht für ihre Positionen ein, auch und gerade, wenn sie im Widerstreit zur Ordnung der Dinge stehen. Dies ist die Basis ihrer Existenz als Dichterin und Ordensfrau. Beobachten, Philosophieren, Schreiben und Diskutieren sind selbstverständliche Größe im Leben von Sor Juana. Sie sind natürliche und

---

[30] „Ich verlange nicht, daß Ihr Euer Wesen verleugnet und auf die Bücher verzichtet, aber daß Ihr Euch vervollkommnet und bisweilen das Buch Jesu Christi lest. [...] Es ist beklagenswert, daß ein so großer Verstand sich von niederen Kenntnissen der Erde herabziehen läßt und nicht den Wunsch verspürt, die Geschehnisse im Himmel zu durchdringen. Und wenn er sich schon zum Erdboden hinunterbeugt, dann habt acht, daß er nicht noch tiefer steigt und die Geschehnisse der Hölle betrachtet." (Heredia, Hildegard)

lebenswichtige Tätigkeiten, die aus einer inneren Bestimmung erfolgen, der sie sich nicht entziehen kann. Dies belegt die Stelle in der *Antwort an Sor Philothea*, wo sie schreibt: „Este modo de reparos en todo me sucedía y sucede siempre, sin tener yo arbitrio en ello, que antes me suelo enfadar porque me cansa la cabeza; y yo creía que a todos sucedía esto mismo y el hacer versos, hasta que la experiencia me ha mostrado lo contrario; y es de tal manera esta naturaleza o costumbre, que nada veo sin segunda consideración."[31] (Salceda 1957, Bd. IV, 458f)

Dieses Antwortschreiben musste neue Entrüstung hervorrufen. Mit der *Respuesta* erreicht der sich schon lange anbahnende Konflikt seinen Höhepunkt. Lange hatten die Phantasie und der Geist von Sor Juana die Möglichkeit sich zu entfalten, aber als sie mehr und mehr beginnt, die Ordnung der Dinge zu überschreiten, werden Grenzen gezogen, spürt sie Druck und Repression. Sor Juana verliert ihre letzten Stützen: Ihre FreundInnen sind in Spanien. Und der Marquis de La Laguna stirbt 1692 in Spanien. Ihm und seiner Frau, Marquesa de La Laguna, Maria Luisa Paredes, war Sor Juana sehr verbunden, sie waren es auch, die ihre Schriften mit nach Spanien nahmen und sie dort veröffentlichten. Und während ihrer Amtszeit als Vizekönigspaar stand Sor Juana in ihrem besonderen Interesse und unter ihrem Schutz. Der Tod des Marquis muss Sor Juana getroffen haben. Persönlich verliert sie einen Freund und politisch einen wichtigen Fürsprecher und Beschützer.[32] Der amtierende Vizekönig in Neuspanien hat zu diesem Zeitpunkt gravierende Probleme zu bewältigen. Zunehmend kommt es in Neuspanien zu Versorgungsengpässen und Indioaufständen. Alles um Sor Juana herum scheint zusammengebrochen. Und jene, die sie schon immer gewarnt haben, scheinen nun nichts mehr für sie tun zu können. Hier ist vor allem ihr Beichtvater Núñez de Miranda SJ zu erwähnen.[33]

---

[31] „So stellte ich, und stelle ich immer noch, ständig Überlegungen an, ohne daß mein Wille darüber bestimmen könnten, was mich eher verärgert, denn es müdet meinen Kopf. Aber ich glaubte, es ginge allen so damit, ebenso wie mit dem Verseschreiben, bis die Erfahrung mir das Gegenteil zeigte. Und diese Veranlagung oder Gewohnheit ist so stark, daß ich nichts sehen kann, ohne nicht weitere Überlegungen anzustellen." (Heredia, Hildegard)

[32] Der Marques war nicht nur Vizekönig, er war auch der Bruder des Herzogs von Medinaceli, Günstling des Königs und erster Minister.

[33] In Bezug auf das Verhältnis zwischen Sor Juana und Pater Antonio Núñez de Miranda ist zu sagen, dass dieser immer mehr um das Seelenheil von Sor Juana bangte. Als sie schon lange Jahre im Kloster gelebt hatte und noch immer nicht den Wissenschaften und Künsten entsagen konnte, „entzog er ihr seinen geistlichen Beistand und ließ sie zwei Jahre lang unter dem Druck seiner schweigenden Mißbilligung schmachten." (Vossler 1934, 8) Spätestens seit dem spektakulären Fund eines Briefes von Sor Juana im April 1980 in Mexiko durch Aureliano Tapia Méndez sehen sich all jene InterpretInnen bestärkt, die davon ausgegangen sind und ausgehen, dass Sor Juana es war, die sich von Núñez de Miranda trennte. Das gefundene Schriftstück trägt die Überschrift: *Carta de la madre Juana Inés de la Cruz, escrita al R.P.M. Antonio Núñez de la Compañía de Jesús* (Brief von

Mutter Juana Inés de la Cruz an S. Ehrw. Antonio Núñez von der Gesellschaft Jesu). (Vgl. Méndez 1981; 1986; Alatorre 1989, 618; Scott 1988, 429; Paz 1991, 709.) Obgleich der Brief weder ein Datum trägt noch eine Unterschrift von Sor Juana, gibt es keinen Zweifel über die Echtheit des Schriftstückes. „No one seems to doubt the authenticity of the letter, [...]" (Scott 1988, 429) Paz, Tapia Méndez und Alatorre gehen davon aus, dass der Brief irgendwann in dem Zeitraum zwischen 1681 und 1682 geschrieben wurde. D.h., der Brief ist somit genau zehn Jahre älter als ihre *Antwort an Sor Philothea*. *„The internal structur of the two documents is very similar, so much so, in fact, that Paz refers to the Núñez letter als almost a 'draft copy' of the 'Reply'.* [...] In this document she draws the battle lines between herself and her confessor. In all fairness to Núñez, he saw her attraction to the world as perlious to the salvation of her immortal soul and attempted to dissuade her from the inclination, whereas the content of this letter makes patent that Sor Juana perceived their clash as a matter of gender and authority." (Scott 1988, 430) Sor Juana wagte nach Ansicht von Paz diese Schrift, weil sie sich sicher fühlte – sie stand unter dem Schutz des Vizekönigs und seiner Frau. „Sor Juana konnte sich ihren Zensoren entgegenstellen, weil sie mit der Unterstützung des vizeköniglichen Palastes rechnete. Mit außerordentlicher Geschicklichkeit benutzte sie die Gunst der Condes de Paredes, um ihren Feinden die Stirn zu bieten und sie zum Schweigen zu bringen." (Paz 1991, 713f)

In diesem Brief spricht Sor Juana von ihrer Berufung eine dichtende Ordensfrau zu sein und sie verteidigt auch hier ihren Wunsch nach Wissen und Bildung. „¿No tienen alma racional como los hombres? Pues ¿por qué no es gozará el privilegio de la ilustración de las letras con ellos? ¿No es capaz de tanta gracia y gloria de Dios como la suya? Pues ¿por qué no será capaz de tantas noticias y siencias, que es menos? ¿Qué revelación divina, qué determinación de la Iglessia, qué dictamen de la razón hizo para nosotras tan serva ley?" (Alatorre 1987, 622) („Haben sie keine vernünftige Seele wie die Männer? Warum also sollen sie nicht auch das Privileg der Bildung durch Schrift und Wissenschaft haben? Ist ihre Seele nicht ebenso zur Gnade und zum Preis Gottes befähigt wie die der Männer? Warum also soll sie nicht zu ebenso vielen Kenntnissen und Wissenschaften imstande sein, was doch geringer ist? Welche göttliche Offenbarung, welche Bestimmung der Kirche, welcher Spruch der Vernunft hat für uns solch strenges Gesetz gemacht?") (Paz 1991, 712) Und in Bezug auf gelehrte Frauen in der Kirche fragt sie: „Pues ¿por qué en mí es malo lo que en todas fue bueno? Sólo a mí me estorvan los libros para salvarme?" (Alatorre 1987, 622f) („Warum ist also bei mir das schlecht, was bei allen diesen Frauen gut war? Hindern nur mich die Bücher daran, erlöst zu werden?") (Paz 1991, 721) Sor Juana setzt im Verlauf des Briefes ihr Streben nach Wissen direkt in Beziehung zu Gott. Gott hat ihr diese Sehnsucht und den Verstand gegeben und es ist an ihr, zum Lobpreis Gottes dieser Begabung nachzugehen. Ihre Forderung nach Wissen ist zugleich die Forderung sie selbst zu werden. Ihren Begabungen zu folgen bedeutet Menschwerdung. „Pues ¡por qué para salvarse ha de ir por el camino de la ignorancia si es repugnante a su natural? ¿No es Dios, como summa bondad, summa saviduría? Pues ¿ por qué le ha de ser más acepta la ignorancia que la ciencia?" (Alatorre 1987, 623) („Denn warum muß man zu seiner Erlösung den Weg der Unwissenheit gehen, wenn es der eigenen Natur widerstrebt? Ist Gott nicht als höchste Güte auch höchste Weisheit? Warum soll ihm also die Unwissenheit mehr gefallen als das Wissen?") (Paz 1991, 722)

Am Ende wird Sor Juana in Bezug auf ihren Beichtvater sehr direkt. Sie schreibt: „Y assí le suplico a V.R. que si no gusta ni es ya servido favorecerme (que esso es voluntario) no se acuerde de mí, que aunque sentiré tanta pérdida mucho, nunca podré quejarme, que Dios que me crió y redimió, y que usa conmigo tantas misericordias, proveherá con remedio para

Einige Autoren (exemplarisch sind hier Paz und Puccini zu nennen) gehen davon aus, dass Sor Juana zwischen die Fronten zweier Kleriker geraten ist. Auf der einen Seite steht Manuel Fernández de Santa Cruz und auf der anderen Seite der Erzbischof von Mexiko, Francisco Aguiar y Seijas. Letzterer zeichnet sich auch durch eine große Wertschätzung für den von Sor Juana kritisierten António Vieira aus und zum anderen war er „von krankhaftem Haß gegen die Frauen besessen. [...] Als Feind des Theaters und der Dichtkunst hielt er das Benehmen einer Nonne, die, statt sich zu geißeln, Theaterstücke und Gedichte schrieb, für einen Greuel. Aguiar y Seijas' Antipathie gab sich anfangs als Gleichgültigkeit; da er sie nicht angreifen konnte, ignorierte er sie. Diese Zurückhaltung beruhte aus politischer Berechnung: Es war nicht klug, nicht einmal für einen Erzbischof, sich mit den Mächten anzulegen, die Sor Juana wohlgesinnt waren." (Paz 1991, 619f) Und der Biograph von Aguiar y Seijas José Lezamis schreibt: „[His honor the Bishop] belives in the importance of guarding his eyes to preserve his chastity; he made sure that women not visit him except under the most urgent of circumstances, and even then, when their visits were necessary, he refused to look at their faces [...] various times we heard him say that if he found out that any woman had entered his house, he would order the bricks upon which they had stepped to be removed. And this horror, and aversion to women, lasted his whole life, as consistently preached

---

mi alma, que espero en su vondad no se perderá, aunque le falte la dirección de V.R., que a el cielo hacen muchas llaves, y no se estrechó a un aolo dictamen, sino que ay en él infinidad de manciones para diversoso genios, y en el mundo ay muchos theólogos, – y quando faltaran, en querer más que en saver consiste el salvarse, y esto más estará en mí que en el confesor. [...] Buelbo a repetir que mi intención es sólo suplica a V.R. que si no gusta favorecerme, no se acuerde de mí si no fuere para encomendarme al Señor, que bien creo de sua mucha caridad lo hará con todas veras." (Alatorre 1987, 625f) („Und so ersuche ich Ew. Ehrw., wenn es Euch nicht mehr gefällt noch genehm ist, mich zu beehren (was ja freiwillig ist), Euch nicht mehr meiner zu erinnern, und wenn ich auch solchen Verlust sehr bedauern würde, dürfte ich mich nicht beklagen, denn Gott, der mich geschaffen und erlöst hat und mir so große Barmherzigkeit erweist, wird Abhilfe für meine Seele schaffen, die auf seine Güte hofft und nicht zugrunde gehen wird, wenn ihr auch die Leitung Ew. Ehrw. fehlen wird, denn zum Himmel gibt es viele Schlüssel, und Gott beschränkt sich nicht auf ein Urteil, denn es gibt dort unendlich viele Wohnungen für allerlei Geister, und in der Welt gibt es viele Theologen, und wenn sie auch fehlgehen würden, die Erlösung besteht im Lieben mehr als im Wissen, und das wird mehr meine Sache sein als die des Beichtigers. [...] Ich wiederhole, meine Absicht ist nur, Ew. Ehrw. zu ersuchen, daß, sollte es Euch nicht gefallen, mich zu beehren, Ihr Euch meiner nicht mehr erinnern mögt, es sei denn, mich dem Herrn unserm Gott anzufehlen, von dem ich wohl glaube, daß seine große Barmherzigkeit alles richten wird." (Paz 1991, 726)
Sor Juana bekundet hier ihren freien Willen und ihr Streben, immer mehr sie selbst zu werden und dabei den Spuren Gottes zu folgen. Denn er ist es, der ihr die Begabungen und diese Sehnsucht geschenkt hat. Und sie bekundet damit zugleich, dass sie die Autorität ihres Lebens ist.

against his female visitors an their finery. [...] He considered is a great gift from God that he was nearsighted." (Lezamis z.n. Schons 1991, 41f)
Nach Puccini (1967) muss Aguiar y Seijas die Kritik Sor Juanas als persönliche Beleidigung empfunden haben. Seiner Meinung nach hat er Einfluss auf den Beichtvater von Sor Juana genommen, um so Rache an ihr zu üben. „En conséquence, la 'conversion' de Sor Juana serait le résultat d'une venegeance de D. Francisco aide de son fidéle allié Antonio Núñez de Miranda, le confesseur de Sor Juana."[34] (Puccini z.n. Benassy-Berling 1984, 173)
Nach dieser Interpretation wird der Beichtvater zu einem verlängerten Arm des Erzbischofs, der wegen seiner ausgeprägten Ablehnung gegenüber Frauen bekannt ist. „Dieser Erzbischof [Aguiar y Seijas, H.W.] war ein pathologischer Frauenfeind, er haßte Theater und wartete schon lange darauf, Sor Juana zum Gehorsam zu bringen." (Scott 1990, 124) Der Erzbischof ist ein erbitterter Feind aller weltlichen Dinge. Sor Juana schreibt nicht nur religiöse Werke und dies muss beim Bischof Entsetzen hervorrufen. In Mexiko werden in der Zeit seiner Administration keine säkularen Verse und Theaterstücke gedruckt. (Vgl. Schons 1991, 48.) „In order to prevent sins, it is very important to attack their roots: the Archbishop took great care to do so. One principal cause of many sins are comedias an bullfights; hence his Honor truly hated these and other similar festivities attended by many people of all types, both men and women. He preached with great acrimony against these bullfights and comedias, and he stopped them whenever he could: when we made our visitations he ordered that in the Saints' celebration, even of patron saints, there be no such festivities. Another of the Archbishop's efforts to banish vices and instill virtues was to try to put an end to profane books, both comedias and other types; and to distribute devotional works. From Spain we brought some fifteen hunderd copies of a book entiteld *Consuelo de pobres* (Consolation of the Poor) which deals parcticulary with charity, to distribute among the rich and exchange for bad books; and we carried out our plan. He persuaded the booksellers not to sell comedias; he got several of them to exchange what comedias they had for the above-mentioned devotional works: and then he burnes the comedias ..." (Lezamis z.n. Schons 1991, 48)
Sor Juanas letzte Lebens- und Schaffensjahre fallen in die Amtszeit dieses Erzbischof. Dass Sor Juana literarisch arbeitete und ihre Werke auch noch publiziert wurden, all dies musste dem Erzbischof ein Dorn im Auge und Stachel des Anstoßes sein. An dieser Stelle ist jedoch darauf hinzuweisen, dass in Mexiko keines der Werke mit säkularen Themen von Sor Juana in seiner Amtszeit gedruckt wurde. (Vgl. Schons 1991, 48) Dafür wurden ihre religiösen

---

[34] „Deshalb gilt, dass die 'Bekehrung' Sor Juanas das Resultat einer Rache des D. Francisco war, der von seinem getreuen Verbündeten Antonio Núñez de Miranda dabei unterstützt wurde, dem Beichtvater der Sor Juana."

Werke gedruckt. „The fact that of all her works the most popular one in Mexiko was a religious work, the many times reprinted *Ofrecimientos para un Rosario de quince Misterios* (Offerings for a Rosary of Fifteen Mysteries), is also highly significant. One is forced to the conclusion that the publication of her collected works would have been impossible in México. The fact that she published them in Spain must have widened the breach that was gradually establishing itself between her and the church." (Schons 1991, 49)

Aber der letztliche Auslöser für den offenen Konflikt, in den Sor Juana gerät ist ihre Kritik an der schon erwähnten Predigt von António Vieira.

Sor Juana wird, vor dem Hintergrund dieser Deutungen der Ereignisse, zum ohnmächtigen Opfer klerikaler Macht. Diese Position scheint auch in der Argumentation von Asunción Lavrin durch. Für sie macht Sor Juana die Entwicklung von einer untypischen zu einer typischen Ordensfrau durch. „Was Sor Juana a typical or an untypical nun? She was both at different times in her life. She did not seem to have had an overpowering vocation for religious life, but she was a dutiful nun who complied with the daily routine, performed the conventual assignments to which she was appointed, obeyed her superiors, and befriended her sisters in religion. She was not typical insofar as she failed to engage in the practice of the asectic rigors that seemed to have been so common among certain orders. And yet, during the last years of her life, she seemed to have lived as the typical nun of religious literature, in a self-holocaust of humility and penitence." (Lavrin 1991, 79)[35]

---

[35] Von dieser Interpretation, die Sor Juana zum Opfer im Machtspiel und Konflikt von Klerikern macht, setzt sich Benassy-Berling sehr deutlich und überzeugend ab. Die Bekehrung als Resultat eines Racheaktes des Erzbischofs von Mexiko unter Mithilfe seines treuen Mitstreiters Núñez de Miranda zu sehen, greift zu kurz. Dieser Gedankengang ist jedoch sehr verführerisch, weil es so schön ins Bild passen würde, aber die Quellen sagen etwas anders. Alle Quellen belegen, dass zunächst Manuel Fernández de Santa Cruz als Bischof von Mexiko vorgesehen war, dass dieser aber ablehnte und dann Aguiar e Seijas gewählt wurde. Diese bescheidene Haltung scheint sehr wohl dem Charakter von Manuel Fernández de Santa Cruz zu entsprechen. Im Übrigen wäre es blanker Wahnsinn auf Seiten von Sor Juana gewesen, sich mit einem fremden Bischof gegen ihren eigenen Erzbischof zu verbünden. Ihr Konvent war nicht von einem Oberen ihres Ordens abhängig, sondern vom „Ordinarius", d.h. dem Erzbischof vor Ort. In der Konsequenz besaß Aguiar e Seijas über sie volle Gewalt. Und Manuel Fernández de Santa Cruz hätte sich in keinster Weise irgendeiner Sanktion in den Weg stellen können. Auch wenn man die These von der Verschwörung insgesamt nicht nachvollzieht, so ist nach Benassy-Berling doch die zentrale Aussage es wert, genauer erwogen zu werden. In dem Fall, in dem eine Autorität verantwortlich für das Schweigen der Sor Juana wäre, könnte diese Autorität nur der Erzbischof sein und der Beichtvater Antonio de Núñez de Miranda wäre darin ganz natürlich sein Verbündeter, zumal man den Beweis hat, dass sie gute Freunde waren: 1692 haben sie gemeinsam ein Moralhandbuch geschrieben, das in den Konventen Verwendung fand. Der Charakter der beiden Personen widerspricht dieser Möglichkeit nicht, eher im Gegenteil: Großzügig in seinen Almosen war Francisco de Aguiar y Seijas ein abweisender Mann, manchmal gewalttätig und von einer Wildheit dem weiblichen Geschlecht gegenüber

Im Zusammenhang mit dem Schweigen Sor Juanas in ihren letzten
Lebensjahren gehen die Interpretationen im Allgemeinen davon aus, dass
dieses Schweigen das Resultat der Verfolgung und Unterdrückung durch
Repräsentanten klerikaler Macht ist. Sor Juana wurde von ihnen angeblich so
sehr unter Druck gesetzt, dass sie keinen anderen Weg mehr sah, als die Wahl
des sich selbst verleugnenden Verstummens. Als deutliche Zeichen für diesen

---

bestimmt, die, wenn man der Legende glaubt, neurotische Züge hatte. Auf der anderen Seite
war der Beichtvater ein strenger und autoritärer Jesuit, der nicht nur dafür bekannt ist, dass
er die profanen Aktivitäten der Sor Juana ablehnte, sondern sein Biograph Pe. Oviedo
berichtet, dass diese Ablehnung bis zum Verlassen seines „Beichtkindes" ging. Wenn man
zu diesen Elementen die Gewissheit (gestützt durch die Respuesta) hinzufügt, dass die
Carta Atenagórica eine massive Ablehnung erfahren hat, hat man ein Ensemble von
Vermutungen zusammen, das auf den ersten Blick ausreichend erscheint, die Hypothese von
Gewaltakt oder Zwang zu rechtfertigen. Dem widersprechen jedoch einige konkrete Fakten.
Wenn man auch keinen Beweis für die persönliche Feindschaft des Erzbischof gegen Sor
Juana hat, so besitzt man geradezu Indizien für das Gegenteil. Das Moralhandbuch, ein
Werk mit dem Ziel der Reform der am meisten weltlich ausgerichteten Konvente in
Mexiko, enthält nicht die geringste Anspielung auf die persönlichen Aktivitäten von Sor
Juana. Und es steht außer Frage, dass literarische Aktivitäten, die möglicherweise weltlich
sind, weder zugelassen noch abgelehnt werden. Wenn der Erzbischof einen erzbischöflichen
Schlag gegen die Hieronymitinnen hätte vorbereiten wollen, hätte er hier eine Gelegenheit
dazu gehabt. Ein viel ernsteres Problem verkörpert die Haltung des Beichtvaters. Es gibt nur
ein einziges Zeugnis dafür, dass er sich zurückzog, aber entgegen dem alten Grundsatz *„ein
Zeugnis ist kein Zeugnis"* scheint es sehr wohl, dass er es sehr ernst gemeint hat, denn es
nicht einzusehen, warum Pe. Oviedo dies erfunden haben sollte. Núñez de Miranda war ein
strenger Mann, er konnte annehmen, dass das halbfromme und halbweltliche Leben der Sor
Juana ihr keinen wirklichen Fortschritt in der Tugend ermöglichte und dass er mit ihr nur
seine Zeit verschwendete und seinen Ruf als Beichtvater schädigte. Als er von ihr wegging,
fand sich Sor Juana nicht der Sakramente beraubt, sondern dazu verurteilt, sich einen
anderen Beichtvater zu suchen, der weniger ernsthaft und unglücklicherweise für sie – nach
aller Wahrscheinlichkeit – weniger intelligent war. Viele InterpretetInnen setzen den
Rückzug des Beichtvaters für die 1690er Jahre an, genauer für das Jahr 1692. Es ist als
normal erschienen, ihn mit der „Krise" der *Carta Atenagórica* zusammenfallen zu lassen.
Aber in der Tat ist diese Folge vielmehr logisch als chronologisch und es gibt dafür in
keiner Hinsicht irgendein Datum. Nach Pe. Oviedo war der Beichtvater sehr erstaunt, als er
sich von Sor Juana 1694 zurückgerufen sah. Da er nicht an eine Umkehr glauben wollte,
begann er sich von ihr fern zu halten. Die Dinge hätten sich anders ereignet, wenn die so
genannte Konversion die direkte Konsequenz einer Art Erpressung mit der spirituellen
Begleitung auf Seiten des Jesuiten gewesen wäre. Benassy-Berling glaubt nicht, dass die
Carta Atenagórica eine wahrhafte Krise ausgelöst hat. Die Hypothese des Zwanges und der
Verfolgung, so wahrscheinlich sie auf den ersten Blick ist, ist schlecht aufrecht zu erhalten,
wenn man die Situation detailliert analysiert. Im Übrigen, und dies ist ihr letztes Argument,
wenn die kirchliche Autorität mitten im Kampf eine seit langem gewünschte Verbesserung
erreicht hätte, hätte sie es nicht versäumt, den Sieg laut zu verkünden und sie hätte es nicht
unterlassen, ein sublimes Opfer auszuweiten und bei dieser Gelegenheit an die Pflichten der
Frauen im Allgemeinen und der Ordensfrauen im Speziellen zu erinnern. Aber ein solches
Zeugnis ist bislang nicht gefunden. (Vgl. Benassy-Berling 1984, 173.)

Vorgang stehen dann auch der Verkauf ihrer Bibliothek, der wissenschaftlichen Instrumente, der Verzicht auf weitere literarische Arbeiten. Auffallend ist jedoch vor diesem Hintergrund die Tatsache, dass bislang kein einziges Dokument aufgetaucht ist, das diesen Vorgang bestätigt. Weder in Archiven ihrer Ordensgemeinschaft, noch in Dokumenten der Inquisitionsbehörde, noch in Dokumenten der Diözese ist ein Vermerk gefunden worden. (Vgl. Benassy-Berling 1986, 319.) Es gibt keine Aktennotiz darüber, dass Sor Juana zum Schweigen gezwungen wurde. Dieser Umstand muss verwundern und er wirft eine neues Licht auf das Schweigen Sor Juanas. Wenn sie nicht gezwungen wurde – und diese Überlegung ist angesichts mangelnder Quellennachweise erlaubt – warum hat sie dann geschwiegen? Ist ihr Schweigen frei gewählt?

Ich vertrete die Position, dass das Schweigen Sor Juanas nicht der finale Endpunkt einer zunehmenden Oppression ist. Sie erfährt in der Auseinandersetzung mit den Hütern der Ordnung der Dinge klerikale Macht, aber sie wird deswegen nicht zu einem stummen Opfer, sondern zu einer Frau, die in der Ohnmacht ihre Macht erkennt. „In jeder Ohnmacht steckt die kalte Gewalt der Verzweiflung, aber auch die Würde, diese Gewalt überschreiten zu können. Niemand kann erzwingen, dass Ohnmacht nicht in Verzweiflung versinkt. Die kreative Macht, die Gewalterfahrung in der Ohnmacht zu überschreiten, ist kein natürlicher Prozeß, sie ist eine geschichtliche Tat. Sie stellt sich in der Entscheidung ein, weiter zu widerstehen. [...] Ohnmacht steckt nicht zur Ohnmacht der Verzweiflung, sondern zur Macht des Widerstandes an. Sie teilt sich mit und wird stark. Deshalb ist sie eine indirekte Bedrohung jeder Macht, die Ohnmacht produziert, und die indirekte Verbündete jeder Macht, die dem Grund der Ohnmacht widersteht." (Sander 1999, 165)

Sor Juana ist eine Frau, die widersteht, in ihrem Sprechen und im gewählten Schweigen. In Bezug auf das Schweigen ist zudem noch zu sagen, dass es nicht stimmt, wenn vertreten wird, Sor Juana habe nach ihrer *Antwort an Sor Philothea* nichts mehr geschrieben. Es ist bewiesen, dass am 25. November 1691 ihre *villancicos* zu Ehren von *Santa Catarina* in der Kathedrale von Oaxaca aufgeführt wurden. (Vgl. Kap.5.2.) Zwei Jahre später, 1694, legt sie eine Generalbeichte ab und erneuert ihre Gelübde und unterschreibt ein Dokument, das folgende Absage an ihre Leidenschaft enthält: „Protesta que, rubricada con su sangre, hizo de su fe y amor a Dios la Madre Juana Inés de la Cruz, al tiempo de abandonar los estudios humanos para proseguir, desembarazada de este afecto, en el camino de la perfección."[36] (Salceda 1957, Bd. IV, 518) In einem weiteren Dokument der Ordensgemeinschaft schreibt

---

[36] „Bekenntnis, das, mit ihrem Blut unterzeichnet, Mutter Juana Inés de la Cruz von ihrem Glauben und ihrer Liebe zu Gott ablegte, zu gleicher Zeit, da sie den weltlichen Studien entsagte, um von dieser Neigung erlöst auf dem Wege der Vervollkommnung voranzuschreiten."

sie: „A todas pido perdón por amor de Dios y de su Madre. Yo, la peor del mundo. Juana Inés de la Cruz."[37] (Salceda 1957, Bd. IV, 523) Sie verkauft ihre gesamte Bibliothek, ihre wissenschaftlichen Apparate und gibt den Erlös dem Bischof von Mexiko, damit er diesen den Armen zukommen lasse. 1695 wütet die Pest in Mexiko. Sor Juana pflegt kranke Mitschwestern und stirbt am 17. April 1695 im Alter von 47 Jahren an den Folgen der Pest. (Vgl. Benassy-Berling 1984, 166; Paz 1991, 665.)

3.3.6 Der Einwand der schweigenden Frau – Das unerhörte Schweigen Sor Juanas

Sor Juana begibt sich nach 25 Jahren Ordensleben und Leben als Dichterin ins Schweigen. Dies ist zunächst ein erschreckender Entschluss angesichts der Tatsache, dass Sor Juana seit ihrer Kindheit auf der Suche nach dem Wissen und der eigenen Sprache war. Nach einem Viertel Jahrhundert im Kloster und in der Zugewandtheit zur Welt und zu Büchern, zur Welt der Poesie und der Wissenschaften, als vielgelesene und bewunderte Autorin, lässt sie alles hinter sich zurück und schweigt. Was hat Sor Juana dazu bewogen? Und welche Bedeutung hat dieses Schweigen? Zerbricht hier eine Frau an der Macht der Religion? Ist das Schweigen die letzte Tat einer ohnmächtigen, einsamen und hilflosen Frau auf einem Weg des kontinuierlichen Verlustes? Das Schicksal einer unerhörten Frau? Oder wird hier eine unerhörte Religion durch die Autorität einer Frau zutage gebracht? Ist das Schweigen ein Akt der Buße und Bekehrung und ein Zeichen ihrer Heiligkeit?[38] Wenn ja, dann müssen Anschlussfragen gestellt werden: Buße wofür und Bekehrung worauf hin? Oder ist ihr Schweigen Ausdruck beredten Schweigens? Ist es das Schweigen eines erwachten Subjektes, das Schweigen kann, ohne ruhig gestellt zu sein? Nach der Unterzeichnung des Bekenntnisses soll Sor Juana kein (weltliches) Buch mehr angerührt, keine Zeile mehr geschrieben und veröffentlicht haben. War also die *Antwort an Sor Philothea* letztlich der finale Punkt in einer Kette von Umständen, der Sor Juana ins Schweigen führte?[39] Kommt ihr Schweigen einer Unterwerfung gleich? Oder gehört das Schweigen zu ihrer Sprache und

---

[37] „Ich bitte alle um Verzeihung durch die Liebe Gottes und seiner Mutter. Ich, die schlechteste von allen. Juana Inés de la Cruz."
[38] So stellen es insbesondere Pe. Calleja SJ (ihr erster Biograph) und Pe. Oviedo, der Biograph von Núñez de Miranda, dar.
[39] Der Beginn des Schweigens wird allgemein auf das Jahr 1694 datiert. Die *Carta Atenagórica* ist auf den 20. November 1690 datiert und einige Monate später, im März 1691, erscheint ihre *Antwort an Sor Philothea*. Dies ist auch das Jahr, in dem ihre *villancicos a Santa Catarina* erscheinen, die am 25. November 1691 in der Kathedrale von Antequera (dem heutigen Oaxaca) aufgeführt werden. Diese zeichnen sich besonders durch die Frauenperspektive aus. Sie sprechen vom Recht der Frauen auf Bildung.

markiert es eben nicht das Verstummen dieser Sprache? Ist ihr Schweigen eine unerhörte Sprachform? Zeigt sich im Schweigen ihre Gegenmacht, indem sie sich selbst treu bleibt? Und wird ihr Schweigen an diesem Punkt zum Ausdruck ihrer Autorität, weil sie sich selbst erhört?
Sor Juana und ihr Schicksal werfen viele Fragen auf. Und die Betrachtung ihrer Rezeption zeigt, wie unterschiedlich die Versuche und die Suche nach möglichen Antworten sind. Eines ist aber bei allen Antwortversuchen gleich – die Betonung auf die hervorgehobene Stellung ihrer Dichtung. Ihre Worte, geschrieben, vorgetragen und gesungen, waren zu ihren Lebzeiten zentral; sie war das, was wir heute allgemein eine Bestsellerautorin nennen würden, und sie ist noch immer mit ihrer Dichtung in Lateinamerika und über dessen Grenzen hinaus eine literarische Größe. Sor Juana ist eine Frau, die der Welt etwas mitzuteilen hat. Und der Prozess ihrer Sprachfindung gibt sich zugleich als Prozess der Ich-Werdung zu erkennen. Schreibend findet Sor Juana zu sich selbst, und schreibend verwirklicht sie sich. Schreibend wirkt sie auf die Ordnung der Dinge ein. In ihren Werken (*Primero Sueño, Carta Atenagórica, Respuesta a Sor Philothea*) artikuliert sich das Subjekt einer autonomen und eigensinnigen Frau.
Sie war am Ende ihres Lebens nicht mundtot, auch in ihrem Schweigen nicht. Längst sprachen ihre Werke für sie. Und ihr unerhörtes Schweigen wurde erhört. In ihrem Schreiben und Schweigen macht Sor Juana deutlich, dass sie sich den Maßregelungen der Ordnung der Dinge nicht beugt.[40] Dies zeigt die Rezeption. In dem Kontrast des Sprechens und des Schweigens, den sie in allen Höhen und Tiefen erfahren hat, liegt ihre Faszination, Stärke und Autorität. In *Der Antwort an Sor Philothea* vertritt sie die Position, dass Frauen schweigen sollen, damit sie sprechen lernen. Am Ende ihrer literarischen und theologischen Arbeiten kann sie schweigen, weil alles gesagt ist. Und was darüber hinaus bleibt, findet im Schweigen seinen Ausdruck. „[...] lo que no cabe en las voces queda más decente en el silencio; [...]."[41] (Salceda 1957, Bd. IV, 423) Das heißt, dass das Schweigen selbst eine Sprachform ist. In der unerhörten Sprache Sor Juanas ist das beredte Schweigen eine Form und Größe der Mitteilung an die Welt.
Um jemanden zu verstehen, ist es demnach nicht nur erforderlich, sie/ihn zu hören und/oder zu lesen, sondern auch wahrzunehmen, wozu sie/er schweigt

---

[40] Dies belegt auch die Tatsache, dass Sor Juana, nachdem sie schon lange Jahre im Kloster gelebt hatte, sich den Wissenschaften und Künsten nie entsagen konnte, auch auf Drängen ihres Beichtvaters hin nicht. Es kommt zum Bruch mit ihm. Nach Vossler (1934, 8) zieht sich der Beichtvater zurück, entsagt ihr den geistlichen Beistand und „ließ sie zwei Jahre lang unter dem Druck seiner schweigenden Mißbilligung schmachten." (Vgl. Schons 1991, 47.)
[41] „Das, was nicht mit Worten faßbar ist, verbleibt angemessener im Schweigen." (Heredia, Hildegard) Dieser Satz von Sor Juana erinnert an Wittgenstein, der im Tractatus schreibt: „Wovon man nicht sprechen kann, darüber muß man schweigen." (Wittgenstein 1990, 85)

und wann geschwiegen wird. Das Sprechen wie das Schweigen eines Menschen gehören zusammen, beides sind Mitteilungen an die Welt. Und letztlich setzt sich auch die Autorität einer Person aus ihrem Umgang mit dem Sprechen und Schweigen zusammen. Autorität leitet sich nicht nur davon ab, dass jemand kompetent von einer Sache sprechen kann und danach handelt, sondern ebenso davon, zu erkennen, wann das Schweigen geboten ist. Ein solches Schweigen ist eine aktive Tat. Ein Subjekt entscheidet sich dazu zu schweigen, an einem Diskurs nicht teilzunehmen. Und dieser Punkt ist es auch, der das Schweigen vom Verstummen unterscheidet: Stumm wird man gemacht. Das Verstummen steht für die Ausgrenzung des Menschen und darüber hinaus für die Unmöglichkeit, sich als Subjekt zu artikulieren. Die Stummheit ist passiv, d.h., dem Subjekt fehlen die Mittel und Möglichkeiten, sich am Diskurs zu beteiligen. Es beherrscht den Code nicht oder der Zugang zum Diskurs ist dem Subjekt aufgrund des Geschlechts oder der sozialen Lage versperrt. All dies können Gründe sein, warum ein Subjekt verstummt. Und die Ohnmacht des/der Einzelnen vor diesen Fakten und Gründen ist die Reaktion auf das Verstummen. Das Verstummen wird so zum Ausdruck der Verzweiflung und Resignation. Wohingegen sich im selbstgewählten Schweigen die Macht der Ohnmacht des Subjekts ausdrückt. Das Schweigen wird zum „stillen Geschrei" (Sölle 1997). Schweigen ist hier der Ort des Bei-sich-Seins in der Ohnmacht. Das Schweigen schützt und stützt das Subjekt, es wird zum Ort der Stabilisierung. Es ist der Raum, in dem die Dinge neu geordnet und überdacht werden können. Und es ist der Ort, an dem sich die Frage entscheidet, ob die Macht der Ohnmacht im Schweigen zum Ausdruck kommt.

Wie es gute Gründe für das Sprechen gibt, so gibt es ebenso gute Gründe für das Schweigen. Souveränität und Autorität eines Subjektes lassen sich daran erkennen, wie es das eigene Sprechen und Schweigen gestaltet. Dies fällt einem Subjekt nicht zu und nicht allein die Intuition kann hier Ratgeberin sein, vielmehr muss dieser Umgang gelernt werden. So wird das Schweigen selbst zum Aspekt der Bildung. Hierzu sagt Sor Juana in ihrer *Antwort an Sor Philothea*: „Y de otro lugar: *Mulier in silentio discat;* siendo este lugar más en favor que en contra de las mujeres, pues manda que aprendan, y mientras aprenden claro está que es necesario que callen. Y también está escrito: *Audi Israel, et tace;* donde se habla con toda la colección de los hombres y mujeres, y a todos se manda callar, porque quien oye y aprende es mucha razón que atienda y calle."[42] (Salceda 1957, Bd. IV, 467)

---

[42] „Und auch eine andere Stelle – *Eine Frau lerne in der Stille* – ergreift eher Partei für die Frauen als gegen sie, denn sie befiehlt ihnen zu lernen, und daß sie während des Lernens schweigen müssen, versteht sich von selbst. Es steht auch geschrieben: *Höre Israel und schweige* – hier ist die Gesamtheit der Männer und Frauen gemeint, und allen wird befohlen

Zum Lernen gehört auch das aufmerksame Schweigen. Bildungsprozesse entstehen nur in den Kontrasten von Sprechen und Schweigen. Bei der Betrachtung des lateinischen Verbs educere/educare wird ein weiterer wichtiger Aspekt im Zusammenhang von Bildung, die immer auch Erziehung ist, deutlich. Denn educere/educare hat sowohl die Bedeutung von Er-ziehen wie auch von Heraus-ziehen, Heraus-führen. Legt man den Fokus auf letztere Wortsinne, so bedeutet dies, dass Bildung zu einem Prozess des Herausziehens aus der Ordnung der Dinge wird. Damit wird auch der emanzipatorische und widerständige Aspekt von Bildung erkennbar. (Vgl. Mariaux 1994, 153.) Und dieser Sinn kann sich auch im Schweigen realisieren, sofern es als die Handlung eines Subjekt verstanden wird, das sich aus dem Diskurs herauszieht und mit dem Schweigen eine neue, eigene und unerhörte Ordnung der Dinge zum Ausdruck bringt. Dieses Schweigen ist dann nicht die Reaktion eines ohnmächtigen, hilflosen Subjektes, sondern dessen bewusste und eigensinnige Handlung. Und als eine solche Handlung ist das Schweigen Sor Juanas in ihren letzten Lebensjahren zu verstehen. Es ist nicht die Zustimmung zu den ihr gegenüber geäußerten Vorwürfen und es ist auch kein Akt der Unterwerfung. Vielmehr ist ihr Schweigen ein unerhörter Aufschrei und damit die Markierung ihrer eigenen Ordnung der Dinge. In ihrem Schweigen drückt sich letztlich die Macht einer Ohnmächtigen aus. Das zeigt sich unter anderem auch darin, dass auch nach mehr als 400 Jahren nicht nur ihr literarisches Werk ein Thema ist, sondern gerade auch ihr Schweigen. Indem ihr Schweigen thematisiert wird, kann man erst den Wert ihrer Worte und ihre Sprachmächtigkeit überhaupt erfassen.[43]

---

zu schweigen, denn wer zuhört und lernt, muß aufmerksam sein und schweigen." (Heredia, Hildegard)

[43] Tavard thematisiert das Schweigen Sor Juanas und er weicht mit seiner Interpretation von der gängigen Linie ab, weil er einen positiven Begriff vom Schweigen hat. Auch für ihn ist Schweigen nicht mit Verstummen gleichzusetzen. Sor Juana wählt das Schweigen und wendet sich in ihm stärker Gott zu. „[...]: the tongue is not enough; words no longer suffice; there is too much wealth for speech." (Tavard 1992, 182) In ihrem Schweigen taucht Sor Juana in das Schweigen Gottes ein: „[...] incidental reasons for Sor Juana Inés de la Cruz may have had for putting her pen aside, for giving away her books and instruments, for no longer holding intellectual conversations in the parlor, she had long seen from afar a gate that opens on the silence of God. When she felt ready, she pushes the gate and entered." (Tavard 1992, 175) Tavard ahnt die Bedeutung des Schweigens, aber er vermag das Schweigen nicht in einen Zusammenhang mit der eigenen Sprache zu setzen. Für ihn führt das Schweigen zu Gott, aber nicht in die eigene Sprachfähigkeit des Subjektes. Das Schweigen ist auch bei ihm nicht der Ort, an dem das Ich erwacht und bislang Unerhörtes erhört.
Scott kritisiert diesen Ansatz von Tavard, jedoch ohne nähere Begründung. Es fällt dabei auf, dass ihre Kritik letztlich nur handwerkliche Fehler in der Arbeit hervorhebt, ohne sich wirklich mit den inhaltlichen Standpunkten auseinander zu setzen. (Vgl. Scott 1994, 150.)

In der Verhältnisbestimmung von Sprechen und Schweigen bei Sor Juana wird darüber hinaus deutlich, welche religiöse Bedeutung in beiden liegt. Das Sprechen wie das Schweigen sind für sie eine Möglichkeit, die Dispositive der Macht ihrer Zeit zu überschreiten. Das Kloster ist der Ort, als sie selbst im Sprechen wie im Schweigen zur Sprache zu kommen.[44] Und damit wird zugleich die religiöse Herausforderung markiert, vor der sie steht. Es geht dabei darum, der eigenen Existenz, auch im Widerstreit zur Ordnung der Dinge, entsprechend zu leben. Dabei sind das Sprechen und Schweigen religiöse Taten und der Umgang mit ihnen zeigt an, ob es gelingt, sich selbst zu finden und sich in der Gesellschaft als eigenständige und unerhörte Person zu repräsentieren.

Religion ist ein Mittel, unerhörtes Leben zur Sprache zu bringen, und damit bietet sie eine Voraussetzung für die Befreiung, für die Menschwerdung des Menschen. Dadurch, dass sie an Orten präsent ist, an denen Menschen um ihre Existenz ringen, unerhörtes Leben zur Sprache bringt, sprengt sie Rahmen und Strukturen, die Humanität verweigern, überschreitet sie die Ordnung der Dinge und gibt sich als eine widerständige Größe im Leben von Menschen zu erkennen. (Vgl. Wustmans 1998.) Dort, wo jemand zur eigenen Sprache findet und es möglich wird, Ängste und Sorgen, Enttäuschungen und Hoffnungen, Perspektiven und Visionen zu formulieren oder sich für das Schweigen zu entscheiden, ist dies ein religiöser Akt. Denn Religion realisiert sich dort, wo sie Unerhörtes zur Sprache bringt. Und sie kann der Ort sein, an dem Unerhörtes erhört wird.

---

[44] Die Diskussion um den Loci Theologici wurde von Melchior Cano (ca. 1509-1560) angestoßen und entwickelt. In seinem Hauptwerk *De locis theologicis* beschreibt Cano die Pluralität von Orten, die die Theologie herausfordern und an denen sie zugleich ihre Autorität in der Geschichte, in der Welt darstellen kann. An diesen Orten kann sie selbst eine Autorität werden, wenn es ihr gelingt, die objektive Bedeutung des Glaubens darzustellen. Und einer der Orte, an denen über die Autorität des Glaubens entschieden wird, ist die menschliche Geschichte nach Cano. Cano „[...] konzipiert den Glauben als einen Ort in der Geschichte, auf den sich die Theologie von ihrem eigenen Selbstverständnis als Reflexion des Glaubens her – geschichtlich – beziehen muss. Der Begriff des Geschichtlichen, der ihm zugrunde liegt, und das Verständnis der Theologie, das er fordert, entspringen indes jener Auffassung von Geschichte und Theologie, die für den spanischen Neoaristotelismus des 16. Jahrhunderts, zu dessen bedeutendsten Vertretern man Cano rechnen muß, bezeichnend war: Theologie als Glaubensreflexion und Geschichte als Zeugnis der Autorität und ihrer geschichtlichen Macht." (Klinger 1978, 19f; vgl. Sander 1998, 240; 250.) Diese Position verlangt von der Theologie einen kreativen Umgang mit den eigenen Prinzipien in der Geschichte. Bloße Deduktion und Wiederholung laufen ins Leere, weil die Welt sich wandelt. „Wird der Glaube von der Zeit getrennt, wird seine *auctoritas* zu einer rein inneren Angelegenheit der Kirche, und die geschichtliche Überprüfung verknöchert zur Durchsetzung von Positionen im Sozialgefüge." (Sander 1998, 254)

Im folgenden Kapitel der Arbeit wird der Kontrast des Sprechens und des Schweigens aufgegriffen und am Konflikt um die Predigtkritik Sor Juanas gegenüber António Vieira SJ bearbeitet. Dieser Konflikt stellt die Frage nach dem Zusammenhang und dem Unterschied zwischen Autorität und Potestas, Schweigen und Verstummen. Wichtig ist es in diesem Zusammenhang schon jetzt darauf hinzuweisen, dass dieser Konflikt in Verbindung mit der Thematisierung zentraler theologischer Fragen ihrer Zeit entsteht. Sor Juana gibt sich hier als denkendes und schreibendes, Theologie treibendes Subjekt zu erkennen. Und sie wird im weiteren Verlauf ihre Positionen wie auch ihr Subjekt-Sein verteidigen. Sor Juana bleibt auch im Konflikt sprachmächtig.

4. Die Macht der Kirche und die Sprache der Theologie – Der Streit um die Gnade

Sor Juana ist ein denkendes Subjekt, das sich ausdrückt und den Definitionen der Zeit und der Ordnung der Dinge sprachlich Widerstand leistet. Sie denkt und spricht als Subjekt in einem asymmetrischen Machtgefüge, in dem die Sprache und Kultur der Stärkeren sich verselbstständigen und den Ohnmächtigen und Schwachen ohne Vermittlung aufgezwungen werden. In diesem System bedeutet die Besinnung auf die eigenen Gedanken, die eigene Sprache das Unmögliche, das Unerhörte – sich als Frau zu „denken" und „auszudrücken". (Vgl. Rossanda 1997, 21.) Im Akt des Schreibens erschafft sich die schreibende Frau eine neue Existenz. Ihr Text ist Ausdruck des Widerstandes gegen eine patriarchale Ordnung. (Vgl. Veit-Wild 1997, 38-41.) Ein deutliches Beispiel dieses Widerstandes ist im Werk Sor Juanas die *Crisis sobre un Sermón*. Dieser Text belegt das Sprechen-Können Sor Juanas und zugleich die Einwirkungen dieses Sprechens auf die Ordnung und in ihrem Fall in besonderer Weise auf die religiöse Ordnung. Die Konsequenzen dieser theologischen Schrift sind für sie weitreichend und folgenschwer. Dieser Text ist der Auslöser eines eskalierenden Konfliktes zwischen Sor Juana und den Hütern klerikaler Macht.

Sprechen bedeutet Veränderung des Bestehenden. Sprechen ist mehr als rhetorische Kunstfertigkeit. Sprechen ist Einflussnahme auf der symbolischen Ebene. Die Ordnung der Dinge hängt von der Sprache ab. Die Sprache deckt die Leitbilder auf, nach der die Gesellschaft organisiert ist. So zeigt die Sprache z.B., dass die soziale Ordnung am Mann und an männlichen Leitbildern orientiert ist. Dies wird an vielen Dingen des Alltags sichtbar und die Sprache stellt die passenden Formulierungen bereit: Mann und Frau, Hänsel und Gretel, Romeo und Julia. Frauen werden fast immer als die Zweiten benannt und genannt. Frauen werden in ihrer Beziehung zu Männern definiert. Auffallend anders ist in diesem Zusammenhang ein Sprachbild aus dem religiösen Kontext, das die patriarchale Ordnung auf den Kopf stellt: Maria und Josef. Hier ist die Frau, Maria, die Erstgenannte. Eine neue und andere Ordnung als die des Patriarchates kommt hier zum Ausdruck. Die religiöse Sprache belegt, dass die Welt, in der wir leben, nicht nur anders gesehen, sondern auch anders benannt werden kann. Diese Sprache vertröstet nicht und sie verweist auch nicht einfach auf ein Jenseits, sondern sie wirkt im Hier und Jetzt, dort, wo sie sich artikuliert und offenbart. Und an diesen Orten scheint die kritische und befreiende Macht des Unerhörten auf. Die Sprache wird zum Vehikel der Gnade. Im Angesicht der Macht der anderen und der eigenen Ohnmacht sowie der Erfahrungen der Gnadenlosigkeit der Zeit werden diese zu Fundamenten für eine überzeugende Rede von der Gnade Gottes. Diese Erfahrungen sind ihr Prüfstein. Und sie sind es, die eine Suche nach der Sprache der Gnade provozieren, die den Glauben angesichts der

eigenen Ohnmacht (und der anderer Menschen) und der Macht Gottes benennen können.
Sprache ist nie neutral – sie spiegelt immer Einstellungen und Grundhaltungen wider. „Tatsächlich ist die Sprache eines der wesentlichen Mittel der Sinnproduktion und der Möglichkeit, soziale Vermittlungen herzustellen – von den zwischenmenschlichen Beziehungen bis hin zu den elaborierten politischen Bezügen. Wenn die Sprache den beiden Geschlechtern keine gleichwertige Chance der Rede und der Selbstbewertung bietet, funktioniert sie für die einen als Herrschaftsmittel und für die anderen als Unterdrückungsmittel." (Irigaray 1991, 15)[45] Und wer das Bestehende verändern will, muss das Unerhörte beim Namen nennen, über das zu Verändernde sprechen können.
Sor Juana spricht in eigenem Namen und sie entwirft eine eigene Theologie. Sie sucht nach einer Sprache, die vor den Erfahrungen der Gnadenlosigkeit, der Macht und der eigenen Ohnmacht nicht zurückschreckt, sondern sie zur Basis der Rede von Gott, ihres Glaubens werden lässt. Sor Juana begibt sich auf diese Suche und damit durchbricht sie den Ablauf der Gewohnheiten und überschreitet die Konventionen von Gesellschaft und Kirche. Sie spricht nicht das Erlaubte, das, was man sie (und Frauen allgemein) gelehrt hat zu sprechen. Sor Juana spricht die Sprache des Erlaubten nicht länger, weil sie das eigene Sprechen verhindert. Die Sprache des Erlaubten ist viel zu oft ein verfehltes Sprechen.[46] Sor Juana findet ihre Worte und überschreitet so die Ordnung der Dinge. Und die besondere Aufmerksamkeit, die sie darauf verwandte, ihren Standpunkt gegenüber den Vertretern der herrschenden Ordnung auszudrücken, hatte für sie zur Folge, dass sie scharf zurückgewiesen wurde. Ihr Standpunkt wurde zum Ausgangspunkt eines Konfliktes. Sie musste erfahren, dass nur ein gewisses Ausmaß an Kritik und eigener Position toleriert

---

[45] Die Sprache ist in engster Weise mit der Ordnung der Dinge verbunden und sie ist ein wichtiges Instrument im Gefüge der Macht, wie die Geschichte belegt. So ist es überaus bemerkenswert, dass im Jahr 1492 sich der Sieg der Spanier über die Araber, die Vertreibung der Juden und die Eroberung Amerikas vereinen. Es ist aber auch das Jahr, in dem die erste Grammatik in einer modernen europäischen Sprache erscheint. Es handelt sich dabei um die Grammatik des Spanischen von António de Nebrija. „Die nunmehr theoretische Kenntnis der Sprache zeugt von einer neuen Einstellung, in der nicht mehr Ehrerbietung im Vordergrund steht, sondern die Analyse und das Bewußtsein, daß man sie praktisch nutzen kann. Nebrija hat in seiner Einführung diese wegweisenden Worte geschrieben: 'Die Sprache war schon immer eine Begleiterin des Imperiums.' (Todorov 1985, 151)
[46] Luce Irigaray beschreibt in dem Text *Wenn unsere Lippen sich sprechen* ein verfehltes Sprechen wie folgt: „Die Worte gleiten durch unsere Körper hindurch, über unsere Köpfe hinweg, um sich sogleich zu verlieren, uns zu verlieren. Weit weg. Hoch oben. Wir, fern von uns: ausgesprochen verdinglicht, sprechend verdinglicht." (Irigaray 1977, 211)

wird. Wer diese Grenzen überschreitet, hat mit Konsequenzen zu rechnen, besonders wenn es sich um eine Frau handelt.[47]

4.1 Der *Athenagorische Brief* – Eine theologische Streitschrift

Der *Athenagorische Brief* hat seinen Ursprung in einer Diskussionsrunde, wie sie des öfteren im Besuchszimmer in San Jerónimo stattfanden, an denen unter anderem auch der Bischof von Puebla, Manuel Fernández de Santa Cruz, teilgenommen hat. Hier diskutierte Sor Juana mit anderen über eine Predigt des Jesuiten António Vieira, in der er über den größten Liebesbeweis Jesu Christi sprach. Auf den Wunsch des Bischofs hat Sor Juana nachträglich die wesentlichen Gedanken und Argumentationen verschriftet und mit dem Titel *Crisis sobre un Sermón* (Beurteilung einer Predigt) versehen. „Muy Señor mío: De las bachillerías de una conversación, que en la merced que V.md. me hace pasaron plaza de vivezas, nació en V.md. el deseo de ver por escrito algunos discursos que allí hice de repente sobre los sermones de un excelente orador [...]"[48] (Salceda 1957, Bd. IV, 412) 1690 wurde dieser Text vom Bischof Manuel Fernández de Santa Cruz unter dem Titel *Carta Atenagórica* veröffentlicht. Der von ihm gewählte Titel ist programmatisch, denn er legt eine gedankliche Verbindung zur Göttin Athene nahe, die nicht nur die Göttin der Weisheit, sondern auch des Krieges und des Kampfes war. (Vgl. Ranke-Graves von 1990, 84-88; Walker 1997, 273f.) Dieser Text war jedoch von Sor Juana aus nicht für eine Veröffentlichung vorgesehen und in ihrer *Respuesta a Sor Filotea* (Die Antwort an Sor Philothea) äußert Sor Juana ihr Erstaunen über den Druck des Textes. Sie schreibt: „El segundo imposible es saber agradeceros tan excesivo como no esperado favor, de dar a las prensas mis borrones: merced tan sin medida que aun se le pasara por alto a la esperanza más ambiciosa y al deseo más fantástico; y que ni aun como ente de razón pudiera caber en mis pensamientos;[...]"[49] (Salceda 1957, Bd. IV, 440)
Die beiden charakteristischen Aspekte der Athene, Weisheit und Kampf, finden sich auch in der Predigtkritik an Vieira. Sor Juana belegt mit ihrer Argumentation in der Tat ihre außergewöhnliche Geistesschärfe und zum

---

[47] Dass dem auch in unserem Tagen noch so ist, zeigen z.B. die wissenschaftstheoretischen Untersuchungen von Evelyn Fox Keller. (Vgl. Dies.1986.)
[48] „Sehr geehrter Herr, aus der Geschwätzigkeit einer Unterhaltung, die in der Gunst, die Euer Gnaden mir gewähren, für Geistesschärfe gehalten wurde, entstand in Euer Gnaden der Wunsch, einige Gedankengänge geschrieben zu sehen, die mir dort plötzlich über die Predigten eines ausgezeichneten Redners kamen [...]" (Schüller, Karin)
[49] „Das zweite Hindernis ist, daß ich nicht zu danken weiß für die so überaus große und unerwartete Gunst, daß Ihr meine Kritzeleien habt drucken lassen, eine Gunst ohnegleichen, die die kühnsten Hoffnungen und Wünsche, die ich als Wesen der Vernunft in meinen Gedanken hätte formen können, übersteigt [...]" (Heredia, Hildegard)

anderen ist ihr Text auch eine Widerrede an klerikale Wissens- und Sprachmacht. Sie widerspricht in ihrem Text António Vieira SJ, der als einer der angesehensten Prediger seiner Zeit gilt. António Vieira zählt mit seiner Ironie und Sprachgewandtheit zu dem bedeutendsten Stilisten des portugiesischen 17. Jahrhunderts. Und es ist davon auszugehen, dass die Kritik von Sor Juana an den Jesuiten Vieira auch als eine Kritik an den Orden verstanden wurde. „Father Vieyra was a Jesuit, and it was felt that the *Crisis* was an attack on that order." (Schons 1991, 51)
Es fällt auf, dass in ihrem Text nicht an einer einzigen Stelle der Name Vieiras auftaucht. Er ist unbenannt und dennoch ist Eingeweihten klar, über wen sie spricht und wen sie kritisiert. So nennt sie zu Beginn des Textes drei Eigenschaften, die sie an dem Prediger besonders achtet und schätzt, die eine Identifikation leicht möglich machen:
„La primera es el cordialísimo y filial cariño a su Sagrada Religión, de quien, en el afecto, no soy menos hija que dicho sujeto. La segunda, la grande afición que este admirable pasmo de los ingenios me ha siempre debido, en tanto grado que suelo decir (y lo siento así), que si Dios me diera a escoger talentos, no eligiera otro que el suyo. La tercera, el que a su generosa nación tengo simpatía."[50] (Salceda 1957, Bd. IV, 413)
Um die Person und Position Vieiras besser einordnen zu können und den Kontrast zu Sor Juana zu erkennen, folgt in den nächsten Gliederungspunkten eine ausführliche Auseinandersetzung mit Vieira. Dies ist erforderlich, weil Sor Juana eine seiner Predigten kritisiert, und diese Kritik wird zu einer entscheidenden Wegmarke in ihrer Biographie.

4.2 António Vieira – Prediger und Politiker

Sor Juana ist eine Frau auf der Suche nach der eigenen Sprache. Und diese Suche nach der eigenen Sprache steht im direkten Zusammenhang mit ihrer Menschwerdung. Zur eigenen Sprache finden bedeutet Mensch zu werden. Es braucht die Sprache, um Mensch werden zu können und am Leben zu bleiben, und dies im wahrsten Sinne des Wortes. Ein Experiment, von dem in Chroniken berichtet wird, belegt, dass der Ursprung des menschlichen Lebens und das Leben selbst nicht von der Sprache zu trennen sind. In dem besagten Experiment sollte herausgefunden werden, welche Sprache die Menschen

---

[50] „Die erste ist die herzliche und kindliche Liebe an seinen Heiligen Orden, dessen Tochter ich, was meine Ergebenheit betrifft, nicht weniger bin als die genannte Person. Die zweite ist die große Zuneigung, die dieses vortreffliche Wunder an Verstand mir stets abverlangt hat, in einem solchen Maße, daß ich zu sagen pflege (und so fühle ich es), wenn Gott mich Begabungen aussuchen ließe, würde ich keine andere als seine wählen. Die dritte ist, daß ich für seine edle Nation eine geheime Sympathie empfinde." (Schüller, Karin)

spontan sprechen würden, ob es das Hebräische, das Griechische oder Lateinische sei. Man übergab einige Neugeborene Ammen, denen es verboten war, mit den Kindern zu sprechen. Das Experiment scheiterte, weil alle Kinder starben. (Vgl. Muraro 1993, 144.)
Mensch-Sein und Wort-Haben gehören zusammen. Dafür braucht es die Ansprache wie des Erlernens der eigenen Sprache. Und dieser Sprachfindungsprozess ist vielfach auch ein Prozess voller Konflikte. Denn allzu oft gehen Personen davon aus, für andere sprechen zu können, anstatt sie zur eigenen Sprache zu befähigen. So glaubten und glauben Männer für Frauen sprechen zu können, Eltern für ihre Kinder, Kleriker für die Laien, Kolonialisten für die Indios, Sklavenhalter für die Sklaven. Die einen haben das Wort und haben damit die Macht: die Macht der Definition und des Benennens. Und den anderen wird das Wort verweigert, sie werden stumm gemacht und stumm gehalten. Sie sind unerhört. Vor diesem Hintergrund verwundert es nicht, dass das Ringen um die eigene Sprache immer auch ein Hort der Auseinandersetzung und des Konfliktes ist. Aber dieser Konflikt ist zugleich auch die notwendige Voraussetzung zur Befreiung: der Frauen, der Kinder, der Laien, der Indios, der Sklaven.
António Vieira verkörpert das bisher Gesagte von beiden Seiten her. Auf der einen Seite erfährt er sich mit seinen Äußerungen (hauptsächlich in seinen Predigten) im direktem Kontrast zur Meinung der Herrschenden und Mächtigen. Er klagt diese an, vor allem in Bezug auf ihre Ausbeutung und Unterdrückung der Indios und Sklaven in Brasilien. Er benennt den Skandal der Kolonialgesellschaft. Zugleich verkörpert er aber auch eine Person, die mit dem eigenen Wort die Stimmen anderer unterdrückt: die der Frauen, der Indios und der Sklaven. Die ersten erwähnt er erst gar nicht und die zweiten verobjektiviert er mit seiner Sprache. Damit offenbart er sein patriarchales wie paternalistisches Gesicht. Er spricht zu anderen und spricht über sie, aber er befähigt sie nicht selbst zum Wort. Und damit verhindert er Prozesse des Erwachens und der Menschwerdung.
António Vieira wurde am 6. Februar 1608 in Lissabon geboren. Er ist sechs Jahre alt, als seine Familie nach Brasilien auswandert und sich in Salvador da Bahia niederlässt. Im Alter von fünfzehn Jahren tritt er in die Gesellschaft Jesu ein und die jesuitische Erziehung prägte seine Persönlichkeit außerordentlich. (Vgl. Fragoso 1992, 172.) Eine Predigt über die Höllenstrafen soll der Auslöser für die geistliche Laufbahn gewesen sein. (Vgl. Besselaar van den 1981, 15.)
In diesem Ursprung für seine geistliche Laufbahn als Mitglied der Gesellschaft Jesu zeigt sich, dass in der Biographie von Vieira die theologischen Probleme seiner Zeit präsent sind. Und es sind auch die Probleme, die Sor Juana beschäftigen: die Frage nach der göttlichen Gnade und die Freiheit des Menschen vor Gott. Das Fundament für diese theologischen Fragestellungen liegt in den Erfahrungen der Zeit, in der erfahrbaren Gnadenlosigkeit jener Tage, in einem gespaltenen Zeitalter, das von Konflikten und Kämpfen zutiefst

geprägt ist: „ [...] es erschließt den Erdkreis, steht in der Spannung zwischen Wissenschaft und Religion, erforschter und offenbarter Wahrheit, doch wird die Kausalität noch auf höchste Zwecke bezogen, alle Bewegung fängt sich in einer Gewißheit der Dauer, verbürgt in der Einheit göttlicher Weltordnung. Diese spiegelt sich in den Denksystemen wie in der Hierarchie von Kirche, Staat und Gesellschaft. Fortschritt und Beharrung, Vernunft und Glauben gleichen sich in gelebten Formen, die Profanwelt stellt sich ebenbürtig neben die sakrale, der heidnische Mythos neben die christliche Legende. Aus allem Dasein spricht die Transzendenz, die Sitte neigt zum beziehungsvollen Zeremoniell." (Meyers Enzyklopädisches Lexikon 1971, 515) Vor dem Hintergrund der Zerrissenheit der Zeit ist es verständlich, dass Menschen Klarheit und Gewissheit über die Gnade erhalten möchten. Sie wollen sich vor den Erfahrungen der Gnadenlosigkeit geschützt und aufgehoben wissen.

1625 wird Vieira Lehrer für Rhetorik am Colégio der Jesuiten in Olinda und bleibt dort drei Jahre. 1628 kehrt er nach Bahia zurück, studiert Philosophie und Theologie und bereitet sich im Anschluss an die Studien auf seine Weihe vor. Am 10. Dezember 1634 (Vgl. van den Besselaar 1974) wird Vieira zum Priester geweiht.[51]

Im Jahr 1641 besteigt João IV. den Thron. António Vieira gehört einer offiziellen Delegation der Kolonie an, die aus Anlass der Thronbesteigung nach Portugal reist. Vieira ist 33 Jahre alt und es beginnt ein ganz und gar neuer Lebensabschnitt für ihn: Er gewinnt das Vertrauen des Königs und wird sein Prediger und Vertrauter. Von diesem Zeitpunkt an ist er nicht mehr nur ein Mitglied der Gesellschaft Jesu, sondern er wird eine öffentliche Person. Er besteigt die Bühne der Politik. Und es ist die Politik, die die nächsten zwölf Jahre in seinem Leben maßgeblich prägen wird. Seine politischen Aufgaben führen ihn nach Italien, Frankreich, England und Holland. 1646 reist Vieira nach Paris, um Frankreich zur Vermittlung zwischen Portugal und Holland zu gewinnen. Aber diese Mission bleibt ohne Erfolg. (Vgl. Cidade 1985, 36.) Der Reise nach Paris schloss sich die Weiterfahrt nach Holland an. Vieira war bemüht, in Holland Kontakt zu einflussreichen Juden aufzunehmen und sie zu einer Niederlassung in Portugal zu bewegen. Denn der zunehmend marode und verschuldete Staat hatte ein großes Interesse an den kaufmännischen

---

[51] Vom 6. März 1633 stammt die erste von Vieira erhaltene Predigt. Diese entstand zu einem Zeitpunkt, da er weder Priester noch Diakon war. Das Thema seiner Predigt handelt vom Krieg. Und es war ein aktuelles Thema, denn die Holländer waren im Nordosten Brasiliens gelandet und nahmen die Region gewaltsam in Besitz. Die holländische Besetzung im Nordosten von Brasilien dauerte von 1630 bis 1654. In dieser Predigt von Vieira zeigt sich etwas, das auch für alle weiteren Predigten von Vieira charakteristisch ist, seine Bezugnahme zu aktuellen politischen Gegebenheiten, sei es wie hier zur Invasion der Holländer in den Nordosten Brasiliens, zur Lage der Indios in der Kolonie, zur Frage der Sklaven, die mehr und mehr von Afrika nach Brasilien verschifft werden, um auf den Plantagen zu arbeiten, oder zum Umgang mit den Juden in Portugal.

Fähigkeiten sowie am Kapital der Juden. (Vgl. Cidade 1985, 36.) Diese Kontakte zu den Juden werden Jahre später zu einem wichtigen Belastungspunkt Vieiras in seinem Inquisitionsverfahren.
Aber als „Politiker" bleiben ihm letztlich die Erfolge verwehrt und so ist es dem König wie auch dem Orden recht, dass Vieira wieder nach Brasilien zurückkehren und sich den missionarischen Aufgaben im Sertão Brasiliens widmen will.
Als Politiker ist Vieira gescheitert. Er zieht sich von dieser Bühne zurück. Aber das ist kein völliger Rückzug, denn er wechselt auf eine andere Bühne. Er beginnt die Arbeit an einem neuen Projekt: Er wird das, was er schon einmal war, Missionar in Brasilien. Vieira begegnet dem Scheitern mit der Flucht in eine neue Aktivität. Einer Aktivität, der er sich abermals mit Leib und Seele verschreibt. Das, was er tut, das tut er ganz. Das Scheitern wird bei ihm nicht zum Anlass genommen zu verharren, sondern aus dem Gefühl des Nicht-verstanden-worden-Seins resultiert die Flucht nach vorne. Dass das Scheitern bei ihm nicht zu einer grundsätzlichen Neuausrichtung geführt hat, wird ja auch daran deutlich, dass er nun zwar als Missionar, doch noch immer mit Beharrlichkeit, Trotz und Hartnäckigkeit sein Wort predigt. Und in dieser Hinsicht sind die Rollen des Politikers und des Predigers gar nicht so verschieden. Beide wollen überzeugen und ihren Einfluss vergrößern. Und ein wesentliches Instrument für beide ist die Sprache. Sie sprechen Worte, die ängstigen, Mut machen und Hoffnungen schenken. Es ist die Identifikation mit etwas Größerem und Erhabenen, was sie (die Missionare wie die Politiker) versprechen.
Vieira hält nun keine politischen und strategischen Reden mehr. Er steht nicht mehr im Dienst der Krone und des Königs. Sein Auftraggeber ist Gott und seine Heimat die Mission. Aber er verhält sich hier nicht anders als der Politiker Vieira: Er redet auch hier in Beharrlichkeit, Trotz und Hartnäckigkeit. Vieira reist durch den Sertão und predigt im Dienst an der Kirche, im Auftrag Jesu. Wenn die Motivation nun eine andere ist, so hat sich die Form nicht wesentlich verändert. Das Scheitern als Politiker versteht er nicht als grundsätzliche Anfrage an sein Sprechen und Handeln. Vieiras Zuflucht in der Situation des Scheiterns als Politiker ist die Rolle des Missionars. Und diese bildet er aus, indem er den Menschen predigt.
Hat er zuvor in Europa auf der politischen Bühne mit Wortgewalt versucht, das Beste für Portugal zu erwirken, so wird er in den kommenden Jahren alles daran setzen, mit Wortgewalt das Beste für die Kirche in Brasilien, für die Gesellschaft Jesu, für die Indios und Sklaven zu erwirken. Sein Ziel ist die Bekehrung der Indios und Sklaven zum katholischen Glauben und die Bekehrung der Kolonialisten hin zu einer gemäßigten Praxis den Indios und Sklaven gegenüber. Die Indios und Sklaven sollen in die Kirche hineingeholt werden und die Kolonialisten sollen sich ihrer Zugehörigkeit zur Kirche erinnern und demgemäß handeln, gerade auch in Bezug auf die Indios und die Sklaven auf den Plantagen.

Nach seinem Scheitern als Politiker erhält António Vieira die Möglichkeit, mit dreizehn Patres und siebzehn Laienbrüdern die Missionierung in Maranhão zu beginnen. Auf seine Interventionen beim König hin erhalten die Jesuiten weitgehende Machtbefugnisse und auch der neu eingesetzte Gouverneur, Vidal de Negreiros, ist Vieira gewogen. Das Wohlwollen von Seiten der öffentlichen Hand gegenüber den Jesuiten und der Person Vieiras findet hingegen bei den Kolonialisten vor Ort keine Entsprechung – ihre Einstellung ist von Misstrauen und Feindseligkeit geprägt.

Am 12. November 1652 schiffen die Jesuiten ein und sie erreichen am 16. Februar 1653 Maranhão. António Vieira baut in der Zeit als Missionar im Norden Brasiliens an sechzehn verschiedenen Orten Kirchen und er verfasst in sieben Eingeborenensprachen Katechismen.

4.2.1 „Die Herren schwimmen in Gold und Silber, und die Sklaven tragen Eisen" – António Vieira ergreift Partei für die Sklaven

Seine Aktivitäten als Missionar sind davon geprägt, dass er auf die Situation der Menschen und vor allem auf die Situation der Indios und Sklaven blickt. Er sieht ihre Not und macht sie in den Predigten öffentlich. So findet sich in der Predigt zum 4. Fastensonntag 1657, gehalten in der Kirche São Luís, Maranhão, folgender Gedanke: „Es wäre weniger schlimm, in Misericordia keine Kirche als kein Spital zu haben. Das Christus-Bild in dieser Kirche ist ein totes Bild, das nicht leidet. Die Christus-Bilder, wie die Armen sie darstellen, sind lebendige Bilder, welche leiden. Wenn es keine andere Lösung gibt, verwandle man die Kirche in ein Spital, worüber Christus glücklicher sein wird." (z.n. Loetscher 1966, 18f)

António Vieira ergreift in seinen Predigten nicht nur für die Indios Partei, sondern er gehört auch zu jenen Missionaren, die die Situation der afrikanischen Sklaven in den Blick nehmen und anklagen: „Oh welch unmenschlicher Handel, bei dem die Ware Menschen sind, was für ein teuflisches Geschäft, bei dem man aus einer fremden Seele Gewinn schlägt und seine eigene dabei riskiert. [...] Die Herren schwimmen in Gold und Silber, und die Sklaven tragen Eisen. Die Herren behandeln sie wie Tiere, und die Sklaven verehren und scheuen sie wie die Götter; die Herren zeigen die Peitsche, Standbilder des Stolzes und der Tyrannei, und die Sklaven am Boden, gebeugt, die Hände auf dem Rücken gefesselt, sind niedrigste Bilder der Ergebenheit und Schauspiel äußersten Elends." (z.n. Loetscher 1966, 135)

Angesichts solcher Äußerungen musste es zu Konflikten mit den Kolonialisten kommen. Die Kolonialisten in Maranhão revoltierten gegen die Praktiken der Jesuiten den Indios gegenüber und gegen die Position Vieiras zur Frage der Sklaven. Zunehmend wird er auch von Vertretern anderer Ordensgemeinschaften angefeindet, die den politischen Einfluss der Jesuiten, auch in Brasilien, fürchten. 1661 werden António Vieira wie auch seine

Mitbrüder verhaftet. Alle werden aus Brasilien verbannt und nach Europa verschifft. Er wird zehn Jahre in Portugal bleiben und in Europa von der Kanzel aus seine Missionspraxis verteidigen. So heißt es in seiner Predigt zu Epiphanie aus dem Jahr 1662: „Von den drei Weisen, die heute zur Krippe kamen, waren zwei weiß und einer schwarz, wie die Überlieferung sagt. Wäre es gerecht, wenn Christus zuließe, daß Kasper und Balthasar ungehindert in den Orient zurückkehrten, und Melchior, weil er ein Schwarzer war, in Betlehem blieb, wenn möglich, um Josef zu dienen? Ohne weiteres könnte dies Christus tun, ist er der Herr der Herren. Aber er wollte uns zeigen, daß die Menschen, von welcher Hautfarbe sie auch sind, daß alle von Natur aus gleich sind, und gleicher durch den Glauben, wenn sie wie die drei heiligen Weisen gläubig sind und Christus anbeten. Bemerkenswert ist, daß diese drei Weisen Könige waren und von verschiedener Hautfarbe. Von den Nationen sind die einen weißer und die anderen schwärzer, denn die einen leben näher der Sonne und die anderen weiter weg. Es gibt keine größere Unachtsamkeit und keinen übleren Irrtum, als zu glauben: daß ich dein Herr bin, weil ich weiter von der Sonne weg geboren wurde, und daß du mein Sklave bist, weil du schwärzer auf die Welt kamst." (z.n. Loetscher 1966, 25)

António Vieira stellt die Sklaverei in Frage. Für ihn gibt es die Gleichberechtigung aller Menschen aus dem Glauben an die Gottesebenbildlichkeit des Menschen heraus sowie auch aus der Taufe. Durch die Taufe sind alle eins in Christus. Dies ist die Position, die Vieira vor allem an die Adresse der Kolonisatoren richtet. An die Adresse der Sklaven spricht er vom „Evangelium der Ergebung und der Tröstung". (Vgl. Fragoso 1992, 186.)

In seiner Idealvorstellung geht er von der gleichen Würde aller Menschen aus, aber in der konkreten Situation bezieht Vieira Position für eine gesetzlich sanktionierte und kontrollierte Sklaverei. „Mit pragmatischem Sinn predigt er die Ergebung in das Schicksal, die er als Motiv der Tröstung für die schwarzen Sklaven sublimiert." (Fragoso 1992, 187)

4.2.2 Die Predigt des Evangeliums der Tröstungen und der Ergebung

Den Sklaven wurde die christliche Tröstung gepredigt. Die Frömmigkeit zu Unserer Lieben Frau vom Rosenkranz spielte dabei eine besondere Rolle. Die Mutter Gottes und die Mutter der gefangenen Sklaven wurde als „Trösterin der Betrübten" dargestellt. (Vgl. Fragoso 1992, 187.)

Vieira legt großen Wert auf das Rosenkranzgebet, weil es den Sklaven Trost und Kraft gebe. Die schmerzhaften Geheimnisse des Rosenkranzes müssen auch die ihrigen sein. Die schmerzhaften Geheimnisse des Rosenkranzes nähmen schon in diesem Leben die freudenreichen Geheimnisse vorweg. Denn wenn die Sklaven unter dem höllischen Gebrüll ihrer unmenschlichen Arbeit in den Zuckermühlen den Blick zur Gottesmutter erhöben und die schmerzhaften

Geheimnisse beteten, dann werde „diese ganze Hölle zum Paradies, der Krach zur himmlischen Harmonie und die Menschen, auch wenn sie schwarz sind, zu Engeln." (Sermões 38, z.n. Fragoso 1992, 190)
Daneben stellt er das Schicksal der Sklaven in den Zusammenhang von Gottes Vorsehung. Er vertritt die Position, dass es Gottes Absicht sei, die Afrikaner von ihrem Kontinent nach Brasilien zu bringen, und dass sie Gott für diesen Plan danken sollen. „Ihr habt Gott unendlichen Dank dafür zu sagen, dass er euch Kenntnis von sich gegeben, euch aus eurer Heimat, in der eure Vorfahren und ihr als Heiden lebtet, geführt und in dieses Land gebracht hat, in dem ihr als Christen leben und gerettet werden sollt." (Cidade 1940, 24)
Vor diesem Hintergrund ist Sklaverei dann kein Unrecht mehr, sondern Ausdruck göttlicher Berufung. Aufgrund ihrer besonderen Berufung haben die Sklaven eine Haltung der Ergebenheit in ihr Schicksal anzunehmen. In der Ergebenheit liegt ihr Verdienst. Darüber hinaus können sich die Sklaven damit trösten, dass Gott selbst Könige Sklaven werden ließ: „Wenn selbst diese [Könige der Bibel], die immerhin in vergoldeten Palästen geboren und in versilberten Wiegen gewiegt wurden, sich in Knechtschaft und Ketten wiederfanden, dann betrachtet auch ihr, die im Gestrüpp Äthiopiens geboren wurdet und heranwuchst, die gewichtigen Gründe, die ihr habt, euch in euer Los zu schicken. [...] Was ihr tun müßt, ist, euch mit diesen Beispielen zu trösten, die Leiden der Arbeit eueres Standes mit großer Geduld tragen, Gott herzlich danken für die Mäßigung der Sklaverei, in die er euch gebracht hat und – vor allem – sie nutzen, um sie zu tauschen gegen die Freiheit und das Glück im anderen Leben." (Sermões 84, z.n. Fragoso 1992, 188)
In seinen Ausführungen der Ergebenheit ist das Thema der Nachfolge des leidenden Christus ebenfalls zentral und zum Beleg führt er verschiedene Beispiele an, wie z.B. den Vergleich zwischen Zuckermühle der Afrikaner und dem Kelter Jesu: „Dem Kreuz fehlte zur vollen und vollkommenen Ähnlichkeit nur der Name Zuckersiederei; doch diesen selben gab ihm Christus nicht mit einem anderen, sondern mit demselben Wort. *Kelter* heißt eure Zuckermühle oder euer Kreuz, und das Christi heißt dank dem Wort aus dem Munde ebenfalls *Kelter*." (Sermões 30-31, z.n. Fragoso 1992, 188) Und bei diesen Übereinstimmungen liegt es nahe, dass Vieira die Sklaven auffordert, ihr Los schicksalsergeben zu akzeptieren, denn es ist der Wille Gottes. Und mittels der Erkenntnis der Übereinstimmungen ihrer Situation mit der Jesu Christi wird die Arbeit der Sklaven geadelt und ihr Kreuz eine leichte Last: „Ach! Wie sanft wird dann die Härte und wie angesehen dann die Niedrigkeit euerer Arbeiten in der Harmonie dieser himmlischen Stimmen sein! Und wie wertvoll werden dann vor Gott euere Strafen und Ängste sein, wenn ihr sie zusammen mit denen aufopfert, die die Jungfrau und Mutter am Fuße des Kreuzes erlitten hat." (Sermões 33, z.n. Fragoso 1992, 188f)
Vieira postuliert immer wieder die Ergebenheit der Sklaven: „Aber es ist die besondere Vorsehung Gottes [...], daß ihr gegenwärtig als Sklaven lebt, damit

ihr vermittels der zeitlichen Gefangenschaft ausgesprochen leicht die ewige Freiheit erlangt." (Sermões 73, z.n. Fragoso 1992, 189)
Ein weiteres Thema seines Evangeliums der Ergebung ist die Freiheit des Geistes. Nach Vieira ist allein der Körper gefangen, die Seele hingegen sei frei. Der Sklave kann seine geistige Freiheit nutzen und so die körperliche Knechtschaft überstehen. „Auf derselben Linie der Aufspaltung von Leib und Seele liegt es, wenn sich der Jesuit zu der Behauptung steigert, Christus sei der Befreier des Geistes und nicht des Körpers. [...] Die Befreiung aus dem Kerker des Körpers falle in die besondere Obliegenheit der Menschen. Allerdings läßt es der Prediger zu verdeutlichen, wie die Menschen das besondere Werk der Befreiung der Körper bewerkstelligen können." (Fragoso 1992, 190f)
Darüber hinaus versucht Vieira die Sklaven damit zu trösten, dass Christus nicht Sklavenhalter, sondern Sklave geworden ist.
Dass Vieira sich den Sklaven in seiner Arbeit als Missionar zuwendet, findet mehr und mehr Missfallen bei den Kolonisatoren. Sie fühlen sich angegriffen und verteidigen mit allen Mitteln ihre Macht und das System der Sklaventums. Der Konflikt eskaliert und es kommt schließlich zur Ausweisung Vieiras aus Brasilien. Vieira muss nach Portugal reisen.

4.2.3 António Vieira und die Inquisition

Nach seiner Abschiebung aus Brasilien bekommt Vieira Schwierigkeiten mit der Inquisition. Nachdem es schon aus dem Jahr 1649 eine Denunzierung Vieiras bei der Inquisition gab, eingeleitet durch den Jesuiten Padre Martim Leitão, beginnt am 21. Juni 1663 der Inquisitionsprozess, der sich auf insgesamt vier Jahre hin erstrecken wird. (Vgl. Cidade 1985, 74.) Man zielt darauf, ein Schweigegebot zu erwirken. Der wichtigste Vorwurf betrifft das Verhältnis António Vieiras zu den Juden. Vieira hat sich beim König immer wieder dafür eingesetzt, Juden besondere Anreize zu verschaffen, sich in Portugal niederzulassen. Aus diesem Zweck reiste er unter anderem durch Europa und führte Gespräche mit einflussreichen Juden. Der Beweggrund für Vieira war von wirtschaftlicher Natur: „Por estes reinos e províncias da Europa está espalhado grande numero de mercadores portugeses, homens de grandissimas cabedais, que trazem em suas maõs a maior parte do comércio e riquezasa do mundo."[52] (z.n. Cidade 1985, 34) In diesem Zusammenhang ist darauf hinzuweisen, dass Vieira auch einmal in einem Gutachten für den König davon gesprochen hat, dass die schwierige wirtschaftliche Lage in Portugal von niemand anders als von der Inquisition provoziert worden sei.

---

[52] „Portugiesische Kaufleute sind über die Königreiche und Provinzen Europas verstreut. Menschen mit größtem Vermögen, die in ihren Händen den größten Teil der Reichtümer und des Handels tragen."

Und zwar, weil sie die Juden verfolge und mit deren Vertreibung die Wirtschaft in den Ruin führen würde. Das Heilige Offizium sei es, das dem Land seine besten Handelsleute raube und sie auch noch den Feinden (England und Holland) in die Arme trieb. Er plädierte für die Schonung der Juden und für besondere Anreize, sie zur Rückkehr nach Portugal zu gewinnen. (Vgl. Lins 1974, 193ff; vgl. Loetscher 1966, 35f.)
Bei all diesen Äußerungen muss aber im Blick bleiben, dass er nicht aus humanem Interesse für die Juden warb, sondern aus wirtschaftspolitischen Gründen. Die Juden sind kein humaner, wohl aber ein wirtschaftlicher Faktor für Vieira. Er setzt sich aus wirtschaftspolitischem Kalkül für sie ein, weil sie für die Nation von Nutzen sein können, nicht aus einem Interesse an ihnen als Subjekte mit einer eigenen Geschichte, Religion und Kultur. Dennoch wird aus seiner Haltung gegenüber den Juden der Hauptanklagepunkt der Inquisition. Er wird beschuldigt, sich für die Juden eingesetzt zu haben wie auch ihrer Lehre zugetan zu sein. Über vier Jahre erstreckt sich der Prozess und am Ende wird António Vieira verurteilt. Ihm wird am 23. Dezember 1667 durch die Inquisition in Coimbra die *vox activa et vox passiva* genommen. Jede Predigt wird ihm verboten und er selbst unter Hausarrest gestellt. Dennoch triumphiert er am Ende über das Gericht. Ein halbes Jahr nach der Verurteilung kommt Dom Pedro II. an die Macht und das Urteil wird aufgehoben.
Nach der Aufhebung des Urteils verlässt António Vieira Portugal. Er geht 1669 nach Rom. Auch in Rom predigt er und schon bald strömen die Menschen in die Kirche, um ihn zu hören. Zunächst predigt er in der Kirche der Portugiesen, dann vor dem Kardinalskollegium und schließlich auch in italienisch. Christina von Schweden ist eine der Berühmten seiner Zeit unter den ZuhörerInnen. Sie ist begeistert und wünscht sich Vieira als geistlichen Begleiter und Prediger. Diese Anfrage lehnt er aus nationalen (patriotischen) Gründen ab: Königin Christina war Schwedin, Vieira aber bestand darauf, Prediger des portugiesischen Königs zu sein. (Vgl. Loetscher 1966, 40.)
Vieira verstand sich über alle Maße als Portugiese. Das belegen seine diplomatischen Aktivitäten im Auftrag der portugiesischen Krone wie aber auch einzelne seiner Schriften. Hier ist vor allem die Arbeit an der *História do Futuro* zu nennen. Über die Motivation zu dieser Arbeit schreibt er: „Wenn es in der Welt Propheten für die Vergangenheit gab, warum solle es nicht Geschichtsschreiber für die Zukunft geben?" (Loetscher 1966, 43) Der zentrale Gedanke dieser Geschichte der Zukunft bestand im Entwurf des *Quinto Império* oder des Reiches Christi auf Erden, in dem dem portugiesischen König eine besondere Rolle zukommen sollte. Das *Quinto Império* entwarf Vieira als ein tausendjähriges Reich, das alle Kontinente und alle Völker und Kulturen umfassen würde. Ein katholisches Reich, das die Bekehrung aller Nichtkatholiken abschließt. Ein Reich des Friedens. Ein Reich, das im Auftrag Christi durch den Papst und durch den portugiesischen König regiert wird. „O grande assunto era o da instauração do Quinto Império ou do Reino consumado de Cristo na terra – um reino de mil anos, que havia de durar até à

vinda do Anticristo; um reino universal, a abranger todos os continentes, todas as raças e todas culturas; um reino cristão e católico, que havia de rematar a conversão dos hereges, maomentanos, pagãos e judeus; um reino de paz e concórdia entre todos os habitantes do planeta; um reino regido por Cristo, mas não directamente: o governo espritual seris exercido pelo papa de Roma e o governo temporal por um rei portugês."[53] (Lins 1981, 72f)
Diese Überlegungen von Vieira stehen inhaltlich dem *Sebastianismus* sehr nahe. Portugiesen brachten diese messianische Vorstellung nach Brasilien. Der *Sebastianismus* geht davon aus, dass die *Reconquista* der iberischen Halbinsel für Kreuz und Christentum durch Spanien und Portugal nahtlos in die *Conquista* Afrikas, Amerikas und Asiens im Dienst an die Ausbreitung des Glaubens übergeht. (Vgl. Goldstein 1991, 225) „Bei einer dieser Expeditionen fällt im Jahre 1578 der portug. König Dom Sebastião (*1554) in Marokko. Die Umstände des Todes bleiben geheimnisvoll. Dom Sebastião hinterläßt keine Erben, so daß das portug. Reich 1580 (für sechzig Jahre) an Spanien fällt. Es entwickelt sich die Legende, Dom Sebastião werde eines Tages wiederkommen, um Portugal zu seiner Selbständigkeit zurückführen und ein Reich göttlicher Friedensherrschaft errichten." (Goldstein 1991, 225)
Im Laufe der Arbeit an der *História do Futuro* kam Vieira der Gedanke, dass es sinnvoll sei, diesem Werk ein einführendes Buch vorauszuschicken. Auch das einführende Buch ist von der hervorgehobenen Stellung Portugals geprägt, wie der Untertitel *Esperanças de Portugal* belegt. Unter dem Titel *Livro Anteprimeiro* wurde in 12 Kapiteln die Materie, die Wahrheit und die Nützlichkeit der *História do Futuro* dargelegt. Im Jahr 1665 zirkulierten erste Kopien dieses Buches in Portugal. „Não foi sem razão que Vieira lhe deu o subtítulo de 'Esperanças de Portugal': o *Livro Anteprimeiro* é uma exaltação da pátria portugesa, esolhida entre todas nações do mundo para propagar a fé cristã, perdestinada a 'descobrir o mundo ao mesmo mundo' e muitas vezes directamente visada pelos profetas do Velho Testamento, entre os quais Isaías pode ser considerado como 'um cronista dos descobrimentos de Portugal'."[54]

---

[53] „Die große Sache war die Einführung des *Fünften Imperiums* oder des vollkommenen Reiches Christi auf Erden – ein tausend Jahre altes Reichs, das bis zur Ankunft des Antichristen halten sollte; ein universales Reich, das alle Kontinente umfasst, alle Rassen und alle Kulturen, ein christliches und katholisches Reich, das die Bekehrung der Irrglaubenden, der Islamisten, Heiden und Juden vollenden sollte; ein Reich des Friedens und des Verständnisses zwischen allen Bewohnern des Planeten; ein Reich regiert durch Christus, aber nicht direkt: Die geistliche Regierung würde vom Papst in Rom durchgeführt und die zeitliche von einem portugiesischen König."
[54] „Nicht ohne Grund gab Vieira ihm den Untertitel 'Hoffnungen Portugals': Der Vorläufer ist eine Erhebung der portugiesischen Heimat gewählt zwischen allen Nationen der Welt, um den christlichen Glauben zu verkünden, predestiniert, der 'Welt die gleiche Welt zu entdecken', die oftmals direkt durch die Propheten des Alten Testaments angesprochen

(Lins 1981, 74) Angesichts dieser Schriften offenbart sich Vieira als der, der er ist – Verehrer des portugiesischen Königs und Nationalist. Und dieses bleibt er auch, trotz der Differenzen, die sich im Laufe seines Lebens aufgetan haben. Die Anklage der Inquisition wird schließlich auch in Rom durch ein Schriftstück des Papstes Innozenz XI. aufgehoben (1675). Der Papst spricht Vieira „für immer von jeder Anklage durch die Inquisition" (Loetscher 1966, 41) frei. Dieser Brief ist aber nicht nur für Vieira von Bedeutung, weil er freigesprochen wird, sondern auch für die portugiesische Inquisition, denn dieses Schreiben zerbricht ihre Kompetenz und Macht.

Nach diesem Freispruch will Vieira zunächst nach Portugal zurück, aber man will ihn dort nicht. Und so reist er am 27. Januar 1681, im Alter von achtundsiebzig Jahren, abermals und zum letzten Mal in seinem Leben nach Brasilien. Seine letzten Lebensjahre verbringt er dort als Missionar. Er predigt wieder und erneut spaltet er seine ZuhörerInnen. Die einen sind begeistert, die anderen empört. Es folgen abermals Streitigkeiten und Auseinandersetzungen mit den Kolonialisten und dem Orden. Das Verhältnis zwischen Vieira und der Gesellschaft Jesu war nie ungetrübt. Auch in den eigenen Reihen hatte Vieira Gegner, wie dies die Anzeige des Padre Martim Leitão bei der Inquisition zeigt. Mehrmals in seinem Leben drohte der Orden Vieira mit dem Ausschluss aus der Gemeinschaft, aber Vieira setzte immer alles daran, den Orden nicht verlassen zu müssen. Am 18. Juli 1697 stirbt Vieira im Alter von 90 Jahren und wird in der Kathedrale von Salvador da Bahia beigesetzt.

4.2.4 António Vieira – Der Versuch einer Bewertung

Unternimmt man den Versuch einer Bewertung Vieiras, so muss sie differenziert erfolgen. Bezüglich seiner Optionen ist festzuhalten, dass er sich für die Indios aus Humanität eingesetzt hat, für die Sklaven aus Konsequenz und für die Juden vom Verstand her. (Vgl. Loetscher 1966, 44.) Des Weiteren kennzeichnet ihn seine enge Bindung und Verehrung der portugiesischen Krone, sein Stolz, Portugiese zu sein. Doch seine Bekanntheit hat António Vieira nicht durch diese inhaltlichen Positionen und sein Engagement erlangt, sondern vor allem durch seine Sprachgewandtheit und Sprachfähigkeit. Er gilt als einer der größten Stilisten der portugiesischen Sprache. Dieses Urteil basiert sowohl auf seinen zwölfhundert Predigten wie auch auf seinen Briefen und seinen Aufzeichnungen von Expeditionen und Erkundungen im Sertão. Unbestritten gehören die Predigten aus der stilistischen Betrachtung heraus zum Besten, was António Vieira geschrieben hat. „Diese waren Rapport und Bekenntnis, Manifest und Pamphlet; sie waren Autobiographie, wenn er von

---

wurde und von denen Jesaia als der 'Chronist der portugiesischen Entdeckungen' angesehen werden kann."

Reisen erzählte, und lirik, wenn die lyrische Gestimmtheit dominierte; er war in seinen Predigten Agitator und Analytiker; von epischem Talent, erzählte er die Gleichnisse der Bibel nach, und von soziologischem Scharfsinn, stellte er die Gesellschaft dar. Die Predigt war für ihn die durch den Beruf gewählte und durch die Situation gegebene Form sich auszudrücken und damit die Gelegenheit, als Redner Schriftsteller zu sein. [...] Aber António Vieira erlebte das Drama, wie der religiöse Mensch anfängt, mündig zu werden. Dieser Konflikt verschärfte sich in dem Maße, als das Bewußtsein zunahm, und António Vieira besaß das Selbstbewußtsein, das ihn zur schieren Rechthaberei trieb und das Private mit dem Sachlichen mischen ließ. Dieser Zwiespalt war sein barockes Drama, für das er die Bühne übernahm, aber dessen Rollen er selbst schrieb." (Loetscher 1966, 47f)

Aus der Predigt machte Vieira einen theatralischen Auftritt. Und diese Inszenierung ermöglichte es ihm, das Intendierte im Gesagten nicht einfach zum Ausdruck zu bringen, sondern zu verstecken. Und damit gibt er sich als Mensch seiner Zeit zu erkennen. Im Barock versuchte jedeR möglichst lang, „auch wenn er eigener Stimme folgt, den Anschein festzuhalten, als schritte er die Wege der geliebten Lehrer und bewährten Autoritäten." (Cysarz 1924, 72) Die eigenen Ansichten und das eigene Denken werden mit Vorliebe hinter Autoritäten der Vergangenheit versteckt. Und die Menschen standen Schlange, um diesen Versteckspielen und den Schauspielen des Wortes beizuwohnen.

4.2.4.1 Die Predigt des Heiligen Antonius an die Fische

Ein besonderes Beispiel für diese Form der Predigt und des Verdeckens der eigenen Ansichten hinter einer Autorität ist die *Predigt des Heiligen Antonius an die Fische*. Vieira hält diese Predigt am 13. Juni 1654 in der Kathedrale von São Luís, Maranhão. Sie gilt von ihrem Inhalt her allgemein als ein frühes Zeugnis der Kritik an den Praktiken der Kolonialisten im Umgang mit den Indios und Sklaven in der „Neuen Welt". Die Predigt ist eine Rollenpredigt, d.h., Vieira schlüpft in die Rolle des Heiligen Antonius und die Fische sind ZuhörerInnen. Er begründet dieses Vorgehen in der Predigt selbst, wo er sagt, dass ihm seit geraumer Zeit klar geworden ist, dass es besser ist, *wie* die Heiligen statt *über* sie zu predigen. Aber zu predigen *wie* die Heiligen ist nur ein Aspekt, die Motivation zu begründen. Hinter diesem Punkt verbirgt sich noch ein weiterer, denn indem er dem Beispiel des Heiligen Antonius folgt und den Fischen predigt, äußert er zugleich auch seine Kritik an den Menschen. So sagt er zu Beginn dieser Predigt: „Nach diesen Voraussetzungen will ich mich heute, dem Beispiel des heiligen Antonius folgend, nicht der Erde, sondern dem Meer zuwenden und, da die Menschen nicht hören, den Fischen predigen." (Loetscher 1966, 75) Die Menschen hören nicht und der Prediger wendet sich von ihnen ab. Und weil sie ihm nicht zuhören, verspielen sie ihre Chance auf das Heil.

Vieira konstruiert die Predigt und diese Konstruktionen sind nicht nur eine Frage des Stils, sondern auch der Taktik: Er sagt den Fischen, was er die Menschen wissen lassen will. Da ist die Rolle des Heiligen Antonius, die er als Prediger einnimmt, und da sind die Rollen der Fische, die unweigerlich jene einnehmen, die seiner Predigt zuhören. Und es ist dieses Engagement, es sind diese Rollen, die es ihm ermöglichen, die Kolonialisten zu kritisieren, ohne sie direkt beim Namen zu nennen. Und dennoch weiß jedeR, von wem die Rede ist – genau dies ist sein Ziel. Das ist der Zweck der Konstruktion.
Eine solcher Aufbau und eine solche Inszenierung der Predigt ist im Barock möglich und Vieira galt als ein Meister in diesen Schau- und Sprachspielen. Die Menschen standen Schlange, um ihn zu hören. Und es ging ihnen wohl nicht nur um das, *was* er sagte, sondern vor allem auch darum, *wie* er es sagte.
Aus einer Analyse der Predigten des Vieira heraus lässt sich sagen, dass diese für ihn in erster Linie ein adressierter Monolog waren. In seinen Predigten teilt er Menschen etwas von seinen Gedanken, seinen Überlegungen und seinen Einsichten mit, aber all dies ohne wirkliches Interesse an einen Dialog mit den ZuhörerInnen. Die ZuhörerInnen sind keine Subjekte in dem Kommunikationsgeschehen Predigt, sondern Objekte und Ziel seiner Rede. Sie sind die Adressaten seiner Ideen. Auf der einen Seite spricht er über sie, ergreift das Wort für sie, wie im Fall der Indios und der Sklaven. Auf der anderen Seite spricht er zu ihnen, wie im Fall der Kolonialisten oder der Portugiesen, und kritisiert sie. Das eine Mal ist er geprägt von dem Ziel, etwas für sie zu erreichen, ihre Rechte. Das andere Mal davon, etwas von ihnen zu bekommen, die Einsicht und Bekehrung. Aber beide Prozesse sind letztlich einseitige Prozesse und deswegen bleibt auch der gewünschte Erfolg aus. Denn sie sind nicht das Resultat eines Dialogs und damit der Teilhabe von mehreren an dem Geschehen, sondern sie sind Ergebnis der Aktion Vieiras, demjenigen, der die anderen mit seinen Anmerkungen, Positionen und Forderungen konfrontiert. Aber bei keinem dieser Prozesse ist es das Ziel, die Menschen auf dem Weg ihrer Menschwerdung und ihre Subjektwerdung zu fördern. Die einen sind EmpfängerInnen guter Gaben und damit zur Dankbarkeit verpflichtet. Die anderen sind die Sünder, die zur Buße verpflichtet sind. Und wieso diese Buße erforderlich und abzustatten ist, weiß einer, der Prediger Vieira.
Vieira redet viel und er ist von seinen Worten und ihrer Macht überzeugt, und dies trotz der Niederlagen. Dies belegt die Vielzahl seiner Predigten (über zwölfhundert seiner Predigten hat er gesammelt), die er in seinen letzten Lebensjahren für Buchausgaben redigierte. Bei einer genaueren Betrachtung dieser Tatsache kann nicht verborgen bleiben, dass er damit auch gegen seine eigene Ohnmacht wie auch die der Indios und Sklaven anredet. Der, der für die Unerhörten das Wort ergreift und dabei immer wieder scheitert, spricht in einem fort, hält nicht inne. Er versucht gegen die Ohnmacht anzureden, ohne die Macht der Ohnmacht im Schweigen zu entdecken. Und damit nimmt er sich und auch den Indios und Sklaven die Möglichkeit, die Macht in der

Ohnmacht zu erkennen und ans Licht zu bringen. Mit einem „Fürsprecher" wie António Vieira können die Indios und Sklaven ihre Ohnmacht nicht selbst zum Ausdruck bringen und sie werden so zu Abhängigen. Abhängig von demjenigen, der sie aus den unmenschlichen Bedingtheiten ihres Lebens befreien will. Aber sie lernen von Vieira nicht für sich zu sprechen, vielmehr redet er für sie. Und es ist dieser Tatbestand, der deutlich macht, dass die Predigten des Vieira keine sind, die die Unerhörten ins Wort bringen. Sie sind und bleiben was sie sind - stumm und ohnmächtig, im wahrsten Sinn des Wortes arm. Dorothee Sölle unterscheidet in ihrem Buch: *Mystik und Widerstand. „Du stilles Geschrei"* (Sölle 1997, 100f) zwischen zwei Arten des Schweigens: „ein dumpfes, teilnahmsloses, apathisches Schweigen, eine Wortlosigkeit aus Armut, wie sie in Kulturen der Armut existiert oder zwischen Menschen, die sich nichts zu sagen haben. Es gibt aber neben diesem vor-sprachlichen Schweigen auch ein nach-sprachliches, das aus Reichtum entsteht, der über die Sprache als Kommunikationsmittel hinausgeht. Dieses Schweigen nach dem Sprechen gebraucht die Wörter, aber nur, um sie zu verlassen."

In der Analyse der Art und Weise wie Vieira spricht wird deutlich, dass er den Indios und Sklaven nicht den Weg aus dem vor-sprachlichen Schweigen bahnt, vielmehr bestärkt er das Verstummen. Indem er über sie spricht, wie er spricht, werden sie als Unerhörte nicht erhört. Und auch Vieira selbst bleibt in den gesprochenen Worten verhaftet. Er gebraucht die Worte nicht, um die Sprache zu verlassen, sondern um mit ihnen seine Ansichten darzulegen und anzuklagen, zu überzeugen, zu provozieren, zu agitieren, zu beeinflussen, zu verkünden. Doch den Weg aus diesem Sprechen sucht er nicht. Die Dimensionen des Schweigens und die Aussagekraft des Schweigens bleiben ihm verschlossen.

Die Verobjektivierung der ZuhörerInnen in seinen Predigten kommt besonders deutlich zu Beginn der Predigt des Heiligen Antonius an die Fische zum Ausdruck, wo er sagt: „Doch haben die Fische wenigstens zwei gute Hörtugenden: sie hören zu und reden nicht." (z.n. Loetscher 1966, 75) Aufgrund dieser Charakterisierung der Zuhörenden liegt der Schluss nahe, dass es in der Predigt darum geht, einer stummen ZuhörerInnenschaft Standpunkte darzulegen und sie zu belehren. Aber es geht nicht darum, die ZuhörerInnen dazu zu befähigen, dass sie mit eigener Stimme ihre Sprache sprechen lernen. Und es geht ebenso wenig darum, jene, für die er das Wort ergreift, zur Sprache zu befähigen. Es geht um die Rede für und über sie, wie es auf der anderen Seite einzig um die Hörbereitschaft geht. Es geht um die Aufnahme von Worten, nicht um die Fähigkeit, eigene Worte zu bilden. Die Erlangung der eigenen Subjekthaftigkeit, Ich sagen zu können, ist nicht das Ziel. Insofern entlarvt das Lob der Fische (sie hören zu und sind stumm) Vieira als einen autoritativen, patriarchalen und paternalistischen Prediger. Und aus diesen Grundeinstellungen heraus gelingt es ihm nicht, *mit* den Sklaven zu arbeiten, sondern er bleibt verhaftet in der Arbeit *für* die Sklaven. Er spricht von den

Kanzeln, er spricht im wahrsten Sinne des Wortes von oben nach unten und dabei entgeht ihm die Chance, die Stimmen der Sklaven zu hören, ihr evangelisatorisches Potenzial zu entdecken. Vieira ruft zur Umkehr, aber er sieht nicht die Indios und Sklaven in ihrer Situation als solche. An diesem Faktum wird deutlich, dass er nicht in der Lage ist zu erkennen, dass gerade die im Außen der Kirche und Gesellschaft stehenden Personen konstitutiv für das Innen von Kirche und Gesellschaft sind. Sind doch gerade die Außen-Stehenden ein echter Prüfstein und eine Herausforderung für Kirche und Gesellschaft. Sie zeigen an, wo Kirche und Gesellschaft inhuman sind und vor ihrer eigenen Botschaft versagen. „In den Freuden und Hoffnungen, in der Trauer und Angst der Menschen von heute geschieht Vergegenwärtigung Gottes. Wo Menschen um die Anerkennung ihrer Würde ringen müssen, wo sie in der Realisierung ihrer Berufung eingeschränkt werden, wo diese Berufung von anderen oder von gesellschaftlichen Strukturen zerbrochen wird, ist Gott herausgefordert; er ist das Außen dieser Bedrohung, das in ihrem Inneren eine Veränderung bewirken kann." (Sander 1996, 405)

Die Leistung einer jeden Pastoral ist daran zu messen, ob sie den Menschen im Außen Heimat und Sprache geben kann. Ob sie die Trauer und Angst in Freude und Hoffnung verwandeln kann, indem sie mit den Menschen zu ihrer Sprache findet, sie sprachfähig werden lässt. Angesichts einer solchen Leistungsgrenze muss gesagt werden, dass das theologische Konzept von Vieira versagt hat. Er hat die Menschen nicht sprachfähig werden lassen. Er konnte ihnen keine Heimat und keine Sprache geben. Und so verwundert es nicht, dass er bis in unsere Zeit hinein nicht in erster Linie mit den Inhalten seiner Predigten in Erinnerung geblieben und verehrt worden ist, sondern mit dem *Wie* seiner Predigten. Es sind der Stil und die Sprachgewandtheit, die die Faszination ausüben, ihn interessant machen; das, worüber er spricht, bleibt nachrangig.

4.2.4.2 António Vieira und Sor Juana oder Die Belehrung und Bekehrung versus die Realisierung der Sprachmächtigkeit des Subjekts

Dass es Vieira vor allem um die Belehrung und Bekehrung der ZuhörerInnen ging, und nicht um einen Dialog mit dem Ziel, die ZuhörerInnen zum Wort zu befähigen, zeigt sich auch in der Predigt über das „Wort Gottes", gehalten an Sexagesima 1655 in der königlichen Kapelle in Lissabon. In dieser Predigt spricht er über das Wort und die Aufgabe des Predigers, und dies wie folgt: „Wie müssen die Worte sein? Wie die Sterne. Die Sterne sind völlig klar und völlig genau. So hat der Stil des Predigers zu sein: äußerst genau und äußerst klar [...] Der Stil kann klar und gleichzeitig erhaben sein, so klar, daß ihn jene verstehen, die nicht gebildet sind, und so erhaben, daß die, welche gebildet sind, viel davon haben. Der Bauer findet in den Sternen Fingerzeige für seine

Arbeit, der Seemann für die Schiffahrt und der Mathematiker für seine Beobachtungen und Berechnungen; derart, daß der Bauer und der Seemann, die nicht lesen und nicht schreiben können, die Sterne verstehen, und der Mathematiker, der gelesen hat, was viele schrieben, nicht nachkommt zu begreifen, wieviel in ihnen enthalten ist. So kann die Predigt sein: Sterne, die alle sehen und die wenige ermessen." (z.n. Loetscher 1966, 58f)
Auch dieses Zitat zeigt, dass Vieira die Predigt nicht als Dialog, sondern als Monolog versteht. Der Prediger ist derjenige, der die Zeichen des Himmels und der Erde kennt, und seine Aufgabe ist die Vermittlung dieser Zeichen, und zwar in einer solchen Art und Weise, dass sie sowohl vom Bauern, vom Seemann und vom Mathematiker verstanden werden. Der Prediger besitzt das Wissen und die Autorität, er ist der einzig Aktive in dem Geschehen. Die anderen, die ZuhörerInnen, wissen nichts oder verfügen nur über unzureichende Kenntnisse und es ist an ihnen zuzuhören und zu verstehen, den Belehrungen des Predigers zu folgen. Der Prediger ist derjenige, der die Dinge vom Himmel auf der Erde erklärt. Und er, der Wissende, fordert in Gottes Namen die Bekehrung und Buße. Vor diesem Hintergrund verwundert es nicht, dass die Predigten von Vieira sich gerade auch durch ihre scharfe Kritik auszeichnen. D.h., er wollte mehr als nur „die Sterne erklären". Er wollte die Konfrontation mit seiner Kritik. Und so war es vielfach die Kritik, die er in seinen Predigten thematisierte. Kritik, die vielfach mit Vorwurf vorgetragen wurde. Er riss Gräben zwischen sich und seinen ZuhörerInnen auf, er schockierte und provozierte. „Er wollte nicht, daß die Leute mit ihm zufrieden sind, sondern daß sie mit sich selbst in Unfrieden kommen." (Loetscher 1966, 63) Und den Unfrieden, den Vieira bei seinen ZuhörerInnen provozieren wollte, war für ihn das Mittel zum Ziel – zur Bekehrung und Befreiung.
Für Vieira ist die Sprache ein Mittel, andere zu überzeugen, ihnen ihre Fehler und Chancen vor Augen zu führen. Und er setzt als Politiker, Prediger und Missionar die Sprache zu diesen Zwecken bewusst ein. Die Sprache wie auch ihre stilistischen Kompositionen sind ein strategisches Moment zur Realisierung dessen, was sein Auftrag ist – die (politische/religiöse) Mission. Und in diesem Projekt hat das Schweigen keinen Platz. Schweigen hat hier den Geruch des Nichts-zu-sagen-Habens. Doch der Missionar ist davon überzeugt, dass er immer und überall etwas zu sagen hat.
Im Vergleich zu Vieira fällt auf, dass Sor Juana ein ganz anderes Verständnis von der Sprache hat. Für sie ist die Erlangung der Sprache ein Prozess, in dem Subjekte eingebunden sind, in dem es gerade um ihre Subjektwerdung geht. Um die Erhörung dessen, was bislang unerhört blieb. Der Mensch realisiert seine Subjektwerdung in der Sprache, im Sprechen wie im Schweigen. Die Realisierung der eigenen Sprachmächtigkeit ist ein Projekt des Subjektes. Ziel dieses Projektes ist es, entfremdetes Sprechen zu überwinden, das/die

Unerhörte(n) ins Wort und in die eigene Sprache zu führen. Sprechen und Schweigen lernen werden zu einer Entdeckungsreise des unerhörten Ich.[55] Und schließlich dient die Sprache auch dazu, das eigene Ich zu verteidigen, bis ins Schweigen hinein.

4.2.5 „Et vos debetis alter alterius lavare pedes" – Die Position des Vieira

Der *Athenagorische Brief* ist die Kritik an einer Gründonnerstagspredigt, die António Vieira 1650 in Lissabon gehalten hat. (Vgl. Salceda 1957, Bd. IV, 673-694.) Der Inhalt der Predigt ist von der Frage bestimmt, was der größte Liebesbeweis Jesu Christi war, den er den Menschen erwiesen hat. Vieira stellt in seiner Predigt die Meinungen von *Augustinus, Thomas von Aquin* und *Johannes Chrisostomos* diesbezüglich dar und führt aus: „El estilo que guardaré en este discurso, para que procedamos con mucha claridad, será éste: Referiré primero las opiniones de los santos y después diré también la mía; pero con esta diferencia: que ninguna fineza del amor de Cristo me darán, que yo no dé otra mayor; y a la fineza del amor de Cristo que yo dijere, ninguno me dará otra igual."[56] (Salceda 1957, Bd. IV, 674)

Das Vorhaben Vieiras ist kühn. Zum einen, weil er behauptet, jede Argumentation der Kirchenväter zu widerlegen, und zum anderen, weil seiner Ansicht nach keiner in der Lage sein wird, ihm in seiner Argumentation gleichzukommen oder gar seine Argumentation widerlegen wird können. Doch genau dies ist das Vorhaben Sor Juanas. Sie wird die Standpunkte der Kirchenväter verteidigen und Vieira mit seiner eigenen Argumentation schlagen. Sie wird Vieira einen Liebesbeweis Christi entgegenstellen, der seine Ausführungen als falsch, arrogant und hochmütig entlarvt.

Vieira beginnt die Predigt mit der Ausgangsfrage, welches der größte Liebesbeweis unter den Liebesbeweisen Christi am Ende seines Lebens ist. „¿entre las finezas del fin, cuál fue la mayor fineza?"[57] (Salceda 1957, Bd. IV, 673) Bezüglich seiner Vorgehensweise erklärt er dann, dass er zunächst die

---

[55] Dass Sprache diesen Entdeckungscharakter hat, kann man bei Kindern beobachten, die das Sprechen lernen. Sie erliegen noch ganz der Faszination der Worte, des Worte- und Lautebildens, des Nachsprechens. Und vor allem der Faszination, dass andere auf ihre Worte in einer jeweils ganz bestimmten Weise reagieren. Sie gestalten ihre Umwelt in einer neuen Art und Weise: mit der Sprache.

[56] „Der Stil, den ich in dieser Abhandlung bewahren muß, wird dieser sein: Ich werde zuerst die Meinungen der Heiligen darlegen, und danach werde ich auch meine äußern; jedoch mit diesem Unterschied: Die Heiligen werden von keinem Liebesbeweis Christi sprechen, dem ich nicht einen anderen, höheren entgegenstellen werde; aber dem Liebesbeweis Christi, den ich anführen werde, wird niemand mir einen anderen entgegenstellen können, der ihm gleichkommt." (Schüller, Karin)

[57] „Welcher Liebesbeweis ist der Größte unter denen, die er am Ende erbrachte?"

Positionen der Heiligen darlegen und widerlegen wird und dass er zum Abschluss ihren Positionen einen eigenen Entwurf entgegenstellen wird. (Vgl. Salceda 1957, Bd. IV, 674.) Den inhaltlichen Teil seiner Predigt beginnt Vieira mit der Darstellung der Position des *Augustinus*. Dieser vertritt die Meinung, dass der größte Liebesbeweis Christi sein Sterben war. „Sea la primera opinión de San Agustín, que la mayor fineza del amor de Cristo para con los hombres, fue el morir por ellos."[58] (Salceda 1957, Bd. IV, 674) Doch dieser Position widerspricht er mit folgendem Gegenargument. „ [...], yo digo que morir Cristio por los hombres, no fue la mayor fineza de su amor; mayor fineza en Cristo fue el ausentarse que el morir; [...]"[59] (Salceda 1957, Bd. IV, 675) Christus liebte die Menschen mehr als sein Leben, deswegen gab er sein Leben für sie hin. Nach Vieira ist nicht die Hingabe des Lebens der Liebesbeweis, sondern sich zu entfernen ist der größere Liebesbeweis. Diese Position sucht Vieira unter anderem durch das Heranziehen der Verhaltensweisen von Maria von Magdalena zu belegen. Maria Magdalena weint nicht am Fuße des Kreuzes, sondern am Ostermorgen, als sie das Grab leer vorfindet. Sie weint nicht über den Tod, sondern über das Entfernen Christi. (Vgl. Salceda 1957, Bd. IV, 675.) Und neben dem Beleg aus anderen Bibelstellen kommt er schließlich zu dem Schluss, dass der Tod durch die Auferstehung aufgehoben wird, die Abwesenheit jedoch unendlich oft durch die Feier des Sakramentes der Eucharistie. „La Ressurección era remedio de la muerte, el Sacramento era remedio de la ausencia; [...]"[60] (Salceda 1957, Bd. IV, 677) Und die Einsetzung des Sakramentes beweist seiner Meinung nach, dass Christus selbst viel mehr unter seiner Abwesenheit als unter dem Tod litt. Folglich war es ein größerer Liebesbeweis sich zu entfernen als zu sterben. „Si el morir es mayor fineza, y el ausentarse es mayor que el morir, se sigue que la fineza de ausentarse no fue mayor entre las grandes, sino la mayor entre las mayores; y así fue una fineza mayor que la mayor: *Maiorem hac dilectionem nemo habet, ut animam suam ponat quis pro amicis suis.*"[61] (Salceda 1957, Bd. IV, 678) Dann kommt Vieira zur Behandlung des größten Liebesbeweises nach *Thomas von Aquin*. Dieser behauptet, dass es der größte Liebesbeweis war, zum Sakrament zu werden, als Christus zu seinem Vater ging. „Dice Santo Tomás

---

[58] „Die erste Position ist die von Augustinus, der die Meinung vertritt, dass der größte Liebesbeweis Christi darin besteht, sein Leben für die Menschen hinzugeben."
[59] „Ich sage, nicht das Sterben Christi für die Menschen war der größte Liebesbeweis, sondern sich zu entfernen."
[60] „Die Auferstehung ist Heilmittel gegen den Tod, das Sakrament ist die Hilfe gegen die Abwesenheit."
[61] „Wenn der Tod der größte Liebesbeweis ist und die Abwesenheit größer ist als der Tod, so folgt daraus, dass der Liebesbeweis der Abwesenheit nicht der Größte unter den Großen ist, sondern der Größte unter den Allergrößten. Und so ist er ein Liebesbeweis größer als der Größte."

que la mayor fineza de amor de Cristo hoy fue quedarse con nosotros, cuando se ausentaba de nosotros. [...]; porque aunque en el amor de Cristo sea mayor fineza el ausentarse que el morir, la fineza de quedarse con nosotros deshace la fineza de ausentrase de nosotros."[62] (Salceda 1957, Bd. IV, 678) Das Sakrament ist das Mittel, welches das Entfernen Christi aufhebt. Durch das Sakrament ist es möglich, dass Christus bei den Menschen ist, die er liebt, und dass die Menschen, die ihn lieben, ihm nahe sein können. (Vgl. Salceda 1957, Bd. IV, 679.)

Vieira widerspricht auch dieser Position. Es war nicht der größte Liebesbeweis, zum Sakrament zu werden, sondern ohne Gebrauch der Sinne im Sakrament zu bleiben. Seine Position sucht Vieira abermals mit einer Bibelstelle zu belegen. Er erinnert in diesem Zusammenhang an Absalom, als er aus Geschur an den Hof Davids zurückkehrt, aber nicht wieder vollends die Gnade Davids zurückgewinnen kann. (Vgl. 2 Sam 13,38-14,33.) Und so fragt Abschalom den Knecht seines Vaters Joab: „Wozu bin ich eigentlich von Geschur hergekommen? Es wäre für mich besser gewesen, ich wäre dort geblieben." (2 Sam 14,32) Und Vieira begründet warum. Anwesend zu sein, ohne in die Nähe des Geliebten zu kommen, ist um vieles schlimmer, als vollends abwesend zu sein. Und diese Position überträgt er auf Christus und seine Präsenz im Sakrament. (Vgl. Salceda 1957, Bd. IV, 679, 685.)

Als dritte und letzte Position behandelt Vieira den Standpunkt des *Johannes Chrisostomos*. Nach dessen Meinung besteht der größte Liebesbeweis Christi darin, seinen Jüngern die Füße gewaschen zu haben. „La tercera y última opinión es de San Juan Crisóstomo, el cual tiene para sí, que la mayor fineza del amor de Cristo en este día, fue lavar los pies a sus discípulos; [...]"[63] (Salceda 1957, Bd. IV, 684) Aber nach Vieira ist nicht die Fußwaschung der größte Liebesbeweis, sondern der Grund, der ihn dazu bewegt hat, den Jüngern die Füße zu waschen. (Vgl. Salceda 1957, Bd. IV, 689f.)

Nachdem Vieira die Positionen der Kirchenväter dargestellt und kritisiert hat, kommt er am Ende seiner Predigt zur Darlegung der eigenen Position. Für Vieira besteht der größte Liebesbeweis Christi darin, dass Christus die Erwiderung seiner Liebe nicht für sich wollte, sondern für die Menschen. Christus wollte nicht, dass die Menschen ihn lieben, sondern dass die Menschen sich untereinander lieben. „Digo que la mayor fineza de Cristo hoy, fue querer que el amor con que nos amó, fuese deuda de amarnos unos a

---

[62] „Der Heilige Thomas sagt, dass der größte Liebesbeweis Christi darin bestand, dass er bei uns blieb, als er von uns ging. [...]; denn obwohl in der Liebe Christi der Liebesbeweis der Abwesenheit größer ist als der Tod, so hebt doch der Liebesbeweis des Bei-uns-Bleibens den der Abwesenheit auf."
[63] „Die dritte und abschließende Position ist die des Johannes Chrisostomos, der behauptete, dass der größte Liebesbeweis Christi an jenem Tag darin besteht, seinen Jüngern die Füße zu waschen."

otros:[...]"⁶⁴ (Salceda 1957, Bd. IV, 690) Und dies kommt in den Worten „Et vos debetis alter alterius lavare pedes" zum Ausdruck. Die Liebe des Menschen ist so ausgerichtet, dass er sagt: Ich liebe dich, dann liebe auch mich. Christus hingegen spricht: Ich liebe dich, so liebe auch deinen Nächsten. Die Position des Menschen ist egoistisch, die Christi ist Zeichen der wahren Liebe. „El amor de los hombres dice: Yo os amé, pues amadme; el amor de Cristo dice: yo os amé, pues amaos unos a otros."⁶⁵ (Salceda 1957, Bd. IV, 690)

Vieira weist noch einmal darauf hin, dass bei den vorausgegangenen Positionen zum größten Liebesbeweis alle in Bezug auf die Menschen formuliert waren, und im Grunde zielen alle darauf, dass die Menschen den Nächsten lieben sollen wie sich selbst. (Vgl. Salceda 1957, Bd. IV, 691.) Durch Christus ist den Menschen ein neues Gebot zuteil geworden, einander zu lieben. (Vgl. Joh 13,34.) Und das neue Gebot ist die Form, in der die Menschen die Liebe, die uns Christus zukommen lässt „bezahlen" können und sollen. (Vgl. Saóceda 1957, Bd. IV, 691f.)

Diese Position des Vieira und seine Kritik an die Adressen von *Augustinus*, *Thomas von Aquin* und *Johannes Chrisostomos* sind die materiale Basis, auf die sich Sor Juana in ihrer *Crisis sobre un Sermón* bezieht. Sie wird die Kirchenväter verteidigen, Vieira kritisieren und einen eigenen theologischen Standpunkt zum größten Liebesbeweis Christi formulieren. Ihr Vorhaben ist mutig und unerschrocken, denn sie überschreitet damit die Ordnung der Dinge:

- Sor Juana wird die Verteidigerin der drei Kirchenlehrer. Dies stellt die patriarchale Ordnung der Dinge auf den Kopf, denn in der Logik dieser Ordnung sind es die Männer, die das Wort für die Frau ergreifen und sie beschützen.
- Sor Juana kritisiert einen angesehenen Prediger und Mitglied der Gesellschaft Jesu. Sie behauptet die eigene Autorität im Gegenüber zu den Autoritäten der Kirche.
- Sor Juana entwirft eine eigene Theologie und vertritt diese in der Öffentlichkeit. Damit erobert sie die Theologie, die eine Domäne des männlichen Wortes über Gott ist, für die Frauen.

Vom Gedankengang ihrer Kritik und ihrer Antwort auf die Frage nach dem größten Liebesbeweis ist in den folgenden Gliederungspunkten die Rede.

---

[64] „Ich sage, dass der größte Liebesbeweis darin besteht, dass die Liebe, mit der er uns liebt, die Forderung beinhaltet, einander zu lieben."

[65] „Die Liebe der Menschen sagt: ‚Ich liebe dich, also liebe du mich.' Die Liebe Christi sagt: ‚Ich liebe dich, also liebe deinen Nächsten.'"

4.3 Die Frage nach dem größten Liebesbeweis – Der Gedankengang einer Kritik

Der *Athenagorische Brief* besteht aus fünf unterschiedlich langen Abschnitten. Im *ersten Abschnitt* benennt Sor Juana den Entstehungszusammenhang der Kritik. Während einer der Gesprächs- und Diskussionsrunden im Besucherzimmer des Klosters wurde unter anderem auch einmal die Frage des größten Liebesbeweises und die Predigt von Vieira diskutiert, die er am Gründonnerstag 1650 in Lissabon gehalten hat. (Vgl. Salceda 1957, Bd. IV, 412.)

Diese Form der Disputation ist typisch für das Barock. „Es ist nicht zufällig, daß die mittelalterliche Quaestio damals sogar als Titel außer Gebrauch gekommen und durch die Bezeichnung Disputatio ersetzt war. Die Disputatio bezeichnet eine Denkübung, eine Denktechnik. Der Disputent/die Disputantin hat das theoretische Fragen und Erkennen schon hinter sich; er stellt eine These auf. Damit nun eine Disputation überhaupt möglich sein soll, ist zu der thetischen Opinio mit formaler Notwendigkeit wenigstens eine antithetische Opinio erforderlich. Das wesentliche Ziel der Disputation ist nun recht zu behalten, die Wahrheit der These allein dadurch zu beweisen, daß alle Gegeninstanzen als denkwidrig abgefertigt werden." (Eschweiler 1928, 302) Und nach dem Verfahren der Disputation wird auch Sor Juana in ihrer Kritik an Vieira vorgehen. Auch sie hat das Fragen und Erkennen schon hinter sich, sie stellt eine These auf und präsentiert einen eigenen Standpunkt zum größten Liebesbeweis. Doch zuvor wird sie die Position des Vieira in allen Punkten widerlegen.

Zu Beginn ihres Textes hebt Sor Juana drei Eigenschaften von Vieira hervor, damit alle sehen, wie rein von aller Leidenschaft ihr Denken ist und welche Wertschätzung sie für António Vieira empfindet: „Y para que V.md. vea cuán purificado va de toda pasión mi sentir, propongo tres razones que en este insigne varón concurren de especial amor y reverencia mía. La primera es el cordialismo y filial cariño a su Sagrada Religión, de quien, en el afecto, no soy menos hija que dicho sujeto. La segunda, la grande afición que este admirable pasmo de los ingenios me ha siempre debido, en tanto grado que suelo decir (y lo siento así), que si Dios me diera a escoger talentos, no eligiera otro que el suyo. La tercera, el que a su generosa nación tengo oculta simpatía."[66] (Salceda 1957, Bd. IV, 412f)

---

[66] „Und damit Euer Gnaden sehen, wie rein von aller Leidenschaft mein Denken ist, stelle ich drei Eigenschaften dieses berühmten Mannes heraus, die um meine besondere Liebe und Ehrerbietung werben. Die erste ist die herzlichste und kindliche Liebe an seinen Heiligen Orden, dessen Tochter ich, was meine Ergebenheit betrifft, nicht weniger bin als die genannte Person. Die zweite ist die große Zuneigung, die dieses vortreffliche Wunder an Verstand mir stets abverlangt hat, in einem solchen Maße, daß ich zu sagen pflege (und so

Diese Aussage wird schon wenige Zeilen später relativiert, wo Sor Juana den Hochmut Vieiras anspricht und diesen auf seine portugiesische Herkunft zurückführt: „[...]; y éste, tan ajeno de creer de sí lo que del suyo pensó dicho orador diciendo que nadie le adelantaría (proposición en que habló más su nación, que su profesión y entendimiento) [...]"[67] (Salceda 1957, Bd. IV, 413; vgl. Junco 1973, 287.) Auf die eigene Person bezogen führt sie dann aus, dass sie selbstverständlich davon ausgeht, dass viele ihre Überlegungen übertreffen können, und damit stellt sie indirekt den Hochmut Vieiras dar und legt von sich ein Zeugnis der Bescheidenheit ab. „ [...], que desde luego llevo pensado y creído que cualquiera adelantará mis discursos con infinitos grados."[68] (Salceda 1957, Bd. IV, 413)

Diese Zeilen zu Beginn der *Carta Atenagórica* bezeichnen in typischer Weise barockes Denken und Handeln. Die Welt ist eine Bühne, das Leben ein Schauspiel und die Subjekte spielen Rollen. Man spricht in einem Code über- und miteinander. So ist es möglich, auf der einen Seite Huldigungen auszusprechen, die aber bald wieder verschlüsselt, doch entschlüsselbar, zurückgenommen werden. So ist es auch möglich, von sich selbst in Demut und Bescheidenheit zu sprechen, gleichwohl man zwischen den Zeilen etwas anderes erahnen kann. Sor Juana beherrscht als eine barocke Frau die verschiedenen Codes. Sie weiß, wie man mit Repräsentanten umzugehen hat, und sie weiß, was sie wann und wie selbst zu repräsentieren hat. Und damit ist sie in der Lage, im Spiel der Macht eine Rolle einzunehmen.

So schreibt Sor Juana auch, dass ihr Text nicht als Widerrede zu verstehen ist. „[...], digo que esto no es replicar, sino referir simplemente mi sentir; [...]"[69] (Salceda 1957, Bd. IV, 413) Aber die Darlegung ihres Denkens kommt einer Widerrede gleich. Jedoch wahrt sie auch an diesem Punkt den Anstand, handelt sie, wie es die Ordnung der Dinge vorsieht. Dennoch scheint ihr Eigen-Sinn durch. Man spürt es von Zeile zu Zeile mehr, dass sich hier ein sprachfähiges Subjekt äußert.

Sor Juana rechtfertigt ihren Einspruch damit, dass Vieira es gewagt hat, *Augustinus, Thomas von Aquin* und *Johannes Chrisostomos* in seinen Ausführungen zu widersprechen. Und sie fragt, wen es denn verwundere, dass es jemanden gibt, der es unternimmt, Vieira in seinen weisen, aber nicht

---

fühle ich es), wenn Gott mich Begabungen aussuchen ließe, würde ich keine andere als die seine wählen. Die dritte ist, daß ich für seine edle Nation eine geheime Sympathie empfinde." (Schüller, Karin)

[67] „[...]; und dies geschieht, frei von dem Glauben, wie es von sich der genannte Prediger dachte, daß ihn niemand übertreffen könnte, wie er sagt (eine Behauptung, durch die eher seine Nation als sein Beruf oder seine Vernunft sprach)[...]." (Schüller, Karin)

[68] „[...], selbstverständlich denke und glaube ich, daß jeder meine Überlegungen in unzähligen Stufen übertreffen wird." (Schüller, Karin)

[69] „[...], daß dies nicht Widersprechen ist, sondern ausschließlich das Erzählen meines Denkens [...] (Schüller, Karin)

kanonisierten Aussagen zu widersprechen. „[...], ¿qué mucho que haya quien intente adelantar la suya, no ya canonizada, aunque tan docta? Si hay un Tulio moderno que se atreva a adelantar a un Augustino, a un Tomás y a un Crisóstomo, ¿qué mucho que haya quien ose responder a este Tulio?"[70] (Salceda 1957, Bd. IV, 413)
Sor Juana nennt Vieira einen „modernen Tullio" und spielt damit auf Marcus Tullius Cicero (106 bis 46 v. Chr.) an. Die Autorität des Redners steht gegen die der drei Kirchenlehrer und Sor Juana ergreift Position für die drei. Sie beschreibt es als ihre Aufgabe, jene drei zu verteidigen. „Y más si se acompaña y ampara de aquellos tres gigantes, pues mi asunto es defender las razones de los tres Santos Padres."[71] (Salceda 1957, Bd. IV, 413) Doch zentral ist der folgende Gedanke: „Mal dije. Mi asunto es defenderme con las razones de los tres Santos Padres. (Ahora creo que acerté.)"[72] (Salceda 1957, Bd. IV, 413)
An dieser frühen Stelle des Textes wird deutlich, dass es nicht nur um eine theologische Debatte über den größten Liebesbeweis Jesu Christi geht, um schöngeistiges Reden in einer erlesenen Runde. Es deutet sich hier schon an, dass es ums Ganze gehen wird. Um die Verteidigung eines Subjektes und seines Denkens. Es geht um die Verteidigung der Theologie Sor Juanas. Sie verteidigt in ihrer Kritik ihre Theologie sowie auch das Recht, als Frau Theologie zu betreiben.
Nach ihren einleitenden Worten folgt im *zweiten Abschnitt* eine Gegenüberstellung der Argumentation Vieiras mit denen der drei Kirchenväter. Hierbei sind die Darstellung der Argumentation des *Augustinus* und die Position des Vieira zu *Augustinus* am Umfassendsten. In Bezug auf die Standpunkte der Kirchenväter lässt Sor Juana keines der Argumente von Vieira zu. Sie widerlegt alle seine Ausführungen.
Der *dritte Abschnitt* beschäftigt sich allein mit der Position Vieiras. Seiner Meinung nach besteht der größte Liebesbeweis Christi darin, dass er die Menschen liebt ohne Verlangen auf Erwiderung. Dieser Position tritt Sor Juana mit Entschiedenheit entgegen.

---

[70] „[...], nimmt es da Wunder, daß es jemanden gibt, der es unternimmt, seine nicht kanonisierte und doch so weise Feder zu übertreffen? Wenn es einen modernen Tullius gibt, der sich erdreistet, einen Augustinus, einen Thomas und einen Chrisostomos zu übertreffen, nimmt es da Wunder, daß es jemanden gibt, der es wagt, diesem Tullius zu antworten?" (Schüller, Karin)
[71] „Und mehr noch, in Begleitung und unter dem Schutz jener drei Giganten ist es nunmehr meine Angelegenheit, die Auffassungen der drei heiligen Väter zu verteidigen." (Schüller, Karin)
[72] „Schlecht habe ich es gesagt. Meine Angelegenheit ist es, mich mit den Auffassungen der drei heiligen Väter zu verteidigen. (Nun glaube ich, es getroffen zu haben.)" (Schüller, Karin)

Im Anschluss an diesen Abschnitt folgt ein kurzer *vierter Abschnitt*, in dem Sor Juana noch einmal den Hochmut des Jesuiten anklagt. Im abschließenden *fünften Abschnitt* folgt eine Darstellung dessen, was Sor Juana für den größten Liebesbeweis hält. Für sie sind die größten Liebesbeweise jene Wohltaten, die Gott den Menschen vorenthält. Denn der Mensch neigt dazu, die Wohltaten Gottes mit Undankbarkeit zu entgelten. Vor diesem Hintergrund werden dann die vermeintlichen Wohltaten Gottes zu Taten, die den Menschen zu Lasten gehen. Von denen befreit Gott die Menschen, sofern er ihnen keine Wohltaten zukommen lässt.

4.3.1 Der größte Liebesbeweis nach Augustinus, Thomas von Aquin, Johannes Chrisostomos, die Widerlegung durch Vieira und der unerhörte Standpunkt Sor Juanas

Nach *Augustinus* besteht der größte Liebesbeweis Christi in der Hingabe seines Lebens: „Es gibt keine größere Liebe, als wenn einer sein Leben für seine Freunde hingibt." (Joh 15,13) Hierauf behauptet Vieira, nicht das Sterben Jesu wäre der größte Liebesbeweis, sondern dass er sich entfernt hat. Die Abwesenheit ist schmerzlicher als der Tod. Zur Begründung seiner These führt er unter anderem Maria Magdalena an, die am Grab und nicht am Fuße des Kreuzes weint, weil sie Christus dort tot sieht. Am Grab aber erfährt sie ihn als abwesend und dies ist ein weitaus größerer Schmerz und deswegen weint sie. Es ist die Abwesenheit, die ihr den größeren Schmerz zufügt. Und auch Christus leidet mehr unter der Abwesenheit. Christus hätte, als er starb, im nächsten Moment wieder den Tod außer Kraft setzen können, aber er machte davon keinen Gebrauch. Die Auferstehung des Todes wurde bis auf den dritten Tag verzögert. Der Tod erfährt in der Auferstehung seine Aufhebung. Für die Abwesenheit suchte Christus unendlich viele Aufhebungen, indem er zum Sakrament wurde. Die Abwesenheit wurde durch unendlich viele Anwesenheiten vervielfacht. Vieira zieht daraus den Schluss, dass Christus mehr unter der Abwesenheit als unter dem Tod litt.

Sor Juana greift den Faden an dieser Stelle auf und sie verteidigt die Position des *Augustinus* gegen Vieira. Sie stimmt *Augustinus* zu, dass die Hingabe des Lebens der größte Liebesbeweis ist, denn das Leben ist das Wertvollste, was ein Mensch besitzt. Auch sie zieht zur Bestärkung ihrer Argumentation einen Vers aus der Bibel heran, und zwar Joh 10,11: „Ich bin der gute Hirte. Der gute Hirte gibt sein Leben hin für die Schafe." Sor Juana argumentiert, dass Jesus aufgrund seiner göttlichen Natur wissen muss, was der größte Liebesbeweis ist. Gäbe es einen größeren Liebesbeweis, so hätte er es den Menschen kundgetan.

Dann führt sie weiter aus, dass zwei Termini einen echten Liebesbeweis charakterisieren: das *a quo* von dem, der den Liebesbeweis vollbringt, und das *ad quem* von dem, der ihn empfängt. Das *a quo* ist Ausdruck der Mühen für den Liebenden und das *ad quem* drückt den Gewinn für den Geliebten aus. Und was wäre schmerzlicher und mühevoller als zu sterben?, fragt Sor Juana. Und was hätte für die Menschen gewinnbringender sein können als die Erlösung durch den Tod Jesu? Folglich ist sie mit *Augustinus* einer Meinung: Der größte Liebesbeweis ist das Sterben Jesu für die Menschen. „Porque la Encarnación fue mayor maravilla, pero no fue tan grande fineza: pues en cuanto a maravilla, mayor maravilla fue hacerse Dios hombre, que morir siendo hombre; pero en cuanto a fineza, mayor costo le tuvo morir que encarnar, porque en encarnar no perdió nada del ser de Dios cuando se hizo Cristo, y en morir dejó de ser Cristo, desuniéndose el cuerpo del alma, de que se hacía Cristo. Luego fue mayor fineza el morir."[73] (Salceda 1957, Bd. IV, 416f)

Vieira behauptet, Christus „kauft" jede Anwesenheit mit einem Tod im Sakrament. „Compra Cristo (dice el autor) cada presencia con una muerte en el Sacramento; [...]"[74] (Salceda 1957, Bd. IV, 417.) Sor Juana behauptet das Gegenteil. Christus erkauft den Tod mit der Anwesenheit, damit die Menschen sich seines Todes erinnern. „Aquella fineza que el amante desea que se imprima en la memoria del amado, es la que tiene por mayor. Cristo dice: Acordaos de que morí; y no dice: Acordaos de que os crié, de que encarné, de que me sacramenté, etc. Luego la mayor es morir."[75] (Salceda 1957, Bd. IV, 417)

Christus wiederholt in seinem Tod die Wohltat der Schöpfung, er schenkt Gnade. Er schenkt den Menschen darüber hinaus durch seinen Tod Leben und Nahrung durch sein Fleisch und Blut. „Cristo en su muerte nos repite el beneficio de la Creación, pues nos restituye con ella al primitivo ser de la gracia. [...] Cristo en su muerte nos reitera el beneficio de la Encarnación, pues uniéndose en la Encarnación a la carne purísima de su madre, en la muerte se une a todos, derramando en todos su sangre. Sólo el Sacramento parece que no

---

[73] „Weil die Fleischwerdung das größte Wunder, aber nicht ein so großer Liebesbeweis war, war es demnach bezüglich des Wunders das größte Wunder, daß Gott Mensch wurde, als daß er als Mensch gestorben ist. Aber bezüglich des Liebesbeweises bereitet es ihm größere Mühe zu sterben, als Fleisch zu werden, weil er, als er Christus wurde, durch die Fleischwerdung nichts vom göttlichen Sein verlor, aber durch den Tod hörte er auf, Christus zu sein, indem sich der Körper von der Seele trennte, durch die Christus geworden war. Demnach war der Tod der größere Liebesbeweis." (Schüller, Karin)

[74] „Christus erkauft (sagt der Autor) jede Anwesenheit mit einem Tod im Sakrament." (Schüller, Karin)

[75] „Jener Liebesbeweis, von dem der Liebende wünscht, daß er sich in die Erinnerung des Geliebten einprägt, ist der, den er für größer hält. Christus sagt: Erinnert euch, daß ich starb; und er sagt nicht: Erinnert euch, daß ich euch schuf, daß ich Fleisch wurde, daß ich Sakrament wurde etc. Demnach ist der größte Liebesbeweis zu sterben." (Schüller, Karin)

se representa en la muerte: y es porque el Sacramento es la representación de su muerte."[76] (Salceda 1957, Bd. IV, 417f)
Nach diesen Ausführungen beginnt ein neuer Gedankengang. Jetzt geht es nicht mehr darum, die Argumentation des *Augustinus* zu verteidigen, sondern die Argumente des Vieira zu entkräften und zu widerlegen. Sor Juana verweigert die Zustimmung bezüglich der Aussage Vieiras, Christus habe sich entfernt. Doch, vorausgesetzt er habe sich entfernt, verneint sie die Annahme, dass die Abwesenheit einen größeren Schmerz bedeute als der Tod. Im Folgenden benutzt sie Vieiras eigene Argumente um zu zeigen, dass Christus sich nicht entfernte. Sie tut dies, indem sie Gegenfragen stellt. Wenn Christus so sehr darunter leidet sich zu entfernen, warum zögert er die Auferstehung bis zum dritten Tag hinaus? Warum schwitzt er im Garten Gethsemane? Warum peinigt ihn Kummer? Warum entfernt er sich, wenn er schon im Abendmahl anwesend bleibt? „Y si remedia la ausencia antes que llegue, ¿cuál ausencia es la que siente, ya remediada?"[77] (Salceda 1957, Bd. IV, 418) Abschließend fasst sie zusammen: „Es verdad que se va, pero es falso que se ausenta."[78] (Salceda 1957, Bd. IV, 418)
Die Tränen Maria Magdalenas am Grab sind für Sor Juana ein schwaches Argument. Auch hier tritt sie den Gegenbeweis an, dieses Mal in einer „medizinisch-psychologischen" Begründung. Sie schreibt: „Pruébolo. Cuando se recibe algún grande pesar, acuden los espíritus vitales a socorrer la agonía del corazón que desfallece; y esta retracción de espíritus ocasiona general embargo y suspensión de todas las acciones y movimientos, hasta que, moderándose el dolor, cobra el corazón alientos para su desahogo y exhala por el llanto aquellos mismos espíritus que le congojan por confortarle, en señal de que ya no necesita de tanto fomento como al principio. De donde se prueba, por razón natural, que es menor el dolor cuando da lugar al llanto, que cuando no permite que se exhalen los espíritus porque los necesita para su aliento y confortación."[79] (Salceda 1957, Bd. IV, 419)

---

[76] „Christus wiederholt uns in seinem Tod die Wohltat der Schöpfung, denn mit ihm gibt er uns das erste Sein der Gnade zurück. [...] Christus wiederholt uns in seinem Tod die Wohltat der Fleischwerdung, denn wenn er sich in der Fleischwerdung mit dem reinen Fleisch seiner Mutter vereinigt, vereinigt er sich im Tod mit allen, indem er für alle sein Blut vergießt. Nur das Sakrament scheint sich nicht im Tod zu versinnbildlichen, weil nämlich das Sakrament die Versinnbildlichung seines Todes ist." (Schüller, Karin)
[77] „Und wenn er die Abwesenheit aufhebt, bevor sie kommt, welche Abwesenheit, die ja schon aufgehoben ist, ist es, unter der er leidet?" (Schüller, Karin)
[78] „Es ist wahr, daß er geht, aber es ist falsch, daß er sich entfernt." (Schüller, Karin)
[79] „Ich beweise es. Wenn man einen großen Kummer erfährt, stellen sich die Lebensgeister ein, um der schwächenden Pein des Herzens abzuhelfen; und diese Zusammenziehung der Geister verursacht eine allgemeine Sperre und Außerkraftsetzung sämtlicher Handlungen und Bewegungen, bis, wenn der Schmerz nachläßt, das Herz Kräfte zusammenzieht zu seiner Erholung und durch Wehklagen jene selben Kräfte aushaucht, die es ängstigen,

Tränen sind demnach nicht Zeichen großen Schmerzes. Zur weiteren Bestärkung ihrer Argumentation führt sie die beiden Männer auf, die Jesus Freunde nennt: Lazarus (Vgl. Mt 26,50.) und Judas (Vgl. Joh 11,11.). Sie schreibt: „[...] muere Lázaro muerte temporal; muere Judas muerte temporal y eterna. Bien claro se ve que ésta sería mas sensible para Cristo; y vemos que llora por Lázaro: *lacrymatus est Iesus*, y no llora por Judas: porque aquí el mayor dolor embargó al llanto, y allí el menor le permitía."[80] (Salceda 1957, Bd. IV, 419)
Und auch Maria weint nicht am Kreuz, weil der geringere Schmerz weint, der höchste hält zurück und lässt nicht weinen. (Vgl. Salceda 1957, Bd. IV, 419.)
Außerdem, so fährt sie fort, ist der Schmerz der Abwesenheit die Entbehrung des Anblicks dessen, den man liebt. Der Tod ist aber unbegrenzte Entbehrung und muss folglich einen größeren Schmerz bedeuten. Abschließend fasst sie ihre Argumentation folgendermaßen zusammen: „El ausente siente sólo no ver lo que ama, pero ni siente otro daño en sí, ni en lo que ama; el que muere, o ve morir, siente la carencia y siente la muerte de su amado, o siente la carencia de su amado y la muerte propia. Luego es mayor dolor la muerte que la ausencia: porque la ausencia es sólo ausencia; la muerte, es muerte y es ausencia. Luego, si la comprende con aditamento, mayor dolor será."[81] (Salceda 1957, Bd. IV, 420)
Nachfolgend kommt sie zur Argumentation *Thomas von Aquin* und der Entgegnung Vieiras. Für *Thomas von Aquin* besteht der größte Liebesbeweis Christi darin, dass er Sakrament geworden ist, um bei den Menschen zu bleiben, als er zum Vater ging. Vieira, „este sutilísimo ingenio"[82] (Salceda 1957, Bd. IV, 420), entgegnet darauf, dass der größte Liebesbeweis nicht darin bestand, Sakrament zu werden, sondern ohne Gebrauch der Sinne im

---

indem sie es stärken, ein Zeichen, daß es schon nicht mehr soviel Schutz braucht wie am Anfang. Hierdurch wird bewiesen, aufgrund natürlicher Ursache, daß der Schmerz geringer ist, wenn er dem Wehklagen Raum gibt, als wenn er nicht erlaubt, daß die Kräfte enteilen, weil er sie zu seiner Stärkung und Kräftigung braucht." (Schüller, Karin)

[80] „Lazarus stirbt den zeitlich begrenzten Tod. Judas stirbt den zeitlich begrenzten und den ewigen Tod. Ganz klar sieht man, daß dieser für Christus beklagenswerter ist. Aber wir sehen, daß er um Lazarus weint: *lacrymatus est Iesus*, und er nicht um Judas weint: weil hier der größere Schmerz das Wehklagen hemmt, und dort der geringere es erlaubt." (Schüller, Karin)

[81] „Der Abwesende leidet nur darunter, den nicht zu sehen, den er liebt, aber er erleidet keinen anderen Schmerz, weder in sich noch in dem, den er liebt. Der, der stirbt oder sterben sieht, leidet unter der Abwesenheit und leidet unter dem Tod seines Geliebten, oder er erleidet die Abwesenheit des Geliebten und selbst den Tod. Folglich ist der Tod ein größerer Schmerz als die Abwesenheit, weil die Abwesenheit nur Abwesenheit ist, der Tod ist Tod und Abwesenheit. Folglich, wenn man ihn mit dem Zusatz versteht, muß er ein größerer Schmerz sein." (Schüller, Karin)

[82] „dieser äußerst scharfsinnige Geist" (Schüller, Karin)

Sakrament zu bleiben. Sor Juana wird im Folgenden den Syllogismus untersuchen, sehen, wie Thomas argumentiert und wie Vieira antwortet. Sor Juana sagt, dass Thomas innerhalb einer Gattung argumentiert. Vieira hingegen innerhalb der Art. Deswegen lässt sie Vieiras Argument nicht gelten. „El Santo propone en género; el autor responde en espicie. Luego no vale el argumento. Si el Santo hablara de una de las especies infinitas de finezas que se encierran en aquel erario riquísimo del Divino Amor debajo de los accidentes de pan, fuera buena la oposición; pero si las comprende todas en la palabra Sacramentarse, ¿como le responde oponiéndole una de las mismas finezas que el Santo comprende?"[83] (Salceda 1957, Bd. IV, 421)

Wenn sie sich von Art zu Art mit dem Autor auseinander setzen müsste, so würde sie ihm entgegnen, dass von den Arten der Liebesbeweise nicht jener der größte ist, ohne Gebrauch der Sinne zu sein, sondern auch bei Kränkungen durch die Beleidigungen gegenwärtig zu sein. „No ver lo que da gusto, es dolor; pero mayor dolor es ver lo que da disgusto."[84] (Salceda 1957, Bd. IV, 421f) Und als weiteren Beleg führt sie die Geschichte der Söhne Jakobs (Vgl. Gen 37,1-50,2.) an. Es wird berichtet, dass Josef von seinen Brüdern verkauft wird und Ruben das Lager seines Vaters schändet. Beide Taten stehen für große Vergehen: Durch den Verkauf Josefs berauben sie Jakob der Freude seiner Liebe. Ruben hingegen beleidigt seine Liebe und Achtung. „Y es menos dolor privarse del logro del amor, que sufrir agravios del amor y del respeto. Luego es en Cristo mayor fineza ésta que aquélla. Esto he dicho de paso, que ya digo que es argumento de especie a especie, que puede hacerse al autor, no al Santo."[85] (Salceda 1957, Bd. IV, 422)

Im Folgenden kommt sie nun zu der Argumentation des *Johannes Chrisostomos*. Für ihn galt als der größte Liebesbeweis, dass Jesus die Füße seiner Jünger wusch. Vieira entgegnet darauf, dass nicht die Tat als solche der größte Liebesbeweis war, sondern der Grund, der ihn dazu veranlasste, den Jüngern die Füße zu waschen.

---

[83] „Der Heilige formuliert innerhalb der Gattung; der Autor antwortet innerhalb der Art. Folglich hat das Argument keine Geltung. Wenn der Heilige von einer der unendlichen Arten von Liebesbeweisen sprechen würde, die in jenem reichsten Vermögen der göttlichen Liebe unter den Unwesentlichen [Akzidentien; H.W.] des Brotes eingeschlossen sind, wäre die Entgegnung gut. Aber wenn er sie in die Worte 'zum Sakrament werden' einbezieht, wie kann er [Vieira] ihm dann antworten, indem er ihm einen derselben Liebesbeweise entgegenhält, die der Heilige einbezieht?" (Schüller, Karin)
[84] „Nicht zu sehen, was Gefallen bereitet, ist Schmerz, aber es ist größerer Schmerz zu sehen, was Mißfallen bereitet." (Schüller, Karin)
[85] „Und es ist geringerer Schmerz, des Genusses der Liebe beraubt zu werden, als Kränkungen der Liebe und der Achtung zu erleiden. Folglich ist in Christo dieser ein größerer Liebesbeweis als jener. Dies habe ich nebenbei angeführt, aber ich sagte schon, es ist ein Argument von Art zu Art, das man gegenüber dem Autor anbringen kann, nicht gegenüber dem Heiligen." (Schüller, Karin)

War die vorausgehende Argumentation eine im Zusammenhang von „especie a género", so handelt es sich hier um das Verhältnis von „efecto a causa".[86] (Salceda 1957, Bd. IV, 422) Jesus erniedrigt sich, beugt sich zu den Füßen seiner Jünger hinunter, dies ist die Wirkung „[...]; y con su energía, el Crisóstomo quiere que infiramos de él lo grande de las causas, sin expresarlas, porque no pudo hallar más viva expresión que referir tan humilde ministerio en tanta soberanía, como diciendo: Mirad cómo nos amó Cristo, pues se humilló a lavarnos los pies; [...]"[87] (Salceda 1957, Bd. IV, 422f) Und sie fährt fort, wenn sich das Motiv, die Füße zu waschen, und die Ausführung des Waschens sich zueinander verhalten wie Ursache und Wirkung, beide also voneinander abhängig sind, dann ist es nicht korrekt, sie voneinander zu scheiden, wie es Vieira aber tut.

Im Folgenden stellt sie wieder rhetorische Fragen: Ist es bereits ein Liebesbeweis, Liebe zu empfinden? Nein. Denn Sor Juana definiert den Liebesbeweis folgendermaßen: „No, por cierto, sino las demostraciones del amor: ésas se llaman finezas. Aquellos signos exteriores demostrativos, y acciones que ejercita el amante, siendo su causa motiva el amor, eso se llama fineza. Luego si el Santo está hablando de finezas y actos externos, con grandísima propiedad trae el Lavatorio, y no la causa: pues la causa es el amor, y el Santo no está hablando del amor, sino de la fineza, que es el signo exterior."[88] (Salceda 1957, Bd. IV, 423f)

Nach der Darstellung der Argumentationen von *Augustinus*, *Thomas von Aquin* und *Johannes Chrisostomos* folgt nun der Teil, in dem der größte Liebesbeweis nach Vieira dargestellt und widerlegt werden wird. Und nach Meinung Sor Juanas folgt nun auch der größte Schwachpunkt, die Achillesferse in der Predigt des Vieira. „Ya hemos respondido por los tres Santos. Ahora vamos a lo más arduo, que es a la opinión que últimamente forma el autor: al Aquiles de su sermón; [...]"[89] (Salceda 1957, Bd. IV, 424)

Für Vieira besteht der größte Liebesbeweis darin, ohne Erwiderung zu lieben. Christus wollte nicht die Erwiderung seiner Liebe. Seine Argumentation

---

[86] „Art zur Gattung"; „Wirkung zur Ursache"
[87] „[...] und durch ihre Kraft will Chrisostomos, daß wir auf die Größe der Ursachen schließen, ohne daß er sie nennt, weil er keinen lebendigeren Ausdruck finden konnte, als ein so demütiges Amt in so großer Erhabenheit zu beschreiben: Schaut, wie uns Christus liebte, denn er erniedrigte sich, uns die Füße zu waschen; [...]" (Schüller, Karin)
[88] „Sicher nicht, sondern die Äußerungen der Liebe: diese heißen Liebesbeweise. Folglich, wenn der Heilige von Liebesbeweisen und äußeren Handlungen spricht, führt er mit größter Angemessenheit die Fußwaschung an und nicht die Ursache: Denn die Ursache ist die Liebe, und der Heilige spricht nicht von der Liebe, sondern vom Liebesbeweis, der das äußere Zeichen ist." (Schüller, Karin)
[89] „Wir haben schon für die drei Heiligen geantwortet. Jetzt kommen wir zum schwierigsten, also der Meinung, die letztlich der Autor entwickelt: zur Achillesferse seiner Predigt; [...]" (Schüller, Karin)

basiert auf der Stelle im Johnnesevangelium (Joh 13,14), wo es heißt: „[...], wenn nun ich, der Herr und Meister, euch die Füße gewaschen habe, dann müßt auch ihr einander die Füße waschen." Aus dieser Stelle heraus zieht er die Schlußfolgerung: „[...], que Cristo no quiere que le correspondamos ni que le amemos, sino que nos amemos unos a otros; y dice que es la mayor fineza de Cristo ésta, porque es fineza sin interés de correspondencia. Para esto no trae pruebas de Sagrada Escritura, porque dice que la mayor prueba de esta fineza es el carecer de pruebas, porque es fineza sin ejemplar."[90] (Salceda 1957, Bd. IV, 424)

Sor Juana gliedert im Folgenden ihre Gegenrede in zwei Teile: Der erste Teil befasst sich mit der Aussage, dass Christus nicht die Erwiderung wollte. Der zweite Teil befasst sich damit, dass es für diesen Liebesbeweis keine Beweise gibt. Und sie skizziert sodann ihre Antworten. „Conque serán dos las respuestas. Una, probar que no sólo no fue fineza la que el autor dice; pero que fue fineza lo contrario, que es que Cristo quiere nuestra correspondencia, y que ésta es la fineza. La otra, probar que cuando supusiéramos que era fineza la que dice el autor, no le faltaran pruebas en la Sagrada Escritura, ni ejemplares donde nada falta."[91] (Salceda 1957, Bd. IV, 424)

Die erste Erwiderung fällt leicht und zur Unterstützung finden sich Gebote und Regeln in der Heiligen Schrift, die den Menschen auftragen, Gott zu lieben. So ist dies bereits im ersten Gebot festgehalten. Diesbezüglich fragt Sor Juana auch, wie es zu verstehen ist, dass Christus unsere Erwiderung nicht will, sie aber gleichzeitig in Geboten festhält und fordert? Und sie argumentiert weiter, dass in der Forderung, „dann müßt auch ihr einander die Füße waschen" (Joh 13,14), zwar nicht explizit die Liebe, die Gott fordert, zur Sprache kommt, aber in der Sorge um den Nächsten ist die Liebe zu Gott eingeschlossen. Und diese ihre Behauptung beweist sie mit „razón" (Vernunft). (Salceda 1957, Bd. IV, 425) Gott verlangt, dass wir unseren Nächsten lieben sollen. Er will, dass wir dies tun, um ihm Folge zu leisten. Durch Gehorsam und Respekt Christus gegenüber lieben wir den Nächsten. „Cuando se hace, por respeto de alguno, alguna acción a favor de otro, más se aprecia aquél por cuya atención se hace,

---

[90] „[...], daß Christus nicht wollte, daß wir ihm erwidern, noch daß wir ihn lieben sollen, sondern daß wir uns untereinander lieben sollen. Und er sagt, daß dieser der größte Liebesbeweis sei, weil es ein Liebesbeweis ohne Interesse an der Erwiderung ist. Dafür zieht er keine Beweise aus der Heiligen Schrift heran, weil er sagt, daß der größte Beweis dieses Liebesbeweises die Ermangelung an Beweisen sei, weil es ein Liebesbeweis ohne Beispiel ist." (Schüller, Karin)

[91] „Also werden der Antworten zwei sein. Eine, zu beweisen, daß der vom Autor genannte nicht nur kein Liebesbeweis war, sondern daß das Gegenteil ein Liebesbeweis war, welches ist, daß Christus unsere Erwiderung will und daß dies der Liebesbeweis ist. Die andere ist, zu beweisen, daß, wenn wir annehmen, daß der vom Autor genannte ein Liebesbeweis ist, dafür weder Beweise in der Heiligen Schrift fehlen noch Beispiele, denen es an nichts mangelt." (Schüller, Karin)

que al con quien se hace. [...] Quiere Cristo que nos amemos, pero que nos amemos en él y por él. Luego su amor es primero."[92] (Salceda 1957, Bd. IV, 425) Und hierfür gibt es reichlich Belegstellen in der Heiligen Schrift. (Vgl. Ex 20,12; Mt 19,19; Dtn 10,12; Mt 10,37; Mt 19,29; Lk 9,23.) Und auch die Eifersucht Gottes ist ein Beleg dafür, dass er zuerst geliebt werden will. (Vgl. Dtn 32,16.)
Um das Gebot der Nächstenliebe erfüllen zu können, müssen wir zuerst Gott lieben. Wenn Christus sich Weinstock und die Menschen Reben nennt (Joh 15,5), der Weinstock es ist, der die Reben miteinander verbindet, dann ist dies ein Beweis dafür, dass Christus verlangt, dass wir zuerst ihn lieben sollen.
Aus all dem ergibt sich abschließend für Sor Juana, dass Christus den Menschen nicht den Liebesbeweis erbrachte, keine Erwiderung seiner Liebe zu wollen.
Nachfolgend behandelt sie die Frage, ob es Liebesbeweise gibt, die Christus für uns unterlassen hat. Sie bejaht, weil es Liebesbeweise gibt, die durch unsere menschliche Natur erst zu solchen werden. Und so gibt es Heilige, die Christus Liebesbeweise erbringen, die er nicht erbrachte. Christus konnte nicht versucht werden, gleichwohl im Neuen Testament berichtet wird, dass er von einem Dämon in der Wüste versucht wurde. (Vgl. Mt 4,1.) Sor Juana erklärt diesen Sachverhalt, indem sie sich auf *Gregor den Großen* bezieht, der sagt, dass die Versuchung in drei Arten vorkommt: durch Beeinflussung, durch Genuss, durch Duldung. Auf die erste Weise, die der Beeinflussung, konnte Christus nur durch den Dämon versucht werden. Die Menschen hingegen verfallen vielmehr in Versuchung durch Genuss oder Duldung. Christus, der ohne Sünde geboren wurde, kannte in sich nicht die Abneigung gut zu handeln und deswegen ist die einzige Möglichkeit der Versuchung bei ihm die durch Beeinflussung. Anders verhält sich dies beim Menschen, der durch die Erbschuld belastet ist. Er kann durch äußere sowie durch innere Regungen versucht werden.
Die menschliche Liebe findet in ihrer Erwiderung das, was ihr fehlt. Aber der Liebe Christi fehlt nichts, wenn wir sie nicht erwidern. „En sí y consigo se tiene todos sus deleites, todas sus riquezas y todos sus bienes. Luego nada renunciara si renunciara nuestra correspondencia, pues nada le añade;[...]"[93] (Salceda 1957, Bd. IV, 430) Und ein Verzicht, der keiner ist, ist kein Liebesbeweis.

---

[92] „Wenn man aus Respekt vor irgend jemandem eine Tat zugunsten eines anderen tut, ist jener schätzenswerter, aus dessen Achtung man sie tut, als der, für den man sie tut. [...] Christus will, daß wir uns lieben, aber daß wir uns in ihm und durch ihn lieben. Folglich ist die Liebe zu ihm die erste." (Schüller, Karin)
[93] „In sich und mit sich hat er alle seine Vergnügen, alle seine Reichtümer und alle seine Güter. Folglich entsagt er nichts, wenn er unserer Erwiderung entsagt, denn sie fügt ihm nichts hinzu." (Schüller, Karin)

Im Buch Ijob (35,7-8) wird deutlich, dass der Mensch die Erwiderung braucht, weil sie ihm Nutzen bringt. Für den Menschen wäre es ein großer Liebesbeweis, auf diese Wohltat zu verzichten. Aber für Christus sind unsere Erwiderungen nicht von Nutzen und deswegen ist es kein Liebesbeweis von ihm, auf unsere Erwiderung zu verzichten. „Y por eso, como ya dije, no la hace Cristo por nosotros; y antes hace lo contrario, que es solicitar nuestra correspondencia sin haberla menester, y ésa es la fineza de Cristo."[94] (Salceda 1957, Bd. IV, 430)
Die Liebe Christi ist der menschlichen Liebe genau entgegengesetzt. Die Menschen wollen die Erwiderung, weil sie zu ihrem Wohl ist. Christus will die Erwiderung zum fremden Wohl, dem der Menschen. Vieira sah wohl die Uneigennützigkeit Christi, aber er zog daraus den falschen Schluss, dass dieser keine Erwiderung wollte. Der Autor unterliegt hier dem Fehler, dass er nicht unterscheidet zwischen Erwiderung und Nutzen der Erwiderung. Christus entsagte nicht der Erwiderung, wohl aber des Nutzens der Erwiderung. „Y así, la proposición del autor es que Cristo no quiso la correspondencia para sí sino para los hombres. La mía es que Cristo quiso la correspondencia para sí, pero la utilidad que resulta de esa correspondencia la quiso para los hombres."[95] (Salceda 1957, Bd. IV, 430f)
In der Logik Vieiras wird die Erwiderung zum Mittel für das Wohl des Liebenden. In der Logik Sor Juanas wird die Erwiderung zum Mittel für das Wohl des Menschen, weil die Erwiderung vom Zweck unterschieden wird. Den Nutzen überlässt Christus den Menschen. Als Beleg führt sie jene Stelle an, wo Christus Petrus fragt, ob er ihn liebe. (Vgl. Joh 21,15f.) Dieser bejaht. Und wieso fragt dies Christus? Damit Petrus den Dienst übernehme, seine Schafe zu weiden. Damit wird deutlich, dass Christus will, dass die Liebe, die Petrus für ihn empfindet, zum Nutzen für die anderen ist. „Bien pudiera Cristo decirle a Pedro, y parece que era más congruente: *Pedro, ¿amas a las ovejas? Pues apaciéntalas;* y no dice sino: *Pedro, ¿me amas a mí? Pues guarda mis ovejas.* Luego quiere el amor para sí, y la utilidad para los hombres."[96] (Salceda 1957, Bd. IV, 431)

---

[94] „Und deshalb, wie ich schon sagte, erbrachte ihn Christus nicht für uns; vielmehr macht er das Gegenteil, nämlich unsere Erwiderung zu verlangen, ohne ihrer zu bedürfen, und das ist der Liebesbeweis Christi." (Schüller, Karin)
[95] „Und so ist die Annahme des Autors, daß Christus die Erwiderung nicht für sich, sondern für die Menschen wollte. Meine ist es, daß Christus die Erwiderung für sich wollte, aber den Nutzen, der sich aus dieser Erwiderung ergibt, wollte er für die Menschen." (Schüller, Karin)
[96] „Ebenso gut könnte Christus zu Petrus sagen, und es scheint, es wäre passender: *Petrus, liebst du die Schafe? Dann weide sie*; aber es sagt es nicht, sondern: *Petrus, liebst du mich? Dann hüte meine Schafe.* Folglich will er die Liebe für sich und den Nutzen für die Menschen." (Schüller, Karin)

Aber wieso verlangt Christus nach der Liebe des Menschen, wo er diesen doch eine Wohltat zukommen lassen kann, ohne dass der Mensch ihn liebt? Diese Frage lässt sich nur im Zusammenhang mit dem Verweis auf den freien Willen des Menschen beantworten. Dann genügt es nicht mehr, dass Gott dem Menschen gehören will, wenn der Mensch nicht will, dass Gott ihm gehört. Dass Gott dem Menschen gehört, ist das höchste Gut und, weil es nicht ohne Einbeziehung des Menschen sein kann, verlangt und gebietet Gott den Menschen, ihn zu lieben. Denn die Liebe zu Gott ist zum Wohle der Menschen. Gott will unsere Liebe einzig zu unserem Wohl, nicht zu seinem. Und eben darin besteht die Vollkommenheit seines Liebesbeweises, und nicht darin, unsere Erwiderung nicht zu wollen. Er wird so zu unserem Wohl.

Damit findet der erste Teil der Antworten sein Ende. Im zweiten Teil wird sie, sofern man der Annahme Vieiras zustimmt, dass sein genannter Liebesbeweis der größte ist, gegen seine Auffassung Belege dafür finden. Als eine Belegstelle führt sie 2 Sam 13,23-37, die Rache Abschaloms an Amnon, an. Abschalom tötet seinen Bruder, weil dieser Tamar vergewaltigte. David ist entsetzt. Als Strafe ereilt Abschalom nicht der Tod, sondern die Verbannung. Drei Jahre vergehen und Abschalom kehrt zurück. Und er, der die Gunst Davids wiedererlangte, führt später gegen diesen einen Aufstand an. Doch auch im Kampf gegen ihn spricht David: „Gebt mir auf den Jungen, auf Abschalom, acht!" (2 Sam 18,12) Doch dieser Befehl wird nicht eingehalten. Joab tötet Abschalom. Und David, was tut David? Er weint und klagt. David wünscht sich, dass er anstelle des Abschalom gestorben wäre. Wie ist es zu erklären, dass er beim Tod des Amnon die Strafe der Verbannung durchsetzt und bei der eigenen Todesgefahr so sanftmütig reagiert? Nun, so Sor Juana, dürfte klar geworden sein, dass David nicht die Erwiderung der Liebe für sich wollte, wohl aber für seinen Sohn Amnon. Und damit gibt es sie also doch, die Belege für jemanden, der für einen anderen Erwiderung sucht, die ihm selbst zusteht. Und auch der zweite Punkt in Vieiras Argumentation lässt sich widerlegen. „Luego cuando fuera fineza en Cristo no buscar correspondencia, no carecería de prueba, como dijo el autor; que es la segunda parte a que prometí responder."[97] (Salceda 1957, Bd. IV, 434)

An dieser Stelle schließt sie die Ausführungen zu Vieira ab, erinnert den Bischof daran, dass alle Gedanken und Argumentationen unfertig und roh sind. Aber die Eile, dem Gebot des Bischofs nachzukommen, hat ihr nicht die Zeit gelassen, alles nochmals zu überarbeiten. Aber ihre Gedanken, so unvollkommen sie sind, weiß sie in guten Händen: „Pero todos van a sus manos de V.md. Unos corregirá con discreción y otros suplirá con su amistad.

---

[97] „Folglich, wenn es ein Liebesbeweis in Cristo wäre, keine Erwiderung zu suchen, so würde es nicht des Beweises ermangeln, wie der Autor sagte, was der zweite Teil ist, auf den ich zu antworten versprach." (Schüller, Karin)

El asunto también, con su dificultad, deja disculpado el no conseguirse; [...]"⁹⁸ (Salceda 1957, Bd. IV, 434) Und dann spricht sie noch einmal den Hochmut Vieiras an, der ja behauptete, dass es niemanden gibt, der ihm einen gleichkommenden Liebesbeweis entgegenstellen könnte. Und auf ihre Person hin sagt sie: „Creo cierto que si algo llevare de acierto este papel, no es obra de mi entendimiento, sino sólo que Dios quiere castigar con tan flaco instrumento la, al parecer, elación de aquella proposición: *que no habría quien le diese otra fineza igual*, con que cree el orador que puede aventajar su ingenio a los de los tres Santos Padres y no cree que puede haber quien le iguale."⁹⁹ (Salceda 1957, Bd. IV, 434f) Sor Juana macht an dieser Stelle abermals deutlich, dass es nicht ihr kühnes Vorhaben war, Vieira zu widerlegen. Sie widerlegt aus Gehorsam und als Werkzeug Gottes. Und sofern ihr Schriftstück kluge und treffende Gedanken beinhalten sollte, so stellt sie klar, dass diese nicht Werk ihres Verstandes sind, sondern ein Werk Gottes, der den Hochmut Vieiras durch sie getadelt sehen will. Und es wird deutlich, dass Sor Juana sich als Werkzeug Gottes versteht. Sie fährt fort, dass es wohl keine leichte Strafe für einen Mann sei, der dachte, dass es keinen Mann geben würde, der es wagt ihm zu antworten, dass dies nun durch eine Frau geschieht. Es wagt eine Frau die Gegenrede. Und in ihrer Gegenrede erinnert sie an unerhörte Frauen, die es schon zu allen Zeiten gegeben hat. Sie ruft Frauen ins Gedächtnis, die die Ordnung der Dinge im Auftrag Gottes kritisieren und überschreiten. Sie entsinnt sich der Judith, die nicht davor zurückscheut, Waffen zu gebrauchen, und an Deborah, die das Richteramt ausübt. Und alle diese Handlungen sind in ihrer Unerhörtheit durch einen wesentlichen Punkt verbunden: Es sind allesamt Verteidigungstaten für Gott: „[...]; que no es ligero castigo a quien creyó que no habría hombre que se atreviese a responderle, ver que se atreve una mujer ignorante, en quien es tan ajeno este género de estudio, y tan distante de su sexo; pero también lo era de Judit el manejo de las armas y de Débora la judicatura."¹⁰⁰ (Salceda 1957, Bd. IV, 435)

---

⁹⁸ „[...] kommen in Euere Gnaden Hände. Einige werdet Ihr mit Diskretion korrigieren und andere in Freundschaft übersehen. Auch durch die Schwierigkeit entschuldigt die Angelegenheit das Unvollkommene [...]" (Schüller, Karin)
⁹⁹ „Ich glaube sicher, wenn dieses Schriftstück etwas Treffendes anführt, dann ist es nicht das Werk meines Verstandes, sondern nur, daß Gott mit einem so schwachen Instrument den – wie es scheint – Hochmut jener Annahme bestrafen will: *daß es niemanden gibt, der ihm einen gleichkommenden Liebesbeweis entgegenstellen könne*, womit der Prediger glaubt, daß sein Geist den der drei Heiligen Väter übertreffen könne, und nicht glaubt, daß es jemanden gibt, der ihm gleichkommt." (Schüller, Karin)
¹⁰⁰ „Es ist keine leichte Strafe für jemanden, der glaubte, daß es keinen Mann geben würde, der es wagt, ihm zu antworten, zu sehen, daß eine unwissende Frau es wagt, für die diese Art des Studiums so unpassend ist und fern ihrem Geschlecht; aber so war es auch für Judith der Gebrauch der Waffen und für Debora das Richteramt." (Schüller, Karin)

Ausdrücklich gibt sie dieses Schriftstück in die Hände des Bischofs und unterwirft es der Korrektur von Mutter Kirche, wenn es sich in Meinungen und Positionen von den Meinungen der Kirche und der Heiligen entfernt haben sollte. Mit einem *Vale* beendet sie diesen Abschnitt.
Mit diesem Aufbau setzt Sor Juana die vorausgegangenen Ausführungen prägnant von jenen ab, die nun folgen. Sie begründet dies mit der deutlichen Verschiedenheit der Argumentationen. Hat sie zunächst die Argumentation des Vieira und der drei Kirchenlehrer behandelt, so folgt nun die Darstellung ihrer eigenen Position. Denn auch zur Darlegung ihrer persönlichen Gedanken zum Thema des größten Liebesbeweises war sie vom Bischof aufgefordert worden. Indem sie dieser Aufforderung nachkommt, leistet sie dem Bischof gegenüber Gehorsam, so wie es ihre Aufgabe und Pflicht als Ordensfrau ist.
Im Folgenden wird sich zeigen, dass ihre Argumentation gegenüber der des Vieira sehr verschieden ist. Vieira spricht von den Liebesbeweisen Christi, erbracht am Ende seines Lebens. Sor Juana hingegen spricht von einem Liebesbeweis den „Dios encuanto Dios" (Gott als Gott) (Salceda 1957, Bd. IV, 435f) erbringt und der immer andauert.
„La mayor fineza del Divino Amor, en mi sentir, son los beneficios que nos deja de hacer por nuestra ingratitud."[101] (Salceda 1957, Bd. IV, 436) Und diese Position beweist sie auf den letzten Seiten des Textes. Dieser Gedankengang Sor Juanas findet sich auch in ihrem Gedicht „*El Primero Sueño*". Dem ganzen Gedicht liegt diese Struktur des Gedankens zugrunde, in dem sich die Nichtoffenbarung als Offenbarung erweist.[102]
Gott ist unendliche Güte und es entspricht seiner Natur, seinen Kreaturen Gutes zu tun. Gottes Liebe für die Menschen ist unendlich und so ist er bereit, ihnen unendlich viel Gutes zu tun. Gott ist allmächtig und es ist sein Wunsch, den Menschen alle nur möglichen Wohltaten zu erweisen. „Luego Dios, cuando les hace bienes a los hombres, va con el corriente natural de su propia bondad, de su propio amor y de su propio poder, sin costarle nada. Claro está. Luego cuando Dios no le hace beneficios al hombre, porque los ha de convertir el hombre en su daño, reprime Dios los raudales de su inmensa liberalidad, detiene el mar de su infinito amor y estanca el curso de su absoluto poder."[103] (Salceda 1957, Bd. IV, 436) Gott unterlässt es, den Menschen Wohltaten zu erweisen, weil dies ihnen mehr nützt als der Erweis von Wohltaten. Und es

---

[101] „Der größte Beweis der göttlichen Liebe sind meiner Ansicht nach die Wohltaten, die er uns wegen unserer Undankbarkeit nicht erweist." (Schüller, Karin)
[102] Auf diesen Punkt wird in Kapitel 6 näher eingegangen.
[103] „Folglich, wenn Gott den Menschen Wohltaten erweist, bewegt er sich mit dem natürlichen Lauf der ihm eigenen Güte, der ihm eigenen Liebe und der ihm eigenen Macht, ohne daß es ihn etwas kostet. Das ist klar. Folglich, wenn Gott dem Menschen keine Wohltaten erweist, weil der Mensch sie zu seinem Schaden umwandeln muß, unterdrückt Gott die Fluten seiner unermeßlichen Großzügigkeit, hält das Meer seiner unendlichen Liebe zurück und unterbricht den Weg seiner absoluten Macht." (Schüller, Karin)

kostet Gott mehr Anstrengung, uns die Wohltaten nicht zu geben, als sie auszuführen. „[...]; y quiere más parecer escaso, porque los hombres no sean peores, que ostentar su largueza con daño de los mismos beneficiados."[104] (Salceda 1957, Bd. IV, 436)
Sie untermauert ihre Position am Beispiel Jesu. Jesus predigte überall im Land und vollbrachte Wunder. Als er auf seinen Reisen in seine Heimat kam, brachten ihm die Menschen dort Misstrauen, Ablehnung und Kritik entgegen. (Vgl. Mt 13,53-58.) Er wollte durchaus auch dort Wunder wirken, doch er tat es nicht, damit die Menschen sich nicht als noch undankbarer erwiesen, als sie es ohnehin schon waren. Diese negative Wohltat bot ihnen die Gelegenheit, nicht noch größere Sünden zu begehen. „Luego de este mayor cargo excusa el Señor a Nazaret con no hacerle beneficios, y entonces es el mayor beneficio el no hacerlos, porque excusa el mayor cargo que de él le resultara."[105] (Salceda 1957, Bd. IV, 438) Im Nichterweis der Wohltaten und Wunder besteht der größte Liebesbeweis Christi, den er den Menschen erbringen konnte. Es ist eine Wohltat Christi, den Menschen keine Wohltat zukommen zu lassen.
In diesem Kontext verweist Sor Juana auch auf die Person des Judas, dem Gott Wohltaten erwies. Im Zusammenhang mit seinem Verrat sagt Jesus nicht seinen Tod voraus, sondern er bedauert ihn. (Vgl. Lk 22,22.) Es scheint so, als ob Gott bedauere, Judas geschaffen zu haben, weil für ihn besser gewesen wäre, nicht geboren zu sein. „De manera que se arrepiente Dios de haber hecho beneficios al hombre que han de ser para mayor daño del hombre. Luego es mayor beneficio el no hacerle beneficios. ¡Ah, Señor y Dios mío, qué torpes y ciegos andamos cuando no os reconocemos esta especie de beneficio negativo que nos hacéis!"[106] (Salceda 1957, Bd. IV, 438)
Landläufig ist man der Ansicht, dass ein Schicksalsschlag eine Strafe Gottes ist. Wenn es Strafe ist, dann auch Wohltat. Gott straft den, den er liebt. Und zugleich erweist er uns durch die Strafe die Wohltat, uns von größeren Gegenleistungen zu befreien. Ähnlich verhält es sich mit einer schwachen Gesundheit, bei der es oft scheint, als höre Gott das Wehklagen nicht. Dem ist nicht so. Er erweist die Wohltat, keine Gesundheit zu schenken, weil der Mensch es nicht angemessen danken würde. Wiederum andere neiden ihren

---

[104] „und er will lieber kleinlich erscheinen, damit die Menschen nicht schlechter seien, als seine Freigebigkeit zur Schau zu stellen und damit den Schaden der Begünstigten in Kauf zu nehmen." (Schüller, Karin)
[105] „Demnach erspart der Herr Nazareth die größte Last, indem er ihm keine Wohltaten erweist, und damit ist es die größte Wohltat, sie nicht zu erweisen, weil es die größte Last erspart, die sich dadurch ergeben könnte." (Schüller, Karin)
[106] „Somit bereut Gott, dem Menschen Wohltaten erwiesen zu haben, die zum größeren Schaden des Menschen sein müssen. Folglich ist es eine größere Wohltat, ihm keine Wohltaten zu erweisen. Wehe, mein Herr und Gott, wie schwerfällig und blind gehen wir, wenn wir diese Art der negativen Wohltat nicht erkennen, die Ihr uns erweist!" (Schüller, Karin)

Nächsten die Güter und die Begabungen. Dabei müsste das Objekt des Neides bedauert werden wegen der großen Last der Dankbarkeit, die es dem Schöpfer schuldet.[107]
Schätzen soll vielmehr der Mensch die Wohltat, dass Gott nicht alle Wohltat erweist. „Agradezcamos y ponderemos este primor del Divino Amor en quien el premiar es beneficio, el castigar es beneficio y el suspender los beneficios es el mayor beneficio, y el no hacer finezas la mayor fineza."[108] (Salceda 1957, Bd. IV, 439)
Hiermit beendet Sor Juana ihren Text. Abermals stellt sie alles Gesagte unter die Korrektur von Mutter Kirche und sie tut dies als ihre gehorsamste Tochter: „Vuelo a poner todo lo dicho debajo de la censura de nuestra Santa Madre Iglesia Católica, como su más obediente hija."[109] (Salceda 1957, Bd. IV, 439)
Im nun folgenden Gliederungspunkt soll der Frage nachgegangen werden, wofür die Auseinandersetzung über den größten Liebesbeweis steht. Es wird sich dabei zeigen, dass in diesem Diskurs vor allem die Frage nach dem Subjekt eine besondere Bedeutung spielt.

4.3.2 Die Auseinandersetzung über den größten Liebesbeweis – Eine Frage nach dem Subjekt

Die Inhalte und die Art und Weise der Bearbeitung des Themas machen deutlich, dass sich dahinter die Frage nach Macht und die Bedeutung des

---

[107] Auf diesen Punkt geht Sor Juana auch in ihrer *Antwort an Sor Philothea* ein. (Vgl. Salceda 1957, Bd. IV, 452.) Dort heißt es: „Pues Dios sabe que no ha sido muy así, porque entre las flores de esas mismas aclamaciones se han levantado y despertado tales áspides de emulaciones y persecuciones, cuantas no podré contar, y los que más nocivos y sensibles para mí han sido, no son aquéllos que con declarado odio y malevolencia me han perseguido, sino los que amándome y deseando mi bien [...]" „Doch Gott weiß, daß es nicht so gewesen ist, denn aus dem Blumenstrauß der Lobreden sind zahllose Nattern des Neides und der Nachstellung hervorgekrochen, und am meisten geschadet und mich am empfindlichsten verletzt haben nicht diejenigen, die mich mit offenem Haß und Übelwollen verfolgten, sondern diejenigen, die mich liebten und mein Bestes wollten." (Heredia, Hildegard)
[108] „Danken wir und loben wir diese Vollkommenheit der göttlichen Liebe, in der das Belohnen Wohltat ist, das Bestrafen Wohltat ist und das Zurückhalten der Wohltat die größte Wohltat ist und keine Liebesbeweise zu erbringen der größte Liebesbeweis." (Schüller, Karin)
[109] „Nochmals stelle ich alles Gesagte unter die Korrektur unserer Heiligen Katholischen Mutter Kirche, als ihre gehorsamste Tochter." (Schüller, Karin) „su más obediente hija" steht im Kontrast zu der Selbstbezeichnung „la peor del mundo" (Salceda 1957, Bd. IV, 523). „Ich, die Schlechteste von allen." Diese Selbstbezeichnung wählt Sor Juana am Ende ihres Lebens und es wird im Folgenden der Arbeit noch zu erklären sein, was zu dieser Selbstbezeichnung führte und wie sie zu verstehen ist.

Subjekts verbirgt. Mit der Frage nach dem größten Liebesbeweis wird die Frage nach dem Verhältnis von Transzendenz und Immanenz, göttlicher Gnade und menschlicher Freiheit aufgeworfen. Sor Juana behandelt diese Punkte in der Darlegung ihrer Argumentation aus der Perspektive des denkenden und sprechenden Subjektes heraus. Und sie verdeutlicht dies auch gleich zu Beginn ihres Textes, wo sie es als *ihre* Angelegenheit ansieht, sich mit den Auffassungen der heiligen Väter zu verteidigen. „Y más si acompaña y ampara de aquellos tres gigantes, pues mi asunto es defender las razones de los tres Santos Padres. Mal dije. Mi asunto es defenderme con las razones de los tres Santos Padres."[110] (Salceda 1957, Bd. IV, 413)

Die weitere Lektüre zeigt, dass sie zum einen die drei „Santos Padres" verteidigt und zum anderen sich selbst. Dies wird vor allem dadurch deutlich, dass sie es nicht damit bewenden lässt, die drei Kirchenlehrer vor Vieira zu verteidigen. Sie formuliert am Ende des Textes einen eigenen und völlig unabhängigen Standpunkt. Formal folgt sie in ihrer Argumentation der vorgegebenen Logik Vieiras, um ihn dann mit seinen eigenen Argumenten zu schlagen. Aber bezüglich ihrer eigenen Position zum größten Liebesbeweis betont sie einen wichtigen Unterschied zu Vieira. „Ahora, este modo de opinar tiene mucha disparidad con el del autor, porque él habla de finezas de Cristo, y hechas en el fin de su vida, y esta fineza que yo digo es fineza que hace Dios en cuanto Dios, y fineza continuada siempre; [...]"[111] (Salceda 1957, Bd. IV, 435f)

Sie vertritt den Standpunkt, dass der größte Liebesbeweis in der Nichterweisung von Liebesbeweisen besteht. „Agradezcamos y ponderemos este primor del Divino Amor en quien el premiar es beneficio, el castigar es beneficio y el suspender los beneficios es el mayor beneficio, y el no hacer finezas la mayor fineza."[112] (Salceda 1957, Bd. IV, 439)

Die Auffassung, dass der Nichtweis von Liebesbeweisen der größte Liebesbeweis ist, findet sich nicht nur in ihren religiösen Werken, sondern auch in den Liebesgedichten von Sor Juana. (Vgl. Urbano 1990, 174.) So heißt es in Nr. 179:

---

[110] „Und mehr noch, in Begleitung und unter dem Schutz jener drei Giganten ist es nunmehr meine Angelegenheit, die Auffassungen der drei heiligen Väter zu verteidigen. Schlecht habe ich es gesagt. Meine Angelegenheit ist es, mich mit den Auffassungen der drei heiligen Väter zu verteidigen." (Schüller, Karin)
[111] „Nun, diese Art der Auffassung ist sehr verschieden von der des Autors, weil er von Liebesbeweisen Christi und erbracht am Ende seines Lebens, spricht, aber dieser, den ich erwähne, erbringt Gott als Gott und ist ein Liebesbeweis, der für immer andauert." (Schüller, Karin)
[112] „Danken wir und loben wir diese Vollkommenheit der göttlichen Liebe, in der das Belohnen Wohltat ist, das Bestrafen Wohltat ist und das Zurückhalten der Wohltaten die größte Wohltat ist und keine Liebesbeweise zu erbringen der größte Liebesbeweis." (Schüller, Karin)

„Yo Adoro a lisi, pero no pretendo
que Lysi corresponda mi fineza"[113] (Méndez Plancarte 1951, Bd. I, 294)

Die höchste Liebe ist diejenige, die keine Gegenliebe fordert. Und die größte Liebe bedarf auch nicht der Gegenliebe, obgleich wir Menschen sie suchen.
„Que corresponda a mi amor,
nada añade; mas no puedo,
por más que lo solicito,
dejar yo de apetecerlo.
Si es delito, ya lo digo;
si es culpa, ya la confieso."[114] (Romanze 56, Méndez Plancarte 1951, Bd. I, 167)

Für Vieira besteht der größte Liebesbeweis Christi darin, zu lieben, ohne die Erwiderung der Liebe zu fordern oder ihrer gar zu bedürfen. „ [...], *que Cristo no quiso la correspondencia de su amor para sí, sino para los hombres, y que ésta fue la mayor fineza: amar sin correspondencia."* [115] (Salceda 1957, Bd. IV, 424)

Diese Einstellung, die er ja zu begründen und zu belegen sucht, sagt zugleich etwas über das Verhältnis von Gott und Mensch aus. In dem von Vieira formulierten Liebesbeweis spielt das Gegenüber keine Rolle. Das Gegenüber Gottes ist bedeutungslos und verobjektiviert. Es hat auch nicht die Möglichkeit, sich zu der Liebe von sich aus in Form von Zustimmung oder Ablehnung zu verhalten. Somit wird das Verhältnis zwischen Gott und Mensch als ein hierarchisches Verhältnis beschrieben. Im besten Fall hat es positive Auswirkungen für den Menschen, aber Gott bleibt unberührt. Vieira bestimmt die Beziehung von Gott und Mensch, Transzendenz und Immanenz von oben nach unten. Und in diesem Konstrukt ist der Mensch kein Gegenüber Gottes, ist die Geschichte bedeutungslos, kann es keine Freiheit für das menschliche Subjekt geben.

Sor Juana hingegen argumentiert vom Subjekt her. „Como hablamos de finezas, dije yo que la mayor fineza de Dios, en mi sentir, eran los *beneficios*

---

[113] „Ich bete Lysi an, aber ich beanspruche nicht,
dass Lysi meinen Liebesbeweis erwidert."
[114] „Erwidert Er meine Liebe,
so wird sie mitnichten größer;
doch kann ich, trotz allem Ringen,
nicht aufhören, dies zu wollen.
Ist's ein Frevel – ich gestehe ihn;
ist es Sünde – hier die Beichte."
[115] „[...] daß Christus die Erwiderung seiner göttlichen Liebe nicht wollte, sondern für die Menschen, und daß dies der größte Liebesbeweis war, lieben ohne Erwiderung." (Schüller, Karin)

negativos (Herv. H.W.); esto es, los beneficios que nos deja de hacer porque sabe lo mal que los hemos de corresponder."[116] (Salceda 1957, Bd. IV, 435) Sie spricht von jenen Subjekten, die ein Gegenüber zu Gott darstellen, von denjenigen, denen er die Wohltaten nicht erweist, weil er weiß, dass die Menschen diese nicht erwidern können.[117] „Dios es infinita bondad y bien sumo, y como tal es de su propia naturaleza comunicable y deseoso de hacer bien a sus criaturas. Más, Dios tiene infinito amor a los hombres, luego siempre está pronto a hacerles infinitos bienes. Más, Dios es todopoderoso y puede hacerles a los hombres todos los bienes que quisiere, sin costarle trabajo, y su deseo es hacerlos. Luego Dios, cuando les hace bienes a los hombres, va con el corriente natural de su propia bondad, de su propio amor y de su propio poder, sin costarle nada. Claro está. Luego cuando Dios no le hace beneficios al hombre, porque los ha de convertir el hombre en su daño, reprime Dios los raudales de su inmensa liberalidad, detiene el mar de su infinito amor y estanca el curso de su absoluto poder."[118] (Salceda 1957, Bd. IV, 436)

Der Mensch soll erkennen und wertschätzen, dass Gott nicht all jene Wohltaten erweist, die zu erweisen er in der Lage ist. Gott tut dies nicht aus

---

[116] „Da wir von Liebesbeweisen sprachen, sagte ich, daß der größte Liebesbeweis Gottes nach meiner Meinung die *negativen Wohltaten* [Herv. H.W.] waren; das heißt, die Wohltaten, die er unterläßt, uns zu erweisen, weil er weiß, wie schlecht wir sie erwidern müssen." (Schüller, Karin)

[117] Dieser Gedankengang von Sor Juana bewegt sich in der Logik der Ausführungen von Anselm in seinem Hauptwerk „Cur Deus homo". Auch Anselm setzt sich im Zusammenhang mit der Frage nach der Erbsünde des Menschen mit dessen Wiedergutmachung vor Gott auseinander. Anselm kommt zu dem Schluss, dass die Menschen Gott nie soviel zurückgeben können, wie sie von ihm empfangen haben, und nur durch den Tod und die Auferstehung Jesu kann das Verhältnis zwischen Gott und Mensch wieder hergestellt werden. Sor Juana vertritt ebenfalls die Meinung, dass die Menschen Gott nie das zurückgeben können was sie von ihm bereits empfangen haben. Aber in ihren Ausführungen kommt es nicht zur Opferung des Sohnes, sondern Gott lässt die Forderung nach dem Liebesbeweis und damit erweist er den Menschen in der Unterlassung des Liebesbeweises den größten Liebesbeweis. Sor Juana und Anselm greifen in ihren Argumentationen das archaische Prinzip von Geben und Nehmen auf – ein Prinzip, das für Vieira in seinen Ausführungen um den größten Liebesbeweis ohne jede Bedeutung ist.

[118] „Gott ist unendliche Güte und höchstes Gut, und als solches ist es der ihm eigenen Natur entsprechend und wünschenswert, seinen Kreaturen Gutes zu erweisen. Mehr noch, Gott empfindet eine unendliche Liebe zu den Menschen, folglich ist er immer bereit, ihnen unendlich viel Gutes zu erweisen. Mehr noch, Gott ist allmächtig und kann den Menschen alle Wohltaten erweisen, die er will, ohne daß es ihn Mühe kostet, und sein Wunsch ist es, das zu tun. Folglich, wenn Gott den Menschen Wohltaten erweist, bewegt er sich mit dem natürlichen Lauf der ihm eigenen Güte, der ihm eigenen Liebe und der ihm eigenen Kraft, ohne daß es ihn etwas kostet. Das ist klar. Folglich, wenn Gott dem Menschen keine Wohltaten erweist, weil der Mensch sie zu seinem Schaden umwandeln muß, unterdrückt Gott die Fluten seiner unermeßlichen Großzügigkeit, hält das Meer seiner unendlichen Liebe zurück und unterbricht den Weg seiner absoluten Macht." (Schüller, Karin)

Lieblosigkeit, sondern aus Liebe zu den Menschen. Denn es mangelt den Menschen an der nötigen Form der Dankbarkeit und der Erwiderung. Hierin wird deutlich, dass Sor Juana vom Menschen aus denkt. Und damit denkt sie auch von den Freiheiten des Menschen her. Das Subjekt ist in der Lage, auf der Basis der eigenen Existenz je eigen sein Verhältnis zu Gott zu gestalten. So wie es eine Beziehung zu Gott aufbauen kann, so ist das Subjekt ebenso frei, sich gegen Gott zu stellen, seine Liebe nicht zu erwidern. Sie erklärt dies im Zusammenhang mit dem Besuch Jesu in seiner Heimat. „De manera que Cristo bien quería hacer milagros en su patria, bien quería hacerles beneficios, pero mostraron ellos luego su dañado ánimo en la murmuración y el modo con que recibirían los favores de Cristo, y por eso se contuvo Cristo en hacerlos: por no darles ocasión de ser más malos, como lo expresa el Evangelista: que no hizo muchas maravillas por su incredulidad."[119] (Salceda 1957, Bd. IV, 437)
Das Bedürfnis nach Gegenliebe basiert in der freien Willensentscheidung des Gegenübers. Gott hat den Menschen mit einem freien Willen ausgestattet und insofern verhindert Gott nicht den freien Willen, vielmehr bestärkt er ihn. Aus Liebe zu den Menschen hat Gott diese mit einem freien Willen ausgestattet.
Doch Sor Juana sagt noch etwas anderes mittels ihrer Argumentation, nämlich, dass Spekulationen über den größten Liebesbeweis nur Hypothesen sein können. Denn wie sie die menschliche Freiheit stark macht, so macht sie auch Gottes Freiheit stark. Wie kann man behaupten, in der Lage zu sein, den größten Liebesbeweis Christi benennen zu wollen, wie es Vieira tut? Wo nimmt man die Information und das Recht her zu behaupten, genau zu wissen, worin der größte Liebesbeweis Christi besteht? Solch eine Haltung ist wegen des Superlativs im Wissen anmaßend.
Der Standpunkt Sor Juanas durchbricht die Ordnungen herkömmlicher theologischer Gedankengebäude. Sie spricht als Subjekt von der menschlichen Freiheit, von der Entscheidungs- und Gestaltungsmöglichkeit des Menschen und auch Gottes. Damit bestimmt sie das Verhältnis von Gott und Mensch, Immanenz und Transzendenz, Theologie und Geschichte neu. Zugleich stellt sie auch die unerhörte Frage nach der Macht und der Autorität.
Sor Juana stellt der eindimensionalen Macht der Ordnung der Dinge ein polares Machtverständnis gegenüber. Eindimensionale Macht versteht sich als die Fähigkeit, sich gegen andere aufgrund der Position in der Ordnung der Dinge durchzusetzen. Das Denken und Handeln in der Logik dieses Machtverständnisses bewegt sich in der Hierarchie von oben nach unten. Diese

---

[119] „Somit wollte Christus in seinem Vaterland durchaus Wunder wirken, ihnen durchaus Wohltaten erweisen, aber sie gaben alsbald in der Verleumdung ihre verdorbene Gesinnung kund und in der Art, in der sie die Gunstbezeigungen Christi aufnahmen, und deshalb zügelte sich Christus, sie ihnen zu erweisen, um ihnen keine Gelegenheit zu geben, noch schlechter zu sein, wie es der Evangelist zum Ausdruck bringt: Er tat nicht viele Wunder, wegen ihrer Ungläubigkeit." (Schüller, Karin)

Macht braucht immer ohnmächtige Subjekte, über die sie verfügt. Das polare Verständnis von Macht beruht hingegen auf einem wechselseitigen Prozess zwischen allen Beteiligten. In diesem Prozess erwirbt die Macht Autorität und stärkt das Gegenüber. Und es ist das Gegenüber der Macht, das letztlich darüber befindet, ob die Macht auch Autorität besitzt. Das Gegenüber wird zum Korrektiv der Macht und es zeigt an, welche Macht die vermeintlich Ohnmächtigen besitzen. Und über den Begriff der Autorität ist es möglich, das Handeln von Personen zu qualifizieren. Drei Merkmale sind in diesem Zusammenhang von zentraler Bedeutung:
1. *Intellektualität/Wissen*, d.h. das Verfügen über Kompetenz auf dem jeweiligen Gebiet. Es müssen echte Kenntnisse über die Dinge vorliegen, zu denen sich jemand äußert. Darin liegt ein subjektives Kriterium der Autorität: Wer sich über etwas äußert, ohne Kenntnisse davon zu haben, zerstört seine eigene Kompetenz.
2. *Entscheidungskraft*, d.h. den Willen etwas zu tun. Dieses voluntative Moment gibt Auskunft darüber, für wen oder was sich jemand entscheidet.
3. *Durchsetzungsvermögen*, d.h., auf der Basis von Intellektualität und Entscheidungskraft auch tatsächlich zu handeln. Hier entscheidet sich, ob jemand sich auch wirklich an das hält, was er/sie sagt.
Eine Person besitzt dann Autorität, wenn sie diesen Kriterien genügt.
Nach diesen Kriterien ist Sor Juana eine Frau mit Autorität. Sie verfügt über theologische Kompetenzen, die es ihr ermöglichen, António Vieira zu kritisieren. Und sie besitzt den Willen, ihre Kompetenzen öffentlich zu machen. Sie setzt ihre Kompetenzen in ihrer Kritik an Vieira um, und damit hält sie sich an das, was sie sagt. Sie spricht als scheinbar Ohnmächtige mit Macht. „Die Sprache der Ohnmacht, die in ihrem Ausdruck selbst eine Macht verkörpert, ist eine Sprache des Widerstandes." (. Sander 1999, 168) Sor Juana widersteht der Ordnung der Dinge, sie spricht in eigenem Namen und eigener Autorität.
Dieses Autoritätsverständnis ist unerhört, es überschreitet die Logik der Ordnung der Dinge. Sor Juana ist sich dessen bewusst und drückt dies auch an zwei Stellen in ihrem Text aus. Schon zu Beginn des Textes schreibt sie: „ [...], aunque modificado este inconviente, en que así de lo uno como de lo otro, será V.md. solo el testigo, en quien la propia autoridad de su precepto honestará los errores de mi obediencia, que a otros ojos pareciera desproporcionada soberbia, y más cayendo en sexo tan desacreditado en materia de letras con la común acepción de todo el mundo."[120] (Salceda 1957, Bd. IV, 412) Und an

---

[120] „[...], obgleich diese Unannehmlichkeit dadurch verändert wird, daß Euer Gnaden von dem einen wie von dem anderen der alleinige Zeuge sind, und durch die Autorität Eures Befehls werden die Irrtümer meines Gehorsams gerechtfertigt. Anderen Augen mag dies als unpassender Hochmut erscheinen, und das um so mehr bei einem auf dem Gebiet der Wissenschaften gemeinhin so verrufenen Geschlecht." (Schüller, Karin)

anderer Stelle im Text steht: „ [...]; que no es ligero castigo a quien creyó que no habría hombre que se atreviese a responderle, ver que se atreve una mujer ignorante, en quien es tan ajeno este género de estudio, y tan distante de su sexo; pero también lo era de Judit el manejo de las armas y de Débora la judicatura."[121] (Salceda 1957, Bd. IV, 435) Die Taten mögen unpassend gewesen sein, doch ihre Taten sind im nachhinein durch ihre Wirksamkeit gerechtfertigt worden. Sor Juana bezieht sich hier auf andere Frauen und stellt sich unter ihre Autorität.[122] Und indem sie sich hier auf Judith und Deborah bezieht, stellt sie sich in eine weibliche Genealogie, tritt sie auch für sich selbst ein. Judith und Deborah werden ihr zu „symbolischen Müttern".[123]

Die Suche nach der eigenen unerhörten Sprache lenkt den Blick zurück. Die Erinnerung an unerhörte Frauen wird zur Basis, Neues sagen zu können und das Unerhörte der eigenen Existenz aussprechen zu können. In den Geschichten unerhörter Frauen findet sie die Worte und Bilder, die ihr zur Unterstützung, zur Hilfe werden können. Dieser Blick zurück, die Bezugnahme auf andere Frauen, belegt, dass Frauen die Repräsentation anderer Frauen brauchen, um sich mit der Welt auseinander zu setzen. Der Bezug auf die anderen unerhörten Frauen wird zur Quelle der Kraft und schafft die notwendigen Voraussetzungen, die Konsequenzen für die eigene Existenz zu ziehen. (Vgl. Libreria delle donne di Milano 1991, 140.) Und diese Bezugnahme befähigt zur Sprache. Die Frauen melden sich mit eigener Stimme zu Wort.

---

[121] „[...]; es ist keine leichte Strafe für jemanden, der glaubte, daß es keinen Mann geben würde, der es wagte, ihm zu antworten, zu sehen, daß eine unwissende Frau es wagt, für die diese Art des Studiums so unpassend ist und so fern ihrem Geschlecht; aber so war es auch für Judith der Gebrauch der Waffen und für Debora das Richteramt." (Schüller, Karin)

[122] Im Denken der „Italienerinnen" bedeutet die Tatsache, dass eine Frau eine andere Frau autorisiert, dass sie sich selbst Autorität verleiht. „Indem wir einer anderen Frau im gesellschaftlichen Rahmen Autorität und Wert zuschreiben, verleihen wir uns selbst, unserer eigenen Erfahrung, unserem eigenen Begehren Autorität und Wert: 'Wenn ich für Gertrude Stein eintrete, trete ich auch für mich selbst ein.'" (Libreria delle donne di Milano 1991, 131) Die Frau wird zur eigenen Sprache befähigt und vertritt einen eigenen Standpunkt.

[123] Die „symbolische Mutter" erhört das Unerhörte in einer anderen Frau und unterstützt sie, das Unerhörte ins Wort zu bringen. Mutter ist, wer die unerhörte Sprache der Frau unterstützt. „Die Frauen, die in die Gesellschaft eintreten oder eintreten möchten, tragen ein Begehren in sich, das Befriedigung sucht. Das stellt niemand in Zweifel, doch fehlt dem Wunsch die Legitimation, und so kann er nicht offen gezeigt werden. Die Arbeit am Symbolischen wird also darin bestehen, symbolische Figuren zu entwerfen, welche aus der Zugehörigkeit zum weiblichen Geschlecht die gesellschaftliche Legitimierung für alle Freiheit machen, die eine Frau für sich will." (Libreria delle donne di Milano 1991, 125) Und eine solche Figur ist die symbolische Mutter. (Vgl. Muraro 1993.)
Doch der Entwurf allein genügt nicht. Zum Entwurf gehört es, diesen auch zu vertreten. Diesen wichtigen Aspekt der Sprache und der Rede haben die „Italienerinnen" nicht im Blick. Er muss aber angeführt werden, damit die neue Ordnung der Dinge auch greifen kann.

Sor Juana leitet Macht und Autorität und damit das Recht, sich zu Wort zu melden, nicht hierarchisch ab, sondern Macht und Autorität hat vielmehr jedeR, die/der im eigenen Namen mit Kompetenz spricht und danach handelt. Ihre Texte sind von diesem Standpunkt durchzogen und besonders deutlich wird dies in ihrer *Antwort an Sor Philothea* und im *Primero Sueño*, auf die ich später noch im Einzelnen eingehen werde. Solch eine Auffassung führt zu Kontroversen und Streitigkeiten, der Konflikt ist unausweichlich. Sor Juanas Interpretation des Vieira und ihr eigener Entwurf über den größten Liebesbeweis sind eine Bedrohung für die herrschende Ordnung der Dinge. Ihre Worte und die Reaktionen, die sie auslösen, zeigen, dass sie in der Lage ist, diese Ordnung ins Wanken zu bringen. Ihre unerhörten Worte, gesprochen in eigenem Namen und eigener Autorität, erschrecken und ängstigen die Hüter der Ordnung der Dinge. Denn sie sind es gewohnt, in der Wiederholung des Alten zu leben, und meiden das Neue, das, was sie als Bedrohung wahrnehmen.

In diesem Sinne sind Sor Juana und Vieira Autoritäten und dennoch trennt sie ein wesentlicher Punkt. Wie bereits an früherer Stelle aufgeführt, setzt sich Sor Juana dem Schweigen und damit der Konfrontation mit dem Unerhörten aus. Das Schweigen und die Auseinandersetzung mit dem Unerhörten werden die Basis ihres Sprechens. Sie erhört das Unerhörte und bringt es zum Ausdruck – die Sprache ist der Ort der Konstituierung ihrer unerhörten Existenz. Vieira hingegen setzt sich dem Schweigen nicht aus. Aus diesem Grund nimmt er das Unerhörte wohl wahr, aber er ist nicht in der Lage, es in seiner Ganzheit zum Ausdruck zu bringen, und vor allem befähigt er die Unerhörten nicht zum Spracherwerb. Das Sprechen übernimmt Vieira. Und in diesem Sinne behandelt er auch die Frage nach dem größten Liebesbeweis. In all seinen Ausführungen scheint immer wieder der Tatbestand durch, dass „sein" Gott nicht wahrhaft am Subjekt und dem Menschen als seinem Gegenüber interessiert ist. Sor Juana spricht von einem anderen Gott, und sie wird in nachfolgenden Reaktionen auf ihre Predigtkritik an Vieira deutlich zu spüren bekommen, dass sie zu weit gegangen ist. Sie hat mit ihrer *Crisis sobre un sermon* ein Tabu gebrochen und mit Macht und Gewalt soll die Unerhörte daran gehindert werden, sich als denkendes und sprechendes Subjekt zu realisieren.

Bevor diesem Gedankengang nachgegangen wird, folgt ein Exkurs über den Gnadenstreit (1597-1607). In ihrer Auseinandersetzung mit Vieira, in ihrer Disputation um den größten Liebesbeweis, behandelt Sor Juana auch die Frage nach dem Verhältnis von Gott und Mensch und ebenso die Frage nach der Gnade. Denn die Frage nach dem Liebesbeweis ist letztlich eine Frage nach der Gnade Gottes. Vor diesem Hintergrund folgt nun eine Darstellung des Gnadenstreites und der Positionen, um die gerungen wurde und deren Nachwehen bis in unsere Zeit reichen. (Vgl. Deutsche Bischofskonferenz 1998.)

4.4 Exkurs: Der Gnadenstreit – Die Kontroversen um das Verhältnis von Gnade und Freiheit in einer gnadenlosen Zeit

Im Glauben liegt die Erfahrung der Gnade. Sie macht den Menschen nicht zu einer Machtgestalt, aber sie nimmt den gnadenlosen Zuständen, die er in sich und mit anderen erfährt, ihre Ohnmacht. Der Ort, an dem Menschen Gnadenlosigkeit und Gnade erfahren können, ist die Geschichte, die universale sowie die individuelle. In der Geschichte offenbart sich die Gnade Gottes, oder gar nicht. Dabei kommt der menschlichen Freiheit in diesem Zusammenhang eine besondere Bedeutung zu: Sie ist der Ort der Gnade. Und zwar die Freiheit des Menschen, das Böse zu unterlassen und das Gute zu tun.

An dieser Stelle ist hervorzuheben, dass seit der frühen Neuzeit der Begriff „Natur" in Diskursen für Geschichte steht.[124] Das Verständnis von Natur als Geschichte findet sich auch bei Sor Juana, wie es im Besonderen in ihrem Fronleichnamsspiel *El divino Narciso* (vgl. Kap. 5.5.2) vorkommt und behandelt wird. Dass Natur als Geschichte verstanden wird, hat für die Auseinandersetzung mit der Gnade eine besondere Konsequenz, denn angesichts dieser Verknüpfung ist es nun möglich, die geschichtliche Bedeutung der Rede von der Gnade zum Thema zu machen.

Um diese Fragen, im Besonderen um das Verhältnis von Freiheit und Gnade, geht es auch in der Auseinandersetzung Sor Juanas um den größten Liebesbeweis. Der Liebesbeweis ist eine Gnadenfrage. Und bei genauerer Betrachtung zeigt sich, dass Sor Juana nicht über irgendein theologisches Thema nachgedacht hat, sondern dass sie sich mit einer zentralen theologischen Frage ihrer Zeit – der Gnade – beschäftigt hat. Der Gnadenstreit ist im Rahmen der Auseinandersetzung wegen seiner Positionen wie auch wegen der Entscheidung des Papstes Paul V. von Bedeutung. Zum einen entscheidet der Papst letztlich, dass beide Parteien ihre Positionen vertreten dürfen, und zum anderen, dass das Lehramt differenzierte Lehrmeinungen nicht verurteilen noch behaupten soll. (Vgl. DH 1997a.) Dies ist insofern interessant, als Sor Juana gerade wegen ihrer differenzierten Meinung zum größten Liebesbeweis in einen massiven Konflikt mit Amtsträgern der Kirche gerät.

In der frühen Neuzeit radikalisierte sich die Frage nach der Natur und der Gnade und auch die Frage in Bezug auf das Verhältnis von Gnade und

---

[124] Vgl. hierzu im Besonderen die Ausführungen von Walter Benjamin in seinem *Trauerspielbuch*. „Wenn mit dem Trauerspiel die Geschichte in den Schauplatz hineinwandert, so tut sie es als Schrift. Auf dem Antlitz der Natur steht 'Geschichte' in der Zeichenschrift der Vergängnis." In dieser Interpretation von Natur als Geschichte wird diese nicht mehr als ein Prozess des ewigen Lebens gelesen, sondern vielmehr im Vorgang des unaufhaltbaren Verfalls gesehen. (Vgl. Benjamin 1990, 155.)

Freiheit. Die Fragen nach der Gnade wurden zu einem erbitterten Streitobjekt, dessen Ursprung in der Zeit selbst begründet ist: Es ist die Zeit der Religionskriege. Und in ihnen kann die Frage nach dem rechten Glauben unter bestimmten Umständen eine Frage auf Leben und Tod werden. Wer in einer gnadenlosen Zeit lebt, braucht Klarheit und Gewissheit über die Gnade. Vor dem Hintergrund der gnadenlosen Erfahrungen des Lebens will man den Glauben so klar und präzise wie möglich beschreiben können.
Aber um den Gnadenstreit verstehen zu können, muss man nicht nur die Zeit der Religionskriege vor Augen haben, sondern in besonderer Weise auch die Situation in Spanien beachten, denn die beiden streitenden Parteien im Gnadenstreit waren in Spanien beheimatet. Es sind die Regierungsjahre Philipp II. und die Weltmacht Spanien steht vor ihrem Ende. Spanien ist entvölkert. Zum einen hatten die Kriege in Europa viele Opfer gefordert und zum anderen wanderten viele in die „Neue Welt". Aufgrund der großen Mengen an Gold und Silber aus den eroberten Gebieten in der „Neuen Welt" kam es zur ersten Inflation. Je größer Spaniens Machtbereich wurde, umso unbeholfener und gefährdeter wurde es. Holländer und Engländer erstarkten und sie sind es schließlich, die das spanische Reich zersprengen. (Vgl. Schneider 1982, 342.) Spanien war aber seit der Conquista der religiös am stärksten sensibilisierte Staat in Europa. Um der Einheit des Landes willen wurde jede Häresie verfolgt, und dies von Beginn an. Die Reformation sollte unter allen Umständen verhindert werden. „Wer sich vom Glauben löst, der löst sich vom Staat; wer den Glauben angreift, ist ein Feind des Staates. Der Ketzer ist zugleich Hochverräter; geistliches und weltliches Gericht begegnen sich in ihrem Spruch." (Schneider 1982, 236)
Doch gegen Ende der Regierungsjahre Philipp II. stehen sich zum ersten Mal zwei Wahrheiten gegenüber: „Im Zeichen steinerner Unduldsamkeit beginnt das Zeitalter der Relativität. Philipp ist zu keiner Konzession bereit; denn er ist nicht des leisesten Zweifels am überlieferten Glauben fähig." (Schneider 1982, 401) Und dies führt schließlich dazu, dass die Umbrüche und der sich abzeichnende Wandel ganz und gar nicht begriffen und verstanden werden. Spanien fehlte der historische Blick, denn nur so ist es zu erklären, dass man einen Einzelnen oder wenige für die Urheber des Aufruhrs und des religiösen Umschwungs hielt. Und genau damit verkannte man die Situation der Zeit. Die Spanier verstanden die Welt nicht mehr und konnten sich infolge dessen auch nicht zu ihr verhalten und sie gestalten.
Im Gnadenstreit wird aber weniger ein Streit gegen die Protestanten geführt als vielmehr eine innerkatholische Kontroverse um die Gnade ausgefochten. Dabei ist der Gnadenstreit auch ein heftiger Streit zwischen dem intellektuellen Orden des Mittelalters, den Dominikanern, und dem neuen intellektuellen Orden der Jesuiten.
Im Gnadenstreit zwischen dem *Jesuiten Luis de Molina (1535-1600)* und dem *Dominikaner Domingo Bañez (1528-1604)* geht es um die Frage, wie die Beziehung der Gnade zur Freiheit zu vermitteln ist. Beide Positionen

versuchen eine Größe zu schaffen, in der beider Beziehung direkt zur Sprache kommt. D.h., sie versuchen zu klären, wie die aktuelle Gnade mit dem freien menschlichen Willen zusammenwirkt.

Für Molina und den Molinismus ist die *scientia media* der Lösungsbegriff. Damit benennt er ein Wissen Gottes, das zwischen seinem natürlichen Wissen *(scientia naturalis)* um die Tatsachen und seinem Wissen um die theoretischen Möglichkeiten des Menschen *(futuribilita)* steht. In der *scientia media* erfasst Gott die künftigen Freiheitshandlungen der Menschen und kann seine Handlungen darauf abstellen. Dieses Wissen ist allein Gott vorbehalten. „Als Vorauswissen wahrt es sowohl die Oberhoheit Gottes als auch die Freiheit des Menschen." (Kraus 1995, 255)

Die Gegner sehen hier die Allwirksamkeit Gottes nicht geachtet und setzen an ihr als einem natürlichen Tatbestand der Schöpfung an. So lautet der Lösungsbegriff nach Bañez und dem Bañezianismus *praemotio* oder *praedeterminatio physica*. Die gesuchte Vermittlungsinstanz zwischen Gnade und Freiheit ist die physische Vorausbewegung Gottes. D.h., Gott ist der Verursacher aller menschlichen Handlungen ihrer wahren Natur nach und begründet damit die Freiheit des Menschen. Gott hebt also die menschliche Freiheit nicht auf, sondern er begründet sie. „Als Freiheit ermöglichende Vorherbestimmung wahrt die physische Vorausbewegung sowohl die Allwirksamkeit Gottes als auch das freie Wirken Gottes." (Kraus 1995, 225)

Beide Systeme zur Verhältnisbestimmung zwischen Gnade und Freiheit setzen Akzente und werfen Fragen auf, wie das nachfolgende Schaubild (vgl. Kraus 1995, 256) verdeutlichen soll:

Das Zusammenspiel zwischen Gottes Macht und der menschlichen Freiheit nach Molina und Bañez

	Molinismus	Bañezianismus
Schlüsselbegriff	scientia media (= mittleres Wissen)	praemotio physica (= physische Vorausbewegung)
Akzente	✤ menschliche Freiheit	✤ göttliche Allwirksamkeit
	✤ Betonung der hinreichenden Gnade	✤ Betonung der wirksamen Gnade
	✤ Vertrauen auf den allgemeinen Heilswillen Gottes	✤ Notwendigkeit der Prädestination des einzelnen
	✤ Vorherbestimmung nach dem Vorauswissen der Verdienste des Menschen (post praevisa metria)	✤ Vorherbestimmung vor dem Vorauswissen der Verdienste des Menschen (ante praevisa metria)
Probleme	Gefährdung der göttlichen Oberhoheit und Allwirksamkeit	Gefährdung der menschlichen Freiheit und Verantwortlichkeit

Beide Systeme gerieten in heftigen Streit. Molina und Bañez zeigten sich gegenseitig bei der spanischen Inquisition an. Bañez wurde Calvinismus vorgeworfen und Molina Pelagianismus.
Der Nuntius Caetani riet am 23. April 1594 dem Kardinalsstaatssekretär Aldobrandini, den Papst zur Lösung des Streitfalls einzubeziehen. Am 28. Juni 1594 antwortet Rom, dass es die Streitfrage an sich zieht. Alle erforderlichen Akten und Stellungnahmen des Dominikanerordens und der Jesuiten werden nach Rom geschickt. Der Nuntius verbietet gleichzeitig den weiteren Disput über die Wirksamkeit der Gnade. „Gegen dieses Schweigegebot wandten sich beide Parteien: Bañez machte in einer Denkschrift an den Papst für sich geltend, dass er ja nur die Lehre des Augustinus und des Aquinaten vortrage; Bellamin bestritt in einem Gegengutachten diesen Anspruch und die Behauptung, die Jesuiten seien 'Neuerer'. Daraufhin wurde das Schweigegebot am 26. Februar 1598 durch die Römische Inquisition für beide Parteien aufgehoben." (Kraus 1995, 256)
Eine vom Papst eingerichtete Theologenkommission, die den Auftrag hatte, die Lehre Molinas zu prüfen und nicht den Streitfall als solchen mit den beiden

entgegengesetzten Positionen, entschied am 13. März 1598, Buch und Lehre Molinas zu verbieten. In seiner Schrift wurden 60 Sätze zur Verurteilung vorgeschlagen. Am 28. März 1598 kamen jedoch noch Unterlagen in der Angelegenheit in Rom an und der Papst forderte die Kommission auf, ihren Entschluss angesichts des neuen Materials zu überprüfen. Sie entschied am 28. November 1598, die Entscheidung vom März des Jahres aufrecht zu erhalten. Bis dato hatte Molina nicht die Möglichkeit gehabt, sich selbst vertreten zu können, obgleich er mit einer Eingabe beim Papst darum gebeten hatte. Auf Drängen des spanischen Königs Philipp III. und anderer Unterstützter des Ordens der Jesuiten ließ Clemens VIII. zu, dass die beiden Ordensgenerale Beccaria und Acquaviva je mit Unterstützung eines Theologen ihren Standpunkt im Streit sowohl mündlich wie schriftlich darlegen konnten. „Die Dominikaner wehrten sich gegen jede Verschiebung der Fragestellung, die nach ihrer Ansicht nur die Lehre Molinas betraf, die Jesuiten bestanden auf der Erörterung des Gesamtproblems und damit auch der Lehre des Bañez von der Praemotio physica." (Kraus 1995, 571)

Nach den Anhörungen sprach sich die um drei Mitglieder erweiterte Theologenkommission wiederum mehrheitlich (9 : 2) gegen Molina aus. 20 Sätze in seinem Werk wurden beanstandet. Am 5. Dezember 1601 erhielt der Papst das Aktenpaket zum Streitfall. Woraufhin am 12. Februar 1602 die Jesuiten dem Papst eine Denkschrift mit der Bitte um Aufschub der endgültigen Entscheidung überreichten. Daraufhin beschloss Clemens VIII., beide Parteien selbst anzuhören und persönlich eine Entscheidung zur Beendigung des Streitfalls zu fällen. Wiederum beschäftigten sich die Disputationen vor Clemens VIII. ausschließlich mit der Position Molinas. Die 68 Disputationen und anschließenden Beratungen dauerten fast drei Jahre. In allen Punkten sprach sich auch diese Kommission gegen die Position Molinas aus. Am 4. März 1605 starb Clemens VIII., ohne vorher eine abschließende Entscheidung getroffen zu haben.

Nach dem kurzen Pontifikat Leos XI. (1.-27. April 1605) wurde Paul V. zum neuen Papst gewählt. Paul V. hatte bereits als Kardinal an allen bisherigen Disputationen teilgenommen und nahm den Streitfall erneut auf. Er ließ sich die Standpunkte beider Parteien schriftlich geben und berief im September 1605 abermals die Untersuchungskommission gegen Molina ein. Um die Möglichkeit zu einem Ergebnis voranzutreiben, befahl er der Kommission, sich einzig und allein mit der Frage zu befassen, wie die Wirksamkeit der Gnade auf den freien Willen zu denken sei. Damit stand nun aber nicht mehr, wie es noch der Wille Clemens VIII. war, die Lehre Molinas im Zentrum, sondern der Standpunkt der zwei Fraktionen. So bemühten sich denn auch die Jesuiten, die Lehre des Dominikaners Bañez von der *praemotio physica* zu widerlegen und ihre Nähe zu der Gnadenlehre Calvins unter Beweis zu stellen. „Nach Abschluß der Disputationen wurde die Theologenkommission aufgefordert, vier Fragen zu beantworten:
1. Welche Sätze über die Gnade definiert,

2. welche verurteilt werden sollen;
3. wo der Unterschied zwischen katholischen und häretischen Anschauungen liege,
4. ob darüber eine Bulle zu erlassen sei." (Kraus 1996, 572)

Die Kommission kam im November 1606 zu dem Ergebnis, dass 42 Sätze Molinas zu zensieren seien. Einer in der Kommission, der Karmelit Bovio, sprach sich gegen jede Entscheidung aus, da die Streitfrage seiner Ansicht nach noch nicht bis zur Entscheidungsreife geklärt sei. Die vom Papst angesprochenen Ratgeber Franz von Sales und Kardinal Du Perron schlossen sich der Meinung des Karmeliten an. Unter diesen Umständen traf Paul V. eine eigenständige Entscheidung: Die Lehre der Jesuiten ist vom Pelegiansimus und die Lehre der Dominikaner ist vom Calivinismus verschieden; keine darf die andere verketzern oder beschimpfen. (Vgl. DH 1997.)

Nach Ansicht von Paul V. darf die Frage nach der Gnade offen bleiben:
1. „weil die Zeit die Wahrheit der Dinge lehrt und zeigt, da sie ja eine große Richterin und Beurteilerin der Dinge ist",
2. „weil die eine und die andere Partei im wesentlichen mit der katholischen Wahrheit übereinstimmt",
3. „weil das Lehramt ausgeklügelte Schulmeinungen weder verurteilen noch behaupten soll (DH 1997a)". (Kraus 1995, 256)

Papst Clemens XII. betont 1740 nochmals die Lehrfreiheit der molinistischen und der bañezianischen Schulen bei der Erklärung der Wirksamkeit der Gnade. (Vgl. DH 2509f.) Und 1748 erneuert auch Papst Benedikt XIV. auf Anfrage des Großinquisitors von Spanien die Erlaubnis zu verschiedenen Aussagen und dehnt sie auch auf die augustinische Schule aus. (Vgl. Krauss 1995, 256.)

Der Gnadenstreit endete nicht mit der Verurteilung einer Lehrmeinung und die Fragen nach der Gnade blieben offen. Dieses Faktum bedeutete für Sor Juana, dass sie sich an der Behandlung des Themas im Rahmen ihrer Kontroverse mit Vieira beteiligen konnte – die Auseinandersetzung war erlaubt, wenn auch in ihrem Fall nicht erwünscht, wie die weiteren Konsequenzen zeigen werden.

4.5 Der Brief der Sor Philothea – Eine Zurechtweisung oder Von der Macht, die mit der Ohnmacht rechnet

Der Bischof von Puebla, Manuel Fernández de Santa Cruz y Sahagún, veröffentlichte Ende 1690 die Predigtkkritik *Crisis sobre un Sermón* von Sor Juana unter dem neuen Titel *Carta Atenagórica*.[125] Diese Veröffentlichung brachte schwerwiegende Probleme für Sor Juana mit sich. Mit der *Carta*

---

[125] Atenagórica bedeutet „der Beredtsamkeit Athenes würdig, der Weisheit Athenes vergleichbar" – eine Zusammenfügung aus „Athene", der Göttin der Weisheit, und dem griechischen Wort „agora".

Atenagórica verband Manuel Fernández de Santa Cruz y Sahagún[126] in der Veröffentlichung einen in Briefform gehaltenen Text an Sor Juana. Diesen öffentlichen Brief unterschreibt er mit dem Pseudonym Sor Philothea. „With this, the bishop, who in writing to Juana disguises himself as Sor Filotea de la Cruz, transfers to the letter the gesture of publishing the word of the weak: he covers up his name and sex, making way for the woman's word, and publishes Juana's writing, giving it a title (while she, in her poems, grants the word to the Indians). But both granting the word and identifiing oneself with the other involve the same imperative: the weak must accept the superior's project. The bishop, who in assuming a woman's name places himself on a horizontal plane with Juana, desires to win her back to religion, to persuade her to abandon what is unsuited to religion. He calls himself Filotea (lover of God), because from this position he can write to Sor Filosofía (philosophy, lover of knowledge, author of the letter worthy of Athena's knowledge). The bishop's pseudonym, his publication of the text-polemic, define his project regarding Sor Juana." (Ludmer 1991, 90f)
Es ist nicht verwunderlich, dass der Bischof diesen Brief unter einem Pseudonym schreibt. Er bewegt sich damit im „Spiel" des Barock. Er geht hier nicht als der, der er, ist auf die „Bühne" der Öffentlichkeit, sondern er versteckt sich hinter einer Frau. Er spricht somit auch nicht in der Autorität des Subjektes. Aber um so klarer macht er schon zu Beginn des Briefes deutlich, worum es inhaltlich geht: um den Widerstreit zwischen dem Subjekt und denjenigen, die ihre Autorität von einem Dritten ableiten. Dabei war der Bischof von Puebla nicht in direkter Weise ein „Vorgesetzter" für Sor Juana. Dies waren zum einen die Äbtissin und zum anderen der Bischof von Mexiko, Aguiar y Seijas. Aber Manuel Fernández de Santa Cruz y Sahagún war ein guter Bekannter von Sor Juana und sicherlich hat er an den Unterhaltungen im Besucherzimmer von San Jerónimo teilgenommen.[127]

---

[126] Manuel Fernández de Santa Cruz y Sahagún wurde 1637 in Spanien geboren, er ging bei den Jesuiten in die Schule und studierte in Salamanca Theologie. Mit fünfunddreißig Jahren wurde er zum Bischof von Chiapas ernannt, aber bevor er die Reise antrat, übergab man ihm eine andere Diözese in Mexiko, die von Guadalajara. 1676 wurde er zum Bischof von Puebla ernannt, wo er auch bis zu seinem Tod 1699 blieb. Während seiner Amtszeit förderte er insbesondere Schulen für Mädchen, sorgte sich um die Ausbildung von Ordensfrauen und investierte viel in die theologische Ausbildung des Priesternachwuches. Sein Interesse an Theologie wird unter anderem auch daran deutlich, dass er der Autor von drei Bibelkommentaren ist. (Vgl. Paz 1991; 583; Schons 1991, 50.)

[127] Paz charakterisiert den Bischof von Puebla Manuel Fernández de Santa Cruz y Sahagún als einen wahren Kirchenfürsten. Er war kein Heiliger, sondern ein vorsichtiger, „aber kein feiger Politiker, energisch aber realistisch." (Paz 1991, 582) Nach Paz galten beide, Manuel Fernández de Santa Cruz y Sahagún und Aguiar y Seijas (damals Bischof von Michoacán), als Anwärter auf das Bischofsamt in Mexiko. Lange hatte sich Manuel Fernández de Santa Cruz y Sahagún die besseren Chancen ausgerechnet, zumal Puebla nach Mexiko das bedeutendste Bistum in Neuspanien war. Aber es kam anders, Aguiar y Seijas wurde der

Der Brief der Sor Philothea behandelt nur am Rande die Argumentation von Sor Juana in der Auseinandersetzung mit Vieira. Diese Predigtkritik ist nur der äußerliche Anlass für das Schreiben, inhaltlich geht es um etwas anderes – um eine *Zurechtweisung*. Die Bücher, die Sor Juana liest, sind zu weltlich, ihre Gedichte und Texte nicht fromm genug. Sor Juana ist zu sehr mit den Dingen der Welt beschäftigt und gefährdet dadurch ihr Seelenheil. Sor Philothea hat nichts gegen die Auseinandersetzung mit Wissenschaft und Poesie, aber im Fall von Sor Juana empfiehlt sie mit Nachdruck die Hinwendung zu frommen Themen.

Durch seinen Brief wird deutlich, dass Manuel Fernández de Santa Cruz y Sahagún es für erforderlich hält, Sor Juana bezüglich ihres Lebens im Kloster und ihrer intellektuellen Neigungen, ihrer Auseinandersetzung mit den weltlichen Wissenschaften und ihrer Liebe für die Poesie zurechtzuweisen. Er verlangt von ihr die Bekehrung zum rechtmäßigen und bescheidenen, allein auf Gott bezogenen Leben. Er fordert von ihr die Aufgabe ihres unerhörten Verlangens nach Wissen und Ausdruck. Letztlich besteht er auf ihren Sprachverzicht und damit spricht er sich gegen eine Bildung von Frauen aus, deren Ziel das Erlangen der eigenen Sprache ist.

Der Brief von Sor Philothea beginnt mit einer positiven und sehr wohlwollenden Reaktion auf die *Crisis sobre un Sermón*. Sor Philothea hebt mit Bewunderung die Ausdrucksstärke und Klugheit in der Beweisführung hervor. „Yo, a lo menos, he admirado la viveza de los conceptos, la discreción de sus pruebas y la enérgica claridad con que convence el asunto, compañera inseparable de la sabiduría; que por eso la primera voz que pronunció la Divina fue *luz*, porque sin claridad no hay voz de sabiduría."[128] (Salceda 1957, Bd. IV,

---

Bischof von Mexiko. Er genoss die Unterstützung der Jesuiten und anderer einflussreicher Personen in der Stadt. Er war bekannt wegen seiner strengen Prinzipien, seiner moralischen Unnachgiebigkeit und auch wegen seiner intellektuellen Fähigkeiten. Seit dieser Zeit schwelte ein verdeckter Konflikt zwischen den beiden Bischöfen und nach Paz wurde Sor Juana ein Spielball ihrer politischen Interessen. „Die Rivalitäten der beiden Prälaten wurden verdeckt ausgetragen: die Theologie als Maske der Politik." (Paz 1991, 594) Auch in diesem Punkt wird das Verständnis von Paz bezüglich des Verhältnisses von Religion und Sor Juana wieder deutlich: Hier macht er sie zum Opfer rivalisierender Kirchenfürsten. Auch wenn Sor Juana nicht im Detail ahnen konnte, welche Konsequenzen eine Kritik an Vieira hervorrufen würde, so ist es dennoch nicht vorstellbar, dass sie nicht um die Brisanz dieser Kritik wusste. Sor Juana hat ihre Kritik in eigenem Namen und auf dem Boden einer eigenen Theologie geschrieben und diese Tatsache entkräftet das Argument von Paz, sie sei nur Spielball in dem Konflikt der Bischöfe gewesen.
(An dieser Stelle ist noch einmal auf Benassy-Berling hinzuweisen, die einleuchtend dargelegt hat, dass die Angaben von Paz eher der Spekulation denn der Realität zuzuordnen sind. Vgl. die Ausführungen in Kap. 3.3.5, Fußnote 17)
[128] „Ich zumindest bin voller Bewunderung dafür, wie Ihr in dieser Sache durch die Ausdrucksstärke der Begriffe, die Klugheit Eurer Beweisführung und durch entschiedene Klarheit überzeugt, die eine unzertrennliche Begleiterin der Weisheit ist; das erste Wort aus

694) Gleichzeitig betont Sor Philothea aber, dass diese Fähigkeiten Gnadengaben Gottes sind und nicht die Ergebnisse menschlichen Fleißes oder Mühen. Und damit warnt sie indirekt vor Hochmut und Überheblichkeit. „Éste es uno de los muchos beneficios que debe V.md. a Dios; porque la claridad no se adquiere con el trabajo e industria: es don que se infunde con el alma."[129] (Salceda 1957, Bd. IV, 694) Die intellektuellen Fähigkeiten, die Sor Juana besitzt, sind Geschenk Gottes und dafür schuldet Sor Juana Gott zum einen Dankbarkeit wie auch zum anderen die Sorge um den rechten Einsatz dieser Gnadengaben. Durch ihre Begabungen steht sie nicht nur in der Gunst, sondern auch in der Schuld bei Gott. Es gilt, die Gaben zum Lobpreis Gottes einzusetzen. Diese Aufforderung an Sor Juana wird deutlich, als der Anlass der Drucklegung benannt wird: „Para que V.md. se vea en este papel de mejor letra, le he impreso; y para que reconozca los tesoros que Dios depositó en su alma, y le sea, como más entendida, más agradecida: que la gratitud y el entendimiento nacieron siempre de un mismo parto. Y si como V.md. dice en su carta, quien más ha recibido de Dios está más obligado a la correspondencia, temo se halle V.md. alcanzada en la cuenta; [...]"[130] (Salceda 1957, Bd. IV, 694)
Dankbarkeit für die Gnadengabe wie auch Einsicht sind bei Sor Juana geboten. Dankbarkeit in Bezug auf ihre Begabungen und Einsicht in Bezug auf die Wahl ihrer Themen und die Auseinandersetzung mit den verschiedenen Wissensgebieten. Sor Juana muss nach Ansicht von Sor Philothea ihre Talente besser nutzen, d.h. deutlicher in den Dienst der Religion und Kirche stellen. Sor Philothea weist freundlich, aber bestimmt darauf hin, dass Sor Juana Gott großen Dank schuldet, mehr als andere Menschen. Denn Gott ist es, dem sie ihre Gaben zu verdanken hat. Gott ist es, der sie mit ihren Begabungen beschenkt hat. Auch wenn sie schon immer ihre Talente gut genutzt hat, so gilt fortan, sie noch besser zu nutzen: „ [...], para que si hasta aquí los ha empleado bien (que así lo debo creer de quien profesa tal religión), en adelante sea

---

Gottes Mund war Licht, denn kein Wort der Weisheit ist ohne Klarheit." (Heredia, Hildegard)

[129] „Die Klarheit ist eine der vielen Gaben, die Euer Gnaden Gott verdankt, denn sie ist nicht durch Mühen und Fleiß zu erlangen, sondern ein Geschenk, das mit der Seele eingehaucht wird." (Heredia, Hildegard)

[130] „Ich habe das Schriftstück drucken lassen, damit Euer Gnaden es besser lesen kann und Schätze erkennt, die Gott in Euere Seele legte, und Ihr Ihm, wenn Ihr einsichtiger geworden seid, größeren Dank wisset; denn immer schon wurden Dankbarkeit und Einsicht aus dem gleichen Mutterschoß geboren. Und wenn es so ist, wie Euer Gnaden in Euerem Brief schreibt, dass derjenige, der von Gott mehr empfangen hat, auch in höherem Maße verpflichtet ist, Ihm angemessen zu danken, dann fürchte ich, daß Euer Gnaden sich sehr verschuldet hat; [...]" (Heredia, Hildegard)

mejor."[131] (Salceda 1957, Bd. IV, 695) Wie dieser bessere Umgang aussehen soll, wird im Laufe des Textes immer deutlicher. Der Verweis auf die dringend notwendige Beschäftigung mit frommen Themen ist der zentrale Punkt der Briefes. Sor Juana soll sich aber nicht nur auf literarischem Gebiet anderen Inhalten und Themen zuwenden, sondern sie soll damit zugleich auch eine neue, intensivere und angemessenere Beziehung zu Gott anstreben und zum Ausdruck bringen. „Pero, y aquí está lo central de la carta, la transformación no debe ser sólo literaria. La ampliación del horizonte de lecturas debiera llevar a sor Juana a estabelecer una nueva forma de relación con Dios."[132] (Lizama 1988, 205)

Hinter all diesen Sätzen verbirgt sich nach den augenscheinlichen Äußerungen der Bewunderung und Zustimmung der massive Hinweis, dass Sor Juana die ihr erwiesenen Gnadengaben Gottes bislang nicht richtig nutzt. In ihren Gedichten und in ihren wissenschaftlichen Auseinandersetzungen nehmen profane Fragestellungen und Themen einen zu breiten Raum ein. Nur rudimentär ist die Beschäftigung mit religiösen Themen. Hier wird deutlich, dass Sor Philothea nicht in der Lage ist, Gott und Welt, Religiöses und Profanes in Beziehung zu setzen. Für Sor Philothea sind dies keine kreativen Kontraste, sondern Gegensätze. Vor diesem Hintergrund legt Sor Philothea der Ordensfrau Sor Juana nahe, sich fortan religiösen Themen zu widmen. Dies geschieht in der Hoffnung, dass eine Hinwendung zu religiösen Themen nicht nur eine inhaltliche Verschiebung in ihrem Werk bedeuten, sondern vielmehr auch ihre Seele beeinflussen würde. Und Sor Philothea schreibt: „No es mi juicio tan austero censor que esté mal con los versos – en que V.md. se ha visto tan celebrada – , después que Santa Teresa, el Nacienceno y otros santos canonizaron con los suyos esta habilidad; pero deseara que les imitara, así como en el metro, también en la elección de los asuntos."[133] (Salceda 1957, Bd. IV, 695)

Sor Philothea hat nichts gegen das Verseschreiben von Frauen, sie hat keine grundsätzlichen Einwände gegen die intellektuelle Beschäftigung von Frauen. Ja, sie akzeptiert diese Arbeiten bei Frauen, allerdings gilt diese Akzeptanz nur mit Einschränkungen. Bei Frauen kann die intellektuelle Beschäftigung nur

---

[131] „Und wenn Ihr Euere Talente bis jetzt gut genutzt habt (so muß ich es von jemandem im Ordensstand annehmen), dann mögt Ihr sie von nun an noch besser nutzen." (Heredia, Hildegard)

[132] „Aber hier handelt es sich um den zentralen Punkt des Briefes, die Verwandlung soll nicht nur literarisch sein. Die Erweiterung des Horizontes ihrer Lektüre soll eine neue Realisierungsform ihrer Beziehung zu Gott festigen."

[133] „Mein Urteil ist nicht so streng, daß es das Verseschreiben – welches Euer Gnaden viel Ruhm brachte – für sündhaft hält, nachdem die heilige Theresa, Gregor von Nazianz und andere Heilige diese Fähigkeit in den Dienst Gottes stellten. Jedoch wünsche ich, daß Ihr ihnen nicht nur im Versmaß, sondern auch in der Wahl der Themen nacheifertet." (Heredia, Hildegard)

dann akzeptiert werden, wenn diese im Dienst der Kirche steht. In allen anderen Bereichen und Wissensgebieten ist die geistige Auseinandersetzung von Frauen nicht erwünscht, unter anderem auch deswegen, weil sie den Frauen selbst schadet. An dieser Stelle verweist Sor Philothea im Text auf Theresa von Avila und andere Heilige, wie auch auf Hieronymus, die es für gut bedachten, wenn Frauen des Lesens und Schreibens mächtig waren. Der allgemeinen Auslegung des „Mulieres in ecclesiis taceant" als Beweis dafür, dass es Frauen verboten ist zu studieren, stimmt Sor Philothea nicht zu. Aber sie rechtfertigt die Position des Paulus insofern, als dass er die Frauen vor der Gefahr des Hochmutes und der Eitelkeit bewahren wollte – beides Gefahren, für die Frauen, nach allgemeiner Auffassung und eigener Erfahrung von Sor Philothea, sehr empfänglich sind. „No apruebo la vulgaridad de los que reprueban en las mujeres el uso de las letras, pues tantas se aplicaron a este estudio, no sin alabanza de San Jerónimo. Es verdad que dice San Pablo que las mujeres no enseñen; pero no manda que las mujeres no estudien para saber; porque sólo quiso prevenir el riesgo de elación en nuestro sexo, propenso siempre a la vanidad. [...] Letras que engendran elación, no las quiere Dios en la mujer; pero no las reprueba el Apóstol cuando no sacan a la mujer del estado de obediente."[134] (Salceda 1957, Bd. IV, 695) Wissen, das Hochmut erzeugt, will Gott bei den Frauen nicht, aber dazu neigen anscheinend die Frauen.

Darüber hinaus hängt aber die Akzeptanz wissenschaftlicher Beschäftigung (und dies nicht nur bei Frauen) maßgeblich noch von anderen Faktoren ab. Und diese basieren auf der Grundannahme, dass die weltlichen Wissenschaften die Sklavinnen der göttlichen Ordnung sind. Wird dieses Verhältnis verkehrt, gerät es in eine Schieflage, dann sind Maßregelungen und Weisungen von Nöten, wie im Fall der Sor Juana: „ [...]; pues si las demás religiosas por la obediencia sacrifican la voluntad, V.md. cautiva el entendimiento, que es el más arduo y agradable holocausto que puede ofrecerse en las aras de la Religión. [...] Mucho tiempo ha gastado V.md. en el estudio de filósofos y poetas; ya será razón que se perfeccionen los empleos y que se mejoren los libros."[135] (Salceda 1957, Bd. IV, 695)

---

[134] „Ich mißbillige die allgemein verbreitete Ansicht derer, die die Beschäftigung der Frauen mit den Wissenschaften nicht gutheißen. Denn viele widmeten sich den Studien und wurden dafür vom heiligen Hieronymus mit Lob bedacht. Es ist zwar wahr, daß der heilige Paulus den Frauen nicht erlaubte zu lehren, er untersagte ihnen jedoch nicht, zu lernen, um zu Wissen zu gelangen. Er wollte nur der Gefahr zuvorkommen, daß unser für die Eitelkeit immer anfälliges Geschlecht hochmütig werde. [...] Wissen, das Hochmut erzeugt, will Gott bei der Frau nicht, aber Wissen, das die Frau im Stande des Gehorsams läßt, verwirft der Apostel nicht." (Heredia, Hildegard)

[135] „Denn wie die übrigen Ordensfrauen für den Gehorsam den Willen opfern, so habt Ihr Eueren Verstand zu fesseln, was das schwerste und wohlgefälligste Opfer ist, das man um des Glaubens willen darbringen kann. [...] Euer Gnaden hat viel Zeit auf das Studium der

Sor Philothea verlangt nicht, dass Sor Juana ihr Wesen verleugnet und auf Bücher verzichtet, aber dass sie sich vervollkommnet. Dazu bieten sich vor allem die Lektüre der Bibel an und das Lernen aus den Biographien von Heiligen. „Ninguno de los evangelistas llamó libro a la genealogía de Cristo, si no es San Mateo, porque en su conversión no quiso este Señor mudarle la inclinación, sino mejorarla, para que si antes, cuando publicano, se ocupaba en libros de sus tratos e intereses, cuando apóstol mejorase el genio, mudando los libros de su ruina en el libro de Jesuscristo."[136] (Salceda 1957, Bd. IV, 695)
Aus den Argumenten der Sor Philothea lässt sich der Rückschluss ziehen, dass es um mehr geht als um einen neuen Inhalt der intellektuellen Beschäftigung der Sor Juana. Sor Juana soll ihre Neugierde nicht auf die weltlichen Wissenschaften richten, sondern auf jene Wissenschaft, die erleuchtet und vor der Verdammnis rettet. „[...], el Espíritu Santo dice abiertamente que el pueblo de los egipcios es bárbaro: porque toda su sabiduría, cuando más, penetraba los movimientos de las estrellas y cielos, pero no servía para enfrenar los desórdenes de las pasiones; toda su ciencia tenía por empleo perfeccionar al hombre en la vida política, pero no ilustraba para conseguir la eterna. Y ciencia que no alumbra para salvarse, Dios, que todo lo sabe, la califica por necedad."[137] (Salceda 1957, Bd. IV, 695)
Die weltlichen Wissenschaften werden als Sklavinnen definiert, die ihre Existenzberechtigung daraus ziehen, dass sie dem Göttlichen dienen sollen. „Préstese V.md., no se venda, ni se deje robar de estos estudios. Esclavas son las letras humanas y suelen aprovechar a las divinas; pero deben reporbarse cuando roban la posesión del enterodimiento humano a la Sabiduría Divina, haciéndose señoras las que se destinaron a la servidumbre. Comendables son, cuando el motivo de la curiosidad, que es vicio, se pasa a la estudiosidad, que es virtud."[138] (Salceda 1957, Bd. IV, 696)

Philosophen und Dichter verwendet, nun müssen die Taten vollkommener und die Bücher frömmer werden." (Heredia, Hildegard)
[136] „Keiner der Evangelisten nannte die Geschichte der Abstammung Christi ein Buch außer dem heiligen Matthäus, dessen natürliche Neigung Gott bei seiner Bekehrung nicht verändern, sondern vervollkommnen wollte. Hatte er sich vorher als Zöllner mit Geschäfts- und Zinsbüchern beschäftigt, so sollte er als Apostel seinen Geist emporheben und die Bücher seines Verderbens gegen das Buch Jesu Christi eintauschen." (Heredia, Hildegard)
[137] „Der Heilige Geist jedoch nannte die Ägypter ohne Umschweife ein barbarisches Volk, denn all ihre Weisheit ließ sie höchstens die Bahnen der Sterne und Himmelskörper erforschen, sie half ihnen jedoch nicht, die ausschweifenden Leidenschaften zu zügeln. All ihre Wissenschaft hatte das Ziel, den Menschen für das politische Leben zu vervollkommnen, aber es zeigte nicht, wie das ewige Leben zu erlangen sei. Und ein Wissen, das nicht erleuchtet, um sich vor der Verdammnis zu retten, nennt Gott, der Allwissende, Torheit." (Heredia, Hildegard)
[138] „Widmet Euch den Studien, aber verkauft Euch nicht und laßt Euch auch von ihnen nicht entführen. Die weltlichen Wissenschaften sind Sklavinnen und sollen den göttlichen dienen. Verwerflich sind sie jedoch, wenn sie die menschliche Vernunft der göttlichen entreißen, als

Sor Philothea weist ganz deutlich darauf hin, dass Sor Juana sich nun von den weltlichen Studien abwenden soll. „No es poco el tiempo que ha empleado V.md. en estas ciencias curiosas; pase ya, como el gran Boecio, a las provechosas, juntando a las sutilezas de la natural, la utilidad de una filosofía moral."[139] (Salceda 1957, Bd. IV, 696)
Es erscheint Sor Philothea mehr als beklagenswert, „[...] que un tan gran entendimiento, de tal manera se abata a las rateras noticias de la tierra, que no desee penetrar lo que pasa en el Cielo; y ya que se humille al suelo, que no baje más abajo, considerando lo que pasa en el Infierno. Y si gustare algunas veces de inteligencias dulces y tiernas, aplique su entendimiento al Monte Calvario, donde viendo finezas del Redentor e ingratitudes del redimido, hallará gran campo para ponderar excesos de un amor infinito y para formar apologías, no sin lágrimas contra una ingratitud [...]."[140] (Salceda 1957, Bd. IV, 696)
Hier werden Polaritäten aufgebaut: göttliche Worte versus weltliche Poesie, heilige Wissenschaft versus profane Wissenschaft. Die Beschäftigung mit der einen führt zur Erlösung, einseitige Beschäftigung mit der anderen führt ins Verderben. Vor allem geht es in diesen Punkten aber um das freie und selbstständige Subjekt, das zurechtzuweisen ist. Der Bischof vertritt als Sor Philothea das scholastische Verständnis von Wissen, ein Wissen, das einzig der Verehrung und des Lobpreises Gottes dient. Für Sor Juana hingegen ist Wissen der Weg zur Subjektwerdung, indem es dem Unerhörten folgt, das ins Wort drängt. Dieses Wissen ist eine Macht, die die Dinge wirklich zur Sprache bringen kann, eine Macht, die das Unerhörte benennt. Sor Juana beschäftigt sich mit den profanen Dingen des Lebens und benennt diese. Und in der Benennung der Realität liegt der Schlüssel zu ihrer Autorität. Indem das Subjekt die Wirklichkeit, das Unerhörte benennt, gewinnt es seine Autorität. Aber genau vor dieser Macht schreckt der Bischof zurück. Er fürchtet eine

---

wollten sie sich da zu Herrinnen machen, wo sie doch zu Dienerinnen bestimmt sind. Zu empfehlen sind sie nur, wenn die Neugierde, die ein Laster ist, zum Eifer wird, der eine Tugend ist." (Heredia, Hildegard)
[139] „Nicht wenig Zeit hat Euer Gnaden mit weltlichen Studien verbracht; wendet Euch nun wie der große Boethius den verdienstvollen zu, und verbindet den Scharfsinn der Philosophie mit dem Nutzen einer Tugendlehre." (Heredia, Hildegard)
[140] „[...], daß ein so großer Verstand sich von niederen Kenntnissen der Erde herabziehen läßt und nicht den Wunsch verspürt, die Geschehnisse im Himmel zu durchdringen. Und wenn er sich schon zum Erdboden hinunterbeugt, dann habt acht, daß er nicht noch tiefer steigt und die Geschehnisse in der Hölle betrachtet. Sollen Euch aber bisweilen Erkenntnisse voller Süße und Zartheit gefallen, dann wendet Eueren Geist dem Kalvarienberg zu, wo Ihr, was den Liebesbeweis des Erlösten angeht, eine weites Feld vorfinden werdet, um die Größe einer grenzenlosen Liebe zu erforschen und sie in Schriften zu verherrlichen, nicht ohne dabei Tränen über die Undankbarkeit zu vergießen." (Heredia, Hildegard)

(Ordens-)Frau, die Unerhörtes zur Sprache bringt. Er fürchtet ihre Autorität und versteckt sich selbst hinter der der Bibel und der Kirchenväter, Bereiche, die ihm, im Sinne der Ordnung der Dinge, Autorität zuschreiben. Und diese Autorität ist es ja auch, die ihm das Recht zuspricht, Sor Juana zu kritisieren und ihr den rechten Weg zu weisen.
Die Positionen der Sor Juana und der Sor Philothea zeigen, dass es sich um einen exemplarischen Konflikt handelt. Auf der einen Seite steht (vertreten durch Sor Juana) die (Natur-)Wissenschaft, auf der anderen (vertreten durch Sor Philothea) die Theologie. Hier die Autorität des Subjektes, dort die Repräsentation anderer Autorität. Hier eine neue Sprache, dort alte Worte. Hier das beredte Schweigen, dort das Verstummen. Und in genau diese Polaritäten platziert Sor Philothea Sor Juana, ihr Leben und Werk. Sor Philothea begreift Sor Juana als eine, die in der religiösen Welt Neuspaniens Unerhörtes benennt und damit die Ordnung der Dinge überschreitet. Für Sor Philothea muss das Denken und Sprechen im Dienste der Verkündigung stehen und sie versteht den Brief als Ausdruck ihrer Sorge um Sor Juana. Hinter dem Pseudonym verbirgt sich der Hirte, der um sein Schaf besorgt ist. Und somit ist der Brief ein Dokument verstandener und ausgeübter Pastoralmacht.[141]
Das Leben von Sor Juana soll geleitet werden von dem Verlangen, das ewige Leben zu erlangen, und so erwartet er von ihr, dass sie die Inhalte ihrer intellektuellen Auseinandersetzungen in eine andere Richtung lenkt. Die Themen müssen frommer werden und durch die Beschäftigung mit diesen Themen kann sie zugleich ihr Verhältnis zu Gott festigen und ausbauen. Dies ist der Weg für eine Ordensfrau und es wird Zeit, dass sie diesen einschlägt.
Der Brief schließt mit dem Hinweis, dass es schließlich der Hilfe und Gnade Gottes bedarf, damit die Bekehrung gelingt, und dies gilt auch für Sor Juana. „Estoy muy cierta y segura que si V.md., con los discursos vivos de su entendimiento, formase y pintase una idea de las perfecciones divinas (cual se permite entre las tinieblas de la fe), al mismo tiempo se vería ilustrada de luces su alma y abrasada su voluntad y dulcemente herida de amor de su Dios, para que este Señor, que ha llovido tan abundantemente beneficios positivos en lo natural sobre V.md., no se vea obligado a concederla beneficios solamente negativos en lo sobrenatural; que por más que la discreción de V.md. les llame finezas, yo les tengo por castigos: porque sólo es beneficio el que Dios hace al corazón humano previniéndole con su garcia para que le corresponda agradecido, disponiéndose con un beneficio reconocido, para que no represada, la liberalidad divina se los haga mayores."[142] (Salceda 1957, Bd. IV, 696)

---

[141] Zu diesem Begriff von Michel Foucault vgl. den Exkurs in Kapitel 4.6.
[142] „Wenn Euer Gnaden mit den lebhaften Gedanken, die Euerem Verstand eigen sind, eine Idee der göttlichen Vollkommenheit entwürfe (was bei der Dunkelheit des Glaubens gestattet ist), würde zur gleichen Zeit, dessen bin ich mir sicher, Euere Seele erleuchtet, Euer Wille entfacht und Ihr selbst von der Liebe zu Euerem Gott durch süßen Schmerz

An dieser Stelle des Briefes findet sich in besonders klarer Weise ein Widerspruch gegen die von Sor Juana in ihrer Predigtkritik an Vieira eingenommene und vertretene Position, dass der größte Liebesbeweis Gottes für den Menschen in negativen Wohltaten besteht. Sie schreibt: „La mayor fineza del Divino Amor, en mi sentir, son los beneficios que nos deja de hacer por nuestra ingratitud."[143] (Salceda 1957, Bd. IV, 436)
Was Sor Juana Wohltaten nennt, hält Sor Philothea für Strafen. Und damit wird deutlich, dass für Sor Philothea Gott Gleiches mit Gleichem vergilt. Aber wo ist dann Raum für Gnade?
Betrachtet man den Brief der Sor Philothea in seiner Gänze, tritt eine deutliche Aufforderung zur Bekehrung ans Licht. Sor Philothea weiß genau, dass Sor Juana mehr und mehr in einen gefahrvollen Strudel hineingezogen wird. Wieso sonst diese Zurechtweisung? Wieso sonst die Hinweise auf Bekehrte und Reuige?
Die Aufforderung nach Bekehrung wird zudem durch das Strukturelement der Polarisierung verstärkt: Wissenschaft, die dem ewigen Leben dient, gegen Wissenschaft, die sich mit irdischen Fragen und Problemen beschäftigt. Intellektuelle Beschäftigung, die erlöst, gegen solche, die in die Verdammnis führt. Der Brief der Sor Philothea ist eine massive Aufforderung zur Umkehr und damit zur Ausrichtung des eigenen Lebens. Sor Juana soll ihrem Leben eine neue Richtung geben. Sie soll sich auf den „direkten" Weg zu Gott begeben. Aber indem Sor Philothea dies von ihr fordert, wird deutlich, dass sie Sor Juana nur vermeintlich als Subjekt wahrnimmt. Dieser Brief ist ein Dokument der Macht. Einer Macht, die das Gegenüber entmächtigt, indem sie sagt: „Das darfst du nicht!" Sor Philothea, d.h. der Bischof, glaubt an diese (seine) Macht. Er ist in der Ordnung der Dinge eine Autorität. Er verkörpert die Pastoralmacht und kann innerhalb der Ordnung der Dinge den unbedingten Gehorsam der Schutzbefohlenen verlangen, weil er weiß, was für sie gut ist. Dabei wird deutlich, dass er die Person Sor Juana, ihr Leben und ihre Neigungen, ihr Wissen und ihr Begehren, nicht wirklich wahrnimmt, sondern bewertet, beurteilt und letztlich für gefährlich hält. Der Wille zum unerhörten Wissen von Sor Juana muss vor einem Glaubensverständnis, wie Sor Philothea es an den Tag legt, eher in die Sünde denn in die Befreiung und Menschwerdung führen. Dies ist die Logik der Ordnung der Dinge. Sor

---

verwundet, und der Herr, der Euch im irdischen Leben so reichlich mit positiven Wohltaten überschüttet hat, sähe sich nicht gezwungen, Euch im überirdischen nur negative Wohltaten zukommen zu lassen, die ich, wenn Euer Gnaden Scharfsinn sie auch Liebesbeweise nennt, für Strafen halte. Denn Wohltat ist nur das, was Gott in seiner Gnade dem menschlichen Herzen an Beistand gewährt, auf daß es Ihm in Dankbarkeit entspreche." (Heredia, Hildgard)
[143] „Der größte Beweis der göttlichen Liebe sind meiner Ansicht nach die Wohltaten, die er uns wegen unserer Undankbarkeit nicht erweist." (Heredia, Hildgard)

Philothea argumentiert ganz im Sinne des Systems und nimmt damit eine Position ein, die die andere überhaupt nicht als eigenständiges Subjekt wahrzunehmen in der Lage ist. Aber gerade für die Eigenständigkeit des Subjektes steht Sor Juana: mit ihren Schriften, ihrer Art im Kloster zu leben und nicht zuletzt mit der *Carta Atenagórica*. Die Eigenständigkeit des Subjektes steht im Widerstreit mit der Ordnung der Dinge, und dies umso mehr, wenn das Subjekt eine Frau ist. Diese Art und Weise zu leben und das Projekt der Menschwerdung zu verfolgen, ruft die Hüter der Ordnung der Dinge auf den Plan, diejenigen, die sich auf ihre Pastoralmacht berufen. Im anschließenden Exkurs soll der Begriff der Pastoralmacht, wie er von Michel Foucault geprägt wurde, genauer betrachtet und analysiert werden. (Vgl. Foucault 1987; 1994; 1999.) Die Zusammenhänge, die Foucault darlegt, entlarven das System klerikaler Macht und leisten so einen wichtigen Beitrag, sowohl Sor Philothea als auch Sor Juana im System der herrschenden Techniken der Macht zu positionieren.

4.6 Exkurs: Eine Auseinandersetzung mit Michel Foucaults Pastoralmacht[144]

Im vorausgegangenen Kapitel stand der Brief der Sor Philothea an Sor Juana im Mittelpunkt der Analyse und Interpretation. Dabei wurde deutlich gemacht, dass der Brief der Sor Philothea ein Dokument klerikaler Macht ist. Einer Macht, die das Gegenüber entmächtigt anstatt zu bemächtigen. Der Verfasser weiß, was gut und richtig für die Adressatin des Briefes, Sor Juana, ist. Ihre intellektuellen Beschäftigungen, ihre literarischen Arbeiten und die Auseinandersetzung mit weltlichen Themen werden, so prophezeit Sor Philothea, Sor Juana ins Verderben führen. Vor diesem Hintergrund wird verständlich, dass der Brief die Autorität des Verfassers in der Ordnung der Dinge repräsentiert sowie den Umgang mit denjenigen, die verloren zu gehen drohen. Die Hüter der Ordnung der Dinge gehen ihnen nach und versuchen sie in die Ordnung zurückzuholen und einzubinden.

---

[144] Foucault weist im Zusammenhang mit der Auseinandersetzung der Pastoralmacht darauf hin, dass das Christentum damit eine Machttechnik begründete, die sich von vorausgehenden Techniken fundamental unterschied und im modernen Staat bis heute wirkt. (Vgl. Foucault 1999, 170f.) „Man hat oft gesagt, das Christentum habe einen ethischen Code hervorgebracht, der sich von dem der antiken Welt grundlegend unterschied. Was man weniger betont, ist, daß das Christentum der gesamten antiken Welt neue Machtverhältnisse beschert hat. Das Christentum ist die einzige Religion, die sich als Kirche organisiert hat. Als solche vertritt das Christentum prinzipiell, daß einige Individuen kraft ihrer religiösen Eigenart befähigt seien, anderen zu dienen, und zwar nicht als Fürsten, Richter, Propheten, Wahrsager, Wohltäter oder Erzieher usw., sondern als Pastoren (Hirten)." (Foucault 1999, 168)

Michel Foucault hat diesen Vorgang als besonderes Merkmal von Machtausübung im Christentum bestimmt und mit Pastoralmacht benannt. Der Begriff der Pastoralmacht taucht im Werk Michel Foucaults erst spät und eigentlich eher beiläufig auf. Im Wesentlichen sind es zwei kleinere Schriften, die sich dieser Form der Macht widmen. Der erste Text ist ein kurzes Nachwort zu der Veröffentlichung von *Hubert L. Dreyfus und Paul Rabinov: Michel Foucault. Beyond Structuralism and Hermeneutics, Chicago 1982.* Deutsche Übersetzung: *Michel Foucault: Jenseits von Strukturalismus und Hermeneutik, Frankfurt a.M. 1987.* Das Nachwort von Foucault zu der Interpretation seines Werkes heißt: *Warum ich Macht untersuche: Die Frage des Subjekts.* Der andere Aufsatz trägt den Titel: *Omnes et singulatim. Zu einer Kritik der politischen Vernunft* und ist in der Veröffentlichung von *Joseph Vogl (Hg.): Gemeinschaften. Positionen zu einer Philosophie des Politischen, Frankfurt 1994* erschienen. In dem Text *Omnes et singulatim. Zu einer Kritik der politischen Vernunft* entwickelt Foucault den Abriss einer Typologie politischer Formen von Macht und die Arten des „Pastorats" und der „pastoralen Machtausübung" spielen in diesem Zusammenhang eine besondere Rolle.

Die Analyse von Machtphänomenen kennzeichnet die Arbeiten von Foucault in besonderer Weise. Aber diese Analysen sind von einem besonderen Interesse geprägt, dem Interesse am Subjekt. So schreibt er in *Warum ich Macht untersuche: Die Frage des Subjekts:* „Zunächst möchte ich darlegen, was das Ziel meiner Arbeit während der letzten 20 Jahre war. Es war nicht die Analyse der Machtphänomene und auch nicht die Ausarbeitung der Grundlagen einer solchen Analyse. Meine Absicht war es vielmehr, eine Geschichte der verschiedenen Verfahren zu entwerfen, durch die in unserer Kultur Menschen zu Subjekten gemacht werden. [...] Nicht die Macht, sondern das Subjekt ist deshalb das allgemeine Thema meiner Forschung. Aber die Analyse der Macht ist selbstverständlich unumgänglich. Denn wenn das menschliche Subjekt innerhalb von Produktions- und Sinnverhältnissen steht, dann steht es zugleich auch in sehr komplexen Machtverhältnissen." (Foucault 1987, 243) Und zur Analyse der Machtverhältnisse schlägt Foucault einen neuen Weg vor. Sein Ausgangspunkt sind die Formen des Widerstandes gegenüber verschiedenen Machttypen. „Metaphorisch gesprochen heißt das, den Widerstand als chemischen Katalysator zu gebrauchen, mit dessen Hilfe man die Machtverhältnisse ans Licht bringt, ihre Positionen ausmacht und ihre Ansatzpunkte und Verfahrensweisen herausbekommt. Statt die Macht von ihrer inneren Rationalität her zu analysieren, heißt es, die Machtverhältnisse durch den Gegensatz der Strategien zu analysieren. Um zum Beispiel herauszufinden, was unsere Gesellschaft unter vernünftig versteht, sollten wir vielleicht analysieren, was im Feld der Unvernunft vor sich geht." (Foucault 1987, 245)

Dieser Foucaultsche Ansatz zu Analysen von Subjekt und Macht erweist sich auch in Bezug auf Sor Juana als äußerst produktiv. Er bietet den Schlüssel, ihr

Leben und Werk zu analysieren und das Unerhörte als eine Gegenmacht in der Ordnung der Dinge einbringen zu können. Bevor dies näher dargestellt wird, folgt zunächst ein kurzer Überblick über die Biographie und das Werk von Foucault.
Michel Foucault wird am 15. Oktober 1926 in Poitiers als Sohn einer Arztfamilie geboren. Er wächst in einem katholisch geprägten Milieu auf und absolviert in Poitiers auch die ersten Gymnasialjahre. 1945 besucht er das licée Henri IV in Paris. 1946 tritt er in die École Normale Supérieure ein und dort wird er Schüler von Louis Althussers. 1948 erwirbt er das Lizentziat in Philosophie und 1949 ein weiteres für Psychologie. 1951 erhält er seine philosophische „agrégation" und schließlich im Jahr 1952 ein Diplom für Psycho-Pathologie am Psychologischen Institut von Paris. 1952 wird er Assistent an der Faculté des Lettres an der Universität von Lille. 1954 veröffentlicht er seine erste Abhandlung zum Thema *Geisteskrankheit und Persönlichkeit*. Daneben erscheint von ihm auch eine umfassende Übersetzung von Ludwig Binswangers *Traum und Existenz*. 1955 verlässt Foucault Frankreich und arbeitet dann für drei Jahre an der Universität von Uppsala (Schweden) als Lektor. 1958 geht er nach Warschau, wo er ein Jahr das „Centre français" an der dortigen Universität leitet. 1959 übernimmt er die Leitung des „Institut français" in Hamburg. In dieser Zeit übersetzt er Kants *Anthropologie in pragmatischer Hinsicht*. 1960 kehrt er nach Frankreich zurück. Er wird Dozent für Psychologie und 1962 Professor an der Universität von Clermont-Ferrand. 1961 veröffentlicht er seine ersten Studien zu *Archäologie der Humanwissenschaften*. Der Inhalt setzt sich mit dem Thema des Wahnsinns im Zeitalter der Aufklärung auseinander. *Folie et déraison* bildet zusammen mit der Kant-Übersetzung und einer dazugehörenden Einleitung die Doktoratsthese von Foucault in Philosophie. 1963 erscheinen *Naissance de la clinique* und *Raymond Roussel*. 1966 *Les mots et les choses*. Bei diesem Buch handelt es sich um jenes, das Foucault einem breiteren Publikum bekannt macht und das zugleich ersten heftigen Widerstand gegen seine Thesen hervorruft.
1966 wird er an die Universität von Tunis entsandt und ein Jahr später erfolgt die Wahl an die Universität von Nanterre in Paris. Doch diese Wahl wird vom Erziehungsminister nicht bestätigt. Nach seiner Rückkehr beteiligt er sich am Aufbau des „Centre universitaire expérimental" von Vincennes, der Pariser Reformuniversität von 1968. Foucault ist verantwortlich für den Bereich der Philosophie. 1969 es ist auch das Jahr des Erscheinens von *L'archéologie du savoir*, seiner Habilitationsschrift, wird er ans Collège de France gewählt. Sein Kontrahent war Paul Ricoeur. 1970 hält er dort seine Antrittsvorlesung mit dem Titel *L'ordre du discours*. In der Antrittsvorlesung benennt er den Schwerpunkt seiner Arbeiten am Collège: die Auseinandersetzung mit Machtformen in politisch-sozialen Systemen. „Ein wichtiger Teil seiner Arbeit, die sich immer deutlicher auf die Beziehungen zwischen

Machtausübung, politisch-sozialen Institutionen und Erkenntnisformen konzentriert, findet von nun am Collège statt." (Marti 1988, 12)
1971 gründet Foucault mit einigen Intellektuellen die Organisation „Groupe information sur les prisons" (GIP), die sich kritisch mit der Situation in den Gefängnissen auseinander setzt. Diese Initiative bildet den Anfang zahlreicher politischer Interventionen von Foucault. Von 1970 an entfaltet Foucault eine internationale Vortragstätigkeit. Er reist in die USA, nach Kanada, Japan und Brasilien. Diese Reisen verwertet er auch zu Forschungszwecken. Er nutzt sie vor allem, um Informationen über die Strafsysteme dieser Länder zu erhalten. (Vgl. Marti 1988, 12.)
Die Beschäftigung und Auseinandersetzung mit dem Problem und dem Umgang von Strafe und Strafinstitutionen finden 1975 ihren Niederschlag in der Publikation *Surveiller et punir*. Ein Jahr später erscheint der erste Band der Geschichte der Sexualität unter dem Titel *La volonté de savoir*. „Theoretisch beschäftigen ihn neben Fragen der neuzeitlichen Regierungstechniken immer stärker auch ethische Probleme. 1984 erscheinen der zweite und dritte Band der *Geschichte der Sexualität*." (Marti 1988, 13) Michel Foucault stirbt kurz darauf, am 25. Juni 1984, an Aids in Paris.
Wie dieser kurze Abriss zeigt, lag der Forschungsschwerpunkt Foucaults in der Analyse des Verhältnisses von Subjekten und der Ordnung der Dinge, den Strukturen und Formen ihrer Macht. Dabei spielten immer wieder die Machtkonstellationen und die Mechanismen des Machterhaltes durch Muster des Überwachens und Strafens eine besondere Rolle. (Vgl. Foucault 1994.)
„Foucaults wissenschaftskritische Analysen der humanwissenschaftlichen Vernunft der Moderne folgen einer wissenschafts*historischen* Problemstellung: Sie erforschen die Perspektivverschiebungen, die sich vollziehen mussten, damit der Mensch zum Objekt eines humanistisch-therapeutischen Programms systematischer Selbsterforschung werden konnte, das über den engeren Rahmen der Wissenschaften hinaus auch die Selbstwahrnehmung spätmoderner Subjekte prägt." (Hoff 1999, 117)
In seiner Auseinandersetzung mit abendländischen Typen der Macht hat Foucault den Begriff der Pastoralmacht geprägt. Foucault ist im Rahmen der Auseinandersetzung nicht an der Pastoralmacht als solcher interessiert, sondern vielmehr an der Art und Weise, wie diese Machttechnik der christlichen Institutionen auf Systeme der politischen Macht wirkte. Er macht dabei deutlich, dass der moderne Staat sich der Form der Pastoralmacht bedient hat. „Ich möchte aber unterstreichen, daß die Macht des Staates (und das ist einer der Gründe für ihre Stärke) eine zugleich individualisierende und totalisierende Form der Macht ist. Ich glaube, daß es niemals in der Geschichte der menschlichen Gesellschaften, nicht einmal in der altchinesischen Gesellschaft, eine so verwickelte Kombination von Individualisierungstechniken und Totalisierungsverfahren innerhalb ein und derselben politischen Struktur gegeben hat. Das liegt daran, daß der moderne abendländische Staat eine alte Machttechnik, die den christlichen Institutionen

entstammt, nämlich die Pastoralmacht, in eine neue politische Form integriert hat." (Foucault 1994, 248)
Beim Typ der Pastoralmacht handelt es sich um eine besondere Form individualisierter Macht. Sie steht im andauernden Prozess der Verbesserung ihrer Machttechniken, die auf die vollkommene Kontrolle und Manipulierbarkeit der Subjekte zielen. Innerhalb des Christentums konzentriert sich die Pastoralmacht in der Person des „Hirten", eines Amtsträgers.
Foucault beschreibt die Pastoralmacht als individualisierte Macht, die dem abendländischen Denken zunächst einmal fremd war. Erst mit dem Christentum wurde sie auch im Raum des Abendlandes verbreitet. Als „einzige Religion, die sich als Kirche organisiert hat [...], vertritt das Christentum prinzipiell, daß einige Individuen kraft ihrer religiösen Eigenart befähigt seien, anderen zu dienen, und zwar nicht als Prinzen, Richter, Propheten, Wahrsager, Wohltäter oder Erzieher usw., sondern als Pastoren. Dieses Wort bezeichnet jedenfalls eine ganz eigentümliche Form der Macht." (Foucault 1987, 248) Im weiteren Verlauf bestimmt Foucault die Pastoralmacht näher und seiner Meinung nach zeichnet sie sich durch folgende Punkte aus:
1. „Sie ist eine Form von Macht, deren Endziel es ist, individuelles Seelenheil in einer anderen Welt zu sichern.
2. Pastoralmacht ist nicht bloß eine Form von Macht, die befiehlt; sie muß auch bereit sein, sich für das Leben und Heil der Herde zu opfern. Darin unterscheidet sie sich von der Königsmacht, die von ihren Subjekten das Opfer fordert, wenn es gilt, den Thron zu retten.
3. Sie ist eine Machtform, die sich nicht nur um die Gemeinde insgesamt, sondern um jedes einzelne Individuum während seines ganzen Lebens kümmert.
4. Man kann diese Form von Macht nicht ausüben, ohne zu wissen, was in den Köpfen der Leute vor sich geht, ohne ihre Seelen zu erforschen, ohne sie zu veranlassen, ihre innersten Geheimnisse zu offenbaren. Sie impliziert eine Kenntnis des Gewissens und eine Fähigkeit, es zu steuern." (Foucault 1987, 248)
Gerade der letzte Punkt macht den Unterschied zur politischen Macht deutlich. Die Pastoralmacht ist im Gegensatz zur politischen Macht auf das Seelenheil des/der Einzelnen gerichtet. Sie ist selbstlos, im Unterschied zum Grundsatz der Souveränität, und sie ist individualisierend im Kontrast zur juridischen Macht. (Vgl. Foucault 1987, 248; 1999, 169.) Ein weiteres Wesensmerkmal der Pastoralmacht besteht darin, dass sie sich über das gesamte Leben erstreckt – von der Wiege bis zur Bahre –, und „sie ist mit einer Produktion der Wahrheit verbunden, der Wahrheit des Individuums selbst." (Foucault 1987, 248)
Im Konzept der Pastoralmacht hat der „Hirte" eine besondere Rolle und Funktion. Der Pastor hat eine charakteristische Kenntnis von jedem seiner „Schafe". Und diese Kenntnis ist es, die eine individualisierende Kraft besitzt. Die Aufgabe des „Hirten", sein Aktionsfeld, bezieht sich auf den Bereich des

jeweiligen Subjektes, den es braucht, um seine Freiheit zu entwickeln und behaupten zu können. Diese Aufgabe bezieht sich auf den Tages- und Lebensverlauf des Menschen und aus diesem Grund übt „der Hirte" „individualisierte Macht" (Foucault 1994, 67) aus. Das einzelne Subjekt untersteht der Fürsorge und dem Schutz des „Hirten". Der „Hirte" versammelt, leitet und führt seine „Herde". Und um diesen Aufgaben nachzukommen, muss er sich immer in unmittelbarer Nähe der „Herde" befinden. Ohne seine Anwesenheit zerstreut sich die „Herde". „Umgekehrt braucht der Hirte nur zu verschwinden, und schon zerstreut sich die Herde. Anders gesagt, die Herde existiert nur durch die unmittelbare Anwesenheit und die direkte Aktion des Hirten." (Foucault 1994, 69) Und geht eines der „Schafe" verloren, so ist es die Pflicht des „Hirten", dieses zu suchen und zu retten. (Vgl. das Bild vom „guten Hirten", Joh 10,11-21.) Die Obacht und Fürsorge des „Hirten" für seine „Schafe" ist dauernd, zielgerichtet und individualisiert. (Vgl. Foucault 1994, 69.) Außerdem kommt hinzu, dass allein der „Hirte" das Ziel für seine „Herde" kennt. Der „Hirte" weiß, was gut für seine „Schafe" ist, und dieses Bewusstsein prägt sein Handeln. Dabei ist das Handeln von einer bestimmten Art der „Hingabe" geprägt. „Was der Hirte auch tut, es ist auf das Wohl seiner Herde ausgerichtet. Ihm gilt seine stete Sorge. Wenn sie schläft, hält *er* Wache. Das Thema der Wache ist wichtig, denn es bringt zwei Aspekte der Hingabe des Hirten zum Vorschein. Erstens handelt, arbeitet, müht er sich für jene, die er nährt und die da schlafen. Zweitens wacht er über sie. Allen schenkt er Aufmerksamkeit und verliert dabei keines aus den Augen" (Foucault 1994, 69f)

Es ist wichtig, dass der Hirte nicht nur gute Weideplätze kennt, die Gesetze der Jahreszeiten und die Ordnungen, sondern er muss auch jedes einzelne seiner „Schafe" kennen, seine Bedürfnisse und Anliegen. Diese doppelte Aufgabe des Hirten wird von Foucault ja auch in dem Titel *Omnes et singulatim* ausgedrückt. „Der Hirte muß die materiellen Bedürfnisse jedes Mitglieds der Herde kennen und sie wenn nötig befriedigen. Er muß wissen, was vor sich geht, was jedes von ihnen tut – seine Sünden offenbaren. Endlich muß er wissen, was in der Seele eines jeden vorgeht, das heißt seine heimlichen Sünden, sein Fortschritt auf dem Weg zur Heiligkeit." (Foucault 1994, 77) Die Aufgabe des Hirten besteht darin, seine Herde zu retten. „Auch bei den Griechen hieß es, die Gottheit rette die Stadt; ihnen galt immer der Führer als Steuermann, der sein Schiff von den Klippen fernhält. Doch der Hirte rettet seine Herde auf gänzlich andere Weise. Es geht dabei nicht nur um die Rettung aller, aller zusammen, wenn die Gefahr naht. Vielmehr geht es um dauernde, invidualisierende und zielgerichtete Hut." (Foucault 1994, 69) Damit hat der „Hirte" die individualisierte Verantwortung für die „Herde", d.h. für jedes einzelne Tier der „Herde". Und für die „Herde" entspricht dieser individualisierten Verantwortung der absolute Gehorsam, den jedes einzelne „Schaf" dem „Hirten" schuldet.

Das Wissen des „Hirten" über jedes seiner „Schafe" hat zur Folge, dass seine Macht gesteigert wird. Er versorgt die Einzelnen nicht nur, er kann mittels seines Wissen auch die Einzelnen disziplinieren. Die Aspekte von der Versorgung und Disziplinierung haben vor allem in der Struktur und Praxis der Beichte ihren Niederschlag gefunden. Die Beichte ist eine Form des Austausches, der in besonderer Weise von den beiden Polen des Strafens und Belohnens geprägt ist. Die Beichte ist die Praxis der Selbstprüfung und der Gewissenslenkung. Und sie stellt nach Foucault „die Schaffung einer Verbindung zwischen absolutem Gehorsam, Selbsterkenntnis und Beichte vor jemand anderem" (Foucault 1994, 78) dar. Dies „mit dem Effekt, daß eine starke und mehrdimensionale moralische Beziehung zwischen beiden besteht, die in ihrer Tendenz paradoxe Züge trägt: Obwohl auf den ersten Blick eine einseitige Abhängigkeit der Schafe von ihrem Hirten zu bestehen scheint, bringt diese Form der Verantwortung des Hirten vor seinem göttlichen Auftraggeber und Richter ihn in eine direkte Abhängigkeit zu seinen Schafen!" (Steinkamp 1999, 30)
Der Verantwortung des „Hirten" entspricht auf der anderen Seite der „Gehorsam" der „Schafe". Die „Schafe" haben den Willen des „Hirten" zu befolgen. Und dies nicht nur, weil es Gesetz und Ordnung so wollen, sondern weil es „sein" Wille ist. (Vgl. Foucault 1994, 75.) An dieser Struktur wird deutlich, dass die Beziehung zwischen „Hirte" und „Herde" (und dem einzelnen „Schaf") hierarchisch und anhängigkeitsbildend ist. Es ist diese Struktur, die letztlich jede Möglichkeit der Begegnung von Subjekten verhindert. „So weit man auch geht im sozialen Netz, immer findet man Macht als etwas, das 'durchläuft', das wirkt, bewirkt. Sie kommt zur Wirkung oder nicht, das heißt, die Macht ist immer eine bestimmte Form augenblickshafter und beständig wiederholter Zusammenstöße innerhalb einer bestimmten Anzahl von Individuen." (Foucault 1976, 99)
Dabei darf nicht aus dem Blick geraten, dass die Formen pastoraler Macht einhergehen mit Forderungen nach Unterwerfung und Besetzung des Individuums. Alle stehen unter der Obhut des „Hirten", ihm ist zu folgen und man ist seinem Schutz und seiner Sorge ausgeliefert. „Pastorale Gesten aber sind irreversible Unterwerfungsgesten. Die individualisierende 'gute' Macht endet dort, wo die Herdenglieder allesamt und unterschiedslos zu Schutzbefohlenen werden. Im Akt der Enteignung des Wissens, das der Mensch von sich selbst haben könnte, in der Beichte und in der Geste, die eigenen Sünden dem anderen anzuvertrauen, ja abzuliefern, wird die Pastoralmacht zu einer zwielichtigen politischen Technik, die die Unterwerfung unter die Gesetze noch durch den Einsatz des Gewissensgehorsams zu optimieren versucht." (Erdmann 1995, 59)
Im Brief von Sor Philothea sind Strukturen der Pastoralmacht erkennbar. Dies macht schon das Faktum des Briefes deutlich: Der Brief ist Ausdruck der Sorge und Aufsichtspflicht Sor Philotheas über Sor Juana. Sie kennt Sor Juana und redet ihr ins Gewissen – sie übt individualisierende Macht aus. Damit

kommt Sor Philothea der pastoralen Pflicht eines „Hirten" nach, die sich darin Ausdruck verschafft, dass sie individualisierte Verantwortung für Sor Juana übernimmt. Daneben findet sich im Brief ebenfalls die Struktur des Belohnens und des Strafens bzw. von Zustimmung und Bewunderung bei gleichzeitiger Zensur und Androhung von Strafen. (Vgl. Salceda 1957, Bd. IV, 696.) Sie übt Kontrolle aus über das, was Sor Juana denkt und schreibt. Dabei sind ihre Anweisungen klar und deutlich, was Sor Juana leisten muss, um ihr Seelenheil nicht weiter in Gefahr zu bringen: Die Inhalte müssen sich verändern, die Themen müssen frommer werden. (Vgl. Salceda 1957, Bd. IV, 696.) Indem Sor Philothea die bisherigen Arbeiten deutlich kritisiert und Seelenstrafen ankündigt, benutzt sie die beiden hauptsächlichen Formen der in der Ordnung der Dinge wirksamen und herrschenden Macht: Zensur und Repression. (Vgl. Marti 1988, 98.)

Doch noch etwas wird an der Reaktion, dem Brief von Sor Philothea deutlich: die Angst und die Sorge, die Repräsentanten der Ordnung der Dinge in Bezug auf bestimmte Diskurse und die Art von Diskursen haben. Sor Juana führt einen Diskurs, der Sor Philothea um die Ordnung der Dinge fürchten lässt. Was Sor Juana zu sagen hat, kann Kristallisationspunkt einer neuen Ordnung der Dinge sein. Die Ängste um die Ordnung der Dinge sind auch der Grund, warum die Produktion von Diskursen kontrolliert und organisiert werden muss. Eine bewährte Form der Kontrolle ist der Ausschluss. Und dieser Ausschluss kann sich auf mehrere Ebenen beziehen:

1. auf die Inhalte: D.h., bestimmte Themen werden mit Tabus belegt und damit sind sie verboten.
2. Die Anzahl der Redeberechtigten wird beschränkt. Wer sich zu welchem Diskurs wie äußern darf, bestimmen die VertreterInnen der Ordnung der Dinge.

Die Kontrolle der Diskurse mittels Ausschluss wird durch weitere Praktiken der Auswahl ergänzt. „Zu denken ist an den Kommentar, der die Rangordnung zwischen Kreation und Wiederholung herstellt, an die Disziplinen, die Diskurse wohldefinierten Regelsystemen unterwerfen, schließlich an die Institutionen, die Wissen konservieren oder weitergeben." (Marti 1988, 75)

Sor Juana aber hat sich weder von Tabus aufhalten lassen noch hat sie sich ihre Redeberechtigung nehmen lassen. Und auch Kommentare der verschiedensten Art konnten ihr das Denken und Wissen nicht enteignen, das sie von sich selbst hatte und das sie in ihren Werken zum Ausdruck gebracht hat. Und damit steht Sor Juana für einen neuen Diskurs und sie stellt für die Ordnung der Dinge eine Bedrohung dar, und zugleich steht sie für die Veränderung, die allein von der Überschreitung bzw. von der Diskontinuität mit der Ordnung ausgeht. Die Überschreitungen, Diskontinuitäten sind relevante Brüche mit/in der Ordnung der Dinge. Nicht die Anhäufung und Zunahme an Gewusstem und Besprochenem bringt die Dinge voran, sondern die Umwandlung und Veränderung.

Sor Juana ist die Vertreterin einer Überschreitung. Dies bedeutet aber, dass sie Sor Philothea und anderen VertreterInnen der Ordnung der Dinge den absoluten Gehorsam schuldig geblieben ist. Und diesen Punkt mahnt Sor Philothea an. Sie fordert als Gegengabe für ihre Verantwortung den Gehorsam von Sor Juana, der sich unter anderem darin äußern soll, dass sie auf ihre Individualität verzichtet, auf das eigene Denken und den Ausdruck dieser Gedanken. Der Gehorsam Sor Juanas soll sich in der Entsagung zeigen. Doch Sor Juana widersetzt sich mit einer eigenen Sprache. Sie wird Sor Philothea antworten und in ihrer Anwort ihre Ohnmacht in Macht verwandeln. Sie wird abermals das Unerhörte beim Namen nennen und darin ihr Subjektsein begründen. Sie wird in ihrer Antwort ihre Identität und Individualität verteidigen. Damit leistet sie Widerstand gegen die Ordnung der Dinge und ihre Hüter. Aber sie wird eine Spur des Unerhörten in der Geschichte, in ihrem Sprechen und Schweigen hinterlassen. Und damit ist sie eine von den vielen Unerhörten in der Geschichte der Menschheit. Oder um mit Foucault zu sprechen: „Alle diese Leben, die dazu bestimmt waren, unterhalb jedes Diskurses vorüberzugehen und zu verschwinden, ohne jemals gesagt worden zu sein, haben Spuren – kurze, einschneidende, rätselhaft oft – nur an der Spitze ihrer plötzlichen Berührung mit der Macht hinterlassen können." (Foucault 1977a, 45) Sor Juana hat diese Spur hinterlassen. Sie soll hier entschlüsselt werden.

4.7 *Die Antwort an Sor Philothea* oder Die Stimme einer Unerhörten

In den Jahren 1690 bis 1691 spitzt sich die Lage Sor Juanas zu. Mit dem Bekanntwerden ihrer Predigtkritik an Vieira in der Öffentlichkeit setzen Ermahnungen und Maßregelungen von Vertretern der Ordnung der Dinge ein. Die „Pastoren" haben ein sorgsames Auge auf Sor Juana geworfen, die sich zunehmend von der „Herde" entfernt hat. Sie spricht in eigenem Namen und macht Unerhörtes öffentlich. Mit ihrer Predigtkritik an Vieira bricht Sor Juana ein Tabu – sie beteiligt sich in eigenem Namen und mit eigenem Standpunkt an der Debatte über eine theologische Kontroverse und damit überschreitet sie die Ordnung der Dinge. Sor Juana hat den Wissensdurst von Frauen in unerhörter Weise beim Namen genannt und damit die Hüter der Ordnung der Dinge aufgeschreckt. Die Hüter sind aufgeschreckt und der Brief der Sor Philothea ist ein Beleg dafür.

Gut drei Monate nach dem Erscheinen der *Carta Atenagórica*, im März 1691, schreibt Sor Juana ihre *Antwort an Sor Philothea*. Sie hat sich Zeit mit der Antwort gelassen. Sie wählte zunächst das Schweigen und in der Konfrontation mit dem Schweigen wurde sie aufmerksam für das Unerhörte, für das, was dringend gesagt werden muss. In ihrer *Antwort an Sor Philothea* bringt Sor Juana etwas, das nicht gehört worden war, zu Gehör und in diesem Prozess des Schweigens und Sprechens entsteht die Autorität einer Unerhörten.

Es ist die Macht der eigenen Sprache, welche ihre unerhörte Autorität begründet. Und auf dem Boden ihrer eigenen Existenz und ihrer Erfahrungen im Prozess der Suche nach einer eigenen Sprache stellt sie das männliche Vorrecht, zu wissen und zu lernen, in Frage. In ihrer Antwort fordert und begründet sie das Recht von Frauen und Mädchen auf Bildung und damit besteht sie auf den Erwerb einer eigenen Sprache der Unerhörten – der Sprache des Subjektes. (Vgl. Scott 1985, 511.)

4.7.1 Die Verteidigungsschrift – Aufbau und Inhalt

Der Brief der Sor Philothea muss Sor Juana getroffen haben. Er konfrontierte sie mit der individualisierenden Machttechnik der Pastoral und führte ihr vor Augen, was man zukünftig von ihr erwartete – die Hinwendung zu frommen Themen. Mit dieser Forderung musste ihr ein Zweifaches deutlich werden: 1) dass die Vertreter der Ordnung der Dinge ihre unerhörte Theologie nicht akzeptieren wollten und 2) dass sie ihnen zunehmend als eine Bedrohung erschien, die es einzudämmen und zu zähmen galt. Vor diesem Hintergrund verwundert es nicht, dass Sor Juana einen langen und ausführlichen Antwortbrief geschrieben hat, in dem sie ihr Schweigen, Denken und Sprechen verteidigt.[145] „Dieser Brief ist ein Kleinod, die lebende Stimme einer Frau des 17. Jahrhunderts, die verzweifelt um das Recht kämpft, ihrem Drang zum Wissen folgen zu dürfen." (Scott 1990, 125) Mit ihrer Antwort an Sor Philothea legt Sor Juana Zeugnis von ihrer Suche nach der eigenen Sprache ab und zugleich dokumentiert ihr Brief das unerhörte Streben einer Frau im 17. Jahrhundert. „Sor Juana's *Respuesta a Sor Philothea* is the major and most direct source of her autobiographical writing, and it is an essential document of seventeenth-century feminism." (Arenal 1983, 174)

Sor Juana verteidigt ihren Wissensdrang damit, dass dieser in Gott begründet ist. Gott ist der Ursprung ihres unerhörten Strebens: „ [...] desde que me rayó la primera luz de la razón, fue tan vehemente y poderosa la inclinación a las letras, que ni ajenas represiones – que he tenido muchas –, ni propias reflejas – que he hecho no pocas –, han bastado a que deje de seguir este natural impulso que Dios puso en mí."[146] (Salceda 1957, Bd. IV, 444) Es ist Gott, der sie schuf, wie sie ist, und der will, dass sie Mensch wird. Und zur Menschwerdung

---

[145] Die *Antwort an Sor Philothea* umfasst mehr als 26 gedruckte Seiten und wenn man sich vorstellt, wie viele handschriftliche Seiten dies sein mögen, bekommt der/die LeserIn eine Ahnung von der Intensität ihrer Auseinandersetzung mit diesem Brief.
[146] „ [...] seit mich der erste Strahl der Vernunft traf, die Liebe zu den Wissenschaften so gewaltig und mächtig war, daß weder Vorwürfe anderer – nicht wenige wurden gegen mich erhoben – noch eigene Gedanken – nicht wenige habe ich mir gemacht – genügten, mich von diesem natürlichen Drang, den Gott mir gab, abzubringen." (Heredia, Hildgard)

gehört der Erwerb der eigenen Sprache, das unerhörte Projekt ihres Lebens. Immer wieder bat sie Gott darum, er möge das Licht ihres Verstandes auslöschen und ihr nur soviel lassen, wie genügt, um die Gesetze Gottes zu befolgen, aber all ihre Bitten fanden kein Gehör und so opferte sie ihren Verstand dem, der ihn ihr gab. Der Wissensdrang, das Bemühen, die eigene unerhörte Sprache zu sprechen, das Unerhörte ins Wort zu bringen, dies sind die Lebensthemen Sor Juanas. Und indem sie sich diesen Themen stellt, sie bearbeitet und öffentlich zum Ausdruck bringt, überschreitet sie die Grenzen des Erlaubten und wird von der Vertretern der Ordnung der Dinge in die Schranken gewiesen. Aber Sor Juana gibt nicht kampflos auf, ihre *Antwort an Sor Philothea* ist die unerhörte Gegenrede eines Subjektes.

„Juana responses and expresses her gratitude for the publication. She narrates certain episodes of her life related to her passion of knowledge and concludes with a polemical discussion of a maxim of St. Paul's which states that women should remain silent in church, since it is not permitted them to speak." (Ludmer 1991, 87)

Die *Antwort an Sor Philothea* lässt sich vom Aufbau her in fünf Abschnitte gliedern:[147]

1. Die ersten Seiten der Antwort sind eine Art Vorwort. Hier erklärt Sor Juana ihre zögerlichen Versuche, auf den Brief von Sor Philothea eine Antwort zu geben. Sie nimmt aber auch schon zu einem zentralen Vorwurf Stellung, der da lautet, dass sie sich bislang zu wenig religiösen Themen zugewandt hat.
2. Der zweite Teil ihres Antwortschreibens ist in besonderer Weise von autobiographischen Eckdaten geprägt. Sie berichtet davon, dass sie schon als kleines Mädchen den Wunsch nach Wissen und Erkenntnis hatte. Sor Juana erzählt, wie sie Lesen und Schreiben lernte, an den vizeköniglichen Hof kam, erste Gedichte schrieb und mit ihrem Wissen Aufsehen erregte.
3. Im dritten Abschnitt stehen das Leben im Kloster und die Schwierigkeiten des autodidaktischen Studierens im Vordergrund. Es war ihr Los, alleine zu lernen, und dieses Faktum liegt darin begründet, dass es in der Gesellschaft keine Kultur und Anerkennung des Studiums von Mädchen und Frauen gibt. Allgemein gilt, dass Wissen für Mädchen und Frauen keine konstituierende Größe ihrer Existenz ist.
4. Der vierte Abschnitt zeichnet sich dadurch aus, dass er diskursiv, im Gegensatz zu dem narrativen Duktus des Vorausgegangen, ist. In diesem

---

[147] Ludmer gliedert die *Antwort an Sor Philothea* nicht in fünf, sondern in drei inhaltliche Abschnitte. Der erste Teil ist direkt an Sor Philothea gerichtet. Der zweite Teil hat ihre intellektuelle Biographie *(autoBiographia intelectual)* zum Inhalt und der dritte Teil beschäftigt sich mit der Forderung, dass die Frau in der Kirche zu schweigen habe. (Vgl. Ludmer 1984, 49.)

Abschnitt legt Sor Juana ihren Standpunkt in Bezug auf das Recht von Mädchen und Frauen nach Wissen und Bildung dar.
5. Der fünfte Abschnitt beendet den Brief. Dieser Abschnitt ist von allgemeinen und üblichen Grußformeln und Gunsterweisungen geprägt.

4.7.1.1 Eine Art Vorwort

Zu Beginn des Briefes erklärt Sor Juana, warum sie verspätet antwortet. Sie wusste nicht, wie sie Sor Philothea in einer angemessenen Weise antworten sollte. Die unverhoffte Veröffentlichung hat sie in stumme Betroffenheit versetzt, allzumal sie sich für die Erweisung dieser Gunst für unwürdig hält. (Vgl. Salceda 1957, Bd. IV, 441.) Aber ihre Unfähigkeit zu danken soll nicht als falsche Bescheidenheit verstanden werden. „No es afectada modestia, Señora, sino ingenua verdad de toda mi alma, que al llegar a mis manos, impresa, la carta que vuestra propiedad llamó Atenagórica, prorrumpí (con no ser esto en mí muy fácil) en lágrimas de confusión, porque me pareció que vuestro favor no era más que una reconvención que Dios hace a lo mal que le correspondo; y que como a otros corrige con castigos, a mí me quiere reducir a fuerza de beneficios."[148] (Salceda 1957, Bd. IV, 441)
Im Folgenden erwähnt Sor Juana, dass sie eigentlich gewillt ist, keine Antwort zu geben. Aber damit dies nicht missverstanden wird, ist es ihrer Meinung nach erforderlich, etwas zum Schweigen zu sagen, damit verständlich wird, „que el silencio diga".[149] (Salceda 1957, Bd. IV, 441) Zur näheren Erläuterung erwähnt sie mit 2 Kor 12,2-4 eine Stelle, in der von einem Menschen die Rede ist, der in den Himmel entrückt wurde und der dort unsagbare Worte hörte. Sor Juana betont in diesem Zusammenhang, dass nicht davon die Rede ist, was diese Person gesehen hat, sondern davon, dass er das Gesehene nicht aussprechen kann. (Vgl. Salceda 1957, Bd. VI, 442) Sor Juana wird nur eine Antwort geben, um zu sagen, dass sie nichts zu antworten weiß. „Así, yo, Señora mía, sólo responderé que no sé qué responder; sólo agradeceré diciendo que no soy capaz de agradeceros; y diré, por breve rótulo de lo que dejo al silencio, que soló con la confianza de favorecida y con los valimientos de

---

[148] „Es ist keine falsche Bescheidenheit, gnädige Frau, sondern die Wahrheit meiner ganzen Seele, daß ich in Tränen der Verwirrung ausbrach (was bei mir nicht leicht ist), als ich den gedruckten Brief in den Händen hielt, dem Euer Gnaden den Namen Atenagórica gab. Es schien mir nämlich, daß Euere Gunsterweisung nichts anderes war als eine Ermahnung, die Gott mir zuteil werden ließ, weil ich Ihm so unzureichend entspreche; so wie Er andere durch Strafen züchtigt, will Er mich durch Wohltaten auf den rechten Weg führen." (Heredia, Hildgard)
[149] „was das Schweigen sagen soll"

honrada, me puedo atrever a hablar con vuestra grandeza."[150] (Salceda 1957, Bd. IV, 442)
Antworten, indem man sich dazu bekennt, nicht zu wissen wie man antworten soll; danken, obgleich man unfähig ist zu danken; sprechen, was dem Schweigen überlassen bleiben soll – diese Erfahrungen sind Realitäten menschlicher Existenz. Aber Sor Juana ist hier zu etwas in der Lage, woran andere Menschen scheitern, sie kann diese Paradoxe ausdrücken, benennen und damit überschreiten. Das Paradoxe verschlägt ihr nicht die Sprache, sondern wird vielmehr zur Herausforderung für die eigene Sprache, und dies im Schweigen sowie im Sprechen. Die Suche nach dem rechten Umgang im Sprechen und im Schweigen war es auch, die es mit sich brachte, dass sie sich zunächst mit weltlichen Themen befasste. Sor Juana hat nicht aus mangelndem Interesse so wenig an religiösen Themen gearbeitet, sondern aus der Furcht heraus, diesen Themen nicht gewachsen zu sein.[151] Aber auch dieses Schweigen war kein stummes Schweigen, denn es ist der Ausdruck davon, dass religiöse Themen und Inhalte durch Worte nicht immer angemessen dargestellt werden können. Und weil dem so ist, sind sie besser im Schweigen aufgehoben. Nicht aus Desinteresse, sondern aus besonderer Achtung vor den religiösen Themen hat sie sich nur marginal mit ihnen beschäftigt. „Y hablando con más especialidad os confieso, con la ingenuidad que ante vos es debida y con la verdad y claridad que en mí siempre es natural y costumbre, que el no haber escrito mucho de asuntos sagrados no ha sido desafición, ni de aplicación la falta, sino sobra de temor y reverencia debida a aquellas Sagradas Letras, para cuya iteligencia yo me conozco tan incapaz y para cuyo manejo soy tan indigna; [...]"[152] (Salceda 1957, Bd. IV, 443)
Dieses Schweigen ist unerhört, weil es von der Ehrfurcht vor Themen spricht, um die gerungen werden muss. Hier werden nicht leichtfertig Worte in den Mund genommen. Aber sie werden auch nicht nur sorgsam bedacht, sondern

---

[150] „So, gnädige Frau, werde ich nur antworten, daß ich nichts zu antworten weiß; ich werde Euch allein danken, indem ich Euch sage, daß ich unfähig bin, Euch zu danken; kurz das erwähnend, was ich dem Schweigen überlasse, sage ich, daß nur das Vertrauen derjenigen, der Gunst erwiesen wurde, und der Mut derjenigen, der Ehre zuteil wurde, mich zu Euer Gnaden sprechen lassen." (Heredia, Hildegard)
[151] An dieser Stelle muss erwähnt werden, dass der Vorwurf, sie habe sich nicht ausreichend mit religiösen Themen auseinander gesetzt hat, unhaltbar ist. Sor Juana hat, wie in Kapitel 5 zu zeigen ist, neben der Kritik an Vieira auch religiöse Gedicht, Lieder und Fronleichnamsspiele verfasst. Und auch ihr *Primero Sueño* ist ein religiöses Gedicht.
[152] „Mit der Offenherzigkeit, die ich Euch schuldig bin, und der Wahrheitsliebe und Klarheit, die mir angeboren und zur Gewohnheit geworden sind, möchte ich Euch wissen lassen, daß der Grund, nicht soviel über fromme Dinge geschrieben zu haben, nicht Abneigung noch fehlende Hingabe gewesen sind, sondern eine übergroße Scheu und Ehrfurcht der Heiligen Schrift gegenüber, zu deren Verständnis ich mich als unfähig betrachte und deren Handhabung ich nicht würdig bin." (Heredia, Hildegard)

sie werden mit der eigenen Existenz konfrontiert. Was kann das Subjekt aus eigener Perspektive und vor dem Hintergrund der eigenen Erfahrungen sagen? Dies ist die Frage, die das Subjekt beantworten muss und die das unerhörte Schweigen erklärt.
Vor diesem Hintergrund erweist sich die Mahnung Sor Philotheas als haltlos, denn es ist gerade die gebotene Ehrfurcht vor religiösen Themen, die Sor Juana ernst nimmt. Angesichts biblischer Weisungen (vgl. PS 50,16) fragt Sor Juana, wie sie es hätte wagen können, die Bibel in ihre unwürdigen Hände zu nehmen, zumal ihr dies ihr Geschlecht, ihr Alter und vor allem die guten Sitten untersagen? Neben der Ehrfurcht vor den religiösen Themen erwähnt sie noch einen weiteren Grund für die Bearbeitung weltlicher Themen: ihren Gehorsam. Immer wieder wurde sie gebeten, Auftragsarbeiten zu erledigen, sich mit der einen oder anderen Fragestellung zu befassen, zum einen oder anderen Thema und Anlass etwas zu schreiben. Und diesen Wünschen ist sie immer nachgekommen, aus Gehorsam und nicht aus Genugtuung. „Y, a la verdad, yo nunca he escrito sino violentada y forzada y sólo por dar gusto otros; no sólo sin complacencia, sino con positiva repugnancia, porque nunca he juzgado de mí que tenga el caudal de letras e ingenio que pide la obligación de quien escribe; [...]"[153] (Salceda 1957, Bd. IV, 444) Gab es jemanden, der sie bedrängte, sich in Fragen der Religion zu äußern, dem gab sie zur Antwort: „¿Qué entendimiento tengo yo, qué estudio, qué materiales, ni qué noticias para eso, sino cuatro bachillerías superficiales? Dejen eso para quien lo entienda, que yo no quiero ruido con el Santo Oficio, que soy ignorante y tiemblo de decir alguna proposición malsonante o torcer la genuina inteligencia de algún lugar. Yo no estudio para escribir, ni menos para enseñar (que fuera en mí desmedida soberbia), sino sólo por ver si con estudiar ignoro menos."[154] (Salceda 1957, Bd. IV, 444)
Für die Behandlung religiöser Themen fehlen ihr die Kenntnisse; sie fügt an, wie leicht es dann zu einer Formulierung kommen kann, die zwar gut gemeint, aber falsch ist und ihr schließlich Probleme mit der Inquisitionsbehörde einbringen kann. In diesen Formulierungen kommt die Furcht Sor Juanas vor

---

[153] „Wahr ist, daß ich nur geschrieben habe, weil ich bedrängt oder gezwungen wurde, und nur, um anderen eine Freude zu bereiten: ich empfand dabei keine Genugtuung, eher einen großen Widerwillen, denn nie habe ich von mir geglaubt, ich besäße großen Überfluß an Wissen und Begabung, die von jemandem, der schreibt, gefordert werden." (Heredia, Hildegard)

[154] „Wieviel Einsicht wurde mir zuteil, welche Studien habe ich, welche Voraussetzungen und Kenntnisse, außer vier bedeutungslosen Studienjahren? Mögen diese Dinge doch dem überlassen sein, der den Verstand dazu hat. Ich will kein Aufsehen beim Heiligen Offizium erregen, denn ich bin unwissend und zittere davor, etwas Anstößiges zu sagen oder die zutreffende Deutung einer Bibelstelle zu verdrehen. Ich betreibe keine Studien, um zu schreiben, noch weniger um zu lehren (was in meinem Fall unmäßiger Hochmut wäre), sondern nur, um weniger unwissend zu sein." (Heredia, Hildegard)

der Inquisition zum Ausdruck. Und diese Sorge war sicherlich nicht unberechtigt. Daneben bekundet sie, dass sie niemals danach strebte, ihr erworbenes Wissen weiterzugeben und zu veröffentlichen, ihr Ziel war und ist es, weniger unwissend zu sein, die Geheimnisse Gottes und der Schöpfung mehr und mehr zu entschlüsseln und eine Sprache zu sprechen, die das bislang nicht Gehörte benennen kann.

4.7.1.2 Ein Blick auf die Biographie

Dieser neue inhaltliche Abschnitt ihres Briefes wird von Sor Juana damit eingeleitet, dass sie erwähnt, dass die einzige Möglichkeit, sich bei der Wohltäterin zu bedanken und ihre Schuld abzutragen, darin besteht, Sor Philothea ihre Geheimnisse zu offenbaren. (Vgl. Salceda 1957, Bd. IV, 445.) Es folgt nun ein langer Textabschnitt mit autobiographischen Fakten und Begebenheiten. Sor Juana berichtet von ihrem Wissensdurst und ihren Bemühungen, diesen zu stillen. So teilt sie mit, dass sie im Alter von nicht einmal drei Jahren ihren älteren Schwestern in die Schule für Mädchen folgte. Neugierde und die Lust, einen Streich zu spielen, ließ sie ihnen folgen, doch als sie erkannte, dass sie Unterricht erhielten, wollte auch sie unbedingt lesen lernen. Und nichts konnte sie von diesem Wunsch abhalten. Sie ließ auch bei Androhung von Strafen nicht davon ab, die Schule zu besuchen. Und zu dieser Zeit hört sie auch auf Käse zu essen, weil ihr zu Ohren gekommen war, dass Käse dumm machen würde.[155] Und als sie sechs oder sieben Jahre alt war, bereits lesen und schreiben konnte, hörte sie, dass es in der Stadt Mexiko eine Universität und Schulen gab, an denen man Wissenschaften studieren konnte. (Vgl. Salceda 1957, Bd. IV, 445f.) Die lateinische Sprache erlernte sie fast autodidaktisch, darin erhielt sie nach eigenen Angaben nur wenige Stunden. Sie berichtet weiter, dass ihre Lernbegierde so stark war, dass sie sich das Haar abschnitt und sich vornahm, bestimmte Dinge erlernt zu haben, bis es wieder die ursprüngliche Länge erreicht habe. (Vgl. Salceda 1957, Bd. IV, 446.)

---

[155] Die ersten Jahre Sor Juanas und auch ihre Entscheidung für das Kloster werden immer wieder psychologisch interpretiert. Für Morino ist die Aussage von Sor Juana, dass sie aufhörte Käse zu essen, ein deutlicher Hinweis darauf, dass sie an Anorexie litt. Und die Tatsache, dass sie sich die Haare abschnitt, gilt als Beweis dafür, dass sie ihre Weiblichkeit verleugnete und ihre Mutter ad personam ablehnte. (Vgl. Morino 1987, 10f.) Der Autor muss sich auf der Basis seiner Interpretation fragen lassen, ob er in der Tat der Meinung ist, dass eine Frau, die die vorgezeichneten Bahnen der Ordnung der Dinge verlässt, krank ist und das eigene Geschlecht und die Mutter verleugnet und abwertet? Meines Erachtens ist diese Interpretation nicht haltbar. Gerade in ihrer *Antwort an Sor Philothea* stellt Sor Juana sich bewusst in die Tradition von Frauen und von Verleugnung des Frau-Seins kann keine Rede sein. (Vgl. Salceda 1957, Bd. IV, 461.)

Der Brief schweigt sich über ihre Jahre am vizeköniglichen Hof aus. Darüber erfahren wir nichts, diese Jahre bleiben im Dunkel. Meiner Meinung nach schweigt sie sich über diese Zeit aus, weil diese Jahre im Zusammenhang mit der Entgegnung der Sor Philothea eine nachrangige Rolle spielen. Ihre Antwort steht ganz im Zeichen dessen, dass sie erklären will, worin ihr unerhörtes Verlangen begründet liegt, und dass es für den Prozess ihrer Menschwerdung ein konstitutiver Bestandteil ist.

Sie fährt fort, indem sie von ihrem Entschluss ins Kloster einzutreten berichtet. Sie schreibt, dass sie dies tat, obgleich sie wusste, dass dieser Stand ihrem Charakter widersprechende Dinge abverlangte. „Entréme religiosa, porque aunque conocía que tenía el estado cosas (de las accesorias hablo, no de las formales), muchas repugnantes a mi genio, con todo, para la total negación que tenía al matrimonio, era lo menos desproporcionado y lo más decente que podía elegir en materia de la seguridad que deseaba de mi salvación; [...]"[156] (Salceda 1957, Bd. IV, 446)

Sie geht ins Kloster, und sie bringt sich und ein unerhörtes Verlangen nach ihrer eigenen Sprache mit. Sor Juana erkennt, dass sie nicht vor sich selbst fliehen kann (Vgl. Salceda 1957, Bd. IV, 447.), und sie erfährt, dass die Flucht vor sich selbst nicht gelingen kann. Erst in der Anerkennung und Akzeptanz dessen, wer und was man ist, kann man werden, wer man sein soll. Erst auf Basis der ungeschönten Schau ihrer selbst ist es möglich, die eigene Existenz und die Zukunft ihrer selbst zu entwerfen. Und dann kann es sein, dass die Neigungen und Sehnsüchte, die zunächst noch als Qualen schienen, in ihrer kreativen und schöpferischen Kraft ans Licht kommen und sich als die zu erkennen geben, die sie sind, das Lebenselexier der eigenen Existenz, die Basis für die Subjektwerdung. Sor Juana findet im Kloster ihren Ort, den Ort, immer mehr sie selbst zu werden; hier wird sie fähig, etwas Unerhörtes ins Wort zu bringen, und hier wird sie fähig werden, in einer Weise zu schweigen, die etwas Unerhörtes sagt.

4.7.1.3 Von der Schwierigkeit, das unerhörte Verlangen nach Wissen zu realisieren

In diesem Abschnitt beschreibt Sor Juana ihren Wunsch, weniger unwissend zu sein, die Wahl ihrer Wissensgebiete und die damit einhergehenden

---

[156] „Ich trat ins Kloster ein, obwohl ich wußte, daß dieser Stand Dinge – ich spreche von nebensächlichen, nicht von grundsätzlichen – mit sich brachte, die meinem Charakter widersprechen mußten. Aber da ich eine tiefe Abneigung gegen den Ehestand hatte, schien jener diesem gegenüber weniger große Nachteile mit sich zu bringen. Es war die angemessenere Wahl, um mein Seelenheil, das zu erlangen ich erstrebte, mit größerer Sicherheit zu gewinnen." (Heredia, Hildegard)

Schwierigkeiten und Widerstände. Als einer besonderen Schwierigkeit verweist sie hier auf die Tatsache, dass sie sich all ihr Wissen ohne die Anleitung und Unterstützung einer Lehrerin oder eines Lehrers hat aneignen müssen. Außerdem beklagt sie auch das Fehlen von MitstudentInnen, mit denen sie hätte diskutieren und Wissen austauschen können. Sor Juana studiert und forscht, denkt nach und schreibt, aber immer alleine. Dessen ungeachtet hält sie ihr unerhörtes Ziel immer vor Augen – sie will weniger unwissend sein und sie will lernen, ihr Wissen in eigenen Worten, in einer eigenen Sprache zu benennen. „Ya se ve cuán duro es estudiar en aqulleos caracteres sin alma, careciendo de la voz viva y explicación del maestro; pues todo este trabajo sufría yo muy gustosa por amor de las letras."[157] (Salceda 1957, Bd. IV, 447) Sor Juanas Verlangen nach Wissen und Erkenntnis hat seinen Ursprung in Gott und sie stellt es zugleich in den Dienst Gottes. Es gefällt Gott nicht, dass sie unwissend ist, und dies gilt im Verständnis von Sor Juana gerade auch für Ordensfrauen. Es ist eine Unzulänglichkeit für eine Ordensfrau von ihrem Stand, nicht alle göttlichen Geheimnisse erkennen und verstehen zu können: „[...]; y que siendo monja y no seglar, debía, por el estado eclesiástico, profesar letras; y más siendo hija de un San Jerónimo y de una Santa Paula, que era degenerar de tan doctos padres ser idiota la hija."[158] (Salceda 1957, Bd. IV, 447) An dieser Stelle beruft sie sich ausdrücklich auf Hieronymus und die Heilige Paula. Die Heilige Paula (5. Mai (oder 6. Mai 347 bis 26. Januar 404) war engste Vertraute und großzügigste Gönnerin des Hieronymus, den sie 382 als vornehme junge Witwe in Rom kennen lernte. Paula war von den asketischen Idealen fasziniert und folgte ihm 382 mit ihrer Tochter Eustochium nach Plästina und Ägypten. 386 gründeten sie in Bethlehem ein Frauen- bzw. ein Männerkloster, dem sie bzw. Hieronymus vorstanden, und ein Pilgerhospiz. (Vgl. Grieser 1998, 1487.) Beiden war es daran gelegen, dass gerade auch Mädchen und Frauen unterwiesen werden sollten. Sor Juana, als „Tochter" dieser beiden, steht mit ihrem Vorhaben, weniger unwissend zu sein, damit voll und ganz in der Tradition der geistlichen Gründerfiguren ihrer Ordensgemeinschaft. Sor Juana bezieht sich in ihrem Brief an Sor Philothea immer wieder auf die Tradition. Sie führt diese weiter und bekennt damit zugleich, dass sie von ihr eine eigene Meinung hat. Sie betrachtet die Tradition aus ihrer Perspektive und sie stellt neue Verbindungen her, die es so noch nicht gegeben hat. Sor Juana bricht nicht mit der Tradition, aber sie ist ihr auch nicht

---

[157] „Man weiß, wie mühsam es ist, aus diesen seelenlosen Buchstaben zu lernen, ohne die lebendige Stimme und Erläuterungen eines Lehrers. Aber all diese Mühsal nahm ich mit Freude auf mich, aus Liebe zu den Wissenschaften." (Heredia, Hildegard)
[158] „Und da ich Klausurschwester und nicht Laienschwester war, war ich aufgrund meines geistlichen Standes verpflichtet, mich den Wissenschaften zu widmen. Und zudem war ich Tochter so gelehrter Eltern wie des heiligen Hieronymus und der heiligen Paula, so daß eine unwissende Tochter gänzlich aus der Art geschlagen wäre." (Heredia, Hildegard)

still ergeben. Sie beruft sich auf die Heiligen und geht doch ihren eigenen Weg. Sie verwendet sie zu eigenen Zwecken und ist auf dieser Grundlage schöpferisch.
Sor Juana beschäftigte sich mit den verschiedenen Wissensgebieten, weil es ihr Ziel ist, Theologie zu studieren. Aber um dorthin zu gelangen, schien es ihr notwendig, die einzelnen Wissenschaften Stufe um Stufe zu erklimmen: „[...], subir por los escalones de las ciencias y artes humanas: porque ¿cómo entenderá el estilo de la Reina de las Ciencias quien aun no sabe el de las ancilas? ¿Cómo sin Lógica sabría yo los métodos generales y particulares con que está escrita la Sagrada Escritura? ¿Cómo sin Retórica entendería sus figuras, tropos y locuciones? [...] ¿Cómo sin grande conocimiento de reglas y partes de que consta la Historia se entenderán los libros historiales? Aquellas recapitulaciones en que muchas veces se pospone en la narración lo que en el hecho sucedió primero. ¿Cómo sin grande noticia de ambos Derechos podrán entenderse los libros legales? [...] y después de saberlas todas (que ya se ve que no es fácil, ni aun posible) pide otra circunstancia más que todo lo dicho, que es una continua oración y pureza de vida, para impetrar de Dios aquella purgación de ánimo e iluminación de mente que es menester para la inteligencia de cosas tan altas; y si esto falta, nada sirve de lo demás."[159] (Salceda 1957, Bd. IV, 447ff)
Um grundlegendes Wissen zu erlangen, studierte sie unaufhörlich verschiedene Disziplinen. Widmete sie sich einem Fach mehr, so ist dies nicht mit einem verstärkten Interesse zu erklären, sondern vielmehr mit der Tatsache, dass ihr gerade diese Bücher in die Hände fielen. Beschäftigung mit verschiedenen Wissenschaften erfährt sie nicht als störend, im Gegenteil, sie helfen einander und sie beleuchten sich aus unterschiedlichen Perspektiven. Die Weisheit Gottes gab allem einen Platz, damit eine Verbindung zwischen und mit allem entstehen kann. (Vgl. Salceda 1957, Bd. IV, 450.) „Y así no es disculpa, ni por tal la doy, el haber estudiado diversas cosas, pues éstas antes

---

[159] „[...], über die Stufen der weltlichen Wissenschaften und Künste hinaufzusteigen. Denn wie könnte jemand das Wesen der Königin der Wissenschaften verstehen, wenn er noch nicht einmal das ihrer Dienerinnen kennt? Wie könnte ich ohne Logik die allgemeinen und besonderen Ordnungsprinzipien begreifen, nach denen die Heilige Schrift geschrieben wurde? Wie ohne Rhetorik ihre Bilder, Tropen und Redewendungen verstehen? [...] Wie könnte man, ohne eine größere Kenntnis der Gesetzmäßigkeiten und Zeitabschnitte, in die die Geschichte aufgeteilt ist, die Geschichtsbücher der Bibel verstehen? Jene Zusammenfassungen, in denen oft im nachhinein etwas erzählt wird, was vorher geschah? Wie ohne Kenntnis der Rechtsordnungen die Gesetzbücher der Bibel lesen? [...] Und wenn man dies alles weiß (was, wie man sieht, nicht leicht ist, kaum möglich scheint), so ist mehr als alles Gesagte noch etwas anderes erforderlich, nämlich das unablässige Gebet und eine ungetrübte Reinheit in der Lebensführung, um von Gott die Läuterung der Seele und die Erleuchtung des Geistes zu erlangen, was für ein Verständnis so hoher Dinge unerläßlich ist. Wenn dies fehlt, ist alles übrige vergebens." (Heredia, Hildegard)

se ayudan, sino que el no haber aprovechado ha sido ineptitud mía y debilidad de mi entendimiento, no culpa de la variedad."[160] (Salceda 1957, Bd. IV, 450) Die Realisierung ihres Verlangens nach Wissen und Verständnis der Dinge hat sie große Mühe gekostet und in diesem Punkt zieht sie eine Parallele zum bereits erwähnten Hieronymus. Ihm ist es in vielfacher Weise ähnlich gegangen. Der Verweis auf den Heiligen Hieronymus ist aber mehr als nur der Hinweis darauf, dass die Beschäftigung mit der Wissenschaft ein einsames Geschäft ist. Sie beruft sich mit diesem Hinweis auf eine Autorität und sie macht hier, wie auch an anderen Stellen im Text, deutlich, dass sie in der Tradition des Heiligen steht, dessen Tochter sie ist. Sie zitiert den Heiligen wie folgt:*„Quid ibi laboris insumpserim, quid sustinuerim difficultatis, quoties desperaverim, quotiesque cessaverim et contentione discendi rursus inceperim; testis est conscientia, tam mea, qui passus sum, quam eorum qui mecum duxerunt vitam.*"[161] (Salceda 1957, Bd. IV, 451) Sor Juana teilt diese Erfahrungen mit Hieronymus. Sie ertrug viele Schwierigkeiten und auch sie verzweifelte oft. Sie wollte enttäuscht aufgeben und begann dann doch wieder von Neuem. Hinter dem Rückgriff auf die Tradition wird ein versteckter Konflikt um die Probleme ihrer Zeit deutlich: „Der unpolemische Sinn ist ein das gesamte Barock scharf kennzeichnendes Merkmal. Jeder sucht möglichst lange, auch wenn er eigener Stimme folgt, den Anschein festzuhalten, als schritte er die Wege der geliebten Lehrer." (Hausenstein 1921, 28)

Für Sor Juana kommen aber noch weitere Schwierigkeiten als die bereits genannten hinzu: „¿Quién no creerá, viendo tan generales aplausos, que he navegado viento en popa y mar en leche, sobre las palmas de las aclamaciones comunes? Pues Dios sabe que no ha sido muy así, porque entre las flores de esas mismas aclamaciones se han levantado y despertado tales áspides de emulaciones y persecuciones, cauntas no podré contar, y los que más nocivos y sensibles para mí han sido, no son aquéllos que con declarado odio y malevolencia me han perseguido, sino los que amándome y deseando mi bien (y por ventura, mereciendo mucho con Dios por la buena intención), me han mortificado y atormentado más que los otros, con aquel: *No conviene a la santa ignorancia que deben, este estudio; se ha de perder, se ha de desvanecer*

---

[160] „Verschiedene Dinge studiert zu haben, bedarf es keiner Entschuldigung (als solche will ich es auch nicht verstanden wissen), sie leisten sich eher Hilfestellungen untereinander; wenn ich keinen Nutzen daraus gezogen habe, so liegt es an meinem beschränkten und schwachen Verstand, nicht an der Vielfältigkeit der Studien." (Heredia, Hildegard)
[161] „Was ich an Arbeit aufgewendet habe, wie viele Schwierigkeiten ich ertragen habe, wie oft ich verzweifelte, wie viele Male ich aufgab und voller Lernbegierde wieder von neuem begann, das bezeugt mein Gewissen – meines, der ich es durchgemacht habe, und das jener, die dieses Leben mit mir führten." (Heredia, Hildegard)
Hier zitiert Sor Juana aus einem Brief des Heiligen Hieronymus an den Mönch Rustikus.

en tanta altura con su misma perspicacia y agudeza."[162] (Salceda 1957, Bd. IV, 452) An diesem Punkt muss sich Sor Philothea direkt angesprochen fühlen, denn auch in ihrem Brief finden sich lobenswerte Formulierungen, denen jedoch auf dem Fuße böse Ahnungen und Befürchtungen, sogar Drohungen folgen. So heißt es in dem Brief der Sor Philothea: „Lástima es que un tan gran entendimiento, de tal manera se abata a las rateras noticias de la tierra, que no desee penetrar lo que pasa en el Cielo; y ya que se humille al suelo, que no baje más abajo, considerando lo que pasa en el Infierno."[163] (Salceda 1957, Bd. IV, 696)

Sor Juana weiß um die Ambivalenz des Wissens. Wissen bedeutet nicht nur Freude über entdeckte Zusammenhänge, sondern es beherbergt auch Gefahren. Und so verwundert es nicht, dass sie von ihrer Intelligenz und ihrer Begabung zur Dichterin nicht nur im Überschwang spricht. Im Brief an Sor Philothea spricht sie von der zweifach unglückseligen Begabung („dos veces infeliz"). (Salceda 1957, Bd. IV, 452). Aber dieser Begabung konnte sie sich nicht verweigern, wenngleich sie Ursprung für Schmerz und Leid in ihrem Leben gewesen ist. (Vgl. Salceda 1957, Bd. IV, 454.) Wer eine außergewöhnliche Position einnimmt und bis dahin Unerhörtes sagt, ist Gefahren ausgesetzt. Man wird zu einer Zielscheibe für Neid und Missgunst. Und diejenigen, die anderen an Verstand überlegen sind, spüren all dies in besonderer Weise. Auch Sor Juana hat erfahren müssen, dass sie als unerhörte Person angesehen wurde, weil sie Unerhörtes gesagt hat.

Diese Passage findet ihren Abschluss in der Betonung dessen, dass ihr aufgrund ihres Wunsches nach Wissen immer schon Widerstände und Verbote entgegengebracht wurden. Sie wurde nicht wegen ihres Wissens gemaßregelt, sondern wegen ihres unerhörten Bemühens und Strebens nach Wissen. „En todo lo dicho, venerable señora, no quiero (ni tal desatino cupiera en mí) decir que me han perseguido por saber, sino sólo porque he tenido amor a la

---

[162] „Wer denkt nicht, wenn er den großen Beifall hört, daß ich mit Wind in den Segeln über ein glattes Milchmeer steuerte oder von Lobreden auf Händen getragen wurde? Doch Gott weiß, daß es nicht so gewesen ist, denn aus dem Blumenstrauß der Lobreden sind zahllose Nattern des Neides und der Nachstellung hervorgekrochen, und am meisten geschadet und mich am empfindlichsten verletzt haben nicht diejenigen, die mich mit offenem Haß und Übelwollen verfolgten, sondern diejenigen, die mich liebten und mein Bestes wollten (vielleicht haben sie sich bei Gott wegen ihrer guten Absichten viele Verdienste erworben) und mich mehr als die anderen gemartert und gequält haben mit ihrem: „Dieses Studium geziemt nicht der heiligen Unwissenheit, die Ihr erlangen sollt; aus den Höhen, die Ihr erstiegen habt, werden Gescheitheit und Scharfsinn selbst Euch zunichte machen." (Heredia, Hildegard)

[163] „Es ist beklagenswert, daß ein so großer Verstand sich von niederen Kenntnissen der Erde herabziehen läßt und nicht den Wunsch verspürt, die Geschehnisse im Himmel zu durchdringen. Und wenn er sich schon zum Erdboden hinunterbeugt, dann habt acht, daß er nicht noch tiefer steigt und die Geschehnisse in der Hölle betrachtet." (Schüller, Karin)

sabiduría y a las letras, no porque haya conseguido ni uno ni otro."[164] (Salceda 1957, Bd. VI, 457) Dieser unerhörte Wunsch wurde als Angriff auf die Ordnung der Dinge verstanden. Aber Strafen und Verfolgungen haben sie nicht abhalten können. Immer und immer wieder stößt sie auf bedenkenswerte Zusammenhänge, auf Prozesse, die analysiert und ins Wort gebracht werden wollen. „Yo confieso que me hallo muy distante de los términos de la sabiduría y que la he deseado seguir, aunque *a longe*. Pero todo ha sido acercarme más al fuego de la persecución, al crisol del tormento; y ha sido con tal extremo que han llegado a solicitar que se me prohiba el estudio."[165] (Salceda 1957, Bd. VI, 457f) Sie berichtet an dieser Stelle von der Begebenheit, dass aus Angst vor einer Anklage bei der Inquisition ihr die Oberin als Schutzmaßnahme ein Studienverbot erteilte, aber das Studienverbot war keine Lösung. Sor Juana nahm zwar kein Buch mehr in die Hand, lernte und forschte nicht mit ihren Instrumenten, aber sie entdeckte in ihrer Umgebung die Lehrmeisterin. Sie studierte in allen Dingen, die sie umgaben und die sie beobachten konnte: „[...], estudiaba en todas las cosas que Dios crió, sirviéndome ellas de letras, y de libro toda esta máquina universal. Nada veía sin refleja; nada oía sin consideración, aun en las coasa más menudas y materiales; porque como no hay criatura, por baja que sea, en que no se conozca el *me fecit Deus*, no hay alguna que no pasme el entendimiento, si se considera como se debe."[166] (Salceda 1957, Bd. IV, 458)

Überlegungen über Unerkanntes anzustellen und Verse zu schreiben, sind konstituierende Größen der unerhörten Existenz von Sor Juana. Ihr Verlangen ist eine Macht, der sie sich nicht widersetzen kann. Sie schreibt: „ [...]; y es de tal manera esta naturaleza o costumbre, que nada veo sin segunda consideración. Estaban en mi presencia dos niñas jugando con un trompo, y apenas yo vi el movimiento y la figura, cuando empecé, con esta mi locura, a considerar el fácil moto de la forma esférica, y cómo duraba el impulso ya

---

[164] „Mit all dem, verehrungswürdige Frau, möchte ich nicht sagen (ein solcher Unsinn sei fern von mir), daß man mich meines Wissens wegen verfolgt hat, sondern allein, weil ich die Weisheit und die Wissenschaft geliebt habe, und nicht, weil ich das eine oder andere erreicht hätte." (Heredia, Hildegard)

[165] „Ich bekenne, daß ich weit davon entfernt bin, an die Grenze der Weisheit gelangt zu sein, und daß ich den Wunsch habe, ihr, wenn auch nur *von ferne*, zu folgen. Aber all das hat mich dem Feuer der Verfolgung näher gebracht, mich an den Schmelztiegel der Qualen herangeführt; und es ist so weit gekommen, daß man mir das Studium verbieten wollte." (Heredia, Hildegard)

[166] „ [...], die Gott erschuf, sie waren für mich die Buchstaben, und die Maschine des Alls war das Buch. Nichts, war es auch noch so klein und plump, sah ich, ohne nicht in Nachdenken zu verfallen, nichts hörte ich, ohne nicht in Überlegungen zu versinken. Denn es gibt nichts Geschaffenes, so niedrig es auch sei, in dem nicht das *me fecit Deus* zu erkennen ist, nichts, das nicht den Verstand in Erstaunen versetzt, wenn man es nur gebührlich betrachtet." (Heredia, Hildegard)

impreso e independiente de su cuasa, pues distante la mano de la niña, que era la causa motiva, bailaba el trompillo; y no contenta con esto, hice traer harina y cernerla para que, en bailando el trompo encima, se conociese si eran círculos perfectos o no los que describía con su movimiento; y hallé que no eran sino unas líneas espirales que iban perdiendo lo circular cuanto se iba remitiendo el impulso."[167] (Salceda 1957, Bd. IV, 459) Sor Juana müsste sich verleugnen, würde sie diese Veranlagung ignorieren. Und weil Frauen der Zugang zum Wissen allgemein versperrt ist, ihnen Bücher aus Angst vor falschen Schlussfolgerungen verboten werden, entdecken und beobachten sie die Welt um sie herum die Verbote stellen zwar Schranken dar, aber sie sind nicht unüberwindbar. Wer lernen will, entdeckt Fragestellungen in allem, was sie/ihn umgibt. Und so überrascht es auch nicht, wenn Sor Juana in Bezug auf die Lernmöglichkeiten von Frauen zusammenfassend fragt, ob Frauen nicht zwangsläufig die „filosofías de cocina" („Küchenphilosophie") (Salceda 1957, Bd. IV, 459) studieren. Mit ihrer Frage macht sie deutlich, dass in den unscheinbaren Dingen schon die Fragen nach etwas Grundsätzlichem verborgen sind. Das Partikulare ist ein Ort mit universaler Bedeutung. Fragen und Antworten entwickelt man eben nicht nur auf dem Feld der abstrakten Spekulation, sondern gerade auch im Kontext der realen Gegebenheiten. Vor diesem Hintergrund stellt Sor Juana die These auf, dass, wenn Aristoteles gekocht hätte, er noch mehr geschrieben hätte. „Y yo suelo decir viendo estas cosillas: Si Aristóteles hubiera guisado, mucho más hubiera escrito."[168] (Salceda 1957, Bd. IV, 459f)

4.7.1.4 Eine unerhörte Kommentierung des „Mulieres in Ecclesia taceant"

An dieser Stelle im Antwortschreiben wechseln Duktus und Thema. Sor Juana verlässt die Ebene des narrativen Berichtes und wendet sich der Diskussion des

---

[167] „Und diese Veranlagung oder Gewohnheit ist so stark, daß ich nichts sehen kann, ohne nicht weitere Überlegungen anzustellen. Einmal sah ich zwei Mädchen mit einem Kreisel spielen, und kaum sah ich die Bewegung und Form des Kreisels, begann ich in meinem Wahn über die große Bewegung der sphärischen Form zu spekulieren und darüber, daß sich die Wirkung der einmal in Gang gesetzten Bewegung unabhängig von ihrer Ursache fortsetzt. Denn der Kreisel tanzte auch dann noch, als die Ursache der Bewegung, die Hand des Kindes, ihn nicht mehr berührte. Damit jedoch noch nicht zufrieden, ließ ich Mehl bringen und auf den Boden sieben, um zu sehen, ob der sich drehende Kreisel mit seiner Bewegung vollkommene oder unvollkommene Kreise beschreibe. Ich entdeckte, daß er nur Linien in Spiralform hinterließ, die die Kreisform in dem Maße verloren, wie der Antrieb schwächer wurde." (Heredia, Hildegard)
[168] „Wenn ich alle diese unscheinbaren Dinge betrachte, denke ich: Wenn Aristoteles gekocht hätte, hätte er noch viel mehr geschrieben." (Heredia, Hildegard)

Punktes zu, warum Mädchen und Frauen ihrer Ansicht nach ein Recht auf Bildung haben. Argumentation und Logik prägen nun den Text. Aus dem narrativen Text wird ein diskursives Positionspapier.

Sor Juana beginnt diesen neuen und zentralen Abschnitt in ihrer *Antwort an Sor Philothea*, indem sie sich auf weibliche Autoritäten bezieht und sich damit in die Genealogie dieser Frauen stellt. In der Darstellung des eigenen Standpunktes und der eigenen Autorität lenkt Sor Juana an dieser Stelle den Blick zurück. Sie tut dies, weil sie Bilder, Vor-Bilder braucht, die als Rahmen und Hilfe dienen, die sie aufnehmen und interpretieren kann. Frauen brauchen ihresgleichen, um sich mit der Welt auseinander zu setzen. Daraus können sie Kraft schöpfen und die Energie erhalten, die notwendigen Konsequenzen für die Realisierung der eigenen Existenz zu ziehen. (Vgl. Libreria delle donne di Milano 1991, 140.) Nach Nina M. Scott ist die Bezugnahme auf frühere Frauen eine Strategie von Frauen, ihre eigenen Arbeiten zu rechtfertigen und zu legitimieren, und Sor Juana bildet hier keine Ausnahme. „A tactic common to many early women writers was to cite an extensive list of illustrious women of the past in order to justify their own literary activity, often perceived by both them and their reading public as forbidden or aberrant. Sor Juana's 'Respuesta a Sor Filotea' (Reply to Sister Philothea), in which she pretended to be writing to a sister nun [...] is no exception. In the course of this autobiographical letter Sor Juana cited a total of forty-two women's names, women she considered exemplary for reasons important to her." (Scott 1994, 206)

Diese Stelle in ihrer Antwort ist eine Konzentration in der Benennung bedeutender Frauen, nur die Heilige Theresa und Maria, die Mutter Gottes, werden an anderen Stellen im Brief erwähnt. Viele der Namen aus dieser Liste sind heutigen LeserInnen nicht mehr geläufig, aber sie alle stehen für das unerhörte Verlangen von Frauen nach eigener Subjektivität. Die Liste von Frauen beginnt mit Namen aus dem Alten Testament und der Antike. Es folgen dann Frauen aus dem Neuen Testament und des frühen Christentums. Die Liste wird fortgesetzt mit der Erwähnung von Frauen aus dem Mittelalter und einigen Nennungen aus der Zeit von Sor Juana.

Die Liste wird angeführt von *Deborah*, die Prophetin und Richterin in Israel und eine sehr einflussreiche Frau in einem normalerweise Männern vorbehaltenem Gebiet war. (Vgl. Ri 4f.) Auf Deborah folgt die *Königin von Saba* (vgl. 1 Kön 10,1-13; 2 Chr 9,1-12), „ [...] tan docta que se atreve a tentar con enigmas la sabiduría del mayor de los sabios, sin ser por ello reprendida, antes por ello será juez de los incrédulos."[169] (Salceda 1957, Bd. VI, 460) Dann kommen *Abigail*, die Frau Davids, mit der Gabe der Prophetie (vgl. 1 Sam

---

[169] „ [...] die so gelehrt war, daß sie es wagte, die Weisheit des größten der Weisen durch Rätsel auf die Probe zu stellen, ohne daß sie dafür getadelt wurde, im Gegenteil, sie wurde als Richterin über die Ungläubigen eingesetzt." (Heredia, Hildgard)

25,2-42); *Esther*, die mit der Kunst der Überzeugung und Vermittlung zur Rettung der persischen Juden beigetragen hat (vgl. Est 2,7-9,32); *Rahab*, die Prostituierte, die Joshua in ihrem Haus aufnahm und ihn mit ihrer Barmherzigkeit vor dem König von Jericho versteckte (vgl. Jos 2,1.3) und *Hanna*, die Mutter Samuels, die von Gott für ihre Beharrlichkeit und dem Festhalten an ihrem Wunsch belohnt wurde (vgl. 1 Sam 1,2-26). Die Liste mit Frauen aus der Antike ist lang und sie beinhaltet sowohl mythologische Figuren wie historische Figuren. Sor Juana beginnt diese Liste mit der Erwähnung der Sibyllen, von Frauen also, denen man im Altertum die Fähigkeit zum Wahrsagen zuerkannte. „Si revuelvo a los gentiles, lo primero que encuentro es con las *Sibilas* [Herv. H.W.], elegidas de Dios para profetizar los principales misterios de nuestra Fe; y en tan doctos y elegantes versos que suspenden la admiración."[170] (Salceda 1957, Bd. IV, 461) Daneben erwähnt sie *Minerva*, die Tochter des Jupiters und Göttin der Wissenschaft.[171] *Pola Argentaria*, die Frau des römischen Dichters Markus Annaeus Lukian (39-65), die ihm bei der Niederschrift der großen Schlacht von Pharsalos half. Die *Tochter des Tiresias*, die gelehrter als ihr Vater war. Sie war eine Seherin, die in Kleinasien das Apollonosche Orakel gründete. *Zenobia*, die Königin von Palmyra, die wegen ihrer Schönheit und ihrer Charakterstärke berühmt war. Nach dem Tod ihres Ehemanns regierte sie das Königreich allein. *Arete*, die eine gelehrte Philosophin war und ihren Sohn Aristippos den Jüngeren selbst unterrichtete. *Nikostrata*, auch Carmenta (von lat. Carmen = Gedicht) genannt. Sie trug ihre Prophezeiungen in Versen vor und sie gilt als altrömische Göttin der Weissagung und der Geburt. Es wird ihr zugeschrieben, dass sie durch ihren Sohn die lateinische Schrift nach Italien gebracht hat. *Aspasia von Milet*, die von Milet nach Athen gekommen war und sich durch ihre hohe Bildung auszeichnete. *Hypatia von Alexandrien*, die Tochter und Schülerin des Mathematikers Theon. Sie lehrte Astrologie und wurde 415 durch Steinigung getötet. *Leoncia*, die eine Schrift gegen Theophrast verfasste und ihn widerlegte. „A una *Jucia*, a una *Corina*, a una *Cornelia* [Herv. H.W.]; y en fin a toda la gran turba de las que merecieron nombres, ya de griegas, ya de musas, ya de pitonisas; pues todas no fueron más que mujeres doctas, tenidas y celebradas y también veneradas de la antigüedad por tales."[172] (Salceda 1957,

---

[170] „Wenn ich auf die heidnischen Völker zurückkomme, treffe ich zuerst die Sibyllen, die von Gott erkoren wurden, die wichtigsten Geheimnisse unseres Glaubens in so gelehrten und anmutigen Versen vorherzusagen, daß wir vor Bewunderung in Verzückung geraten." (Heredia, Hildegard)
[171] Der Baum der Minerva findet im *Primero Sueño* Erwähnung. (Vgl. Méndez Plancarte 1951, Bd. I, V.35f)
[172] „Eine Jucia, und eine Corinna, und eine Cornelia, kurz: ich sehe die große Schar derer, die berühmt wurden als Griechinnen, als Musen, als Priesterinnen des Apollo. Sie waren alle nichts anderes als Frauen, die wegen ihrer Gelehrsamkeit anerkannt, gefeiert und in der Antike verehrt wurden." (Heredia, Hildegard)

Bd. IV, 461) Wichtig ist hier der Nachsatz, auf dem die Botschaft der Genealogie der gelehrten Frauen liegt: Sie waren alle nichts anderes als Frauen, die wegen ihrer Gelehrsamkeit anerkannt und gefeiert wurden. Damit belegt Sor Juana, dass es das, was sie für sich und andere Frauen und Mädchen einklagt, schon längst einmal gegeben hat. Es gibt die Tradition der gelehrten Frauen in Kirche und Gesellschaft und auf diese Tradition beruft sie sich. Diese Genealogie gelehrter Frauen wird mit *Katharina von Alexandrien*, die die Gelehrten ihres Landes an Weisheit übertraf, fortgesetzt.[173] Die heilige Katharina von Alexandrien wird als Patronin der Philosophen verehrt und wurde im Jahre 307 in Alexandria zu Tode gemartert. Und sie führt fort: „Veo una *Gertrudis* leer, escribir y enseñar. Y para no buscar ejemplos fuera de casa, veo una santísima madre mía, *Paula* [Herv. H.W.], docta en las lenguas hebrea, griega y latina y aptísima para interpretar las Escrituras."[174] (Salceda 1957, Bd. IV, 461) Hier meint Sor Juana aller Wahrscheinlichkeit nach die heilige *Gertrud die Große* (1256-1302), die eine Zisterziensierin war, die sich dem Studium der Heiligen Schrift und dem Studium der Kirchenväter widmete und mystische Schriften verfasste.

Des weiteren werden die Witwe *Blaesila* und die Jungfrau *Eustochium* genannt. Blaesila, ist eine Tochter der heiligen Paula, die im Jahre 387 im Alter von nur zwanzig Jahren starb. Die heilige Julia Eustochium (364-419) ist auch eine Tochter der heiligen Paula, die nach dem Vorbild ihrer Mutter lebte und in Bethlehem ein Kloster leitete. Daneben erwähnt sie die in der Heiligen Schrift sehr bewanderte adelige Römerin *Fabiola*. Von ihr heißt es, dass sie ihren ersten Mann verließ und eine zweite Ehe eingegangen war. Als der zweite Mann starb, hat sie in seinem Tod ein Strafgericht Gottes gesehen. Sie entsagte daraufhin der Welt und schloss sich der heiligen Paula und ihrer Tochter Julia Eustochium an. Sie gehörte zu den Schülerinnen Hieronymus' und starb im Jahr 400. Die dann erwähnte Römerin *Proba Falconia* war eine christliche Dichterin im 4. Jahrhundert, die eine Schrift mit Sentenzen aus Vergil über die Geheimnisse des Glaubens schrieb. Aber auch die Königin *Dona Isabel* findet Erwähnung, die sich mit Astrologie befasste. Den Abschluss findet die Namensliste mit Frauen aus ihrer Zeit, wie *Christina*

---

[173] Katharina von Alexandrien hat Sor Juana zu Ehren auch villancios gewidmet. Diese wurden wie die *Respuesta a Sor Filotea* im Jahr 1691 geschrieben bzw. aufgeführt. Die *Respuesta* schrieb sie im März des Jahres, die villancicos wurden im November des gleichen Jahres in Oaxaca aufgeführt. (Vgl. Aguire 1975, 90.) Diese zeitliche Nähe legt die Vermutung nahe, dass Sor Juana, wohl auch vor dem Hintergrund der zunehmenden Schärfe des Konfliktes, sich bewusst in die Tradition von Frauen stellt, sich auf ihre Autorität beruft und damit sich selbst verteidigt.
[174] „Ich sehe eine Gertrude, wie sie liest, schreibt und lehrt. Um die Beispiele nicht von weither zu holen, sehe ich meine heiligste Mutter Paula, der hebräischen, griechischen und lateinischen Sprache kundig und befähigt, die Heilige Schrift auszulegen." (Heredia, Hildegard)

Alexandra (1626-1689), Königin von Schweden, die eine Förderin der Wissenschaften war und mit vielen Gelehrten in Briefwechsel stand. Sie war es auch, die Descartes nach Stockholm berief. Im Jahr 1654 dankte sie ab, ein Jahr später trat sie zum Katholizismus über und ging nach Rom, wo sie u.a. auf António Vieira traf. Sor Juana erwähnt auch „erlauchte Damen" wie die *Herzogin von Aveyro* und die *Gräfin von Villaumbrosa*. (Vgl. Salceda 1957, Bd. IV, 461f.) Die portugiesische Herzogin von Aveyro war ein Liebhaberin der Literatur und sie setzte sich für die Jesuitenmissionen in Amerkia und Asien ein. Sor Juana widmete ihr Romanzen. (Vgl. Méndez Plancarte 1951, Bd. I, Nr. 100; Nr. 110.)

Mit dieser Liste von Frauen macht Sor Juana deutlich, dass sie sich in eine Genealogie mit ihnen stellt und dass sie aus dieser Beziehung Kraft und Energie für die Realisierung ihrer eigenen Existenz schöpft. „In the desperate solitude of her intellectual struggle Sor Juana took strength from that network of women who accompanied her in spirit." (Scott 1994, 213) Dieser Verweis auf eine ungehörte Tradition ist ein unerhörter Vorgang. Dieser Sprachvorgang macht Sor Juana zu einer unerhörten Frau. Das Unerhörte ist deshalb eine Macht aus Sprache.

Die Beziehungen zu Frauen und die Berufung auf Frauen werden zu einem Ort, an dem Frauen Kraft, Energie und Bestätigung für den eigenen unerhörten Lebensentwurf schöpfen. Frauen machen ihre Erfahrungen zu einem Maßstab für die Welt, aus ihren Interessen ein Kriterium für die Welt und aus ihrem Begehren den Antrieb für die Veränderung der Welt. (Vgl. Libreria delle donne di Milano 1991, 150.) „Um groß zu werden – in jeglichem Sinn –; braucht sie [die Frau; H.W.] eine Frau, die größer ist als sie." (Libreria delle donne di Milano 1991, 150) Und in diesem Wissen begeben sich Frauen auf die Suche nach ihren symbolischen Müttern und Freundinnen und damit auch auf die Suche nach sich selbst. Denn indem Frauen einander in gesellschaftlichen und religiösen Zusammenhängen Autorität und Wert zuschreiben, verleihen sie sich selbst, der eigenen Erfahrung, ihrem eigenen Begehren Wert. In diesem Vorgang autorisiert die einzelne auch ihr von der Norm abweichendes Leben. „Indem ich für Gertrude Stein eintrete, trete ich für mich selbst ein." (Libreria delle donne di Milano 1982, 107) Das Unerhörte Gertrude Steins wird zur Basis, eine eigene unerhörte Sprache zu sprechen. So wird die Frau zu einer Autorität.

Vor diesem Hintergrund geht Sor Juana im Folgenden der Frage nach, ob Frauen erlaubt werden kann, sich mit der Heiligen Schrift zu befassen. Im Kontext dieser Fragestellung zitiert sie den Gelehrten Juan Díaz de Arce, einen mexikanischen Geistlichen und Universitätsprofessor, der sich vor allem mit biblischen Fragestellungen auseinander setzte. Er wirft die Frage auf, ob es Frauen gestattet ist, sich dem Studium der Heiligen Schrift zu widmen und sie auszulegen. (Vgl. Díaz de Arce 1648.) Er ist der Meinung, dass die Auslegung der Schrift durch Frauen nicht erlaubt ist. Um den Beweis anzutreten, führt er die Aussagen von Heiligen, Evangelisten und Kirchenvätern an. Besondere

Erwähnung und großes Gewicht in der Argumentation erhält dabei die Stelle 1 Kor 14,33b: „Wie es in allen Gemeinden der Heiligen üblich ist, sollen die Frauen in der Versammlung schweigen, es ist ihnen nicht gestattet zu reden." Er bestätigt, dass es den Frauen nicht erlaubt werden kann, öffentlich zu lehren, zu predigen, die Schrift auszulegen. Aber zu Hause können sie studieren, sich gegenseitig unterweisen. Und dies ist nicht nur erlaubt, sondern auch von Nutzen für die Gemeinschaft.
Sor Juana greift diesen Gedanken de Arces auf und führt ihn weiter aus. (Vgl. Salceda 1957, Bd. IV, 462f.) Begabungen und andere erforderliche Eigenschaften, die zur Gelehrsamkeit führen, sind nicht geschlechtsspezifisch zuzuordnen. Es gibt Männer, aber auch Frauen, die über diese Gaben verfügen. Und der umgekehrte Fall trifft auch für die beiden Geschlechter zu. Aber nach Sor Juanas Ansicht glauben viel zu viele Männer, dass sie über besondere Fähigkeiten qua ihres Geschlechts verfügen. So meinen viele, dass sie, weil sie Männer sind, die Fähigkeit haben, die Heilige Schrift auszulegen. Und die vielen Irrlehren, die es gibt, belegen, dass das Mann-Sein allein wohl kein ausreichendes Kriterium ist. Gerade die Irrlehren belegen die Fehleinschätzungen der Männer. Ihnen sollte man das Studieren verbieten, sie schaden sich und anderen. Und so folgert sie: „ [...]; y que no es sólo para ellas el *taceant*, sino para todos los que no fueren muy aptos."[175] (Salceda 1957, Bd. IV, 463)
Dass das *taceant* nicht geschlechtsspezifisch zu lesen und zu verstehen ist, ist ein überaus kluges Argument von Sor Juana. Das *taceant* gilt allen Unfähigen und diese gibt es nicht nur unter den Frauen, sondern auch unter den Männern. Über das *taceant* entscheidet die Befähigung, nicht das Geschlecht. Fehlt die Befähigung und Begabung, dann kann der/die Einzelne soviel wissen wollen wie Aristoteles oder Augustinus (vgl. Salceda 1957, Bd. IV, 463), es nützt nichts. Am Verstand entscheidet sich die Unangemessenheit des Vorhabens; dies gilt für Frauen wie in gleicher Weise für Männer.
Die eigenen Fähigkeiten einzuschätzen und im rechten Maß zu nutzen, ist etwas, das nur wenigen gelingt. Viel zu oft ist die Gier, zu schreiben und andere zu übertreffen, die einzige Motivation. Und gäbe es diese Begehrlichkeit nicht, dann gäbe es auch weniger Irrlehren. Sor Juana fügt an, dass auch sie Gefahr laufe, ihre Fähigkeiten falsch einzuschätzen, aber mit Sor Philothea stehe ihr jemand zur Seite, der in solchen Fällen sicherlich korrigierend eingreifen würde. Der Tadel gibt sich dann auch als weitaus wichtiger und nutzbringender zu erkennen als das Lob und belangloser Beifall. (Vgl. Salceda 1957, Bd. IV, 463f.) Aus diesen Zeilen spricht Ironie. Sor Juana bekundet hier Anerkennung gegenüber dem Urteil von Sor Philothea und meint dessen ungeachtet das Gegenteil. Sie formuliert das, was Sor Philothea

---

[175] „Nicht allein den Frauen gilt das *Lasset sie schweigen*, sondern allen Unfähigen." (Heredia, Hildegard)

erwartet, doch ist ihre Distanzierung greifbar. Die Ironie wird hier von Sor Juana als ein Mittel der Rhetorik eingesetzt und sie ermöglicht es ihr, die Fehlschlüsse Sor Philotheas ans Licht zu führen: Sor Juana braucht in Wahrheit ihre Kritik nicht, denn sie weiß um die Macht, die in der eigenen Sprache liegt. Sor Juana vertraut auf sich und nicht auf den Bischof, der sich nicht einmal traut, in eigenem Namen zu sprechen.

Nach diesen Ausführungen kommt sie noch einmal auf Díaz de Arce zu sprechen und damit auf die Fragestellung, ob es sinnvoll ist, Mädchen und Frauen zu unterrichten. Sor Juana fragt, ob diese Fragestellung nicht in besonderer Weise für Ordensfrauen gelten sollte? Sollte es nicht gerade auch für diese nützlich und angebracht sein zu studieren? (Vgl. Salceda 1957, Bd. IV, 464.) Sie plädiert dafür, dass Frauen von Frauen lernen sollen. Mädchen sollen von weisen und erfahrenen Frauen erzogen und gebildet werden. Die jungen Mädchen können am „Mehr" der anderen, der älteren Frauen lernen. Die älteren Frauen haben den jungen Frauen und Mädchen Erfahrungen und Wissen von der Welt voraus. Sie sollten diese vermitteln dürfen, damit die jungen Frauen ihren Weg finden und damit sie vom Tun, vom Wissen und den Erfahrungen der älteren Frauen lernen können. (Vgl. Günter 1996, 22f.) Zwischen den Jüngeren und Älteren könnte so eine Beziehung entstehen, in der die jüngere die Autorität der älteren Frau nutzt, die ältere aber durch die bewusste Hinwendung an die Schülerin eine Aufwertung ihrer Fähigkeiten erfährt. (Vgl. Libreria delle donne di Milano 1991, 146.) Zugleich können die älteren Frauen den jüngeren gegenüber Schutz bieten, denn gerade die Übergriffe durch Lehrer sind es ja, die viele Eltern davon abhalten, ihren Töchtern eine Ausbildung zukommen zu lassen. Frauen brauchen Frauen für ihr Wachsen in der Sprache. (Vgl. Günter 1996, 25.)

Nach diesen eher allgemeinen Erläuterungen setzt sich Sor Juana nun mit der Bibelstelle 1 Kor 14,34 auseinander. Nach Ansicht von Sor Juana kann dieser Vers nur dann richtig verstanden werden, wenn er im Kontext der Urkirche gelesen und gedeutet wird. (Vgl. Salceda 1957, Bd. IV, 465f.)

Sor Juana geht mit jenen hart ins Gericht, die sich aufgrund ihrer Position und ihres wenigen Wissens aufspielen, die Hüter der wahren Ordnung und die Garanten der „richtigen" Interpretation zu sein. Sie charakterisiert diesen Umgang mit Wissen als Macht- und Herrschaftswissen. Dieses Wissen hat alleine deswegen Bestand, weil es die Ordnung der Dinge nach der Fasson der Herren legitimiert und ausbaut. Sor Juana verweist in diesem Zusammenhang auf den Vers 1 Tim 2,11, wo es heißt, dass eine Frau in der Stille lernen soll. Nach Meinung von Sor Juana ergreift diese Stelle eher Partei für die Frauen denn gegen sie. Und auch im Buch Hiob findet sich ein Vers (33,31), der sich auf das Schweigen, und dies gilt Männern wie Frauen, bezieht. Sor Juana schreibt dazu: „Y también está escrito: *Audi Israel, et tace;* donde se habla con toda la colección de los hombres y mujeres, y a todos se manda callar, porque quien oye y aprende es mucha razón que atienda y calle."[176] (Salceda 1957, Bd. IV, 467) Schweigen – aufmerksam sein – hören – lernen – sprechen, dieses sind die Grundvoraussetzungen für jeden Umgang mit Wissen und sie gelten für beide Geschlechter.

Sor Juana macht noch einmal deutlich, dass das Ziel ihrer Anstrengung einzig darin bestand, weniger unwissend zu sein. Und es ist ihr überhaupt nicht ersichtlich, in der Realisierung dieses Begehrens ein Verbrechen zu sehen. Ihr Begehren als Verbrechen zu charakterisieren erscheint um so weniger plausibel, weil sie nicht einmal das tat, was Frauen erlaubt war: nämlich schreibend zu unterrichten. In Bezug auf ihre Predigtkritik räumt sie ein, dass dies ein kühnes Vorhaben war, aber sie fragt: „Mi entendimiento tal cual ¿no es tan libre como el suyo, pues viene de un solar? ¿Es alguno de los principios de la Santa Fe, revelados, su opinión, para que la hayamos de creer a ojos cerrados?"[177] (Salceda 1957, Bd. VI, 468)

Sor Juana fragt hier nach der Autorität der Kirche, der Autorität ihrer Botschaft und Tradition sowie nach der Autorität von Amtsträgern in der Kirche. Wenn die Kirche wirklich eine Autorität ist und den Frauen das Schreiben nicht verboten hat, wieso sollen es dann andere können? Woher nehmen sie das Recht und die Macht, sich über die Autorität der Kirche zu stellen? Muss man die Meinung Vieras behandeln wie ein Dogma, das auf jeden Fall und ohne Kritik anzunehmen ist? Was geschieht, wenn alles zum Dogma erhoben wird, mit den Glaubenssätzen, die es wert sind, zum Dogma erhoben zu werden?

Hinter den Fragen, die Sor Juana stellt, verbirgt sich ein gänzlich anderes Menschenbild und Autoritätsverständnis, als es den Hütern der Ordnung der Dinge lieb ist. Sor Juana verteidigt das freie Subjekt, die unerhörte Sprache und Positionen eines freien Subjektes. Diese Freiheit ist jedem Menschen geschuldet, unabhängig von Geschlecht und Position. JedeR ist die Autorität der eigenen Existenz und fähig, Unerhörtes zu benennen.

Im weiteren Verlauf macht Sor Juana auch deutlich, dass ihre besondere Begabung, Verse zu schreiben, zwar von einigen nicht gerne gesehen wird, diese aber zu vergessen scheinen, dass die meisten Bücher der Heiligen Schrift in Versen geschrieben sind. Damit macht sie unausgesprochen, aber dennoch für alle verständlich klar, dass diese Begabung in enger Beziehung zu Gott stehen. Gott ist es, der die Begabung schenkt. Und auch Maria, „la Reina de la Sabiduría" („die Königin aller Weisheit") (Salceda 1957, Bd. VI, 470), stimmt

---

[176] „Es steht auch geschrieben: *Höre Israel und schweige* – hier ist die Gesamtheit der Männer und Frauen gemeint, und allen wird befohlen zu schweigen, denn wer zuhört und lernt, muß aufmerksam sein und schweigen." (Heredia, Hildegard)
[177] „Mein Verstand, so wie er ist, soll nicht so frei wie der seine sein, obwohl beide gleichen Ursprungs sind? Ist seine Meinung etwa einer der Glaubensartikel, die wir mit geschlossenen Augen annehmen müssen?" (Heredia, Hildegard)

mit ihrem Mund das Magnificat an. Wenn Maria in Versen spricht, wie kann man dann sagen, dass es ein Übel ist, wenn Frauen Verse machen?! Worin liegt dann also ihr Verbrechen? Und sie fügt hinzu, dass sie keine ungebührliche Strophe geschrieben hat. Zudem waren alle ihre Arbeiten Auftragswerke, bis auf den *Primero Sueño*. (Vgl. Salceda 1957, Bd. IV, 471.) Der *Primero Sueño* ist ein Zeugnis authentischer Sprache. In ihm ist die unerhörte Existenz von Sor Juana in besonderer Weise zu fassen – er ist das Credo einer unerhörten Frau, die erwacht. Im *Primero Sueño* drückt Sor Juana in lyrischer Form das aus, worum sie auch in der *Antwort an Sor Philothea* kämpft: das Recht des Subjektes auf die eigene Sprache, auf das Erwachen. (Vgl. Scott 1985, 511; vgl. Kapitel 6.)

In Bezug auf die Kritik an António Vieira betont sie, dass sie dieser Anfrage nur mit großem Widerwillen nachgekommen ist. Dafür gibt es Gründe:

1. weil Vieira sich mit Inhalten beschäftigt hat, vor denen sie große Ehrfurcht hat. (Vgl. Salceda 1957, Bd. IV, 471.)
2. Der Brief könnte den Anschein erwecken, dass sie nur widersprechen wollte, aber das war nicht ihre Intention. Dagegen hat sie sogar eine natürliche Abneigung. (Vgl. Salceda 1957, Bd. IV, 471.)
3. Aufgrund ihrer schwachen Gesundheit und der Tatsache, dass ihr niemand beim Schreiben helfen konnte, musste sie alles selbst tun. Aus diesem Grund fehlen an manchen Stellen notwendige Erörterungen. (Vgl. Salceda 1957, Bd. IV, 471.)

So schrieb sie gegen ihren Willen, nur um dem gegenüber Wort zu halten, dem sie nicht ungehorsam sein konnte. (Vgl. Salceda 1957, Bd. IV, 471.) Und hätte sie gewusst, dass der Brief gedruckt werden würde, dann hätte sie natürlich noch genauer gearbeitet und keine Auslassungen vorgenommen. (Vgl. Salceda 1957, Bd. IV, 471.)

Vor diesem Hintergrund bittet Sor Juana Sor Philothea zu entscheiden, ob es einer Richtigstellung in Bezug auf die *Carta Atenagórica* bedarf. Sollte sie die Anweisung geben, dann würde Sor Juana sich verteidigen. Zugleich führt sie aber auch sehr eindeutig ihre eigene Position zu diesem Punkt an: Niemand muss sich vor dem verteidigen, der sich versteckt. Sie zitiert hier abermals Hieronymus, der gesagt hat: *„bonus sermon secreta non quarit."* Und der Heilige Ambrosius äußerte sich einmal wie folgt: *„latere criminosae est conscientiae."*[178] (zit. n. Salceda 1957, Bd. IV, 472)

Dies sind eindeutige Worte, die an all jene gerichtet sind, die mit doppelter Zunge mit und über Sor Juana sprechen. Und wie schon an mehreren Stellen im Brief stellt sich Sor Juana in die Tradition von Heiligen und Kirchenlehrern und stärkt damit sich selbst und die Positionen, die sie vertritt. Aus der Perspektive der Heiligen betrachtet besteht überhaupt kein Grund zur Verteidigung, denn nicht sie hat sich sträflich verhalten, sondern jene, die sie

---

[178] „Sich verstecken zeugt von gehässigem Bewußtsein." (Heredia, Hildegard)

anklagen und verleumden. Sor Juana baut ihren Gedankengang auch hier so auf, dass sie sich in ihrer Argumentation von der Autorität der Heiligen unterstützt weiß. Sie beruft sich auf die Heiligen und ihre Autorität und damit zeigt sie, dass sie auf dem Boden der Tradition der katholischen Kirche steht; zugleich stärkt sie damit inhaltlich ihren eigenen Standpunkt. Beachtenswert erscheint ihr, dass sich die anderen so viele Mühen mit ihr gemacht haben, d.h. mit der Abschrift ihrer Werke. Die Veröffentlichungen seien zudem meist ohne ihr Wissen und Zutun in Auftrag gegeben worden. Dabei musste sie immer wieder erkennen, dass das, was als Wohltat schien, sich bald als ein Akt gegen sie herausstellte. Aber auch in diesem Fall tut sie es den Heiligen gleich. Sie beruft sich auf einen Ausspruch des Heiligen Gregorius: „*Victoria non minor est, hostes tolerare, quam hostes vincere; y quela paciencia vence tolerando y triunfa sufriendo.*"[179] (Salceda 1957, Bd. IV, 472) Sor Juana macht durch dieses Zitat deutlich, dass sie nicht stumm resigniert. Sor Juana ist nicht das stumme und willfährige Opfer von Mächten und Gewalten, die ihr alles streitig machen. Vielmehr taucht im Umgang mit diesen Mächten und Gewalten ihre ganz persönliche Macht über die Sprache auf. Die eigene Sprache ist eine Macht, die in der Lage ist, sich zu den Anklagen und Verleumdungen in ein rationales Verhältnis zu setzen und all dem einen eigenen und eigensinnigen Standpunkt entgegenzustellen, den Standpunkt einer unerhörten Frau.

4.7.1.5 Das Briefende

Langsam kündigt sich der Schluss ihres Briefes an. Im Zusammenhang mit der Veröffentlichung ihrer Werke betont sie, dass kein Werk aus ihrem eigenen Interesse heraus veröffentlicht worden ist, sondern einzig und allein aufgrund des Betreibens anderer. Der Fall lag nur bei ihren *Betrachtungen über die Menschwerdung* und der Rosenkranzandacht der *Sieben Schmerzen Mariä* anders. Diese Texte wurden mit ihrer Zustimmung gedruckt, aber ohne die Erwähnung ihres Namens. Diese Veröffentlichungen sollten nicht dazu dienen, ihren Ruhm zu mehren, sondern „sólo por la devoción de mis hermanas."[180] (Salceda 1957, Bd. IV, 474) Und sollten eventuell noch einmal neue Werke von ihr gedruckt werden, wird sie diese unmittelbar an Sor Philothea zur Prüfung weiterleiten. (Vgl. Salceda 1957, Bd. IV, 474)
Diese Punkte sind dann auch schon die Überleitung zum Abschluss des Briefes, der durch allgemeine Brief- und Grußformeln gekennzeichnet ist. Sollte der Stil des Briefes von zu großer Vertraulichkeit oder mangelnder

---

[179] „Die Feinde zu ertragen ist kein geringere Sieg, als sie zu besiegen. Die Geduld siegt durch Nachsicht und triumphiert durch Erdulden." (Heredia, Hildegard)
[180] „einzig zur Erbauung meiner Schwestern"

Ehrfurcht gekennzeichnet sein, so bittet Sor Juana um Entschuldigung. Gleichzeitig versäumt sie es nicht, eine Erklärung für eventuelle Akzente zu geben: Die Vertraulichkeit ist darin begründet, dass sie Sor Philothea wie einer Ordensfrau begegnet ist, und dabei kann es eingetreten sein, dass sie den Abstand vergessen hat. Aber wäre dies geschehen, wenn sie ihr ohne Schleier begegnet wäre? (Vgl. Salceda 1957, Bd. IV, 474.) Dieser Satz kann als versteckte Andeutung auf die wahre Identität von Sor Philothea verstanden werden. Auch Sor Juana muss bekannt gewesen sein, wer sich hinter dem Pseudonym verbirgt. „El seudónimo, sin embargo, debía ser transparente a los ojos no sólo de sor Juana Inés, sino de todos los aristócratas e intelectuales del virreinato."[181] (Morino 1987, 23) Der Brief endet mit einer Bitte, dass Sor Philothea Gottes Gunst für Sor Juana erbete und dass sie sich unter ihren Schutz stellt. (Vgl. Salceda 1957, Bd. IV, 475.)

4.7.2 Die Antwort – Nicht gehorsamer Widerruf, sondern unerhörte Widerlegung

Der Antwort von Sor Juana war die Veröffentlichung der *Carta Atenagórica* mitsamt des Briefes von Sor Philothea vorausgegangen. Sor Philotheas Brief war eindeutig in der Forderung nach einer Hinwendung Sor Juanas zu frommen Themen und Inhalten, zur Bekehrung. Sollte Sor Philothea mit dem Empfang des Antwortschreibens von Sor Juana mit einem Widerruf ihres bisherigen Lebens und ihrer literarischen Arbeiten gerechnet haben, so muss die Antwort sie enttäuscht haben. Die Antwort ist nicht der gehorsame Widerruf ihrer bisherigen Existenz, sondern die unerhörte Widerlegung dessen, was Sor Philothea und andere ihr zum Vorwurf machen. Sor Juana legt sowohl auf Ebene ihrer eigenen Existenz im biographischen Teil als auch im diskursiven Abschnitt ihrer Antwort dar, dass das Recht auf Wissen und Erkenntnis bei Frauen nicht gegen die göttliche Ordnung verstößt, sondern von Gott gewollt ist. Gott ist es, der sie und andere Frauen mit intellektuellen Begabungen, mit Neugierde und Wissensdurst beschenkt hat. (Vgl. Salceda 1957, Bd. IV, 460ff.) Und in diesem Sinne ist die *Antwort an Sor Philothea* die „Magna Carta" der intellektuellen Freiheit von Frauen. (Vgl. Sabat de Rivers 1981, 109.) Sie legt darüber hinaus dar, dass es keinen Gegensatz zwischen dem religiösen Leben und den weltlichen Studien gibt. Die weltlichen Wissenschaften sind Teil der Schöpfung Gottes; sie zu verstehen ist die Voraussetzung dafür, die Ordnung Gottes zu erkennen und zu verstehen. Theologie und weltliche Wissenschaften schließen sich nach ihrer Meinung nicht aus, sondern sie durchdringen und erhellen sich gegenseitig. Die

---

[181] „Das Pseudonym muss nicht nur für die Augen Sor Juanas transparent gewesen sein, sondern für alle Aristokraten und Intellektuelle im Vizekönigreich."

Theologie ist die Königin der Wissenschaften, aber man kann ihr Wesen nur verstehen, wenn man ihre Dienerinnen kennt. (Vgl. Salceda 1957, Bd. IV, 447ff.) Damit macht sie deutlich, dass es ein Verstehen Gottes ohne den Bezug zur Welt, zu den Realitäten, in denen Menschen leben, nicht geben kann. Sor Juana betreibt von daher eine Theologie, in der Gott und Mensch, Himmel und Erde einander nicht als Gegensätze gegenüberstehen, sondern als relationale Kontraste miteinander verbunden sind. Es braucht das eine, um das andere zu verstehen. Und vor diesem Hintergrund sieht sie es auch nicht als tadelnswert an, Gedichte zu schreiben, allzumal die Bibel und Heilige wie Maria, die Mutter Gottes, hier als Vorbild herangezogen werden können.

In ihrer Antwort beansprucht Sor Juana für sich und andere Frauen und Mädchen das Recht und die Möglichkeit, sich mit Wissenschaften auseinander zu setzen und literarisch tätig sein zu dürfen – dieser Punkt ist auch der inhaltliche Kern ihrer Ausführungen in der Antwort. Sie fordert dies, wenngleich sie weiß, dass sie sich mit ihren Ausführungen im Widerstreit zur damals gültigen Auffassung befindet. Mit der Formulierung eines Anspruchs von Frauen auf Bildung drückt Sor Juana etwas Unerhörtes aus. Was bislang unerhört war, wird hier zu Gehör gebracht und dabei entsteht eine Autorität für Unerhörte. Dies wird gerade auch darin sichtbar, dass die Vertreter der Pastoralmacht auf sie aufmerksam werden; denn sie müssen feststellen, dass mit einer Subjektwerdung in der Sprache und in der Autorität einer Unerhörten eine Macht gebildet wird, die die Ordnung der Dinge anfragt und ins Wanken bringt. Es ist die Macht der Sprache, die die Autorität von Sor Juana begründet. Ihre Sprache kann daher die Autorität anderer Unerhörter gründen. Und es ist diese Macht, die Sor Juana im Prozess ihrer Menschwerdung entdeckt und verteidigt. Ursprung ihrer Macht und Autorität ist Subjektwerdung, die aus der Fähigkeit zur eigenen Sprache wächst. In der eigenen Sprache meldet sich eine bislang unerhörte Autorität zu Wort und wird eine reale Größe in der Welt und in der Zeit, vor Gott und den Menschen. Und damit befindet sich Sor Juana im direkten Gegensatz zu Sor Philothea und anderen Vertretern der Ordnung der Dinge. Sor Philothea will Sor Juana stumm machen, ihr einreden, dass sie nichts zu sagen hat und dass es Gott wohlgefällt, wenn sie stumm ist wie ein Fisch. Mit diesem Vorhaben steht Sor Philothea António Vieira nahe, der die Tugend des Hörens von der des Sprechens trennte. Aber Sor Juana begreift das Hören als ein aufmerksames Schweigen auf das bis dahin Unerhörte der Sprache der Frauen. Hören – aufmerksames Schweigen – unerhörtes Sprechen sind konstitutive Größen ihrer Existenz und die Voraussetzung dafür, Subjekt, d.h. wahrer Mensch zu werden.

Diesen Prozess sieht die Ordnung der Dinge nicht vor. Gelehrten Frauen wurde entweder mit Verwunderung oder aber mit Misstrauen begegnet; sie wurden bestaunt wie Wunderkinder oder exotische Kuriositäten. Der Grund für dies alles liegt darin begründet, dass sie die Ordnung der Dinge überschritten. Es galt, dass das „edle und vortreffliche Geschlecht" der Frauen sich seines von

Gott verliehenen Verstandes nicht bedienen dürfe, man lasse es besser „mit den blinden Maulwürfen herumkriechen." (Möbius 1982, 96) Frauen hatten einen fest umrissenen Platz in der Gesellschaft, wobei die Unterschiede eher sozial denn national bedingt waren. Von den Frauen bei Hofe erwartete man, dass sie die Fähigkeit besaßen, unterhaltend zu kommunizieren. Hierbei lag die Betonung auf „unterhaltend". Geistreiche Gespräche traute man ihnen nicht zu und diese wurden folglich auch nicht erwartet. Insgesamt wurde im Erziehungsplan für Töchter aus adeligen Familien auf zwei Dinge größter Wert gelegt: „auf Religion und jene Künste, die für das gesellige Leben benötigt wurden. Zum zweiten gehörte dann allerdings auch eine flüchtige Kenntnis auf möglichst vielfältigen Gebieten, ein oberflächliches Allgemeinwissen, mit dessen Hilfe die umfangreiche Konversation aufrechterhalten werden konnte, von der die aristokratische Geselligkeit zu einem großen Teil lebte. Mindestens ebenso wichtig war die sorgsame Unterweisung der jungen Damen in Schönheitspflege und Etikette. Für die gefälligen Umgangsformen und die Entwicklung der äußeren Erscheinung war die Tanzstunde geradezu unentbehrlich. [...] Daneben spielte noch der Musikunterricht eine Rolle, auch dilettierendes Theaterspielen wurde in den Pensionaten teilweise zugelassen." (Möbius 1982, 105) In Klosterschulen waren Katechismen, Gebete und fromme Lieder die wichtigsten Unterrichtsstoffe. Mit ihnen verfolgte man das Ziel, den Glauben bei den Mädchen zu stärken sowie sie zu Bescheidenheit, Sanftmut, Gehorsam und Ergebenheit gegen das Schicksal zu erziehen. (Vgl. Möbius 1982, 106.) Bildung sollte die Mädchen und jungen Frauen ihrem Stand gemäß auf ihre Rollen vorbereiten, sie den gesellschaftlichen Erwartungen anpassen, aber nicht zu einem eigenständigen Subjekt und zu eigener Sprache führen. Frauen und Mädchen sollten nicht zu Subjekten ihrer Geschichte werden, die bislang Unerhörtes benennen können. Wissen galt als für Frauen unnötig, denn sie konnten es nicht nutzen. Außerdem sah es die Ordnung der Dinge vor, dass die Mädchen den Vater, die Frauen den Mann an ihrer Seite hatten, der für sie denken und lenken konnte. Wissen wurde für Frauen als schädlich eingestuft, denn letztlich hinderte es die Frauen daran, eine gute Gattin und Mutter oder Ordensfrau zu sein.

In der *Antwort an Sor Philothea* benennt Sor Juana hingegen ihre Erfahrung und Fähigkeit, Unerhörtes zu benennen und darin für andere Frauen Hilfe und Orientierung zu sein. Sor Juana gibt sich als eine Frau mit Autorität zu erkennen, weil sie etwas zu sagen hat. Durch den Erwerb einer eigenen Sprache erhörte sie das Unerhörte ihrer Existenz und konnte es zum Ausdruck bringen. Sie ist als eine Frau erkennbar, die von ihrem ganz konkreten und realen Kontext spricht, von der Notwendigkeit des Schweigens und dem unausweichlichen Sprechen. In beidem, dem Schweigen und dem Sprechen, wird Unerhörtem Ausdruck gegeben, sodass andere Frauen daraus wichtige

Schlüsse und Lehren für ihre eigene unerhörte Existenz ziehen können. (Vgl. Mariaux 1994, 144.) Diese Vorbilder sind in der Lage, andere Frauen zu ihrer eigenen Sprache zu befreien.[182]
Sor Juana hat schon sehr früh eine Ahnung von der Macht des Unerhörten und von den Herausforderungen, die damit verbunden sind. Sie erfährt die Ambivalenz des Unerhörten: Für sie ist es der Weg der Selbsterhörung und Subjektwerdung, für die Ordnung der Dinge ist es Bedrohung. Unerhörtes zu benennen ist mächtig und gefährlich. Und auch ihr kommen immer wieder Zweifel, ob es richtig ist, den Weg einer Unerhörten zu gehen. So schreibt sie ja in der *Antwort an Sor Philothea*, dass sie nicht zu sagen weiß, ob ihr Wunsch nach Wissen ein Geschenk oder eine Strafe des Himmels ist. (Vgl. Salceda 1957, Bd. IV, 446f.) Aber sie weiß auch, dass sie sich diesem unerhörten Verlangen nach Wissen nicht widersetzen kann. Das Unerhörte will erhört werden. Diese Macht des Unerhörten ist ihr Schicksal. Sor Juana nimmt es an, integriert es in den Entwurf einer unerhörten Existenz und findet in ihrer Sprache einen Weg, der es ihr ermöglicht, mit diesem Schicksal als eigenständiges Subjekt zu leben.
Sich dem Schicksal zu stellen bedeutet, es für sich nutzen und gestalten zu können. Ohne diesen Prozess des Sich-Stellens droht das Subjekt, sich in ihm zu verlieren. Erst auf dem Boden der eigenen Geschichte kann das Subjekt das werden, was es werden soll – Mensch. Das ist ein religiöser Vorgang. Dies lässt sich durch die ursprüngliche Bedeutung von Religion aufzeigen. Drei Verben liegen dem lateinischen „religio" zugrunde. Aus der Perspektive von Frauen dargestellt, bedeuten sie Folgendes: „Eine Wurzel der Religion liegt in dem lateinischen Wort '*relegere*', aufmerksam beobachten. Religion fordert die Frau dazu heraus, die Welt aufmerksam zu beobachten. [...] Die Aufmerksamkeit, mit der sich die Frau der Welt zuwendet, schenkt ihr neuen Welt- und Eigensinn. – Die zweite Wurzel ist das lateinisch '*reeligere*', wieder auswählen, aussuchen. Religion verlangt nach der Klarheit der Unterscheidungskraft, 'rigors of discernment', wie Alice Walker es nennt. Religion fordert dazu auf, getroffene Entscheidungen des vergangenen Lebens

---

[182] Von der Bemächtigung der Frauen zum Sprechen spricht auch das *Hearing to Speech*. Nelle Morton hat hiermit ein neues und bislang unerhörtes Verständnis von Hören und Sprechen entwickelt. Dieses neue Verständnis beruht darauf, dass am Anfang eines jeden Sprechens ein aufmerksames Hören steht, und es ist dieses Hören, das das Sprechen hervorbringt. D.h., dem Sprechen geht das Gehörtwerden voraus und das Hören ist ein erlösender Faktor. „The redemptive factor is hearing." (Morton 1985, 41) Ein Subjekt findet dann zur eigenen Sprache, wenn es gehört, erhört wird. Das Hören befreit zum Sprechen und die erlösende Kraft von Worten wird wirksam – unerhörte Geschichten werden gehört. Dieser Prozess des *Hearing to Speech* ist nicht nur ein Geschehen zwischen Subjekten, sondern das *Hearing to Speech* gilt auch für ein Subjekt. Das aufmerksame Hören auf die eigene, verborgene Stimme ist der erste Schritt zur Erlangung der eigenen Sprache. (Vgl. Keul 1994, 309-320.)

zu überdenken und erneut Entscheidungen zu treffen. Aufgrund ihrer sorgfältigen Beobachtung erkennt die Frau, dass das Patriarchat sie von anderen Frauen, von Ihrer Geschichte und damit von den Quellen ihrer Existenz trennt. Aus diesem Grund sucht sie die Berührung mit anderen Frauen und Ihrer Geschichte. Sie findet zur Perspektive der Frauen zurück und entscheidet sich dazu, für ihre Existenz einzustehen. Sie trifft eine Option für die Frauen. – Die dritte Wurzel von Religion ist '*religare*', sich zurückbinden, anknüpfen, festmachen. Die Frau hat sich für Ihre Geschichte entschieden und handelt aufgrund dieser Entscheidung. Indem sie ihr Handeln an der Existenz der Frauen orientiert, verwirklicht sie die Treue zu sich selbst und die Loyalität zu anderen Frauen. Indem sie zur Freundin wird, bringt sie das Leben von Frauen wieder mit dem Leben von Frauen in Verbindung. Religion, sagt Whitehead, ist Welt-Loyalität. Sie verpflichtet Frauen dazu, für Ihre Geschichte einzutreten. [...] Religion fordert die Frauen zur Aufmerksamkeit, Entschiedenheit und zum Handeln in Loyalität zu Ihrer Geschichte auf. Die Frau sieht die Welt mit ihren Augen, benennt sie mit ihren Worten und gestaltet sie mit ihren Händen." (Keul 1994, 372f)

Von diesen religiösen Bedeutungszusammenhängen geben die Gedichte, Lieder und Theaterstücke, der *Primero Sueño* und auch die *Antwort an Sor Philothea* Auskunft. Sor Juanas Arbeiten dokumentieren ihre aufmerksame Beobachtung der Welt und ihre Option für Frauen. Vor allem aber bezieht sie Kraft und Energie, Kreativität und Lebensfreude aus ihren Beziehungen zu anderen Frauen und sie stellt sich bewusst in die Tradition von Frauen. Sie knüpft an diese Tradition an und entwirft auf dieser Basis die eigene Geschichte, den Grundriss ihres eigensinnigen und unerhörten Lebens. Das Leben und Werk Sor Juanas geben beredt Auskunft von ihrer unerhörten Existenz und ihrem Religionsverständnis. Die Religion hat ihr den Raum und die Möglichkeit des Ausdrucks gegeben. Sie ist der Ort, an dem sie im Schweigen aufmerksam wird für sich selbst. Im Schweigen entdeckt sie die Macht der Worte, die zu sprechen sie in der Lage ist. Sor Juana verdeckt ihr Schweigen nicht, sondern sie steht dazu und so ist es möglich, dass es in der Religion sprachmächtig wird. Die Ohnmacht einer Frau wird zur Basis ihres Sprechens und zum Fundament ihrer Autorität: Die Ohnmachtsgestalt hat eine Botschaft an die Welt und sie weist den Weg ins Leben – ins Erwachen.

Sor Juana hat diesen Entwurf von Religion gelebt und sie hat durch ihre Schriften immer wieder darauf hingewiesen, dass Religion niemals privaten Selbstzwecken genügt. Religion ist eingebunden in Gemeinschaften, in die Welt, und ausgehend von diesem Faktum lassen sich drei Säulen erkennen, auf denen ihre Religion fußt:

1. dem Selbstwert des Individuums;
2. Dem Wert der verschiedenen Individuuen der Welt füreinander;
3. Dem Wert der Welt/Gemeinschaft als Rahmen für Beziehungen, die für die/den EinzelneN notwendig sind.

Es gibt „kein Einzelwesen, noch nicht einmal Gott, das zu seiner Existenz keines anderen Dings bedarf. [...] Jede Entität ist in ihrem Wesen sozial und benötigt die Gesellschaft, um existieren zu können." (Whitehead 1990, 78; 83) Im Schweigen und in der Ohnmacht lernt Sor Juana ihren Selbstwert zu erkennen und sie stellt die Erkenntnis ihrer selbst in Beziehung zu anderen. Mit ihren Schriften knüpft sie ein Band der Beziehung zu den Frauen, die vor ihr waren und die nach ihr kommen. Und diese werden zum Zeichen für die notwendigen Beziehungen im Leben und für die Beschreibung des Selbst. Die Erhörung der eigenen Existenz, der Spracherwerb und der Ausdruck des Unerhörten sind ein Lebensprojekt, wie die Schriften und die Biographie Sor Juanas zeigen. Sie drückt mit ihrer *Antwort an Sor Philothea* das aus, was sich schon in frühen Schriften findet: ein unerhörtes Verständnis von der Bedeutung der Religion für die Subjektwerdung auf der Basis einer eigenen Sprache. Hier zeigt sich ihre Anstrengung, das Unerhörte zu erhören und als Subjekt zu erwachen. Diese Zusammenhänge sollen in den folgenden Kapiteln anhand früherer Werke aufgezeigt und dargestellt werden. Der Blick von ihrer *Antwort an Sor Philothea* auf ihre früheren religiösen Werke macht den Prozess des Spracherwerbs, das Erwachen und die Erhörung des Unerhörten erst verständlich. Das Unerhörte wird deutlich und kann nachgezeichnet werden. In diesem Kapitel standen die Machtauseinandersetzungen Sor Juanas mit dem namhaften und anerkannten Theologen António Vieira sowie mit dem Erzbischof von Mexiko, alias Sor Philothea, im Vordergrund. Dabei hat sich gezeigt, dass Sor Juana in diesen Konflikten sprachfähig wird. Sie scheut die Konflikte nicht. Sor Juana versucht nicht, den Konflikt zu umgehen, zu verschweigen, sondern sie nennt die Dinge beim Namen, bezieht Position. Sie übernimmt den Konflikt, spricht ihn an und damit dokumentiert sie ihre Autorität. (Vgl. Libreria delle donne di Milano 1996, 55f.) Sie verstummt nicht angesichts der Macht dieser beiden Kirchenmänner. Sie wagt die Auseinandersetzung, weil sie weiß, dass sie etwas Unerhörtes zu sagen hat, und sie macht die Erfahrung, dass sie in den Konflikten besteht, weil sie ihre eigene Sprache sprechen kann. Doch diese eigene Sprache fällt nicht vom Himmel. Die eigene Sprache wird in Machtkonstellationen und in der Konfrontation mit der eigenen Ohnmacht und in der Auseinandersetzung mit den Realitäten der Welt erlernt. Und von der Begegnung Sor Juana's mit der Öffentlichkeit ist im nächsten Gliederungspunkt die Rede, wenn es um die Auseinandersetzung mit ihrer religiösen Dichtung unter besonderer Berücksichtigung ihrer Fronleichnamsspiele geht. Sor Juana greift aktuelle religiöse Fragen und Themen ihrer Zeit wie die der Inkulturation, der Gnade und Erlösung auf und beantwortet sie aus eigener Perspektive, mit einer eigenen Theologie. Sor Juana's Antworten haben einen eigenen und unerhörten Sinn. In ihrer Dichtung zeigt sich die Macht des Theaters und der Volksfrömmigkeit, als eine Macht der Bilder und Allegorien und die Bühne wird zur Kanzel und die eigene Sprache des Subjektes bildet sich heraus.

5. Die Fronleichnamsspiele – Himmel und Welt im Spiegel der Allegorie

Sor Juana hat sich nach Ansicht ihrer Kritiker zu wenig mit religiösen Themen auseinandergesetzt. Die Hüter der Ordnung der Dinge erwarteten von ihr als literarisch arbeitende Ordensfrau eine stärkere Bearbeitung frommer Inhalte. Immer wieder wurde sie von ihrem Beichtvater Núñez de Miranda darauf hingewiesen und auch im Brief von Sor Philothea wird dieser Umstand deutlich angesprochen. In ihrer *Antwort an Sor Philothea* weist Sor Juana den Vorwurf zurück und erklärt sich. Sie macht deutlich, welches Verständnis sie von der Rede von Gott und dem Verhältnis von Gott und Welt hat. Gott und Welt sind aufeinander bezogen. Von Gott kann nur der/die sprechen, der/die eine Ahnung von der Welt hat. Und von der Welt kann nur dann wirklich gesprochen werden, wenn eine Bezugnahme auf Gott hin gegeben ist. Wer etwas von Gott erkennen und aussagen will, muss die Welt verstehen lernen, aufmerksam sein für das, was gesagt, und das, was verschwiegen wird. Besonders deutlich wird diese Position von Sor Juana in ihrer Antwort an Sor Philothea ausgedrückt. Dort schreibt sie: „¿Cómo sin grande conocimiento de reglas y partes de que consta la Historia se entenderán los libros historiales? Aquellas recapitulaciones en que muchas veces se pospone en la narración lo que en el hecho sucedió primero ¿Cómo sin grande noticia de ambos Derechos podrán entenderse los libros legales? ¿Cómo sin grande erudición tantas cosas de historias profanas, de que hace mención la Sagrada Escritura; tantas costumbres de gentiles, tantos ritos, tantas maneras de hablar? ¿Cómo sin muchas reglas y lección de Santos Padres se podrá entender la oscura locución de los Profetas?"[183] (Salceda 1957, Bd. IV, 448)

Mit diesen und vielen anderen Beispielen belegt Sor Juana ihre Meinung, dass notwendigerweise echte Kenntnisse von der Welt vorliegen müssen, sofern man Aussagen über Gott machen will. Diese Position macht verständlich, warum Sor Juana ihren Schwerpunkt auf die Auseinandersetzung mit den Dingen der Welt gelegt hat. Ihrer Meinung nach gilt es die Welt zu verstehen, um die „Königin der Wissenschaften", die Theologie, zu verstehen. „ [...]

---

[183] „Wie könnte man, ohne eine größere Kenntnis der Gesetzmäßigkeiten und Zeitabschnitte, in die die Geschichte aufgeteilt ist, die Geschichtsbücher der Bibel verstehen? Jene Zusammenfassungen, in denen oft im nachhinein etwas erzählt wird, was vorher geschah? Wie ohne die Kenntnis der beiden Rechtsordnungen die Gesetzbücher der Bibel? Wie sind ohne wissenschaftliche Bildung so viel Vorkommnisse in der weltlichen Geschichte zu verstehen, die die Heilige Schrift erwähnt; so viele heidnische Sitten, so viele Riten, so viele Arten zu sprechen? Wie könnte man ohne die Anleitung und Belehrung durch die heiligen Kirchenväter die dunklen Weissagungen der Propheten begreifen?" (Heredia, Hildegard)

¿cómo entenderá el estilo de la Reina de las Ciencias quien aun no sabe el de las ancilas?"[184] (Salceda 1957, Bd. IV, 447)
Neben dieser Form der Annäherung an Aussagen über Gott gibt es im Werk von Sor Juana noch ein anderes Themenfeld, das breiten Raum einnimmt: ihre Liebesgedichte. Dennoch kann nicht behauptet werden, dass ihre Beschäftigung mit religiösen Fragestellungen ihrer Zeit beiläufig und punktuell gewesen sei. Sor Juana hat auch explizit religiöse Gedichte geschrieben: sieben *Romanzen*, vier *glosas* und fünf *Sonette*. (Vgl. Paz 1991, 428.) Übersetzungen von lateinischen Gedichten ins Spanische sind dabei nicht mitgerechnet. In Anbetracht der Tatsache, dass sie neben den Gedichten auch religiöse Lieder verfasst hat sowie drei feierliche Fronleichnamsspiele, läst sich begründet davon sprechen, dass die Beschäftigung mit religiösen Themen immer schon ein Rolle gespielt hat und die theologische Auseinandersetzung mit Vieira kein einmaliges Ereignis war. Immer wieder hat Sor Juana sich religiösen Themen zugewandt, sich mit ihnen beschäftigt und eigene theologische Meinungen und Positionen formuliert. Davon soll im Folgenden die Rede sein, wobei der Schwerpunkt der Darstellung auf ihren drei Fronleichnamsspielen liegen wird.

5.1 Die religiöse Dichtung – Von der Liebe, die ins Wort drängt

Sor Juana hat sechzehn *Gedichte* geschrieben, die sich explizit auf religiöse Zusammenhänge beziehen. Diese waren allesamt Auftragsarbeiten. Inhaltlich umfassen sie sowohl Huldigungen an Maler, die ein Werk mit religiösem Inhalt geschaffen haben, als auch religiöse Themen zu Grundfragen *(Nr. 52 Romance a la Encarnación)*, zu kirchlichen Festtagen und Feierlichkeiten *(Nr. 53 Nacimiento de Cristo, en que se discurrió la Abeja: asunto de certamen)* und den Namensfesten von Heiligen (*Nr. 54 Romance a San José; Nr. 55 Romance a San Pedro*). (Vgl. Méndez Plancarte 1951, Bd. I, 163ff.)
Von den sieben *Romanzen* behandeln drei das Thema ‚Liebe zu Gott' *(Nr. 56 En que expresa los efectos del Amor Divino, y propone morir amante, a pesar de todo riesgo; Nr. 57 Romance al mismo intento* und *Nr. 58 Que califica de amorosas acciones todas las de Cristo para con las almas: en afectos amorosos a Cristo Sacramentado, día de Comunión)*. (Vgl. Méndez Plancarte 1951, Bd. I, 166ff.)
Gerade bei den zuletzt erwähnten *Romanzen* fällt auf, dass Sor Juana in ihnen Gedankengänge und Positionen aufgreift und weiterführt, die sich auch in ihren *Liebesgedichten* finden: die Sehnsucht nach der vollkommenen Liebe, die Bedrohung durch die Eifersucht, die Qualen des Misstrauens und das Scheitern der Sprache der Liebenden.

---

[184] „Denn wie könnte jemand das Wesen der Königin aller Wissenschaften verstehen, wenn er noch nicht einmal das ihrer Dienerinnen kennt?" (Heredia, Hildegard)

In ihren *Liebesgedichten* thematisiert Sor Juana immer wieder die vollkommene Liebe: Sie versteht darunter eine Liebe, die weder verlangt, erwidert zu werden, noch ist sie von Eifersucht und Misstrauen geprägt. Aber zu dieser vollkommenen Liebe sind die Menschen nicht in der Lage. Menschliche Liebe ist in besonderer Weise von Misstrauen und Eifersucht geprägt. In ihren *Gedichten* sucht Sor Juana auch die Konfrontation mit der Sprache als eigenständiger Macht. Die Auseinandersetzung der Liebenden mit den Worten in der Sprache gelingt nicht. Der eifersüchtig Liebende vermag nicht, in das Herz derer zu sehen, die ihn liebt. Deswegen muss um der Liebe willen um die Sprache gerungen werden. Eine neue Sprache muss gefunden werden, sonst zerrinnt die Liebe wie Sand zwischen den Fingern. (Vgl. *Nr. 164*, Méndez Plancarte 1951, Bd. I, 287.)

Sprachunfähigkeit, Kommunikationsstörung und ihre Folgen sowie die Sehnsucht nach einer Sprache, die sich auch in solchen Situationen bewährt und nicht an ihnen scheitert, beschreibt Sor Juana besonders deutlich im *Sonett Nr. 164 En que satisface un recelo con la retórica del llanto*[185]. Dort heißt es:
„Esta tarde, mi bien, cuando te hablaba,
como en tu rostro y tus acciones vía
que con palabras no te persuadía,
que el corazón me vieses deseaba;
y Amor, que mis intentos ayudaba,
venció lo que imposible parecía:
pues entre el llanto, que el dolor vertía,
el corazón deshecho destilaba.
Baste ya de rigores, mi bien, baste;
no te atormenten más celos tiranos,
ni el vil recelo tu quietud contraste
con sombras necias, con indicios vanos,
pues ya en líquido humor viste y tocaste
mi corazón deshecho entre tus manos."[186] (Méndez Plancarte 1951, Bd. I, 287)

---

[185] „Worin sie einen Zweifel besiegt mit der Sprache der Tränen"
[186] „Heut abend, mein Lieb, als ich sprach mit dir,
wünschte ich, weil mir deine Mienen zeigten,
daß alle Worte dich nicht überzeugten,
du sähest, wie es steht ums Herz in mir;
und Amor, der mir behilflich sein wollte,
brachte zuwege, was unmöglich schien:
daß mit den Tränen abwärts zu den Knien
tropfend die zerschmolzne Herzglut rollte.
Genug des Grollens also, mein Lieb, genug.
Laß dich nicht länger quälen von den Bränden
der Eifersucht, nicht verstören vom Trug
des Argwohns, Gaukelschatten an den Wänden;

Die Liebende spricht zu ihrer „Lieb". Er hört ihre Worte, doch er versteht sie nicht. Er grollt und misstraut. Ihre Worte erreichen ihn nicht. Und es tritt ein, was eintreten muss: Vor der Eifersucht und den Mutmaßungen wird die Liebende sprachunfähig. Argwohn und Unterstellungen malen dunkle Bilder und werfen lange Schatten. Keine Worte und keine Beteuerungen vermögen mehr zu überzeugen, das Blatt zu wenden. Die Worte reichen nicht an seine Seele – ihr Herz zerrinnt zwischen seinen Händen und die Herzensglut schmilzt dahin.

Sor Juana beschreibt in diesem Sonett die menschliche Liebe zweipolig. Auf der einen Seite ist diese Liebe sehnsuchtsvoll. Auf der anderen Seite ist sie von Eifersucht und Zweifel geprägt. Vor diesen beiden Polen stellt Sor Juana die Frage, wie die Realisierung der Liebe angesichts dieser Kontraste möglich ist.

Mit der Überschrift des *Sonetts Nr. 164* deutet Sor Juana die Herausforderung für die Liebe und die Lösung im Umgang mit den Polen an: Die Lösung liegt in der Sprache. Die Liebe braucht die Sprache der sich Liebenden. Sie braucht die Sprache, damit sie kreativ und schöpferisch sein kann. In der Sprache kann die Liebe stark werden. Die Liebe kann aber auch an der Sprachlosigkeit scheitern. Doch dort, wo die Sprache scheitert, bleibt ein Ausweg, eine andere, eine neue Sprache zu suchen und zu sprechen. Diese Sprache kann bis zu den Tränen reichen.

Die Liebe in *Nr. 164* scheitert an der Sprachlosigkeit. Wo es keine Sprache für die Liebe gibt, da ist sie der Schatten scheuen Glücks, schöner Wahn und Qual. Der Geliebte wird zu einem Zauberbild und Phantom, Kommunikation und Austausch sind nicht möglich. (Vgl. *Nr. 165*[187])

Und dennoch, auch hier bleibt die Sprache. Sie ist der Ort, an dem diese Erfahrungen zum Ausdruck kommen, zu einer Realität in der Welt werden. Die Sprache macht die Rede über Zauberbild und das Phantom möglich; dies

---

denn du sahst ja, du fühltest, was sich niederschlug:
mein Herz, zerrinnend zwischen deinen Händen."
(Vogelsang, Fritz)

[187] *Nr. 165 Que contiene una fantasia contenta con amor decente* (Phantasie, die sich mit züchtiger Liebe begnügt)
„Detente, sombra de mi bien esquivo,
imagen del hechizo que más quiero,
bella ilusión por quien alegre muero,
dulce ficción por quien penosa vivo. [...]"
(Méndez Plancarte 1951, Bd. I. 287)

„Bleib stehen, Schatten meines scheuen Glücks,
Zauberbild du, das ich zärtlichst umwerbe,
schöner Wahn, für den ich mit Freuden sterbe,
mit Qualen lebe, Traum süßen Geschicks.
[...]"
(Vogelsang, Fritz)

ist der Schritt aus der Entzauberung und aus der Qual heraus. Die Sprache öffnet den Weg in die Realität. Über die Sprache gelingt die Auseinandersetzung. Dort, wo über das Zauberbild, die Qual, den Wahn gesprochen werden kann, werden die Zauberbilder klarer, die Qualen leichter und der Wahn erträglicher. In der Sprache steckt nicht nur die Möglichkeit der Verletzung, sondern gerade auch das Potenzial der Befreiung und der Erlösung. Sprache kann Wunden schlagen. Aber sie kann auch Wunden heilen. In ihren drei *Romanzen* über die Liebe zu Gott greift Sor Juana diese Gedankengänge auf und führt sie weiter aus. Dabei fällt auf, dass die Liebesdichtung und die religiöse Dichtung nicht unverbunden nebeneinander, sondern in einem Zusammenhang stehen: der Liebe zwischen Menschen und der Liebe des Menschen zu Gott sowie auch die Gottes zum Menschen.

Daneben gibt es aber noch einen weiteren wichtigen Zusammenhang zwischen der Liebesdichtung und der religiösen Dichtung: die Liebe, die in die Sprache drängt. Die Liebe zu einem Menschen und die Liebe zu Gott wollen besprochen, wollen mitgeteilt, besungen werden. Die Sprache der Liebe ist kreativ und erfinderisch. Sie er-findet neue Namen. Sie bringt den Sinn und die Bedeutung der Liebe zum Ausdruck, dem Leben der Liebenden neue Dimensionen zu eröffnen und in der Differenz sich zu finden. Die Sprache ist die Brücke vom Selbst zur/zum anderen. Die Sprache bringt die Liebe auf den Punkt. Dabei ist sie in ihrem Ausdruck verliebt und ernst, verträumt und realitätsnah. Aber sie ist immer ganz sie selbst. Die Liebe ist, was sie ist – Liebe. (Vgl. Fried 1990, 35.) Die Sprache verbindet das Selbst mit der/dem anderen. Die Sprache ist eine Widerstandsform in Zeiten der Sprachlosigkeit und des Sprachverfalls. (Vgl. Wustmans 1993, 59.) Sie beschreibt den Zustand, formuliert die Hoffnungen und Visionen. Sie beschreibt das neue Miteinander. Sie wirkt auf die Realität ein und verändert sie zugleich. Sie schafft eine neue Wirklichkeit. Denn Sprache ist nicht nur reproduktiv, sie ist auch kreativ. Dort, wo Menschen die Welt benennen, verändern sie sie auch. (Vgl. Freire 1971, 71.)

Die Religion stellt die Basis für eine Sprache der Menschwerdung bereit. Es ist die Religion, die Sor Juana die Möglichkeit bietet, über die Zusammenhänge von Gott und Welt nachzudenken, und zugleich stellt sie ihr eine Sprache zur Verfügung, ihre Gedanken auszusprechen. Die Sprache der Religion ist nicht irgendeine Sprache, sondern sie ist über das Subjekt qualifizierbar: In ihr kann das Subjekt zu sich selbst finden. Die Sprache der Religion ist bewohnbar. (Vgl. Böll 1985, 49.)

Aber diese Sprache ist nicht zu haben. Diese Sprache fällt nicht vom Himmel. Um diese Sprache muss gerungen werden. Das Erlernen der Sprache ist ein mühsamer Prozess. Eine Sprache zu lernen bedeutet Arbeit, auch und gerade wenn es um die Sprache der Liebe geht, die sich in Zeiten der Bedrohungen bewähren muss. Die Bedrohungen der Sprache können den Untergang bedeuten, die Liebenden sprachlos machen. Dies zeigt sich gerade dann, wenn die Vorzeichen schlecht sind und Eifersucht und Misstrauen die Liebe und ihre

Sprache bedrohen. Gleichwohl können sie zum Ausgangspunkt werden, auf der Suche nach einer Sprache der Liebe zu bleiben. Die Erfahrung sprachlos zu werden ist kein zufälliges Ereignis, sondern eine wirkliche Basis für die Sprache im Angesicht von Unsicherheiten und Gefahren. Sprachlosigkeit ist gefährlich, weil sie keine Möglichkeit lässt, aus dem erfahrenen Unheil herauszukommen. Aber sie regt auch zum Widerstand an und zwingt, die eigene Sprache zu suchen. Die Liebe hat eine Zukunft auch in der Sprachlosigkeit – und zwar mit einer eigenen Sprache, die gefunden werden kann. Doch ist dies kein leichter Weg.

Dass der Spracherwerb für das Subjekt ein mühsamer Weg ist, dies belegt auch die *Romanze Nr. 57*.[188] (Vgl. Méndez Plancarte 1951, Bd. I, 168.) Diese Romanze handelt von den Motiven des inneren Kampfes und der Suche, die eigene, unerhörte Sprache zu finden. Dabei ist die sprechende Person zugleich Zeugin und Handelnde. Die Gnade will „zu himmlischen Gewölben" heben, aber die Schwachheit zieht den Menschen immer tiefer. Die Gewohnheit und die Kraft des Geistes streiten miteinander „und das Herz: es geht zugrunde, während die zwei sich befehden." Es ist offen, ob der Geist sich halten kann, denn er ist im Vergleich zur Gewohnheit schwach. Und Finsternis breitet sich aus. Die Wege der Gedanken und damit auch die Wege zur Sprache sind verdunkelt. Bange Fragen tun sich auf:
„Obscurécese el discurso
entre confusas tinieblas;
pues ¿quién podrá darme luz
si está la razón a ciegas?
De mí mesma soy verdugo
y soy cárcel de mí mesma."[189] (Méndez Plancarte 1951, Bd. I, 168)

Durch wirre Gefühle und menschliche Willkür wandelt sich die Tröstung in Kreuzigung.
„Amo a Dios y siento en Dios;
y hace mi voluntad mesma
de lo que es alivio, cruz,
del mismo puerto, tormenta.

---

[188] Diese *Romanze al mismo intento* (Romanze mit derselben Absicht) bezieht sich auf die vorausgehende *Romanze Nr. 56* mit dem Titel *En que expresa los efectos del Amor Divino, y propone morir amante, a pesar de todo riesgo* (Wo sie die Wirkungen der göttlichen Liebe in Sprache fasst und sich vornimmt, trotz aller Gefahren als Liebende zu sterben)

[189] „Wirre Finsternis verdunkelt
mir die Wege des Gedankens.
Licht, wo find' ich dich, bei wem,
wenn Vernunft sich selbst umnachtet?
Meine eigene Henkerin
Bin ich, bin der Kerker meiner selbst."

Padezca, pues Dios lo manda;
mas de tal manera sea,
que si son penas las culpas,
que no sean culpas las penas."¹⁹⁰ (Méndez Plancarte 1951, Bd. I, 168)

Der letzte Versabschnitt enthält eine implizite Kritik an falscher Religion. Die falsche Religion ist dadurch gekennzeichnet, dass in ihr das Büßen von Sünden selbst zur Sünde wird. Eine falsche Religion rechnet nicht mit der Gnade Gottes und seiner Präsenz in der Existenz des Menschen. Eine solche Religion braucht die Opfer um der Opfer willen und verleugnet so die Macht in der Ohnmacht des Menschen und das Handeln Gottes. Eine solche Religion leugnet die Freiheit Gottes und der Menschen. Diese Religion rechnet und kalkuliert, aber sie gibt keine Sicherheiten. Und es ist all dies, das Sor Juana in dem Bild des Hafens ausdrückt, den der Sturm zerstört. Denn nicht nur auf offener See wütet der Sturm. Auch der Hafen bleibt nicht verschont. Er erweist sich als nur vermeintlich sicher. Es gibt keinen zuverlässigen Schutz, auch (oder gerade) dann nicht, wenn man sich in Sicherheit und Geborgenheit wähnt. Die Tröstung wird zur Kreuzigung und zwar durch die eigene Willkür: „ [...]; y hace mi voluntad mesma de lo que es alivio, cruz, [...]"¹⁹¹ (Méndez Plancarte 1951, Bd. I, 168)

Der Sturm kann den Hafen zerstören, eine Erfahrung, die bitter, aber wahr ist. Gott will, dass diese Erfahrung anerkannt wird, aber in einem solchen Sinn, dass die Annahme und Duldung nicht selbst zur Sünde werden. Es geht nicht um stumme Ergebenheit und Zelebration des Scheiterns. Der Mensch muss sich davor hüten, im Scheitern überheblich zu werden. Es geht darum, die Tatsachen anzuerkennen, und dies bedeutet auch, das Scheitern anzuerkennen. Und in der Anerkennung dessen, was ist, beginnt die Überwindung des Scheiterns. Indem die Dinge ungeschönt anerkannt und beim Namen genannt werden, wird ihnen ihre destruktive Macht genommen und die Macht der Ohnmacht verschafft sich Bahn. Das bislang Unerhörte kommt ins Wort und wird zu einer Größe in der Welt, einer Größe, die nicht nur beschreibt, sondern auch verändert. Das bislang Unerhörte markiert einen Bruch. Es steht für Diskontinuitäten in der Geschichte und es verweist auf die Risse in der

---

¹⁹⁰ „All meine Liebe, mein Leid in Gott!
Nur durch meinen Willen verwandelt
Tröstung sich in Kreuzigung,
und der Sturm zerstört den Hafen.
Dulden, wohl! Wie Gott es will,
dulden also solchermaßen,
daß das Büßen meiner Sünden
nicht in Sünde selbst verfalle."
¹⁹¹ „Nur durch meinen Willen verwandelt
Tröstung sich in Kreuzigung."

Ordnung der Dinge. Dabei kündigt sich zugleich eine neue Ordnung an. Eine Ordnung, die das Scheitern zwar nicht verhindern kann, aber einen Umgang damit möglich macht. In ihr bedeutet Scheitern nicht mehr Untergang, sondern die Möglichkeit, dem Leben eine neue Ausrichtung zu geben. Das Unerhörte zeigt sich als richtungsweisende Kategorie des Lebens.
Auch das *Sonett Nr. 164* (Vgl. Méndez Plancarte 1951, Bd. I, 287.) setzt sich, wie bereits beschrieben, mit Macht und Ohnmacht auseinander. Die Liebende wird durch die Eifersucht und die Mutmaßungen des Geliebten zu einer Ohnmächtigen. Doch ihr gelingt es nicht, angesichts der Ohnmacht sprachfähig zu werden, ihre Ohnmacht in Macht zu verwandeln. Die Liebende ist der Ohnmacht ausgeliefert. Sie findet nicht die Sprache, um mit ihr zu leben. Und deshalb hat ihre Liebe keine Zukunft mehr. Ihre Liebe scheitert.
In der *Romanze Nr. 58* (Vgl. Méndez Plancarte 1951, Bd. I, 169.) steht die Liebe zu Gott vor einem ähnlichen Problem – auch hier droht das Scheitern. Und auch hier wird die Geliebte einer Prüfung unterzogen. Dieses Mal ist es nicht der eifersüchtige Liebhaber, der fragt und prüft, sondern Gott:

„[...]; hoy, que para examinar
el afecto con que os sirvo,
al carazón en persona
habéis entrado Vos mismo,
pregunto: ¿Es amor o celos
tan cuidadoso escrutinio?
Que quien lo registra todo,
da de sospechar indicios."[192] (Méndez Plancarte 1951, Bd. I, 169)

Mit diesen Worten konfrontiert die Geliebte ihr Gegenüber, ihren Geliebten, mit einer festen Position: „Que quien lo registra todo, da de sospechar indicios." Dieser Standpunkt ist eindeutig und voll Sinn. In der Tat ist die Frage zu stellen, ob es nicht eher die Eifersucht als die Liebe ist, die hier die Motivation ist. Doch dieser Gedanke wird als barbarische Frage („ay, bárbara ignorante") gleich wieder zurückgenommen, weil es hier um ein Interesse Gottes geht, der als „Lince Divino" (der göttliche Luchs) in das Herz der Geliebten schleicht. Für ihn tritt dann sogleich das Innerste zutage („ [...] que para Vos, son patentes las entrañas del Abismo.") Der liebende Gott schaut in

---

[192] „ [...] heut, da Ihr, um das Gefühl
zu prüfen, mit welchem ich Euch diene,
höchstselbst in Person
mir ins Herz gedrungen seid,
frage ich: Ist diese sorgsame
Prüfung Liebe oder Eifersucht?
Denn wer alles untersucht,
zeigt damit, dass er misstraut."

das Herz der Geliebten und berührt es. Und weil er wirklich schaut, bleibt ihm nichts verborgen. Es leiten ihn nicht jene Mutmaßungen und Unterstellungen, wie es beim Liebhaber im *Sonett Nr. 164* (s. o.) der Fall war. Dies ist auch der Grund dafür, dass es nicht wie im *Sonett Nr. 164* dazu kommt, dass sich das Herz der Geliebten in Tränen auflöst, zwischen den Fingern zerrinnt. Der „amante dulce" (der süße Geliebte) liebt. Er liebt, er sieht und deswegen kann er die Geliebte verstehen. Er schaut in das Herz der Geliebten: „ [...] ver el pecho mío, [...]" (Méndez Plancarte 1951, Bd. I, 170), und im Schauen schweigt er aufmerksam und vernimmt die unerhörte Sprache der Geliebten. Er vernimmt, was im Schweigen zum Ausdruck kommt, und aus diesem Grund hat die Geliebte von ihrem Geliebten nichts zu fürchten. Vielmehr ist das Gegenteil der Fall. Die Geliebte weiß sich verstanden bis in die Tiefen ihres Seins. Wer liebt, wird aufmerksam für das Schweigen und ist in der Lage, dessen unerhörte Botschaft zu verstehen. Diese Liebe scheitert nicht an der Sprachlosigkeit, sie findet ihre Sprache – im Sprechen und im Schweigen.

In der *Romanze Nr. 58* finden sich bereits Anklänge dessen, was in Sor Juanas Kritik an Vieira der zentrale Gedanke ist.[193] Schon in der Überschrift formuliert sie den Gedanken, dass die vollkommene Liebe keine Erwiderung, keine Gegenliebe sucht. Dabei waren alle Handlungen Christi liebend und das Sakrament der Kommunion bringt dies in besonderer Weise zum Ausdruck: *„Que califica de amorosas acciones todas las de Cristo para con las almas: en afectos amorosos a Cristo Sacramentado, día de Comunión."*[194]

In der *Carta Atenagórica* sagt Sor Juana, dass der größte Beweis der göttlichen Liebe in den Wohltaten besteht, die Gott den Menschen nicht erweist. (Vgl. Salceda 1957, Bd. IV, 436.) Die Liebe Christi ist genau entgegengesetzt zu der der Menschen. „Los hombres quieren la correspondencia porque es bien propio suyo; Cristo quire esa misma correspondencia para bien ajeno, que es el de los propios hombres."[195] (Salceda 1957, Bd. IV, 430) Der Mensch verlangt danach geliebt zu werden und dieses Verlangen ist Ausdruck menschlicher Unvollkommenheit. Dem Menschen genügt es nicht zu lieben und darum leidet er immer wieder ob der Liebe. Doch dieses Leiden kann erst dann ein Ende finden, wenn der Mensch liebt, ohne Gegenliebe zu erwarten. Zu lieben, ohne Gegenliebe zu erwarten, ist eine Form des Schweigens. Diese Liebe fordert nichts und sie klagt auch nichts ein. Und auch in dieser Form des

---

[193] Auch das *Sonett Nr. 58* belegt, dass Sor Juana sich mit theologischen Fragestellungen auseinander setzte. Die Kritik an Vieira ist kein einmaliges Ereignis. Die Auseinandersetzung mit theologischen Fragen gehört zu Sor Juana wie das Schreiben von Gedichten.
[194] „Das die liebenden Taten Christi für die Seelen bezeichnet: in liebender Zuneigung durch Christi Sakrament, die Kommunion."
[195] „Die Menschen wollen die Erwiderung, weil sie zu ihrem eigenen Wohl ist. Christus will dieselbe Erwiderung zu fremdem Wohl, welches das der Menschen selbst ist." (Schüller, Karin)

Schweigens offenbart sich das Unerhörte: eine Liebe, die schenkt und hingibt. Diese Liebe genügt sich aus sich selbst, aus der Liebe, die sie schenkt, und nicht aus der Liebe, die sie empfängt. In dieser Form des Schweigens ist sie vollkommen. Nach Ansicht von Sor Juana gibt es nur wenige Menschen, die zu einer solchen absichtslosen und vollkommenen Liebe fähig sind: die Heiligen.

In diesen Gedankengängen zur Liebe, zu Sprache und Sprachlosigkeit sowie zum Schweigen als Ausdruck der vollkommenen Liebe, die keine Gegenliebe fordert, formuliert, postuliert und verteidigt Sor Juana die Sprache der Liebe und des Subjektes, gerade auch gegenüber Gott.[196] Es ist die Sprache, die das Band zwischen den Liebenden knüpft. Aber die Sprache der Liebe ist nicht immer eindeutig und sie ist so schillernd und verschieden, wie es die Paare sind, die sich aufeinander einlassen und gemeinsam nach der Sprache für die Liebe suchen. Die Sprache der Liebe ist dabei kein Band, das einschnürt, beengt, beschneidet und Zensur betreibt. Vielmehr verbindet die Sprache der Liebe jeweils zwei Subjekte miteinander, sie setzt (Sprach-)Prozesse in Gang und fördert und ermöglicht Dynamiken und Entwicklungen, die die Subjekte stärken und immer mehr sie selbst werden lassen. Geschieht dies, dann wächst auch die Liebe und sie erhält die Chance auf eine Zukunft.

Die Sprache der Liebe konstituiert die Liebenden als Subjekte. Diese Tatsache hat zur Konsequenz, dass gerade auch die Liebe zu Gott die Sprache der Subjekte braucht, um Bestand zu haben. Der persönliche und intime Charakter der Sprache der Liebe legt Zeugnis von den jeweiligen Beziehungen ab und in der Sprache der Liebe bekommen herkömmliche Namen und Bezeichnungen einen ganz neuen Sinn und eine neue Bedeutung.

Weil es die Sprache der Liebe gibt, kann Sor Juana Christus ihren „amante dulce" (süßen Geliebten) (*Nr. 58*, Méndez Plancarte 1951, Bd. I, 169) nennen. Ihre Wortwahl und Namengebung für Christus machen deutlich, um welches Verhältnis es sich handelt. Die Sprache qualifiziert die Beziehung als Liebesverhältnis. Und damit trifft sie eine Aussage über sich sowie über

---

[196] Das bedeutet nicht, wie Paz meint, dass Gott uns mit seiner Gleichgültigkeit beschenkt. „Gott hat uns frei geschaffen, scheint sie uns durch alle diese Paradoxa und Spitzfindigkeiten zu sagen, und die größte Gunst, die er uns erweist, ist die, uns in Freiheit zu belassen. Das heißt: er beschenkt uns mit seiner Gleichgültigkeit. So sagt sie das natürlich nicht, aber das würde sie sagen, wenn man ihr Denken in die heutige Sprache übersetzte." (Paz 1991, 433) M. E. unterliegt Paz hier einem Fehler. Jemandem die Freiheit der Entscheidung zu lassen, bedeutet nicht Gleichgültigkeit. Im Gegenteil: Achtung und Zutrauen der anderen Person gegenüber stehen der Gleichgültigkeit und der Teilnahmslosigkeit diametral gegenüber. Aus der Liebe und Achtung heraus, aus dem Interesse an der Person der/des anderen ist die Anerkennung der Freiheit und der Subjekthaftigkeit erst möglich. Die Liebe ist dann nicht etwas, das einschnürt und einzwängt, sondern die Basis, die Freiheit des/der anderen anzuerkennen und ihr Raum zu bieten.

Christus und ihr Verhältnis zueinander. Ihre Aussage beschreibt die Beziehung, persönlich und intim. In der Art und Weise der Wortwahl und der Beschreibung wird die Einzigartigkeit der Beziehungen, die Menschen zu Gott haben, sprachlich erfasst. Die Sprache ist somit der Ort, an dem die Subjekthaftigkeit der Menschen vor Gott konstituiert und öffentlich wird.
In der *Romanze Nr. 58* verwendet Sor Juana neben „amante dulce" auch die Bezeichnung „divino imán" (göttlicher Magnet). Bei letzterer Benennung fällt in besonderer Weise auf, dass Sor Juana im *Sonett Nr. 165* diese Metapher auch verwendet. Dort benutzt sie das Bild des Magneten für einen Liebhaber, dem die Liebende vollkommen hilflos ausgeliefert ist. Seine Anziehung ist so stark, dass es unmöglich scheint, ihm nicht zu folgen, die Schritte in andere Bahnen zu lenken. Gleichwohl weiß die Liebende, dass er nur ein Traum „süßen Geschicks" ist und mehr Qualen denn Erfüllung bereit hält. Der Liebhaber ist im *Sonett Nr. 165* ein „Zauberbild" und seine Anmut wirkt magnetengleich:
„Detente, sombra de mi bien esquivo,
imagen del hechizo que más quiero,
bella ilusión por quien alegre muero,
dulce ficción por quien penosa vivo.
Si al imán de tus gracias, atractivo,
sirve mi pecho de obediente acero,
¿para qué me enamoras lisonjero
si has de burlarme luego fugitivo?"[197] (Méndez Plancarte 1951, Bd. I, 287f)

Auch diese Liebe ist ohne Gegenliebe. Sie ist Qual, engt ein und unterdrückt. Der Grund hierfür liegt darin, dass die Liebende der Anmut des Geliebten ausgeliefert ist. Ein Entrinnen oder Verweigern scheint unmöglich. Sie kann ihm nicht entweichen, ihre Schritte in andere Bahnen lenken. Die Macht des Magneten ist so stark, dass eine Umorientierung kaum möglich ist. Der Magnet zieht an und ein Widersetzen ist nicht möglich. Und dies ist die Basis für die Macht des Geliebten. Seine Anmut zieht an wie ein Magnet, unweigerlich strebt das Verlangen zu ihm. Aber dieser magnetengleiche Bann ist Traum und Pein, Illusion und Kummer. Dieser Geliebte ist ein Zauberbild, das mit Schmeicheleien lockt. Und die Versuchung liegt nahe, sich diesem

---

[197] „Bleib stehen, Schatten meines scheuen Glücks,
Zauberbild du, das ich zärtlichst umwerbe,
schöner Wahn, für den ich mit Freuden sterbe,
mit Qualen lebe, Traum süßen Geschicks.
Wenn meine Brust dem magnetischen Bann
deiner Anmut anhangt wie der Strahl so treu,
wozu entflammst du mich mit Schmeichelei
und verlässt als Genarrte mich?"

schönen Wahn hinzugeben und das eigene Subjekt aufzugeben. Aber die Aufgabe der eigenen Subjektivität hat zwangsläufig zur Folge, als Genarrte verlassen zu werden.
Die Liebe, wie sie im *Sonett Nr. 165* beschrieben wird, ist ohne Gegenliebe und sie ist dennoch das genaue Gegenteil der vollkommenen Liebe, die ja auch ohne Erwiderung bleibt. Der Unterschied besteht darin, wie LiebendeR und GeliebteR ihr Verhältnis zueinander bestimmten. Der Geliebte im *Sonett Nr. 165* ist in keiner Weise an dem Subjekt interessiert, das ihn liebt. Er weiß von seiner magnetengleichen Macht und es ist diese Macht, die er genießt. An einer Liebe jedoch, die aus der Differenz zweier Subjekte geboren wird und an einer gemeinsamen Sprache arbeitet, hat er keinen Gefallen. Und so bleibt der Liebenden nichts anderes als die Rolle eines stummen Objektes, das der Geliebte braucht, um sich zu beweisen. Es geht ihm nicht um das Gegenüber, sondern um sich selbst. Dies ist auch der Grund, warum diese Liebe keine Basis und damit auch keine Zukunft hat. In dieser Liebe ist es für die Liebende nicht möglich, sich in der Begegnung mit dem Geliebten zu finden und immer mehr sie selbst zu werden. Hier wird sie allein dazu ge- bzw. missbraucht, die Schönheit und die Anmut des Geliebten zu spiegeln.[198] Allein dafür ist die Liebende da. Der Geliebte ist letztlich ohne jedes Interesse für die Liebende. Und dies ist auch der Grund, warum es dem Geliebten möglich ist, mit seiner Anmut zu spielen, zu locken, zu verlassen und zu narren – ganz wie es ihm beliebt.
Doch mit dem „göttlichen Magneten" verhält es sich ganz anders. Der „göttliche Magnet" ist kein Phantom und Zauberbild verliebter Phantasie. Er spielt auch nicht mit der Geliebten und er verlässt sie nicht genarrt. Von ihm angezogen zu werden und ihm zu folgen bedeutet nicht die Aufgabe der eigenen Subjekthaftigkeit. Vielmehr bedeutet die Hinwendung zu ihm, in der Subjekthaftigkeit bestärkt und unterstützt zu werden. In dieser Liebe wird es möglich, der eigenen Sprache auf die Spur zu kommen. Denn diese Liebe fordert, wie jede Liebe, eine eigene Sprache. Auch diese Liebe will besungen und besprochen werden. Und zugleich bereitet sie den Boden, diese Sprache zu entwickeln.
Alle Handlungen des „göttlichen Magneten" sind liebend und diese Liebe zeigt sich in besonderer Weise im Sakrament der Eucharistie. (Vgl. Méndez

---

[198] Viriginia Woolf schreibt zu diesem Prozess der Spiegelung, dass Frauen über Jahrtausende hinweg als Spiegel gedient haben, „mit der magischen und köstlichen Kraft, das Bild des Mannes in doppelter Größe wiederzugeben. [...] Das hilft teilweise zu erklären, warum Frauen für Männer so notwendig sind. [...] Denn wenn sie anfängt die Wahrheit zu sagen, schrumpft das Spiegelbild; seine Lebenstüchtigkeit schrumpft zusammen." (Woolf 1988, 43) Eine Frau hingegen, die nicht als Spiegel dient, sich auf ihre eigene Existenz bezieht und sich selbst Autorität verleiht, entzieht den Männern Macht. Eine solche Frau ist unerhört, sie überschreitet die patriarchale Ordnung der Dinge.

Plancarte 1951, Bd. I, 169) Der „göttliche Magnet" liebt. Er zieht das eigenständige Subjekt an, das ahnt, dass es in dieser Beziehung nicht als Genarrte verlassen wird. Das Fundament dieser Liebe ist die Subjekthaftigkeit, sie ist der Boden, auf dem sich die Liebe entfaltet und eine Zukunft gewinnt. Der „göttliche Magnet" liebt das Subjekt gerade wegen seiner Eigenständigkeit. Er will nicht nur das Echo seiner Worte hören oder sich fortwährend gespiegelt wissen.[199] Beide sind trügerisch und stehen letztlich für Stagnation und Einbildung. Der „göttliche Magnet" hingegen weiß um die Kreativität, die aus der Differenz entsteht, und er sucht sie. Vor diesem Hintergrund wird die Liebe zum „göttlichen Magneten", zur Basis, die die Subjektwerdung nicht verhindert, sondern ihr fortwährend Räume der Realisierung eröffnet. Die Liebenden werden durch ihre und in ihrer Liebe zu sprachfähigen Subjekten. Sie werden miteinander immer mehr sie selbst. Diese Liebesvorstellung ist im Patriarchat unerhört. Vielfach wird gerade von der Liebenden verlangt, dass sie in ihrer Liebe zum Geliebten aufgeht, was bedeutet, sich in der Liebe dieser Liebe zu verlieren. In der patriarchalen Liebe wie in der patriarchalen Religion verweigern sich die Geliebten dem Subjekt. Fundament der patriarchalen Liebe ist die hierarchische und von Abhängigkeit geprägte Beziehung des Paares. Der eine wird immer größer und mächtiger durch die Bewunderung und Verehrung, die ihm entgegengebracht wird. Und die andere wird im selben Augenblick immer abhängiger und schwächer. Am Ende verliert sie sich meist ganz und bleibt genarrt zurück.

Sor Juana entwirft in diesen Sonetten die Kritik an der patriarchalen Liebe und an einer patriarchalen Religion. Aber sie bleibt nicht bei der Kritik stehen, sondern liefert den Entwurf einer Liebe und Religion, die das Subjekt erhören und fördern. Und dieser Entwurf ist auf das Engste mit dem Erwerb einer eigenen Sprache verbunden. Die Sprache des Subjektes ist Fundament und Ausdruck der Menschwerdung. Nur dort, wo die Liebe und die Religion das Subjekt in seiner Unerhörtheit annehmen und es sprachfähig machen, nur dort bilden sie die Basis für die Menschwerdung. Dort aber, wo die Liebe und die Religion das unerhörte Subjekt unterdrücken und dessen eigenes Sprechen verhindern, sind sie Instanzen der Gewalt und der Willkür.

Liebe und Religion sind nur dann Garanten der Menschwerdung, wenn sie das Subjekt fördern und es befähigen, das Unerhörte in seiner eigenen Existenz zu erhören. Unerhörtes zu formulieren und es als Basis für die Menschwerdung zu verstehen, ist kennzeichnend für das Schweigen, Denken und Schreiben von Sor Juana. Sie ist fähig, das Unerhörte beim Namen zu nennen. Sor Juana schreckt nicht vor dem Unerhörten zurück, sondern setzt sich in ihrer eigenen Existenz damit auseinander und findet durch diese Auseinandersetzung zu sich selbst und zu der eigenen Sprache. Und so verwundert es nicht, dass diese

---

[199] Beide Punkte greift Sor Juana in ihrem Fronleichnamsspiel *El divino Narciso* auf. Dort erweist sich das Echo als teuflisch und die Selbstbespiegelung als tödlich.

Themen auch in ihren *villancicos* Erwähnung finden, von denen im folgenden Gliederungspunkt die Rede sein soll.

5.2 Die *villancicos*

Sor Juana gilt als Meisterin im Verfassen von *villancicos*. (vgl. Méndez Plancarte 1952, Bd. II, XXX-XLV; XLVI-LXXI) Sie beherrscht die komplizierte Form dieser Gattung und noch heute erhält die Leserin/der Leser eine Ahnung von der Freude und Lust, die ihr die Arbeit an den *villancicos* bereitet haben muss. Hierbei besticht Sor Juana vor allem durch ihre Kompositionen und Versmaße. „Tatsächlich konnte sich keiner der Dichter, die in jenen Jahren schrieben, mit ihr messen." (Paz 1991, 459)
Das Grundmodel des *villancico* ist ein Gedicht mit kurzen Zeilen. Fast immer besteht es aus sechs oder acht Silben. Die Zeilen bestehen aus einem Kehrreim von zwei bis vier Versen, in dem auch das Thema besprochen wird. Eine Repetition wiederholt den Kehrreim ganz oder teilweise. Der *villancico* ist mit den *Kehrreim-cantigas* verwandt, entwickelte sich aber ab dem 15. Jahrhundert als eigenständige Form weiter. Ursprünglich verband man mit der Bezeichnung *villancico* unterschiedslos Lieder, wie sie auf dem Land bei Festen in den Dörfern gesungen wurden. Im 16. Jahrhundert benutzt man den Begriff des *villancico* hingegen für ein dichterisches Lied, das vor allem auch in Kirchen gesungen wurde.[200] Daneben findet man *villancicos* eingebaut in Romanen wie auch in Theaterstücken. Im 17. Jahrhundert erreicht die dichterische Form des *villancico* ihren Höhepunkt und als herausragende Verfasser gelten Lope und Góngora. Der *villancico* kam mit den anderen dichterischen Formen (Romance, Sonett) schon früh nach Neuspanien.
Bis zum ersten Drittel des 17. Jahrhunderts war *villancico* die Bezeichnung für die Weihnachtslieder der Hirten von Bethlehem. Nach Méndez Plancarte (vgl. Méndez Plancarte 1952, Bd. II, XIII) wurden erste Kompositionen bei den Frühmetten für kirchliche Festtage gesungen. „Zwischen 1676 und 1691 schrieb Sor Juana zwölf komplette Sätze von *villancicos*, jeder aus acht, neun oder mehr *letras* [Liedtexten; H.W.] bestehend. Ebenso verfaßte sie zweiunddreißig *letras* zur Einweihung der Kirche für die Nonnen von St. Bernhard, drei für das Fest Unserer Lieben Frau, vier für das der Inkarnation, zwei für Weihnachten und vier zum Gelübde einer Nonne. Zu allen diesen sind noch zehn Sätze von *villancicos* zu zählen, die ihr zugeschrieben werden und die mit Sicherheit von ihr stammen. Insgesamt schrieb sie 232 Gedichte. [...] Von 1676 verging fast kein Jahr, in dem sie nicht einen Satz *villancicos* schrieb, manchmal zwei oder drei." (Paz 1991, 462f)

---

[200] In Spanien ist Teresa von Avila als Autorin von *villancicos* bekannt, in denen sie die göttliche Liebe und die Liebe zu Gott besingt.

Alle diese *villancicos* waren Auftragswerke. Sor Juana erhielt nicht nur Aufträge, die Kathedrale von Mexiko zu „beliefern", sie schrieb auch für die Kathedralen von Puebla und Oaxaca. Für ihre Arbeiten wurde sie von den Kirchen entlohnt. Diese Entlohnung war aber nicht nur materieller Art. Für die Kirche zu schreiben bedeutete auch, Ansehen und Macht verliehen zu bekommen.

Als Sor Juana mit dem Verfassen von *villancicos* begann, war deren Gattung schon ausgeformt und die vorgeschriebene Struktur für die Aufführung der Gesänge im Gottesdienst, die literarischen und musikalischen Gewohnheiten und Konventionen, konnten nicht mehr verändert werden. „Wenn ihr diese Formen auch vorgegeben waren, so belebte sie sie doch mit ihrer Phantasie und beflügelte sie mit ihrer Anmut. In vielen dieser Gedichte findet sich eine schöpferische Heiterkeit, diese fast körperliche Lust, die entsteht, wenn man seine Sache gut macht. Man errät, daß es ihr Spaß bereitete, diese Sing- und Tanz-*coplas* zu verfassen. Bewundernswert, wie sie mit einem durch Gebrauch und Wiederholungen bereits verschlissenen Material solche leichten und luftigen Gebäude errichten konnte." (Paz 1991, 464)

Zuweilen haben die Stücke auch Untertitel. „Die *jácara* ist eine Romanze in der Sprache der 'Jaques', das heißt der Großmäuler und Schelme; der *canario* und der *cardador* waren Tänze, und die *ensalada* (Salat, Mischmasch) spielt auf das Gemisch von Versmaßen und vor allem auf die Sprechweise der Schwarzen, der Mauren, Basken, Galicier und Portugiesen an. [...] *Tocotín* nannte man die in Náhuatl geschriebene oder mit aztekischen Ausdrücken geschmückte *letra*." (Paz 1991, 467f)

Neben ihren Inhalten (hier seien die *villancicos* an die Heilige Katharina in besonderer Weise angesprochen) besteht ihr „Wert" ebenso in der Art und Weise, wie Sor Juana diese Texte bearbeitet. „Diese Gedichte betören uns bald wegen ihrer fließenden Anmut, bald wegen ihrer schillernden Transparenz, und immer wegen der unwägbaren Wirkstoffe der Poesie." (Paz 1991, 478)

Mehrere *villancicos* hat sie der Jungfrau Maria gewidmet. In einem der Sätze erscheint diese als „Lehrerin der Theologie". (*Nr. 228*, Méndez Plancarte 1952, Bd. II, 21) Damit greift Sor Juana auch hier eines ihrer zentralen Themen auf: Frau-Sein und Wissen zu wollen, es zu haben und zu verteidigen. Das Lebensprojekt: eine Autorität auf dem Boden der eigenen Existenz, des eigenen Sprechens und Schweigens zu werden. Sie beschreitet damit auch in den *villancicos* einen Weg, der die Ordnung der Dinge wenn nicht außer Kraft setzt, so doch anfragt und punktuell überschreitet. Das Thema des Rechts auf Wissen greift Sor Juana in den *villancicos* zu Ehren von *Santa Catarina (Nr. 312-322*, Méndez Plancarte 1952, Bd. II, 163-181*)* abermals auf. Diese *villancicos* wurden am 25. November 1691 in der Kathedrale von Oaxaca aufgeführt. Das heißt, dieses Thema wurde von ihr auch nach ihrer *Antwort an Sor Philothea* weiter behandelt. Noch einmal klagt sie das Recht auf Wissen ein und noch einmal stellt sie sich in die Genealogie gelehrter Frauen, beruft sich auf deren Autorität und begründet damit auch ihre eigene.

Bei den *villancicos* zu Ehren von *Santa Catarina* handelt es sich um zehn kürzere Gedichte, von denen ein Teil zu den gelungensten Texten ihres Werkes gehören. „Außer ihrer lyrischen Reinheit, der Kompliziertheit ihres Versmaßes und ihren eigenartigen hermetischen Nachklängen enthalten diese *villancicos* viele autobiographische Töne." (Paz 1991, 627)
Hintergrund ihrer *villancicos* zu Ehren von *Santa Catarina* ist deren Heiligenlegende. Von ihr wird berichtet, dass sie im Alter von achtzehn Jahren die gelehrtesten Männer ihrer Zeit an Wissen und an Argumentations- und Überzeugungskraft übertraf. Sie wurde einer Prüfung durch die gelehrten Männer unterzogen, aber sie besiegte sie alle mit ihrem Scharfsinn. Calleja berichtet von einem ähnlich gelagerten Wettstreit in Bezug auf Sor Juana (vgl. Calleja 1936; Paz 1991, 157), bei dem er vor allem die Parallelen mit dem zwölfjährigen Jesus zieht, der im Tempel vor Schriftgelehrten die Schrift auslegt. (Vgl. Lk 2,41-52.) Der Vizekönig Mancera war über das Wissen und die Fähigkeiten der jungen Sor Juana so erstaunt, dass er vierzig Professoren berief, Sor Juana zu prüfen. Allen antwortete sie geschickt und voller Wissen und Überzeugungskraft. Diese Gemeinsamkeit zwischen der Heiligen Katharina und ihrer eigenen Person greift sie in den *villancicos* ebenso auf wie auch die Schönheit, die beiden Frauen nachgesagt wird:
„Porque es bella la envidian,
porque es docta la emulan:
¡oh qué antiguo en el mundo
es regular los méritos por culpas!"[201] (Méndez Plancarte1952, Bd. II, Nr. 316, 170)

Und in der *Nr. 317* wiederholt sie, was sie auch schon in der *Antwort an Sor Philothea* zum Ausdruck gebracht hat, gleichwohl hier mit einem nicht minder leidenschaftlichen, doch ironischen Ton, dass Gott nicht will, dass die Frauen unwissend sind:
„De una Mujer se convencen
todos los Sabios de Egipto,
para prueba de que el sexo
no es esencia en lo entendido.
¡Víctor, víctor!
Prodigio fué, y aun milagro;
pero no estuvo el prodigio
en vencerlos, sino en que

---

[201] „Weil sie schön ist, wird sie vom Neid verfolgt;
weil sie gelehrt ist, geifert die Verleumdung:
oh, wie lange schon hat die Welt die Sitte,
die Verdienste als Sünde anzukreiden?"
(Vogelsang, Fritz)

ellos se den por vencidos.
¡Víctor, víctor!
[...]
Estudia, arguye y enseña,
y es de la Iglesia servicio,
que no la quiere ignorante
El que racional la hizo.
¡Víctor, víctor!
[...]
Nunca de varón ilustre
triunfo igual habemos visto;
y es que quiso Dios en ella
honrar el sexo femíneo.
¡Víctor, victor!
[...]
Tutelar sacra Patrona,
es de las Letras Asilo;
porque siempre ilustre Sabios,
quien Santos de Sabios hizo.
¡Víctor, víctor!"[202] (Méndez Plancarte 1952, Bd. II, 171f)

---

[202] „Einer Frau ist es gelungen,
all den Weisen von Ägypten
zu beweisen, das Erkenntniskraft
nicht bedingt ist durchs Geschlecht.
Triumph, Triumph!
Ein Wunder, ja ein Mirakel.
Aber nicht, daß sie obsiegte,
war das Wunder, sondern daß
die Männer sich vor ihr beugten.
Triumph, Triumph!
[...]
Sie forscht, diskutiert und lehrt,
tätig im Dienste der Kirche,
weil Er, der ihr den Verstand gab,
nicht will, daß sie nichts erkenne.
Triumph, Triumph!
[...]
Noch niemals hat ein berühmter
Mann je solchen Sieg errungen;
weil nämlich Gott in ihr ehren
wollte der Frauen Geschlecht.
Triumph, Triumph!
[...]
Als treue, fromme Schutzherrin
Ist sie der Hort der Wissenschaft,

Sor Juana betont hier, wie auch schon in ihrer *Antwort an Sor Philothea*, dass als Frau geboren zu sein kein Hinderungs- und auch kein Verweigerungsgrund für den Zugang zum Wissen darstellt. Erkenntniskraft und intellektuelle Fähigkeiten sind nicht abhängig vom Geschlecht. Wie schon an anderen Stellen betont sie abermals, dass das Wissen von Frauen durchaus der Kirche von Nutzen sein kann. Das Wissen von Frauen stellt eine Form des Lobpreises an Gott dar, der nicht will, daß die Frauen nichts erkennen und stumm bleiben. Gott schenkt den Verstand und die Begabung, damit die Frauen (wie auch die Männer) erkennen, damit sie auf dem Boden der eigenen Subjektivität und Geschichte die werden, die sie sein sollen: Menschen. Alle Begabungen sind Geschenke Gottes und als solchen ist ihnen Achtung entgegen zu bringen. Aus dieser Tatsache heraus hat der/die Einzelne das Recht und die Pflicht, diese Talente zu entfalten und in den Dienst Gottes zu stellen. Vor diesem Hintergrund ist es dann auch möglich, dass aus Weisen Heilige werden. Hier betont Sor Juana noch einmal, dass das Wissen keine destruktive und Gott negierende Macht ist, sondern dass es gezielt zum Lobpreis Gottes eingesetzt werden kann – eine Tatsache, die sie im Leben vieler Heiliger realisiert sieht.[203]

Im *villancico Nr. 322*, das auch den Schluss dieser Reihe bildet, greift sie die „Prüfung" noch einmal auf. Es heißt:

„Érase una Niña,
como digo a usté,
cuyos años eran,
ocho sobre diez.
Esperen, aguarden,
que yo lo diré.
Ésta (qué sé yo,
cómo pudo ser),
dizque supo mucho,
aunque era mujer.
Esperen, aguarden,
que yo lo diré.
Porque, como dizque
dice no sé quién,
ellas sólo saben

---

auf daß nie das Licht erlösche,
das aus Weisen Heilige machte.
Triumph, Triumph!"
(Vogelsang, Fritz)

[203] In ihrer *Antwort an Sor Philothea* nennt Sor Juana im besonderen Maria, die Mutter Gottes, die Hl. Paula und Hieronymus u.a. (Vgl. Salceda 1957, Bd. IV.)

hilar y coser ...
Esperen, aguarden,
que yo lo diré.
Pues ésta, a hombres grandes
pudo convencer;
que a un chico, cualquiera
lo sabe envolver.
Esperen, aguarden,
que yo lo diré.
Y aun una Santita
dizque era también,
sin que le estorbase
para ello el saber."[204] (Méndez Plancarte 1952, Bd. II, 179f)

Der Ton dieses *villancico* ist umgangssprachlich und ironisch. Das behandelte Thema ist das Wissen von Frauen und ihre Sehnsucht nach Wissen und Bildung. Auch in diesem *villancico* benennt Sor Juana das Vorurteil, dass man

---

[204] „Es war einmal ein
Mädchen, wie gesagt,
ein ganz junges Ding
von zehn und acht Lenzen.
Wartet, nur Geduld,
ich will's euch erzählen.
Dieses Kind (wer weiß,
wie das möglich war!)
wußte, heißt es, viel,
obwohl es ein Weib war.
Wartet, nur Geduld,
ich will's euch erzählen.
Denn angeblich können,
wie man, weiß nicht wer,
behauptet, die Weiber nur spinnen und nähen ...
Wartet, nur Geduld,
ich will's euch erzählen.
Dies Kind also konnte
große Männer überzeugen;
denn einen jungen Mann einwickeln
kann ja eine jede.
Wartet, nur Geduld,
ich will's euch erzählen.
Und es war sogar,
sagt man, eine kleine
Heilige, woran das
Wissen es nicht hinderte."
(Vogelsang, Fritz)

Frauen keine intellektuellen Fähigkeiten zutraut. Doch das Mädchen, von dem in diesem *villancico* die Rede ist, tritt den Gegenbeweis an. Sie beweist das Gegenteil und straft so die Position der Hüter der Ordnung der Dinge als das ab, was sie ist: ein nicht haltbares Vorurteil. Obgleich ein „Weib", so wusste sie doch viel. Und dieses Wissen bezieht sich nicht nur auf Haus- und Handarbeiten. Sie überzeugt durch ihre intellektuellen Fähigkeiten. Sie beweist ihren Verstand und ihr Wissen in jenen Fächern und Disziplinen, die eigentlich nur den Männern vorbehalten sind. Diesen Tatbestand drückt Sor Juana an jener Stelle besonders deutlich aus, wo sie von der Überzeugungskraft des Mädchens spricht und diese Überzeugungskraft als Kontrast zu dem setzt, was man von Mädchen erwartet; dass sie junge Männer „einwickeln". Dieser Kontrast benennt das Unerhörte, weil er etwas Neues und die Ordnung der Dinge Überschreitendes zur Sprache bringt. Sor Juana entlarvt an dieser Stelle die Vorstellungen und Bilder, Erwartungen und Annahmen von Männern gegenüber Frauen als das, was sie sind: Mutmaßung und Unterstellung. Diese Stelle benennt den verobjektivierenden Blick der Männer auf die Frauen. Frauen sind aus dieser Sicht nur dazu in der Lage zu nähen und zu spinnen und wenn sie überzeugen, dann mit ihren körperlichen Reizen, mit denen sie die jungen Männer verführen und einwickeln. Die Aussagen Sor Juanas zeigen, dass es auch einen anderen Blick auf die Frauen gibt. Und dieser andere Blick zeigt, dass Frauen auch in anderer Weise überzeugen können, nämlich durch ihren Verstand und durch ihr Wissen.

Mit der Darstellung des Mädchens in diesem *villancico* belegt die Verfasserin nicht nur, dass Frauen nicht qua Geschlecht dumm und unfähig sind, sondern auch, dass dieses Wissen ihnen nicht zum Schaden gereicht. Wissen und tugendhaftes, gottgefälliges Leben müssen sich bei Frauen nicht ausschließen oder gar behindern. Dies zeigt das Beispiel des Mädchens, das durch und mit ihrem Wissen zu einer Heiligen wird. Das Wissen und die Realisierung ihres Begehrens gehören zu ihrer Existenz und sie sind ein wesentlicher Bestandteil ihrer Menschwerdung. Ihr Wissen und die Auseinandersetzung mit dem Wissen sowie dessen Verteidigung werden zu wichtigen Schritten auf dem Weg, die zu werden, die sie sein soll: eine Heilige, eine Frau, die sich und ihr Leben in den Dienst Gottes stellt.

Sor Juana vertritt in den *villancicos* zu Ehren von Santa Catarina noch einmal deutlich die Position, dass Glauben und Wissen sich nicht ausschließen, einander zur Bedrohung und Gefahr werden müssen. Das Wissen und die intellektuellen Fähigkeiten sind nicht per se eine Gefährdung für Gott und den Glauben an ihn. Sie sind vielmehr die Basis, die Größe Gottes und den Glauben an ihn zu erkennen, zu verstehen und ins Wort zu bringen. An den Orten, wo das Wissen und die Überzeugung zur Sprache gebracht werden, handelt es sich um eine Form des Lobpreises an Gott. Dort, wo das Wissen und die Überzeugung in den Dienst Gottes gestellt werden, besteht kein Grund, es zu verweigern, auch den Frauen nicht.

Sor Juana hat mit ihren *villancicos* zu Ehren von Santa Catarina abermals dezidiert das Recht auf Wissen und auf eine eigene Sprache der Frauen eingeklagt und verteidigt – öffentlich und vernehmbar. Dabei bietet die Heiligenvita ihr die Chance, die eigene Sprache einzuklagen, und es zeigt sich, dass es die Religion ist, die ihr den Boden für die eigene Sprache bereitet. Es ist die Religion, die sie auf das Unerhörte aufmerksam werden lässt und die ihr die Kraft und Energie gibt, es auch zu benennen.
Öffentlich und vernehmbar vertritt Sor Juana auch ihre Positionen in den Fronleichnamsspielen, von denen im folgenden Gliederungspunkt die Rede sein soll. In ihnen bringt sie in allegorischen Darstellungen das Verhältnis von Sprache und Religion, Gnade und Freiheit, Transzendenz und Immanenz, Autorität des persönlichen Glaubens und die Tradition der Väter sowie das Verhältnis von Religion und Geschichte auf die Bühne.

5.3 Die Fronleichnamsspiele – Die Bühne als Kanzel

Die Frage nach der Eigenständigkeit des Subjektes, seiner Freiheit, gerade auch in der Beziehung zur Transzendenz, sind nicht nur Fragen, die das Werk von Sor Juana durchziehen, es sind die Fragen ihrer Zeit. Dies belegen der Gnadenstreit, die aufkommenden neuen Wissenschaften und ihre neuzeitlichen Methoden, die die Vertreter der Ordnung der Dinge in Unruhe und Sorge versetzen, aber auch die Debatten über die Rechte der Indios, die Fragen nach den Missionsmethoden, der Ritenstreit. Diese Fragen und Themen lassen Sor Juana nicht unberührt. Sie greift diese Themen auf und setzt sich mit ihnen auseinander. Sie tut dies in ihren Gedichten, ihrer Prosa, ihren Theaterstücken und in ihren *Fronleichnamsspielen (autos sacramentales)*.[205]

---

[205] An dieser Stelle ist anzumerken, dass Sor Juanas Theaterstücke etwa ein Drittel ihres Gesamtwerkes ausmachen. Sie schrieb neben den *autos sacramentales* und *loas* Komödien und *sainetes* (kurze Lustspiele). Ich beschränke mich im Rahmen der Fragestellung der Arbeit jedoch auf die *autos sacramentales* und die dazugehörenden *loas*. Aber ich möchte es nicht versäumen, dennoch einige Aspekte im Zusammenhang mit ihren weltlichen Theaterstücken zumindest kurz anzusprechen.
Sor Juana hat ihre Theaterstücke fasst ausschließlich für den vizeköniglichen Hof geschrieben. In dem, was die Figuren in ihren Stücken sagen und tun, wahren sie den Anstand und folgen der Ordnung der Dinge, wie es ihrem Rang, ihrem Alter und Geschlecht angemessen ist. Der dramatische Konflikt, ohne den keine Komödie auskommt, entsteht bei ihr nicht aus der Gegensätzlichkeit der Charaktere ihrer Figuren, sondern aus Situationen der Verwirrung und Verwechslung. „Eine Welt aus Dunkelheit und Masken: A verliebt sich in die schöne B, aber auf dem Maskenball oder in der Dunkelheit des nächtlichen Gartens verwechselt er sie mit C, während B, ebenfalls in A verliebt, ihn in der Finsternis für D hält, den sie verabscheut. Der Zufall mischt die Karten ein ums andere Mal, bis die Wahrheit den Sieg davonträgt." (Paz 1991, 484)

Die Komödien wurden nach einer Art Ritual aufgeführt und der Abend einer Aufführung war ein Gesamtkunstwerk. Zuerst kamen die *loas*, danach die *sainetes*, die die verschiedenen Akte umrahmten. Alles lief auf ein festliches Ende zu. Tänze und Gesänge bildeten den Rahmen, der ganze Abend wurde zu einem Fest. Die Vorführungen entsprachen genau dem Empfinden barocker Ästhetik. Es war nicht die Regel, dass der Verfasser der Komödie auch die *loas* und *sainetes* schrieb, doch im Fall von Sor Juana gilt, dass sie alle Stücke für einen solchen Abend bei Hofe selbst schrieb.

Auch unter den Theaterstücken gibt es eines „*Los empeños de una casa*", in dem sie das Begehren einer Frau nach Wissen und den Hang zu Studien beschreibt sowie die damit verbundenen Schwierigkeiten und den Neid. Dort heißt es an einer Stelle:

„[...], desde mis primeros años	„Seit meiner frühesten Kindheit
con tan ardientes desvelos,	hatte ich den Hang zu Studien,
con tan ansiosos cuidados,	und mit wahrem Feuereifer,
que reduje a tiempo breve	mit unermüdlicher Lernbegier
fatigas de mucho espacio.	Durchmaß ich in kurzer Frist
Conmuté el tiempo, industriosa,	weiteste Wissensbereiche.
a lo intenso del trabajo,	Rastlos verwandte ich die Zeit
de modo que en breve tiempo	zu tiefer dringendem Forschen,
era el admirable blanco	und so kam's, daß ich schon bald
de todas las atenciones,	zum bestaunten Gegenstand
de tal modo, que llegaron	allgemeinen Interesses
a venerar como infuso	wurde; daß die Leute schließlich
lo que fue adquirido lauro.	als Naturtalent verehrten,
	was erworbner Lorbeer war.
Era de mi patria toda	Überall in meiner Heimat
el objeto venerado	galt ich als ein anzuhimmelndes
de aquellas adoraciones	Wunderwesen, eine Kultfigur,
que forma el común aplauso;	erschaffen vom Beifall aller.
y como lo que decía,	Und weil mein besagtes Tun,
fuese bueno o fuese malo,	wie immer man es auch wertet,
ni el rostro lo deslucía	weder das Gesicht entstellte
ni lo desairaba el garbo,	noch den Reiz der Anmut minderte,
llegó la superstición	verstieg sich der Aberglaube
popular a empeño tanto,	des Volkes Irrwitz,
que ya adoraban deidad	Dem selbstgefertigten Götzenbild
el ídolo que formaron.	wie einer Gottheit zu huldigen.
Voló la Fama parlera,	Die schwatzhafte Fama schwirrte
discurrió reinos extraños,	fort, durchschweifte fremde Lande,
y en la distancia segura	um in sicherer Entfernung
acreditó informes falsos.	Falschmeldungen zu beglaubigen.
La pasión se puso anteojos	Die Leidenschaft griff zur Brille
de tan engañosos grados,	und lugte durch Lügenlinsen,
que a mis moderadas prendas	die meine bescheidnen Gaben
agrandaban los tamaños."	gigantisch erscheinen ließen."
(Salceda 1957, Bd. IV, 37f)	(Vogelsang, Fritz)

Wie schon an anderer Stelle dargelegt, führt auch dieser Ausschnitt die Erfahrung des zweifelhaften Ruhms und das Erschrecken wie die Faszination, die von einer klugen Frau in der damaligen Zeit ausgegangen sind, vor Augen. Vor allem aber ist auch hier von dem

Die *autos sacramentales* sind einaktige Theaterstücke, die anlässlich des Fronleichnamsfestes geschrieben und aufgeführt wurden. Das Verfassen eines solchen Fronleichnamsspiels war eine bezahlte Auftragsarbeit. Der Rat in den größeren Städten übernahm es, die Autoren anzusprechen und die Bedürfnisse der Autoren sowie die der Schauspieler und Bühnenbildmaler zu erfüllen. (Vgl. Paz 1991, 501.)

Die *autos sacramentales* sind eine spanische Schöpfung. Sie sind mit dem religiösen Theater wie dem Jesuitentheater und den Katechismusspielen verwandt, die auf Traditionen des Mittelalters zurückzuführen sind. Als literarische Gattung entsteht das *auto sacramental* gegen Ende des 15. Jahrhunderts in Spanien. Dramatische Dichtungen des 13. Bis 15. Jahrhunderts feierten kirchliche Feste, ohne jedoch auf den Charakter des Tages selbst einzugehen und zu dem Festtag Bezug zu nehmen mit Szenenfolgen aus der Bibel oder religiösen Legenden. Dies ändert sich im 16. Jahrhundert. Unter der Wirkung des tridentinischen Konzils entwickelt sich das *auto sacramental* zu einer Sonderform. Hierbei bildet fortan die Verehrung des eucharistischen Mysteriums den Mittelpunkt und den Kerngedanken des Dramas. Andere Formen treten mehr und mehr in den Hintergrund und die Aufführungen konzentrieren sich nun auf die Zeit von Fronleichnam. Bald werden auch bekannte Dichter der Zeit zu Verfassern von *autos sacramentales*. Das führt dazu, dass diese bald als poetische und theatralische Kunstwerke ihrer Zeit gelten und zur Weltliteratur aufsteigen. (Vgl. Karlinger 1955, 1137.)

Aber das *auto sacramental* sollte nicht nur ein Kunstgenuss sein, es sollte auch erbauenden und religiösen Zwecken dienen. Es wurde vor allem als eine Predigt in dramatischer Form geschrieben und verstanden. Wichtiges Anliegen war die Vermittlung von Glaubensinhalten wie auch die Überwindung aller heidnischen und reformatorischen Strömungen. Die Verherrlichung des Altarsakraments wie auch die Betonung von Dogmen bildeten den inhaltlichen Grundstock. Die allegorische Darstellungsform, in der auch theologische Begriffe wie Gnade und Erlösung, Glaube und Hoffnung personifiziert dargestellt werden, ermöglichte es, das Glaubensverständnis dem Volk nahe zu bringen.

Die *autos sacramentales* werden mehr und mehr zu einem symbolischen Theater; Kunst und Religion verschmelzen in ihnen zu einem Gesamtbild. Damit drücken sie einen wesentlichen Gedanken des Barock aus, der die Zusammenhänge der Welt als Gesamtkunstwerk versteht. Das Barock betrachtet den Himmel und die Welt im Spiegel der Allegorie. Diese Allegorien verwandeln die Lebewesen und Dinge in Bilder, die ergänzende und neue Bedeutungen ausstrahlen. Die Welt und die Menschen werden zur Allegorie, zum Symbol. Auch diesbezüglich sind die *autos sacramentales* eine

---

Begehren einer Frau die Rede, von ihrem Feuereifer und der unermüdlichen Lernbegier, die Dinge verstehen zu wollen.

typische Form des Barock. „Als symbolisches Theater und selbst Symbol ist das *auto sacramental* ein Abbild der Welt und ihrer Überwelten. [...] In ihnen verband sich die Liebe zur Argumentation und deren strengen Gebäuden mit der Tanzwut, und beide mit der Verzauberung durch Embleme und Hieroglyphen. Es ist ein ungeheures Hin und Her, von abstraktem Denken und sinnenhaftester Kunst, von der Logik zum Tanz, von der Theologie zur Clownerie, auf dem Weg über jene Hängebrücken, die Allegorie und Symbol bedeuten." (Paz 1991, 502f)

Die Gewohnheit, zu Fronleichnam *autos sacramentales* aufzuführen, wurde mit der Conquista nach Neuspanien gebracht und innerhalb kurzer Zeit auch dort üblich. „1539 wurde dieses Fest in Tlaxcala mit vier Theaterstücken gefeiert. Etwas später, 1565, bestimmte der Rat der Stadt Mexiko eine *joya*, ein Geschmeide von Gold oder Silber im Werte von dreihundert Escudos, für die beste Darstellung. Von da an verzeichnen die Archive der Stadt das ganze 16. Jahrhundert hindurch Summen, die den Direktoren der Schauspieltruppen für die Fronleichnamsaufführungen bezahlt wurden." (Paz 1991, 504) Über die Akteure und durch den Inhalt wurden in den *autos sacramentales* weltliches und religiöses Theater verbunden. Die Darstellungen wurden mehrmals am Tag wiederholt und konnten sich über mehrere Tage erstrecken. Mit der Aufklärung finden die *autos sacramentales* ihr jähes Ende. Die dichterischen Quellen versiegten oder die AutorInnen widmeten sich anderen Inhalten und Formen und die zunehmend verarmenden Städte konnten sich die kostspieligen Aufführungen nicht mehr leisten. 1765 verbot ein königliches Dekret in Spanien weitere Inszenierungen und Aufführungen von *autos sacramentales*. (Vgl. Karlinger 1955, 1138.)

Um die Fronleichnamsspiele besser einordnen zu können, lohnt sich ein Vergleich mit dem deutschsprachigen Jesuitentheater, von dem im folgenden Exkurs die Rede sein soll.

5.4 Exkurs: Jesuitentheater im deutschsprachigen Raum

Das 16. Jahrhundert ist ein Schauplatz gewaltiger Umbrüche. Diese spiegeln sich in vielfältiger Weise in den unterschiedlichsten Medien und Formen wieder, so auch in den dramatischen Werken der Zeit. Das mittelalterliche Mysterienspiel wirkt an manchen Orten noch nach sowie Passionsspiele und Fastnachtsspiele, (vgl. Adel 1960, 3-8) doch nach 1550 etabliert sich in den deutschsprachigen Gebieten das Jesuitentheater. Es gewinnt dabei zunehmend (bis in die Mitte des 17. Jahrhunderts hinein) eine dominierende Rolle in der Öffentlichkeit. Das Jesuitentheater erreicht ein breites Publikum, und dies vor allem, weil es in den Zentren des Ordens sowie an kleinen Kollegien aufgeführt wird. Vor diesem Hintergrund erklärt sich auch die Vielseitigkeit des Jesuitentheaters. Es finden sich sowohl formale, stoffliche und didaktische Innovationen wie auch gewöhnliche und unspektakuläre Darbietungen. „Über

die ursprünglich theologisch-didaktische Intention hinaus schuf und beeinflußte die Jesuitenbühne Literatur – sei es im Typus des schlesischen Trauerspiels, sei es innerhalb eines ganzen politisch-kulturellen Gebietes wie Österreich." (Wimmer 1982, 1)
1540 kam der erste Jesuit nach Deutschland und 1544 wurde in Köln das erste Kolleg gegründet. Andere Gründungen folgten bald. Bis zur Jahrhundertwende entstanden an die dreißig Kollegien und die Zahl der Ordensmitglieder war um 1600 deutlich höher als tausend. (Vgl. Wimmer 1982, 2.) Zu den meisten Klostergründungen kam es vor allem in den Jahren vor dem Dreißigjährigen Krieg, um die Zeit des Restitutionsediktes (1629) sowie nach dem Westfälischen Frieden. Um sich auch nur annähernd ein Bild von der Ausdehnung des Jesuitentheaters zu machen, muss man bedenken, dass im Grunde überall der Brauch des Theaterspielens beheimatet war und dass mindestens einmal pro Schuljahr ein Stück aufgeführt wurde.
Von diesen Stücken ist jedoch nur ein Bruchteil erhalten geblieben. Dies hat zum Teil äußere Gründe, liegt aber auch an den Stücken selbst. Viele wurden nur für eine Aufführung geschrieben und arrangiert und nach der Aufführung nicht mehr weiter beachtet. Einige Werke sind jedoch in Archive gewandert und so erhalten geblieben. Über andere geben Programmhefte Auskunft.
„Noch weitaus zahlreicher sind die aufbewahrten Periochen, gedruckte Programme eines Dramas, die durch ihre bald zweisprachigen, bald ausschließlich deutschen Szenenparaphrasen, aber auch durch die Aufführungsdaten und Ergebenheitsadressen der Titelseite wie durch den 'Syllabus Actorum', das Rollen- und Schauspielerverzeichnis, zumindest einen Umriß des betreffenden Stückes bewahren." (Wimmer 1982, 2.)
Mit der Aufhebung des Ordens (1733) verschwand auch das für den Orden so typisch gewordene Theater und es geriet mehr und mehr in Vergessenheit. Die Eindrücke bezüglich der Rezeption der Bearbeitung des Stoffes und der Aufführungen waren sehr unterschiedlich. Zwei Eindrücke sollen hier exemplarisch genannt werden: Der eine Kommentar ist von der Aufklärung stark geprägt und stammt von Friedrich Nicolai aus dem Jahre 1781, der andere Kommentar ist erhaben-wohlwollend und stammt von Goethe aus dem Jahr 1786. Goethes Kommentar ist wesentlich wohlwollender, aber auch ihm mangelt es nicht an arroganten Zwischentönen.
„Die ersten Schaubühnen in Österreich, so wie in allen katholischen Ländern, eröffneten die Jesuiten. Sie haben sich ständig beflissen, alles allein zu seyn. Sie allein wollten regieren, unterrichten, Ketzer bekehren, Sünden vergeben und belustigen; alles zu größerer Ehre Gottes, das heißt zu größerer Ehre ihres Ordens, der ihnen alles, so viel wie Gott, und mehr wie Gott war; denn alles was sie thaten und was sie noch thun, war bloß um ihres Ordens willen, ohne den nichts in der Welt geschehen soll, und durch den wirklich mehr geschieht, als man insgemein glaubt. [...] Ihre Schauspiele, die sie aus der geistlichen und weltlichen Geschichte hernahmen, und mit allem Flitterstaate kahler Pedanterey und platten Schulwitzes aufstutzten, stießen beständig wider den

gesunden Verstand an: [...] Was extradummes ist auch schön! Einen solchen Unsinn mit Methode, ein solches Schauspill mit seinem Vorspill, Unterspill und Nachspill, einen solchen Abraham und Jsaak mit Perseus und Andromeda vereinbart, stellt man sich jetzt kaum als möglich vor; und doch ward dieser Unsinn noch vor sechzig Jahren vor einer sehr ansehnlichen Gesellschaft von Zuschauern wirklich aufgeführt." (Nicolai 1784, 561; 564ff)
„Ich verfügte mich [in Regensburg] gleich in das Jesuitenkollegium wo das jährliche Schauspiel durch Schüler gegeben ward, sah das Ende der Oper und den Anfang des Trauerspiels. Sie machten es nicht schlimmer als eine angehende Liebhabertruppe und waren recht schön, fast zu prächtig gekleidet. Auch diese öffentliche Darstellung hat mich von der Klugheit der Jesuiten aufs neue überzeugt. Sie verschmähten nichts, was irgend wirken konnte, und wußten es mit Liebe und Aufmerksamkeit zu behandeln. Hier ist nicht Klugheit, wie sie sich in Abstracto denkt, es ist eine Freude an der Sache dabei, ein Mit- und Selbstgenuß, wie er aus dem Gebrauche des Lebens entspringt. Wie diese große geistliche Gesellschaft Orgelbauer, Bildschnitzer und Vergulder unter sich hat, so sind gewiß auch einige, die sich des Theaters mit Kenntnis und Neigung annehmen, und wie durch gefälligen Prunk sich ihre Kirchen auszeichnen, so bemächtigen sich die einsichtigen Männer hier der weltlichen Sinnlichkeit durch ein anständiges Theater." (Goethe 1950, 577)
In Goethes Kommentar klingt der Rahmen an, der für das Jesuitentheater so prägend war: die Schule. Der Weg des Ordens zum Theater ging über die Schule. „Um die Mitte des 16. Jahrhunderts war dort im deutschen Sprachbereich der einzige Platz für eine kontinuierliche Pflege des gesprochenen Spiels." (Wimmer 1982, 12) Und nachdem sich die Jesuiten für die Aufnahme der Arbeit auch an Schulen entschieden hatten, lag das Theaterspielen nahe. Es war zu dieser Zeit schon Tradition, sowohl bei den Protestanten wie bei anderen Orden. „Die Pflege des Bibelspiels geht auf Luther zurück, der auf die Eignung mancher biblischer Stoffe für die dramatische Darstellung hinwies und den Wunsch nach solcher Ausführung aussprach. [...] Nun wurden die protestantischen Schulen zu Pflegestätten des neuen Dramas. Humanismus und religiöse Erziehung sind hier vereint. Der Traum des Humanismus vom neuen goldenen Zeitalter erstirbt im Zeitalter der Reformation, denn die religiösen Anliegen drängen die gelehrt poetischen zurück. Aber die protestantischen Schulmeister wirken doch in ihrem Lehramt als Humanisten, sie pflegen die lateinische Komödie, wie das schon die Hieronymianer in den Niederlanden im 15. Jahrhundert taten." (Adel 1960, 8; vgl. Wimmer 1982, 12.)
Der Jesuitenorden hatte mit seiner Entscheidung für die Schulen sozusagen auch das Theater geerbt. Und dieses Erbe trat er nicht nur im deutschsprachigen Raum an, sondern auch in den Ländern, wo er missionarisch tätig war. Auch in den Jesuitenschulen in der „Neuen Welt" wurde Theater gespielt. (Vgl. Vieira Mendes 1989, 46.) Obendrein steht außer Zweifel, dass die Jesuiten etwas mit diesem Erbe anzufangen wussten. „Es

[das Jesuitentheater; H.W.] hat nicht etwas völlig Neues geschaffen; es hat geschickt aufgenommen, was die Zeit an Lebenskräftigem, Brauchbarem zu bieten hatte: die Moralitäten, das Bibelspiel der evangelischen Schulen, das Bildungsstreben der Humanisten." (Adel 1960, 16)
Inhaltlich ging es im Jesuitentheater darum, die Heilsgeschichte und Glaubenswahrheiten im wahrsten Sinne des Wortes anschaulich zu vermitteln. „Mit den *allegorischen Spielen* wird die Idee der Moralitäten des 16. Jahrhunderts wieder aufgenommen: am exemplarischen Einzelfall wird ein allgemeingesetzmäßiges Verhalten oder ein ethisch-religiöses Postulat demonstriert." (Seidenfaden 1963, 88) Darüber hinaus war man auch bestrebt, Aufmerksamkeit und Sensibilität im Bereich heilsgeschichtlicher Dimensionen im Alltag der Menschen zu wecken. (Vgl. Wimmer 1982, 20.) Bei der Aufnahme des Mediums Theater ging es den Jesuiten – vereinfacht ausgedrückt – „um die indirekte oder direkte Demonstration und Legitimation einer gottbezogenen Welt und der darin handelnden gottbezogenen Menschen durch das Medium der Bühne. [...] Es [das Publikum; H.W.] wurde indirekt, aber um so intensiver dadurch angesprochen, daß man ihm den Brückenschlag von der eigenen Realität zur Realität der Bühne nahelegte." (Wimmer 1982, 18; 20) Das einheitliche Bemühen galt der *Tragoedia Christiana*. Daneben sollte den Schülern mit Hilfe des Theaterspielens auch ein gewandtes und selbstsicheres Auftreten anerzogen werden. Da die Aufführungen nahezu ausschließlich in lateinischer Sprache aufgeführt wurden, verbesserte dies zugleich die rhetorischen Fähigkeiten der Schüler in dieser Sprache. „Darüber hinaus konnten die Patres dem Landesfürsten, den Honoratioren und Verantwortlichen der Stadt und nicht zuletzt den Eltern der Schüler ein Bild von den Leistungen ihrer Zöglinge (und damit auch von denen des Ordens) plastisch vor Augen führen. Nicht zuletzt konnte die Societas Jesu mit Hilfe des Bühnenspiels ihre religiösen und moralischen Wertvorstellungen gleichermaßen an Schüler und Zuschauer herantragen, [...]" (Zwanowetz 1981, 9; vgl. Ehret 1921, 99.)
Da das Jesuitentheater ein Schultheater war, waren die Schauspieler Schüler. Und in der Regel waren fast alle Schüler an den Aufführungen beteiligt. Sie spielten meist ein Stück, das ihr Lehrer geschrieben hatte. Das Stück, das zur Aufführung anstand, war in das Gesamtkonzept des Unterrichts eingebaut. Zuerst wurde es philologisch und inhaltlich durchgenommen, und zwar in einer Art und Weise, die mit unserer Schullektüre vergleichbar ist. (Vgl. Wimmer 1982, 21.) „Als Spielleiter ('pater choragus') fungierte zumeist der jeweilige Rhetorik- oder Poetikprofessor, der auch das für die jeweilige Aufführung benötigte Drama selbst verfaßte oder Texte verwendete, die Ordensbrüder aus anderen Kollegien mitgebracht hatten. Die Vorlagen wurden allerdings häufig umgearbeitet und den jeweiligen Notwendigkeiten angepaßt. Zu den Aufgaben, die der 'pater choragus' zu erfüllen hatte, gehörte es auch, Kostüme und Requisiten zu beschaffen, für die Ausstattung der Bühne zu sorgen und Proben abzuhalten." (Zwanowetz 1981, 12f) Darüber hinaus war er

auch für die Gestaltung der Programmhefte verantwortlich. (Vgl. Zwanowetz 1981, 38.)
Im Bereich des Volksschauspiels waren lange, zum Teil zweitägige Aufführungen üblich gewesen. Dieser Gewohnheit widersetzten sich die Jesuiten; ihre Aufführungen dauerten im allgemeinen drei bis fünf Stunden. (Vgl. Ehret 1921, 103.)
In aller Regel gab es *Herbstspiele, (ludi autumnales)* in den Kollegien der Jesuiten. Diese *Herbstspiele* fanden jährlich anlässlich einer Preisverleihung (destributio praemiorum) an erfolgreiche Schüler der Schule statt. Eine zweite Gruppe von Aufführungen bildeten Festspiele zu Ehren höfischer Ereignisse, die ausdrücklich auf Wunsch des Landesfürsten in Szene gesetzt wurden. (Vgl. Zwanowetz 1981, 77.) Aus Innsbruck und Hall sind als einzige Aufführungen in deutscher Sprache die Weihnachtsspiele bekannt, die für die armen und nicht dem Adel angehörenden Personen aufgeführt wurden. (Vgl. Zwanowetz 1981, 11.)
Aus Freiburg im Breisgau ist bekannt, dass es dort ab 1644 jeweils zwei Aufführungen gab: eine für Frauen, die andere für Männer. „Die Patres lebten schon seit einigen Jahren mit den Freiburger Frauen auf Kriegsfuße, weil sie mit ihrem ganzen Gebaren und ihrem Geschwätz die Aufführung fortwährend störten und dadurch die Männer vom Besuch der Aufführung abhielten. Dagegen waren die Jesuiten auf Abhilfe bedacht. 1639 erhielten Frauen einen besonderen Eingang zugewiesen, der von zwei Patres bewacht war. In der Aula wurden sie von zwei anderen Patres in Empfang genommen und erhielten von diesen die Plätze, getrennt von den Männern, zugewiesen. Diese Überwachung geschah auch im folgenden Jahre; offenbar glaubte man dadurch ein Mittel zur Wiederherstellung der notwendigen Würde der Aufführung gefunden zu haben. Darin wurde man aber durch das Benehmen der Frauen im folgenden Jahre getäuscht." (Ehret 1921, 78) Von da an gab es eine Frauenaufführung. Damit aber kein zusätzlicher Unterrichtstag verloren ging, wurden die Frauen zur Kleiderprobe (sprich Generalprobe) zugelassen. Mit dieser Trennung waren wohl die Männer, aber längst nicht alle Frauen einverstanden. Eine nicht geringe Anzahl von Frauen wollte bei den Männeraufführungen dabei sein. Aber ihr Widerstand hatte keinen Erfolg. In Freiburg blieb es bei den getrennten Aufführungen. (Vgl. Ehret 1921, 79.)
Getrennte Aufführungen für Frauen und Männer sind auch aus Aachen bekannt, wie die Belege aus dem Jahr 1722 zeigen. Jedoch ist nicht mehr zu sagen, was der genaue Grund für diese Trennung war. Die Bestrebungen der Patres, eine würdige Atmosphäre für die Aufführungen zu schaffen, und ihre Forderungen nach Einhaltung bestimmter Sitten und Gebräuche geben einen Hinweis auf den Stellenwert der Aufführungen. Die Bühne wurde als Kanzel verstanden. Hier wurden Glaubenswahrheiten vermittelt, die mit Andacht aufgenommen werden sollten.
Da die Stücke in lateinischer Sprache aufgeführt wurden und der Text vielfach nicht verstanden wurde, lag der Hauptakzent auf der szenischen Darstellung, in

der immer wieder der Triumph der Kirche über die Gegner des katholischen Glaubens hervorgehoben wurde. Die aufgegriffenen Themen wurden sowohl der Bibel, der Kirchengeschichte, den Heiligen- und Märtyrerlegenden und später auch der antiken Geschichte entnommen und vielfach wurde mit allen Mitteln versucht, die Mythologie in die Heilsgeschichte und christliche Theologie zu integrieren. (Vgl. Brisson 1996, 207.)
Auffallend ist, dass der Orden bei den Aufführungen an der lateinischen Sprache festgehalten hat. Die bereits erwähnten Programmhefte bieten mit ihren deutschen Inhaltsparaphrasen einen gewissen Überblick über den Rahmen des Stücks. Viele Bibelzitate schmückten diese Szenenbeschreibungen aus. (Vgl. Ehret 1921, 91.) Dass der Orden beim Lateinischen blieb, ist insofern bemerkenswert, als er sich bei seinen Missionen in Indien und China, aber auch in Südamerika die Sprachen und Sitten der Menschen in diesen Ländern zu Eigen machte. Im 17. Jahrhundert übersetzten Jesuiten die „Summa theologica" des Thomas von Aquin ins Chinesische, doch im deutschsprachigen Raum konnten sie sich nicht durchringen, die Theaterstücke in den Kollegien in deutscher Sprache aufzuführen. Wimmer bietet den Versuch einer Erklärung auf dieses Phänomen: „[...] man sah im 16. wie im 17. Jahrhundert auf katholischer Seite ganz und auf lutherisch-reformierter zu einem erheblichen Teil das Lateinische als Medium speziell wissenschaftlicher und in weiterem Sinn rhetorischer Daseinsbewältigung an, man verstand nicht nur bei den Jesuiten Erziehung als partiell deckungsgleich mit Latinisierung, man glaubte speziell auf jesuitischer Seite an Latein als einen wesentlichen christlich einigenden Zukunftsfaktor, womit sich die Abscheu von dem bisweilen programmatisch volkssprachlichen Partikularismus der Häretiker verband, man behielt später teils selbstverständlich, teils bildungspolitisch bewußt die humanistische Schultradition bei." (Wimmer 1982, 22)
Neben dem Jesuitentheater entwickelte sich die verwandte Form der volkssprachlichen Katechismusspiele, die in Kirchen vor allem vor Mädchen aufgeführt wurden. Später entwickelten sich die Aufführungen immer mehr zu Darbietungen vor größerem Publikum. Sowohl für das Jesuitentheater, aber besonders für die Katechismusspiele gilt, dass die Aufführungen nicht nur der Verehrung und dem Lobpreis Gottes dienten, sondern in besonderer Weise auch unterweisenden und erzieherischen Charakter hatten. Sie waren die Bühne für Volksmission und Glaubenskampf.
Über Spanien kam die Tradition des religiösen Theaters in die eroberten Gebiete der „Neuen Welt" und sie entwickelte sich dort eigenständig weiter. Was jedoch übernommen wurde, war das Bestreben, den katholischen Glauben durch das Medium des Theaters dem Volk darzustellen. Auch für Sor Juana war die Bühne die Kanzel und sie nutzte sie, um in allegorischer Darstellung ihren Glauben und ihre Überzeugungen anderen Menschen im wahrsten Sinne des Wortes vor Augen zu führen: Die Bühne war ihre Kanzel und die *Fronleichnamsspiele* ihr Glaubensbekenntnis. Sor Juana verfasste ihre

Fronleichnamsspiele in Spanisch und hin und wieder baute sie auch die Sprache der Indios ein. Sie wollte nicht nur, dass die Augen hören, (Vgl. *Nr. 211*, Méndez Plancarte 1951, Bd. I, 313-315.), sondern sich auch mit Worten in einer allen verständlichen Sprache ausdrücken. Von der besonderen Form des *Fronleichnamsspiels (auto sacramental)* soll in den folgenden Gliederungspunkten die Rede sein. Dies nicht zuletzt auch deswegen, weil Sor Juana auch Fronleichnamsspiele verfasste, die zu den schönsten zählen, die in dieser Gattung entstanden sind.

5.5 Die drei Fronleichnamsspiele der Sor Juana – Symbolisches Theater und die Fragen nach Freiheit und Gnade, Transzendenz und Immanenz

Zur Zeit Sor Juanas waren vor allem zwei Themenstellungen für das religiöse Theater zentral: die *autos virginales* oder *marianos* (Theaterstücke über Maria, die Mutter Gottes) und die *autos sacramentales*, die zum Fronleichnamsfest geschrieben und aufgeführt wurden. Mit der zunehmenden Bedeutung der Eucharistie gewannen auch die Aufführungen an Fronleichnam ein größeres Gewicht. In jeder größeren Stadt gab es am Fronleichnamsfest eine Aufführung. Die Sitte, Fronleichnam mit Theateraufführungen zu begehen, kam mit der Conquista nach Neuspanien und so verwundert es nicht, dass auch Sor Juana, die ja eine bekannte Dichterin und zudem auch Ordensfrau war, gefragt wurde, Stücke für dieses Fest zu schreiben. Neben den *autos sacramentales* hat Sor Juana noch verschiedene *loas* zu religiösen Themen geschrieben. Diese sind entweder den *autos sacramentales* als eine Art Prolog vorangestellt oder sie stehen völlig unabhängig und behandeln eigene Themen, wie die *loa de la Concepción* (Zu Mariä Empfängnis) (Méndez Plancarte 1955, Bd. III, *Nr. 373*, 259-279).[206] „Die *loas* nehmen eine Sonderstellung in Sor Juanas Werk ein; sie entsprechen in der weltlichen Dichtung dem, was die *villancicos* in der geistlichen bedeuteten. Ursprünglich waren die *loas* ein Monolog, der von einem Schauspieler als Prolog zum Theaterstück rezitiert

---

[206] Sor Juana schrieb zwei *loas* für ihre Komödien und drei *loas sacramentales*. Daneben findet sich eine zu Mariä Empfängnis, fünf zu verschiedenen Geburtstagen Karls II. Daneben noch zu einem Geburtstag des Marqués de la Laguna; einem Fest, das die Condesa de Paredes veranstaltete; zum Geburtstag von José de la Cerda, dem Sohn der Vizekönige; für die Condesa de Galve und für Fray Diego Velásquez de la Cadena, Bruder ihres Paten beim Ordenseintritt. Sor Juana hat in den Jahren von 1675 bis 1690 dreizehn dieser kleinen Theaterstücke geschrieben. „Sie kreisen alle um einen Gedanken oder ein allegorisches Ereignis: die Musik und die Noten, die Gestirne und das menschliche Geschick, die Jahreszeiten und die Elemente, den Wettstreit zwischen Bellona und Venus oder zwischen Flora und Pomoa usw. Jede Episode und jeder Vorfall wurde eingeleitet oder gekrönt durch Tänze und Gesänge." (Paz 1991, 494)

wurde und in dem, wie der Name sagt, das Publikum oder die Stadt, wo die Aufführung stattfand, gerühmt wurde. Bald wurde der Prolog zum Dialog und die *loas* entwickelten sich zu kleinen Theaterstücken mit Themen, die sich für Allegorien wie die der Freundschaft, der Liebe, der Monarchie, der Farben, der Literatur oder der Wochentage eigneten. Im 17. Jahrhundert kamen die *loas* außer Gebrauch, wurden aber als Prologe für die *autos sacramentales* und die Darstellungen vor den Königen beibehalten." (Paz 1991, 493f)
Sor Juana hat drei feierliche *autos sacramentales* geschrieben, jedes von einer *loa* eingeleitet:
1. *El divino Narciso (Der göttliche Narziss)*, mit der entsprechenden *loa* für *El divino Narciso*,
2. *El mártir del Sacramento (San Hermenegildo) (Der Märtyrer des Sakramentes [St. Hermenegildo])* mit der *loa* für *El mártir del Sacramento* und
3. *El cetro de José (Josephs Zepter)* mit der *loa* für *El cetro de José*.

El divino Narciso ist das erste *auto sacramental* von Sor Juana und stammt aus dem Jahre 1688 oder geringfügig früher. Sicher ist, dass die Condesa de Paredes es mit nach Madrid nahm und dort wurde es wahrscheinlich zu Fronleichnam 1689 oder 1690 aufgeführt. Madrid wird auch am Ende der *loa* erwähnt: „[...] que es de la Fe el Centro, y la Regia Silla de sus Católicos Reyes, [...]"[207], (Méndez Plancarte 1955, Bd. III, 19) „Whether the play was ever produced in Madrid is doubtful, but this does not affect its meaning or value. This auto provides the longest and the most complete poetic exposition [...]" (Tavard 1992, 105; vgl. Paz 1991, 505.) Das *auto sacramental El divino Narciso* gehört zum Schönsten, was die spanische Literatur in dieser Gattung zu bieten hat.[208]
Auch das *auto sacramental El mártir del Sacramento (San Hermenegildo)* war für eine Aufführung in Spanien bestimmt; eine Begrüßung der beiden Königinnen „sus bellísimas Damas", „a nuestra Reina" María Luisa von Bourbon und „y al Austriaco Tronco excelso de nuestra gran Reina Madere" Mariana von Österreich am Schluss der *loa* weisen darauf hin. Über das Abfassungsdatum dieses *auto sacramental* lassen sich keine gesicherten Aussagen machen. Paz datiert es in den Zeitraum der Jahre 1680 bis 1688.

---

[207] „[...], welches das Zentrum des Glaubens ist und Sitz seiner katholischen Könige, [...]"
[208] „*El Divino Narciso*, por tales modes, se nos encumbra como el 'logrado y bello de todos los 'Autos Mitológicos', sin excepción." (Méndez Plancarte 1955, Bd. III, LXXV) Und auch Karl Vossler ist der Meinung, dass das Fronleichnamsspiel '*El divino Narciso*' zu den schönsten seiner Gattung in der spanischen Literatur zählt. „Ihr „Divino Narciso" gehört zum Schönsten, was die spanische Literatur in der Gattung der Fronleichnamsspiele aufzuweisen hat, [...]" (Vossler 1934, 25)

Über *El cetro de José* sind die Auskünfte spärlich, aber es wird davon ausgegangen, dass es aus derselben Zeit stammt wie die beiden anderen *Fronleichnamsspiele*.
Ein Punkt ist im Zusammenhang mit den *autos sacramentales* von Sor Juana auffallend: Es gibt keine gesicherten Hinweise über Aufführungen in Neuspanien. Dieses Faktum hat zu manchen Spekulationen verleitet. Es wird (z.B. von Paz) angenommen, dass dies ein Hinweis auf bestehende und sich anbahnende Konflikte ist. „Während jener Jahre, zwischen 1690 und 1693, verblaßte Sor Juanas Stern, und es wäre nicht ausgeschlossen, daß man Aguiar y Seijas nicht mit der Aufführung eines ihrer Werke im Atrium der Kathedrale reizen wollte." (Paz 1991, 506) Ich halte diese Argumentation von Paz aus mehreren Gründen für Spekulation:
1. Die Fronleichnamsspiele sind alle in den Jahren vor 1690 geschrieben worden und es ist nicht erklärlich, warum diese Auftragsarbeiten nur von Sor Juanas Seite aus erfüllt worden sein sollten und nicht auch vom Auftraggeber aus.
2. Wie auch einige ihrer *villancicos* in Städten wie Oaxaca zur Aufführung kamen und nicht in Mexiko, ist dies durchaus auch bei den *autos sacramentales* möglich.
3. Die Aussagen von Paz sind nicht belegbar. Dafür wäre noch die Sichtung von Quellen in verschiedenen Archiven in Spanien und in Mexiko von Nöten. Vor diesem Hintergrund scheint mir seine Position nur auf Vermutungen zu basieren, die aber in sein Gesamtbild der letzten Lebensjahre von Sor Juana passen. Paz zeichnet hier, wie an anderen Stellen in seinem Werk auch, Sor Juana als eine Frau, die zunehmend von Kirchenvertretern in die Enge getrieben wird und letztlich zu Fall kommt. Dies belegt unter anderem ein Kapitel in seinem Buch *Sor Juana Inés de la Cruz oder die Fallstricke des Glaubens*, das den Titel „Die Einkreisung" trägt. (Vgl. Paz 1991, 631-648.)
Paz muss zu diesen Positionen kommen und sie vertreten, denn wie soll er sonst das Schweigen Sor Juanas erklären? In seiner Logik kann das Schweigen nur als ein Verstummen gesehen werden. Paz nimmt das Schweigen Sor Juanas als den Beweis für die Durchsetzung klerikaler Macht und damit macht er aus ihr ein stummes Opfer. Dieser Position halte ich entgegen, dass das Schweigen sowie das Sprechen konstitutive Größen im Leben und Werk Sor Juanas sind und dass sich in ihnen die religiöse Macht des Unerhörten zu erkennen gibt. Dies soll in den folgenden Kapiteln bewiesen werden.

5.5.1 Der Prolog für *El divino Narciso*. Von der Achtung des Vorfindbaren und der überzeugenden Kraft der Religion

Die Einleitung (loa) für *El divino Narciso* ist durch ihre Konzeption und durch ihren Inhalt schon ein kleines *auto sacramental*. Darüber hinaus ist der Inhalt dieser *loa* dem des *auto sacramental El cetro de José* sehr ähnlich. Die *loa* thematisiert ein Ritual der Indios für ihren Gott Huitzilopochtli, das die Azteken alljährlich zu einem festen Datum begingen. Bezüglich der Form und des Inhaltes gilt diese *loa* als eines der ersten Beispiele des „teatro mestizo." (Gutiérrez Vega 1982, 290) In dieser *loa* fehlt jede Spur des Paternalismus oder bezüglich der alten Religion und Kultur verdammende Tendenzen und Intentionen. Sor Juana nimmt das alte Ritual zum Rahmen der Darstellung ihres Glaubens, der sich auch als befreiende und lebensspende Kraft für die Indios zu erkennen gibt. In dem der *loa* zugrunde liegenden Ritual wurde aus Körnern und Samen und dem Blut von Menschen ein Teig erstellt, aus dem die Priester eine Figur des Huitzilopochtli machten. Diese Figur wurde aufgestellt, mit Pfeilen beschossen, um dann anschließend die Stücke unter den TeilnehmerInnen des Rituals zu verteilen. Die Figur galt als Stellvertreter Huitzilopochtlis und man glaubte von ihm sowie auch von den anderen Göttern, dass sie im Laufe des Jahres im Kreislauf der Natur allmählich alt und schwach würden und getötet werden müssten, um zu neuem Leben zu erstehen. (Vgl. Lanczkowski 1984; 1989 und Hassler 1992.)

In der *loa* treten folgende Charaktere auf: *Músicos*, die in zwei Chören singen, dann ein Paar, das West-Indien repräsentiert: *Occidente* (der Mann) und *América* (die Frau). Daneben gibt es noch ein Paar, das Spanien repräsentiert: *Celo*, der die Militärmacht der Conquistatoren darstellt, und die *Religión* (als weitere Frau in diesem Prolog). Der Auftritt der *Religión* in der allegorischen Darstellung einer Frau belegt im Rahmen des Bühnenstückes den Zusammenhang von Sprache und Religion. Die Religion braucht die Bühne der Dichtung, um ihre Bedeutung zu zeigen. Im Spiegel der Allegorien werden die befreienden Potenziale der Religion im wahrsten Sinn des Wortes den ZuschauerInnen vor Augen geführt. Theologische Positionen werden in der Sprache der Dichtung und in Bildern des Theaters zugänglich gemacht. Religion erweist sich als eine Größe, die für das Leben von Menschen eine Bedeutung hat und die Menschen zu sich selbst, zu ihrer Sprache und zu ihrer Menschwerdung führt. Dieser Zusammenhang gilt für alle Fronleichnamsspiele von Sor Juana, in denen die Religion, Christus und die Sakramente in allegorischer Form ihre lebensgeschichtliche Bedeutung für das Subjekt zur Sprache bringen.

Occidente und *América* repräsentieren die eroberten Völker und damit auch ihre Religionen. In dieser *loa* wird, wie bereits angesprochen, auf ein Ritual zu Ehren des Gottes Huitzilopochtli zurückgegriffen. In der Aufführung tanzen *Occidente* und *América* den *toctoín* (einen volkstümlichen Tanz) und drücken damit ihre Verehrung für den Gott Huitzilopochtli aus.[209]

---

[209] „Tocotín nannte man aber auch die in Náhuatl geschriebene oder mit aztekischen Ausdrücken geschmückte *letra*. Die Tradition des *tocotín* – möglicherweise ein indianischer Tanz – begann mit den ersten Bekehrungsdramen der Missionare." (Paz 1991, 468) Im

Religion ist die allegorische Darstellung des Christentums und *Celo* repräsentiert die politische und militärische Macht, die am liebsten allen heidnischen Bräuchen mit Gewalt ein Ende setzen möchte. Diesem Vorhaben widersetzt sich die *Religión*. Sie vertritt die Auffassung, dass bereits in allen Religionen und Ritualen ein Funke des christlichen Gottes vorhanden ist. Von daher verfolgt sie nicht das Projekt der Vernichtung, sondern eines des Verstehens, der Kommunikation und der Überzeugung. Diesem Vorhaben ist die *loa* für *El divino Narciso* verpflichtet. Die Absicht, die mit dem anschließenden *auto sacramental El divino Narciso* verbunden wird, wird schon zu Beginn des Prologs von Sor Juana verdeutlicht. Noch während *Occidente* und *América* tanzen, formuliert *Religión*, wie sie die beiden überzeugen will, dass sie den Glauben an Jesus Christus annehmen. Als die beiden nach dem Tod Christi fragen, beschreibt Sor Juana das Vorhaben folgendermaßen:

„Pues vamos. Que en una idea
metafórica, vestida
de retóricos colores,
representable a tu vista,
te la mostraré; que ya
conozco que tú te inclinas
a objetos visibles, más
que a lo que la Fe te avisa
por el oído; y así,
es preciso que te sirvas
de los ojos, para que
por ellos la Fe recibas."[210] (Méndez Plancarte 1955, Bd. III, 17f)

Werk von Sor Juana findet sich immer wieder ein *tocotín*, so z.B. in der *Nr. 224*; *Nr. 241*; *Nr. 258*. (Vgl. Méndez Plancarte 1951, Bd. I, 17; 41f; 72f.)

[210] „Lasst uns gehen. In der Idee
der Metapher, gekleidet
in den Farben der Rethorik,
sichtbar für eure Augen.
Ich will euch zeigen, denn ich
weiß, dass ihr zum Sichtbaren
mehr neigt, als auf das,
was der Glaube lehrt
im Zuhören, und so
ist es wichtig, dass ihr eure
Augen benutzt, um durch sie
den Glauben zu empfangen."

Die *loa* und auch das *auto sacramental* wollen die Geheimnisse des Glaubens verkünden, indem sie zum Sehen einladen. In ihnen spricht die Religion in Bühnenbildern.
Religión verteidigt und begründet ihr Vorgehen mit Paulus, (vgl. Méndez Plancarte 1955, Bd. III, 13f) der die Athener den unbekannten Gott lehrt, dem sie schon einen Altar errichtet haben. Der wahre Gott wird schon von ihnen verehrt, auch wenn er ihnen noch unbekannt ist. Dies ist die Position Sor Juanas und sie kann sich dabei neben Paulus auch auf Augustinus berufen, der eine vergleichbare Position vertreten hat. (Vgl. Checa, 1990 197-217.)
Religión tritt dann auf die Bühne und spricht mit *América* und *Occidente* über ihren Gott. In diesem Gespräch sagt *América*, dass sie ihren Gott berühren will:
„ [...] tocar de mis manos mismas,
como el Ídolo que aquí
mis propias manos fabrican
de semillas y de sangre
inocente, [...]"[211] (Méndez Plancarte 1955, Bd. III, 15)

Und Stücke dieser Figuren wurden im Rahmen eines Rituals von den Azteken zu sich genommen.
Der Ritus des so genannten „Gott-Essens" (teoqualo) hat seine Grundlage darin, dass die Azteken glaubten, die Kräfte eines Gottes zu erlangen, wenn sie das mit Teig vermengte Blut eines Geopferten aßen, der zuvor eine Zeitlang einen ihrer Götter verkörpert hatte. „Dieser Ritus des *teoqualo* wurde anscheinend durch die Verehrung des kriegerischen Stammesgottes der Azteken, Huitzilopochtli erheblich gefördert. Ein aztekischer Gewährsmann schildert den Vollzug des *teoqualo* im Dienste Huitzilopochtlis zur Zeit Motecuçomas II: 'Am Morgen wurde der Leib Huitzilopochtlis geopfert. Es tötete ihn der Priester Quetzalcoatl. Er tötete ihn mit einem Speer mit Feuersteinspitze, er steckte ihn ihm ins Herz hinein. Er wurde geopfert in Anwesenheit Motecuçomas und des Hauptpriesters des Huitzilopochtli, mit dem der Gott Huitzilopochtli sprach, vor dem er erschien, der ihm Opfergaben brachte – und in Anwesenheit von vier Führern der jungen Mannschaft. In Anwesenheit dieser aller starb Huitzilopochtli. Und nachdem er gestorben war, zerstückelten sie den mit seinem Blut aus Teig gebildeten Leib. Das Herz gehörte Motecuçoma. Und die anderen Teile wurden unter die Anwesenden verteilt.'" (Lanczkowski 1984, 100)

---

[211] „ [...], will ich mit meinen eigenen Händen berühren,
wie die Figur hier,
die meine Hände formen,
aus Saatgut und dem Blut von Unschuldigen, [...]"

Sor Juana findet in diesem Ritual eine Möglichkeit, sich auf die Kommunion zu beziehen. So spricht *Religión* von der Verwandlung der Gaben Brot und Wein während der Eucharistiefeier, die sich in Leib und Blut Christi verwandeln zur Erlösung der Welt. (Vgl. Méndez Plancarte 1955, Bd. III, 16.) Es ist der geopferte und auferstandene Gott, der wahre Kraft und Stärkung verleiht. Dieser Gott kann als Speise zu sich genommen werden und stärkt die Gläubigen. Dies geschieht in ähnlicher, aber umfassenderer Weise als im Ritual für Gott Huitzilopochtli. Dies verstehen *Occidente* und *América* nicht, es verwirrt sie vielmehr. Aus diesem Grund wählt *Religión* eine andere Sprache. „Religion urges them to listen carefully in order to discover the truth of what they see. [...] Sor Juana uses the *loa* to establish utterance over that of other kinds of stages action, and to draw out the coorelate importance of listening with discernment." (Ackermann 1987, 65f)

An den auftretenden Figuren wird der bereits als typisch für das Barock charakterisierte allegorische Umgang mit Menschen und Dingen deutlich. In der allegorischen Verwendung kommt die personale Repräsentanz von etwas Transpersonalem zum Ausdruck. Im Umgang mit der Allegorie wird es so auch möglich, dass die *Religión* personal auf der Bühne agiert und den IndianerInnen eine bessere Speise verspricht, als sie in ihrem Ritual für Huitzilopochtli zu sich nehmen können. Die Speise ihres Rituals erreicht den Wert der Eucharistie nicht, in der der wahre Gott für die Menschen stirbt und ihnen sein Fleisch zu essen und sein Blut zu trinken gibt. Im Verlauf der *loa* werden schließlich *Occidente* und *América* überzeugt und singen:

„¡Vamos, que ya mi agonía
quiere ver cómo es el Dios
que me han de dar en comida, [...]"[212] (Méndez Plancarte 1955, Bd. III, 21)

In dieser *loa* werden zwei zentrale Punkte von Sor Juana in der Sprache eines Bühnenstückes angesprochen und belegt: die Frage nach dem Subjekt und die Frage nach dem Heil. In der Art der Bearbeitung wird die Position Sor Juanas sehr deutlich: Die Zerstörung des Subjektes und die blanke Missachtung des Vorfindbaren bringen kein Heil, sondern das Gegenteil: Unterdrückung und Unfrieden. In der Rolle der *Religión* wird deutlich, dass diese eine eigene Sprache spricht. Religion erweist sich als eine, die zunächst schweigt und auf die Stimmen der anderen hört. Sie nimmt das Vorfindbare wahr und schenkt ihm Achtung. Sie nimmt die Subjekte und ihre Geschichte ernst und ist somit die Basis, auf der Subjekte sie selbst werden können. Diese Art von Religion hat Sinn und Bedeutung, weil sie für die Menschwerdung des Menschen steht. Die Religion ist schließlich diejenige, die mit und in der Sprache überzeugt.

---

[212] „Also, gehen wir, denn ich lechze zu erleben, wie der Gott ist, den man mir zu essen gibt, [...]"

„The spiritual importance of voice is established at once in the *loa* to *El divino Narciso.*" (Ackermann 1987, 64)
In der *loa* ist es die *Religion,* die *América* und *Occidente* argumentativ überzeugt. Ihre personale Rolle im Rahmen des Stückes zeigt, dass sie eine Bedeutung für die Subjekte hat. Damit sie aber diese Bedeutung erlangen kann, braucht sie die Sprache, und zwar eine eigene Sprache. Die Religion kommt in diesem Stück über die dichterische Sprache zu Wort. Es ist hier die dichterische Sprache, die die Menschen erreicht und die ihnen offenbart, wofür die Religion steht und was Subjektwerdung, Menschwerdung bedeutet. Sor Juana liefert den Beweis dafür, dass die Religion der Dichtung, der Literatur bedarf, um sich in einer Art und Weise ins Wort zu bringen, die die Menschen nicht nur hören, sondern auch verstehen.

5.5.2 Das Fronleichnamsspiel *El divino Narciso*. Von der Gnade und der Macht der Sprache des Subjektes wider das Echo und die Selbstbespiegelung

El divino Narciso wurde geschrieben, um in Madrid beim Fronleichnamsfest aufgeführt zu werden. Die Condesa de Paredes hatte um dieses Werk gebeten. Darauf weist zumindest ein Hinweis im Titel zur ersten gedruckten Ausgabe hin. (Vgl. Tavard 1992, 105.) In ihrem *auto sacramental El divino Narciso* greift Sor Juana den Mythos des Narziss aus den Metamorphosen des Ovid auf. Damit steckt sie zugleich auch den Rahmen ihres Stückes ab. Narziss ist unfähig, die ihm entgegenbrachte Liebe zu erwidern, und er geht daran zugrunde. Christus, der *göttliche Narziss* bei Sor Juana, hingegen sucht das geliebte Ebenbild. Er sucht die Liebe. Er wird sein Leben für die Liebe lassen, doch die Liebenden werden nicht getrennt, sondern durch das Sakrament der Eucharistie vereint bleiben für immerdar.

Sor Juana behandelt in dem Fronleichnamsspiel *El divino Narciso* die ganze Heilsgeschichte. Der mit der Erbsünde behaftete Mensch, die *Naturaleza Humana,* sehnt sich nach der verloren gegangenen Verbundenheit mit Gott. Sie sehnt sich nach dem *göttlichen Narziss,* dessen ebenbildliche Züge sie noch immer trägt: „[...] el estar en mí Su imagen, [...]"[213] (Méndez Plancarte 1955, Bd. III, 30) *Naturaleza Humana* bedauert es, dass die „aguas turbias a mi culpa"[214] (Méndez Plancarte 1955, Bd. III, 31) das Bild entstellen und sie den *göttlichen Narziss* nicht mehr erkennen kann. Ihre vergangenen Sünden haben dazu geführt, dass ihr der Zugang und die Liebe des *göttlichen Narziss* verloren gingen. (Vgl. Méndez Plancarte 1955, Bd. III, 31.) Getrieben von der Sehnsucht macht sich *Naturaleza Humana* auf, das klare und heilsame Wasser

---

[213] „[...] in mir trage ich deine Züge, [...]"
[214] „trüben Wasser meiner Schuld"

(„aguas salobres") (Méndez Plancarte 1955, Bd. III, 31.) zu suchen. (Vgl. Benassy-Berling 1983, 387.) Währenddessen wandelt sich die scheinbar hoffnungslose Situation ins Positive: Das göttliche Kind („aquel Niño hermoso y bello") (Méndez Plancarte 1955, Bd. III, 49) wird geboren. Die Blume („la Flor bella") (Méndez Plancarte 1955, Bd. III, 49) blüht auf, von der die Propheten sprachen. Das Kind, das der Erlöser für die *Naturaleza Humana* wird, ist geboren. Dieser Geburt ist es zu verdanken, dass die Gnade wirken kann. Die *Gnade* („dulce Sirena") (Méndez Plancarte 1955, Bd. III, 51) verheißt Zukunft. Sie spricht die Sprache des Heils. Und es ist die *Gnade*, die die *menschliche Natur* zur klaren Quelle im Wald führt. In dieser klaren Quelle kann sich die *menschliche Natur* spiegeln. Diese Quelle ist nicht trüb und verdunkelt. In dieser Quelle schaut die *menschliche Natur* ihr wahres Gesicht. In dieser Quelle erkennt sie Züge ihres Ursprungs und ihrer Berufung. Diese Quelle ist die Allegorie für die Jungfrau Maria, jene Frau, die ohne Erbsünde war:

„¡Oh, siempre cristalina,
clara y hermosa Fuente:
tente, tente;
reparen mi rüina
tus ondas presurosas,
claras, limpias, vivíficas, lustrosas!"[215] (Méndez Plancarte 1955, Bd. III, 55)

Und dieser Quelle naht sich auch der *göttliche Narziss*. Er befindet sich auf der Suche nach dem verlorenen Schaf. Er kommt zur Quelle, beugt sich darüber und schaut in das von der Gnade gereinigte Ebenbild der *menschlichen Natur* und erblickt in ihr seine eigene Schönheit. Sogleich verliebt sich der *göttliche Narziss* in die *Naturaleza Humana*. Diese Liebe ist der Grund für die unbändige Eifersucht und Wut von *Echo*, die dem *göttlichen Narziss* bei seiner Suche nach dem Schaf gefolgt war. *Echo* ist voller Zorn und grollt. An dieser Stelle folgt im Stück ein langer Dialog zwischen *Echo* und dem *göttlichen Narziss*. (Vgl. Méndez Plancarte 1955, Bd. III, 63; 75.)

Der *göttliche Narziss* ist verliebt, aber diese Liebe ist ihm Qual, „weil die Naturaleza Humana nur in der Quelle Maria durch die Gnade in ihrer reinen Schönheit wiederhergestellt ist. So ist für Narciso-Christus-Gott noch keine reale Vereinigung möglich, denn die Kränkung des unendlichen Gottes, die nur

---

[215] „Oh, kristallklare Quelle,
allzeit schön und rein,
halt ein, halt ein,
dass mein Schimpf auf der Stelle
heile in deinen guten
lebendig lautren, glitzernd klaren Fluten."
(Vossler, Karl)

unendlich gesühnt werden kann, besteht fort." (Lorenz 1979, 291) Der Schmerz des *divino Narciso* wächst ins schier Unerträgliche. Er wird aus Liebe zur *menschlichen Natur* sterben: „ [...] amor Me ha de matar, [...]". (Méndez Plancarte 1955, Bd. III, 70) Der *göttliche Narziss* stirbt an der Liebe. (Vgl. Méndez Plancarte 1955, Bd. III, 78.) Aber der Tod bedeutet nicht den Endpunkt dieser Liebe. Der *göttliche Narziss* wird auferstehen und sich der *menschlichen Natur* offenbaren. Durch den Tod und die Auferstehung des *göttlichen Narziss* werden alle Sünden überwunden und die Liebe hat eine dauerhafte Basis. Doch noch sinnt *Echo* auf Rache. Sie will das Paar auseinanderbringen, denn noch kann die erlöste *menschliche Natur* erneut in Sünde fallen. Durch die Sünde kann sie abermals vom *göttlichen Narziss* getrennt werden. Damit dies aber auf keinen Fall eintreten kann, setzt der *göttliche Narziss* dagegen ein Mittel ein: die Sakramente. Sor Juana nennt das Bußsakrament, aber vor allem die Eucharistie. Der erstandene *göttliche Narziss* zeigt sich in der „weißen Blume" („la blanca Flor") (Méndez Plancarte 1955, Bd. III, 94). „Das Bußsakrament wird genannt, und dann gibt die weiße Blume des widererstandenen Narziß schönste Gelegenheit zur Apotheose der Hostie, der Eucharistie." (Lorenz 1979, 292)
Am Ende des *auto sacramental* spricht der *göttliche Narziss* die Einsetzungsworte:
„Éste es Mi Cuerpo y Mi Sangre
que entregué a tantos martirios
por vosotros. En memoria
de Mi Muerte, repetidlo."[216] (Méndez Plancarte 1955, Bd. III, 95)

Gnade beschließt das Fronleichnamsspiel, indem sie den Hymnus „Pange lingua glorioso" von Thomas von Aquin anstimmt.
Sor Juana verbindet in diesem *auto sacramental* bewusst antik-humanistische Elemente mit der christlichen Tradition.[217] Sie greift heterogene Quellen auf,

---

[216] „Dies ist mein Körper und mein Blut,
dass ich in vielen Martyrien übergeben habe.
Für euch Zur Erinnerung
an meinen Tod, wiederholt dies."
[217] Mit der allegorischen Interpretation von antiken Mythen bewegt sich Sor Juana im Rahmen ihrer Zeit. Einer Zeit, in der, zum Teil mit allen Mitteln versucht wurde, die Mythologie in die Heilsgeschichte und die christliche Theologie sprachlich zu integrieren. Diese Interpretationsversuche stießen vor allem seit Beginn des 17. Jahrhunderts bei Protestanten auf Misstrauen. Eine nicht buchstabengetreue Auslegung schien ihnen suspekt. Und schon Luther verurteilte das allegorische Verfahren. „Die Allegorie ist nämlich eine gar wohlgestaltete Hure, welche die Männer derart lockt, daß sie ihr kaum widerstehen können, vor allem die Müßiggänger und Unerfahrenen. Diese fühlen sich immer mitten im Paradies und in Gottes Schoß, wenn sie sich solchen Spekulationen überlassen. Anfangs wurde sie von albernen und faulen Mönchen betrieben, und schließlich breitete sie sich so sehr aus,

formt und verbindet sie überlegt miteinander. Dabei dient die Kombination von Elementen aus der christlichen Tradition mit Stücken aus der antiken Mythologie dem Ziel, die profane Dimension des Glaubens darzulegen und überzeugend zu erläutern. So vereint das *auto sacramental El divino Narciso* mehrere Stile miteinander, ohne dass sie einander stören. Im Gegenteil, sie sind Ausdruck eines kreativen Umgangs mit Sprache und Inhalten. Diese Mischung der Stile erinnert an eine Collage, die verschiedene Materialien miteinander zu einem neuen Bild gestaltet. An dieser Stelle ist auf die Ausgabe von Méndez Plancarte hinzuweisen, der in seinem Anhang zum Fronleichnamsspiel eine Vielzahl von Texten identifiziert, die Sor Juana in ihrem Text verwoben hat. (Vgl. Méndez Plancarte 1955, Bd. III, 517ff.) Und Stephanie Merrim schreibt: „The seemingly organic surface of *El divino Narciso* in reality encloses a plethora of quotations, from the Old and New Testaments, from divine und profane letters here woven together to serve the Eucharistic drama." (Merrim 1987, 113) Und Jane E. Ackermann betont in diesem Zusammenhang: „Her doctrinal intent in *El divino Narciso* is to use scriptural and secular text to demonstrate the power of Christ's bodily presence in history." (Ackermann 1987, 64) Im Text finden wir die Begründung für die

---

daß sogar Ovids Metamorphosen allegorisch ausgelegt wurden. Aus Maria machte man einen Lorbeerbaum, aus Apoll Christus. So absurd dergleichen auch ist, unerfahrene Jünglinge mit literarischen Neigungen zieht es dermaßen an, daß sie sich solchen Deutungen bis zur Völlerei überlassen. Deswegen hasse ich Allegorien. Will einer trotzdem nicht auf sie verzichten, so möge er zusehen, daß er sie mit Vorbedacht nutze." (zit. n. Brisson 1996, 200f)
Der Buchdruck verschafft den Arbeiten, die sich mit Allegorien befassen, eine bislang nicht gekannte Verbreitung. Ausgaben zu Ovids Metamorphosen überfluten förmlich Europa. (Vgl. Brisson 1996, 184.) Hierbei ist jedoch anzumerken, dass hauptsächlich mittelalterliche Kommentare überliefert werden. „Im Grunde hat das Mittelalter die Möglichkeit einer allegorischen Interpretation von Ovids *Metamorphosen* 'erfunden'." (Brisson 1996, 195) Ein weiteres Thema faszinierte die Gelehrten jener Tage: Ägypten. Und auch Sor Juana ist davon nicht unbeeindruckt geblieben, wie z.B. der *Primero Sueño* belegt. Im Kontext der Faszination hat die Entdeckung der *Hieroglyphica* durch Christoforo de Buondelmonti aus dem Jahre 1419 eine besondere Wirkung gehabt. „Das Werk soll ursprünglich von einem Priester namens Horapollon in ägyptischer Sprache verfaßt und später von einem gewissen Philippos ins Griechische übertragen worden sein. An 189 Beispielen veranschaulichen die *Hieroglyphica* Ähnlichkeiten zwischen heidnischer und christlicher Interpretation der Kreaturen: Ein Schwein symbolisiert einen verderbenbringenden, ein Wiesel einen geschickten Menschen. Ein Schwan einen alternden Musikanten usw. Dieses kuriose Symbollexikon erschien 1505 auf Griechisch und wurde insgesamt mindestens dreißigmal auf Lateinisch, Französisch, Italienisch und Deutsch aufgelegt. Die von diesem Werk ausgelöste Ägyptenmode wurde durch die Entdeckung einer mit Hieroglyphen verzierten und mit Silberfiguren geschmückten Bronzetafel noch verstärkt, die sich im Besitz des Kardinals Pietro Bembo befand." (Brisson 1996, 190) Diese Entdeckungen und Werke haben das Interesse an Allegorien und Symbolen weiter entfacht und zogen ihrerseits neue Auseinandersetzungen und Publikationen zum Thema nach sich.

Wahl der Literatur, die sie auch in der *Antwort an Sor Philothea* gebraucht: Religiöse und profane Literatur dienen beide dem besseren Verständnis von Gott, beide sind ein Schlüssel zu ihm. (Vgl. Méndez Plancarte 1955, Bd. III, 26.)
Sor Juana macht in der Art ihrer Komposition zum einen ihren theologischen Standpunkt deutlich. Zum anderen zeigt sich darin ihr barocker Kontext. Um Gott zu verstehen, ist es notwendig, eine Ahnung von der Welt zu haben. Die Welt verweist auf Gott und Gott verweist auf die Welt, die den Raum und Rahmen seiner Offenbarung bildet. In ihrem Aufbau dieses Fronleichnamsspiels wird der Gedanke der Gesamtschau und des Gesamtkunstwerkes aufgegriffen und verwirklicht.[218]

In dem *auto sacramental El divino Narciso* wird die Fabel des Ovid (Vgl. Holzberg 1996, 105-113.) zu einer Allegorie des Leidens Christi und der Einsetzung der Eucharistie verarbeitet. Sor Juana benutzt den Mythos als Allegorie, um ihre theologischen Standpunkte zu verdeutlichen und zu vertreten. Der *göttliche Narziss* liebt ein Gegenüber, ein Du, und diese Liebe ist es, die Unglück, Trauer und Tod überwindet. In dem *auto sacramental* von Sor Juana wird Narziss zum Erlöser der Menschen, zu einer Allegorie für Christus, den Erlöser der Welt. Der Narziss bei Ovid ist der Unerlöste. Er ist derjenige, der nur sich selbst lieben kann und letztlich auch an dieser übersteigerten Selbstliebe und Fixierung auf die eigene Person zugrunde geht. Die übersteigerte Selbstliebe ist bei Ovid eine Strafe der Götter und sie führt in den Tod. Diese Tatsache bedeutet in Bezug auf das Subjekt, dass es seine Erlösung nicht in einer bloßen Fixierung auf sich selbst finden kann. Diese Fixierung führt in den Untergang. Das Subjekt bedarf eines Gegenübers, um sich selbst zu erkennen und die eigene Stimme zu vernehmen. Erst in der Begegnung mit dem/der anderen zeigt sich, wer man wirklich ist. In dem Zusammentreffen mit dem/der anderen kündigt sich an, zu was man in der Lage ist, wer man werden kann. In diesem Erkennen liegt der unendliche Prozess des Zu-sich-selbst-Kommens, der Menschwerdung. Bei Sor Juana erkennen sich sowohl der *göttliche Narziss* wie die *menschliche Natur* als Ebenbilder. Sie erfahren, wer sie sind, aus der Begegnung mit dem Gegenüber. In dieser Begegnung finden Gott und Mensch zusammen, werden sie zu dem, was sie sein sollen: wahrer Mensch und wahrer Gott.

---

[218] An dieser Stelle ist auf ein Drama von Calderón mit dem Titel *Eco y Narciso* hinzuweisen. (Vgl. Calderón 1963) Beide Stücke zählen zu den Meisterwerken des spanischsprachigen Theaters. Sor Juana hat ihr Stück *El divino Narciso* gut dreißig Jahre nach Calderón geschrieben und es ist sicher, dass sie es gekannt hat. Gleichwohl geht sie in ihrem Duktus und ihrer Interpretation eigene Wege. Die Szenen I und II weisen starke Ähnlichkeiten auf, aber das Stück von Calderón war eine Komödie, das von Sor Juana ist dagegen auch tragisch.

Um die allegorische Deutung durch Sor Juana zu verdeutlichen, folgen nun einige beschreibende Erläuterungen zu der einschlägigen Passage aus den Metamorphosen des Ovid. In der Fabel des Ovid ist Narziss Sohn der Nymphe Liriope und des Flusses Cephisus. Die Nymphe Liriope befragt den alten und weisen Seher nach der Zukunft ihre Sohnes Narziss. Der Spruch des zukunftsweisenden Greises auf die Frage, ob es Narziss vergönnt sei, nach langer Zeit die Reife des Alters zu erleben, lautet: „Wird sich selbst er nicht schauen!" (Holzberg 1996, 105) Das Schicksal, das Narziss ereilt, wird diesen Spruch bewahrheiten.

Narziss ist von außergewöhnlicher Schönheit. Nymphen und Jünglinge verehren ihn, doch Narziss verschmäht sie alle. Er liebt allein die Jagd. Es heißt von ihm: „Keiner der Jünglinge hat ihn gerührt und keines der Mädchen." (Holzberg 1996, 105) Dessen ungeachtet verehrt die Nymphe Echo Narziss. Keine der Nymphen begehrt ihn so sehr wie sie. Aber an Echo haftet ein Makel. Aufgrund ihrer Schwatzhaftigkeit wurde sie bestraft und von dem Tag an darf sie nur noch das Ende der Sätze wiederholen. Sie folgt Narziss bei einer seiner Jagden in den Wald. Echo will ihm auf schmeichelnde Weise nahen, doch die Strafe, die sie büßt, lässt es nicht zu, dass sie auch nur einen Satz beginnt. Sie darf/kann das erste Wort nicht sprechen. Und damit ist ihr die Macht über den Beginn von etwas Neuem verwehrt. Echo kann nie sich selbst ins Wort bringen. Ihr Wort ist immer von jemand anderem abhängig. Die Strafe lässt ihr keine andere Wahl, als auf Klänge und Worte zu warten, immer bereit, daraus eine Antwort zu bilden. Und so auch nun im Wald, wo sie auf ihre Chance hofft. Es ist das Los von Echo, unerhört zu bleiben, weil sie sich nicht mehr selbst zum Ausdruck bringen kann. Sie ist unerhört in unsagbarem Sinn, denn ihr ist die Sprache genommen worden. Wem aber die eigene Sprache genommen wird, der kann seine eigenen Ziele und Projekte nicht erreichen. Man kann den Zielen nachlaufen, aber sie bleiben entfernt. Diese Erfahrung muss auch Echo im Mythos des Ovid machen.

Als Narziss seine Begleiter verliert, ruft er in den Wald hinein. Es antwortet die wartende Echo nur die letzten beiden Worte. Narziss staunt und ruft den Rufer. Da wieder niemand kommt, ruft er abermals und wieder hört er nur den Widerhall seiner eigenen Worte. Dann ruft er „'So laßt uns hier vereinen!' – und Echo, nie lieber bereit, einem Klange Antwort zu geben als dem, ruft zurück: 'Uns vereinen!' tut ihren Worten gemäß, sie tritt heraus aus dem Walde, eilt, um den Hals, den ersehnten, die Arme zu schlingen. Doch jener flieht und ruft im Fliehn:'Nimm weg von mir deine Hände! Eher möchte ich sterben, als daß ich würde dein Eigen!' Da gab sie nichts zurück als:'Daß ich würde dein Eigen!' Und die Verschmähte verbirgt sich im Walde, sie deckt sich mit Blättern schmachvoll das Antlitz und lebt von nun an in einsamen Grotten." (Holzberg 1996, 107)

Das Echo des Gesagten scheitert. Und damit scheitert Echo. In der bloßen Wiederholung des Gesprochenen geht die Bedeutung des Gesagten verloren. Die Antworten bleiben leer. Sie verwirren und täuschen etwas vor, das der

Wirklichkeit nicht entspricht. Der eigene Sinn und die eigene Bedeutung bleiben verborgen, erhalten keine echte Chance des Ausdrucks. Jedoch ist es der Sinn des Gesagten, der nach eigenständiger Bedeutung verlangt. Austausch, Verständigung und Kommunikation können nur dann gelingen, wenn das Subjekt von sich her antwortet, wenn es sich selbst ins Wort bringt. Die Realisierung der Subjektsprache ist schwerlich möglich, wenn das Subjekt darauf angewiesen ist, auf eine Chance zu hoffen und die rechten Worte in den Mund gelegt zu bekommen. Erst in der eigenständigen Antwort kommt das Subjekt zur Welt, findet es seinen Platz, vermittelt es den eigenen Sinn und die eigene Bedeutung dessen, was es zu sagen hat.

Auf einer seiner weiteren Jagden gelangt Narziss im Wald an eine Quelle. Während er den Durst löschen will, sieht er sein Spiegelbild in der Quelle und verliebt sich in dieses Bild. (Vgl. Holzberg 1996, 109.) Narziss wird nicht mehr von der Quelle weichen. Er stirbt an seiner Selbstverliebtheit.

Sor Juana entnimmt dieser Fabel den Grundgedanken für ihr *auto sacramental El divino Narciso* und entwickelt auf dieser Basis eine eigene allegorische Interpretation. Sie nimmt sich die Freiheit, andere Personen und Figuren in ihrem Stück auftreten zu lassen. Insgesamt finden sich bei ihr folgende Figuren: der *göttliche Narziss*, der als Schäfer auftritt,[219] die *menschliche Natur* und ihre beiden Töchter *Heidentum* und *Judentum*, *Echo* und seine beiden Begleiter *Eigenliebe* und *Hochmut* sowie verschiedene *Nymphen* und *Schäfer* auf dem Feld. Daneben finden sich noch in einigen kurzen Szenen *Abel, Enoch, Abraham, Mose* und *Engel* im Stück und nicht zu vergessen *Gnade* als Schäferin. Die Jungfrau Maria spielt im Stück, wie schon benannt, eine wichtige Rolle, allein sie taucht nicht als personifizierte Allegorie auf. Sie ist das Wasser, in dem der *göttliche Narziss* sein menschliches Ebenbild erkennt. (Vgl. Méndez Plancarte 1955, Bd. III, 21.)

Sor Juanas Stück gliedert sich in sechzehn Szenen, die auf fünf Bilder verteilt sind. Jedes dieser Bilder besitzt ein Merkmal aus dem Mythos des Ovid. Vor diesem Hintergrund werden dann von Sor Juana theologische Parallelen gezogen.

1. *Menschliche Natur* spricht mit ihren „Töchtern": Es ist die Zeit vor der Geburt Christi.
2. *Echo* versucht den *göttlichen Narziss* zu umwerben: die Versuchung Jesu in der Wüste.
3. *Menschliche Natur* berichtet von ihrer Suche nach dem *göttlichen Narziss* und er sucht nach seinem Ebenbild: die wechselseitige Suche von Mensch und Gott.

---

[219] Es ist nichts Außergewöhnliches, Jesus Christus als Schäfer darzustellen, wie Sor Juana es in diesem *auto sacramental* tut, dies war auch in der spanischen Dichtung üblich. Das Bild von Jesus Christus hat außerdem in der christlichen Ikonographie eine lange Tradition, die bis in die Zeit der ersten Christen zurückreicht. (Vgl. Tavard 1992, 109f.)

4. Der *göttliche Narziss* sieht sein Ebenbild in der Quelle und stirbt aus Liebe: Christus findet sein Ebenbild im Menschen und gibt sein Leben hin.
5. *Menschliche Natur* öffnet sich der *Gnade* und durch sie gelangt erstere zum *göttlichen Narziss*: die Vereinigung von Gott und Mensch durch seinen Tod und seine Auferstehung, die Erlösung bedeuten. (Vgl. Tavard 1992, 110f.)

Eröffnet wird das Stück mit einem Lobgesang auf den *göttlichen Narziss*, der eine Allegorie für Christus ist. „Fuentes y Flores" (Méndez Plancarte 1955, Bd. III, 23) stimmen in diesen Lobgesang ein. Dann folgen längere Monologe von *Sinagoga* und *Gentilidad* und *Naturaleza Humana*. Jede der drei hat eine andere Religion, aber allen gleich ist die Sehnsucht nach dem *göttlichen Narziss*, nach dem Erlöser. In der Antwort von *menschlicher Natur* an ihre Töchter reflektiert sie auch ihre eigenen Handlungen und Taten. Ihre Fehler umgeben sie wie tiefe, trübe Wasser. (Vgl. Méndez Plancarte 1955, Bd. III, 518.) Sie weiß, dass sich in diesen trüben Wassern der *göttliche Narziss* nicht spiegeln kann, und so sehnt sie sich nach einem klaren, reinen Wasser, in dem sie die göttliche Schönheit schauen kann:

„[...] ¡Oh, quiera el Cielo
que mis esperanzas topen
alguna Fuente que, libre
de aquellas aguas salobres,
represente de Narciso
enteras las perfecciones!"[220] (Méndez Plancarte 1955, Bd. III, 31)

Und sie beendet ihre Reflexion mit dem folgenden Vorhaben:
„[...], vamos a buscar
la Fuente en que mis borrones
se han de lavar, [...]"[221] (Méndez Plancarte 1955, Bd. III, 31)

In dem folgenden Bild tritt *Echo* auf die Bühne. *Echo* spielt eine entscheidende Rolle in diesem *auto sacramental* von Sor Juana. *Echo* ist eine Allegorie für Luzifer, den gefallenen Engel. *Eigenliebe* und *Hochmut* sind die ständigen Begleiter von *Echo* und stehen zugleich für jene Eigenschaften, die den Sturz des Engels hervorgerufen haben. Dadurch, dass sich hinter „ihrem" *Echo* der

---

[220] „Oh, dass der Himmel es will,
dass meine Hoffnungen finden
jene heilsame Quelle,
die den Narziss spiegelt
in seiner Vollkommenheit."
[221] „Lasst uns gehen und die
Quelle suchen, wo meine Schandflecken
abgewaschen werden."

gefallene Engel verbirgt, legt Sor Juana zugleich eine Deutung des Teufels vor: Er ist Nachahmer Gottes. *Echo* wiederholt, was Gott spricht. Jedoch ist ihre Wiederholung eine Verfälschung. Die Worte werden durch ihren Mund zu einem leeren Geräusch. Die bloße Wiederholung ist teuflisch. Die Wiederholung verführt mit einem falschen und entfremdeten Sinn. Gott aber braucht kein Echo um gehört zu werden. Gott braucht ein Ich als Gegenüber, das selbst spricht. Gott will keine Nachahmer und keine Nachsprecher, sondern Subjekte, die sich mit ihren eigenen Gedanken, Worten und Werken ausdrücken und sich auf die Suche nach der eigenen Sprache ihres Lebens begeben, um Mensch zu werden. Diese sind das Gegenüber Gottes, ihnen offenbart er sich. In der Beziehung zu ihnen kann die Macht in Beziehung wirken. (Vgl. Heyward 1987.)

Gott bedarf des Ichs, das von sich her antwortet und damit Prozesse, Entwicklungen und Entfaltungen erst möglich macht – für Gott und Mensch. Und noch etwas fällt bei einer genaueren Betrachtung von *Echo* in diesem *auto sacramental* auf: *Echo* ist allein, wenn sie spricht. Sie führt die meiste Zeit Selbstgespräche.[222] „The difference between Echo's dialog and that of Human Nature is more than a contrast between fragmented and flowing utterance. Echo is alone when she speaks, essentially talking to herself. The failure of her utterance to become communication contrasts with Human Nature and Narcissus' success in sharing their love for each other. Their conversation ist a pan-cultural metaphor for spiritual communication." (Ackermann 1987, 70) *Menschliche Natur* wird von *Echo* voll Eifersucht und Wut verfolgt. „Als Partnerin des Narciso tritt eine neue Frauengestalt auf, die Naturaleza Humana. Eco verfolgt diese so mit ihrer Eifersucht und ihrem Haß, daß sie Züge erhält, die an Calderóns Liríope erinnern, sehr deutlich z.B. in der Szene, in der Eco berichtet, wie sie ein Drittel aller Sterne in den Abgrund schleuderte [...]; hatte doch auch Calderóns Liríope als Magierin die Sterne bedroht! Auch möchte Eco den Quell 'vergiften' – Liríope benutzt ja Gift." (Lorenz 1979, 290) Aufgrund „zuverlässiger Zeichen" („ciertas señas") (Méndez Plancarte 1955, Bd. III, 41) weiß *Echo*, dass *Narziss* der Sohn Gottes ist, geboren von einer Frau:

„[...], que es Hijo de Dios, y que
nació de una verdadera
Mujer, [...]"[223] (Méndez Plancarte 1955, Bd. III, 41)

---

[222] *Echo* bei Sor Juana ist im Gegensatz zum Echo bei Ovid nicht von Beginn an damit gestraft, nur die letzten Worte eines Satzes sprechen zu können. Dieser Punkt klärt die beiden Sprachzusammenhänge in Bezug auf *Echo*: a) dass sie Selbstgespräche führt und b) dass sie zu einem späteren Zeitpunkt nur noch Bruchteile sprechen kann.
[223] „[...], ist der Sohn Gottes
geboren von einer Frau"

Der Sohn Gottes ist der erwartete Retter der Welt, und dies herauszufinden und zu prüfen ist im Folgenden das Interesse *Echos*. Im Stück folgt nun eine Szene, die in direkter Anlehnung an die Versuchung Jesu durch den Teufel in der Wüste (Vgl. Lk 4,1-13.) geschrieben worden ist. Jesus hat sich, erfüllt vom Heiligen Geist, für vierzig Tage in die Wüste zurückgezogen und wird dreimal vom Teufel in Versuchung gebracht. Dieses Motiv ist insofern von Bedeutung, als es in der biblischen Erzählung vor der Zeit des öffentlichen Auftretens Jesu und der Verkündigung des Reiches Gottes steht. Damit wird dieser Augenblick in der Wüste als eine Zeit qualifiziert, die eine besondere Bedeutung für Jesus hat. Es handelt sich hier um die Begebenheit, in der er nicht nur Klarheit über seine Berufung erhält, er findet auch seine eigene Sprache. Hier wird ganz deutlich der Zusammenhang von Schweigen und Sprechen thematisiert. Im Schweigen begegnen dem Subjekt nicht nur Versuchungen und teuflische Wesen, es kann auch zu dem Ort werden, an dem die eigene Sprache gefunden wird.

In einer der drei Versuchungen führt der Teufel Jesus auf einen Berg und zeigt ihm in einem Augenblick alle Reiche der Erde. Der Teufel will die Reichtümer dieser Erde Jesus überlassen, wenn er vor ihm auf die Knie fällt und ihn anbetet. Jesus widersteht und antwortet dem Teufel: „In der Schrift steht: Vor dem Herrn, deinem Gott, sollst du dich niederwerfen und ihm allein dienen." (Lk 4,8)

Diese Szene greift Sor Juana auf. Die eifersüchtige *Echo* versucht im *auto sacramental* von Sor Juana den *göttlichen Narziss* dadurch für sich zu gewinnen, dass sie ihm von einem Berg aus die sichtbaren Schönheiten der Welt zeigt und ihm zum Eigentum anbietet, wenn er doch seine Liebe *Echo* schenke:

„Mira en cándidos copos
la leche, que al cuajarse,
afrenta los jazmines
de la Aurora nace.
Mira, de espigas rojas,
en los campos formarse
pajizos chamelotes
a las olas del aire.
[...]
Y todo será Tuyo,
[...]
y llegas a adorarme."[224] (Méndez Plancarte 1955, Bd. III, 45ff)

---

[224] „Schau im schneeweißen Schwall
die Milch, wie sie gerinnend
die Jasmine beschämt
in der frischen Morgenfrühe.

Der *göttliche Narziss* verweigert sich. (Vgl. Méndez Plancarte 1955, Bd. III, 47.) Nicht *Echo* verdient es, geliebt und angebetet zu werden. Allein seine Schönheit erlaubt es, verehrt zu werden, antwortet der *göttliche Narziss*. Während der *göttliche Narziss* nun spricht, wiederholt *Echo* nun jeweils die letzten Worte. Hier kommt dann auch klar zum Ausdruck, dass *Echo* nunmehr nur noch in der Lage ist, die Dinge nachzusprechen. Dadurch kommt ein verdrehter Sinn, eine neue Bedeutung zum Ausdruck. Doch dies ist noch nicht das Ende von *Echo*. Nach dem Tod des *göttlichen Narziss* wird sie noch einmal versuchen, die *menschliche Natur* von Gott zu trennen. Aber es wird ihr nicht gelingen, zum einen, weil im Sakrament der Eucharistie der Geliebte immer präsent ist, und zum anderen, weil eine große Sehnsucht von *menschlicher Natur* und *göttlichem Narziss* füreinander besteht. Die *menschliche Natur* wird zur Partnerin des *göttlichen Narziss* und sie ist es auch, die die Eifersucht von *Echo* provoziert.

Im Gegensatz zu Ovid verliert *Echo* erst im Laufe des Stückes die Stimme. Der Grund ist nicht wie bei Ovid die Geschwätzigkeit, sondern die Liebesbeziehung zwischen dem *göttlichen Narziss* und der *Naturaleza Humana*. Diese Liebesbeziehung ist es, die bei *Echo* maßlose Wut und Eifersucht hervorruft und ihr die eigene Sprache nimmt.

Menschliche Natur erzählt in den folgenden Szenen des Stückes von ihrer Suche nach dem *göttlichen Narziss*. Und sie weiß, wie schwierig dieses Vorhaben ist, denn aufgrund der Erbsünde wurde die *Quelle* getrübt. Doch mit der Hilfe von *Gnade* soll es ihr gelingen, den *göttlichen Narziss* zu finden. *Gnade* tritt als eine schöne Schäferin auf die Bühne und verkündet wie die Engel in Betlehem die frohe Botschaft. Sie verspricht, die *menschliche Natur* zum Ziel ihrer Wünsche zu begleiten. Und so zeigt sie ihr eine ungetrübte Quelle, in der sie sich rein und deutlich sehen kann. Diese reine *Quelle* ist Maria, die Mensch, aber ohne Erbsünde war. Diese *Quelle* ist noch rein und klar und „aguas salobres" (heilsame Wasser) (Méndez Plancarte 1955, Bd. III, 31) sprudeln aus ihr hervor.

Die *Gnade* führt die *menschliche Natur* zur *Quelle* und ruft:
„Oh, siempre cristalina,
clara y hermosa Fuente:

Schau, wie aus blonden Ähren
Wellenmuster sich bilden,
seidenweich, auf den Strohfeldern
unter dem Wogen des Windes.
[...]
Und alles wird dein,
[...]
wenn du mich anbetest."

tente, tente;
reparen mi rüina
tus ondas presurosas,
claras, limpias, vifíficas, lustrosas!"²²⁵ (Méndez Plancarte 1955, Bd. III, 55)

Trotz ihrer Treuebrüche und Unaufrichtigkeit hat die *menschliche Natur* nicht vollkommen die Erinnerung an ihre Herkunft und an ihre erste Liebe vergessen. Durch die Geburt des göttlichen Kindes (vgl. Méndez Plancarte 1955, Bd. III, 49f) schöpft die menschliche Natur neue Hoffnung und so sucht sie nun in den Wäldern nach ihrem wahren Geliebten:
„[...];
los ojos, de paloma que enamora
y en los raudales transparentes mora.
Mirra olorosa de Su aliento exhala;
las manos son al torno, y están llenas
de jacintos, por gala,
o por indicio de Sus graves penas: [...]"²²⁶ (Méndez Plancarte 1955, Bd. III, 48f)

Diese Verse des *auto sacramental* erinnern neben der direkten Bezugnahme auf Ovid an das Hohe Lied. Sor Juana verwebt beide Texte miteinander und schafft so einen neuen, eigenen Text. Dieser Text spricht die Sprache der Hoffnung, der Vergebung und der Erfüllung der Sehnsucht.
Aber nicht nur *menschliche Natur* sucht den Geliebten. Auch der *göttliche Narziss* sucht sein Ebenbild. Im Rahmen der Handlung begibt er sich auf die Suche nach dem verloren gegangenen Schaf. Auch hier findet sich die Paraphrasierung eines biblischen Textes. (Vgl. Mt 18,12-14.)
„Ovejuela perdida,
de tu Duñeo olvidada,

---

²²⁵ „Oh, kristallklare Quelle,
allzeit schön und rein,
halt ein, halt ein,
daß mein Schimpf auf der Stelle
heile in deinen guten,
lebendig lautren, gilzternd klaren Fluten."
(Vossler, Karl)
²²⁶ „[...] die Augen einer liebreizenden Taube,
welche am klaren Wildbach wirbt im Laube;
Myrrhenduft läßt sein Atemhauch empfinden;
wohlgeformt und beringt sind seine beiden
Hände voll Hyazinthen,
zum Schmuck oder zum Zeichen seiner Leiden: [...]"
(Vossler, Karl)

¿adónde vas errada?
Mira que dividida
de Mí, también te apartes de tu vida.
Por las cisternas viejas
bebiendo turbias aguas,
tu necia sed enjaguas;
y con sordas orejas, [...]"[227] (Méndez Plancarte 1955, Bd. III, 57)

Auf der Suche nach dem verlorenen Schaf wird der *göttliche Narziss* von *Echo* unbemerkt begleitet. Als er mit sich selbst spricht, hört er plötzlich eine Stimme, die das Gesagte wiederholt. Es ist die Stimme von *Echo*. Es entwickelt sich sodann ein Duett, in dem *Echo* göttliches Wort wiederholt.
„Mas ¿quien, en el tronco hueco,
Eco.
con triste voz y quejosa
Quejosa.
asi a mis voces responde?
Responde.
¿Quién eres, oh voz; o dónde
te ocultas, de Mí escondida?
¿Quién Me responde afligida?
Echo Quejosa Responde."[228] (Méndez Plancarte 1955, Bd. III, 75f)

In diesem Widerhall der Worte *Echos* liegt eine besondere Bedeutung: die Frage nach der Stimme und die Frage nach dem Standort. Jemand mit eigener Stimme und Sprache hat auch immer einen eigenen und identifizierbaren Standort. Dieser ist im wahrsten Sinne des Wortes aufzusuchen und

---

[227] „Schaf, das verloren geht,
nichts weiß vom Herrn,
wohin bist du geirrt?
Bedenk, von mir getrennt,
entläufst du deinem Lebenselement.
An den alten Zisternen
dreckiges Wasser trinkend."
[228] „Aber wer, in einem der hohlen Stümpfe,
Echo mit todtrauriger Stimme gibt aufstöhnend
gibt aufstöhnend
meinen suchenden Rufen schaurig Antwort?
Antwort
Wer bist du, Stimme? Sag, wo ist dein Standort?
In welchem Versteck hältst du dich verborgen?
Wer antwortet mir, so bedrückt von Sorgen?
Des Echos Nymphe gibt aufstöhnend Antwort."
(Vossler, Karl)

anzusprechen. Aber dies ist bei *Echo* nicht möglich. Weder die Stimme noch der Standort sind auszumachen, beide bleiben undeutlich.
Anders als bei Ovid verliebt sich der *Narziss* bei Sor Juana nicht in sein Abbild, sondern in die *menschliche Natur*, die er ist und von der er sich zugleich unterscheidet. Jetzt, wo sich die beiden gefunden haben, tritt *Echo* heran, begleitet von *Hochmut* und *Eigenliebe*. Sie belauschen die Liebenden. *Echo* verliert aus Eifersucht und Neid die Sprache und stammelt in Echoworten die Liebes- und Trostworte der anderen nach und sie werden Ausdruck von Wut und Verzweiflung. (Vgl. Méndez Plancarte 1955, Bd. III, 66ff.)
In der letzten Szene des *auto sacramental* legt sich der *göttliche Narziss* an die Quelle und stirbt. Die *menschliche Natur* ist außer sich vor Schmerz und beweint den Tod ihres Geliebten. Sie ruft die im Wald lebenden Nymphen, um mit ihnen den Gesang des Schmerzes und der Qual anzustimmen.
„[...] ¡sentid, sentid mis ansias;
llorada, llorad Su Muerte!"[229] (Méndez Plancarte 1955, Bd. III, 84)

Dann jedoch erscheint die göttliche *Gnade* und sie sagt der *menschlichen Natur* die Auferstehung des Geliebten zu:
„¡Vivo está tu Narciso;
no lores, no lamentes,
ni entre los muertos busques
Al que está Vivo siempre!"[230] (Méndez Plancarte 1955, Bd. III, 87)

Aus Liebe zur *menschlichen Natur* wurde das Wort Gottes Fleisch und verwandelt sich in „la cándida Flor del eucaristia" (redliche, aufrichtige Blume der Eucharistie). *Narciso* ist die „blanca flor", durch die er sich als „Amante", als „Esposo del Alma" (Méndez Plancarte 1955, Bd. III, 94) immer wieder mit den Menschen verbindet, sie in der Eucharistie teilhaben lässt an seiner Liebe.
Der Narziss in der Fabel des Ovid ist auf die reine Innenschau und Selbstbespiegelung fixiert. Daran geht er letztlich zugrunde und es zeigt sich, dass es des anders gelagerten Außen, des anderen Ich bedarf, um das Leben zu erlangen.
In der Fabel des Ovid antwortet der Seher auf die Frage, ob Narziss „nach langer Zeit die Reife des Alters erlebe? [...] Wird sich selbst er nicht schauen!" (Holzberg 1996, 105) D.h., bei Ovid führt Selbsterkenntnis als

---

[229] „Hört doch, fühlt meine Qualen:
weint, beweint seinen Tod!"
[230] „Dein Narziss lebt;
weine nicht, klage nicht,
suche ihn nicht unter den Toten,
den, der lebt immer und ewig!"

Selbstbespiegelung in den Tod. Bei Sor Juana hingegen ist das Erkennen seiner selbst durch *Gnade* ein Akt der Befreiung und der Auferstehung. Erst das Erkennen der eigenen Subjekthaftigkeit ist das Fundament der Erlösung. Zum Fundament dieser Erlösung gehört die Konfrontation mit der eigenen unerhörten Existenz im Raum des Schweigens und in der Auseinandersetzung mit einem Gegenüber. Reiner Widerhall und reine Selbstbespiegelung hingegen erweisen sich als teuflische Todesfallen. Und sie verhindern Menschwerdung, weil sie nicht auf der Basis der Subjekthaftigkeit beruhen. Erst das Subjekt, das sich erkennt, sich über das eigene unerhörte Verlangen und Sehnen sowie über die eigene Schuld und Sünde einen Begriff verschafft, ist in der Lage, Erlösung zu finden. Und diese Erlösung gibt es nicht in der Selbstbespiegelung, sondern im Erkennen der eigenen Subjekthaftigkeit am Du, am Gegenüber.

5.5.3 Der Prolog für *El mártir del Sacramento, San Hermenegildo*[231]. Eine theologische Kontroverse über den größten Liebesbeweis und die Erkenntnis, dass die Theologie ihren Ort in der Geschichte hat

Auch diese *loa* ist ein kleines *auto sacramental*. Dabei ist sie weder durch ihren dramatischen Aufbau noch durch besondere dichterische Leistung interessant. Die verwendete Sprache ist weitgehend einfach. Aber diese *loa* beinhaltet kraftvolle und scharfsinnige Argumente. Das behandelte Thema macht diese *loa* interessant. Die ZuschauerInnen/LeserInnen haben Anteil an einem theologischen Disput, der dem der *Carta Atenagórica* sehr ähnlich ist. „Juana had already discussed the question of Christ's greatest finese in the introductory loa of her sacramental play *San Hermenegildo*." (Tavard 1992, 146) In der *loa* für *El mártir del Sacramento, San Hermenegildo* spricht Sor Juana bereits all jene Argumente an, die sie in der *Carta Atenagórica* detailliert darstellen wird. Die *loa* ist vermutlich in den Jahren von 1680 bis 1688 verfasst worden. 1690 veröffentlicht der Bischof von Puebla die

---

[231] Der hl. Hermenegild, dessen Fest am 13. April gefeiert wird, war der Sohn des letzten arianischen Westgoten-Königs Leovigild (568-586). Hermenegild erhielt von Leovigild eine Unterherrschaft in Süd-Spanien und wurde dort unter dem Einfluss von Leander von Sevilla katholisch. 579 erhob sich Hermenegild gegen seinen Vater, doch sein Aufstand wurde von diesem 584 niedergeschlagen. Einige Quellen berichten davon, dass Hermenegild seiner Erhebung gegen den Vater eine religiöse Legitimation zu geben suchte. 585 wurde Hermenegild nach Zurückweisung der arianischen Kommunion getötet. In diesem Zusammenhang ist interessant, dass nur außerspanische Quellen die Konversion Hermenegilds thematisieren. Zeitgenössische spanische Quellen sprechen allein von der Erhebung gegen Leovigild. (Vgl. Schäferdiek 1995, Lexikon für Theologie und Kirche, Bd. V, 1450.)

Gedankengänge Sor Juanas zum größten Liebesbeweis Christi unter dem Titel *Carta Atenagórica*.
Sor Juana benutzt in diesem Prolog einen Rahmen, der in der Gattung der Fronleichnamsspiele ihrer Zeit recht üblich war: Drei Studenten halten eine theologische Diskussion. Sie versuchen herauszufinden, was der größte Liebesbeweis Christi war. Die Akteure in der *loa* sind *drei Studenten*. Allem Anschein nach sind die beiden Studenten, die die Ausgangsfrage debattieren, noch jung; der dritte Student wird als älter und erfahrener beschrieben. (Vgl. Méndez Plancarte 1955, Bd. III, 98) An der Art und Weise, wie Sor Juana die beiden jüngeren Studenten darstellt, übt sie zugleich eine Kritik an jenen Personen, die glauben, über theologische Fragestellungen diskutieren zu können, ohne jedoch das geistige Rüstzeug dafür zu besitzen. „As in keeping with Juana's frequent critique of Mexican society, her students are usually meant to be ridiculous: they highlight the pedantry of vainscholars who do not know enough, just as her sacristans show up the absurdity and ignorance of many in the clergy who claim to be experts in theology." (Tavard 1992, 54)
Neben diesen drei Studenten, die das Thema der *loa* thematisieren und fortschreiben, gibt es noch die Akteure, die in einem Theaterstück in der *loa* auftauchen, auf das sich dann wiederum die Studenten in ihrer Auseinandersetzung beziehen. Diese sind: *Herkules* und seine *Soldaten*, *Kolumbus* und seine *Soldaten* sowie die *Chöre* der Musik.
Die Idee, ein Theaterstück im Fronleichnamsspiel aufzuführen, erinnert vom Grundgedanken her an das Bild „Meninas" von Velasquez, ein Bild, das gewissermaßen die Repräsentation der klassischen Repräsentation und die Definition des Raums darstellt, den sie eröffnet. (Vgl. Foucault 1994, 45.) Der Maler hat auf diesem Bild sich selbst festgehalten, während sein Motiv – das Königspaar – fehlt und nur im Spiegel zu erkennen ist. Weil im Bild das Repräsentierte, auf das alles hinweist, fehlt, stellt es besser als jede Theorie die klassische Repräsentation vor. „Das Zeichen ruft mittels der Vorstellung des repräsentierenden Elementes jene des repräsentierten hervor, sein einziger Inhalt ist dieses Repräsentierte, das seinerseits vollkommen durch das Zeichen erfaßt wird. Angesichts der Transparenz der Wörter und der Dinge im klassischen Rationalismus erübrigt sich die hermeneutische Anstrengung. Als Elemente der taxinomia – einer mathesis der komplexen Größen – ermöglichen die Zeichen die getreue Wiedergabe der Ordnung der Dinge." (Marti 1988, 27)
Um eine Darstellung der Repräsentanz der Ordnung der Dinge geht es auch im Fronleichnamsspiel. Es repräsentiert die Größe und Macht Spaniens. Nicht an den Säulen des Herkules, in Gibraltar endet die Welt. Kolumbus überschreitet diese Grenze und tritt den Beweis an, dass es über die Grenzen hinaus noch etwas gibt.
In der ersten Szene der *loa* beginnt der Disput zweier Studenten über den größten Liebesbeweis Christi. Für den einen Studenten ist der Tod Christi für die Menschen der größte Liebesbeweis (vgl. Méndez Plancarte 1955, Bd. III, 101) und er beruft sich in seiner Argumentation auf die Position und Autorität

des Augustinus. (Vgl. Méndez Plancarte 1955, Bd. III, 98.) Auch Augustinus war der Meinung, dass der größte Liebesbeweis Christi darin bestand, dass er sein Leben für die Menschen hingegeben hat. Dabei beruft dieser sich auf die Stelle im Johannesevangelium, wo es heißt: „Es gibt keine größere Liebe, als wenn einer sein Leben für seine Freunde hingibt." (Joh 15,13) (Vgl. Méndez Plancarte 1955, Bd. III, 102; Salceda 1957, Bd. IV, 415ff.)

Indes besteht für den zweiten Studenten der größte Liebesbeweis Christi darin, dass er den Menschen zum Sakrament geworden ist, um über die Sakramente ihnen allzeit gegenwärtig zu sein. (Vgl. Méndez Plancarte 1955, Bd. III, 101.) Dieser Student beruft sich in seiner Argumentation auf die Position und Autorität des Thomas von Aquin. (Vgl. Méndez Plancarte 1955, Bd. III, 98.) Die Position des Thomas von Aquin findet auch Beachtung in der Kritik an Vieira und wird dort von Sor Juana vorgestellt und diskutiert. (Vgl. Salceda 1957, Bd. IV, 420ff.)

Es steht Aussage gegen Aussage. Dies ist der Zeitpunkt, an dem der dritte Student ins Spiel kommt und sich in die Diskussion einmischt. Er weist unter Bezugnahme auf die inhaltliche Auseinandersetzung der zwei jüngeren Studenten darauf hin, dass in der Argumentation über den größten Liebesbeweis Christi nicht die lauteste Stimme den Streit entscheidet, sondern die beste Argumentation. (Vgl. Méndez Plancarte 1955, Bd. III, 99.) „ [...], the third student serves as a neutral witness who urges the others to attain the clarity of thought an expression without which he would not be able to grasp what they mean." (Tavard 1992, 146) Mit dieser Position verdeutlicht der dritte Student, dass die Behandlung von Fragen des Glaubens ein rationaler Akt sind. Die Fragen des Glaubens und auch die Antworten aus dem Glauben müssen vor der Ratio bestehen können.

Die Studenten versuchen im Folgenden, die Antwort auf die Frage nach dem größten Liebesbeweis rational zu suchen und zu begründen. (Vgl. Méndez Plancarte 1955, Bd. III, 101.)

Nachdem in den ersten beiden Szenen die Akteure und der inhaltliche Rahmen der Handlung vorgestellt wurden, beginnt in der dritten Szene die Handlung des bereits erwähnten Theaterstückes im Theaterstück: Herkules betritt die Bühne und seine Soldaten errichten die Säulen. (Vgl. Méndez Plancarte 1955, Bd. III, 104.)

Und ein Chor singt dazu:

„[...] ¡Aquí acaba el Universo!"[232] (Méndez Plancarte 1955, Bd. III, 105)

In der anschließenden Szene wechselt das Geschehen: die drei Studenten stehen auf der Bühne. Auch sie haben die Szene des Theaterstückes gesehen und äußern ihre Verwunderung ob des Gesehenen. Sie verstehen nicht, was Herkules mit ihrer Ausgangsfrage zu tun hat. Doch bevor diese Frage

---

[232] „Hier endet das Universum."

beantwortet wird, wechselt der Rhythmus des Stückes abermals, das Theater im Theater wird fortgesetzt, Kolumbus und seine Soldaten betreten die Bühne. In dieser Szene wird die „Entdeckung" Amerikas durch Kolumbus dargestellt und damit ist Herkules widerlegt. (Vgl. Méndez Plancarte 1955, Bd. III, 106.) Die Welt ist weitaus größer, als Herkules glaubte. Und auch hier stimmt ein Chor einen Gesang an, die Worte des ersten Chores umwandelnd. Der Chor besingt die Widerlegung des Herkules durch Kolumbus. (Vgl. Méndez Plancarte 1955, Bd. III, 107.)

Nach dieser Szene fragen die Studenten abermals nach Sinn und Bedeutung dieser Handlung im Rahmen ihrer Fragestellung und sie verlangen vom dritten Studenten eine Antwort:

„Perdona que te pregunte:
[...],
supuesto que nada de ello
tiene conexión alguna
que hacer pueda a nuestro intento?"[233] (Méndez Plancarte 1955, Bd. III, 108)

An dieser Stelle antwortet der dritte Student, er habe den Auftrag, ein *auto sacramental* über Hermenegildo zu schreiben, und in diesem Zusammenhang stehe das bisher Gesehene und Gesprochene. (Vgl. Méndez Plancarte 1955, Bd. III, 108.)[234] Er bedient sich sowohl der Legende des Märtyrers San Hermenegildo als auch des Disputes über den größten Liebesbeweis, wie er bereits von den zwei Studenten begonnen worden ist. Doch jetzt verstehen die Studenten noch weniger, warum dann Herkules und Kolumbus aufgetreten sind. Gerade im Zusammenhang der beiden Fragestellungen hätte doch eine Vielzahl von Beispielen aus der Heiligen Schrift Verwendung finden können. Das Vorgehen des dritten Studenten, zur Klärung theologischer Sachverhalte profane Texte mit zu berücksichtigen, legt den Standpunkt nahe, dass wer die Bibel verstehen will, Kenntnis von der Geschichte der Welt besitzen muss.

---

[233] „Entschuldige, dass wir dich fragen:
[...]
vermutlich hat all dies
überhaupt keine Verbindung
mit unserem Problem?"

[234] Paz kommentiert diese Stelle mit dem Hinweis darauf, dass der dritte Student mit Sor Juana zu identifizieren ist. Darin wird seiner Ansicht nach deutlich, dass Sor Juana in diesen Zeilen einen ihrer Lebensträume verwirklicht: sich als Mann zu verkleiden und eine Universität besuchen zu dürfen. (Vgl. Paz 1991, 507.) Die Interpretation von Paz ist möglich, aber sie ist nicht zufriedenstellend, weil sie auf der „Ding-Ebene" bleibt. Er sieht Sor Juana als Person und achtet zu wenig auf das, was sie sagt. Richtet man aber das Interesse auf das, was sie sagt, auf den Diskurs der drei Studenten, dann wird deutlich, dass der dritte Student für die „Diskurs-Ebene" steht. Er steht für das, was Sor Juana zu sagen hat.

Diese Position wird von Sor Juana auch in ihrer *Antwort an Sor Philothea* vertreten, wo sie deutlich macht, dass die Bibel und auch Gott nur dann zu verstehen sind, wenn man eine Ahnung von der Schöpfung und den Zusammenhängen in der Welt hat. (Vgl. Salceda 1957, Bd. IV, 417ff.) Es braucht die Erfahrung der Welt, um sinnvoll und bedeutsam von Gott sprechen zu können. „Theologie hat ihren Ort in der Geschichte, und die Geschichte ist ein Ort der Theologie." (Klinger 1979, 33)

Dieser Zusammenhang ist den beiden anderen Studenten nicht klar, wie ihre Reaktion auf das Vorgehen des dritten Studenten zeigt. (Vgl. Méndez Plancarte 1955, Bd. III, 109.) Damit wird noch einmal sehr deutlich ausgedrückt, vor welcher Frage der dritte Student steht: Er muss erklären, welche Bedeutung die Behandlung profaner Texte für die Klärung theologischer Zusammenhänge haben kann. Auf diese Frage muss er eine Antwort finden. Und damit sind in dieser *loa* die Bereiche von Glaube und Wissen, Himmel und Erde, Gott und Welt angesprochen. Es geht darum zu bestimmen, in welchem Verhältnis sie zueinander stehen. Dabei ist es wichtig zu erkennen, dass sie aufeinander verweisen, aber nicht miteinander identisch sind. Die Differenz ist die Basis dafür, dass die Botschaft des Glaubens Sinn und Bedeutung hat. Erst in der Differenz von Glauben und Wissen, Himmel und Erde, Gott und Welt gewinnt die Botschaft des Christentums ihre Bedeutung. Nur aus der Differenz heraus ist es möglich, die Welt in Beziehung zu Gott zu setzen und die Frage nach Gott von der Welt her zu thematisieren. Die Differenzen sind demnach zwingend notwendig für die Bestimmung der Theologie in der Welt. Im Umgang mit den Differenzen zeigt sich, ob sie vor den Realitäten der Welt sprachlos wird oder zu ihrer Sprache findet. Arbeitet Theologie mit den Differenzen um der Menschen willen, dann wird sie zu einer glaubhaften Stimme in der Welt.

Diesen Versuch unternehmen der dritte Student und auch Sor Juana, wie der Aufbau der *loa* deutlich macht. Sie verknüpfen die theologische Fragestellungen mit profanen Zusammenhängen. Die Verweise auf Herkules und Kolumbus belegen das. Herkules glaubt, die Grenzen der Welt erreicht zu haben, und sah darin seine Leistung und Größe bestätigt. Doch genau dieser Punkt wird durch Kolumbus, der Amerika erreichte, als fehlerhaft und überheblich entlarvt. Die antike Welt und ihre Ordnung der Dinge erweist sich durch die „Entdeckung" Amerikas als überholt und sinnwidrig. Ein neues Zeitalter hat begonnen. Die Eroberung ist ein Bruch in der Geschichte. Und aufgrund dieser Diskontinuität nimmt eine neue Ordnung der Dinge Form und Gestalt an. Was vorher geglaubt und verkündet wurde, ist falsch und hat keinen Bestand mehr. Dies ist eine Tatsache, der sich alle zu stellen haben.

Und von einem ähnlichen Bruch ist in dem anschließenden *auto sacramental* die Rede. Der Sohn bricht mit der Tradition seines Vaters und die Macht einer neuen Ordnung zeigt sich. Und diese Macht in der Gestalt des Glaubens an den Gott der Christen ist so groß, dass sie vom Vater als Bedrohung wahrgenommen wird. Der Sohn wird vom Vater verfolgt und gibt schließlich sein Leben hin.

Die abschließende achte Szene bildet den Übergang von der *loa* zum *auto sacramental*. Es werden die spanischen Königinnen begrüßt[235] und alle Zuschauenden werden eingeladen, dem ehrwürdigen, heiligen, frommen Thema des Fronleichnamsspiels zu folgen. Und damit leitet die *loa* unmittelbar zum *auto sacramental* über, in dem der Märtyrertod des Hermenegild das Thema ist.

Aber all dies täuscht nicht darüber hinweg, dass die Frage nach dem größten Liebesbeweis Christi in der *loa* nicht endgültig beantwortet wird. „The problem of finesse remains unsolved." (Tavard 1992, 146) Jedoch findet diese Frage in der Gesamtschau von Prolog und Fronleichnamsspiel eine neue und unerwartete Zuspitzung wie Lösung: Der größte Liebesbeweis wird im Folgenden nicht mehr allein von Christus her thematisiert, sondern auch vom Menschen her, der mit dem Glauben in Berührung kommt und für den nichts mehr so ist, wie es vorher war. Die Begegnung mit dem Glauben wird zum Bruch in der Biographie und zugleich zu einer Frage nach Leben und Tod.

5.5.4 Das Fronleichnamspiel *El mártir del Sacramento, San Hermenegildo*. Die Religion – Idee eines neuen Lebens und eine Frage auf Leben und Tod

Dieses *auto sacramental* ist in seiner Art typisch für die Gattung des *„Auto Alegórico-Historial"*. (Méndez Plancarte 1955, Bd. III, LXXVIII) Das Thema, das Sor Juana hier behandelt, spricht von einem zweifachen Interesse: dem an der Hagiographie und an der spanischen Geschichte.[236]

Die Handlung ist im letzten Drittel des 6. Jahrhunderts im westgotischen Spanien, in der Zeit der Herrschaft Leovigilds anzusiedeln. Leovigild war der letzte arianische[237] Westgotenkönig. Im Jahr 570 setzte Leovigild seinen

---

[235] Diese Begrüßung ist ein Hinweis darauf, dass der Prolog und das Fronleichnamsspiel am spanischen Hof aufgeführt werden sollten.

[236] Die Basisdaten zur spanischen Geschichte hat sie einer klassischen Quelle ihrer Zeit, der Historia de Espana, 1601 von P. Jaua de Mariana S.J., entnommen. Daneben basiert das Stück auf der Märtyrerlegende des St. Hermenegild.

[237] Die arianische Lehre vertritt die Position, dass nur Gottvater ewig ist. Er allein ist ohne Anfang. Der Sohn ist Gottes vollkommenes Geschöpf, besitzt aber nicht zugleich das Sein mit dem Vater, da der Vater vor dem Sohn existiert. Diese Haltung führte dazu, dass Arius und den ihm nahestehenden Theologen vorgeworfen wurde, die wahre Gottheit Christi zu leugnen und den Sohn auf die Seite der Geschöpfe zu stellen und in Folge dessen auch den Hl. Geist dem Vater und dem Sohn unterzuordnen. So würden sie das göttliche Erlösungswerk verkürzen. Die Lehre des Arius führte zu massiven Auseinandersetzungen und zu einem Richtungsstreit in der Alten Kirche, sodass sich schließlich nur ein Weg

ältesten Sohn Hermenegild als Herrscher über die gotischen Gebiete der Baetica mit Sitz in Sevilla ein. Hermenegild war mit der katholischen Frankenprinzessin Ingundis verheiratet. Durch ihren Einfluss und den des Metropoliten Leander trat Hermenegild zum Katholizismus über und beschwor damit einen fundamentalen Konflikt mit seinem arianischen Vater. „Es kam zum Bruch. Hermenegild suchte Hilfe bei den Byzantinern und Sweben, konnte sich aber gegen den Vater nicht durchsetzen. Leovigild eroberte 584 Sevilla und Córdoba, wo der Sohn in seine Hände fiel. Hermenegild ließ sich nicht zum Widerruf bewegen. Er wurde Ostern 585 in Tanagona umgebracht." (Ewig 1985, 142f)

Diesen historischen Zusammenhang nimmt Sor Juana im Rahmen ihres *auto sacramentals* auf, schmückt ihn aus und interpretiert ihn. Dieses *auto sacramental* ist das einzige, das sie als christliche Tragödie nach griechischem Vorbild entwirft.

Das Fronleichnamsspiel gliedert sich in einen Prolog mit acht Szenen, dem dann fünf Bilder in vierundzwanzig Szenen folgen. Sor Juana bearbeitet in dem Stück die Frage nach wahrer und falscher Religion, die im Stück zu einer Frage auf Leben und Tod wird. Es sind vor allem Kontraste, die sie um diesen Kern aufbauen: Sohn versus Vater; väterliche Zuneigung und Liebe versus Hass und Kampf des Königs; Religion versus königliche Macht; Autorität versus Amt; wahre Religion versus falsche Religion. Im Zentrum dieses Fronleichnamsspiels stehen Vater und Sohn. Hermenegild befindet sich im Konflikt zwischen Treue zum Vater und Treue zum neuen Glauben. Beiden die Treue zu halten ist nicht möglich. Hermenegild muss sich entscheiden. Er allein kann den Konflikt für sich lösen. Er muss eine Entscheidung treffen. Leovigild steht im Konflikt zwischen der Liebe zu seinem Sohn und seiner königlichen Würde. Als König verlangt er den Gehorsam und diesen will er erwiesen bekommen.

In diese Konflikte hinein sind Gespräche mit allegorischen Personen eingebettet. Die Tugenden *Barmherzigkeit*, *Friede*, *Wahrheit* und *Gerechtigkeit* sind die GesprächspartnerInnen des Hermenegild. *Phantasie* und der arianische *Bischof Apostasia* sind die Gesprächspartner des Leovigild.

In der dritten Szene sprechen die Tugenden zu dem schlafenden *Hermenegild*. Dieses Motiv erinnert an biblische Erzählungen, wo sich Gott im Traum offenbart und wichtige Entscheidungen vorbereitet oder ankündigt. (Vgl. Gen

---

zeigte, den Kirchenfrieden wieder herzustellen: die Einberufung einer Versammlung des Episkopates, die nach Beratungen eine verbindliche Entscheidung treffen sollte. Kaiser Konstantin berief zur Lösung des Problems im Mai 325 in Nikaia ein Konzil ein. Das Konzil von Nikaia erklärte die Homousie des Sohnes mit dem Vater und beim Konzil von Konstantinopel 381 wurde die Gottheit des Hl. Geistes definiert. Das Konzil von Nikaia verwarf die Lehre des Arius und schloss ihn wie auch seine Anhänger aus der Kirche aus. (Vgl. DH 130.)

28,12; Ijob 33,12; Dan 2,1-49; Mt 1,20f; 2,13-15.) *Wahrheit* erinnert im Lukasevangelium (Vgl. Lk 12,49-53.) daran, dass der Menschensohn gekommen ist, um Feuer auf die Erde zu werfen, und dass Familien entzweit werden. „Denn von nun an wird es so sein: Wenn fünf Menschen im gleichen Haus leben, wird Zwietracht herrschen: Drei werden gegen zwei stehen und zwei gegen drei, der Vater gegen den Sohn und der Sohn gegen den Vater, die Mutter gegen die Töchter und die Töchter gegen die Mutter, die Schwiegermutter gegen ihre Schwiegertöchter und die Schwiegertöchter gegen die Schwiegermutter." (Lk 12,52f)
Sor Juana formuliert es wie folgt:
„El mismo Dios te dice
que a poner vino espada
entre el padre y el hijo, [...]"[238] (Méndez Plancarte 1955, Bd. III, 122)

Und es folgt ihr Aufruf:
„¡Marcha, marcha!
¡Deja el sosiego! ¡Toma las armas!"[239] (Méndez Plancarte 1955, Bd. III, 122)

Dieser Aufruf zum Kampf ruft *Frieden* auf den Plan, die wiederum ruft:
„¡Pausa, pausa!
¡Deja el estruendo! ¡Cesen las armas!"[240] (Méndez Plancarte 1955, Bd. III, 122)

Gerechtigkeit hingegen wiederholt den Aufruf der *Wahrheit* und erinnert an Mt 5,29-30: „Wenn dich dein rechtes Auge zum Bösen verführt, dann reiß es aus und wirf es weg! Denn es ist besser für dich, dass eines von deinen Gliedern verlorengeht, als dass dein ganzer Leib in die Hölle geworfen wird. Und wenn dich deine rechte Hand zum Bösen verführt, dann hau sie ab und wirf sie weg! Denn besser ist es für dich, dass eines von deinen Gliedern verlorengeht, als dass dein ganzer Leib in die Hölle kommt."
Dann erwacht *Hermenegild*. Er ist hin- und hergerissen aufgrund des vorausgegangenen Traums und der Stimmen, die er hörte. Und noch im Aufwachen hört er die Stimme der *Barmherzigkeit*, die ihn zur Ruhe ermahnt und die gegen Bewaffnung und Kampf Argumente vorbringt. Daraufhin führt *Hermenegild* ein Selbstgespräch, das den inneren Konflikt, in dem er sich

---

[238] „Der gleiche Gott sagt dir:
Ich bin gekommen das Schwert
zwischen Vater und Sohn zu stellen."
[239] „Marschiere! Marschiere!
Lasse deine Unentschlossenheit zurück! Greife zu den Waffen!"
[240] „Halt! Halt! Lasse das Getöse. Greife nicht zu den Waffen!"

befindet, beschreibt.[241] Dieses Selbstgespräch wird immer wieder durch die Stimmen der Tugenden unterbrochen, die ihn entweder zum Kampf oder zur Unterlassung desselben mahnen. (Vgl. Méndez Plancarte 1955, Bd. III, 125.) Auch die Tugenden stehen in einem Widerstreit: *Barmherzigkeit* und *Friede* versus *Wahrheit* und *Gerechtigkeit*: „Tugenden gegen Tugenden" („Virtudes contra Virtudes"). (Méndez Plancarte 1955, Bd. III, 127) Vater gegen Religion. (Vgl. Méndez Plancarte 1955, Bd. III, 128.) Welchen Tugenden wird *Hermenegild* folgen?
Dann erscheint *Grescio*. Er ist Botschafter des Leovigilds und hat den Auftrag, *Hermenegild* zur Einsicht zu bringen. Um dies zu bewerkstelligen, ruft *Grescio* die Geschichte der Westgoten in Erinnerung. Wie in einer filmischen Dokumentation ziehen die Bilder von Schlachten und Siegen an ihm vorüber. Und abschließend fragt er Hermenegild:
„[...] ¿por qué vas por otra parte?
[...],
¿por qué tu quieres, Señor,
seguir a estos miserables
en el castigo, si puedes
en la gloria, a los triunfantes?"[242] (Méndez Plancarte 1955, Bd. III, 132f)

Auch hier arbeitet Sor Juana wieder mit einem Kontrast: 'Strafe' (castigo) versus 'Ruhm' (gloria). In der allgemeinen Logik sind die Entscheidungen klar. Umso mehr muss der „Seitenwechsel" des *Hermenegild* verwundern. Wieso verlässt jemand alle Privilegien, um den Weg des „castigo" zu gehen? Die Wege der Religion und die Religion als solche stehen in der Differenz zum Gewöhnlichen. Sie markieren einen Bruch. Schließt man sich ihnen an, so verändert es alles. Nichts ist mehr wie es war. Die Religion steht für eine neue Ordnung der Dinge. Eine Ordnung, die die Dinge auf den Kopf stellt. Und dies

---

[241] Die Monologe in den Stücken Sor Juanas greifen formal auf das Vorbild der antiken Monologfiguren zurück. Mit der Monologfigur wird die Person im Moment ihres Auftretens auf die Bühne charakterisiert. Durch Rückblicke und Vorverweise erhält der Moment einen Stellenwert innerhalb eines zeitlichen Ablaufs, zu dem sich andere Figuren nach oder vor ihrem Auftreten zur Monologfigur in eine bestimmte Beziehung setzen. „Die Figuren decken sich somit für den Zuschauer nicht mehr mit ihrer Bühnenerscheinung, sie erscheinen in eine zeitliche Kontinuität eingebettet. Er glaubt, vermittels eines Ausschnitts ein ganzes zu überblicken." (Wimmer 1982, 56f) Für das 16. Jahrhundert ist diese Form im Theater nach den mittelalterlichen Aufführungen eine Neuheit, bei denen sich das Ganze im Geschehen eröffnete.

[242] „[...], wieso wechselst du die Seite?
[...],
wieso willst du, Herr,
diesen Elenden in ihrer Strafe folgen,
wo du doch in Ruhm und Triumph leben könntest?"

ist auch der Grund, warum sie für die alte Ordnung der Dinge so bedrohlich ist. Die neue Ordnung steht für eine echte Alternative zur herrschenden Ordnung der Dinge.
In der fünften Szene betritt *Ingundis* die Bühne. Sie hat von dem Gespräch mit dem Botschafter einige Bruchstücke mitbekommen, u.a. dass dieser *Hermenegild* die Härte oder Liebe seines Vaters *Leovigild* in Aussicht stellte, Freundschaft oder Feindschaft, je nachdem, wie *Hermenegild* sich entschließt. Und *Ingundis* bringt alles mit einer Frage auf den Punkt:
„¿qué le intentas responder
a tu Padre?"[243] (Méndez Plancarte 1955, Bd. III, 137)

Vor dem Hintergrund dieser Frage betritt in der sechsten Szene der Metropolit *Leander* die Bühne. Er kennt den Konflikt des *Hermenegild* und er erinnert ihn an die Stelle im Lukasevangelium, wo es heißt, dass der Glaube an den Menschensohn die Söhne und Väter, die Mütter und Töchter, die Schwiegermütter und Schwiegertöchter entzweien wird. Vor Gott zählt nur die Liebe zu Gott. „Amen, ich sage euch: Jeder, der um des Reiches Gottes willen Haus oder Frau, Brüder, Eltern oder Kinder verlassen hat, wird dafür schon in dieser Zeit das Vielfache erhalten und in der kommenden Welt das ewige Leben." (Lk 18,29f)
Aber in dieser Szene geht es um eine weitere zentrale Frage: Ist *Hermenegild* bereit, *Ingundis* und den gemeinsamen Sohn als Pfand im Kampf gegen *Leovigild* auszuliefern, so wie sie es fordern? (Vgl. Méndez Plancarte 1955, Bd. III, 139.) *Hermenegild* ist schockiert, dass er die beiden als lebendige Schutzschilde ausliefern soll. Er wird Frau und Kind im Glaubenskampf gegen seinen Vater nicht ausliefern. Um den wahren Glauben zu verteidigen, wird er allein sein Leben auf's Spiel setzen. (Vgl. Méndez Plancarte 1955, Bd. III, 140.)
In der siebten Szene kommt es zu einem Zwiegespräch zwischen *Leovigild* und (seiner) *Phantasie*. Sie ist es, die in den Stunden der Melancholie zu ihm spricht. Sie folgt ihm wie ein Schatten, dem man nicht entweichen kann.
„¿Quien eres, sombrar fría?"
„La imagen de tu propia Fantasía."[244] (Méndez Plancarte 1955, Bd. III, 143)

Und die *Phantasie* erinnert *Leovigild* an die Geschichte der Westgoten und hebt in besonderer Weise hervor, dass ihr Ruhm und ihre Machtfülle aufs Engste mit der arianischen Religion verknüpft sind. (Vgl. Méndez Plancarte 1955, Bd. III, 144.) Das Auffallende an dieser Szene ist, dass es die *Phantasie* ist, die zu *Leovigild* spricht. Steht doch die *Phantasie* für das Andere der

---

[243] „Was wirst du deinem Vater antworten?"
[244] „Wer bist du, kalter Schatten?"
„Ich bin das Abbild deiner eigenen Fantasie."

Realität. Und in diesem Kontext muss das Zwiegespräch zwischen *Leovigild* und *Phantasie* interpretiert werden. *Phantasie* ist nur noch zu einem Rückblick fähig, ein Bild der Zukunft eröffnet sie *Leovigild* nicht. Hier deutet sich der Untergang der Westgoten sowie ihrer Religion bereits an. Die Religion, die so sehr im Rückblick der *Phantasie* beschworen wurde, ist nicht mehr in der Lage, eine Zukunft zu verheißen. Doch eine Religion ohne eine Zukunft ist ohne Sinn und ohne Bedeutung. Ihr Los ist der Untergang.

Dann erscheint der Botschafter *Grescio* und erstattet von seiner Unterredung mit *Hermenegild* Bericht. Just in dem Moment, wo er damit beginnen will, kommen der arianischen *Bischof Apostasia* wie auch Hermenegilds Bruder *Rekkared*[245] hinzu. Beide wollen wissen, mit welcher Nachricht *Grescio* zurückgekommen ist. Da *Hermenegild* sich in keinster Weise als nachsichtig erwiesen hat, reagiert *Leovigild* mit folgenden Worten:

„¡Oh Hijo rebelde! Oh víbora, que ingrata,
a quien le ha dado el sér, [...]"[246] (Méndez Plancarte 1955, Bd. III, 155)

Weil sich *Hermenegild* so unnachgiebig zeigt, entschließt sich *Leovigild* zum Krieg gegen seinen Sohn. In diesem Entschluss wird er vor allem vom arianischen *Bischof Apostasia* unterstützt:
„Juntas están las armas de tu Imperio.
¡Vénga con ellas tanto vituperio!"[247] (Méndez Plancarte 1955, Bd. III, 156)

Daraufhin antwortet Leovigild:
„Bien dices: [...]
Quien despreció mi amor, logre mi enojo."[248] (Méndez Plancarte 1955, Bd. III, 156)

Allein *Rekkared* ist verhalten. Er sieht dem Krieg mit Schrecken entgegen und bezeichnet den Konflikt zwischen Vater und Sohn als „duro e inhumano" („hartherzig und unmenschlich" (Méndez Plancarte 1955, Bd. III, 156) und er

---

[245] Rekkared (586-601) war der jüngere Bruder von Hermenegild und wird nach dem Tod von Leovigild dessen Nachfolger auf dem Thron. Zehn Monate nach seinem Regierungsantritt konvertiert er zur katholischen Religion (587) und leitet damit zugleich den Übertritt der Westgoten vom Arianismus zur katholische Kirche ein. (Vgl. Ewig 1985, II / 2, 143)
[246] „Oh, widerspenstiger Sohn! Oh Schlange, die sich undankbar jenen gegenüber erweist, denen sie ihr Leben zu verdanken hat."
[247] „Die Armeen deines Reiches stehen bereit.
Räche mit ihnen die vielen Schmähungen."
[248] „Gut gesagt: [...]
Wer meine Liebe verachtet,
der erhält meinen Zorn."

fragt sich, wen er verlieren wird, den Vater oder den Bruder? (Vgl. Méndez Plancarte 1955, Bd. III, 164.)
Der Krieg zwischen Vater und Sohn ist nicht mehr aufzuhalten. Und in einer späteren Szene findet *Rekkared* den verletzten *Hermenegild* in seinem Schloss. Gleichzeitig lässt *Leovigild* den ganzen Palast von seinen Soldaten durchsuchen und schließlich ist er es selbst, der seine beiden Söhne findet. Sogleich befiehlt er den Soldaten, *Hermenegild* in den Kerker zu werfen. Es ist *Leovigilds* Wille, dass *Hermenegild* sich wieder zum Arianismus bekennt und damit die alte Beziehung zwischen Vater und Sohn wieder herstellt. Um einen Weg zu diesem Ziel zu finden, fragt er den *Bischof Apostasia* um Rat. (Vgl. Méndez Plancarte 1955, Bd. III, 170.) Der *Bischof Apostasia* will angesichts des bevorstehenden Osterfestes *Hermenegild* dazu bewegen, das Sakrament der Kommunion aus seinen Händen zu empfangen. Tut er dies, dann kann *Leovigild* ihn als seinen Sohn wieder annehmen, verweigert er aber, müssen härtere Mittel und Strafen angewendet werden. (Vgl. Méndez Plancarte 1955, Bd. III, 173.) *Leovigild* ist dankbar für diesen Vorschlag. Es soll geschehen, wie *Bischof Apostasia* empfohlen hat. (Vgl. Méndez Plancarte 1955, Bd. III, 173.)
Durch diese Zustimmung des *Leovigild* wird das Bild vermittelt, dass der eigentliche Drahtzieher im Glaubenskonflikt zwischen Vater und Sohn der arianische *Bischof Apostasia* ist. *Leovigild* verlässt sich voll und ganz auf dessen Rat und handelt danach. *Leovigild* erscheint hier als jemand, der nicht in der Lage ist, eigenständig zu handeln. Er ist zwar machtvoll, doch er handelt nicht mit Autorität. Vielmehr ist er unsicher und auf den Ratschlag des *Bischofs* angewiesen und dieser hat ganz genaue Vorstellung davon, wie zu handeln ist. Auch hier arbeitet Sor Juana den Unterschied zwischen den beiden Religionen heraus. *Hermenegild* wird auf der Basis des Christentums dazu befähigt, eigenständig zu einem Entschluss zu kommen, ihn zu vertreten und danach zu handeln. *Leovigild* hingegen erfährt in seinem Glauben nur keine Bemächtigung. Der *Bischof* ergreift für ihn die Initiative, er stellt letztlich die Bedingungen auf, nach denen sich erweisen soll, wie mit *Hermenegild* umzugehen ist.
Dann stehen sich *Hermenegild* und der *Bischof Apostasia* gegenüber. Letzterer will ein Glaubenszeugnis von *Hermenegild*, d.h. sein Bekenntnis zur arianischen Religion, und dies in Form des Kommunionempfangs aus seinen Händen. Das Gespräch, das zu diesem Ziel führen soll, beginnt denn auch nicht mit den grundlegenden Unterschieden in den Glaubensbekenntnissen.
„Yo no arguyo, Hermenegildo,
ahora puntos diversos,
en que tus dogmas y míos
difieren [...],

como aquel de si es el Hijo
igual a Su Padre Eterno, [...]"²⁴⁹ (Méndez Plancarte 1955, Bd. III, 178)

Er will über einen Verbindungspunkt die Annäherung suchen. Als Zeichen der Aussöhnung verlangt *Leovigild*, dass *Hermenegild* die Kommunion aus den Händen von *Bischof Apostasia* entgegennimmt.

„[...], y estamos de Pascua en tiempo,
la recibas de mi mano,
pues sólo per este medio
a la gracia de tu Padre
reconciliarte prometo."²⁵⁰ (Méndez Plancarte 1955, Bd. III, 178)

An diesem Punkt hört *Hermenegild* die innere Stimme des Glaubens, die ihn zur Vorsicht und Aufmerksamkeit mahnt. (Vgl. Méndez Plancarte 1955, Bd. III, 178.) Er entgegnet: „undankbare Schlange" („Vibora ingrata") (Méndez Plancarte 1955, Bd. III, 179) und er fährt fort, dass er unter keinen Umständen die Kommunion aus den Händen des arianischen *Bischofs* entgegennehmen will.

„[...] y yo recibir no quiero
de ti, pues no puede ser
verdadero Sacramento."²⁵¹ (Méndez Plancarte 1955, Bd. III, 179)

Daraufhin stellt der *Bischof* Suggestivfragen:
„Pues si bautizado soy
y creo los Evangelios,
y este Misterio (que tanta
difiultad tiene) creo,

---

²⁴⁹ „Ich werde dir, Hermenegild,
nicht die verschiedenen Punkte
zum Vorwurf machen,
in denen deine Glaubenssätze von den meinen
verschieden sind, [...]
wie jener der Wesensgleichheit des Sohnes
mit dem ewigen/himmlischen Vater."
²⁵⁰ „[...], wir stehen in der Osterzeit
und du solltest die Kommunion
aus meinen Händen empfangen,
dies ist die einzige Möglichkeit,
die Gnade deines Vaters
zurückzugewinnen."
²⁵¹ „[...], und ich wünsche es nicht
und werde es nicht empfangen,
weil es nicht das wahre
Sakrament sein kann."

¿por qué de mi mano tú
no los recibes?"[252] (Méndez Plancarte 1955, Bd. III, 179)

Auf diese Frage antwortet *Hermenegild*:
„Que para hacerlo
no tienes autoridad, [...]"[253] (Méndez Plancarte 1955, Bd. III, 180)

Hermenegild spricht dem *Bischof* die Autorität ab, im Zeichen des Christentums zu handeln. Als Bischof, auch als arianischer Bischof hat der die Macht dazu, aber diese wird von *Hermenegild* nicht länger akzeptiert. An dieser Stelle wird der fundamentale Unterschied zwischen Macht und Autorität erkennbar, wie er auch schon an anderen Stellen im Werk von Sor Juana auszumachen war. (Vgl. Kap. 4.) Die Macht der Argumente ist entscheidend, darüber gewinnt das Subjekt Autorität. Doch es sind die Argumente, die dem *Bischof Apostasia* fehlen. Er sucht in Suggestivfragen sein Heil, aber dieser Versuch schlägt fehl. *Hermenegild* überzeugt er damit nicht. Vielmehr ist es so, dass er daran die mangelnde Autorität des *Bischofs Apostasia* festmachen kann. *Hermenegild* hingegen weiß, wovon er spricht, er kann für sich als Subjekt sprechen und gibt sich so als eine Autorität seines Lebens zu erkennen. Und so verwundert es nicht, dass es für ihn ohne jede Bedeutung ist, dass *Apostasia* darauf hinweist, dass er Priester ist und die Weihen empfangen habe. Für *Hermenegild* steht der Entschluss fest: Er wird zur Verteidigung des Glaubens und in Ehrerbietung des Hl. Sakraments der Eucharistie sein Leben als Opfer darbringen. (Vgl. Méndez Plancarte 1955, Bd. III, 181.)
In der letzten Szene stehen zwei Wagen auf der Bühne. Auf dem einen ist ein *Henker* zu sehen und auf dem anderen steht ein Altar mit Hostie und Kelch. Des weiteren befinden sich auf der Bühne zwei Musikchöre sowie der *Glauben* und die Tugenden *Wahrheit*, *Friede*, *Barmherzigkeit* und *Gerechtigkeit*. Hermenegild ist tot, aber durch sein Sterben hat er den „den höchsten Thron" („Solio Supremo") (Méndez Plancarte 1955, Bd. III, 181) bestiegen und „den unvergänglichen Lorbeerkranz" („Laurel Inmortal") (Méndez Plancarte 1955, Bd. III, 181) errungen.
Die Chöre singen:
„¡llore, llore la Tierra.
¡y cante, cante el Cielo!"[254] (Méndez Plancarte 1955, Bd. III, 182)

---

[252] „Ich bin getauft,
ich glaube an die Evangelien
und an das Sakrament
(wenn auch mit Schwierigkeiten),
wieso willst du es dann nicht
aus meinen Händen empfangen?"
[253] „Um das zu tun, fehlt dir die Autorität."

Die *Tugenden* freuen sich über den Sieg, den der *Glaube* davongetragen hat. (Vgl. Méndez Plancarte 1955, Bd. III, 182.) *Hermenegild* wird von allen als „Mártir solo del Sacramento" (Méndez Plancarte 1955, Bd. III, 183) beweint und besungen.

An der Behandlung des Themas des größten Liebesbeweises in der *loa* für *El mártir del Sacramento, San Hermenegildo* wie auch im gleichlautenden *auto sacramental* lassen sich einige zentrale Punkte in Bezug auf das Religionsverständnis von Sor Juana herausarbeiten. An der Figur des San Hermenegild zeigt sich, dass der Ort, an dem Religion entsteht und an dem sie sich bewähren muss, das Prinzip, aus dem sie sich heraus entwickelt, der Mensch selbst in der Geschichte seines Lebens ist. (Vgl. Klinger 1979, 140.) Religion zeigt sich als eine Idee des Lebens, zu der man sich entscheiden muss. „Sie stellt den Menschen vor die Aufgabe, sein Leben aus ihr heraus zu entwerfen und in ihr zu begründen." (Klinger 1979, 179) Und es kann sich erweisen, dass die Frage nach der Religion eine Frage von Leben und Tod ist.

In der Literatur wird diesem Fronleichnamsspiel von Sor Juana keine große Bedeutung beigemessen. Paz hält Sor Juanas Interpretation der Hauptakteure *Leovigild* und *Hermenegild* für zu schematisch: Auf der einen Seite wird *Leovigild* als jemand beschrieben, der unter dem starken Einfluss des arianischen *Bischofs Apostasia* steht, auf der anderen Seite zeichnet sie zugleich das Bild eines Tyrannen. *Leovigild* denkt nur an seine politisch-religiöse Macht, die es zu bewahren und durchzusetzen gilt. Daneben erscheinen *Hermenegild* und *Ingundis* als Vorbilder des Glaubens und der aufrichtigen Liebe. Sor Juana verschweigt den Aufstand des Sohnes gegen den Vater. Ihr Ziel ist es einzig, das Martyrium hervorzuheben. Nach Paz geht es ihr nicht um die Darstellung eines *Hermenegild*, der ehrgeizig wie wohl auch tyrannisch ist. (Vgl. Paz 1991, 5.) Bei Tavard findet sich wiederum eine ganz andere Bewertung. Ihm kommt der eigentliche Kern eines Fronleichnamsspiels, der sakramentale Bezug, zu kurz. „The titel, *The Martyr of the Sacrament, St. Hermenegild*, emphasizes the sacred, rather than the political, aspects of the play. The sacrament comes in accidentally. It appears at the beginning, in the debate of the three students; next, in the king's condition for reconciliation – suggested to him by Apostasy, 'the chief Prelate' of Arianism; in Hermenegild's refusal; and finally, in the assurance, given by the final chorus, that 'this is the Martyr only/of the Sacrament.' The theme is not brought out well by the structure. Juana Inés has not been able fully to integrate her theological emphasis on the eucharist as Christ's finesse into the political an national plot of Hermenegild's history." (Tavard 1992, 56) Entgegen den Positionen von Paz und Tavard halte ich das Fronleichnamsspiel

---

[254] „Es weint, weint die Erde.
Es singt, singt der Himmel."

angesichts der thematisierten Kontraste, der Fragestellung nach wahrer und falscher Religion und der Bewertung von Autorität für bemerkenswert. Gerade bezüglich der Frage nach Autorität wird in diesem *auto sacramental* deutlich, dass potestas nicht zwangsläufig mit Autorität einhergeht. Autorität muss das Subjekt erwerben, Macht kann es erben. Auch wenn die potestas siegt, so hat sie doch nicht die größere Autorität. Und es ist dieser Gedanke, der an dem Konflikt von Vater und Sohn in Zusammenhang mit dem Arianismus und dem Christentum dargestellt und thematisiert wird. Darüber hinaus ist die Frage nach der Autorität auch mit der Frage nach dem Liebesbeweis gestellt. Wem kommt die Autorität in dieser Frage zu: Augustinus oder Thomas von Aquin? Sor Juana macht hier wie auch an anderen Stellen in ihrem Werk (vgl. *Carta atenagórica, Antwort an Sor Philothea, Primero Sueño*) deutlich, dass für sie die Macht der Argumente entscheidend ist. Über die Argumente und die Handlungen gemäß der eigenen Argumentation gewinnt jemand Autorität. Und dieser Vorgang ist eingebettet in den Prozess des Erwachens des Ichs. Er ist ein unerhörter Prozess der Menschwerdung.

Diese Aspekte greift Sor Juana in ihrem *Prolog* für *El cetro de José* sowie in dem gleichnamigen Fronleichnamsspiel auf. Im Prolog wie auch im Fronleichnamsspiel geht es um die Macht der Argumente und die Autorität, die aus ihnen hervorgeht. In beiden zeigt sich die Sprache der Religion als eine, die den Menschen den Weg ins Leben weist.

5.5.5 Der Prolog für *El cetro de José*. Von der Eigenständigkeit und der Autorität, die sich in der Geschichte bewähren müssen

In dieser *loa* behandelt Sor Juana, wie auch im *Prolog* für *El divino Narciso*, das Verhältnis der präkolumbianischen Religionen zum Christentum und umgekehrt. Damit spricht sie Differenzen an, die zwangsläufig in der Begegnung unterschiedlicher Kulturen auftauchen: auf der Ebene der Religion, der Politik, der Gesellschaft. Dabei zeigt sich schon bald, ob die Differenzen positiv genutzt werden und Kreativität freisetzen oder ob sie in die Unterdrückung und Ausbeutung führen, das Gesetz des (vermeintlich) Stärkeren sich durchsetzt. Indem Sor Juana diesen Rahmen wählt, behandelt sie auch das Verhältnis von Neuspanien zu Spanien und wirft zugleich die Frage nach der Eigenständigkeit Neuspaniens auf.

Beim Problem der Eigenständigkeit geht es immer um die Frage nach dem Subjekt. Es muss sich zeigen, ob dieses in der Lage ist, seine Eigenständigkeit und Autorität zu bestimmen und zum Ausdruck zu bringen. Mit der Frage nach der Eigenständigkeit kommen zugleich weitere Zusammenhänge und Konstellationen in den Blick: das Subjekt und sein Verhältnis zur Umwelt, Autorität und Macht sowie die Bedeutung der Sprache. Eigenständigkeit und Autorität werden in der Bewahrung der eigenen Sprache konstituiert, verteidigt und weitergegeben. Dass dem so ist, zeigt der Umgang von Kolonialmächten mit den Sprachen der einheimischen Bevölkerung. Die ursprünglichen Sprachen wurden vielfach verboten und die Sprache der „neuen Herren" zur Amtssprache erhoben. Dies führte dazu, dass mit der Einführung fremder Amtssprachen und dem oftmals einhergehenden Verbot einheimischer Sprachen die Identität der Bevölkerung gebrochen werden konnte. Dies hatte zur Folge, dass die Bewahrung und das Wissen um die eigene Sprache zu einem subversiven Akt wurde. Dieses Faktum zeigt, dass ein Subjekt Eigenständigkeit und Autorität nicht ein für alle Mal besitzt, sondern dass diese immer wieder neu durchgesetzt und verteidigt werden müssen. Sie müssen sich in der Geschichte bewähren.

Neben diesem Thema zeigt die Bearbeitung darüber hinaus, dass Sor Juana die Auffassung vertritt, dass in früheren Religionen schon Vorzeichen und Ankündigungen des Christentums enthalten sind.[255] Ihr Standpunkt lässt sich daran festmachen, dass sich in der *loa* für *El cetro de José* die Position nicht durchsetzen kann, die für die vollkommene Zerstörung der präkolumbianischen Religionen steht. Vielmehr werden die „alten Religionen" zur „neuen Religion" in Beziehung gesetzt, angenommen und transformiert.

Im Rahmen der *loa* für *El cetro de José* treten folgende Sprecher auf: *Fides, Gesetz der Gnade, Gesetz der Natur, Natur, Idolatrie, Musik*. Die Beziehungen von *Fides, Gnade, Gesetz der Natur* und *Natur* sind symmetrisch, d.h., *Gesetz der Natur* setzt sich zur *Gnade* in Beziehung und *Natur* zur *Fides*. Ort des Geschehens ist die „Neue Welt", die vor noch nicht langer Zeit zum Christentum bekehrt worden ist. Zu Beginn der *loa* betreten *Fides, Gnade, Gesetz der Natur* und *Natur* die Bühne und sie besingen das Bekehrungsprojekt. *Gesetz der Natur* begrüßt *Gnade* mit den folgenden Worten:

„[...], ¡oh, divina
Ley de Gracia!, a darme salgas,
con tus divinos preceptos,
la perfección que me falta;
que como vivo sin ti
en tinieblas de ignorancia,
aun mis perfecciones mismas
sin ti están como apagadas."[256] (Méndez Plancarte 1955, Bd. III, 184f)

---

[255] Dieser Standpunkt wurde von ihr ja schon in der *loa* für *El divino Narciso* vertreten und kommt hier abermals zum Ausdruck.
[256] „Göttliches Gesetz der Gnade,
bringt mit göttlichen Geboten
die Vollendung die mir mangelt,
denn ich lebe ohne dich
in der Dunkelheit befangen,
meine besten Kräfte selbst
bleiben ohne dich im argen."

Die Gnade wird hier als jene charakterisiert, die *Gesetz der Natur* (Ley Natural) erst zu sich selbst, zu ihrer Vollendung geführt hat. Erst durch die *Gnade* ist sie aus der Dunkelheit herausgetreten. Mit der Hilfe und dem Beistand der *Gnade* hat sie ihre Kräfte und Potenziale entdecken und entwickeln können. Unter deren Mitwirkung konnte sie ihrer eigentlichen Berufung folgen, und dies ist Anlass zum Jubel und zur Freude. *Gesetz der Natur* hat das Projekt ihres Lebens erkannt und ist ihm nachgegangen, sie ist sie selbst geworden:

„[...], te recibo haciendo salva,
alegre, festiva, contenta y ufana."[257] (Méndez Plancarte 1955, Bd. III, 185)

Auch *Natur* stimmt in den Jubel ein, denn *Fides* erlässt ihre Schuld und ihren Irrtum:
„[...], espero de mis defectos
y errores ser perdonada;"[258] (Méndez Plancarte 1955, Bd. III, 185)

Doch bevor *Fides* auf *Natur* antwortet, bezieht *Gnade* sich auf *Gesetz der Natur*.[259] Sie betont, dass „die höchste Macht" (el Sumo Poder) es wünscht, dass sie Schwestern sind.
„[...], tan una, que no hay distancia
entre las dos, sino sólo
que nos habemos entrambas,
tú como la parte, y yo
como el todo que la abraza,
pues la Ley Natural es
parte de la Ley de Gracia."[260] (Méndez Plancarte 1955, Bd. III, 185)

Auch *Fides* freut sich über die Huldigung.
„[...] Y supuesto que
del regocijo la causa

Die Übersetzungen zu dieser *loa* sind allesamt von Fritz Vogelsang übernommen.
[257] „[...], laß mich grüßend dich empfangen,
so froh, so festlich heiter und so strahlend."
[258] „[...], meine Schuld und meinen Irrtum,
wie du kündest, mir erlassen; [...]"
[259] Der Aufbau verdeutlicht die symmetrische Beziehung der vier allegorischen Figuren.
[260] „[...], solln vereinigt sein so nah,
daß wir beide uns umschlingen,
du ein Stück von mir: das Ganze
ich, indem ich dich umfassend, unsere Einheit in mir halte,
denn Gesetznatur ist Teilstück
nur vom Allgesetz der Gnade."

es la nueva conversión
de las Indias conquistadas, [...]"[261] (Méndez Plancarte 1955, Bd. III, 186)

Fides möchte angesichts des gelungenen Bekehrungsprojektes ein Zeichen setzen und bittet die anderen drei, ein solches Zeichen auszuwählen, indem sie spricht:
„[...], será bien que por memoria
de gloria tan señalada,
algún padrón levantemos;
y así, ved cuál os agrada."[262] (Méndez Plancarte 1955, Bd. III, 187)

Natur und *Gesetz der Natur* gehen darauf ein und schlagen vor, die anfängliche Ordnung wiederherzustellen, die durch die *Idolatrie* verdorben worden sei. *Natur* sagt:
„El que más me agrada a mí
es que demuelas las Aras
donde mi sangre se vió
tantas veces derramada."[263] (Méndez Plancarte 1955, Bd. III, 187)

Und *Gesetz der Natur* stimmt zu und fügt an:
„A mí también, añadiendo
que pues me hace repugnancia
al Contrato Natural
admitir Mujeres tantas, [...]"[264] (Méndez Plancarte 1955, Bd. III, 187)

Dann meldet sich *Gnade* zu Wort, die die beiden anderen für ihre Worte lobt, doch zugleich fügt diese an, dass sie in ihrer Welt des Denkens, in ihrer Sprache und ihrer Ordnung der Dinge verhaftet bleiben. Sie lassen sich nicht

---

[261] „[...] Weiß ich doch, warum du jubelst:
über die neuen Bekehrungen,
über das eroberte India, [...]"
[262] „Nun, wohlan denn, zum Gedächtnis
laßt uns dieser Wundertat
irgendwie ein Zeichen setzen!
Wählt euch eines nach Gefallen!"
[263] „Wenn's nach meinem Wunsche geht,
sollen die Altäre fallen,
die den Kindern meines Blutes,
ach, so oft die Schlachtbank waren."
[264] „Einverstanden, und ich füge eins hinzu,
denn mir ein Abscheu,
dem natürlichen Gesetze widerlich
und nicht zu tragen ist die Vielweiberei."

auf das Neue ein, das durch die Begegnungen in der „Neuen Welt" aber angebrochen ist:
„Pues habéis hablado entrambas,
sin salir de aquella esfera
que vuestro discurso alcanza, [...]"²⁶⁵ (Méndez Plancarte 1955, Bd. III, 188)

Und sie sind auch nicht in der Lage, das Neue in eine Sprache zu bringen, die diesem entspricht. Sie sind „eingeschlossen" und „befangen". Sie sprechen noch in der Sprache der alten Ordnung der Dinge, aber diese ist nicht mehr in der Lage, das, was geschehen ist und was sich zukünftig ereignet, beim Namen zu nennen und auf die neue Ordnung hin zu überschreiten. Dies wird daran deutlich, dass die eine nur die blutigen Opfer sieht und die andere die Willkürhandlungen, die die Naturgesetze überschreiten. Aber *Gnade* richtet ihr Augenmerk auf „den ersten Grund" (la Primer Causa) (Méndez Plancarte 1955, Bd. III, 188), den Ursprung, ihr Augenmerk. Sie fordert nicht die Zerstörung der Altäre, sondern deren Säuberung:
„Mas yo, como Ley Divina,
que atiendo a la Primer Causa
como a lo más principal,
por de mayor importancia
tengo el quitar del Altar
las sacrílegas estatuas
de sus falsos Dioses, [...]"²⁶⁶ (Méndez Plancarte 1955, Bd. III, 188)

Und indem sich die *Gnade* auf den Anfang bezieht, regt sie zugleich das Nachdenken über die gegenwärtige Situation an. Der Bezug auf den Anfang bestimmt das Verhalten und die Lösung in der gegenwärtigen Situation. In jedem Anfang ist ein Ende mitgesetzt und in jedem Ende offenbart sich etwas über den Anfang. Um vor der gegenwärtigen Situation bestehen zu können, erinnert *Gnade* an den Anfang, an den ersten Grund. Dieser ist die Basis, auf der die Auseinandersetzung mit den fremden Religionen und den fremden Göttern geführt werden muss. Die Frage nach dem wahren Gott stellt sich hier im Gegenüber anderer Religionen und anderer Götter. Die anderen Götter

---

[265] „Wohl gesprochen. Eure Sprache
bleibt in euer beider Welt
eingeschlossen und befangen."
[266] „Aber ich, die Gottgesetzte,
richte auf die erste Sache,
auf das Wesen meinen Sinn,
und ich halte drauf, vor allem
den Altar zu säubern von
Götzenbildern, gottverhaßten
lügnerischen Statuen."

stehen in Differenz zu Gott. Soll aber wirklich etwas über Gott gesagt werden, dann ist eine Auseinandersetzung mit ihnen unumgänglich. Die Zerstörung ihrer Altäre ist vor diesem Hintergrund nur eine scheinbare Lösung des Problems der fremden Götter. Die eigentliche und notwendige Kontroverse wird jedoch nicht geführt. Doch erst auf dem Boden der Benennung der Divergenz ist Rede von Gott als Gott möglich. Die Antworten der anderen und ihr Glaube sind zu respektieren, aber sie sind nicht das Maß der Dinge. Ihre Götter sind zu achten, aber nicht zu verehren. Beide stehen sich gegenüber und diese Konstellation ist konstitutiv für die Rede von Gott, wie *Gnade* hier zeigt. Mit ihrer Position steht die *Gnade* somit nicht für die Zerstörung des Bestehenden, sondern für dessen Transformation. Diese wird möglich durch die Begegnung des Bestehenden mit dem Außen der neuen Religion. Und zugleich macht *Gnade* deutlich, dass sie eine neue Ordnung der Dinge ankündigt und verfolgt. Eine neue Ordnung der Dinge, die die Grenzen des Bestehenden wie die Grenzen der Sprache überschreitet. Mit ihr kommen neue Dinge zur Sprache und gewinnen Realität. Die Sprache ist es, die neue Räume erschließt und einen konstruktiven Umgang mit den Dingen erst möglich macht.

Fides lobt die Positionen. Sie haben wohl gesprochen. Und sie will ein Zeichen setzen, doch dies nicht in Form eines Abbildes, sondern als „wahre Substanz" (propia Substancia) (Méndez Plancarte 1955, Bd. III, 189). In diesem Zeichen sollen die Absichten der drei anderen mit aufgenommen und realisiert werden:
„Demás de que mi propuesta
todas las vuestras abraza:[...]"[267] (Méndez Plancarte 1955, Bd. III, 189)

Auf den Altären, wo Menschenblut geflossen ist, soll das Sakrament der Eucharistie gefeiert werden. (Vgl. Méndez Plancarte 1955, Bd. III, 188f.) *Fides* schließt folglich alle Wünsche in ihren Plan ein. Sie nimmt die Anregungen der anderen auf und verdeutlicht abermals, dass es ihr um Transformation des Bestehenden und nicht um dessen Unterdrückung geht. Damit das Zeichen entsteht, werden die *Cherubime* gerufen und *Fides* bittet *Gnade* zu beginnen.
„Ley de Gracia, me aventajas
en que yo una Virtud soy,
y tú todas las abrazas."[268] (Méndez Plancarte 1955, Bd. III, 190)

---

[267] „Damit schließ ich eure Zeichen alle ein in meine Absicht."
[268] „Gnadenfreundin, geh du voran. Ich bin eine Tugend nur, du aber bindest uns zum Kranz."

Gnade ist jene, die die Kräfte der anderen sammeln und binden kann und sie somit erst zu ihrer Stärke führt. An dieser Stelle meldet sich die *Idolatrie* das erste Mal zu Wort. *Idolatrie* spricht für die Indios. Sie rechtfertigt und verteidigt die alten Riten und Gebräuche. (Vgl. Méndez Plancarte 1955, Bd. III, 193.) Es kommt zu einer Auseinandersetzung über die Götter und Gott. Die Götter wollen, je erhabener sie sind, immer konsequentere Opfer.[269] Gott hingegen verhält sich anders: Er will keine Blutopfer von den Menschen. Es ist irrig zu glauben, dass ein liebender Gott, der der Welt das Leben schenkt, Leid und Tod vom Menschen verlangt. Und selbst vom Sünder will Gott, so *Gnade*, nicht, dass er stirbt, sondern dass er lebt:

„[...], pues no se puede creer
que al Dios que tanto nos ama,
que nos dió el sér y la vida,
nuestro mal y muerte agrada.
Sí, porque del pecador
no quiere Su Soberana
Majestad que muera, sino
que viva, y viva en Su gracia."[270] (Méndez Plancarte 1955, Bd. III, 194)

Der Gott, der *Idolatrie* verkündet wird, will das Leben der Menschen und nicht ihre Opfer oder ihren Tod. Dieser Gott erweist sich als liebender Gott, der das Leben schenkt. Vor diesem Hintergrund ist es auch verständlich, dass er keine Menschenopfer will. Diese Form des Liebesbeweises der Gläubigen will er nicht. Dieser Gott ist nicht eitel. Der Gott der Christen verlangt keine Menschenopfer. Dies belegt auch die Perikope von der Errettung Isaaks, dessen Tötung durch seinen Vater Gott nicht zulässt. (Vgl. Gen 22,1-19.) Der Gott der Christen und der Glaube an ihn stehen sichtbar für eine neue Ordnung der Dinge. Gott will die Menschenopfer nicht.

Zunächst wehrt sich *Idolatrie* heftig, vor allem gegen *Fides*, „die ihr die Krone" („privándome la Corona") (Méndez Plancarte 1955, Bd. III, 192) entriß. Aber schließlich fehlen ihr doch die Argumente. Sie ist überzeugt worden und bekennt dies mit den Worten:

---

[269] „[...], porque si a Deidad más alta
se debe mejor ofrenda, [...]"(Méndez Plancarte 1955, Bd. III, 1194)
„Denn die Gottheit, je erhabener,
desto feineres Opfer will sie."
[270] „Unnatürlich ist's zu glauben,
daß ein liebender Gottvater,
der uns Welt und Leben schenkte,
Leid und Tod von uns verlangt.
Nicht einmal vom Sünder will
Gott in seinem hohen Rate, daß er sterbe, sondern lebe,
ewig leb' in seiner Gnade."

"Yo no entiendo de cuestiones.
Bárbara soy; y me faltan,
para replicar, principios."[271] (Méndez Plancarte 1955, Bd. III, 194)

Diese Stelle ist insofern von Bedeutung, als hier deutlich wird, dass die Verkündigung des Glaubens eine Verkündigung von Worten und Taten ist. In der Sprache muss sich das ankündigen und vernehmbar werden, was durch die Handlungen überprüfbar wird. Die Sprache der Religion setzt dabei auf Überzeugung und die Macht der Worte. Und in der Auseinandersetzung mit dem Wort zeigt sich, wer die besseren Argumente hat, wessen Position sich durchsetzt. Im Fronleichnamsspiel erweist sich die Religion des Christentums als jene, die die Macht der Überzeugung hat. *Idolatrie* gehen die Argumente aus.
Aber *Idolatrie* will nicht auf alles verzichten, wenigstens ein kleines Opfer sollte gestattet bleiben. Wenn schon die Menschenopfer aus den eigenen Reihen verboten sein sollen, könnten doch die Gefangenen geopfert werden.[272] Eine Bitte, die die anderen empört. Menschenopfer sind eine Grausamkeit, gleich wen sie treffen, Menschen aus den eigenen Reihen oder Gefangene. Diese Opfer sind barbarisch, sie gehen gegen die Natur. *Natur* erbarmt sich aller Menschen, denn sie sind aus ihr hervorgegangen, und *Gnade* betont, dass bei einem Angriff auf die Geringsten sie selbst angegriffen werde.
„Cualquiera es muy suficiente
a injuriar la Ley de Gracia,
pues toda la Ley ofende

---

[271] „Ungewandt bin ich im Rechtsstreit,
bin Barbarin und bin bar aller Gegenargumente."
[272] Dieser Einwand von *Idolatrie* erinnert an die Praxis der „Blumenkriege", deren wichtigstes Ziel darin bestand, für die Nahrung der Götter zu sorgen. „Der letztgenannte Grund, für die Nahrung der Götter zu sorgen, die durch das Blut menschlicher Opfer sichergestellt wurde, entwickelte sich immer stärker zum beherrschenden Motiv des Blumenkrieges. Deshalb wurde unter König Motecuçoma I. zwischen dem Dreibund der Städte México-Tenochtitlan, Tezcoco und Tlacopan einerseits und andererseits einigen außerhalb dieses Bundes stehenden Stadtstaaten ein regelrechter Vertrag über eine periodische Veranstaltung des Blumenkrieges abgeschlossen; nach einigen Angaben sollte er alle zwanzig Tage, also einmal in jedem aztekischen Monat, stattfinden. Dabei wurde vereinbart, daß zwischen den teilnehmenden Staaten auf einem abgegrenzten Gelände ein Kampf veranstaltet werden sollte, der grundsätzlich nur dem beiderseitigen Erwerb von Gefangenen diente, aber in keinem Fall wirtschaftliche Nachteile, Veränderungen des territorialen Besitzstandes oder gar den Verlust der politischen Selbständigkeit der beteiligten Staaten zur Folge haben sollte. Die Tendenz des Blumenkrieges war es also, sich ausschließlich aus kultischen Motiven einen regelmäßig zu erneuernden Vorrat an Gefangenen für die Menschenopfer zu sichern. Diese Praxis zeigt, daß die sakrale Tötung zu einem unentrinnbaren Zwang geworden war, dem man sich nicht zu entziehen können glaubte." (Lanczkowski 1984, 96; vgl. ders. 1989, 53.)

el que un precepto quebranta."²⁷³ (Méndez Plancarte 1955, Bd. III, 195)

Die Darstellung der Indios, die Sor Juana hier am Beispiel der allegorischen Figur der *Idolatrie* vornimmt, betont die barbarischen Aspekte ihrer Religion stark. So baut sie den Kontrast zwischen den Göttern und dem einen Gott, der barbarischen Religionen und der lebensspendenden und bewahrenden Religion des Christentums auf. Diese Darstellung ist sehr schematisch und oberflächlich. Gleichwohl ist zu sagen, dass Sor Juana im Verlauf der *loa* auf *Idolatrie* eingeht und ihre Argumente aufgreift. *Idolatrie* wird schließlich überzeugt, dass nur ein Gott anzubeten und zu verehren ist. Aber sie besteht nach wie vor darauf, die alten Opfer beizubehalten, und dies aus zwei Gründen:
„Por dos causas:
la primera es el pensar
que las Deidades se aplacan
con la víctima más noble;
y la otra es que, en las vïandas,
es el plato más sabroso
la carne sacrificada, [...]"²⁷⁴ (Méndez Plancarte 1955, Bd. III, 195f)

Fides verwirft diese Forderung der *Idolatrie* nicht sogleich, sondern sie geht darauf ein. Sie nimmt den Gedanken in ihrer Gegenargumentation auf. In diesem Vorgehen wird die theologische Position Sor Juanas im Umgang mit den fremden Göttern und Religionen deutlich. Gott löscht die Eigenart, das Eigene nicht ein für alle Male aus, sondern die Eigenarten sollen durch die Gnade und den Glauben an den einen Gott transformiert werden.
„Aguarda.
¿No dices que un Sacrifcio
quieres de Víctima Humana,
porque aplaca la Deidad,
y que éste mismo, en Vïanda,
no sólo cause deleite,
sino qu dé dilatada

---

²⁷³ „Der Geringste, den du angreifst:
schon beleidigst du die Gnade.
Wer ein einziges Gebot
bricht, verletzt die ganze Satzung."
²⁷⁴ „Erstens weil sie ihre Götter
mit der köstlichsten der Gaben
besser zu versöhnen hoffen;
zweitens, weil beim Opfermahle
jenes Fleisch besonders mundet,
das dem Gott geschlachtet war."

vida a los que le gustaren?
[..]
Pues yo pondré en las Aras
un Holocausto tan puro,
una Víctima tan rara,
una Ofrenda tan suprema,
que no solamente Humana,
mas también Divina sea;
y no solamente valga
para aplacar la Deidad,
sino que La satisfaga
enteramente; y no sólo
delicias de un sabor traiga,
sino infinitas delicias;
y no solamente larga
vida dé, mas Vida Eterna.
[...]
La Eucaristía Sagrada,
en que nos da el mismo Cristo
Su Cuerpo, en que transubstancia
el Pan y el Vino."[275] (Méndez Plancarte 1955, Bd. III, 197f)

---

[275] „Hör mich an:
Was du forderst, war ein Opfer,
wo der Mensch wird dargebracht,
um die Gottheit zu versöhnen,
und zugleich im Opfermahle,
außer dem Genuß des Fleisches,
denen, die sich daran laben,
noch das Leben wird verlängert.
[...]
Wohlan, ich will ein andres,
will ein reines Sühneopfer setzen,
ein seltne Gabe, eine allerhöchste bieten:
nicht allein nach Menschenart,
auch noch göttlich soll sie sein.
Nicht allein von solcher Kraft,
daß die Gottheit wird besänftigt,
auch genug wird ihr getan, völlig;
nicht allein Genuß gibt sie euch,
auch höhre Labe, ungemeßne Seligkeit;
nicht allein ein Leben lang,
auch das ewige dazu.
[...]
Das heilige Abendmahl,
das uns Christus selbst reicht,

Idolatrie führt an, dass sie von den Predigern verschiedentlich von dem Glaubensgeheimnis der Eucharistie gehört habe. Aber die Tatsache, dass sich Christus in Brot und Wein verwandelt, kann sie nicht verstehen. Und sie bittet nun *Fides*, ihr dies Geheimnis zu erklären. (Vgl. Méndez Plancarte 1955, Bd. III, 198.) Daraufhin lädt *Fides Idolatrie* ein, dass *auto sacramental El Cetro de José* anzuschauen. (Vgl. Méndez Plancarte 1955, Bd. III, 199.) Dieses Stück wird alle ihre Fragen beantworten.

Doch zuvor will *Natur* noch das Zeichen errichten, aber darauf antwortet *Fides*:

„¿Que más padrón, qué ganancia
mayor hay para la Fe,
que el que se reduzca una Alma,
pues esculpe en ella misma
eterno el Laurel que alcanza?
[...]
¡ Que cuando se venera
la Eucaristía Sacra,
los padrones de Fe
se erigen en las Almas!"[276] (Méndez Plancarte 1955, Bd. III, 199f)

Hier geht es um den Kontrast zwischen den Zeichen aus Marmor und Stein und den lebendigen Zeichen, Zeichen aus Fleisch und Blut. Jene Zeichen, die Menschen setzen, Zeichen mit Herz und Verstand, sind mehr wert als alle anderen. Der Mensch, das einzelne Subjekt steht im Mittelpunkt des Glaubens. Dafür steht auch diese *loa*. *Idolatrie* ist das Subjekt, um den sich der *Glaube* bemüht. Dieses Subjekt ist kein Bekehrungsobjekt. In der Auseinandersetzung mit ihm soll der Weg der Menschwerdung aufgezeigt werden. Und Menschwerdung ist dort möglich, wo das Subjekt die Sprache und die

---

ist sein Leib, denn er verwandelt uns
zu Brot und Wein."
[276] „Wozu Zeichen? Welches höhre
Denkmal gibt es für den Glauben,
als daß eines Menschen Seele
sich bekehrt? In diesem Marmor
meißelt sich der ewige Ruhm.
[...]
Das heilige Abendmahl,
wenn gläubig wir's begehen
die Zeichen allzumal
in unsren Seelen stehen."
An diesem Punkt wird auch explizit auf die Funktion des *auto scramental* benannt: Es dient allgemein der Unterweisung in Glaubensfragen wie der Erbauung.

Argumente für sein Denken und Handeln gewinnt und so einen Entwurf von sich her entwickeln kann. Menschwerdung geschieht dort, wo das Subjekt eine Ahnung von dem bekommt, was alles möglich ist, auch mit ihm selbst. Geschieht dies, dann ist der erste Schritt im Projekt des Lebens der Menschwerdung getan. Dies zu verkünden ist das Ziel des Glaubens. Dass Gott dabei keinen Liebesbeweis fordert, ist das Zeichen der Liebe Gottes gegenüber dem Subjekt. Er lässt dem Subjekt die Freiheit, den Glauben zu gestalten, und fordert nicht die alten Opfer.
Damit der Zusammenhang von Opfern, die Gott wohlgefällig sind, und denjenigen, die er ablehnt, deutlicher wird, lädt *Fides Idolatrie* ein, das Fronleichnamsspiel *El cetro de José* zu schauen.

5.5.6 Das Fronleichnamsspiel *El cetro de José*. Ein Stück über die Religion oder Die Geschichte als Allegorie

Das *auto sacramental El cetro de José* gehört in die Gattung der *„auto sacramentales Vétro-Testamentarios"*[277], d.h., es basiert auf einer alttestamentlichen Erzählung. Das Stück besteht aus fünf Bildern mit insgesamt fünfundzwanzig Szenen. Die Handlung dieses *auto sacramental* bewegt sich auf zwei Ebenen: die eine folgt der alttestamentlichen Erzählung von Josef, der von seinen Brüdern verkauft wird und der durch seine prophetischen Gaben sogar zum Ratgeber des Pharaos wird. Die zweite, parallel laufende Handlung ist ein Kommentar des ersten Geschehens durch *Luzifer* und seine Begleiter: *Klugheit*, seine Gattin, *Unterstellung* und *Neid*. Die Kommentare von *Luzifer* und seinen Begleitern, denen an einigen Stellen von der *Prophetie* und dem *Wissen* widersprochen wird, sind sehr plastisch. Der Zuschauer sieht nicht nur mit den Augen das Geschehen auf der Bühne, sondern hört es auch mit den Ohren. Letzteres gilt vor allem für die Kommentare der scharfsinnigen und wortgewandten *Dämonen*. Ziel dieses Fronleichnamsspiels ist es, deutlich zu machen, dass auch die teuflischen Wesen die Bedeutung der Geschichte Josefs nach und nach begreifen. Sie erkennen, was sich mit ihm ankündigt und dass ihre Macht nur noch von vorübergehender Dauer ist. Im Verlauf des *auto sacramental* entdecken die „Kommentatoren" in Josefs Handlungen den eigentlichen Sinn und die eigentliche Bedeutung der Geschichte: Sie ist ein Hinweis auf die Heilstaten Christi.[278] Hierin wird auch der Grundzug des Aufbaus deutlich: In der

---

[277] Calderón hat viele *autos sacramentales* dieser Gattung geschrieben, von Sor Juana stammt nur dieses eine Stück. (Vgl. Méndez Plancarte 1955, Bd. III, LXXXII.)
[278] Die Deutung Josefs als Vorläufer und Ankündiger des Erlösers Jesus Christus ist seit den Zeiten der Kirchenväter eine theologische Selbstverständlichkeit. (Vgl. Wimmer 1982, 33.) Im deutschsprachigen Jesuitentheater gibt es eine Vielzahl von Aufführungen, die sich mit

Vergangenheit sind bereits die Zeichen der Zukunft sichtbar. Die Heilstaten Gottes fallen nicht vom Himmel, sondern sie kündigen sich in der Welt, in der Geschichte von Menschen an. Dies wird z.B. in der Erinnerung an Adam und Eva (vgl. Méndez Plancarte 1955, Bd. III, 204) deutlich. Obgleich sie sich versündigten und des Paradieses verwiesen wurden, hatte Gott Einsehen mit ihrem Geschlecht. Maria wird den Retter der Schöpfung gebären, der die Erlösung bringt.
Ein weiteres Zeichen mit zukunftsweisendem Charakter ist der Namen Josefs. Er bedeutet: Mehrung Gottes. (Vgl. Méndez Plancarte 1955, Bd. III, 210.) So fragen sich die *Dämonen* im *auto sacramental*, welches Geheimnis sich hinter diesem Namen verbirgt. *Luzifer* weist diese Frage mit folgenden Worten zurück: „[...] lo Infinito ni crece ni decrece [...]"[279] (Méndez Plancarte 1955, Bd. III, 210) Doch *Klugheit* argwöhnt, dass sich dennoch hinter dem Namen mehr verbirgt, und die *Unterstellung* fährt fort:
„Digo que temo, en fin, que aunque Infinita
es la Escencia Divina, en ella admita
otra Naturaleza,
que (aunque no crezca nada su grandeza),
por no haberla tenido antes de ahora,
pueda llamarse Aumento. ¿Quién lo ignora?
Y sin que de ser deje lo que ha sido,
pueda el sér recibir, que no ha tenido."[280] (Méndez Plancarte 1955, Bd. III, 211)

Die Botschaft ist deutlich: Im Namen Josef müssen die Dämonen ihre zukünftige Niederlage entziffern. Die Geschichte Josefs wird zur Allegorie und zum Hinweis auf die Menschwerdung Gottes. Durch die Worte und Taten Josefs werden die Menschen auf ihre Erlösung vorbereitet. Dies belegt auch jene Szene, in der *Prophetie* das Wirken Jesu und seiner Jünger ankündigt sowie das Abendmahl:
„Esta Mesa es de otra Mesa,
y estos Doce de otros Doce,

---

dieser Thematik beschäftigten. Vgl. hierzu die Veröffentlichung von Wimmer (1982), der am Beispiel des ägyptischen Josef das Jesuitentheater in Deutschland untersucht.
[279] „[...], das Unendliche wächst nicht und schrumpft nicht."
[280] „Das heißt, mir schwant, daß Gottes Wesenheit,
obwohl unendlich, annimmt ungescheut
auch sterbliche Natur,
die man (obwohl sie Ihn um keine Spur
erhöht) als neu erworbenes Moment
doch wohl zu Recht – wer zweifelt? – Mehrung nennt.
Ohne sein Urgrundwesen aufzugeben,
kann Er sich einverleiben anderer Leben."

[...]
y allá será el Pan de Vida,
cuando deje de ser Pan.
[...]
y otro Benjamín, allá
será a todos preferido."[281] (Méndez Plancarte 1955, Bd. III, 241f)

In diesem *auto sacramental* werden die *Dämonen* zu Deutern der Heiligen Schrift. Und damit deuten sie zugleich ihre Bedrohung und ihren Untergang. In der letzten Szene sehen die teuflischen Wesen *Jakob* auf seinem Sterbebett, umgeben von seinen Söhnen. *Jakob* verabschiedet sich von ihnen und er küsst am Ende Josefs Stab, der an der Spitze ein Brot trägt. Dies ist ein Hinweis auf die Eucharistie, von Christus eingesetzt, um die Menschen zu erlösen. Dieser angekündigten Erlösungstat müssen die Dämonen entgegensehen, ein Aufhalten der Geschichte wird nicht möglich sein. Die Dinge werden ihren Lauf nehmen.

Im Gegensatz zum Fronleichnamsspiel *El divino Narciso* spricht *Luzifer* hier nicht als Echo, sondern er wird zum Deuter der Schrift. Er und seine Begleiter verfolgen das Geschehen interessiert und ahnen zunächst nicht, was sich ihnen offenbaren wird. Sor Juana betont durch die Struktur des Fronleichnamsspiels die Ankündigung des Heilswillen Gottes in der Geschichte sowie die Tatsache, dass alle in der Lage sind, die Zeichen Gottes zu verstehen, wenn sie sich darauf einlassen. Selbst der Teufel versteht die Dinge, die geschehen sollen. Und indem er dies tut, besteht die Möglichkeit der Umkehr. Die Erkenntnis ist die Basis dieser Umkehr. Sor Juana betont hier die Erkenntnisfähigkeit des Subjektes vor Gott und damit die Chance, dem Leben eine Wendung zu geben, Mensch zu werden.

Der Prozess der Menschwerdung beruht auf der Erkenntnis und auf der eigenen Sprache. In ihrem Langgedicht *Primero Sueño* behandelt Sor Juana die Suche nach der Erkenntnis. Sie entdeckt, dass der Schlüssel dazu im Subjekt liegt – im Erwachen des Ich, aufgrund der eigenen Sprache.

---

[281] „Dieser Tisch steht für einen anderen Tisch
und diese zwölf für andere zwölf,
[...]
und das Brot des Lebens wird zugegen sein,
wenn es kein Brot mehr sein wird,
[...]
und ein anderer Benjamin wird dort sein,
vor allen bevorzugt."

6. Die Religion, eine Macht im *Ersten Traum* – Das Erwachen

Sor Juana bietet mit ihrem Gedicht *El Primero Sueño* den LeserInnen einen Einblick in ihr Denken und Sprechen, Hoffen und Begehren, Scheitern und Erwachen.[282] Der *Primero Sueño* ist eines ihrer persönlichsten, wenn nicht gar das persönlichste Gedicht. (Vgl. Ibsen 1989, 73.) Sor Juana legt mit dem *Primero Sueño* ein Bekenntnis ihres Glaubens ab, eines Glaubens, zu dem das Scheitern gehört. Eines Glaubens, der aus den Illusionen in die Realitäten der Welt und der Zeit hinüberführt. Eines Glaubens, der zu seiner Realisierung notwendig in der Schöpfung beheimatet ist. Eines Glaubens, der die Subjektwerdung und die Selbstentfaltung des Menschen fördert und Basis ihres Erwachens ist. Eines Glaubens, der sprachfähig macht und Mittel ist, Mächten und Gewalten zu widerstehen. Eines Glaubens, der befähigt, in der Ohnmacht nicht unterzugehen, sondern in ihr sprachfähig zu werden. Eines Glaubens, der über das Partikulare, die Erfahrungen des Subjektes einen Zugang zu der ganzen Welt eröffnet und sich in der Partikularität eines Lebens bewährt. Das Subjekt ist eine wichtige Größe im Glaubensbekenntnis der Sor Juana, es ist der Prüfstein des Glaubens. Wissend, dass sich in der Partikularität zeigt, ob die universalen Maßstäbe des Glaubens realisiert werden können oder vor ihr versagen. Im Partikularen meldet sich das Unerhörte zu Wort. Dort wird die Frage aufgeworfen und beantwortet, wo der Ort ist, das Unerhörte zu erhören, und wer es erhört. Dabei offenbart sich Gott Sor Juana als jener, der nicht blinden Gehorsam und die Aufgabe der eigenen Subjektivität verlangt, sondern das fragende und erkennende Subjekt als PartnerIn will. Und es ist dieser Gott, an den Sor Juana glaubt, den sie sucht und dem sie ihr Leben und Werk weiht. „Sor Juana's ideal God was not, as we will also see in Primero Sueño, one to demand blind faith and unconditional obedience from disempowered and unthinking subjects." (Feder 1992, 478)

Aber der Glaube und mit ihm das Erwachen, die Erkenntnis der Bedeutung der eigenen Subjektivität und die Sprachfähigkeit fallen nicht vom Himmel. All dies muss in einem vielfach mühsamen und langen Prozess erlernt und erarbeitet werden und von einem solchen Prozess gibt der *Primero Sueño* Auskunft. Sor Juana führt uns in ihrem Gedicht durch eine kosmische und geheimnisvolle Welt. „Sie variiert hier [im *Primero Sueño*; H.W.] das mittelalterliche Thema des Streites zwischen dem Körper und der Seele: Der Körper entschläft, und die von ihm befreite Seele steigt empor in die Höhe, nähert sich aber nicht – wie in der Mystik – liebend Gott, sondern versucht als purer Verstand den faustartigen Wunsch zu erfüllen, die gesamte Schöpfung zu

---

[282] Seit frühester Kindheit ist Sor Juana von dem Begehren getrieben zu wissen und seit dieser Zeit weiß sie, was sie will. „Desde niña, sabe Sor Juana lo que quiere, lo que para ella vale más [...]." (Seit ihrer frühesten Kindheit weiß Sor Juana, was sie will und was für sie am meisten zählt [...].) (Arroyo 1951, 41f)

betrachten! Eine Herausforderung für die damalige Zeit." (Scott 1990, 122) Sor Juana will das, was sich ihr zeigt, was deutlich wahrnehmbar ist, verstehen. Dabei wird das Vorgefundene zunächst so hingenommen, wie es sich ihr zeigt. Und dies gilt auch dort, wo das Vorfindbare ungewohnt und unerwartet ist oder von vertrauten Gedankengängen abweicht. Vorurteilsfrei und neugierig begibt sich ihre Seele auf die Reise, nur auf das achtend, was sich ihrem betrachtenden Bewusstsein zeigt. Und das, was sie sieht, wird sie beschreiben, nicht erklären. Unvoreingenommen gibt sie wieder, was vor ihren Augen erscheint. Der *Primero Sueño* erscheint zunächst als Deskription. Doch schon bald zeigen sich die Grenzen dieser phänomenologischen Vorgehensweise: In der reinen Betrachtung bleibt alles Rätsel und unbekanntes, unerkanntes Phänomen. Unbehagen setzt ein. Ihr Geist will die unbekannten Phänomene nicht nur sehen, sondern auch erkennen und verstehen. Sie will gleichsam hinter die Dinge blicken und nicht nur auf sie. Aber sie muss erkennen, dass dies während der Seelenreise nicht möglich ist. Die Phänomenologie hält nicht die Antworten auf ihre Fragen bereit. Die Antworten erhält sie erst, als sie sich ihrem Scheitern stellt, die Seelenreise beendet wird vor dem heranbrechenden Tag und sie erwacht. Die Antwort auf ihr Streben und Begehren erhält sie, als die Welt erhellt ist und in wahrerem Licht liegt, und sie erwacht. Der Rahmen für das Erwachen und die Subjektivität ist nicht die Welt des Traums, es sind die Realitäten dieser Welt.
In den folgenden Ausführungen dieses Kapitels steht die These der vorliegenden Arbeit im Zentrum. Hier wird der Zusammenhang von Sprache, Schweigen und Geburt der Religion in ihrer Breite dargestellt. Damit dies aber gelingen kann, waren die vorausgegangenen Kapitel erforderlich. Erst vor diesem Hintergrund wird deutlich, was die Sprache des Unerhörten ist und wofür sie steht. Die Sprache des Unerhörten wird dort gesprochen, wo Menschen sich als Subjekte ihrer Geschichte erfahren und diese Erfahrungen auch auszudrücken imstande sind. Dabei ist jedoch zu beachten, dass die Worte nicht vom Himmel fallen, sondern vielmehr im Schweigen um diese Worte gerungen werden muss, denn das Schweigen selbst ist der Raum, in dem das Unerhörte überhaupt erst wahrgenommen werden kann. Das Schweigen ist eine notwendige Voraussetzung, das Unerhörte zu erhören. Und wo Menschen das Unerhörte ihrer Existenz erhören, werden sie wahrhaft Mensch. Dieses Faktum ist es auch, was den Vorgang zu einer religiösen Tat werden lässt: Denn die Menschwerdung ist das Ziel der Religion. In der Sprache der Unerhörten wird eine Religion geboren, die die Menschwerdung ermöglicht.

6.1 *Der Erste Traum* – Phänomenologie eines neuen Geistes

In ihrer *Antwort an Sor Philothea* schreibt Sor Juana: „Ich erinnere mich nicht, je etwas zum eigenen Vergnügen verfasst zu haben außer einer kleinen, unbedeutenden Schrift namens *El Sueño*."[283] Der *Erste Traum* ist auch das Werk, das in besonderer Weise zum Ruhm Sor Juanas beigetragen hat. Das Entstehungsdatum ist unbekannt. Mit Bestimmtheit lässt sich nur sagen, dass es vor 1690, der Veröffentlichung der *Antwort an Sor Philothea*, in der sie das Gedicht namentlich erwähnt, verfasst worden ist. In gedruckter Form taucht das Gedicht erstmals in der Veröffentlichung ihres zweiten Bandes 1692 auf. (Vgl. Feder 1992, 480; Tavard 1992, 14.) Paz datiert das Gedicht auf das Jahr 1685 (vgl. Paz 1991, 525) und er findet durch Larralde Bestätigung. Dieser bezieht die mythologischen Gestalten und Tiere im Gedicht auf Sternbilder und kommt zu dem Schluss, dass es sich hierbei um eine Konstruktion handelt, die in Mexiko-Stadt während einer Mondfinsternis vom 22. Dezember 1684 zu sehen war. (Vgl. Larralde 1991.) Bedenkt man die vielfältigen Interessen Sor Juanas, so muss sie auch von dem Ereignis einer Mondfinsternis Kenntnis genommen haben, und es liegt ferner nahe, dass sie diese auch zum Anlass für ein Gedicht genommen hat.

Neben all den Spekulationen um das genaue Entstehungsdatum und um den ursprünglichen Titel bleibt doch unbestritten, dass das von Sor Juana verfasste Langgedicht einzigartig ist. „In der gesamten spanischen Literatur und Poesie des 16. und 17. Jahrhunderts gibt es nichts dem *Ersten Traum* Vergleichbares. Auch in den vorhergehenden Jahrhunderten finden sich keine Präzedenzen." (Paz 1991, 531)

In der *Antwort an Sor Philothea* heißt das Gedicht *El Sueño* (Der Traum). In der Veröffentlichung von 1692 hat der Titel eine Modifikation erfahren: *Primero Sueño, que asi intituló y compuso la Madre Juana Inés de la Cruz, imitando a Góngora*.[284] Was Sor Juana zu der Titeländerung veranlasst haben mag, ist nicht mehr genau zu bestimmen. Nach Ansicht von Fritz Vogelsang (1993, 163) ist davon auszugehen, dass die Titeländerung nicht von Sor Juana, sondern vom Herausgeber stammt. Vielleicht hatte sie auch den Entschluss gefasst, einen zweiten Traum zu schreiben, und daher auch die Erwähnung Góngoras, der zwei umfassende Gedichte mit dem Titel erste und zweite „Soledades" (Einsamkeiten) verfasst hatte. (Vgl. Carreño 1994.) Der *Primero Sueño* ist auch in der gleichen Versform wie die „Soledades" geschrieben, der *Silva*. Inhaltlich weichen die „Soledades" des Góngora jedoch vom *Primero Sueño* ab. Es wird kein nächtlicher Traum beschrieben, sondern Phantasien,

---

[283] „[...], que no me acuerdo haber escrito por mi gusto sino es un papelillo que llaman *El Sueño*" (Salceda 1957, Bd. IV, 471)

[284] „Erster Traum, so betitelt und verfasst von Mutter Juana Inés de la Cruz, in Nachahmung Góngoras" (Méndez Plancarte 1951, Bd. I, 335; vgl. Davis 1968, 98.)

wie sie in der Mittagshitze entstehen können. Die Mittagshitze galt im frühen Mönchtum als Ort der Versuchung. Es ist die Zeit des scheinbaren Stillstandes der die *acedia* auslöst, und in ihr erscheint die Stagnation aller Dinge. (Vgl. Bader 1990.) Die Angst vor der Versuchung des Mittagsdämons, der sich in der Zeit der Mittagshitze mittels Phantasien und melancholischer Gedanken zu erkennen gibt, ist Ausdruck dessen, dass der Mensch, der sich diesem Dämon hingibt, kein willfähriges und zu überwachendes Subjekt ist. In dieser Zeit hat die Ordnung der Dinge keinen Einfluss auf das Subjekt. Und diese Tatsache stellt eine Gefahr für die Ordnung der Dinge dar, die nur funktioniert, weil jedeR an ihrem/seinem Platz steht und gemäß der Ordnung denkt und lebt. Ähnliches gilt auch für nächtliche Träume. Auch auf sie hat die Ordnung der Dinge keinen Einfluss. In der Zeit des Traumes versagt jede Kontrolle und Beaufsichtigung. Der Traum, den Sor Juana in ihrem Gedicht niederschreibt, ist eine allegorische Verarbeitung dieser Tatsache. Sie widersetzt sich mit ihrem Traum der Ordnung der Dinge und begibt sich auf die Suche nach der Erkenntnis. Es sollen Antworten auf die Fragen ihrer Existenz gefunden werden. Sie will nicht nur die Welt und Gott verstehen, sondern auch sich selbst. Der Traum wird nicht die gewünschte Erkenntnis bieten, aber er wird zum notwendigen Schritt auf dem Weg ihrer Menschwerdung, denn ohne die Versunkenheit in den Schlaf und die Visionen des Traumes hätte es den Zustand des Erwachens nie gegeben. Auch wenn der Traum scheitert, so führt er unerwarteterweise doch ans Ziel.

Die *Silva* galt nach Karl Vossler als privilegiertes Versmaß der spanischen Einsamkeitsdichtung. „Das Madrigal mit seiner gereimten Mischung von Elf- und Siebensilbern bereitete den Weg für die Silva vor, die im 17. Jahrhundert das bevorzugte Versmaß der Einsamkeitsdichtung und durch die 'Soledades' des Góngora weltberühmt wurde." (Vossler 1949, 39)[285]
Die Einsamkeit ist der Zustand, in dem das Subjekt ganz auf sich allein gestellt ist. In der Einsamkeit gibt es nur die Verwiesenheit auf sich selbst. Ein Fliehen vor ihr selbst ist nicht mehr möglich – hier steht das Subjekt unmittelbar vor sich selbst. Und es ist gerade auch dieser Punkt, der die schmerzhafte, nahezu grausame und ohnmächtige Seite der Einsamkeit markiert. Die Erfahrung der Einsamkeit ist eine Erfahrung der Ohnmacht. Jedoch ist damit noch nicht entschieden, dass das Subjekt in dieser Ohnmacht untergeht. Es kann sich auch zeigen, dass es in der Lage ist, darin die Macht der Ohnmacht zu erfahren und

---

[285] Eine „technische" Definition der *Silva* findet sich in der „Spanischen Verslehre" von Rudolf Baehr (1962, 279): „Die Silva ist eine reihenartige, also unstrophische Gedichtform meist beträchtlichen Umfangs, die als Ergebnis antistrophischer Tendenzen aus der canción petrarquista hervorgegangen ist [...] Als Normaltyp der klassischen Silva kann man die vollreimenden 11- und 7-Silber-Kombinationen bezeichnen, die, in Reihen nicht festgelegter Ausdehnung auftretend, sowohl die beiden genannten Versarten als auch die Reime in beliebiger Anordnung zeigen, wobei auch einige Verse reimlos bleiben können."

zur Sprache zu bringen. Gleichwohl ist dieser Spracherwerb ein mühsamer und schmerzhafter Prozess: Blessuren werden davongetragen, Missverständnis und innere Kämpfe gehören dazu. Allerdings ermöglicht der beschwerliche Prozess des Spracherwerbs dem Subjekt den Zugang zu einer neuen Welt, einer Welt der Abenteuer und Entdeckungen.

Von einem solchen Sprachprozess berichtet der *Primero Sueño*. Es verwundert nicht, dass Sor Juana auf die *Silva* mit ihrem Ursprung in der spanischen Einsamkeitsdichtung zurückgreift. Sie ist die Gattung, in der Form und Inhalt des zu behandelnden Themas – der Suche, sich selbst, Gott und die Welt zu verstehen – in hervorragender Weise bearbeitet werden kann. Diese Suche wird inhaltlich durch ein breites Wissen um die Ideen und Auseinandersetzungen ihrer Zeit illustriert. „Suffice it's to say that Sor Juana weaves into this compendium of human knowledge practically all the fundamental ideas of her day." (Feder 1992, 483) Und Sabat-Rivers kommt in ihren Ausführungen zu folgender Feststellung: „[...] no other poem presents the same amount of new and old themes belonging to the philosophy and science of the day in that systematic and conscious way of enclosing everything – mythology, scientific yearnings, and the human desire for knowledge – within a poem that will tell the story of that scientific yearing in its negative-positive aspect of both frustration and success." (Sabat-Rivers 1976, 151)

Octavio Paz weist in seinen Ausführungen und Interpretationen des *Primero Sueño* auf die Ähnlichkeit zum berühmten Kupferstich von Dürer, die *Melencolia I*[286] (1514), hin. „Agrippas Text erklärt, warum die Zahl I hinter dem Wort *Melencolia* erscheint: der Stich stellt den ersten melancholischen Typ dar, das heißt die Melancholie des Künstlers. Ob Dürer daran gedacht hat, die Reihe eines Tages zu vervollständigen? Die gleiche Frage haben wir uns alle bei dem Adjektiv *erster* vor dem Wort *Traum* im Gedicht von Sor Juana gestellt. Wie immer die Antwort auch lauten mag, Stich und Gedicht zeigen uns nur ein anfängliches Bild, die erste Phase eines Vorgangs. In diesem Sinn

---

[286] Neben dieser Interpretation, wie sie von Paz in Bezug auf den Stich von Dürer und das Gedicht von Sor Juana entwickelt wird, scheint mir gerade das Moment der dargestellten Einsamkeit von Bedeutung zu sein. Wie die Seele in Sor Juanas Traum alleine aufschwingt, so sehen wir die Melencolia in Dürers Stich. Sie sitzt da. Aber sie scheint niemanden zu sehen. Ihr Blick geht in die Ferne, aber auch dort scheint sie nichts zu sehen. Niemand hat „Zutritt" zu ihr. Sie scheint ganz bei sich und am Ende ihrer Möglichkeiten angelangt. „Die 'Melencolia I' (1514) von Albrecht Dürer ist ein Abbild vom Ende allen Tun-Könnens, Inbegriff dunklen Verharrens, düsterer Unbeweglichkeit. Diese Gestalt weiß alles und weiß doch nicht weiter. Unter einem schwarzen Himmel liegt ein dunkles Meer, und ein Komet scheint dunkle Drohung und eine eher düstere Verheißung anzukündigen." (Binkert 1995, 182)
Zu kunstgeschichtlichen, astrologischen und philosophischen Bedeutungen und Interpretationen der Melancholie vgl. Klibansky u.a. 1990, 406-522.

sind es Werke, die, wenn auch formal vollendet und fertig, offen bleiben für das Unfertige und das, was noch keinen Namen hat. Werke, die geistig dem Unendlichen nahestehen. Das Unausgesprochene ist ein wesentlicher Teil ihres geheimnisvollen Reizes. Das Bild der *Melencolia I* erscheint wie eine vorweggenommene Illustration zu jener Passage aus dem Ersten Traum, wo die Seele in der geometrischen Nacht und deren Perspektiven von Obelisken und Pyramiden, 'weil sie alles schaute, nichts mehr sah'. Die Figur, die beide Werke erschaffen, ist die gleiche: Infragestellung." (Paz 1991, 566)
Die Interpretation von Paz greift zu kurz, sie ist an zwei Punkten zu kritisieren:
1. Er sagt, dass das Unausgesprochene der geheimnisvolle Reiz der *Melencolia I* wie auch des *Primero Sueño* sei. Dies ist missverständlich, sofern „das Unausgesprochene" nicht näher qualifiziert wird. Es muss gesagt werden, wofür „das Unausgesprochene" steht. Steht es für das, wofür das Subjekt keine Sprache hat, oder für das, worüber es schweigt? Paz äußert sich dazu nicht. Er ist nicht in der Lage, das Besondere zu benennen, wenngleich er es erahnt. Der geheimnisvolle Reiz, um mit Paz zu sprechen, liegt in dem, was die Werke von Dürer und Sor Juana verschweigen. Sie sprechen nicht nur zu uns mit dem, was sie unmittelbar mitteilen, sondern auch in dem, was sie nicht sagen!
2. Darüber hinaus bin ich, entgegen der Ansicht von Paz, der Meinung, dass im *Primero Sueño* die „Dürersche Melancholie", der Zweifel an der Erkenntnisfähigkeit benannt und aufgehoben wird. Der Zweifel an der Fähigkeit der Erkenntnis wird durch das Erwachen Sor Juanas überwunden. Es ist gerade ihr Erwachen, das sie die Melancholie überschreiten lässt.[287]

---

[287] In der Interpretation von Dürers „Melencolia I" weist Dörthe Binkert auf die Bedeutung der Flügel hin, die die dargestelle Melancholie hat. Die von Dürer dargestellte Gestalt sitzt erdenschwer und in Gedanken versunken da. Der Kopf ist auf die geballte Faust gestützt. Aber sie hat Flügel. „Ein Genius, der Schwingen hat und sie nicht entfaltet, der den Schlüssel hat und doch nicht auftut, der den Kranz um die Stirn trägt und sich nicht in Siegesfreude leuchtet." (zit. n. Klibansky u.a. 1990, 453) Es sind gerade die Flügel, die Dürers Darstellung von früheren Darstellungen der Melancholie unterscheiden. Die Flügel sind es, die in dem Stich eine Spannung erzeugen. Sie relativieren die Schwere, die Niedergeschlagenheit und die Erstarrung. Ihr Vorhandensein zeigt die Möglichkeit an, dass die Melencolia schon im nächsten Moment ihrer Flügel gewahr werden könnte, um sich dann aus dem Zustand der Erstarrung zu lösen. Aus dumpfem Verharren würde Regung und Bewegung folgen. Die Flügel zeigen, dass Melencolia sich selbst aus diesem Zustand befreien kann. „Doch die äußere Erstarrung täuscht. Die Phase des Untätigseins, des Rückzugs, des Wartens, der Leere ist Bedingung und Voraussetzung dafür, daß wieder etwas gefüllt, sich etwas erfüllen kann." (Binkert 1995, 192f) Melancholie ist schwer und zugleich hat sie Flügel, sie steht für das Sowohl-als-auch. Darüber hinaus weist sie darauf hin, dass die Melancholie an Übergängen und Grenzen entsteht. Die Melancholie markiert den Bruch und die Sensibilität für die Brüche in der Zeit. Diese Sensibilität birgt das Potenzial der Verwandlung und darin liegt ihr widerständiger Geist. Die Lösung liegt in Dürers Stich wie auch im *Primero Sueño* beim Subjekt.

Die Einsamkeit ist dabei ohne Zweifel für den Prozess des Erwachens eine wichtige, konstitutive Größe. Diese ist der Ort des Bei-sich-Seins und des Schweigens. Sie ist der Ort, der es dem Subjekt ermöglicht, sich selbst zu hören, dem eigenen Begehren zu lauschen. Sor Juana erkennt in der Einsamkeit den Ort ihrer Sprachfindung, den Schlüssel zum eigenen Ich. Im *Primero Sueño* berichtet Sor Juana von der Reise, dem Geistflug der Seele „el vuelo intelectual" (Méndez Plancarte 1951, Bd. I, 342, V. 301), während ihr Körper schläft. Der Schlaf des Körpers ist die Voraussetzung dafür, dass sich die Seele vom Körper lösen und aufschwingen kann, wenn auch nur für begrenzte Zeit, die Zeit einer Nacht. Im *Primero Sueño* greift Sor Juana die Tradition der Seelenreise auf und verändert sie zugleich. Oder, um mit Paz zu sprechen: „[...], der *Erste Traum* ist gleichermaßen Fortführung und Abbruch der Tradition der Seelenreise während des Schlafes: letzter Ausdruck einer Gattung und erster einen neuen." (Paz 1991, 530)[288]

Der *erste Unterschied* zur Tradition der Seelenreise ist formaler Art: Die Träume, die von einem Seelenaufstieg berichten, sind im Allgemeinen in Prosa geschrieben: Sor Juana verfasst über das Thema ein Gedicht. Gedichte sind Kennzeichen eines besonderen Umgangs mit Sprache. In Gedichten müssen Probleme des Formalen, des Themas und des Vokabulars zugleich gelöst werden. Sie sollen „dem Rhythmus der Zeit gehorchen und dennoch die Fülle der alten und neuen Dinge auf unser Herz hinordnen [...], in dem Vergangenheit, Gegenwart und Zukunft beschlossen sind." (Bachmann 1990, 102) Der Sinn von Gedichten ist es, „daß sie das Gedächtnis schärfen." (Bachmann 1990, 103) Durch Gedichte erhalten Menschen Namen für Ideen, die bis zum Zeitpunkt des Formulierens noch namenlos und formlos waren.

---

[288] In der Antike wurden Träume, in denen die Seele wandert, während der Körper schläft, mit besonderer Ehrfurcht betrachtet. Diese Träume wurden Anabasis-Träume genannt. Jede Epoche hat die Gattung jedoch verändert und mit neuen Merkmalen versehen. „Im Mittelalter erreichte die Reise des *spirito peregrino* ihre erfüllteste, komplexeste und vollkommenste Form in der *Göttlichen Komödie*. Die Renaissance und das Barock veränderten die Gattung. In einigen Fällen wurde sie um zum Thema politischer und frommer Satiren, wie die Reise Donnes zum Mond, [...]; in anderen wurde die geistige Reise zu einer astronomischen Expedition, wie das *Somnium* Keplers und später das *Itinerarium Exstaticum* Kirchers." (Paz 1991, 530) Im *Itinerarium Exstaticum* wird beschrieben, wie Kircher, nachdem er ein Konzert von drei Lautenspielern angehört hatte, auf einer ekstatischen Reise durch die Planetensphären getragen wird. „Im *Itinerarium* gehen Astronomie und Astrologie eine Verbindung mit dem Mystizismus ein, indes Theodidactus, der Protagonist, geleitet von dem Geist Cosmiel, eine Reise durch höhere Welten macht. Es ist eine Weiterbildung der klassischen Beschreibungen sphärendurchquerender Himmelfahrten: Platos Eros-Mythus und Scipios Traum von Cicero vor dem Hintergrund von Tycho Brahes Kosmologie. [...] Theodidactus gewahrt, daß der Weltenraum gänzlich von Äther erfüllt ist und daß die Planeten unbewohnt sind, jedoch von Intelligenzen regiert. Er erfährt, welche Funktionen und Eigenschaften ein jeder hat, hört die Sphärenmusik und erreicht den Fixsternhimmel, bevor er wieder zu Erde zurückkehrt." (Godwin 1979, 7)

Bis zu diesem Zeitpunkt waren sie noch nicht geboren, aber schon fühlbar. Aus dieser Dichtung „erwachsen Gedanken, wie aus dem Traum Konzepte, aus dem Fühlen Ideen und aus dem Wissen Verstehen." (Lorde 1991, 88) Wo die Sprache für das Unerhörte noch nicht existiert, tragen Gedichte zu ihrer Entstehung bei. Eine solche Dichtung benennt das Unerhörte: Schmerz, Trauer, Freude, Hoffnung und Traum. Gedichte können die Sprache zu ihrem Ziel führen: Werkzeug der Subjektwerdung und Freiheit der Menschen zu sein. Die Aufgabe der Schriftstellerin/des Schriftstellers ist es nicht, den Schmerz zu leugnen, die Tränen zu verwischen, Wunden abzudecken, das Scheitern zu verschweigen, also über Unerhörtes hinwegzutäuschen. Im Gegenteil, diese müssen wahr-genommen und im Wort nochmals wahr-gemacht werden. „Denn wir wollen alle sehend werden. Und jener geheime Schmerz macht uns erst für die Erfahrung empfindlich und insbesondere für die Wahrheit." (Lorde 1991, 75)
Ein Gedicht des Sehend-Werdens ist der *Primero Sueño* von Sor Juana. Es verdeutlicht, dass Gedichte, wie alle Kunst, eine Aufgabe haben, nämlich „uns unserer Vorstellung von uns selbst näherzubringen, uns die Vision einer Zukunft zu schaffen, die es noch nicht gibt, uns das Fehlen dieser Zukunft überleben zu lassen." (Lorde 1991, 89) Gedichte sind Ausdruck dessen, mit der Ohnmacht leben zu lernen und nicht in ihr unterzugehen, weil man in ihr sprachfähig geworden ist.
Der *Primero Sueño* legt beredt Zeugnis von dieser Chance der Kunst, Sinn und Bedeutung für Menschen zu haben, ab. Das Gedicht beschreibt den Versuch Sor Juanas, sich ihren Vorstellungen in bislang unerhörter Weise zu nähern, das Verhältnis von Gott, Mensch und Welt zu bestimmen, indem sie das eigene Subjekt entdeckt und stärkt. Und damit entwirft sie Zukunft, eine Zukunft für sich, für das Subjekt.
Der *Primero Sueño* ist nicht als Bericht über eine wirkliche Ekstase, sondern als Allegorie einer Erfahrung zu lesen, die sich nicht auf den Zeitraum einer Nacht beschränken lässt, sondern die vielen Nächte umfasst, die Sor Juana mit Studieren und Nachdenken verbracht hat. (Vgl. Paz 1991, 537.) Demzufolge ist der *Primero Sueño* nicht wörtlich, sondern allegorisch zu verstehen, als eine Aussage, in der sich auch das Verborgene mitteilt. Deswegen ist der *Primero Sueño* mehr als nur die Beschreibung eines einmaligen Traumgeschehens. Der *Primero Sueño* ist vielmehr die Beschreibung einer existenziellen Auseinandersetzung. Im *Primero Sueño* geht es, wie auch in der *Antwort an Sor Philothea*, um das Ich, das erwacht und Unerhörtes benennt. (Vgl. Feder 1992, 474.) Der *Primero Sueño* steht dabei im Zusammenhang mit Grundfragen und Erfahrungen des Subjektes: der Suche nach dem Ursprung, den Erfahrungen des Scheiterns, der Ohnmacht und des Erwachens, die in der Gestalt eines Nachtgeschehens, eines Traumes aufgearbeitet und mitteilbar werden. An diesem Punkt zeigt sich auch, dass der allegorische Rahmen nicht dazu führen muss, dass die Rede des Subjektes darin aufgelöst wird, dass das Gedicht durch seine Allegorien zu einem unpersönlichen Gedicht wird.

Vielmehr sind es gerade die Allegorien, die es dem Subjekt, Sor Juana, ermöglichen, von sich zu sprechen. Allegorie und Rede des Subjektes widersprechen sich nicht, sondern sie können in ein kreatives Verhältnis gestellt werden. Der *Primero Sueño* ist ein Beleg dafür. Sor Juana versteht es, sich mittels der Allegorien mit ihren Fragen, Hoffnungen, Sehnsüchten, Enttäuschungen und Ängsten ins Wort zu setzen. Das scheinbar unpersönliche Gedicht erweist sich als das Credo einer Frau auf der Suche nach ihrer Sprache. Und Zeit wird im Zusammenhang des *Primero Sueño* dann auch zu einer progressiven, fortschreitenden und die Ordnung der Dinge überschreitenden Größe. „Time in El Sueño is conceived as a progressive image, a process of transfiguration and of mythical evolution, from negative to positive, from darkness to light, from ignorance to enlightenment, all of which can be traced in the gradated presention of ascendent images, at once particular and timeless." (Nanfito 1991, 427)

Im *Primero Sueño* geht es Sor Juana demnach nicht darum, die Vereinigung der Seele mit Gott zu beschreiben, das ist nicht das Ziel der beschriebenen Seelenreise. Die Seele Sor Juanas will das „Höchste Wesen" (Méndez Plancarte 1951, Bd. I, 342, V. 295), den „Ersten Grund" (Méndez Plancarte 1951, Bd. I, 345, V. 408) wie auch die von ihm geschaffenen Werke erkennen und verstehen und auch sich selbst.

Der *zweite Unterschied* der Seelenreise betrifft den unpersönlichen Charakter des Gedichtes. Bis zum letzten Vers weiß der/die LeserIn nur, dass es sich um den Traum einer menschlichen Seele handelt. Erst im letzten Vers erfahren wir, dass diese Seele Sor Juana gehört. Dies ist eine unerhörte Tatsache, die mit allen Konventionen bricht. Es wurden der Traum, die Seelenreise und das Erwachen einer Frau mit Namen beschrieben.[289] Damit benennt Sor Juana eine veränderte und verändernde Realität. Sie öffnet durch die Sprache, die sie spricht, der Welt neue Türen und Tore. Sie öffnet die Welt für das, was sie an *Mehr*[290] in sich birgt.

---

[289] Nach Paz ändert diese Tatsache nichts an dem unpersönlichen Charakter des Gedichts, vielmehr unterstreicht seiner Meinung nach die Unpersönlichkeit den allegorischen und beispielhaften Charakter der Dichtung. (Vgl. Paz 1991, 538.) Meiner Meinung nach ändert die Enthüllung im letzten Vers des Gedichtes sehr wohl den Duktus, und dies mit besonderem Effekt: Sor Juana beschreibt sich als träumende Seele und erwachendes Ich. Gleichwohl muss dies allegorischen Intentionen nicht zuwider laufen. Persönlichkeit und Allegorie können zusammengedacht werden, der *Primero Sueño* ist ein Beispiel dafür.

[290] Der Ansatz der Geschlechterdifferenz, wie er von den Frauen aus dem Mailänder Frauenbuchladen und der Philosophinnengemeinschaft DIOTIMA entwickelt wurde, beschreibt das *Mehr* als wichtige Antriebskraft des Begehrens. Das *Mehr* steht für die Dynamik in Beziehungen. „Um groß zu werden – in jeglichem Sinne – braucht sie [die Frau; H.W.] eine Frau, die größer ist als sie." (Libreria delle donne di Milano 1991, 140) Und dabei ist diese Größe, dieses *Mehr* als Beweggrund für Veränderungen zu benennen. Dieses *Mehr* beschreibt Realitäten, die möglich werden können. „Die sich verändernde

Der *Primero Sueño* ist eine Offenbarung oder die Ver-dichtung einer Erfahrung, der Lebenserfahrung von Sor Juana. In der Ver-dichtung ihrer Erfahrung zeigt sich, dass diese lebensnotwendig für sie ist. Im Dichten selbst zeigt sich die Perspektive, in der sie ihre Hoffnungen und Träume vom Leben zur Sprache bringt. Sor Juana benennt im *Primero Sueño* das bislang Unerhörte und im Benennen wird es zu einer fassbaren Größe in der Welt. Im *Primero Sueño* bringt sie das Unerhörte zur Welt. Und damit trägt Sor Juana zur Gestaltung einer neuen Ordnung der Dinge bei. „Dichtung ist nicht nur Traum oder Vision, sondern die angedeutete Architektur unseres Lebens." (Lorde 1991, 89)

Der *dritte Unterschied* der Seelenreise besteht darin, dass die Seele im *Primero Sueño* den Aufstieg, die Seelenreise alleine versucht. Dies ist neu. „Das abgebrauchte mittelalterliche Schema des lehrhaften Traumes verjüngt sich in dieser Poesie des erwachenden Forschungsdrangs und weist voraus auf die Dichtung der Aufklärung. Man denkt an Albrecht und Haller. Man spürt sogar die ersten leisen Anklänge an prometheische und faustische Stimmungen." (Vossler 1934, 20)

In der Tradition der Seelenreisen wird die Seele immer von einem Engel oder einer ähnlichen Gestalt begleitet und vielfach erläutert diese Gestalt das Gesehene. (Vgl. Dan 7,1-28.) Die Seele im *Primero Sueño* wird hingegen von niemandem bei der Hand genommen. Keiner garantiert ihr die Vision. Niemand erklärt das Gesehene. Die Seele ist ganz auf sich alleine gestellt. Diese einzelne Seele muss in der schweigenden Schau den Sinn und die Bedeutung des Gesehenen erkennen lernen. Diesen Weg der Erkenntnis muss die Seele alleine gehen. Sofern sie aber die Kraft hat, diesen Weg zu Ende zu gehen, Schwierigkeiten zu überwinden, und sich dem Scheitern stellt, besteht die Chance, als erwachtes Subjekt aus diesem Prozess hervorzugehen. Aus einem Hergang, in dem es um das Erkennen von Ich, Gott und Welt geht. Und diesen Verlauf schildert der *Primero Sueño*. Es ist ein einsamer Vorgang, aber kein unmögliches Unterfangen. Am Schluss des Gedichtes zeigt sich, dass in der Erkenntnis seiner selbst, in der Tatsache „y yo despierta" (und ich war

---

Realität benennen – präzise benennen, das bedeutet, eine Wette einzugehen auf die Welt und der Welt Tore zu öffnen für das, was sie an Mehr in sich birgt." (Libreria delle donne di Milano 1996, 27) Dabei kommt der Sprache, die die Frauen sprechen, eine besondere Bedeutung zu, und dies aufgrund der Fähigkeit, „*das Bestehende zu revolutionieren*. [...] Die Sprache ist keine Summe von Wörtern, wie es scheinen könnte, sondern eine Vervielfachung, ja noch mehr als eine Vervielfachung, ein Spiel mit offenem Ende, hinausweisend auf ein Mehr, denn ein neues Wort kann – wie die Linguistik bestätigt – die Bedeutung unseres gesamten vergangenen Sprechens (und Lebens) in Frage stellen." (Libreria delle donne di Milano 1996, 27)

erwacht) (Méndez Plancarte 1951, Bd. I, 359, V. 975) sagen zu können, der Schlüssel zum Verständnis für die eigene Person, Gott und die Welt liegt.[291] Schon an diesen drei Punkten: dem Erkenntniswillen der Seele, dem unpersönlichen Charakter des *Primero Sueño* bis zur Auflösung im letzten Vers und der Tatsache, dass Sor Juanas Seele den Seelenaufstieg alleine versucht, wird deutlich, dass Sor Juana die Tradition der Seelenreise fortführt, zugleich aber an entscheidenden Punkten mit ihr bricht. Und es gibt noch einen *vierten* richtungweisenden *Unterschied*: In der Tradition der Seelenreisen haben die Seelen eine Vision, sie schauen beziehungsweise vereinigen sich mit Gott. Sor Juanas Traum endet mit einer Nichtvision. Ihre Seele stürzt ab. Und während die Seele noch darüber nachdenkt, welchen neuen Weg sie einschlagen kann, regt sich ihr Körper, die Sonne geht auf und Sor Juana erwacht. In der Nichtoffenbarung erfährt sie jedoch eine Offenbarung – ihr Ich erwacht. Das verändert die Stellung und Bedeutung der Sprache der Religion. Hier wird Gottes Wort im Wort des Subjektes zum Thema, und nicht jenseits davon. Über den genauen Verlauf dieses Traumes, der ins Erwachen führt, soll im folgenden Gliederungspunkt die Rede sein.

6.1.1 Die Nacht und die Sprache des Traums – Aufbau und Inhalt

Das Gedicht gibt den Zeitraum einer Nacht wieder. Es beginnt mit dem Untergang der Sonne im Westen und es findet seinen Abschluss bei ihrem Aufgang im Osten. Es beschreibt die Reise der Seele durch geheimnisvolle Sphären, während der Körper im Schlaf liegt. Tag und Nacht, Körper und Seele sind die Pole, zwischen denen sich das Gedicht bewegt. Der Kampf zu Beginn des Gedichtes, als die Nacht über den Tag siegt, wiederholt sich am Ende des Gedichtes, doch sind nun die Vorzeichen andere – die Nacht wird vom Tag besiegt. Die Eröffnungsszene des Gedichtes beginnt mit dem Sieg der Nacht über den Tag. Die Welt fällt in den Schlaf und auch der Körper kann sich des Schlafes nicht mehr erwehren. Der Schlaf ist eine Macht, die das Ich nicht erhört. Das Ich taucht im Schlaf ab. Die Seele entledigt sich des Körpers für die Zeit des Schlafes und schwingt sich auf, Unbekanntes zu ergründen und zu verstehen. Dabei tritt das Subjekt hinter die Figuren zurück, die den Schlaf bestimmen und sich in ihm offenbaren: himmlische Mächte und Gewalten, Phantome und Gestalten. All dies bildet den Rahmen, in dem Sor Juana ihre Schau, ihr Scheitern und das Erwachen des Ich herleitet und beschreibt.

Doch zur besseren Einordnung und zum leichteren Verständnis des Gedichtes ist es angebracht, an dieser Stelle die Gliederung des Gedichtes vorzustellen.

---

[291] Das Erwachen Sor Juanas lässt Parallelen zu biblischen Stellen zu. In Träumen spricht Gott zu Propheten und auch diese erwachen aus ihrem Traum und werden zu Subjekten ihres Glaubens. (Vgl. z.B. 1 Kön 19,1-13a; Dan 7,1-28.)

Das Gedicht lässt sich in zwölf Teile gliedern, die jeweils einen Themenwechsel makieren und die Traumphasen beschreiben.[292]

6.1.1.1 Das Nahen der Nacht (V. 1-79)

Gleich zu Beginn, d.h. in den Versen 27 bis 114 (Méndez Plancarte 1951, Bd. I, 336-338), finden im *Primero Sueño* mythologische Personen Erwähnung, die sich alle einer herrschenden Ordnung der Dinge widersetzt haben. (Vgl. Ibsen 1989.) Sie haben dafür Strafen hinnehmen müssen – allesamt wurden sie in (Nacht-)Tiere verwandelt. Damit deutet Sor Juana eine Perspektive des Gedichtes an: unerhörte Personen, die untergehen. Aber sie sind deswegen nicht vergessen. Im Gegenteil, man erinnert sich ihrer immer wieder, das Unerhörte macht sie zu Figuren, die weiterleben: den einen als Schrecken, den anderen als Vorbild für das eigene Erkühnen und Begehren.[293] Und so sind sie mehr als nur Figuren des Untergangs, sondern in besonderer Weise eben auch Figuren, die sich durch den Akt der Überschreitung treu blieben. Sie haben mit ihren Überschreitungen die Verbote aufgehoben, ohne sie jedoch endgültig zu beseitigen. Dieses Faktum ist formales Kennzeichen der Überschreitung und schmälert ihre Bedeutung nicht. (Vgl. Bataille 1994, 38.) Der *Primero Sueño* ist ein Gedicht der Überschreitung. Es belegt den Willen und die Fähigkeit Sor Juanas, das Unerhörte zu benennen – auch angesichts vermeintlicher Strafen. In V. 27 (vgl. Méndez Plancarte 1951, Bd. I, 336) wird Nictymene erwähnt, die Tochter des äthiopischen Königs Niketo (oder nach anderen Quellen Tochter des Königs Epopeus von Lesbos), die Inzest mit ihrem Vater beging. Sie wurde von Minerva zur Strafe in eine Eule verwandelt. „Und jene drei", die in V. 47 (vgl. Méndez Plancarte 1951, Bd. I, 336) Erwähnung finden, sind

---

[292] An dieser Stelle folge ich dem Herausgeber der Gesammelten Werke, der das Gedicht ebenfalls in zwölf Themenbereiche gliedert (Méndez Plancarte, 1951 Bd. I, 603ff), allein scheint mir seine Themenbestimmung nicht immer glücklich. „La invasión de la noche (V. 1-79); El sueño del cosmos (V. 80-150); El dormir humano (V. 151-265); El sueño de la intuición univeral (V. 266-339); 'Intermezzo' de las pirámides (V. 340-411); La derrota de la intuición (V. 412-559); El sueño de la omnisciencia metódica (V. 560-616); Las escalas del Ser (V. 617-703); La sobriedad intelectual (V. 704-780); La sed desenfrenada del saber (V. 781-826); El despertar humano (V. 827-886); El triunfo del día (V. 887-975)." (Méndez Plancarte 1951 Bd. I, 603ff)
An dieser Stelle sei auch erwähnt, dass Octavio Paz das Gedicht in drei Themen untergliedert, die dann abermals in Abschnitte eingeteilt werden: 1) *Schlaf*: Schlaf der Welt und des Körpers. 2) *Reise*: Die Vision, die Kategorien, Phaeton. 3) *Erwachen*: Erwachen des Körpers und Erwachen der Welt. (Vgl. Paz 1991, 540f.)
[293] Diesem Gedanken werden wir an späterer Stelle im *Primero Sueño* noch begegnen, und zwar in der Auseinandersetzung mit der Figur des Phaeton. (Vgl. Méndez Plancarte 1951, Bd. I, 355, V. 785ff.)

die Schwestern Alcithoe, Arispe und Leukonome. Diese weigerten sich, an den Festlichkeiten für Bacchus teilzunehmen, und zogen es vor, sich weiter ihren Spinnarbeiten zu widmen. Beim Spinnen erzählten sie sich Geschichten und am Ende der Erzählungen angekommen, stellten sie fest, dass alles, was sie umgab, sich in Pflanzen und Blüten verwandelt hatte. Sie selbst wurden zu Fledermäusen.

In V. 53 (vgl. Méndez Plancarte 1951, Bd. I, 336) wird Plutos Späher Ascalapus erwähnt. Jener verriet, dass die von Pluto entführte Proserpine sieben Kerne des Granatapfels in der Unterwelt gegessen hatte. Ein Vergehen, für das sie verdammt wurde. Sie musste als Königin auf ewig an der Seite des Höllenfürsten bleiben. Aus Rache benetzte die Göttin daraufhin Ascalapus mit Tropfen aus den Fluten des Phlegeton, einem der unterirdischen Höllenflüsse, und verwandelte ihn damit in einen Uhu. Sein Krächzen wurde als böses Omen gedeutet. Ascalapus wurde für seine Schwatzhaftigkeit bestraft. Als ewiges Zeichen seiner Strafe blieb ein Krächzen zurück, die totale Entfremdung der eigenen Sprache. Das dadurch noch gravierender wird, weil er jede Möglichkeit positiver Mitteilung verliert – das Krächzen wird nur noch als böses Omen vernommen und gedeutet. Dem Geschwätzigen wird die Stimme genommen, vor allem auch wegen seines unlauteren Umgangs mit den Worten, wegen ausgesprochener Beschuldigungen und Gerüchte.[294]

Almone (vgl. Méndez Plancarte 1951, Bd. I, 337, V. 94) wurde für ihre Tat, Freier in Fische zu verwandeln, bestraft; sie wurde selbst zu einem stummen Fisch. Ihre Strafe fällt damit noch härter aus als bei Ascalapus. Seine Stimme wird verfremdet, aber Almone wird sie genommen. Sie verstummt. Ihr Los ist es, die Strafe zu erhalten, mit der sie andere strafte. In ihrem Fall wird Gleiches mit Gleichem vergolten.

Schließlich findet in V. 114 (vgl. Méndez Plancarte 1951, Bd. I, 338) noch Aktaion Erwähnung, der unterwegs bei der Jagd sah, wie Artemis sich badete. Er blieb, um sie zu beobachten. Damit er sich später nicht dieses Blickes rühmen konnte, verwandelte sie ihn in einen Hirsch, der dann von der eigenen Meute gehetzt und zerfleischt wurde. In Aktaions Fall wird er, damit er nicht über das Gesehene sprechen kann, in ein sprachloses Wesen, einen Hirsch,

---

[294] Im *El divino Narciso* wird die Schwatzhaftigkeit ebenfalls bestraft. *Echo* kann nur noch nachsprechen, aber nicht mehr selbst sprechen. Mit dieser Strafe wird den Gestraften jede Möglichkeit genommen, sich und die eigenen Gedanken auszusprechen. Es wird ihnen die Subjekthaftigkeit genommen und kaum eine Strafe könnte härter sein. Die Gewalt der Strafe ist dort am härtesten, wo sie dem/der zu Bestrafenden ihre Subjektivität raubt. So berichtet Michel Foucault in seinem Buch *Überwachen und Strafen* von der Jugendstrafanstalt von Mettray: „Der geringste Ungehorsam wird mit Strafe belegt, und das beste Mittel, schwere Vergehen zu verhindern, besteht in der strengen Bestrafung der leichtesten Verstöße: jedes überflüssige Wort wird in Mettray bestraft." (Foucault 1994, 380) Die Jugendlichen (wie auch Gefängnisinsassen) werden einer starren Disziplin unterworfen. Sie werden dressiert und durch Disziplin und Dressur wird ihnen ihr Subjektsein genommen.

verwandelt. Ihn ereilt das tragische Schicksal, von der eigenen Meute und den Jagdgefährten in den Tod getrieben zu werden. Dies alles geschieht, damit er sich auf keinen Fall mit Worten dessen rühmt, was er unerlaubterweise gesehen hat.
Die beschriebenen Vergehen verletzen Pflichten, Gewohnheiten und bestehende Konventionen. Und die Strafen für diese Verletzungen und Überschreitungen sind gravierend – allen wird die Stimme bzw. Sprache genommen: Ascalapus bleibt nur das Krächzen, Almone und Aktaion wird die Stimme und somit auch die Sprache ganz genommen. Sie sind von da an zur Stummheit Verdammte. Die leichtfertige Geschwätzigkeit, die harten Strafen sowie das zu vermutende Prahlen werden bestraft. Und für die Bestraften gilt, dass sie, sofern sie denn geschwiegen hätten, dem Verstummen entgangen wären. Hier zeigt sich bereits, was an späterer Stelle noch deutlicher zutage tritt: Es ist keine Selbstverständlichkeit, eine Stimme zu haben, und sprechen können ist zum einen keine Selbstverständlichkeit und zum anderen ist es eine Gabe, die einen verantwortungsbewussten Umgang erfordert. Leichtfertiger Umgang bleibt nicht ohne Konsequenzen. Verantwortungslosigkeit im Sprechen fordert ihren Preis.
Daneben führen diese Erwähnungen den Kontrast zwischen Verstummen und Schweigen ein. Das Verstummen ist in den beschriebenen Fällen die unumkehrbare Konsequenz aus dem leichtfertigen und gedankenlosen Umgang mit der Sprache und nicht wieder zu beheben. Stumm wird man gemacht. Stummheit widerfährt einem. Stummheit ist ein Mittel der Strafe, ist endgültig und bricht jene, die diese Strafe erfahren. Schweigen hingegen ist eine Tat. Das Subjekt entscheidet sich dazu. Das Schweigen widerfährt einem nicht wie das Verstummen, sondern es ist ein Zustand, in den man treten, den man aber auch wieder verlassen kann. Und zwar dann, wenn es geboten ist, sich wieder mit Wort und Stimme zu melden. Darüber hinaus besteht noch ein weiterer, aber zentraler Unterschied: Anders als im Schweigen ist aus dem Verstummen heraus keine Mitteilung mehr möglich. Das Schweigen selbst kann als eine Sprachform verstanden werden. Es ist eine Mitteilung an die Welt. (Vgl. Kap. 3.3.6.)
Mit den Nennungen der Figuren, die mit dem Verstummen bestraft wurden, stellt Sor Juana schon zu Beginn des Gedichtes den inhaltlichen Rahmen vor: Der *Primero Sueño* ist ein Gedicht der Überschreitung. Es ist ein Gedicht des Unerhörten und der Unerhörten. Dies wird nachfolgend auch in der Beschreibung der aufsteigenden Seele deutlich, die die Grenze des erlaubten Wissens zu überschreiten sucht. Sie wagt den Versuch, in die göttliche, kosmische Ordnung vorzudringen und sie zu verstehen. Am Ende des Gedichtes steht das Scheitern dieses Versuches, aber es birgt einen unerwarteten Erfolg: das Erwachen des Ichs. Im *Primero Sueño* gibt es das Scheitern, aber in der Anerkennung des Scheiterns findet das Erwachen einen Ort. In der Erkenntnis, dass das Scheitern ein Scheitern ist, ist das Erwachen

erst möglich. Das Scheitern ist eine unerhörte Wahrheit, das die Erhörung des Subjektes, das Erwachen, die Ent-Täuschung in sich trägt.

6.1.1.2 Der Schlaf der Welt (V. 80-150)

Nachfolgend beschreibt Sor Juana die Macht des Schlafes. Der Schlaf ist eine Macht, der sich niemand entziehen kann. Niemand kann diesem Gesetz ausweichen. Darin sind sich der König und der Liebhaber, der Papst und der Fischer gleich. Und:
„El sueño todo, en fin, lo poseía;
todo, en fin, el silencio lo ocupaba:
aun el ladrón dormía;
aun el amante no se desvelaba."[295] (Méndez Plancarte 1951, Bd. I, 339, V. 147-150)

Die Macht des Schlafes macht vor keiner/keinem Halt. Differenzen sind nun ohne Sinn und Bedeutung. Doch ist damit etwas für das Subjekt gewonnen? Wie ist ohne die Wahrnehmung von Differenzen Erkenntnis möglich? Zur Erkenntnis braucht es die Differenz. Es sind die Unterschiede, die Verschiedenheiten, die die Dinge in Bewegung setzen, und nicht das Gleiche. Das Gleiche als strenges Prinzip bedeutet Stagnation. In der Differenz dagegen wird die Auseinandersetzung provoziert und produziert. Differenzen sind positive Kontraste. Erst in der Begegnung mit dem/der Anderen ist Selbstfindung möglich. Ein Subjekt ist erst aus der Erfahrung der Differenz zur Begegnung in der Lage. Es kann allem nur begegnen, weil es nicht alles ist.

6.1.1.3 Der Schlaf des Körpers (V. 151-265)

Die Organe verlangsamen ihre Arbeit. (Vgl. Méndez Plancarte 1951, Bd. I, 340, V. 204.) In diesem Abschnitt des Gedichts benutzt Sor Juana für die inneren Organe Metaphern (unter anderem aus der Mechanik): Das Herz ist die menschliche Lebensuhr ohne Zeiger (vgl. Méndez Plancarte 1951, Bd. I, 340, V. 206); die Lunge ist ein Blasebalg, der magnetengleich die Luft anzieht und wieder ausstößt (vgl. Méndez Plancarte 1951, Bd. I, 340, V. 210f); und der Magen ist der Glieder Speisemeister und der menschlichen Wärme milder Herd. (Vgl. Méndez Plancarte 1951, Bd. I, 341, V. 236, V. 253f.)

---

[295] „Schlummernd war schließlich alle Welt entrückt. Stille umfing alle Wesen und Sachen: Sogar der Dieb war eingenickt; selbst der Liebende konnte nicht mehr wachen." (Vogelsang, Fritz)

Diese Metaphern belegen, dass Sor Juana von der Medizin und den diesbezüglichen Vorstellungen ihrer Zeit Kenntnis besaß. Ob sie tatsächlich Werke von Hippokrates und Galen gelesen hat, wie sie auf einem von Miguel Cabera (1750) gemalten Portrait von ihr im Hintergrund zu erkennen sind, oder ob sie ihre Kenntnisse aus den kursierenden Handbüchern ihrer Zeit hatte, sei dahingestellt. Ohne Zweifel bleibt aber, dass sie sich hier im Rahmen der Vorstellungen ihrer Zeit bewegt.

Durch den Schlaf, der den Körper in einen „zeitweiligen Tod" (muerte temporal) (Méndez Plancarte 1951, Bd. I, 340, V. 198) versetzt, „un cadáver con alma, muerto a la vida y a la muerte vivo"[296] (Méndez Plancarte 1951, Bd. I, 340, V. 202f), kann die Seele, die über jenen Funken nachsinnt, „participada de alto Sér"[297] (Méndez Plancarte 1951, Bd. I, 342, V. 295) und dessen Ebenbild sie ist (vgl. Méndez Plancarte 1951, Bd. I, 342, V. 296), sich, wenn auch nicht gänzlich abgetrennt vom „äußeren Treiben" (Méndez Plancarte 1951, Bd. I, 340, V. 193ff), in andere Sphären begeben. Gelöst vom Körper, der ihr „körperliche Kette" (Méndez Plancarte 1951, Bd. I, 342, V. 299), „grobe Störung" (Méndez Plancarte 1951, Bd. I, 342, V. 300), „plumpes Hemmnis" (Méndez Plancarte 1951, Bd. I, 342, V. 300) ist, kann sie sich auf den „Flug des Geistes" (vuelo intelectual) (Méndez Plancarte 1951, Bd. I, 342, V. 301) begeben und unermessliche Weiten durchqueren.

Erst das Schweigen des Körpers im Schlaf gibt der Seele den Raum, ungeahnte Sphären zu entdecken, Erfahrungen zu sammeln und diese zur Sprache zu bringen. Das Schweigen des Körpers erweist sich als notwendige Voraussetzung für den „vuelo intelectual".

6.1.1.4 Der Beginn der Seelenreise (V. 266-339)

Die körperliche Passivität beflügelt die Seele. Wenn der Körper in den todesähnlichen Zustand Schlaf fällt, kann sich die Seele des Körpers entledigen und fliegen. Der Körper muss „dem Leben tot und dem Tode lebend sein" (Méndez Plancarte 1951, Bd. I. 340, V. 202); dies ist die Voraussetzung für den Flug der Seele. Aber in der Trennung von Körper und Seele wird das Ich stillgestellt. Es ist sprachlos in der Realität. Die Seele hingegen begibt sich ins Unwirkliche.

Die Macht des Schlafes ist dadurch gekennzeichnet, dass der Schlaf für den Körper eine sprachlose Zeit ist. Aber der Traum ist möglich. Die Sprache des Schlafes sind die Bilder der Seele, die Traumbilder. Doch diese sind vielfach

---

[296] „einem beseelten Leichnam gleichend, dem Leben tot und dem Tode lebend" (Perez-Amador Adam, Alberto/Nowotnick, Stephan)
[297] „der Teil des Höchsten Wesen ist" (Perez-Amador Adam, Alberto/Nowotnick, Stephan)

der Träumerin und dem Träumer verschlüsselt und nur schwer lassen sie sich in Worten wiedergeben. Ihre Bedeutung ist codiert.
In Sor Juanas Traum malt die Phantasie (Vgl. Méndez Plancarte 1951, Bd. I, 342, V. 280f) und stellt die Bilder der Seele zu Schau. Die Landschaft, die Sor Juana in diesem Gedicht mit „mit dem unsichtbaren Pinsel" (el pincel invisible) (Méndez Plancarte 1951, Bd. I, 342, V. 282) zeichnet, ist farblos. Und in diese Landschaft hinein zeichnet sie Obelisken und Pyramiden.[298] Die Seele erfährt in diesen Bildern das versammelte Wissen der Welt. Und darin gleicht sie Sor Juana, die sich nur über Bildung und Wissen zu bestätigen weiß. Aber was sie noch nicht weiß, ist, dass sie gerade dadurch von ihrem Ich ferngehalten wird. Diese Erkenntnis wird sich ihr am Ende des *Primero Sueño* offenbaren, dann, wenn ihr Ich erwacht ist.
Im *Primero Sueño* spricht Sor Juana in vielen Sprachbildern von Gott. Gott ist das „Höchste Wesen" (alto Sér) (Méndez Plancarte 1951, Bd. I, 342, V. 295), „Erster Grund" (Causa Primera) (Méndez Plancarte 1951, Bd. I, V. 408), „ewiger Schöpfer" (Eterno Autor) (Méndez Plancarte 1951, Bd. I, 352, V.

---

[298] Der erste Vers erinnert stark an *Oedipus Aegyptiacus* von Athanasius Kircher aus den Jahren 1652-54. Dort heißt es: „[...] wie die alten Ägypter zwischen einer Lichtpyramide, die vom Himmel nach der Erde sich herabsenkt, und einer Schattenpyramide, die von der Erde zum Himmel strebt, zu unterscheiden pflegten." (Kircher 1652-54, 20) Immer wieder tauchen in dem Werk von Sor Juana Stellen auf, die an Athanasius Kircher erinnern oder direkt auf ihn hinweisen. Seine Gedanken haben unzweifelhaft eine starke Faszination auf Sor Juana ausgeübt.
Athanasius Kircher wurde am 2. Mai 1602 in Geisa bei Fulda geboren. Er war das letzte von neun Kindern „und ein so aufgeweckter Junge, daß man ihn zusätzlich zum normalen Lehrplan des örtlichen Jesuitengymnasiums in Fulda bei einem Rabbiner Herbräischunterricht nehmen ließ." (Godwin 1979, 9) Nachdem er sich erfolglos beim Jesuitenkollegium in Mainz beworben hatte, wurde er 1618 als Novize im Kollegium der Jesuiten in Paderborn aufgenommen. 1620, nach Beendigung des Noviziates, begann er mit dem Studium der Philosophie. Der Dreißigjährige Krieg unterbrach jedoch seine Ausbildung. Er kam nach Köln und setzte dort seine Studien fort, bevor er 1623 nach Koblenz versetzt wurde, um seine Studien in klassischer Literatur fortzusetzen und an der dortigen Jesuitenschule Griechisch zu unterrichten. 1628 wurde er zum Priester geweiht. „Bis jetzt waren seine Neigungen naturwissenschaftliche gewesen, aber ein neue Welt humanistischer Gelehrsamkeit tat sich ihm auf, als er in einem Buch über den sixtinischen Obelisken zum ersten Mal Abbildungen ägyptischer Hieroglyphen sah. Dies war die Saat, die eines Tages im *Oedipus Aegyptiacus* aufgehen sollte; aber einstweilen mußte er sie ruhen: Er wurde wieder versetzt, diesmal, um in Würzburg zu lehren." (Godwin 1979, 11) Ein Gesuch in die Chinamission gehen zu dürfen wurde abgelehnt. Kircher wurde es aber später erlaubt nach Frankreich zu gehen, um in Avingon Mathematik, Philosophie und orientalische Sprachen zu lehren. 1635 kommt er nach Rom, um Hieroglyphen zu studieren. „Hier sollte er von nun an bis zu seinem Tod zuhause sein, hier hatte er endlich alles zur Verfügung, was er für seine naturwissenschaftlichen und humanistischen Untersuchungen brauchte: Zeit, Assistenten und Geld." (Godwin 1979, 13) Er starb am 27. November 1680 in Rom.

674), „die weise, mächtige Hand" (Sabia Poderosa Mano) (Méndez Plancarte 1951, Bd. I, 352, V. 670), „der Mittelpunkt, auf den alle Linien zielen" (céntrico punto donde recta tira la línea) (Méndez Plancarte 1951, Bd. I, 345, V. 409f); der „Kreis, der unendlich, alles Sein in sich birgt" (circunferencia, que contiene, infinita, toda esencia) (Méndez Plancarte 1951, Bd. I, 345, V. 410f). Die Seele ist „Funken" (centella) (Méndez Plancarte 1951, Bd. I, 342, V. 295), der vom göttlichen Feuer geschaffen ist. Der Gott der Sor Juana ist weder Retter noch König, weder Herr noch Richter; er entspricht damit in keinem Bild den traditionellen patriarchalen Gottesvorstellungen ihrer Zeit. Ihr Gott ist eine kreative Macht, die als Schöpfer und Kreator wirkt, und diesem Gott strebt sie nach. (Vgl. Sabat-Rivers 1991, 150.)

Sor Juana beschreibt Gott nach ihren Vorstellungen und ihren Erfahrungen, abstrakt, doch als einen, der alles erschafft, umfängt und in sich birgt. Und in ihrer Gottesvorstellung zeigt sich, was für alle menschliche Vorstellung von Gott zu sagen ist, dass die Gottesbilder viel mehr über jene aussagen, die sie benutzen, als über Gott. Dennoch ist dieses begrenzte Sprechen von Gott begründet, weil es auf den Erfahrungen der/des Einzelnen beruht. Es sind die Teilaspekte, die ein authentisches Sprechen von Gott ermöglichen. Und in dieser Rede werden Aussagen über die eigene Person und Lage gemacht, aus deren Perspektive heraus Gott beschrieben wird. (Vgl. Wustmans 1993, 8.) In diesem Sinne ist die Rede Sor Juanas von Gott als authentische Rede von Gott einzuordnen und zu verstehen.

6.1.1.5 Die Pyramiden, das Streben in die Höhe und der erste Absturz der Seele (V. 340-411)

Die Pyramiden erscheinen als Allegorie für das Streben der Seele zur Höhe, zum Licht. In Vers 405f (Méndez Plancarte 1951, Bd. I, 345) heißt es:
„[...] al Cielo la ambiciosa llama ardiente,
así la humana mente
su figura trasunta,
y a la Causa Primera siempre aspira."[299]

Der menschliche Geist steigt auf und strebt zum Ersten Grund, zum Kreis, der alles Sein in sich birgt. (Vgl. Méndez Plancarte 1951, Bd. I, 345, V. 410f.) Aber indem die Pyramiden auch als Prunk und Zeugnis eitler Baukunst (vgl. Méndez Plancarte 1951, Bd. I, 343, V. 340f) wie als barbarische Hieroglyphen einer blinden Verirrung (Méndez Plancarte 1951, Bd. I, 344, V. 381ff)

---

[299] „[...] gen Himel steigt die gierig brennende Flamme, ahmt menschlicher Geist diese Erscheinung nach und strebt stets zum Ersten Grund [...]" (Perez-Amador Adam, Alberto/Nowotnick, Stephan)

beschrieben werden, wird damit zugleich das Vorhaben der Seele disqualifiziert. Ahmt die Seele hier nur prunksüchtige Erscheinungen nach? Was ist der Anlass für ihr Vorhaben? Warum strebt sie zur Höhe, zum Licht? Treiben sie Eitelkeit und Gehabe? Will die aufsteigende Seele des *Primero Sueño* wirklich Gott schauen und erkennen? Und wenn ja, mit welchem Ziel? Um mehr über Gott und auch sich selbst zu erfahren?
Diese Fragen drängen sich auf, wenn man auf die Verse 414-422 (Méndez Plancarte 1951, Bd. I, 345) vorgreift. Dort ist vom „lästerlich hochmütigen Turm" (blasfema altiva Torre) (Méndez Plancarte 1951, Bd. I, 345, V. 414) die Rede, womit der Turmbau zu Babel gemeint ist. (Vgl. Gen 11,1-9.) „The pyramids of Egypt and the tower of Babel are, respectively, icons of an ideal and a failure of language, hieroglyphs and babble symbolizing both the universality of the human potential to reach unexpected heights, and the disenchantment ('desengaño') that is the price of the failure of that ambition." (Feder 1992, 484f)
Beim Turmbau zu Babel war es im wahrsten Sinn des Wortes das Ziel der Menschen, so hoch wie möglich hinaus zu wollen. Bis zum Himmel sollte der Turm reichen. Die Menschen wollten sich durch ihn einen Namen machen. Die verschiedenen Sprachen sind die Strafe für diese Tat. Sie erinnern an diesen „lästerlichen Turm" und auch die „gefräßige Zeit" (voraz el tiempo) (Méndez Plancarte 1951, Bd. I, 345, V. 417) tilgt die Erinnerung nicht. Auch hier erfolgt die Strafe über die Sprache, ein Motiv, das schon zu Beginn des Gedichtes aufgetaucht ist. Hier wird die Sprache nicht in ein Krächzen verwandelt oder ganz genommen, sondern differenziert und vervielfältigt. Von nun an wird der Spracherwerb zur mühsamen Pflicht, sofern das Subjekt sich und die anderen verstehen will.
Der Turmbau zu Babel zeigt, dass Himmel und Erde auf diese überhebliche Weise des Menschen nicht zusammenkommen können. Doch wie dann? Vor dieser Frage steht auch die Seele im *Primero Sueño*. Noch bleibt der Traum eine Antwort auf diese Frage schuldig, aber es zeigt sich hier zum ersten Mal, dass das Unternehmen mehr als waghalsig ist. Die Seele geht nicht nur bis an die äußersten Grenzen, sie riskiert auch den eigenen Untergang.
Es gelingt der Seele in der Tat „die feine Spitze zu schauen" (mirar la sutil punta) (Méndez Plancarte 1951, Bd. I, 344, V. 360), doch die Schau währt nicht lange. Geblendet weicht sie zurück. Es ist nicht möglich, das himmlische Licht zu ertragen. Die Seele stürzt ab. Sie scheitert das erste Mal.

„[...], no descendida, sino despeñada
se hallaba al pie de la espaciosa basa,
tarde o mal recobrada
del desvanecimiento
que pena fúe no escasa

del visüal alado atrevimiento –, [...]"[300] (Méndez Plancarte 1951, Bd. I, 344, V. 363-368)

Nach dem Absturz ist die Seele benommen und sie erholt sich nur mühsam, aber sie gibt nicht auf. Sie weiß, dass sie gescheitert ist und sie erkennt im Absturz ihre Strafe für das kühne Unterfangen. Interessant ist nun aber das weitere Vorgehen der Seele. Der Absturz, das Scheitern lassen sie nicht mit den Dingen hadern, sondern die Seele erkennt ihr Scheitern an und sucht schon bald nach einem neuen, erfolgversprechenderen Weg. Indem sie ihr Scheitern anerkennt, den Sturz nicht zu leugnen sucht, schafft sie erst die Voraussetzung dafür, nach einem neuen Weg zu suchen. Dadurch, dass die Seele anerkennt, was ist, ihrem Scheitern nicht ausweicht, gelingt es ihr, sich über den nächsten Schritt klar zu werden. Wenn das Scheitern eingestanden und akzeptiert wird, kann es zu einer wichtigen Quelle der Erkenntnis werden. Die erfahrene Ohnmacht im Scheitern wird in die Macht des Neubeginns verwandelt. Sie wird zur Motivation, es noch einmal, und zwar ganz anders, zu versuchen.

Die Seele steht aber nicht nur vor dem Problem des Scheiterns und des Umgangs damit, sondern in besonderer Weise vor der Undurchschaubarkeit allen Seins. Und so verwundert es nicht, dass die hermetische Welt, die Sor Juana in diesen Versen beschreibt, besonders stark von der Nichtdurchschaubarkeit, dem Nichtverstehen geprägt ist. Die Pyramiden und auch die Hieroglyphen werden bestaunt. Und gerade die Hieroglyphen geben Anlass zu Phantasien und Spekulationen, sie sind Geheimnis und wecken Neugierde – aber sie werden nicht verstanden. Es handelt sich um eine Sprache, die niemand mehr spricht. Dennoch geht von dieser unverständlichen Sprache eine starke Faszination aus. Sie provoziert das Verstehen-Wollen. Das Geheimnis will entschlüsselt und die Botschaft verstanden werden.[301]

---

[300] „[...] nicht gesenkt, vielmehr herabgestürzt, er sich am Fuß des breiten Sockels wiederfand, erst spät und mühsam sich erholend vom Vergehen der Sinne, eine nicht geringe Strafe für des Auges beflügelte Kühnheit – [...]" (Perez-Amador Adam, Alberto/Nowotnick, Stephan)

[301] Diese Faszination lässt sich sehr gut an der Person Athanasius Kircher belegen, auf den sich Sor Juana an mehreren Stellen in ihrem Gesamtwerk bezieht. Kircher hielt im Jahr 1628 ein Buch in Händen, in dem Hieroglyphen abgebildet waren. Bislang hatte man diese für bloße Dekoration gehalten, eine Ansicht, die Kircher intuitiv als Irrtum erkannte. Mit diesem Buch fasste er den Entschluss, das Rätsel der Hieroglyphen selbst zu lösen. Er konnte letztlich das Geheimnis nicht lüften. Dieses entzifferte erst 1822-24 Jean François Champollion mit Hilfe des Steins von Rosette. Seitdem weiß man, dass die Hieroglyphen eine phonetische Schrift sind. Kircher hingegen vermutete in den Hieroglyphen eine symbolische Schrift und versuchte sie auf dieser Basis vergeblich zu entziffern. (Vgl. Godwin 1979, 56.)

Damit sind die Hieroglyphen auch als eine Allegorie für Sor Juana selbst zu lesen. Sie will die Hieroglyphen ihrer Existenz entziffern. „Für Sor Juana ist die Welt ein Problem. Alles wird ihr zum Anlaß für scharfsinnige Fragen; sie selbst wird sich zu einer einzigen zugespitzten Frage." (Paz 1993, 16) Sie will das Rätsel ihrer Selbst, von Gott und der Welt entschlüsseln und verstehen. Die Bearbeitung dieses Problems, die Beantwortung der Fragen versucht Sor Juana zunächst, indem sie den Weg des Wissens und der Forschungen beschreitet, doch sie wird feststellen, dass auch dieser Weg sie nicht ans Ziel bringen kann. Vor den eigentlichen Fragen ihrer Existenz, vor den Hieroglyphen ihres Seins versagen Wissen und Forschung. Dies zu erkennen ist allerdings jetzt noch nicht möglich, doch der Prozess wird es ans Licht bringen. Und im diesem Prozess wird Sor Juana auch den Schlüssel finden, mit dem sie die Hieroglyphen ihrer Existenz entschlüsseln kann – der darin liegt, Ich sagen zu können, zum Subjekt mit eigener Stimme zu werden, zu erwachen.

6.1.1.6 Das Zurückschrecken der Seele (V. 412-559)

Der Blick schweift über die ganze Schöpfung. (Vgl. Méndez Plancarte 1951, Bd. I, 346, V. 445.) Die Fülle ist dem Blick zwar offenbar, aber das Vermögen des Verstandes reicht nicht aus, das alles zu verstehen. Und so entsteht das paradoxe Bild, dass der Verstand, das All vor Augen, doch nichts sieht. Dies ist auch der Grund dafür, dass der Verstand vor der Unmenge des zu Sehenden zurückschreckt. Das ganze All vor Augen, sah er dennoch nichts, ist nicht einmal mehr in der Lage zu unterscheiden:
„[...], y por mirarlo todo, nada vía,
ni discernir podía [...]"[302] (Méndez Plancarte 1951, Bd. I, 347, V. 480f)

Alles zu sehen genügt nicht. Die Seele ist darüber zwar stolz, doch sprachlos:
„[...], suspensa pero ufana,
y atónita aunque ufana, [...]"[303] (Méndez Plancarte 1951, Bd. I, 346, V. 437)

Es ist die eigene Sprache, an der es der Seele mangelt. Das Subjekt findet (noch) nicht die passenden Worte. Es erahnt die Worte, doch sie tönen (noch) nicht. Es kann die Welt, wie sie sie sieht, (noch) nicht selbstständig benennen und damit ist das Subjekt auch nicht in der Lage, ein Verhältnis zum Gesehenen aufzubauen. Das, was es sieht, ist bestaunenswert, und dass es

---

[302] „[...], und des Ganzen angesichtig, sah er nichts und vermochte nicht zu unterscheiden.[...]" (Perez-Amador Adam, Alberto/Nowotnick, Stephan)
[303] „[...], erstaunt, doch voller Stolz und sprachlos, obgleich stolz, [...]" (Perez-Amador Adam, Alberto/Nowotnick, Stephan)

soweit gekommen ist, erfüllt sie mit Stolz, doch es ist wie mit den Hieroglyphen, sie sind schön anzusehen und von ihnen geht ein geheimer Zauber aus, aber das, was sie wirklich zu sagen haben, bleibt unerkannt und verschlossen. Es ist dieses Unerkannte, Verschlossene, was die Seele sieht und fasziniert und was sie zugleich ängstigt und zurückschrecken lässt. Die Seele ist überfordert von dem, was sie sieht, und es bleibt ihr nur das Zurückschrecken.[304] Sie hat im Übermaß gesehen und das Übermaß bewirkt, wie so oft, das Gegenteil: nicht Schau und Erhöhung, sondern Schau, Verwirrung und Erschrecken.[305] Abermals scheitert die Seele. Noch ist die eigene Sprache nicht auszudrücken. Es dauert noch, bis dieser Punkt erreicht wird. Es bedarf der Fähigkeit zum eigenen Ich, um an diesen Punkt zu gelangen. Nach dem Scheitern erholt sich die Seele langsam von ihrem Schrecken; sie sucht nach einem neuen Weg, ihr Vorhaben zu realisieren. Sie wird den Weg in der Logik ihrer gewohnten Strategie, der Wissensaneignung und der Anwendung von Wissensmethoden, einschlagen. Sie will nun schrittweise, Stufe um Stufe voranschreiten.

6.1.1.7 Der Traum des Wissens und der Methoden (V. 560-616)

Der Verstand gerät angesichts des Überflusses ins Taumeln und die Seele erleidet Schiffbruch. Das Ruder ist zerschmettert, der Mast ist zerborsten, so liegt sie am Strand.[306] Der Verstand ist bis an seine äußersten Grenzen

---

[304] Rudolf Otto analysiert in seinem Buch „Das Heilige. Über das Irrationale in der Idee des Göttlichen und sein Verhältnis zum Rationalen", München 1991, unterschiedliche Formen der religiösen Erfahrung. Aufgrund seiner Untersuchungen arbeitet er grundsätzliche Wesenszüge heraus. Er entdeckt das Gefühl des Schreckens und der Angst vor dem Heiligen, vor dem *mysterium tremendum*. Und er entdeckt in der religiösen Schau das *mysterium fascinans*. Alle diese Erfahrungen werden von Otto als *numinos* bezeichnet, weil sie aus der Erfahrung, der Begegnung, der Offenbarung einer göttlichen Macht herrühren. Dabei steht das Numiose für das ganz Andere. Das Heilige manifestiert sich als eine Realität, die von ganz anderer Realität ist. Damit bildet das Heilige einen Kontrast zum Profanen. Religion hat es demnach nicht mit Gott, sondern mit dem Heiligen zu tun. Das Heilige ist ein Phänomen *sui generis* und kein *offspring* des Glaubens an Gott. Vielmehr ist der Glaube an Gott eine Auseinandersetzung mit dem Heiligen. Das Heilige markiert das Numiose, also jene Phänomene, die Menschen in ihren Bann ziehen und zugleich abschrecken.
[305] „– que el exceso contrarios hace efectos" (Méndez Plancarte 1951, Bd. I, 347, V. 500) „denn jedes Übermaß bewirkt das Gegenteil" (Perez-Amador, Adam, Alberto/Nowotnick, Stephan)
[306] „[...], destrozado,   „Völlig zerschmettert,
al timón roto, a la quebrada entena,   zerbrochen das Ruder, verwüstet die Rahe,
basando arena a arena   wo der Nachen, Splitter um Splitter
de la playa el bajel, astilla a astilla, [...]"   den Sand des Strandes küßte.[...]"

gegangen und trägt nun die Konsequenzen für die Tat. Er muss vor sich selbst eingestehen, dass das eigentliche Vorhaben bislang gescheitert ist. Aber er will nicht aufgeben, will von dem Unterfangen nicht lassen und sucht nun nach einem neuen Weg. Der Traum des Wissens wird noch nicht aufgegeben. Und er scheint gefunden in der Methode, nun alles schrittweise zu ergründen und zu verstehen. Intuitive Erkenntnis erwies sich bislang als untauglich.

„[...], de no poder con un intüitivo
conocer acto todo la criado,
sino que, haciendo escala, de un concepto
en otro va ascendiendo grado a grado,
y el de comprender orden relativo
sigue, necesitado
del del entendimiento
limitado vigor, que sucesivo
discurso fia su aprovechamiento::"[307] (Méndez Plancarte 1951, Bd. I, 350, V. 591-599)

Mit Hilfe der aristotelischen Kategorien[308] soll nun Erkenntnis und Verstehen möglich werden. Mittels der Kategorien zielt der Verstand nun darauf, alles Seiende zu erfassen. (Vgl. Méndez Plancarte 1951, Bd. I, 350, V. 575ff; 617ff.) Diese Kategorien sollen dem Verstand als eine Art Leiter dienen, die ihn stufenweise emporhebt und es möglich macht, allmählich zu verstehen. D.h., mit Hilfe der Kategorien, der Schlussfolgerungen, letztlich der Logik will der Verstand den Durchbruch schaffen.
Mit der Erkenntnismethode der aristotelischen Kategorien drückt Sor Juana ihr Interesse an den weltlichen Wissenschaften aus und zugleich verteidigt sie damit den Weg, über die weltlichen Wissenschaften zu Gott, zum Göttlichen gelangen zu können. Hier benennt sie bereits einen Gedanken, der in ihrer *Antwort an Sor Philothea* zu einem zentralen Punkt werden wird. Dort schreibt

---

(Méndez Plancarte 1951, Bd. I, 349, V. 567-570)

(Perez-Amador Adam, Alberto/Nowotnick, Stephan)

[307] „[...], daß man auf intüitive Weise die Schöpfung nicht ergründen kann, sondern nur stufenweise, mit eingelegter Rast, von einem Begriff zum anderen steigend und der Rangordnung des Verstehens folgend, genötigt durch des Verstandes allzu begrenzte Kraft, der allein aus aufbauendem Gedankengang seinen Nutzen ziehen kann::"
(Perez-Amador Adam, Alberto/Nowotnick, Stephan)
[308] 2x5 Kategorien: Substanz, Quantität, Qualität, Relation, Ort, Zeit, Tun, Leiden, Sich-Verhalten (Haltung), Sich-Befinden (Lage).

sie, dass sie sich mit den Wissenschaften beschäftigte, weil es ihr Ziel war, Theologie zu studieren. Aber um diese zu verstehen, schien es notwendig und angebracht, „para llegar a ella, subir por los escalones de las ciencias y artes humanas; porque ¿cómo entenderá el estilo de la Reina de las Ciencias quien aun no sabe las ancilas?"[309] (Salceda 1957, Bd. IV, 447)

6.1.1.8 Die Stufen der Erkenntnis (V. 617-703)

„De esta serie seguir mi entendimiento
el método quería,
o del ínfimo grado
del sér inanimado
[...]
pasar la más noble jerarquía
que, en vegetable aliento [...]"[310] (Méndez Plancarte 1951, Bd. I, 351, V. 617ff)

Bei der Analyse dieser Methode zeigt sich bald, dass der Mensch sich selbst das größte Rätsel ist. Er ist dem Engel, dem Tier und auch der Pflanze ähnlich, aber wozu? Damit sich der Mensch als erster, beflügelt von der Gnade, aufschwinge zur Liebesvereinigung? Doch auch wenn er solche Gnade schon verspürt, führt sie in aller Regel nicht zur Einsicht und wird wenig geachtet und nur selten oder gar nicht vergolten.[311]

---

[309] „über die Stufen der weltlichen Wissenschaften und Künste hinaufzusteigen. Denn wie könnte jemand das Wesen der Königin der Wissenschaften verstehen, wenn er noch nicht einmal das ihrer Dienerinnen kennt?" (Heredia, Hildegard)
[310] „Dieser Stufung wollte mein Verstand
in seiner Methode wohl befolgen
und von der niedrigsten Stufe
der unbeseelten Wesen
[...]
aufsteigen zur nächst edleren,
die pflanzlichem Odem besitzt [...]"
(Perez-Amador Adam, Alberto/Nowotnick, Stephan)
[311] „¿Por qué? Quizá porque más venturosa   „Wozu? Vielleicht, damit es ihm gelinge,
que todas, encumbrada   daß er als erster in die Höh sich schwinge,
a merced de amorosa   beflügelt von der Gnade
Unión sería. ¡Oh, aunque repetida,   einer Liebesvereinigung. O, schade,
nunca bastantemente bien sabida   daß solche Gnade, obwohl doch verspürt
merced, pues ignorada   wieder und wieder, nie zur Einsich führt,
en lo poco apreciada   wenig geachtet wird, nicht wie wir sollten,
parece, o en lo mal correspondida!"   oder übel vergolten!"
(Méndez Plancarte 1951, Bd. I,   (Vogelsang, Fritz)
352f, V. 696-703)

Sor Juanas Reihe ist aufsteigend und der Mensch steht in der Mitte, er hat bei ihr eine Scharnierfunktion zwischen den Welten. Sie bezeichnet den Menschen als

„bisagra engazadora
de la que más se eleva entronizada
Naturaleza pura
y de la que, criatura
menos noble, se ve más abatida."[312] (Méndez Plancarte 1951, Bd. I,351f, V. 659-663)

Aber die Natur zu ergründen und verstehen zu wollen erweist sich als eine Aufgabe, die der Verstand nicht vollends lösen kann.

6.1.1.9 Anfragen an das intellektuelle Wissen (V. 704-780)

„Estos, pues, grados discurrir quería
unas veces. Pero otras, disentía,
excesivo juzgando atrevimiento
el discurrirlo todo,
quien aun la más pequeña,
aun la más fácil parte no entendía
de los más manüales
efectos naturales;
quien de la fuente no alcanzó risueña [...]"[313] (Méndez Plancarte 1951, Bd. I, 353, V. 704-712)

---

[312] „Angelpunkt zwischen
der am höchsten gen Himmel
strebenden reinen Natur
und jener nicht minder edlen Kreatur,
die am tiefen Boden liegt"
(Perez-Amador Adam, Alberto/Nowotnick, Stephan)
An diesem Vers ist interessant und auffallend, dass in der Methodenwahl Sor Juanas eine aufsteigende Richtung vorliegt, diese aber nicht mit Wertungen im Sinne von höher gleich besser versehen ist. Der Mensch hat eine Scharnier- und Mittlerfunktion, aber deswegen ist er nicht per se edler als jene Kreaturen, die am Boden liegen.
[313] „Diese Stufen also wollte er [Verstand; H.W.] ergründen
manches Mal. Andre Male verzagte er,
denn maßlos dünkte ihn die Kühnheit,
das Ganze zu erforschen,
da er doch selbst das kleinste Teil,
auch das schlichteste nicht begriff,
das greifbar Nahe
im Wirken der Natur;

Alles zu verstehen erscheint dem Verstand abermals kühn und maßlos, aber vor allem überfordernd. Er ist nicht in der Lage, das, was er sieht, zu verstehen. Für den Verstand im *Primero Sueño* ist dies jedoch kein Grund, von dem Vorhaben zu lassen, vielmehr sucht er abermals nach einer neuen Möglichkeit des Verstehens und Erkennens. Hoffend, dass dies möglich ist, wenn nur die richtige Methode, der richtige Zugang gewählt wird. Eine Möglichkeit besteht darin, die Welt in Kategorien einzuteilen, eine Ordnung in die Dinge zu bringen, damit dann, Schritt für Schritt, die Dinge analysiert und reflektiert werden können. Ein solches Vorgehen bringt eine eigene Sprache hervor – die Objektsprache. Aber in dieser Sprache ist für Subjekte kein Platz. Subjekte stören die Kategorien der Ordnungen, bringen durcheinander, stiften Unruhe. Dies wird auch beim „Vater" der Kategorien, Aristoteles, sichtbar. Für ihn war das Subjekt ohne jeden Sinn und Bedeutung und folglich bedurfte es auch keiner eigenen Sprache.

6.1.1.10 Das Aufbegehren – Der offene Anreiz des Phaeton (V. 781-826)

Der Verstand spricht sich selbst Mut zu. Er will nicht feige zurückweichen und das Unternehmen vorzeitig abbrechen. Er will nicht aufgeben und dem Ruhm nicht entsagen, ohne vorher den Kampf gewagt zu haben.[314] Das Subjekt kann und soll Konflikten und dem Streit nicht aus dem Weg gehen, sondern sich ihnen stellen. Ein Ausweichen und ein Umgehen des eigentlichen Kerns als Enttäuschungsprophylaxe und vorauseilender Gehorsam ist nicht gestattet. So lange der Streit nicht entschieden ist, muss er ausgefochten werden, dies ist die Botschaft der ersten Verse dieses neuen gedanklichen Abschnitts im *Primero Sueño*.

Und dies ist der Zeitpunkt, an dem sich der Verstand im *Primero Sueño* der Figur des Phaeton[315] erinnert. (Vgl. Holzberg 1996, 471f.) Phaeton ist der Sohn

---

nicht verstand die unbekannte Weise, [...]"
(Perez-Amador Adam, Alberto/Nowotnick, Stephan)

[314] „Otras – más esforzado –, | „Ein andermal jedoch, kühner gesinnt,
demasiada acusaba cobardía | schalt sich mein Geist, es sei zuviel der Bänglichkeit,
el lauro antes ceder, que en la lid dura | auf Lorbeer zu verzichten, eh der Streit,
haber siquiera entrado;" | der auszufechten ist, auch nur beginnt."
(Méndez Plancarte 1951, Bd. I, | (Vogelsang, Fritz)
355, V. 781-784)

[315] Im Sonett 149 setzt sich Sor Juana mit der Figur des Phaeton auseinander. Schon hier beschreibt sie, was auch im *Primero Sueño* in Bezug auf Phaeton von Bedeutung ist: den Mut zu haben, der Ordnung der Dinge zu widerstehen, einen eigenen Plan zu verfolgen und sich nicht durch eventuell eintretende Möglichkeiten von der Realisierung des Planes abhalten zu lassen.

des Apollo und der Clymeme. Phaeton kommt in den Palast des Vaters, bittet diesen, Phaeton öffentlich als seinen Sohn anzuerkennen, und fordert ein Pfand, das beglaubigt, dass er sein Nachkomme ist. „Und du verdienst es nicht, daß ich weigerte, dich als Meinen anzuerkennen, und wahr gab Clymene kund deinen Ursprung. Daß du nicht zweifelst, verlang, es von mir zu erhalten, als Gabe, was du nur willst." (Holzberg 1996, 47) Schon bald reut den Vater dieses Versprechen, denn Phaeton fordert, dass er den Wagen seines Vaters über den Himmel lenken darf. „Nicht ohne Gefahr ist dies dein Begehren. Großes verlangst, mein Phaeton, du, ein Geschenk, wie es deinen Kräften nicht entspricht und den Jahren nicht eines Knaben. Sterblich dein Los." (Holzberg 1996, 47) Der Vater steht wider Willen im Wort. Der Sohn besteigt den Wagen und fährt in den Tod.

In der Erinnerung an die Figur des Phaeton wagt der Verstand aufs Neue einen Versuch. Durch Phaetons Beispiel fühlt sich der Verstand bestärkt; auf keinen Fall will er vorschnell aufgeben. Phaeton ist ihm tollkühnes Vorbild, das dem Verstand neuen Mut und neue Energien schenkt. Phaeton ist hier nicht ein abschreckendes Beispiel – sondern wird zum Vorbild, weckt neuen Wagemut.

„[...], y al ejemplar osado
del claro joven la atención volvía
– auriga altivo del ardiente carro –,

Im Sonett 149 (Méndez Plancarte 1951, Bd. I, 279) heißt es:

„Si los riesgos del mar considerara,	„Würde man alle Seenot erst erwägen,
ninguno se embarcara; si antes viera	keiner hätte den Mut, aufs Meer zu fahren;
bien su peligro, nadie se atreviera	sähe man klar im voraus die Gefahren,
ni al bravo toro osado provocara.	niemand wagte, den Kampfstier zu erregen.
Si del fogoso bruto ponderara	Wollte der Reiter weißlich überlegen,
la furia desbocada en la carrera	wie wild des Rosses Feuerfluchtgebaren
el jinete prudente, nunca hubiera	ihn fortreißt – niemals würde es erfahren
quien con discreta mano lo enfrenara.	die bändigende Hand, klug und verwegen.
Pero si hubiera alguno tan osado	Gäbe es aber jemand, kühn genug,
que, no obstante el peligro, al mismo Apolo	um der Gefahr zum Trotz mit kecker Hand
quisiese gobernar con atrevida	Apollos eigne Zügel zu erstreben,
mano el rápido carro en luz bañado,	zu lenken seines Lichtgefährtes Flug:
todo lo hiciera, y no tomara sólo	alltätig wäre der, nicht bloß imstand,
estado que ha de ser toda la vida."	ein Leben lang im selben Stand zu leben."

(Vogelsang, Fritz)

Erwähnenswert ist an dieser Stelle besonders der letzte Vers „ha de ser toda la vida". In diesem Satz ist die Sehnsucht nach Veränderung mit Worten zu greifen. Veränderung gehört zum Leben, auch wenn sie die meisten schreckt und ängstigt. Im Fall des Phaeton ist das nicht so und auch Sor Juana hat sich diese Sehnsucht bewahrt. Sie kann sie realisieren und zwar durch ihre Sprache. Mittels der eigenen Sprache ist es ihr möglich, den Stand(punkt) zu wechseln, ihrer Sehnsucht zu folgen. Nach Paz ist dies ein „entsetzliches Geständnis für eine Nonne." (Paz 1991, 564) Hier zeigt sich abermals, dass Paz über keinen Begriff von Religion verfügt. Er versteht Religion als ein statisches Konzept und nicht als ein Projekt im Leben von Menschen, das sich jeden Tag neu bewähren muss.

y el, si infeliz, bizarro
alto impulso, el espíritu encendía: [...]"[316] (Méndez Plancarte 1951, Bd. I, 355,
V. 785-789)

Zögern bedeutet nicht aufgeben, dies zeigt sich hier am Beispiel der Seele im *Primero Sueño*. Im Gegenteil: Das Zögern ist ein Innehalten. Verschiedene Entscheidungsmöglichkeiten liegen vor, unterschiedliche Wege können in Betracht gezogen werden. Aber das Zögern bietet vor allem die Chance, sich mit sich selbst auseinander zu setzen und über die eigene Person und Lage klar zu werden. Im *Primero Sueño* ist es so. Hier bezichtigt sich der Verstand schonungslos selbst der Feigheit und des mangelnden Mutes. Und hier entsteht aus dem Zögern heraus eine neue Bewegung, der Schritt nach vorne wird möglich. So sagt der Verstand,
„el lauro antes ceder, que en la lid dura
haber siquiera entrado;
y al ejemplar osado
del claro joven la atención volvía [...]"[317] (Méndez Plancarte 1951, Bd. I, 355,
V. 783-786)

Trotz des Scheiterns ist die Tat nicht vergebens, denn die Tat und der, der sie gewagt hat, sind nicht vergessen. Phaeton steht für mehr als den Untergang und die Hybris, er ist die Allegorie für die Notwendigkeit, eine neue Sprache zu entwickeln. Und diese neue Sprache zeichnet sich dadurch aus, dass Gelingen und Scheitern, Sprechen und Schweigen konstitutive Bestandteile sind. (Vgl. Feder 1992, 508.) So ist es auch erklärlich, dass die Seele in der Figur des Phaeton Vorbild und erneute Herausforderung erblickt. Abschreckung und Furcht sind ohne jede Bedeutung, was zählt, ist der Versuch und die Tatsache, nicht aufgegeben zu haben.
„[...]: donde el ánimo halla
– más que el temor ejemplos de escarmiento –
abiertas sendas al atrevimiento,

---

[316] „[...], und den inneren Blick
auf das Vorbild der Lichtgestalt gerichtet
– des Jünglings, stolz den Flammenwagen lenkend –,
fühlte ich, wie sein hochgemutes Mißgeschick,
den Geist befeuernd, heiße Schwungkraft schenkend,
mir nicht den Mut zernichtet:"
(Vogelsang, Fritz)
[317] „[...] auf Lorbeer zu verzichten, eh der Streit,
er auszufechten ist, auch nur beginnt;
und den inneren Blick
auf das Vorbild der Lichtgestalt gerichtet."
(Vogelsang, Fritz)

que una ya vez trilladas, no hay castigo
que intento baste a remover segundo [...]"[318] (Méndez Plancarte 1951, Bd. I, 355, V. 790-794)

Aber es gibt auch die Stimme, die Phaeton nicht nur als Vorbild, sondern auch als das verderbliche Beispiel sieht:
„O el castigo jamás se publicara,
porque nunca el delito se intentara: [...]"[319] (Méndez Plancarte 1951, Bd. I, 355, V. 811f)

---

[318] „In ihm erblickt das Gemüt
– wo die Furcht die Abschreckung sieht –
offenen Anreiz zum Erkühnen,
und, einmal erdreistet, vermag keine Strafe,
einem erneuten Ansturm zu wehren [...]"
(Perez-Amador Adam, Alberto/Nowotnick, Stephan)
Für Paz ist Phaeton Emblem des Trotzes. „Verwegenheit wird zur Herausforderung, zum Trotz: Der Akt des Erkennens ist eine Übertretung. [...]; ihr Held ist intellektuell, ein Held mit klarem Verstand: Er will wissen, und wenn er dabei zugrunde geht. Die Figur des Phaeton war zweifach entscheidend für Sor Juana. Erstens als intellektuelles Vorbild, das die Liebe zum Wissen mit der Kühnheit verbindet: Vernunft und mutige Seele. Und dann, weil sie die Freiheit in ihrer äußersten Form, der Übertretung, darstellt." (Paz 1991, 563) Meiner Ansicht nach greift es zu kurz, Phaeton allein ‚als Emblem des Trotzes' zu verstehen. Phaeton steht vielmehr für den Widerstand des Subjektes gegen die Ordnung der Dinge und in dieser Interpretation kann er Vorbild und Herausforderung für Sor Juana sein. Denn ihr Begehren nach Wissen, ihr Streben nach Erkenntnis von Gott und Welt stießen in der patriarchalen Kultur Neuspaniens an die Grenzen der Ordnung der Dinge.
Noch etwas muss an dieser Stelle zu Paz und Pfandl angemerkt werden. Bei Paz wie auch Pfandl in seinem Buch „Die zehnte Muse von Mexiko: Sor Juana Inés de la Cruz. Ihr Leben, ihr Werk, ihre Psyche", München 1946, findet sich in ihren Interpretationen zur Figur des Phaeton die Betonung, dass dieser nicht nur die Figur der Freiheit und der Übertretung der Ordnung der Dinge darstellt, sondern auch und in besonderer Weise für die Frage nach der Herkunft steht. An dieser Stelle sei auch auf den in der Sekundärliteratur immer wieder erwähnten Vergleich zwischen Sor Juana und Phaeton hingewiesen, der sich aus dem Faktum ergibt, dass beide unehelich geboren wurden und ohne Vater aufgewachsen sind. (Vgl. Paz; Pfandl; Feder.) So schreibt Feder: „Like Juana Inés, Phaeton was the bastard son of an absent father and of a mother who raised him without his help. Apollo had abandoned him at birth, not seeing him until several years later, when, following his mother's advice, the ambitious young man went to find him in order to demand the rights befitting the son of such an illustrious father." (Feder 1992, 507)
Nach Aussagen der VertreterInnen dieses Gedankens war die Tatsache unehelich geboren zu sein der Ursprung von Sublimierungen. Nach Pfandl sublimiert Sor Juana durch ihre Identifizierung mit der Welt des Wissens und der Literatur. Durch ihre Identifikation mit der männlichen Welt verleugnet sie seiner Meinung nach ihr Frausein und sich selbst. Diese Interpretation zeigt, wie schwer der Zugang zu Sor Juana fallen kann. Es braucht Erklärungen für eine so unerhörte Frau wie sie und was liegt näher, scheint verständlicher als eine arme, kranke Psyche?
[319] „Ach, wenn man doch geheim die Strafe hielte,

Das Verbot und die Strafe provozieren die Überschreitung. (Vgl. Bataille 1994) Hier wird deutlich, dass das Subjekt immer wieder vor die Frage nach der Überschreitung der Ordnung der Dinge gestellt wird. Es wird sichtbar, dass das Subjekt, sofern es sich realisieren will, den Mut zur Überschreitung aufbringen muss. Es sind die Überschreitungen und die Brüche mit der Ordnung der Dinge, die die Welt und das Subjekt konstituieren. (Vgl. Eliade 1990, 23-25) In den Überschreitungen zeigt sich, dass wir nicht in einer homogenen Welt leben. Die Welt enthält Dinge, die von anderen grundsätzlich und qualitativ unterschieden sind. Und diese Dinge sind religiös. Die Überschreitung ist ein religiöser Akt, der das Subjekt konstiutiert, zur Auseinandersetzung mit sich selbst, Gott und der Welt befähigt und sprachfähig macht. Manche Ziele können nur erreicht werden, wenn das Subjekt Gebote und Strukturen überschreitet, auch angesichts drohender Strafen, und dies gilt gerade für die Konstituierung des Subjektes. Oder um mit Roger Caillois zu sprechen: „Das Leben besteht nur dank der Verstöße gegen die Unbeweglichkeit fort, dank ständiger Erneuerung, [...]" (Caillois 1988, 34) Von der Notwendigkeit der Überschreitung und der Unumgänglichkeit der Erneuerung weiß auch die Seele im *Primero Sueño*, das Gedicht selbst ist eine Allegorie dieses Vorgangs.

6.1.1.11 Das Erwachen des Körpers (V. 827-886)

Aber der Verlauf des Gedichtes zeigt, dass auch die Erinnerung an Phaeton dem Verstand nicht hat helfen können. Abermals muss er sein Scheitern anerkennen.
„Mas mientras entre escollos zozobraba
confusa la elección, sirtes tocando
de imposibles, en cuantos intentaba
rumbos seguir – [...]"[320] (Méndez Plancarte 1951, Bd. I, 356, V. 827-830)

Sor Juana greift hier das Bild des gestrandeten Schiffes von V. 565ff (Méndez Plancarte 1951, Bd. I, 349) wieder auf, aber nun verbindet sie damit eine eindeutige und endgültige Qualifizierung. In V. 565ff bestanden noch die

---

daß nie sich einer angestachelt fühlte!"
(Volgesang, Fritz)
[320] „Doch indes die verwirrte Wahl
zwischen Riffen kenterte
und auf Sandbänken des Unmöglichen strandete,
welchen Kurs sie auch einschlug – [...]"
(Perez-Amador Adam, Alberto/Nowotnick, Stephan)

Hoffnung und der Wille zum Neuaufbruch, hier nun wird erkannt, dass das Subjekt auf „Sandbänken des Unmöglichen gestrandet" ist. Egal welche Richtung der Verstand auch einschlägt, welche Methoden er auch wählt, die Realisierung des Vorhabens ist nicht möglich – immer wieder scheitert der Verstand. Auf diese Art und Weis ist es dem Ich nicht möglich, sich, Gott und die Welt zu erkennen und zu verstehen. Alles bleibt unerkannt und verschlüsselt wie die Hieroglyphen. Der Code der Entzifferung ist noch immer nicht gefunden. Das Vorhaben wird nun als das erkannt, was es ist – aussichtslos und vergebens.

Und dies ist auch der Zeitpunkt, wo der Körper langsam erwacht. Die Reise findet ihr Ende, ohne an das geplante Ziel zu gelangen. Doch für den Körper gibt es keinen Aufschub, er ist „des Ausruhens müde" (del descanso cansados) (Méndez Plancarte 1951, Bd. I, 356, V. 855). Dabei ist er noch nicht ganz wach und auch schon nicht mehr schlafend (vgl. Méndez Plancarte 1951, Bd. I, 356f, V. 856), verspürt aber den Wunsch nach Bewegung, will die müden Knochen strecken.

„[...], del descanso cansados,
ni del todo despiertos ni dormidos,
muestras de apetecer el movimiento
con tardos esperezos
ya daban, extendiendo
los nervios, poco a poco, entumecidos,
y los cansados huesos. [...]"[321] (Méndez Plancarte 1951, Bd. I, 356, V. 855-861)

Der Körper hat genug vom Schlaf. Der „vuelo intelectual" ist misslungen. Das Ziel nicht erreicht. Nicht erreicht zu haben, was zu erreichen angestrebt war, dies ist die Erkenntnis dieser Nacht, dieses Traumes.
Der stillgelegte Körper meldet sich zu Wort, der Traum genügt dem Ich nicht mehr. Der Körper ist „des Ausruhens müde". Und mit dieser Metapher, die ja auch für die Trennung von Leib und Seele steht, wird gesagt, dass das Subjekt genug von dieser Trennung hat. Die Trennung von Körper und Seele erwies sich im Traum als eine schlechte Basis für die Erkenntnis. Getrennt voneinander ist keine Erkenntnis möglich – weder für den Körper noch für die

---

[321] „[...], des Ausruhens nun doch müde,
weder ganz wach noch ganz vom Schlaf umfangen,
ließen erahnen, daß sie vielleicht gern
sich wieder einmal rührten,
träg sich reckend und streckend,
während die Nerven flau sich mählich strafften
und die müden Gebeine [...]"
(Volgesang, Fritz)

Seele. Der Körper fordert nun, am Ende der Nacht, die Aufhebung der Trennung ein, wissend, dass die Dinge unterschieden, aber nicht getrennt werden dürfen, wenn Erkennen möglich sein soll. Nach Meinung von Constance Montross ist das Ende des *Primero Sueño* abrupt und der Traum hat keine wesentlichen Fortschritte gebracht. Sie schreibt: „The ending is abrupt – nothing is resolved. Sor Juana does not offer the doctrine perhaps because it does not resolve satisfactorily the contradictions of her situation. There is no clear conclusion, lesson or application for this 'sermon'." (Montross 1981, 85) Die Interpretation von Montross greift zu kurz, denn sie sieht nur die augenscheinlichen Dinge und fragt sich nicht, was das abrupte Ende, der Prozess des Erwachens bedeuten kann. Die Metapher „des Ausruhens müde" steht für die Umkehrung der Verhältnisse. Unerwarteterweise langweilt auf einmal der Schlaf. Der Traum hält nicht, was er verspricht – den Blick in unbekannte Welten, das Verstehen dieser Welten und den Weg zum Ich. Das Ich muss erkennen, dass der Schlaf, die Trennung von Körper und Seele und schließlich die Seelenreise nicht zum Ich führen. Dieser Vorgang muss scheitern, dies ist die Einsicht des Traums. Aber es ist eine wichtige Einsicht, weil sie die Voraussetzung für den neuen und schließlich auch erfolgreichen Weg der Erkenntnis ist. Das Scheitern muss anerkannt werden. Das Ich hat sich dem Scheitern zu stellen und erst darin wird der Neubeginn möglich. Diese Erkenntnis hatte sich auch im Traum schon angekündigt, allein die Seele war noch zu sehr vom alten Vorhaben gefangen und andere Mittel und Wege als die des Wissens, der Logik und Strategie kamen nicht in Betracht. Doch jetzt, wo die Phantome aus dem Gehirn fliehen, sie sich in nichtigem Rauch auflösen (vgl. Méndez Plancarte 1951, Bd. I, 357, V. 870), ist der Zeitpunkt für die schon nicht mehr erhoffte und erwartete Erkenntnis gekommen.

6.1.1.12 Der Sieg des Tages über die Nacht und das Erwachen des Ich (V. 887-975)

Der Kampf, mit dem das Gedicht begonnen hat, wiederholt sich, doch nun unter umgekehrten Vorzeichen: Jetzt triumphiert der hereinbrechende Tag. „El Padre de la Luz"[322] (Méndez Plancarte 1951, Bd. I, 357, V. 887) kennt schon die Stunde seiner Ankunft und die Venus durchbricht das erste Morgengrauen.[323] (Vgl. Méndez Plancarte 1951, Bd. I, 357, V. 895f.) Und

---

[322] „El Padre de la Luz" ist eine Metapher für die Sonne. Die Sonne ist im Spanischen maskulin.
[323] An dieser Stelle ist anzumerken, dass der Morgenstern Venus in der Mythologie weiblich ist und für folgende Größen steht: Intelligenz, Liebe und Schönheit. In der Helligkeit des

auch Aurora ist, als Amazone, gewappnet gegen die Nacht. (Vgl. Méndez Plancarte 1951, Bd. I, 357, V. 899ff.) Die Nacht, jene „tyrannische Herrscherin" (tirana usurpadora) (Méndez Plancarte 1951, Bd. I, 358, V. 911), die das Reich des Tages an sich gerissen hatte, wird von der aufgehenden Sonne, die ihren Kreis vollendet (Vgl. Méndez Plancarte 1951, Bd. I, 359, V. 943), in die Flucht geschlagen. Planlos, ihrem eigenen Schatten folgend, gehetzt vom Licht (vgl. Méndez Plancarte 1951, Bd. I, 359, V. 953ff), beschließt die Nacht in der anderen Erdenhälfte Einzug zu halten. (Vgl. Méndez Plancarte 1951, Bd. I, 354, V. 963ff.)

Doch in der eigenen Hemisphäre siegt das Licht. Die Sonne verteilt gerecht ihr Licht und den sichtbaren Dingen werden die Farben wiedergegeben (vgl. Méndez Plancarte 1951, Bd. I, 359, V. 970f) und den „äußeren Sinnen" (sentidos exteriores) (Méndez Plancarte 1951, Bd. I, 359, V. 973) wird wieder ihre volle Kraft verliehen.[324] Und dies ist auch der Zeitpunkt des Erwachens:
„[...], quedando a luz más cierta
el Mundo iluminado, y yo despierta."[325] (Méndez Plancarte 1951, Bd. I, 359, V. 974f)

Mit dem letzten Buchstaben des Gedichtes durchbricht Sor Juana in besonders deutlicher Art und Weise die Ordnung der Dinge. Das a, die weibliche Endung des Adjektivs, gibt zu erkennen, dass hier eine Frau „geträumt" hat. Das Ich des *Primero Sueño* heißt Sor Juana.[326] Und es ist von zentraler Bedeutung,

---

Tages, im Glanz des Lichtes zeigen sich Liebe, Schönheit und Intelligenz. All dieser werden jene angesichtig, die wachen Auges und wachen Verstandes die Welt ergründen.
[324] Für Paz wie auch für Cervera Salinas ist dieser vorherbestimmte Wandel von Tag und Nacht und Nacht und Tag Ausdruck des Denkens von Sor Juana, das sich auf das Relative gründet. „Brota el sol. [...] El conocimiento es un sueño. Pero la victoria del sol es parcial y ciclica. Triunfa en medio mundo, es vencido en el orto medio. [...] Allá otras almas sueñan el sueño de Sor Juana. [...] Cada afirmación lleva en sí su negacion." (Paz 1982, 47) („Aufgang der Sonne. [...] Das Wissen ist ein Traum. Aber der Sieg der Sonne ist partiell und zyklisch. Triumph in der einen Hälfte der Welt bedeutet Niederlage in der anderen Hälfte. Andere Seelen träumen den Traum von Sor Juana weiter. [...] Jede Behauptung trägt in sich schon die Negation.") Beide Autoren vergessen in ihrer Betonung der Relativität der Dinge, dass das Erwachen real und damit eine Größe in der Welt ist, auf der das Subjekt bauen und mit der es sich auseinander setzen kann.
[325] „[...] und so lag die Welt erhellt in wahrerem Licht,
und ich erwachte."
[326] Ich vertrete die Paz widersprechende Position, der sagt, dass die Seele im *Primero Sueño* kein Geschlecht habe. (Vgl. Paz 1991, 555),Er begründet dies anhand von Aussagen aus anderen Gedichten Sor Juanas. In der Romanze 19 (Méndez Plancarte 1951, Bd. I, 57) schreibt sie:

„Ser mujer, ni estar ausente,   „Weder mein Frau, noch mein Fernsein
no es de amarte impedimento;   kann mich hindern, dich zu lieben
pues sabes tú, que las almas   denn du weißt: Die Seelen kennen
distancia ignoran y sexo."   nicht Distanz und nicht Geschlecht."

dass Sor Juana nicht während der Seelenreise an ihr Ziel gelangt, wie das sonst bei dieser Gattung doch üblich ist, sondern dass sie dazu erwachen muss. Insofern liegt in der Nichtoffenbarung während des Traumes, in seinem Scheitern die eigentliche Offenbarung. Sor Juana findet nicht schlafend und träumend zu sich, sondern in der Welt, als erwachtes und sprechendes Subjekt. Paz meint, dass sich Sor Juana das Weltall als ein gigantisches Labyrinth zeigt, in dem es der Seele nicht gelingt, den Ausgang zu finden. (Vgl. Paz 1993, 16.) Dies stimmt nur bedingt, und zwar in Bezug auf die Phasen des Traumes. Aber sie erwacht, sie kann von ihrem Ich sprechen und damit hat sie den Ausgang des Labyrinthes gefunden. Im Erwachen flieht Sor Juana nicht mehr der Realität, noch verstummt sie vor ihr. Es ist gerade die Realität der Welt, die sie zur eigenen Sprache herausfordert. Die Erfahrung des Scheiterns im Traum ist damit nicht beiseite gewischt, sondern sie hat sich als die Basis für das Ich-Sagen erwiesen. Das Scheitern und mit ihm verbunden die Sprachlosigkeit sind gefährlich, weil sie scheinbar keine Möglichkeiten bieten, die erfahrene Situation zu meistern. Aber zugleich regen sie auch den Widerstand an – sie zwingen das Subjekt zur Suche nach der eigenen Sprache, zum Prozess des Spracherwerbs.

Im „Mundo iluminado" (Méndez Plancarte 1951, Bd. I, 359, V. 975), in der Weltlichkeit findet Sor Juana im wahrsten Sinn des Wortes zu sich und auch den Lösungsschlüssel zu ihren Fragen. Die Welt ist der Ort, wo sie die Hieroglyphen ihrer Existenz entziffern und entschlüsseln kann. In der Welt und nicht in der Illusion findet sich das Ich. Die Welt ist der Ort, an dem Menschen Mensch werden, in der Welt und nur dort, dies ist die Botschaft des *Primero Sueño*. Der letzte Vers des Gedichts verdeutlicht mit unerwarteter Kraft und Macht, dass der Versuch, über den Traum zu sich zu gelangen, eine Illusion, ein Trugbild ist. Das ursprüngliche Vorhaben konnte im Traum nicht realisiert werden. Es zeigt sich vielmehr, dass das Subjekt dem Unerhörten erst dann begegnet, wenn es sich nicht länger der Illusion hingibt. Das Unerhörte zeigt sich im Wachzustand als eine Realität des Lebens, die benannt werden will. Nur erwacht ist das Subjekt in der Lage, die Realitäten zu benennen und beim Namen zu rufen.

Es ist eine Überinterpretation, wenn dieser Vers als allgemeingültige Position Sor Juanas in Bezug auf ihr Verständnis der Seele verstanden wird. Der *Primero Sueño* lässt keinerlei Zweifel übrig, dass Sor Juana hier eine andere Position entwickelt hat. Und da es die spätere Position ist, halte ich sie für den Rahmen des *Primero Sueño* für ausschlaggebend: Hier redet Sor Juana von sich.

6.2 Das Unerhörte – Ein Traum des Lebens

Im *Primero Sueño* zeigt sich Sor Juana als eine Figur der Infragestellung und schließlich als eine Frau, die sich zu sich selbst bekennt. Der *Primero Sueño* ist das Bekenntnis von Sor Juana Inés de la Cruz gerade auch zu sich selbst als unerhörte Frau. Im *Primero Sueño* zieht sie althergebrachtes Denken und Spekulieren über Gott und die Welt in Zweifel. Nichts scheint so unsicher wie die Erkenntnis. Dabei hat Sor Juana im *Primero Sueño* nicht nur über die Grenzen der menschlichen Erkenntnis philosophiert, sondern gerade auch über eine Grunderfahrung ihres Lebens: das Begehren nach Wissen und die Widerständen, denen dieses Begehren ausgesetzt ist. Ihr Begehren ist ein Akt der Subversion. Es ist unerhört, weil es die Triebfeder zur Hinterfragung und zur Überschreitung der Ordnung der Dinge ist.

Im *Primero Sueño* kombiniert und interpretiert Sor Juana die Dinge in einer eigensinnigen und beispiellosen Art und Weise. Es gibt Kombinationen, die der Realität ihren Sinn nehmen, und sie ist zu solchen Kombinationen in der Lage. Sor Juana hört auf das eigene Begehren und kann in dessen Folge im eigenen Namen sprechen. Das Hören auf das eigene Begehren ist die Voraussetzung für das Erwachen ihres Ich. Und sie hört dabei, was zuvor nicht erhört wurde – das Ich, das eigene Subjekt. Zugleich hört sie auf etwas, das im Außen der Ordnung der Dinge steht – eine Frau, die in eigenem Namen spricht. Indem Sor Juana vom Erwachen ihres Ich spricht, behauptet sie das autonome Subjekt einer Frau auf der Basis ihres Wissens. Sie drückt damit ihren Willen aus, als Frau in der Ordnung der Dinge, im eigenen Namen und mit eigener Autorität zu sprechen. Dies ist ein unerhörter Vorgang, der sich nicht auf eine einzige Nacht, den Schlaf und den Traum in dieser einen Nacht reduzieren lässt. Vielmehr ist dies eine Allegorie für ihr Verlangen und ihre Sehnsucht nach Realisierung ihrer Existenz, nach Menschwerdung. Dieser Prozess ist Ausdruck ihres Strebens, als unerhörte Frau erhört zu werden. Der *Primero Sueño* ist die Allegorie dieses Prozesses.

Um sich selbst zu erhören und die eigene Sprache zu sprechen, braucht es einen Ort, eine feste Größe im Getriebe der Zeiten. Sor Juana findet diesen Ort im Kloster. Das Kloster ist der Hafen, der im Licht des Wissens liegt, er ist der „Mundo iluminado" (Méndez Plancarte 1951, Bd. I, 359, V. 975). Dieser Ort macht sie sensibel für das Hören auf das eigene Begehren. Er ist der Ausgangspunkt, das Erwachen anzustreben und die eigene Existenz, das Ich anzuerkennen und daraus die Kraft des Lebens zu ziehen, die sich im Schweigen und im Sprechen des Subjektes realisiert.

Aber eine Frau kann nicht ungestraft all diese Punkte realisieren und die Grenzen der Ordnung der Dinge überschreiten. Die Hüter der Ordnung der Dinge nehmen jede Grenzüberschreitung wahr und sie reagieren darauf empfindlich. Auch Sor Juana bekommt dies zu spüren. Auch sie wird einen hohen Preis für die Überschreitungen bezahlen. Denn wer das Unerhörte beim Namen nennt, wird zu einer potenziellen Bedrohung für die Ordnung der

Dinge. Und in ihrer *Antwort an Sor Philothea* legt Sor Juana davon Zeugnis ab.
Sor Juana ist eine Unerhörte, die die Ordnung der Dinge bedroht. Denn sie nennt die Dinge beim Namen. Sie spricht nicht nur über, zu und für andere (wie z.B. Vieira es tat; vgl. Kap. 4), sondern sie sucht nach einer Sprache, die Prozesse bei Menschen in Gang setzt, ihre Menschwerdung fördert und untersützt. Sor Juana steht mit ihrem Werk (und gerade auch mit dem *Primero Sueño*) für jemanden, der selbst auf der Suche nach der eigenen Sprache ist, andere in diesen Prozess der Suche einbezieht und sie so letztlich dazu befähigt, mit eigener Stimme ihre Sprache zu sprechen. Sor Juana weiß, dass es für sie dazu keine Alternative gibt – das Unerhörte der eigenen Existenz will erhört werden.

Das Verschweigen des Gedachten, Gesehenen und Empfundenen ist nicht möglich, wohlwissend, dass es dann verloren wäre, so als sei es niemals gedacht, gesehen und empfunden. Es gibt kein Zurück mehr hinter diese Erfahrungen und sie sind dem Selbst und anderen zumutbar, weil sie die Wahrheit sind. (Vgl. Bachmann 1990.)

Der *Primero Sueño* belegt auch, dass Sor Juana in der klösterlichen Welt von San Jerónimo den Ort für das Hören auf sich und für das Sprechen der eigenen Worte findet. Es ist der Ort, an dem sie ihre weibliche Identität finden und ihr treu bleiben kann. Das Kloster ist der Ort, der sie zur eigenen Sprache befreit und befähigt. Im Kloster kann sie die Grenzen des Seins, der Institutionen, Normen und Gesetze überwinden. Es ist der Ort ihres Erwachens und damit zugleich der Ort, an dem Entgrenzung und Überschreitung möglich werden. Und es zeigt sich, dass es dieser räumlich so eng gefasste Ort ist, der ihr letztlich zur Freiheit verhilft und sie befähigt, die inneren Stimmen im Schweigen zu hören und sie in einer eigenen Sprache zur Welt zu bringen. Sor Juana erwacht in der klösterlichen Welt, hier findet sie zu ihrer Sprache und erschließt damit sich und ihren LeserInnen neue Welten.

Aber im Prozess des Spracherwerbs wie auch des Erwachens wird dem Subjekt nichts geschenkt. Er kostet Kraft und bedarf der Ausdauer und Hartnäckigkeit. Spracherwerb ist Arbeit an unerhörten Tatsachen. Dass Spracherwerb Arbeit ist, ist eine bekannte Tatsache im Leben von Menschen. Dass es eine Arbeit an unerhörten Tatsachen ist, ist die Erkenntnis der Sor Juana. Alle erlernen mindestens eine Sprache, die Muttersprache. Viele lernen im Laufe ihres Lebens noch weitere Sprachen hinzu. Leben gibt es nicht ohne Spracherwerb. Alle Spracherwerbe sind mühsam, aber die Mühe lohnt, sie öffnet dem Menschen das Tor in neue und bislang unbekannte Welten. Um die Sprache für das eigene Leben zu finden, bedarf es aber mehr als nur des Erlernens einer Grammatik und des Lernens von Vokabeln. Dazu gehört das Hören auf die eigenen Erfahrungen, auf die eigene innere Stimme, auf das, was in der eigenen Existenz geborgen werden will. Und dazu braucht es Orte. Die Suche nach diesen Orten ist eine lebenslange Aufgabe für das Subjekt. Die Herausforderung, die eigene Sprache zu sprechen, das Unerhörte beim Namen zu nennen stellt sich immer wieder neu. Dabei kann die eigene Sprache immer wieder neu entdeckt und entwickelt werden, im Laut und im Schweigen. Es ist ein Prozess des Lebens, der immer neuen Realisierung des Mensch-Werdens und Mensch-Seins. Und dieser Prozess ist gekennzeichnet durch die Konfrontation mit Unerhörtem. Erst in diesem Prozess wird das Sprechen der eigenen Sprache möglich und dieser Prozess ist ein religiöser Akt. Um das Unerhörte zu erhören bedarf es des Mutes, sich in das Schweigen zu begeben. Aber nicht nur das. Es bedarf auch der Entschiedenheit, die Ordnung der Dinge zu überschreiten, und damit Bereitschaft, potenziellen Konflikte nicht auszuweichen, sondern sie auszutragen. Der Mut und die Bereitschaft, für das Unerhörte auch alles zu wagen, findet in der Theologie und in der Literatur bei Sor Juana ihren Ausdruck. Theologie und Literatur erweisen sich dabei als jene Ebenen, in denen das Unerhörte geweckt und erhört wird. Sor Juana besitzt keine Predigermacht des religiösen Wissens wie Vieira, aber dieser war auch nicht in der Lage, einen *Primero Sueño* zu schreiben. Wer einen *Primero Sueño* wie Sor Juana schreibt, weiß um die Ohnmacht. Vieira ist vor der Ohnmacht davongelaufen und er hat gegen sie gepredigt. Sor Juana läuft nicht davon, sondern sie setzt sich der Ohnmacht aus und erkennt, dass die Geburt des Subjektes aus dem Wissen erst in der Macht des Schweigens möglich wird. Und ein erwachtes Subjekt, das das Unerhörte der eigenen Existenz nicht nur wahrgenommen, sondern auch angenommen hat, fragt nicht mehr nach dem größten Liebesbeweis, sondern ist selbst und aus freien Stücken zum Beweis der Liebe fähig. Der Weg von der Ohnmacht und des Schweigens in das Sprechen und Lieben ist ein religiöser Weg – es ist der Weg der Menschwerdung. Es ist der Weg, den Sor Juana in ihrem Leben und Werk geht.

In ihrer *Antwort an Sor Philothea* vertritt Sor Juana die Position, dass Frauen schweigen sollen, damit sie sprechen lernen. Und am Ende ihrer literarischen und theologischen Arbeiten kann sie schweigen, weil alles gesagt ist. Was darüber hinaus bleibt, findet im Schweigen seinen Ausdruck, erklärt sich dort. (Vgl. Salceda 1957, Bd. IV, 441.) Es hat weitreichende Konsequenzen, wenn der Spracherwerb des Subjektes eine Auseinandersetzung mit dem Unerhörten ist. Denn dann wird das Schweigen zu einem Grundbestand der Sprache des erhörten Ichs.

Um jemanden zu verstehen, ist es demnach nicht nur erforderlich, sie/ihn zu hören und/oder zu lesen, sondern auch wahrzunehmen, wozu sie/er schweigt und wann. Das Sprechen wie das Schweigen eines Menschen müssen zusammen gesehen werden, beides sind Mitteilungen an die Welt. „Wer nicht schweigen kann, kann auch nicht im Ernst reden; wer nicht reden kann, kann nicht schweigen, sondern ist stumm. Das Wort ist die innere Qualifikation des Schweigens, das in ihm heranwachsende Ziel; Schweigen ist die Qualifikation des Wortes, sein Grund, aus dem es wächst." (Hemmerle 1996, 228) Dies sagt auch Sor Juana in ihrer *Antwort an Sor Philothea*: „[...] lo que se pretende que el silencio diga. [...]"[327] (Salceda 1957, Bd. IV, 441) Ein solches Schweigen ist eine aktive Tat. Ein Subjekt entscheidet sich dazu zu schweigen, an einem Diskurs nicht teilzunehmen. Dieser Punkt unterscheidet das Schweigen vom Verstummen: Stumm wird man gemacht. Die Stummheit ist passiv. Dem Subjekt fehlen die Mittel und Möglichkeiten, sich am Diskurs zu beteiligen. Es beherrscht den Code nicht, der Zugang zum Diskurs ist ihm aufgrund des Geschlechts oder der sozialen Lage versperrt. All dies können Gründe sein, warum ein Subjekt verstummt. Ohnmacht wird erfahren. Der/die Einzelne verstummt vor der Ohnmacht. Im selbst gewählten Schweigen hingegen drückt sich die Macht der Ohnmacht des Subjektes aus. In diesem Schweigen finden die Ohnmachtserfahrungen Gehör. Das Schweigen setzt selbst ein Zeichen gegen die Gewalt dieser Ohnmacht. Es bietet die Möglichkeit, mit der Ohnmacht leben zu lernen, ohne darin unterzugehen. Es offenbart die Macht der Ohnmacht. Und es ist zugleich der Ort, an dem die Verzweiflung überwunden und die Resignation vermieden werden kann. Doch dies kann nur dann geschehen, „wenn sie die Macht der Ohnmacht in der Sprache selbst findet." (Sander 1999, 168)

Die Macht der Ohnmacht ist ein Thema, das auch Sor Juana bewegt und am Ende ihres Lebens eine zentrale Rolle spielt. Aber schon im *Primero Sueño* ist die Macht der Ohnmacht als Thema vorhanden: die Seele, die sich aufschwingt, abstürzt, neue Anläufe wagt, ohnmächtige Versuche startet und das eigentliche Ziel nicht erreicht. Allerdings wird gerade das Scheitern, das Misslingen des ursprünglich Geplanten und Erhofften zur entscheidenden Wegmarke, denn das Subjekt erwacht in der Konfrontation mit Unerhörtem und erkennt die Macht in der Ohnmacht. Und damit entzieht sie sich letztlich der Macht der Bischöfe.

Die Fähigkeit, die Kraft und der Mut, dem eigenen Scheitern nicht auszuweichen, es anzuerkennen, offenbart sich als die Basis für das Erwachen. Das Scheitern gehört demnach konstitutiv zum Erwachen. Die Phase des Schweigens, des Rückzugs, des Abwartens, der Leere und des Zweifels sind die Voraussetzung dafür, dass der Ordnung der Dinge ungeschönt ins Auge gesehen werden kann. Dieser Moment erweist sich als notwendig in einem Prozess, der Vergangenes verarbeitet und Neues vorbereitet. Durch diesen Prozess lernt Sor Juana die Täuschungen (die fremden wie die eigenen) zu durchschauen und zu entlarven. Und es besteht die Möglichkeit, enttäuscht, d.h. ohne Täuschung zu leben. Das Scheitern als Offenbarung des Unerhörten gibt sich dann als wichtiger Baustein im Erwerb der eigenen Sprache zu erkennen. „Die Sprache, die wir sprechen, und die Stimme, die wir zum Sprechen haben, mit ihrer wundersamen Fähigkeit, das *Bestehende zu*

---

[327] „[...] damit verständlich ist, was das Schweigen sagt."

revolutionieren: So werden Momente des Stockens zu bedeutsamen Pausen; mißglückte Formulierungen zur Gelegenheit, etwas besser zum Ausdruck zu bringen, Hindernisse werden zu neuen Ansatzpunkten, Mängel zu Wendepunkten; Momente des Scheiterns zu einer Treppe, die nach oben führt, und Tiefpunkte zu einer Chance, tiefergehender zu reflektieren. Die Sprache ist keine Summe von Wörtern, wie es scheinen könnte, sondern eine Vervielfachung, ja noch mehr als eine Vervielfachung, ein Spiel mit offenem Ende, hinausweisend auf ein Mehr, denn ein neues Wort kann – wie auch die Linguistik bestätigt – die Bedeutung unseres gesamten vergangenen Sprechens (und Lebens) in Frage stellen." (Libreria delle donne di Milano 1996, 27) Schweigen und Sprechen haben nicht nur eine mitteilende Funktion, sie haben auch religiösen Sinn und Bedeutung. Das Sprechen und das Schweigen bieten eine Möglichkeit, die Dispositive der Macht ihrer Zeit zu überschreiten, das, was die Ordnung der Dinge konstituiert und zusammenhält, was das einzelne Subjekt bevormundet und unterdrückt.[328] Und damit wird zugleich die religiöse Herausforderung markiert, vor der das Subjekt steht: dem eigenen Begehren, auch im Widerstreit zur Ordnung der Dinge, entsprechend zu leben. Wenn jemand das Leben in dieser Weise führt, erwartet er/sie von anderen keine Beweise der Liebe mehr. Liebesbeweise sind überflüssig, es gibt nichts mehr, das die Vergewisserung, das unbedingte Haben-Wollen braucht. Ein solcher Mensch kann auf Beweise verzichten, weil er an die Freiheit des Subjektes und auch an die Freiheit Gottes glaubt. Und wenn es einen besonderen Erweis der Liebe gibt, dann liegt der in dem Zugeständnis, dass Menschen in Freiheit entscheiden können und niemand in ihr Handeln eingreift – auch nicht Gott. (Vgl. Eggensperger 1997, 666.) Solche Theorien der Freiheit innerhalb der Theologie waren in der damaligen Zeit unerhört und gefährlich. Doch für Sor Juana steht die Freiheit des Subjekts, keineswegs in

---

[328] Michel Foucault beschreibt in seinem Buch „Dispositive der Macht", Berlin 1978, 119ff, diese folgendermaßen:
1. Dispositive gehören zu einem entschieden heterogenen Ensemble, das Diskurse, Institutionen, architekturale Einrichtungen, reglementierende Entscheidungen, Gesetze, administrative Maßnahmen, wissenschaftliche Aussagen, philosophische, moralische oder philanthropische Lehrsätze, kurz: Gesagtes ebensowohl wie Ungesagtes umfasst. Das Dispositiv selbst ist das Netz, das zwischen diesen Elementen geknüpft werden kann.
2. In dem Dispositiv soll die Natur der Verbindung deutlich gemacht werden, die zwischen den heterogenen Elementen hergestellt werden kann. Kurz gesagt gibt es zwischen diesen Elementen, ob diskursiv oder nicht, ein Spiel von Positionswechseln und Funktionsveränderungen, die ihrerseits wiederum sehr unterschiedlich sein können.
3. Das Dispositiv ist eine Art von Formation, deren Hauptfunktion zu einem gegebenen historischen Zeitpunkt darin bestanden hat, auf einen Notstand zu antworten. Das Dispositiv hat also eine vorwiegend strategische Funktion.
Zusammenfassend kann gesagt werden, dass ein Dispositiv durch eine Struktur von heterogenen Elementen, zugleich aber auch durch einen bestimmten Typ von Genese definiert wird.

Widerspruch zu Gott. Vielmehr ist es Gott selbst, der die Freiheit und das Erwachen des Subjektes will. Gott und der Glaube an ihn stehen nicht im Widerspruch zum Sprachfindungsprozess des Menschen. Vielmehr erweist sich der Glaube an Gott als Basis, aus dem Schweigen das Unerhörte der Existenz zur Sprache zu bringen.
Diese Annahmen sind keine Selbstverständlichkeit und Sor Juana weiß darum. Gleichzeitig deutet sich an dieser Stelle inhaltlich noch etwas anderes an, nämlich die ambivalente Größe der Religion. In und mit Hilfe von Religionen kann die eigene Sprache gefunden werden, aber es besteht ebenso die Möglichkeit, dass genau dieses verhindert wird. Was im Einzelnen der Fall ist, entscheidet sich am Verhältnis, das die Religion zum Unerhörten einnimmt. Wenn sie es nicht erhört, übergeht sie das Subjekt. Wenn sie aber Unerhörtes erhört, wird das Subjekt zum Spracherwerb befähigt und die Religion verleiht ihm dazu die Basis und die Kraft. Das Kloster an sich wie auch die Religion sind nicht automatisch Garanten für das Schöne, Gute, Wahre. Auch in ihnen gibt es Potenziale und Tendenzen, die das Erwachen des Subjektes zu verhindern suchen und sich den Bestrebungen von Subjekten im Prozess ihres Spracherwerbs zu widersetzen wissen, mit dem Ziel, das eigene System, die Ordnung der Dinge und die Illusion, dass einige Erwählte für andere sprechen können, ohne sie vorher erhört zu haben, aufrechtzuerhalten. Die Aufrechterhaltung dieser Illusion ist der Weg des patriarchalen Klerikalismus und als einen solchen erfährt und entlarvt ihn Sor Juana, wie u.a. ihre *Antwort an Sor Philothea* belegt.[329]

Die Worte einer „erwachten" Frau besitzen die Macht, die Ordnung der Dinge ins Wanken zu bringen, weil sie Unerhörtes benennt. Und in diesem Sinn ist der *Primero Sueño* mehr als ein Gedicht des Scheiterns. Der *Primero Sueño* wäre nur dann die Dichtung eines ohnmächtigen Scheiterns, gäbe es den letzten unerhörten Vers des erwachenden Ichs nicht. Vielmehr ist es eine Dichtung, die in der Anerkennung des Scheiterns erst das Erwachen möglich macht und somit das Scheitern überschreitet und transformiert. Sich dem Scheitern zu stellen und sich darüber klar zu werden, es mit offenen Augen zu sehen, bedeutet eine Erfahrung der Ohnmacht. Es ist eine Erfahrung, die sprachlos macht und in der das Subjekt sich nach Erklärungen sehnt. In ihr liegt aber auch der Segen, mit Unerhörtem konfrontiert zu werden. Deshalb wird diese Erfahrung zum Kristallisationspunkt der eigenen Sprache. Und es ist diese Erfahrung der Sprachlosigkeit, die zugleich zum Fundament für die Sprache des Subjektes wird. Sor Juana sucht im *Primero Sueño* nach einer Sprache angesichts des Scheiterns, angesichts ihrer Ohnmacht. Das erwachende Ich am Ende des Traums hebt diese Erfahrung nicht auf, sondern

---

[329] Aber nicht nur Sor Juana entlarvt dieses System der Illusion. An dieser Stelle sind die vielen Frauen und Männer zu nennen die als MärtyrerInnen in die (Kirchen-)Geschichte eingegangen sind, stellvertretend für sie Oscar Romero.

es verwandelt sie. Die eigene Existenz mit all ihren Facetten und Erfahrungen erweist sich als die grundlegende und notwendige Basis dafür, dass die Macht der Ohnmacht erfahren, ausgedrückt und somit überwunden werden kann. Ein Leben mit und nicht in der Ohnmacht wird möglich.
Sor Juana erfährt im Prozess ihres Spracherwerbs, dass ihre Sprache, gesprochen in weiblicher Autorität, die Vertreter der Ordnung der Dinge erschreckt und ängstigt: die Männer – die Väter, Ehemänner, Brüder, Priester und Bischöfe –, die ihre Ordnung nicht angetastet wissen wollen. Frauen sind in deren Ordnung Objekte männlichen Schutzes und männlicher Vormundschaft und so soll es auch bleiben. Die Tugenden von Frauen bestehen nach dieser Ordnung in Sanftmut, Bescheidenheit, Gehorsam, Demut und einem stummen Schweigen. (Vgl. Kap. 3.3.) Und so muss eine Frau wie Sor Juana, die im eigenen Namen spricht, zum Skandalon werden. Das Streben nach Wissen und das Ringen um eine eigene Sprache ist unerhört in einer Gesellschaft, in der die meisten Frauen den Erwartungen ihrer Zeit folgten, die sich darin zeigt, dass sie sich den Strategien ihrer Väter, Brüder und Ehemänner beugten. Sor Juana verhält sich anders. Sie wird nicht Ehefrau und Mutter, sondern Ordensfrau und Literatin. Sie entdeckt das Kloster als einen Ort für sich, der ihrem Leben Perspektiven bietet, ihre Menschwerdung ermöglicht. Der Schritt ins Kloster ist ein Schritt ihrer Selbstbehauptung, gerade auch in der Sprache. Das Kloster wird zu einem Ort, an dem sie ihre weibliche Freiheit und ihre Existenz realisieren kann. Sie hat sich nicht von der ungeheuren Größe ihres Begehrens zurückschrecken lassen, sondern hat es als legitimen Bestandteil ihres Lebens anerkannt und verteidigt. Und sie hat die Sprache gefunden, die von ihrem Begehren sprechen kann – das Gedicht des *Primero Sueño*.
Sor Juana lebte, dachte, sprach als Frau und sie formulierte Ansprüche gegenüber der Welt. Jeder dieser Aspekte ist für sich genommen ein menschliches Bedürfnis, doch in der Kombination machen sie der Gesellschaft des Patriarchates in ihrer symbolischen Ordnung ihren Wert streitig. (Vgl. Libreria delle donne di Milano 1991, 145.) Frau zu sein und Ansprüche der Welt gegenüber zu haben und diese auch noch einzuklagen bedeutet Widerstand gegen die Ordnung der Dinge. Das bedeutet aber zugleich, dass in der Konfrontation mit dem Unerhörtem die Basis für eine eigene und neue Sprache steckt. Es ist die Sprache einer neuen Ordnung der Dinge.
Im *Primero Sueño* legt Sor Juana dar, dass die Ordnung der Seelenreise durchbrochen werden muss. Nicht in der Nacht und im Schlaf liegt die Erfüllung und die Begegnung mit Gott, sondern im Tag und im Erwachen des Subjektes und der Auseinandersetzung mit den Realitäten der Welt. Der metaphorische Prozess des *Primero Sueño* bricht mit der Ordnung des Barock und klagt für die Frau das Licht der Erkenntnis vor aller Augen ein. Und es kommt ein weiterer Punkt hinzu, der für die Überschreitung ihrer Zeit spricht: Sor Juana spricht hier von ihrem Ich. Sie geht nicht mehr auf die Bühne und spielt eine Rolle im Arrangement der Repräsentationen. Sie ist sie selbst und

gibt sich als sie selbst zu erkennen. Sie wird zu einer öffentlichen Person und spricht eine neue, eigene Sprache, sogar in ihrem Schweigen. Und an diesem Punkt überschreitet sie das Barock. Sie spricht eine neue Sprache des Glaubens. Ihre Epoche wird diese Sprache noch verwerfen, aber sie ahnt ihren Gehalt. Ihre neue Sprache erschreckt und fasziniert und muss aus diesem Grund unterdrückt und bekämpft werden. Sprechen und Schweigen geben sich als religiöse Taten zu erkennen und der Umgang mit ihnen zeigt an, ob es gelingt, sich selbst zu finden, zu erwachen und sich in der Gesellschaft als eigenständige und unerhörte Person zu repräsentieren. Religion ist ein Mittel, unerhörtes Leben zur Sprache zu bringen, und damit bietet die Religion eine Voraussetzung für die Befreiung, für die Menschwerdung des Menschen. Der „locus theologicus"[330] dieser Sprache der Religion sind die Unerhörten. Ihnen wird durch die Religion die Möglichkeit gegeben, sich zu sprechen, die eigene Situation zu benennen – die Freude und Hoffnung, Trauer und Angst.

Diese unerhörte Religion, die das Erwachen fördert, steht im Kontrast zu der Religion, die Illusionen produziert, die das Verstummen vor dem Heiligen fordert. In ihr gibt es kein Sprechen, kein beredtes Schweigen, kein Erwachen. In ihr gibt es nur das Nachbeten und das Verstummen. Diese Religion fördert nicht die Menschwerdung, sie verhindert sie. Und in der Logik dieser Religion hat Gott kein Interesse am Subjekt und die Gnade Gottes wird zu einem eindimensionalen Akt der Macht, mit deren Hilfe Gott jederzeit seine Autorität erzwingen kann. Aber die Religion, an die Sor Juana glaubt, für die sie lebt und arbeitet, fordert eine andere Form von Macht, nämlich die Zustimmung des erwachten Ich. Denn letztlich ist es das Gegenüber der Macht, das darüber befindet, wie viel Autorität die Macht hat.

Unerhörte Religion ist an Orten präsent, wo Menschen sich aus den Illusionen herausbewegen, erwachen. In der Sprache der Unerhörten wird erst die Religion geboren, die Menschwerdung möglich macht. Und dies ist in der christlichen Religion der Fall, denn sie benennt die unerhörte Menschwerdung Gottes. Unerhörte Religion überschreitet die Ordnung der Dinge und errichtet eine neue Ordnung, die Zukunft nicht nur verheißt, sondern Zukunft bedeutet. Dort, wo jemand zur eigenen Sprache findet, es möglich wird, als Ich zu sprechen oder sich ins Schweigen zu begeben, handelt er/sie religiös. Religion realisiert sich dort, wo sie Unerhörtes zur Sprache bringt. Sie ist der Ort, an dem Unerhörtes erhört wird – im Sprechen sowie im Schweigen.

Erhört zu werden als Traum des Lebens erfüllt sich dann, wenn das Subjekt nicht mehr darauf wartet und setzt, allein von anderen gehört und anerkannt zu werden. Solches Sehnen und Hoffen gibt sich als Illusion zu erkennen. Und der Traum des Lebens erfüllt sich auch dann nicht, wenn das Subjekt in die Fußstapfen anderer tritt, ihre Mittel und Wege kopiert. Dies zeigt der *Primero*

---

[330]Vgl. die Ausführungen *De locis theologicis* von Melchior Cano (ca. 1509-1586) und die Interpretationen von Klinger (1978, 19f) und Sander (1998, 240-258, 240, 250)

Sueño ein Rückgriff auf Logik und Wissen, Methoden und Kategorien bietet Sor Juana das, was sie versprechen. Vielmehr muss sie erkennen, dass dies nicht die geeigneten Mittel sind, ihre Fragen zu beantworten. Sie muss erkennen, dass sie selbst den Schlüssel zu ihren Fragen und Antworten finden muss. Die Fragen und die Antworten sind in ihr. Sor Juana erkennt sich und erfährt, dass sie mehr ist als angehäuftes Wissen, eine Frau die allgemein bewundert wird, eine Exotin in der Ordnung der Dinge. Sie hat eine Ahnung davon bekommen, was es heißt, den Traum des Lebens zu realisieren.
Der Traum des Lebens realisiert sich da, wo ein Subjekt zu sich selbst in Beziehung tritt und auf die eigene unerhörte Stimme horcht und sie erhört. Geschieht dies, dann gibt sich ein eigenständiges Subjekt zu erkennen, das mit Autorität schweigen und sprechen kann und nicht mehr auf die Zustimmung und Anerkennung von anderen angewiesen ist. Wenn dies gelingt, dann wird der Traum des Lebens Wirklichkeit und es geschieht das Paradoxe: Das Subjekt erwacht vom Traum, dem Unerhörten ausweichen zu können. Das Erwachen des Ich ist das Fundament der eigenen, bislang unerhörten Sprache.

6.3 Das Erwachen der Unerhörten – Geburtsstunde der Religion

Unerhörte Religion überschreitet die Ordnung der Dinge. Sie ist das Projekt eines Spracherwerbs, dessen Erfolg sich darin zeigt, ob Menschen in die Lage versetzt werden, in eigenem Namen zu sprechen und zu handeln. Und mehr noch, ob sie durch die Religion befähigt werden, von Gott in einer Art und Weise zu sprechen, in der nicht nur religiöses Wissen vermittelt wird, sondern in der Platz für das Unerhörte in der Welt ist, es wahrnimmt und annimmt. Vor diesem Hintergrund sind gerade die Unerhörten ein Prüfstein für die Religion, denn sie zeigen an, ob die Religion vor ihnen versagt oder ob diese in der Lage ist, die Unerhörten zu erhören. Ob sie ihre Ohnmacht benutzt oder mit ihnen in Macht wandelt. Ob sie die Stimmen im Schweigen der Ohnmächtigen hört oder selbst mit ihrem Verstummen liebäugelt. Ob sie Liebesbeweise fordert oder an die Freiheit der Subjekte glaubt.
Das Scheitern im *Primero Sueño* ist eine Erfahrung der Ohnmacht, eine Erfahrung der Macht der Ohnmacht. (Vgl. Sander 1999, 168.) Diese Macht ist religiöser Natur. Die Erfahrung der Ohnmacht ist ein Prüfstein für die Religion. Es zeigt sich in der Konfrontation mit ihr, ob die Religion den Menschen mit ihren Ohnmachtserfahrungen nur gegenübersteht. Tut die Religion dies, dann bleibt sie sprachlos und verliert, was sie in die Lage versetzt, diese Erfahrung durch ihre Sprache und Botschaft zu verwandeln. Den Herausforderungen der Ohnmacht hat sich die Religion zu stellen und ihre Antworten entscheiden über ihren Sinn und ihre Bedeutung. Sie hat den Beweis darüber anzutreten, ob sie realisiert, was sie verspricht.
Religion repräsentiert nicht nur das Gute, Schöne, Wahre, Erlösende und Befreiende. Sie kann auch als eine Macht erfahren werden, die knechtet,

belastet, unterdrückt und einengt. Nur das Gute, Schöne und Wahre in der Religion zu sehen entspricht nicht der Realität, ist reiner Idealismus. Hier werden die unerhörten Realitäten ausgegrenzt. Dann aber kann keine eigene Sprache entstehen. Das Wesen der Religion ist ambivalent. Das Heilige ist eine Macht, mit der die Menschen rechnen müssen. Das Heilige offenbart sich als Schrecken und als Segen. Es ist eine Macht, die bedroht und schützt. Es kann zu einer Macht werden, der man sich anvertraut und auf die man hofft. Dies geschieht dann, wenn das Heilige Unerhörte zu Gehör bringt. Insofern erklärt es sich auch, dass Religion zunächst nicht mit Gott, sondern mit dem Heiligen zu tun hat. Das Heilige aber ist ein Phänomen des Glaubens an Gott. Der Glaube an Gott ist eine Auseinandersetzung mit dem Heiligen. Das Heilige markiert das Numinose, jene Erfahrungen, die Menschen in ihren Bann ziehen und die sie zugleich ängstigen und abschrecken. Es ist das *mysterium tremendum et fascinosum*, das sich im Heiligen offenbart.[331]

Das Heilige steht wie die Religion inmitten der Differenzen von Gut und Böse, Hell und Dunkel, Aufklärung und Verstummen. Das Heilige und die Religion sind Mächte, die die Vernunft ausschalten und über Unerhörte hinweggehen können. Überantwortet sich das Subjekt voll und ganz dieser Macht, weicht es dem eigenen Unerhörten aus und verliert es sich im Traum der Flucht vor sich, dann zeigt die Religion ihr bösartiges Gesicht.

Zur Religion gehört auch das Opfer. Im Opfer zeigt sich die irrationale Seite der Religion – ihre potentielle Bosheit wird denk- und erkennbar. Denn Opfer können sowohl ein „Mehr" an Leben schenken als auch das Leben massiv einschränken und unterdrücken. In diesem Zusammenhang ist es wichtig zu beachten, dass Opfer nach dem archaischen Prinzip von Gabe und Gegengabe funktionieren. (Vgl. Mauss 1990.) Was jemand in seinem Opfer gibt, kommt 'hoffentlich' zurück, und zwar in Form eines „Mehr". Genau dies ist der Prüfstein für den Sinn und die Bedeutung der Opfer. Hier gibt sich ihr Wert zu erkennen: Geben sie „Mehr" an Leben zurück, als sie genommen haben? Nur wenn „Mehr" zurückkommt, als gegeben wurde, handelt es sich um ein befriedigendes und erlösendes Opfer. Kommt, wie in vielen Fällen, weniger zurück, begründen sie die Herrschaft anderer über die Personen, die opferten.

Wer opfert, bekundet Ohnmacht. In der Gegengabe des Unerhörten liegt die Möglichkeit, dass aus der Ohnmacht eine Macht wird. In der Konfrontation mit unerhörter Existenz bietet das Heilige die Chance, aus der Ohnmacht

---

[331] In seinem Buch *Das Heilige. Über das Irrationale in der Idee des Göttlichen und sein Verhältnis zum Rationalen* legt Otto die erschreckenden und irrationalen Erfahrungen frei. „Er entdeckt das *Gefühl des Schreckens* vor dem Heiligen, vor dem *mysterium tremendum*, vor jener *majestas*, dem Moment des Übermächtigen; er entdeckt die *religiöse Scheu* angesichts des *mysterium fascinans*, in dem sich die ganze Fülle des Seins entfaltet. Alle diese Erfahrungen nennt Otto *numinos* (von lat. *numen*, 'Gott'), weil sie aus der Offenbarung eines Aspektes der göttlichen Macht herrühren." (Eliade 1990, 13)

Macht zu erfahren. Es ist die Macht der Unerhörten, die an die Fundamente des Lebens rührt. „Das Heilige ist das verschwenderische Aufbrausen des Lebens, dem, um zu dauern, die Ordnung der Dinge Fesseln anlegt und das die Fesselung in Entfesselung, mit anderen Worten in Gewalt verwandelt. [...] So ist das Heilige präzis der Flamme vergleichbar, die das Holz zerstört, indem sie es verwandelt." (Bataille 1997, 46)
Über das Heilige hat die Religion direkt mit dem Leben zu tun, und zwar, weil es aus den Zusammenhängen, dem Alltag des Lebens herausreißt. Das Heilige durchbricht und überschreitet die Realitäten des Profanen. So, und nur so, ist es möglich, in der Religion Freude und Hoffnung, Trauer und Angst zu erfahren. Vor dem Heiligen stehen die Menschen in der Ohnmacht, die anzieht und gleichermaßen erschreckt. Und die Religion stellt den Versuch dar, in der Ohnmacht nicht unterzugehen, sondern in ihr sprachmächtig zu werden, zu lernen, mit der Ohnmacht zu leben, und zwar als eine Macht des Lebens, ohne ihrer Gewalt zum Opfer zu fallen. Das gelingt durch die Erhörung des Unerhörten. Das Heilige im *Primero Sueño*, in der Auseinandersetzung um den größten Liebesbweis, in der *Antwort an Sor Philothea*, in der Biographie von Sor Juana offenbart sich in der Erlangung des Wissens, das ein Prozess des Erwachens des Subjektes ist. Das Schweigen, Erwachen und Aussprechen werden zu einer neuen Macht im Leben und das Unerhörte der eigenen Existenz wird erhört.
Besonders offenkundig und deutlich beschreibt Sor Juana im *Primero Sueño* die Erfahrung der Ohnmacht im Scheitern. Doch sie beschreibt darin zugleich einen Umgang mit dem Scheitern, das kein Ende bedeutet, sondern die Widerständigkeit des Subjektes in der Ohnmacht des eigenen Unerhörten vor Augen führt. Sor Juana gibt nicht auf, sondern bleibt beharrlich der eigenen unerhörten Existenz auf der Spur und wird letztendlich dafür belohnt. Sie spricht die eigene Sprache ihres Subjektseins. Damit belegt Sor Juana auch, dass der Weg zur Menschwerdung nicht planbar und bis ins letzte Detail zu bestimmen ist, sondern dass es sich um ein Abenteuer in der Realität des Unerhörten handelt. Und dieses Abenteuer in die Realität des Unerhörten verlangt Mut, klaren Verstand und Hoffnung darauf, dass die Mühe lohnt. Sor Juanas Mühe wird belohnt. Sie erwacht als Subjekt und ist in der Lage, über diesen Prozess zu sprechen. Der *Primero Sueño* ist die Allegorie eines Prozesses, der das Unerhörte ins Wort bringt und das Subjekt erhört. Sor Juana wird sprachfähig, und dies ist ein unerhörter Vorgang. In der Erfahrung dieser Sprachfähigkeit einer Unerhörten offenbart sich der Segen der Religion, denn die Religion, die sie lebt, befähigt sie dazu. Hinter das Erwachen und die eigene Sprache gibt es kein Zurück. Die Sprachfähigkeit zeigt sich als Macht im Leben der Sor Juana und sie ist es, die sie unbeirrbar voranschreiten lässt. Sie markiert die Macht des Subjektes in seiner vermeintlichen Ohnmacht, und dies ist den Vertretern der Ordnung der Dinge ein Dorn im Auge, ein Stachel im Fleisch. Das Erwachen des Subjektes und die Sprachfähigkeit sind das Fundament für die Konstituierung des Subjektes. Keine

Disziplinarmaßnahmen, die das Unerhörte stumm machen sollen, können diese nehmen. Das Erwachen des Subjektes stellt eine Bedrohung für die Ordnung der Dinge und ihre Hüter dar, es wird für sie zu einem „bösen Erwachen", weil erwachte Subjekte keine willfährigen und ohnmächtigen Objekte sind. Vielmehr nehmen sie sich, wie auch Sor Juana im *Primero Sueño*, als Subjekte der eigenen Geschichte wahr. Sie werden zu unruhigen Geistern in der Ordnung der Dinge, die mit Autorität die Erhörung ihrer unerhörten Erfahrungen und ihres unerhörten Wissens einklagen. Wo Menschen dies tun, dort besteht die Möglichkeit, dass eine Sprache des Unerhörten entsteht. Dann wird eine Religion geboren, die Unerhörtes benennt und Menschwerdung ermöglicht. Diese Religion verstummt nicht vor dem Unerhörten in der Welt, sondern sie ist fähig, das Unerhörte wahrzunehmen, im Schweigen um die unerhörten Worte zu ringen, der Existenz der eigenen Sprache auf die Spur zu kommen.

Eine solche Religion verlangt nach einer Theologie, die die Sprache der Unerhörten sprechen kann. Im abschließenden Kapitel folgt der Ausblick auf eine Theologie, die die Sprache der Unerhörten spricht und das Erwachen des Subjektes als unerhörten Ort der Theologie erkennt. Dort soll gezeigt werden, dass es sinnvoll und bedeutsam ist, sich theologisch mit Sor Juana auseinander zu setzen als einer Wegbereiterin für eine unerhörte Theologie.

7. Das Erwachen des Subjektes in der eigenen Sprache – Ein unerhörter Ort der Theologie

Der *Primero Sueño* ist die allegorische Beschreibung der Suche einer Frau nach Wissen, Erkenntnis und Sprache. Diese Suche ist ein mühsamer und aufreibender Prozess und sie gestaltet sich schwieriger als erwartet. Die suchende Seele stürzt ab, sie fällt zu Boden. Das Scheitern liegt viel näher als der Erfolg. Nach jedem Absturz werden die nächsten Schritte neu erwogen, Anleihen bei den Erfahrungen anderer werden gemacht. Jedoch stellt sich immer wieder heraus, dass deren Wege und Methoden nicht die geeigneten Wege zur Erlangung des Zieles der eigenen Seele sind. Mehr und mehr stellt die Seele fest, dass es darum geht, das Eigene zu finden und auszudrücken. Sie muss dem Unerhörten der eigenen Existenz auf die Spur kommen und folgen. Dann wird sie erwachen, dann wird sie sie selbst sein – Mensch werden. Sor Juana gelingt dies durch die Auseinandersetzung mit und die Arbeit an Theologie und Literatur. Damit zeigt sie zugleich die Verschränkung zwischen Theologie und Literatur auf. Mittels ihrer unerhörten Themen und ihrer eigensinnigen Bearbeitung macht sie deutlich, dass Literatur und Theologie generell in weiterführender Weise aufeinander zu beziehen sind, sofern das Unerhörte ihr Thema ist.

Der *Primero Sueño* zeigt in diesem Zusammenhang auch auf, dass eine Sprache des Scheiterns notwendig für die Erlangung des Ziels ist. Sor Juana gibt nicht auf. Sie stellt sich den Punkten, an denen es zum Absturz kommt, und ringt um einen neuen Weg. Die Erkenntnis des richtigen Weges fällt nicht vom Himmel, sondern um sie muss sprachlich gerungen und gekämpft werden. Vor allem aber zeigt es sich als notwendig, sich mit eigenen Worten dem Scheitern zu stellen und im Schweigen des Scheiterns auf das Unerhörte zu hören, das sich regt. Sor Juana tut dies und sie macht eine unerhörte Erfahrung – der Weg, der ihr als Möglichkeit schien, ihr Ziel zu gelangen, erwies sich als völlig falsch. Aber über diesen Umweg erwacht sie – und sie sieht die Welt in klarerem Licht. Eine neue unerhörte Perspektive tut sich auf, es ist das eigene, mit eigener Sprache erwachte Subjekt, das einen eigenen Ort in der Religion gefunden hat. Ihr Scheitern führt nicht ins Verstummen, so wie ihr Schweigen am Ende der Auseinandersetzung mit den Hütern der klerikalen Macht auch kein Verstummen ist. Sie geht aus diesem Konflikt nicht als gebrochene Frau hervor. Ihr Schweigen zu diesem Zeitpunkt ihres Lebens ist der stumme Aufschrei einer unerhörten Existenz. Ihr Schweigen ist beredt, denn es offenbart die Unfähigkeit religiöser Machthaber, die Sprache einer unerhörten religiösen Frau zu vernehmen.

In ihrem *Primero Sueño* beschreibt Sor Juana damit eine Grunderfahrung menschlicher Existenz, das Scheitern und die daraus resultierende Ohnmacht. Sie benennt die Erfahrung, nicht mehr ein noch aus zu wissen und wie ein Schiff mit gebrochenen Mast am Strand zu liegen. (Vgl. Méndez Plancarte 1951, Bd. VI, 349, V. 568ff.) Die vergebliche Mühe führt die Erfahrung der

Ohnmacht vor Augen sowie die gewaltige Macht anderer Kräfte. Im *Primero Sueño* beschreibt sie eine Grundstruktur menschlicher Existenz – die Macht-Ohnmacht-Differenz im Werden eines eigenen sprechenden Subjekts. Diese Macht-Ohnmacht-Differenz wird auch in der Rezeption Sor Juanas immer wieder aufgegriffen. Dabei spielt die Religion eine besondere Rolle: Ist sie eine Macht, die Ohnmacht erzeugt? Erzeugt Religion ein Schweigen als Ohnmacht oder ein Schweigen als Macht? Bereitet Religion den Boden, als Subjekt sprachfähig vor Gott zu werden? Steht Religion für die Aufgabe der Subjektivität und damit für das Aufgesogenwerden der Individuen in der Gemeinschaft? Verkörpert Religion ein Projekt der Unterwerfung oder Unterdrückung des Subjektes?

An der Beantwortung dieser Fragen und in der Lösung der Macht-Ohnmacht-Differenz zeigt sich, ob die Interpretationen über Leben und Werk von Sor Juana tatsächlich in der Lage sind, sie als eigenständiges Subjekt zu erfassen. Die hagiographische Interpretation hat kein echtes Interesse an der Sprache des Subjekts. Sie ist froh belegen zu könnnen, dass Sor Juana nach einer Zeit der Irrungen und Wirrungen am Ende ihres Lebens noch auf den Pfad der Tugend und Rechtmäßigkeit zurückgekehrt ist. So wird auch ihr Schweigen am Ende des Lebens interpretiert; eine Frau beugt sich vor den klerikalen Repräsentanten. Das schon verloren geglaubte 'Schaf' konnte in die 'Herde' zurückgeholt werden. Ihr Schweigen wird als das Ende ihrer unerhörten Sprache verstanden.

Das dieser Interpretation zugrunde liegende Religionsverständnis negiert das Subjekt, sie sieht nur die Gemeinschaft und vor allem die Ordnung und die Gebote dieser Gemeinschaft. Das Subjekt hat sich der Gemeinschaft unterzuordnen. In diesem Religionsverständnis ist die Ordnung die konstitutive Größe, und nicht das erwachte Subjekt. Eine solche Religion wird nicht zum Segen für das Subjekt, sondern zum Fluch, denn sie führt in die sprachliche Unmündigkeit in der Gemeinschaft und vor Gott.

Aber dieser Begriff von Religion deckt sich nicht mit dem Begriff, den Sor Juana entwickelt. Ihr Religionsbegriff basiert auf der Freiheit des denkenden und ich-sagenden Subjektes. Eines Subjektes, das dem eigenen Begehren folgt, darin erwacht und den Weg zu Gott findet. Das heißt zugleich, dass Religion, wie Sor Juana sie entwirft, kein Instrument ist, um vor der eigenen Existenz zu fliehen. Weder die Religion noch das Kloster eignen sich zu einer Flucht vor sich selbst. Sor Juana hat dies in ihrer eigenen Existenz erfahren und sie schreibt davon in ihrer *Antwort an Sor Philothea*.[332] Vielmehr verweist die

---

[332] „Pensé yo que huía de mí misma, pero ¡miserable de mí! trájeme a mí conmigo y traje mi mayor enemigo en esta inclinación, que no sé determinar si por prenda o castigo me dio el Cielo, [...]" (Salceda 1957, Bd. Iv, 447) (Ich glaubte mir entfliehen zu können, aber ich Armselige brachte mich selbst mit und mit mir meinen ärgsten Feind, diese Leidenschaft,

Religion auf die eigene Geschichte und erzeugt eine Sprache, in ihr zu bestehen. Das Subjekt ist die Größe, vor der die Religion bestehen muss. Die Auseinandersetzung mit der eigenen Existenz ist die Grundlage der Religion und das Fundament der spirituellen Existenz. Religion ist nicht der Weg aus der Welt, sondern sie bereitet einen Weg in die Welt. Religion ist kein Projekt der Selbstverleugnung, sondern der Annahme seiner selbst und des Aussprechens des Unerhörten in der eigenen Existenz, des eigenen Begehrens und der Sehnsucht, denen es zu folgen gilt, um die/der zu werden, die/der das Subjekt werden soll: Mensch, der Ich sagen kann.

Vor dem Hintergrund des Unerhörten werden neue Facetten der christlichen Religion erkennbar. Es zeigt sich, dass das Christentum keine Religion ist, die länger für die Unterdrückung der Frau steht, sondern sie wird zu einem wichtigen Baustein ihrer Befreiung. Es durchbricht und überschreitet die patriarchale Ordnung der Dinge und steht selbst für eine neue Ordnung ein. Das Christentum ist der Boden, auf dem Frauen zu ihrer eigenen Sprache finden können.[333] Und dies liegt nicht zuletzt daran, dass das Christentum

---

von der ich nicht weiß, ob sie ein Geschenk oder eine Strafe des Himmels ist.) (Heredia, Hildegard)

[333] Im Patriarchat ist der Mann immer der zuerst Genannte. Frauen kommen an zweiter Stelle. (Vgl. Wustmans 1993, 18) Maria und Josef hingegen werden selbst zu Zeichen einer neuen Ordnung; hier ist es die Frau, Maria, die als erste genannt wird. Für diese neue Ordnung gibt es noch ein weiteres aussagekräftiges Beispiel: die Empfängnis Mariens. (Vgl. Lk 1,26-38.) Gerade diese Stelle im Neuen Testament bestätigt die Eigenständigkeit Mariens und repräsentiert zugleich die Eigenständigkeit der Frau. Maria wird von Gott nicht als Mutter des Messias angesprochen, sondern als eigenständige Person. Maria ist es, die dem Plan Gottes zustimmt – sie spricht ihr „Fiat". Gott zeugt mit ihr das Kind. Hier wird deutlich, dass eine neue Ordnung anbricht und eine Ordnung verkündet wird, die die Freiheit der Frau und ihre Eigenständigkeit nicht nur achtet, sondern auf dieser Basis gründet. Die antiken Göttermythen stehen im Gegensatz zu der lukanischen Erzählung. In ihnen verführen und vergewaltigen die Götter, um Helden zu zeugen. Aber genau dies tut der christliche Gott nicht. Der christliche Gott ist kein Gott, der sich über die Frau hinwegsetzt und sie bricht. Maria wird gefragt und sie stimmt dem Plan Gottes zu. Was im Kontext des Hellenismus eine patriarchale Selbstverständlichkeit war, wird hier außer Kraft gesetzt. Die Frau ist ein entscheidender und eigenständiger Faktor der Inkarnation Gottes. Gott fragt durch den Engel die Frau nach ihrem Wort und damit erkennt er das Subjektsein der Frau an. Im Anschluss an ihre Begegnung mit dem Engel geht Maria zu Elisabeth. Sie geht diesen Weg als eine Unerhörte, weil sie unehelich ein Kind erwartet. Aber bei Elisabeth findet Maria ihre Worte für das Unerhörte und in der Benennung ihrer unerhörten Erfahrung mit Gott und seinem Engel wird sie das Subjekt ihrer eigenen Geschichte. Und es zeigt sich, dass sie eine eigene Botschaft an die Welt hat. Ihre Botschaft ist eng mit Gott und Jesus verbunden, aber dennoch hat sie etwas Eigenes mitzuteilen: die unerhörte Existenz der Armen, und nicht die Existenz der Reichen. (Vgl. Lk 1,46-55.)
Diese für den Fortlauf der Beziehung zwischen Gott und Mensch überaus wichtige Begegnung belegt, dass Religion nicht schlechthin ein Projekt der Unterdrückung der Frau ist. Frauen sind, wie das Beispiel Mariens zeigt, nicht das Opfer eines patriarchalen Gottes, sondern sie sind Subjekte mit eigener Stimme und eigener Sprache. Und noch etwas macht

selbst eine unerhörte Botschaft hat: Gott wird Mensch, und dies ganz und gar. Himmel und Erde sind aufeinander bezogene Größen. Die Menschwerdung Gottes als unerhörte Tatsache, das Leben Jesu und seine Botschaft des Reiches Gottes markieren den Zugang zu den Unerhörten dieser Welt. Jener, die im Getöse der Welt nur zu schnell untergehen, überhört werden. Jesus erkennt die Autorität dieser Unerhörten an, er weiß, dass sie Unerhörtes zu sagen haben.
Religion ist nicht etwas Nebensächliches und Überflüssiges, sondern konstitutiver Bestandteil menschlichen Lebens und des gelingenden Entwurfs dieses Lebens. Auf der Basis der Religion können Menschen, Frauen und Männer, die werden, die sie sein sollen: Mensch in Subjekthaftigkeit und mit einer eigenen Sprache. Das ist unerhört. Dies zeigt in besonderer Weise auch und gerade die Auseinandersetzung von Paz mit dem Leben und Werk von Sor Juana. Religion ist für Paz keine relevante Größe, die den Weg ins Leben weist. Aus diesem Grund behandelt er die Tatsache, dass Sor Juana Ordensfrau war, nur nebensächlich und funktional. Er sieht in Sor Juana die Dichterin und Forscherin, nebenbei ist sie für ihn auch noch Ordensfrau. Schon in seinen ersten Arbeiten über Sor Juana wird dies deutlich (vgl. Paz 1950)[334] und dieses Verständnis zieht sich bis in das Jahr 1982 hinein, wo in Mexiko *Sor Juana Inés de la Cruz o las trampas de la fe* erscheint. Kerngegenstand seiner Reflexionen im Zusammenhang mit Sor Juana ist die Auseinandersetzung und Bestimmung der Dichtung in der (mexikanischen) Geschichte. Aber er betrachtet diese Fragestellung ohne Berücksichtigung dessen, dass Sor Juana eine Ordensfrau ist, und damit nimmt er etwas Fundamentales ihrer Existenz nicht zur Kenntnis. Die Religion ist für ihn kein Schlüssel, Dichtung und Geschichte zu verstehen, und ebenso wenig die Existenz einer Frau mit Namen Sor Juana Inés de la Cruz. Diese Auffassung greift zu kurz und es mangelt ihr an einem echten Begriff von Religion. Sor Juana ist eine Ordensfrau, die dichtet und forscht. Und in der Verwirklichung ihres unerhörten Strebens nach Dichtung, Forschung und Wissen realisiert sie ihre religiöse Existenz. Ihr Ordensfrau-Sein ist die Basis, auf der sie die anderen Aspekte in ihrem Leben entwickeln und ausbauen kann. Die Religion ist die Wegbereiterin ihrer Menschwerdung. Sor Juana lebt, was Paz nicht sieht, die Bezogenheit von Literatur und Theologie über die Kategorie des Unerhörten.
Die Interpretation von Paz macht deutlich, dass Religion in der Literatur eine unerhörte Größe ist. Sie wird von ihm nicht als Schlüssel zu den Texten und zu den AutorInnen gesehen. Ihr sprachlicher Sinn und ihre subjektkonstituierende Bedeutung in und für die Literatur wird kaum erkannt. Dabei geht es sowohl

---

diese Stelle deutlich: Gott braucht die Frauen, um sich zu inkarnieren und das Projekt der Befreiung, des Reiches Gottes zu verwirklichen.
[334] 1950 erscheint in der Zeitschrift *Sur* eine Auseinandersetzung mit dem *Primero Sueño*; auch in seinem Buch *El laberinto de la soledad* und in dem Band *Las peras del olmo* 1957 setzt er sich mit Sor Juana auseinander. (Vgl. Sabat de Rivers 1985, 417.)

der Literatur wie auch der Religion darum, das Unerhörte ins Wort zu bringen, Menschen in ihren Situationen, Erfahrungen und Reaktionen zu verstehen und die Sprachlosen sprachfähig zu machen.[335] Für beide, Theologie und Literatur, ist kennzeichnend, dass sie immer auf der Suche nach einer neuen Sprache sind, einer Sprache, die es ihnen ermöglicht, die Trauer und Angst, Freude und Hoffnung der Menschen ins Wort zu bringen. (Vgl. Sölle 1996, 75ff.) Theologie und Literatur, Gebet und Poesie suchen dem Verstummen zu entkommen, das Unerhörte zu erhören. Sie suchen nach einer neuen Sprache, die sie aufmerksam werden lässt für das Unerhörte, und so lernen sie neu zu hören, zu verstehen und sprechen zu. (Vgl. Sölle 1996, 84.)
Dabei greift die Religion in der Macht-Ohnmacht-Differenz menschlicher Existenz. In der Religion suchen Menschen nach einer Sprache für die Benennung dieser Differenz. Sie suchen nach einer Sprache, um in der Ohnmacht nicht unterzugehen, sondern ihr zu widerstehen. Diese Sprache ist kein wiederholendes Echo und sie ist auch nicht die Verwirrung von Babel. (Vgl. Méndez Plancarte 1951, Bd. I., 345, V. 415-422.) Sie suchen nach einer wirksamen Sprache. Diese Sprache vertröstet nicht und sie ist kein Lippenbekenntnis. Vielmehr bringt diese Sprache das zu Gehör, was bislang unerhört war. Indem sie das Unerhörte zu Gehör bringt, erlöst und befreit Religion – führt sie das Subjekt zu dem Ort, wo es erwacht und die Macht seiner selbst entdeckt. Diese Sprache bringt die Autorität der Unerhörten ans Licht und macht sie zu einer greifbaren Realität in der Welt. Ihre Macht bringt die Ordnung der Dinge ins Wanken und überschreitet sie punktuell am Subjektsein der Unerhörten. Diese Sprache verkündet eine neue Ordung der Dinge. Die Unerhörten werden gehört; sie, die bislang außen vor blieben, haben etwas zu sagen, was bisher nicht zu hören war, aber für die Zukunft des Subjektes konstitutive Bedeutung hat. Sie haben Bedeutendes über das Innen dieser Ordnung der Dinge zu sagen. Sie benennen, wo das Innen inhuman ist und Menschenwürde und Menschenrecht verletzt. Sie sagen, wo die Botschaft dieser Ordnung nur leere Versprechung ist und ihre Vertreter an ihren eigenen Optionen und an ihrer Botschaft versagen. Die Unerhörten sind ein Prüfstein und sie zeigen an, wie es um die Ordnung der Dinge tatsächlich bestellt ist.
Mit der Sprache der Unerhörten wandelt Religion Ohnmacht in Macht. Sie werden zu einer Größe in der Welt, weil sie echte Aussagen über die Welt

---

[335] Als ein Beispiel für diesen Zusammenhang möchte ich auf das Gedicht von Ingeborg Bachmann *Psalm* hinweisen, in dem sich die Zeilen finden:
„In die Mulde meiner Stummheit
leg ein Wort."
(Bachmann 1998, 64f)
Das Gedicht ist Ausdruck des Schweigens angesichts ungeheuerlicher Begebenheiten und der Suche nach einer Sprache, die die Benennung möglich macht. In diesem Prozess der Suche nach den Worten erweist sich auch hier, dass im Schweigen das Unerhörte vernehmbar ist, dass es die Mulde der Stummheit mit Worten füllt.

machen können. Und es ist die Macht der Sprache, die ihre Erfahrungen zum Ausdruck bringt und darin ihre Autorität begründet. Die Ohnmachtsgestalten sind TrägerInnen fundamentaler Botschaften. In ihrer Ohnmacht werden sie Autoritäten, die Unerhörtes benennen, und aus ihrer Ohnmacht heraus weisen sie den Weg ins Leben.[336]
Auch die Bibel benennt die Konstellation von Macht und Ohnmacht. Sie beschreibt, wie Machtgestalten an ihrer Macht zerbrechen: Adam, der erste Mensch, wird aus dem Paradies vertrieben (vgl. Gen 3,1-24); der Pharao mit

---

[336] Als ein aktuelles Beispiel für die Autorität der Ohnmächtigen sei hier auf eine Kundgebung in Brasilien verwiesen. Im September 1999 kamen im Marienwallfahrtsort Aparecida im Bundesland São Paulo 80 000 Menschen zusammen, um gegen die Wirtschaftspolitik von Präsident Fernando Henrique Cardoso zu protestieren. Unter dem Motto „Schrei der Ausgeschlossenen" fanden in etwa 1500 Gemeinden Protestveranstaltungen statt. Seit 1995 werden solche Protestveranstaltungen von der katholischen Kirche am brasilianischen Unabhängigkeitstag organisiert. Den Protesten haben sich in diesem Jahr Gewerkschafter, die Bewegung der Landlosen (MST), Bürgerbewegungen und linke Oppositionsparteien angeschlossen. Die Nationale Bischofskonferenz verlangt eine Volksabstimmung zu der Frage, ob Brasilien die Auslandsschulden von 230 Milliarden Dollar zurückzahlen soll. In einem Manifest bezeichnen die Bischöfe die Außenschuld als „unmoralisch, ungerecht und illegal". Die Bischöfe fordern ein Mindesteinkommen für die Ärmsten, das Ende der Privatisierungen, die Kontrolle der Kapitalausfuhren sowie Arbeitsbeschaffungsmaßnahmen. Die Kirche in Brasilien ergreift Partei für die Ärmsten der Armen und gibt ihnen zugleich den Raum, die eigene Sprache zu finden, aufzuschreien gegen das Unrecht, das ihnen widerfährt. Die Ohnmachtsgestalten ergreifen das Wort und benennen Unerhörtes. (Vgl. „Brasilien: Kirche prangert Verschuldung an, in: Katholische Nachrichtenagentur KNA-ID Nr.37/15. September 1999, 12; „Brasilianer protestieren gegen Armut", in: Süddeutsche Zeitung vom 9.9.1999)
„Wird Ohnmacht zu einem Massenphänomen, entsteht ein Ort, an dem sich das individuelle Wehren gegen den Untergang zu einer gemeinschaftlichen Aktion verdichten kann. Aus dem Sisyphos wird ein Widerstandskämpfer. Die individuelle Gefährdung der Existenz bedarf der anderen, um die Ohnmacht zu einem Faktor menschlichen Miteinanders zu machen; allein ist sie dazu nicht in der Lage. Deshalb spielt die Sprache hier eine so große Rolle; sie ist die Bühne, das Einzelschicksal zum gesellschaftlichen Faktor zu machen. Hier kann die Signifikanz des Einzelfalls benannt werden. Die soziale und rechtliche Ohnmachtserfahrung wird durch die Sprache zu einem Faktor von Gemeinschaftsbildung. Sprache stellt die Chance bereit, daß das Elend von Menschen zu einem politischen Problem wächst. Sie stellt öffentliche Orte des Elends her, und dann wird die Differenz von Überlebens- und Herrschaftsinteressen zu einem Machtfaktor. Ohnmacht wird erst wahrgenommen, wenn sie sich so zu Gehör bringt, daß niemand mehr darüberhinweghören kann. Das ist aber erst nach langer Zeit der Fall und gelingt auch nicht immer. Wenn das Leben schwer wird, bleibt die Sprache weg." (Sander 1999, 26)
Die Landlosen in Brasilien haben ihre Sprache wiedergefunden und die Kirche bietet ihnen den Raum dazu – ihre Stimmen sind in Brasilien nicht mehr zu überhören und ihre Stimmen reichen bis nach Deutschland. Es zeigt sich, dass in der Tat die Situation der Ohnmächtigen und Unerhörten mit Hilfe der Sprache zu einem Faktor auf der Bühne der (Welt-)Politik wird.

Ross und Reiter kommen in den Fluten des Meeres zu Tode (vgl. Ex 14,26-28); Mose erreicht das gelobte Land nicht (vgl. Num 20,12). Diesen Machtgestalten stehen die Ohnmachtsgestalten gegenüber. Sie sind es, die von Gott erwählt werden. Sie werden zu wegweisenden Größen: Josef, der von seinen Brüdern als Sklave verkauft wird (vgl. Gen 37,26-28) und zum Traumdeuter des Pharao und einer machtvollen Gestalt in Ägypten wird (vgl. Gen 41-37-57); Ruth, die moabitische Fremde, die nach dem Tod ihres Mannes bei der Schwiegermutter bleibt, ihre Heimat verläßt und sich der Armut preisgibt (vgl. Rut 1-4); Hiob, dessen Schicksal Gott zur Stellungnahme gegen die Knechtschaft des Tun-Ergehens-Zusammenhangs herausfordert (vgl. Ijob 1-42); die BeterInnen der Psalmen, die in der Klage und im Geschrei vor Gott Trost und Ermutigung fanden; die heidnische Frau, die sich in der Not um ihre kranke Tochter an Jesus wendet und ihn zur Mission der Heiden bekehrt (vgl. Mt 15,21-28). Sie alle sind Ohnmachtsgestalten und sie erfahren, wie ihre Ohnmacht zur Basis wird, um Gottes Wort zu hören und zu verkündigen. Die Unerhörten hören Gott und Gott erhört die Unerhörten.

Mit dem Niedergang der Kolonialreiche hat sich das Unerhörte nicht aus der Welt verabschiedet. Jede Zeit und jede Ordnung der Dinge provoziert Unerhörtes und läuft Gefahr, die Unerhörten zu überhören und auszugrenzen. Der Umgang mit den Unerhörten wird dabei zum entscheidenen Gradmesser, wie menschenfreundlich die Ordnungen der Dinge sind. Der Befund sieht schlecht aus, auch in unseren Tagen. Unter uns leben Unerhörte, die um ihre Sprache ringen, um damit ihre Ohnmacht zum Ausdruck zu bringen und zu überwinden. Frauen, die nach wie vor darum kämpfen müssen, einen eigenen Entwurf ihrer weiblichen Existenz leben und verfolgen zu können. Gerade in Zeit der Massenarbeitslosigkeit werden viele von ihnen als Bedrohung der Männer auf dem Erwerbsarbeitsmarkt gesehen. Und was liegt näher, als sie wiederum auf ihre wahre Berufung als Mutter und Ehefrau zu verweisen. Die Bewegung der Landlosen (*Movimento sem terra* [MST]) in Brasilien, die mit ihren Protestmärschen und durch die Besetzung von Land auf die unterdrückerischen und menschenverachtenden Strukturen ihrer Gesellschaft aufmerksam macht. Die Kampagne „Erlassjahr 2000", die sich für die Entschuldung von Ländern der so genannten Dritten Welt einsetzt. Ebenso sind hier lokale AIDS-Gruppen zu nennen, die gegen die Diffamierung und Ignorierung dieser Krankheit und des Schicksals AIDS-kranker Menschen das Wort ergreifen, informieren und aufklären.

Auf der Suche nach der eigenen Sprache in der Religion, die Unerhörtes benennt, werden Menschen Subjekte. Die Sprache des Subjektes bringt jene Autorität zum Ausdruck, die bis dato unerhört war. Durch die Sprache gelingt es den Unerhörten, auf der Basis ihrer Ohnmachtserfahrungen zu erhörten Autoritäten in der Welt zu werden. Dabei ist das Schweigen und die Auseinandersetzung mit der eigenen Situation jener Zustand, der es möglich macht, das Unerhörte wahr- und aufzunehmen. Den Dingen und Prozessen, den Verletzungen und Abstürzen muss ins Auge geschaut werden, um sie in

der Sprache zu benennen und überwinden zu können. Das Unerhörte zu benennen, bedeutet nicht zu beschönigen, im Gegenteil: Es bezeichnet die schonungslose Wahrheit über die Ordnung der Dinge. Nur so wird vernehmbar, was außerhalb der Ordnung der Dinge steht. Doch von diesem Außen können unerhörte und damit relevante Dinge über das Innen und seine Ordnung der Dinge gesagt werden.
Damit ist auch die Herausforderung der Unerhörten für die Theologie benannt. Die Unerhörten sind ein Prüfstein ihrer Optionen und ihres Bekenntnisses. Die Frage ist, ob es ihrer Sprache gelingt, die Unerhörten zu erhören, selbst Unerhörtes zu sagen und eine neue Ordnung der Menschwerdung im eigenen Subjektsein zu bezeugen. Die Unerhörten stellen die Frage nach der Autorität Gottes in gnadenlosen Zeiten. Es ist die Frage, ob es der Theologie gelingt, in der Ohnmacht der Unerhörten, in ihrer Sprachlosigkeit das Fundament ihrer Rede von Gott zu erkennen und in diese Ohnmacht hinein Gottes Wort zu hören und zu verkünden – einen Gott, der Unerhörte erhört und ihr Erwachen will. Gelingt es der Theologie, unerhörtes Leben zur Sprache zu bringen, dann bietet sie den Unerhörten einen Weg der Befreiung, den Weg der Erhörung, für den die Existenz Sor Juanas beispielhaft steht. Sie hat im Ringen um die eigene Sprache die Religion als Schlüssel zur eigenen Existenz entdeckt – das Unerhörte wurde erhört und ihre Menschwerdung war möglich.
Sofern die Unerhörten zu einer Kategorie der Theologie werden, bedeutet dies eine Veränderung in der Rede von Gott. Ein wesentliches Merkmal dieser Theologie ist die Erkenntnis, dass das Schweigen mit Stimmen bevölkert ist. Diese Theologie fragt nach, wofür das Schweigen steht und was es sagt. Das Schweigen der Unerhörten wird nicht länger verdeckt, sondern es wird in seiner Sprachfähigkeit erkannt. Und dies bedeutet, dass den Unerhörten nicht mehr gepredigt wird und sie wie stumme Fische behandelt und gar für ihre Stummheit gelobt werden. Im Gegenteil, diese Theologie entdeckt, dass sie durch die Unerhörten konstituiert wird und dass sie ihrem Wesen entspricht, wenn sie ihnen den Raum und die Möglichkeit gibt, die eigene Sprache zu entdecken und zu sprechen. Die Befreiung der Unerhörten liegt nicht darin, dass andere für und über sie sprechen, sondern dass sie befähigt werden, ihre eigene Sprache zu sprechen. Diese Theologie erkennt die Autorität der Ohnmachtsgestalten dieser Erde an und weiß, dass sie Unerhörtes zu sagen haben. Jene, die im Außen der Ordnung der Dinge stehen, werden in einer grundsätzlichen Bedeutung wahrgenommen: Sie sind es nämlich, die wissen, wo die Ordnung der Dinge inhuman ist und wo altbekannte Botschaften und Lösungen versagen. Sie sind es, die glaubhaft sagen können, wo die Theologie versagt. Eine Theologie, die auf die unerhörten Botschaften der Ohnmächtigen hört, erkennt in ihnen den Schlüssel zum Leben. Diese Theologie wird sich schonungslos mit der eigenen Tradition auseinander setzen und sich dem Schweigen aussetzen, das die Basis für die Erhörung ist.
Eine solche Theologie bietet keine Patentrezepte und gibt keine vorschnellen Antworten. Vielmehr macht sie sich zu Eigen, aufmerksam zu schweigen und

dieses Schweigen auszuhalten. Denn erst das Schweigen und die aufmerksame Wahrnehmung der Realität der Menschen in der Welt von heute schaffen die Voraussetzung, das Unerhörte zu erfassen und die Unerhörten zu sehen. Im Schweigen wird die Theologie bereit, das unerhörte Wort zu hören, die Unerhörten zu hören. Erst auf der Basis des Schweigens wird das Unerhörte benennbar. Dabei wird die Theologie auch zu lernen haben, sich dem Schweigen zu stellen. Sie hat auf das Schweigen derer in der Welt zu achten, denn das Schweigen kann eine Sprache der Macht in der Ohnmacht sprechen. Was sagen die schweigenden Frauen der Theologie? Was sagen die schweigenden Armen dieser Welt? Was sagen die schweigenden Kinder auf den Straßen der Großstädte? Was sagen Millionen schweigender Arbeitsloser in einer Industriegesellschaft? Was sagen die Massen schweigender alter und kranker Menschen? Was sagen die schweigenden Flüchtlinge und Migranten dieser Erde? Diesen Fragen wird sich die Theologie stellen müssen, sofern sie einen befreienden Gott verkünden will. Und sie wird die Brüche in der Geschichte und in der Gegenwart aufdecken müssen, denn an ihnen entscheiden sich die weiteren Geschicke. An den Brüchen zeigt sich die Destruktivität alter Ordnungen der Dinge sowie die Kreativität, die aus den Brüchen hervorgehen kann. Nur auf dieser Grundlage kann es gelingen, einen Gott zu verkünden, der Mensch wurde, um die Unerhörten zu erhören und mit einer unerhörten Sprache zu befreien. Das Reich Gottes bricht dort an, wo die Unerhörten erhört werden, in ihrem Schweigen und in ihrem Sprechen.

8. Literaturverzeichnis

Quellen

Die Texte von Sor Juana sind alle den Obras completas in vier Bänden, veröffentlicht vom Fondo de Cultura Economica, entnommen:
I. Lírica personal (Mexiko 1951)
II. Villancicos y letras sacras (Mexiko 1952)
III. Teatro sacro y profano (Mexiko 1955)
IV. Prosa (Mexiko 1957)
Alfonso Méndez Plancarte edierte die ersten drei Bände und schrieb die Vorworte und Anmerkungen; nach seinem Tod übernahm Alberto G. Salceda den vierten Band. Ich zitiere die Gedichte und anderen Texte nach der Nummerierung dieser Gesammelten Werke.

SOR JUANA Inés de la Cruz: Die Antwort an Schwester Philothea, aus dem Spanischen von Hildegard Heredia, mit einem Essay von Angelo Morino, Frankfurt a.M. 1991
SOR JUANA Inés de la Cruz: „Es höre mich dein Auge". Lyrik – Theater – Prosa. Spanisch-Deutsch. Übersetzt von E. Dorer, W. Goldbaum, K. Schüller, F. Vogelsang, K. Vossler. Herausgegeben von Alberto Perez-Amador Adam, Frankfurt a.M. 1996
SOR JUANA Inés de la Cruz: Der Traum. Spanisch-Deutsch. Herausgegeben und übersetzt von Alberto Perez-Amador Adam und Stephan Nowotnick, Frankfurt a.M. 1992
SOR JUANA Inés de la Cruz: Erster Traum. Mit der Antwort an Sor Filotea de la Cruz. Vorwort von Octavio Paz. Aus dem Spanischen übertragen von Fritz Vogelsang, Frankfurt a.M./Leipzig 1993

Sekundärliteratur

ACKERMANN, Jane E.: Voice in El divino Narciso, in: Bulletín of the Comediantes, Los Angeles 39(1987), 63-74
ADEL, Kurt: Das Wiener Jesuitentheater und die europäische Barockdramatik, Wien 1960
AGUIRE, Mirta: Del encausto a la sangre: Sor Juana Inés de la Cruz, La Habana 1975
ALATORRE, Antonio: La carta de Sor Juana al P. Núñez (1682), in: Nueva Revista de Filología Hispánica, Tomo XXXV (1987), No.1, 593-673
ALEGRIA, Juana Amanda: Sicología de las mexicanas (3.ed.), México 1979
ARENAL, Electa: The convent as catalyst for autonomy. Two hispanic nuns of the seventeenth century, in: Miller, Beth (ed.): Women in hispanic literature. Icons and fallen idols, Barkley/Los Angeles/London 1983, 147-183

ARENDT, Hannah: Rahel Varnhangen. Lebensgeschichte einer deutschen Jüdin aus der Romantik, München/Zürich 1990
ARROYO, Anita: Razón y pasión de Sor Juana, México 1951
BACHMANN, Ingeborg: Die Wahrheit ist dem Menschen zumutbar. Essays Reden Kleine Schriften, 5. Aufl., München 1990
BACHMANN, Ingeborg: Sämtliche Gedichte, ungekürzte Taschenbuchausgabe, München 1998
BADER, Günter: Melancholie und Metapher, Tübingen 1990
BAEHR, Rudolf: Spanische Verslehre, Tübingen 1962
BARUZZI, Arno: Autorität, in: Baumgartner, Hans-Michael/Wild, Christoph (Hg.): Handbuch philosophische Grundbegriffe, Bd. 1; München 1973, 171-179
BATAILLE, George: Die Erotik, München 1994
BATAILLE, George: Die Religion, München 1997
BECKMANN, Johannes: Die Glaubensverbreitung in Amerika, in: Handbuch für Kirchengeschichte V, hg. V. Jedin, Hubert, Freiburg 1970, 255-304
BENAJMIN, Walter: Ursprung des deutschen Trauerspiels, Frankfurt a.M. 1990
BENASSY-BERLING, Marie-Cécile: Humanisme et religion chez Sor Juana Inés de la Cruz. La femme et la culture au XVII siècle, Paris 1984
BENASSY-BERLING, Marie-Cécile: Humanismo y religión en Sor Juana Inés de la Cruz, México 1983
BENASSY-BERLING, Marie-Cécile: Sor Juana Inés de la Cruz, las monjas del convento y el arzobispo: Libros, dinero y devocion, in: Revista de Indias, Madrid, Vol. 46 (1986), Nr. 177, 319-129
BERG, Walter Bruno: Lateinamerika: Literatur – Geschichte – Kultur, Darmstadt 1995
BESSELAR VAN DEN, José: António Vieira: o homen, a obra, as ideias, Lisboa 1981
BINKERT, Dörthe: Die Melancholie ist eine Frau, Hamburg 1995
BÖLL, Heinrich: Frankfurter Vorlesungen, in: Heimat und keine. Schriften und Reden 1964-1968, München 1985
BORGES, Pedro: Religiosos en Hispanoamérica, Madrid 1992
BRISSON, Luc: Einführung in die Philosophie des Mythos. Antike, Mittelalter und Renaissance, übersetzt von Achim Russer, Darmstadt 1996
CAILLOIS, Roger: Der Mensch und das Heilige, München/Wien 1988
CALDERÓN, Pedro de la Barca: Eco y Narciso. Préface, édition et notes de Charles V. Aubrunn, Paris 1963
CALLEJA, Diego P.: Vida de Sor Juana. Ed. Emilio Abreu Gómez, México City 1936
CALLEJA, Diego: Fama y obras pósthumas del fenix de México, decvima musa, poetista americana, Madrid 1700
CAMPOAMOR, Clara: Sor Juana Inés de la Cruz, Barcelona 1983
CARREÑNO, Alberto Maria: Don Fray Juan de Zumárraga. Teólogo y editor, humanista e inquisidor (documentos inéditos), México 1950

CARREÑO, Antonio: Of „Orders" and „Disorders": Analogy in the Baroque lyric (from Góngora to Sor Juana), in: Cevallos-Candau, Francisco Javier/Cole, Jeffrey A./Scott, Nina M./Suárez-Araúz, Nicomedes (ed.): Coded encounters. Writing, Gender and Ethnicy in Colonial Latin America, Amherst 1994, 224-235

CERVERA SALINAS, V.: Sor Juana Inés de la Cruz, „Musa" del relativismo, in: Carthaginensia, Revista semestral de Estudios e Investigación publicada por el Instituto Teológico de Murica, OFM, Vol. III Números 13-14, Enero/Diciembre 1992, 121-141

CHÁVEZ, Ezequiel A: Ensayo de psicología de Sor Juana Inés de la Cruz y de estimación del sentido de su obra y de su vida para la historia de la cultura y de la formación de México, Barcelona 1931

CHÁVEZ, Ezqiuvel A.: A Sor Juana Inés de la Cruz. Su misticismo y su vocación filosófica y literaria, México 1968

CHECA, Jorge: El divino Narciso y la redención del lenguaje, in: Nueva Revista de Filologia Hispanica, México 38 (1990) Nr. 1, 197-217

CIDADE, Hernâni: Padre António Vieira, Lisboa 1985

CIPOLLETTI, Maria Susana: Die fremden Seelenfänger – Katholische Missionare im Amazonasgebiet (17. und 18. Jahrhundert), in: Baer, Gerhard/Hamacher Susanne/Seiler-Baldinger, Annemarie (Hg.): Die „Neue Welt" 1492-1992. Indianer zwischen Unterdrückung und Widerstand, Basel 1992, 86-93

CYSARZ, Herbert: Deutsche Barockdichtung. Renaissance, Barock, Rokoko, Leipzig 1924

DAVIS, William Myron: Culteranismo in the Sueño of Sor Juana Inés de la Cruz, in: Philologia Pragensis, Prague 1, 95-107

DELGADO, Mariano (Hg.): Gott in Lateinamerika. Texte aus 5 Jahrhunderten. Ein Lesebuch zur Geschichte, Düsseldorf 1991, 146-149

DENZIGER, Heinrich: Kompendium der Glaubensbekenntnisse und kirchlichen Lehrentscheidungen. Verbessert, erweitert, ins Deutsche übertragen und unter Mitarbeit von Helmut Hoping herausgegeben von Hünermann, Peter, 38., aktualisierte Aufgabe, Freiburg/Basel/Rom/Wien 1999

DÍAZ DE ARCE, Juan: Questionarii expositivi liber quartus; sive de Studioso Bibliorum, México 1648

DRESSENDÖRER, Peter: Die Wehrlosigkeit der Missionierten: Indios unter Bekehrungs- und Ausbeutungsdruck, in: Meier, Johannes (Hg.): Wem gehört Lateinamerika? Die Antwort der Opfer, München/Zürich 1990, 46-58

DUSSEL, Enrique D.: Caminhos de libertação Latino-Americana, Bd. I-IV, São Paulo 1985

EGGENSPERGER, Thomas OP: Sor Juana Inés de la Cruz: Gesellschaftsdame und Ordensfrau in Neuspanien, in: Adam, Wolfgang (Hg.) unter Mitwirkung von Kiesant, Knut/Schluze, Winfried/Strosetzki, Christoph: Geselligkeit und Gesellschaft im Barockzeitalter, Vorträge und Referat gehalten anlässlich des 8. Kongresses des Wolfenbütteler Arbeitskreises für Baraockforschung, Teil II, Wiesbaden 1997, 657-669

EGGENSPERGER, Thomas OP: Ursprünge lateinamerikanischer Literatur. Sor Juana Inés de la Cruz und Octavio Paz, in: Stimmen der Zeit, Heft 7 1992, 483-494

EHRET, Josef: Das Jesuitentheater zu Freiburg in der Schweiz. Erster Teil. Die äußere Geschichte der Herbstspiele von 1580-1700 mit einer Übersicht über das Schweizer Jesuitentheater, Freiburg im Breisgau 1921

ELIADE, Mircea: Das Heilige und das Profane. Vom Wesen des Religiösen, Frankfurt a.M. 1990

ERDMANN, Eva: Die Macht unserer Kirchenväter. Über 'Geständnisse des Fleisches', in: Menschliche Seelsorge, 47(1995), 53-60

ESCHWEILER, Karl: Die Philosophie der spanischen Spätscholastik auf den deutschen Universitäten des 17. Jahrhunderts, in: Spanische Forschungen der Görres-Gesellschaft I, Münster 1928, 251-334

EWIG, Eugen: Die lateinische Kirche im Übergang zum Frühmittelalter, in: Jedin, Hubert (Hg.): Handbuch der Kirchengeschichte, Bd. II/2, Freiburg/Basel/Wien 1985

FANON, Frantz: Die Verdammten dieser Erde, Frankfurt a.M. 1981

FEDER, Elena: Sor Juana Inés de la Cruz; or, The Snares of (Con)(tra)di(c)tion, in: Jara, René/Spadaccini, Nicolas (ed.): Amerindian Images and the Legacy of Columbus, Miof Minnesota 1992, 473-529

FIGGE, Horst H.: Beiträge zur Kulturgeschichte Brasiliens unter besonderer Berücksichtigung der Umbanda-Religion und der westafrikanischen Ewe-Sprache, Berlin 1980

FIGGE, Horst H.: Geisterkult, Besessenheit und Magie in der Umbanda-Religion Brasiliens, Freiburg im Breisgau/München 1973

FLACHSE, Rainer: Geschichte und Typologie afrikanischer Religiosität in Brasilien, Marburg 1973

FOUCAULT, Michel: „Omnes et singulatim. Zu einer Kritik der politischen Vernunft", in: Joseph Vogl (Hg.): Gemeinschaften. Positionen zu einer Philosophie des Politischen, Frankfurt a.M. 1994

FOUCAULT, Michel: Botschaften der Macht. Reader Diskurs und Medien, Stuttgart 1999

FOUCAULT, Michel: Die Macht und die Norm, in: Mikrophysik der Macht, Berlin 1976

FOUCAULT, Michel: Die Ordnung der Dinge. Eine Archäologie der Humanwissenschaften, Frankfurt a.M. 1994

FOUCAULT, Michel: La vie des hommes infâmes, in: Les chaiers du chemin 29, 1977. Deutsche Übersetzung: Das Leben der infamen Menschen, in: Tumult 4, 1982

FOUCAULT, Michel: Überstrafjustiz, Psychiatrie und Medizin, Berlin 1976

FOUCAULT, Michel: Überwachen und Strafen. Die Geburt des Gefängnisses, Frankfurt a.M. 1994

FOUCAULT, Michel: Warum ich Macht untersuche? Die Frage des Subjektes, in: Hubert L. Dreyfus und Paul Rabinov: Michel Foucault. Beyond Structuralism and Hermeneutics. Deutsche Übersetzung: Jenseits von Strukturalismus und Hermeneutik, Frankfurt a.M. 1987

FOX KELLER, Evelyn: Liebe, Macht und Erkenntnis. Männliche und weibliche Wissenschaft, München/Wien 1986

FRAGOSO, Hugo: Sklaverei in Brasilien. Die Haltung der Orden in einer umstrittenen Frage, in: Sievernich, Michael (Hg.): Conquista und Evangelisation. Fünfhundert Jahre Orden in Lateinamerika, Mainz 1992, 167-200

FREIRE, Paulo: Die Pädagogik der Unterdrückten, Stuttgart 1971

FRIED, Erich: Als ich mich nach dir verzehrte. Gedichte von der Liebe, Berlin 1990

GEBARA, Ivone: Die dunkle Seite Gottes. Wie Frauen das Böse erfahren, in: Missionswissenschaftliches Institut Missio (Hg.): Theologie der Dritten Welt, Bd. 27, Freiburg/Basel/Wien 2000

GOETHE, Johann Wolfgang von: Italienische Reise, in: Goethes Werke, Gesamtbd. 11, Hamburg 1950

GOLDSTEIN, Horst: Kleines Lexikon der Theologie der Befreiung, Düsseldorf 1991

GOTTESLOB, Katholisches Gebet- und Gesangbuch für das Bistum Aachen. Herausgegeben von den Bischöfen Deutschlands und Österreichs und der Bistümer Bozen-Brixen und Lüttich, 1975

GRIESER, Heike: Paula von Rom, in: Lexikon für Theologie und Kirche, Bd. 7, Maximilan bis Pazzi, Freiburg/Basel/Rom/Wien 1998, 1487

GÜNTER, Andrea: Weibliche Autorität Freiheit und Geschlechterdifferenz. Bausteine einer feministischen politischen Theorie, Königstein/Taunus 1996

GUTIÉRREZ VEGA, Hugo: Sor Juana y el barroco mexicano, in: V jornadas de teatro clásicos el el teatro contemporáneo, Almagro 1982, 275-293

GUTIÉRREZ, Gustavo: Dios o el oro en las Indias, Siglo XVI, Lima 1989, dt.: Gott oder das Gold. Der befreiende Weg des Bartolomé de las Casas, Freiburg/Basel/Wien 1990

HARTMANN, Peter Claus: Der Jesuitenstaat in Südamerika 1609-1768, Weißenborn 1993

HASSLER, Peter: Menschenopfer bei den Azteken. Eine quellen- und ideologiekritische Studie, Bern 1992

HAUSENSTEIN, Wilhelm: Vom Geist des Barock, 5. Aufl., München 1921

HEIDBRINK, Luger: Melancholie und Moderne. Zur Kritik der historischen Verzweiflung, München 1994

HEMMERLE, Klaus: Ausgewählte Schriften, Bd. 4, Spielräume Gottes und der Menschen. Beiträge zu Ansatz und Feldern kirchlichen Handelns. Ausgewählt und eingeleitet von Reinhard Göllner, Bernd Trocholepczy, Freiburg/Basel/Wien 1996

HEYWARD, Carter: Und sie rührte sein Kleid an. Eine feministische Theologie der Beziehung, Stuttgart 1987
HIRIART, Rosario: America's First Feminist, in: Americas, May (1973) 25, 2-7
HOFF, Johannes: Erosion der Gottesrede und christliche Spiritualität: Antworten von Michel Foucault und Michel de Creteau im Vergleich (1.Teil), in: Orientierung 63(1999), Nr. 10, 116-119; 2. Teil, in: Orientierung 63(1999), Nr.11, 130.132; 3. Teil, in: Orientierung 63(1999), Nr. 12, 135-137
IBSEN, Kriszine: Un vuelo sin alas. Figuras miticas y El Sueño de Sor Juana, in: Mester, Vol. XVIII, No. 2 (Fall, 1989), 73-81
IRIGARAY, Luce: Die Zeit der Differenz. Für eine friedliche Revolution, Frankfurt a.M./New York 1991
IRIGARAY, Luce: Wenn unsere Lippen sich sprechen, in: Das Geschlecht das nicht eins ist, Berlin 1979, 211-224
JANIK, Dieter/LUSTIG, Wolf (Hg.): Die spanische Eroberung Amerikas. Akteure, Autoren, Texte, Frankfurt a.M. 1992
JEDIN, Hubert: Dritter Abschnitt: Religiöse Triebkräfte und geistiger Gehalt der katholischen Erneuerung, 41. Kapitel: Die erneuerte Scholastik; Michael Bajus und der Gnadenstreit, in: Handbuch der Kirchengeschichte, Bd. IV, Reformation – Katholische Reform und Gegenreformation, Iserloh, Erwin/Glazik, Josef/Jedin, Hubert, Freiburg/Basel, Wien 1985, 561-573
JIMÉNEZ RUEDA, Julio: Sor Juana Inés de la Cruz en su época (1651-1951), México 1951
JUNCO, Alfonso: La Carta Atenagórica de Sor Juana, in: Abside, Revista de Cultura Mejicana, San Luis Potosi, México 1937, 37, 286-307
KAHLE, Günter: Der Jesuitenstaat von Paraguay, in: Aus Politik und Zeitgeschichte, 4.9.1992, 25-32
KARLINGER, F.: Auto sacramental, in: Lexikon für Theologie und Kirche (LThK) 1955, 1136f
KETZER UMBACH, Rosani: Schweigen oder Schreiben – Sprachlosigkeit und Schreibzweifel im Werk Christa Wolfs (1960-1990), Berlin 1997
KEUL, Hildegund: Menschwerden durch Berühung. Bettina Brentano-Arnim als Wegbereiterin für eine Feministische Theologie, Frankfurt/Berlin/Bern/New York/Paris/Wien 1994, in: Klinger, Elmar (Hg.): Würzburger Studien zur Fundamentaltheologie, Bd. 16
KIRCHER, Athanasius: Oedipus Aegyptiacus, 3. Bd., Rom 1652-54
KLAIBER, Ludwig: Neues über Sor Juana Inés de la Cruz, in: Romanische Forschungen LXVII (1952), 145-146
KLIBANSKY, Raymond/PANOFSKY, Erwin/SAXL, Fritz: Saturn und Melancholie, 2. Aufl., Frankfurt a.M. 1990
KLINGER, Elmar: Die Menschenrechte der Indios – ein vergessenes Kapitel der Neuevangelisierung Europas, in: Dreier, Wilhelm/Klinger, Elmar u.a. (Hg.): Entdeckung – Eroberung – Befreiung. 500 Jahre Gewalt und Evangelium in Amerika, Würzburg 1993, 116-140

KLINGER, Elmar: Disputationes. Problemhorizont und Fragestellung der Barockscholastik, bislang unveröffentlichtes Manuskript
KLINGER, Elmar: Ekklesiologie der Neuzeit. Grundlegung bei Melchior Cano und Entwicklung bis zum Zweiten Vatikanischen Konzil, Freiburg im Breisgau 1978
KONETZKE, Richard: Christentum und Conquista im spanischen Amerika, in: ders.: Lateinamerika: Entdeckung, Eroberung, Kolonisation. Gesammelte Aufsätze, hg. v. Kalhe, Günter/Pietschmann, Horst, Köln 1983, 607-621
KRAUS, Georg: Gnadenlehre – Das Heil der Gnade, in: Beinert, Wolfgang (Hg.): Glaubenszugänge. Lehrbuch der Katholischen Dogmatik, Bd. 3, Paderborn/München/Wien/Zürich 1995, 159-305
LANCZKOWSKI, Günter: Die Religionen der Azteken, Maya und Inka, Darmstadt 1989
LANCZKOWSKI, Günter: Götter und Menschen im alten Mexiko, Freiburg im Breisgau 1984
LANGENHORST, Annegret: Der Gott der Europäer und die Geschichte(n) der Anderen. Die Christianisierung Amerikas in der hispanoamerikanischen Literatur der Gegenwart, Bd. 10 Theologie und Literatur, Mainz 1997
LARRALDE, Américo: El eclipse del 'Sueño' de Sor Juana, in: El Zaguán, Jg.I, Nr 8., México 1991
LAVRIN, Asunción: „Unlike Sor Juana? Model Nun in the Religious Literature of Colonial México", in: Merrim, Stephanie (ed.): Feminist Perspectives on Sor Juana, Detroit 1991, 165-195
LAVRIN, Asunción: In search of the colonial woman in México: the seventeenth and eighteenth centuries, in: Hahner, June (ed.): Women in Latin American History, Los Angeles 1976, 23-59
LEHMANN, Karl: Einig im Verständnis der Rechtfertigungsbotschaft. Erfahrungen und Lehren im Blick auf die gegenwärtige ökumenische Situation. Eröffnungsreferat von Bischof Karl Lehmann bei der Herbstvollversammlung der Deutschen Bischofskonferenz in Fulda und Dokumente zur Gemeinsamen Erklärung über die Rechtfertigungslehre, 21. September 1998, Bonn 1998
LEONARD, Irving A.: La Época Barroca en el México Colonial, México 1974
LIBERIA DELLE DONNE DI MILANO: Das Patriarchat ist zu Ende. Es ist passiert – nicht aus Zufall, Rüsselsheim 1996
LIBERIA DELLE DONNE DI MILANO: Der gelbe Katalog. Romane – Die Mütter von uns allen, 1982, in: Günter, Andrea/Mariaux, Veronika (Hg.): Papierne Mädchen – Dichtende Mütter. Lesen in der weiblichen Genealogie, Frankfurt 1994
LIBERIA DELLE DONNE DI MILANO: Wie weibliche Freiheit entsteht. Eine neue politische Praxis, 3. Aufl., Berlin 1991
LINS, Ivan: Para conhecer melhor. António Vieira, Rio de Janeiro 1974
LIPPY, Charles H. u.a. : Christianity comes to the Americas. 1492-1776, New York 1992

LIZAMA, Patricio: Sor Filotea y Sor Juana: La conversion y la denuncia, in: Discurso Literario, Stillwater Ok., Oklahoma State University Press, Vol. 6 (88), 203-217
LOMMER, Bernard: Two Conceptions of Power, in: Process Studies, Volume 6/Nr.1 1976, 5-32
LORDE, Audre/RICH, Adrienne: Macht und Sinnlichkeit. Ausgewählte Texte, Berlin 1991
LORENZ, Erika: Narziß – menschlich und göttlich. Der Narzißstoff bei Pedro Calderón de la Barca und Sor Juana Inés de la Cruz, in: Romanistisches Jahrbuch 30(1979), 283-297
LUDMER, Josefina: Tretas del Debil, in: Gonzales, Patricia Elena/Ortega, Eliana (ed.): La sarten por el mango. Encuentro de escritos Latinoamericanas, Huracan 1984, 3. Ed. 1997, 47-54
LUDMER, Josefina: Tricks of the Weak, in: Merrim, Stephanie (ed.): Feminist Perspectives on Sor Juana Inés de la Cruz, Detroit 1991, 86-93
MANDROU, Robert: Staatsräson und Vernunft (1646-1775), in: Propyläen Geschichte Europas, Renaissance und Barock 1400-1700, Bd. 3., Frankfurt a.M. 1984
MARIAUX, Veronika: Sophie von La Roche, in: Günter, Andrea / Mariaux, Veronika (Hg.), Papierne Mädchen – Dichtende Mütter. Lesen in der weiblichen Genealogie. Mit dem Gelben Katalog der Libreria delle donne di Milano aus dem Italienischen von Traudel Sattler, Frankfurt a.M. 1994
MARTI, Urs: Michel Foucault. Beck'sche Reihe Große Denker, München 1988
MAUSS, Marcel: Die Gabe. Form und Funktion des Austausches in archaischen Gesellschaften. Mit einem Vorwort von E. E. Evans-Pritchard. Übersetzt von Eva Moldenhauer. Anhang: Henning Ritter: Die ethnologische Wende. Über Marcel Mauss, Frankfurt a.M. 1990
MAZA, Francisco de la, El convento de Sor Juana, in: Divulgación histórica, 2 (1941) 5
MEDINA, Miguel Angel: Los dominicos en América. Presencia y actuación de los dominicos en la América colonial española de los siglos XVI-XIX, Madrid 1992
MEIER, Johannes/LANGENHORST, Annegret (Hg.): Bartolomé de Las Casas. Der Mann, das Werk, die Wirkung, Frankfurt 1992
MEIER, Johannes: Die Anfänge der Kirche auf den Karibischen Inseln. Die Geschichte der Bistümer Santo Domingo, Concepción de la Vega, San Juan de Puerto Rico und Santiago de Cuba von ihrer Entstehung (1511/22) bis zur Mitte des 17. Jahrhunderts, Immensee 1991
MEIER, Johannes: Die Orden in Lateinamerika. Historischer Überblick, in: Sievernich, Michael u.a. (Hg.): Conquista und Evangelisation. 500 Jahre Orden in Lateinamerika, Mainz 1992, 13-33
MEIER, Johannes: Zur Geschichte des Christentums in Lateinamerika, Schriftenreihe der Katholischen Akademie der Erzdiözese Freiburg, München/Zürich 1988, 40-58

MERKEL, Heinrich: Sor Juana Inés de la Cruz. Ein Bericht zur Forschung 1951-1981, Heidelberg 1986
MERRIM, Stephanie: „Narciso desdoblado: Narcissistic strategems in *El divino Narciso* and the *Respuesta a Sor Philothea de la Cruz*", in: BHS 64(1987), 111-117
MEYERS ENZYKLOPÄDISCHES LEXIKON, Bd. 3: 'Barock', Mannheim 1971
MISTRAL, Gabriela: Silueta de Sor Juana Inés de la Cruz, in: Abside, 15 (1951), 501-506
MÖBIUS, Helga: Die Frau im Barock, Leipzig 1982
MONTROSS, Constance M.: Virtue or vice? Sor Juana's use of thomistic thought, Washington 1981
MORINO, Angelo: Respuesta a Sor Juana Inés, in: Cuadrenos Hispanoamericanos. Revista Mensual de Cultura Hispanica, Madrid 1987, 7-36
MORTON, Nelle: The Journey is Home, Boston 1985
MURARO, Luisa: Die symbolische Ordnung der Mutter, Frankfurt a.M./New York 1993
MURIEL, Josefina: Conventos de monjas de la Nueva España, Mexiko 1946
NAGEL, Adalbert: Armut im Barock. Die Kehrseite einer glanzvollen Epoche, Ravensburg 1989
NANFITO, Jacqueline C.: The Baroque Imagination and the Dreamscape, in: MLN hispanic issue, Baltimore 106(1991), 423-431
NICOLAI, Friedrich: Beschreibung einer Reise durch Deutschland und die Schweiz im Jahre 1781, Bd. 4, Berlin/Stettin 1784
NYBERG, Tore: Brigittenorden, in: Lexikon für Theologie und Kirche, Bd. 2, Barclay bis Damodos, Freiburg/Basel/Rom/Wien 1994, 479-480
OTRUBA, Gustav: Der Jesuitenstaat in Paraguay. Idee und Wirklichkeit, Wien 1962
OTTO, Rudolf: Das Heilige. Über das Irrationale in der Idee des Göttlichen und sein Verhältnis zum Rationalen, Nachdruck der ungekürzten Sonderausgabe 1979, München 1991
OVIDIUS NASO, Publius: Metamorphosen. Lateinisch-deutsch. In deutsche Hexameter übertragen von Erich Rösch, Düsseldorf 1996
OVIEDO, Juan de: Vida ejemplar, heroicas virtudes y apostólico Ministerio del vernerable Padre Antonio Nunez de Miranda, de la Companía de Jesus, Mexiko 1702
PAZ, Octavio: Das Labyrinth der Einsamkeit, Frankfurt a.M. 1990
PAZ, Octavio: Las peras del olmo, Barcelona/Caracas/México 1985
PAZ, Octavio: PAZ, Octavio: Sor Juana Inés de la Cruz o las trampas de la fe, México 1982. Sor Juana Inés de la Cruz oder die Fallstricke des Glaubens. Aus dem Spanischen von Maria Bamberg. Versübersetzungen von Fritz Vogelsang, Frankfurt a.M. 1991

PAZ, Octavio: Vorwort, in: Sor Juana Inés de la Cruz. Erster Traum. Mit der Antwort an Sor Filotea. Aus dem Spanischen übertragen von Fritz Vogelsang, Frankfurt a.M./Leipzig 1993
PÉREZ FERNÁNDEZ, Isacio: Fray Bartolomé de Las Casas. Brevísma relación de su vida, deseño de su personalidad, síntesis de su doctrina, Burgos 1984
PEREZ-AMADOR ADAM, Alberto: Der Sturz des Phaëton oder der Traum von der Überschreitung des eigenen Seins, Frankfurt a.M. 1992, 9-35
PETERSEN, Karin: „Essen vom Baum der Erkenntnis" Weibliche Kreativität, in: Dietze, Gabriele (Hg.): Die Überwindung der Sprachlosigkeit. Texte aus der neuen Frauenbewegung, Darmstadt/Neuwied 1979
PFANDL, Ludwig: Die zehnte Muse von México. Juana Inés de la Cruz. Ihr Leben. Ihre Dichtung. Ihre Psyche, München 1946
PFANDL, Ludwig: Sor Juana Inés de la Cruz, la Décima Musa de México. Su vida. Su poesía. Su psique. Traducción de Juan Antonio Ortega Medina. Edición y prólogo de Francisco de la Maza, México 1963
PIEPER, Renate: Die demographische Entwicklung, in: Bernecker, Walther L./Buve, Raymond Th./Fisher, John R./Pietschmann, Horst/Tobler Hans Werner (Hg.), Handbuch der Geschichte Lateinamerikas, Bd. 1: Mittel-, Südamerika und die Karibik bis 1760, Stuttgart 1994
PIETSCHMANN, Horst u.a. (Hg.): Handbuch der Geschichte Lateinamerikas, Bd. 1: Mittel-, Südamerika und die Karibik bis 1760, Stuttgart 1994
PIETSCHMANN, Horst: Die Kirche in Hispanoamerika, in: Henkel, Willi: Die Konzilien in Lateinamerika, Teil I: Mexiko 1555-1897, Paderborn 1984
PREDIGTEN VON ANTÓNIO VIEIRA (aus der Gesellschaft Jesu), dem Apostel Brasiliens. Zum erstenmal aus dem portugiesischen Original übersetzt von Franz Joseph Schermer, Weissenburg a. S., 1840, Bd. I, II
PRIEN, Hans-Jürgen: Die Geschichte des Christentums in Lateinamerika, Göttingen 1978
PUCCINI, Dario: Sor Juana Inés de la Cruz la sua vita e il suo tempo. Studio d'uma personalitá de barrocco mescano, Rom 1967
RANKE-GRAVES, Robert: Griechische Mythologie. Quellen und Deutung, Reinbek bei Hamburg 1990
REHBEIN, Franziska C. SSpS: Heil im Christentum und Afro-Brasilianischen Kulten. Ein Vergleich am Beispiel des Candomblé, Bonn 1989
REYES RUIZ, Jesus: La época literaria de Sor Juna Inés de la Cruz, Monterrey 1951
RICARD, Robert: Une poétesse mexicaine du XVII siècle. Sor Juana Inés de la Cruz, Paris 1954
ROSSANDA, Rossana: Differenz und Gleichheit, in: Gerhard, Ute u.a. : Differenz und Gleichheit. Menschenrechte haben (k)ein Geschlecht, Königstein 1997, 13-28
SABAT DE RIVERS, Georgina: Octavio Paz ante Sor Juana Inés de la Cruz, Modern Language Notes (MLN), Vol. 100 March (1985), 417-423

SABAT DE RIVERS, Georgina: Sor Juana Inés de la Cruz y Gertrudis Gómez de Avellaneda: dos voces americanas en defensa de la mujer, in: Cabera, Rosa M./Zaldivar, Gladys B. (ed.): Homenaje a Gertrudis Gómez de Avellaneda. Memorias del simposio en el centenario de su muerte, Barcelona 1981, 99-110
SABAT-RIVERS, Georgina: A Feminist Rereading of Sor Juana's Dream, in: Merrim, Stephanie (ed.): Feminist Perspectives on Sor Juana, Detroit 1991, 142-161
SABAT-RIVERS, Georgina: El Sueño de Sor Juana Inés de la Cruz: Tradiciones literarias y orginalidad, London 1976
SALINAS, Pedro: En busca de Juana de Asbaje, in: Memoria del Segundo Congreso Internacional de Literatura Iberoamericana, Aug. 1940, Berkley 1941, 173-191
SANDER, Hans-Joachim: Das Außen des Glaubens – eine Autorität der Theologie. Das Differenzprinzip in den Loci Theologici des Melchior Cano, in: Keul, Hildegund/Sander, Hans-Joachim (Hg.): Das Volk Gottes. Ein Ort der Befreiung, Würzburg 1998
SANDER, Hans-Joachim: Entdeckung durch Eroberung – ein Verdecken von Humanität. Die Würde der Anderen als Prinzip der Evangelisierung, in: Dreier, Wilhelm/Klinger, Elmar u.a. (Hg.): Entdeckung – Eroberung – Befreiung. 500 Jahre Gewalt und Evangelium in Amerika, Würzburg 1993, 161-174
SANDER, Hans-Joachim: Glauben im Zeichen der Zeit. Die Semiotik von Pierce und die pastorale Konstituierung der Theologie, Habilitationsschrift, Würzburg 1996
SANDER, Hans-Joachim: Macht in der Ohnmacht. Eine Theologie der Menschenrechte, in: Hünermann, Peter/Söding, Thomas (Hg.): Questiones Disputatae 178, Freiburg/Basel/Wien 1999
SAYERS PEDEN, Margaret: A woman of Genius. The Intellectual Autobiography of Sor Juan Inés de la Cruz, Salisbury 1982
SCHÄFERDIEK, Knut: Hermenegild, in: Kaper, Walter u.a. (Hg.): Lexikon für Theologie und Kirche (LThK), Bd. 4, Freiburg/Basel/Rom/Wien 1995
SCHATZ, Klaus: Die Jesuitenreduktionen: Leistungen und Grenzen, in: Schlegelberger, Bruno/Delgado, Mariano (Hg.): Ihre Armut macht uns reich. Zur Geschichte und Gegenwart des Christentums in Lateinamerika, Schriftenreihe der Diözesanakademie Berlin 8, Berlin 1992
SCHNEIDER, Reinhold: Gesammelte Werke, Band 1: Philipp II oder Religion und Macht, Frankfurt a.M., 2. Aufl., 1982
SCHÖNE, Albrecht (Hg.): Das Zeitalter des Barock. Texte und Zeugnisse, München 1968
SCHONS, Dorothy: Some Obscure points in the Life of Sor Juana Inés de la Cruz, in: Merrim, Stephanie (ed.): Feminist Perspectives on Sor Juana Inés de la Cruz, Detroit 1991, 38-60

SCHÜLLER, Karin: Theologische Streitschrift oder Selbstverteidigung? Versuch einer Deutung des *Athenagorischen Briefes* von Sor Juana Inés de la Cruz, in: „Es höre mich dein Auge". lirik – Theater – Prosa. Spanisch-Deutsch. Übersetzt von E. Dorer, W. Goldbaum, K. Schüller, F. Vogelsang, K. Vossler. Herausgegeben von Alberto Perez-Amador Adam, Frankfurt a.M. 1996

SCOTT, Nina M.: „If you are not pleased to favor me, put me out of your mind ...". Gender and Authority in Sor Juana Inés de la Cruz. And the Translation of Her Letter to the Reverend Father Maestro Antonio Núñez of the Society of Jesus, in: Women's Studies International Forum 1988, Vol. 11, No. 5, 429-438

SCOTT, Nina M.: „La gran turba de las merecieron nombres": Sor Juana's Foremothers, in „La Respuesta a Sor Filotea", in: Cevallos-Candau, Francisco Javier/Cole, Jeffrey A./ Scott, Nina M./Suárez-Araúz, Nicomedes (ed): Writing, Gender, and Ethnicity in Colonial Latin America, Amherst 1994

SCOTT, Nina M.: Sor Juana and her world, in: Latin American research Review, Volume 29(1994) 1, 143-154

SCOTT, Nina M.: Sor Juana Ines de la Cruz und die Liebe zum Wissen, in: Walter, Karin (Hg.): Sanft und rebellisch. Mütter der Christenheit – von Frauen neu entdeckt, Freiburg/Basel/Wien 1990, 117-128

SCOTT, Nina M.: Sor Juana Inés de la Cruz:'Let your women keep silence in the churches ...', in: Women's Studies Intern.- Forum 1985, 511-519

SEIDENFADEN, Ingrid: Das Jesuitentheater in Konstanz. Ein Beitrag zur Geschichte des Jesuitentheaters in Deutschland, Stuttgart 1963

SIEVERNICH, Michael: Anfänge prophetischer Theologie. Antonio de Montesinos Predigt (1511) und die Folgen, in: Sievernich, Michael u.a. (Hg.): Conquista und Evangelisation. 500 Jahre Orden in Lateinamerika, Mainz 1992

SÖLLE, Dorothee: Das Eis der Seele spalten. Theologie und Literatur in sprachloser Zeit, Mainz 1996

SÖLLE, Dorothee: Mystik und Widerstand. „Du stilles Geschrei", Hamburg 1997

STEINKAMP, Hermann: Die sanfte Macht der Hirten. Die Bedeutung Michel Foucaults für die Praktische Theologie, Mainz 1999

TAPIA MÉNDEZ, Aureliano: Autodefensa de Sor Juana, México 1981

TAPIA MÉNDEZ, Aureliano: Carta de Sor Juana Inés de la Cruz a su confessor. Autofensa espiritual, México 1986

TAVARD, George H.: Juana Inés de la Cruz and the Theology of Beauty. The First Mexican Theology, Notre Dame/London 1992

TODOROV, Tzvetan: Die Eroberung Amerikas. Das Problem des Anderen, Frankfurt a.M. 1985

URBANO, Victoria: Sor Juana Inés de la Cruz: amor, poesis, soledumbre, Potomac 1990

VÄTH, Alfons SJ: Die Frauenorden in den Missionen, Aachen 1920
VEIT-WILD, Flora: Furchtbar statt fruchtbar. Der weibliche Körper in der afrikanischen Literatur, in: Blätter des iz3w, H. 220, März 1997, 38-41
VIEIRA MENDES, Margarida: A oratória barroca de Vieira, Lisboa 1989
VIEIRA, António/LOETSCHER, Hugo: Die Predigt des Heiligen Antonius an die Fische, Zürich 1966
VOGELSANG , Fritz: Erster Traum, mit einem Vorwort von Octavio Paz, Frankfurt a.M./Leipzig 1993
VOSSLER, Karl: Die „Zehnte Muse von México" Sor Juana Inés de la Cruz. Vorgetragen am 13. Januar 1934. Sitzungsberichte der Bayerischen Akademie der Wissenschaften, Philosophisch-historische Abteilung, Jahrgang 1934, Heft 1, München 1934
VOSSLER, Karl: Die Welt im Traum. Eine Dichtung der „Zehnten Muse von México" Sor Juana Inés de la Cruz. Spanisch-Deutsch. Herausgegeben von Karl Vossler, Berlin 1946
VOSSLER, Karl: Poesie der Einsamkeit in Spanien, München 1949
WALKER, Barbara G.: Die geheimen Symbole der Frauen. Lexikon der weiblichen Spiritualität, München 1997
WHITEHEAD, Alfred North: Wie entsteht Religion, Frankfurt a.M. 1990
WIMMER, Ruprecht: Jesuitentheater. Didaktik und Fest, Frankfurt a.M. 1982
WITTGENSTEIN, Ludwig: Tractatus logico-philosophicus, Frankfurt a.M. 1990
WOLF, Christa: Voraussetzungen einer Erzählung: Kassandra. Frankfurter Poetik-Vorlesungen, Darmstadt/Neuwied 1983
WOOLF, Virginia: Ein Zimmer für sich allein, Reinbek bei Hamburg 1988
WUSTMANS, Hildegard: Unerhörtes Leben zur Sprache bringen. Frauen – Arbeit – Religion, in: Raab, Silke (Hg.): Zwischen Mühsal und Selbstbestimmung. Vielfalt und Reichtum weiblicher Arbeitswelten, Herzogenrath 1998, 289-313
WUSTMANS, Hildegard: Wenn Gott zur Freundin wird ... Freundinnenschaft – der Weg zum neuen Himmel und zur neuen Erde, in: Klinger, Elmar (Hg.): Würzburger Studien zur Fundamentaltheologie, Bd. 14, Frankfurt a.M. 1993
ZWANOWETZ, Günter: Das Jesuitentheater in Innsbruck und Hall von den Anfängen bis zur Aufhebung des Ordens, Wien 1981

Das Alte und Neue Testament werden nach der „Einheitsübersetzung der Heiligen Schrift" zitiert. Übersetzungen fremdsprachlicher Texte stammen – wenn es nicht anders vermerkt ist – von mir.

Würzburger Studien zur Fundamentaltheologie

Band 1 Rainer Bucher: Nietzsches Mensch und Nietzsches Gott. Das Spätwerk als philosophisch-theologisches Programm. 1986. 2., ergänzte Aufl. 1993.

Band 2 Jemin Ri: Wonhyo und das Christentum. Ilshim als personale Kategorie. 1987.

Band 3 Reginald Nnamdi: Afrikanisches Denken. Sein Selbstverständnis und das Problem seiner Bezogenheit zum Europäischen Denken. 1987.

Band 4 Heidemarie Lämmermann-Kuhn: Sensibilität für den Menschen. Theologie und Anthropologie bei Dorothee Sölle. 1988.

Band 5 Hermann Steinert: Begegnung und Erlösung. Der Mensch als soteriologisches Wesen - das Existenzproblem bei Martin Buber. 1989.

Band 6 Stephan Güstrau: Literatur als Theologieersatz: Heinrich Böll. "Sie sagt, ihr Kuba ist hier und auch ihr Nicaragua." 1990.

Band 7 Hans-Joachim Sander: Natur und Schöpfung – die Realität im Prozeß. A. N. Whiteheads Philosophie als Paradigma einer Fundamentaltheologie kreativer Existenz. 1991.

Band 8 Karl Theodor Kehrbach: Der Begriff "Wahl" bei Sören Kierkegaard und Karl Rahner. Zwei Typen der Kirchenkritik. 1992.

Band 9 Reiner Fuchs: Gewalt und Kontemplation. Der Beitrag Thomas Mertons zur Friedensproblematik. 1992.

Band 10 Stefan Aulbach: Spiritualität schafft Befreiung. Der Entwurf christlicher Existenz bei Juan Luis Segundo. 1992.

Band 11 Giorgio Penzo: Der Mythos vom Übermenschen. Nietzsche und der Nationalsozialismus. Übersetzt von Barbara Häußler. 1992.

Band 12 Hanjo Sauer: Erfahrung und Glaube. Die Begründung des pastoralen Prinzips durch die Offenbarungskonstitution des II. Vatikanischen Konzils. 1993.

Band 13 Reginald Nnamdi: Offenbarung und Geschichte. Zur hermeneutischen Bestimmung der Theologie Wolfhart Pannenbergs. 1993.

Band 14 Hildegard Wustmans: Wenn Gott zur Freundin wird ... Freundinnenschaft – der Weg zum neuen Himmel und zur neuen Erde. 1993.

Band 15 Sybille Bachmann: Kirchliche Basisgemeinden in Zentralamerika. Entstehung, Entwicklung, Gedankengut. 1993.

Band 16 Hildegund Keul: Menschwerden durch Berührung. Bettina Brentano-Arnim als Wegbereiterin für eine Feministische Theologie. 1993.

Band 17 Samuel Silva-Gotay: Christentum und Revolution in Lateinamerika und der Karibik. Die Bedeutung der Theologie der Befreiung für eine Soziologie der Religion. 1995.

Band 18 Sophia Bettina Karwath: Religion - eine Macht des Widerstands. Der Kontemplationsbegriff Thomas Mertons in einer Welt der Gewalt. 1996.

Band 19 Claudia Leuser: Theologie und Anthropologie. Die Erziehung des Menschengeschlechts bei Johann Gottfried Herder. 1996.

Band 20 Rafael Aragón / Eberhard Löschcke: Die Kirche der Armen in Nicaragua. Geschichte und Perspektiven. 1996.

Band 21 Michael Pflaum: Deleuze's Differenzdenken und die Idiomkommunikation. Eine neue Perspektive der Theologie. 1998.

Band 22 Amatus Woi: Trinitätslehre und Monotheismus. Die Problematik der Gottesrede und ihre sozio-politische Relevanz bei Jürgen Moltmann. 1998.

Band 23 Matthias Türk: Offenbarung und Struktur. Ausgewählte Offenbarungstheologien im Kontext strukturontologischen Denkens. 1999.

Band 24 Agnes Hufnagel: Franz Hettingers Grundlegung einer christlichen Apologetik. 2000.

Band 25 Hildegard Wustmans: „und so lag die Welt erhellt in wahrerem Licht, und ich erwachte". Die Theologie der Sor Juana Inés de la Cruz – eine Sprache des Unerhörten. 2001.